Konrad Küster

Musik im Namen Luthers

Konrad Küster

Musik im Namen Luthers

Kulturtraditionen seit der Reformation

Bärenreiter
Metzler

Dieses Buch entstand in Verbindung mit der Evangelisch-Lutherischen Kirche in Norddeutschland

Evangelisch-Lutherische Kirche in Norddeutschland

AM ANFANG WAR DAS WORT
LUTHER 2017
500 JAHRE REFORMATION

Weitere Förderung erfuhr das Buch durch:

Wissenschaftliche Gesellschaft in Freiburg im Breisgau

Evangelisch-Lutherische Kirche in Oldenburg — Ev.-Luth. Kirche **in Oldenburg**

Evangelisch-lutherische Landeskirche Hannovers — EVANGELISCH-LUTHERISCHE **LANDESKIRCHE HANNOVERS**

Auch als eBook erhältlich
(epub: ISBN 978-3-7618-7104-1 · epdf: 978-3-7618-7103-4)

Bibliografische Information der Deutschen Nationalbibliothek

Die Deutsche Nationalbibliothek verzeichnet diese Publikation in der Deutschen Nationalbibliografie; detaillierte bibliografische Daten sind im Internet über www.d-nb.de abrufbar.

Gemeinschaftsausgabe der Verlage Bärenreiter, Kassel und J. B. Metzler, Stuttgart
Umschlaggestaltung: +CHRISTOWZIK SCHEUCH DESIGN unter Verwendung eines Fotos von Steffen Eichner
Lektorat: Daniel Lettgen, Köln
Innengestaltung und Satz: textformart, Göttingen
Druck und Bindung: Beltz Bad Langensalza GmbH
ISBN 978-3-7618-2381-1 (Bärenreiter) · ISBN 978-3-476-02681-1 (Metzler)
www.baerenreiter.com · www.metzlerverlag.de

Inhalt

7 *Vorwort*
Eine Standortbestimmung

13 1. *»Ein neues Lied wir heben an«?*
Musik in der Liturgie Luthers

Das gesamtkulturelle Klima 13 · Die Stellung Luthers 17 · Musik in der Wittenberger Messe 19 · Wolfgang Musculus in Eisenach und Wittenberg, 1536 26 · Figuralmusik, das dänische Luthertum und Georg Rhau 28 · Orgelspiel in der Messe 35 · Graduale und Gesangbuch 38

44 2. *Diesseitspflichten und Jenseitsaussichten*
Was rechtfertigt »lutherische Musik«?

Musik ohne Gregor und Caecilia 44 · Musik in der Bibel 45 · Musik und Ewigkeit 48 · Der Sängerkönig 61 · Fromme Musiker? 62

66 3. *Musikprofis – Musikamateure*
Kantoren und Organisten, Lateinschüler und Adjuvanten

Director musices und Stadtpfeifer 66 · Schulmeister, Kantoren und die Lateinschüler 70 · Kirchenmusik mit Erwachsenen? 76 · Organisten 80

82 4. *»Lobet den Herren mit Saiten und Orgeln«*
Das Luthertum und die Orgelkunst im nördlichen Mitteleuropa

Orgel um 1500: technisch und soziologisch 82 · »Norddeutsche« Orgelkunst und die drei »Musiksysteme« Mitteleuropas 85 · Metropolen und ihr Hinterland an der Nordsee 92 · Orgelkultur als Hype: Nordsee-Dörfer im späten 16. Jahrhundert 96 · Orgelmusik: warum? 97 · Orgelkunst der niederländischen Reformierten 100 · Ausbreitung 104

105 5. *»Florilegium Portense«*
Warum die lutherische Musiktradition nicht in Luthers Zeit zurückreicht

Glaubenskonflikte als kulturpolitischer Rahmen 105 · »Ewige Kirchenmusik«: Wittenberger Repertoire und Eisenacher Kantorenbuch 107 · Sethus Calvisius und die Vorgeschichte des »Florilegium Portense« 112 · Was ist »nachtridentinische Musik« in Italien? 118 · »Musica Transalpina« im mitteldeutschen Luthertum 122

127 6. *Kirchenmusik und Glaubenspolitik*
Heinrich Schütz im Dreißigjährigen Krieg

Kassel und Dresden **127** · Wer war Schütz 1614/1617? **131** · »Psalmen Davids« als Einstieg **139** · Geistliche Musik und sächsische Politik **143** · »Viel tausend schöne Stück«: ein Querschnitt durch Schütz' kirchenmusikalisches Profil **148** · Schütz in seiner Zeit **151**

153 7. *»Lasset uns den Herren preisen«*
Das Luthertum nach 1648 und das Lied

1648: wie weiter? **153** · »Norddeutschland« in und nach dem Krieg **155** · Rist, Schop und die kunstvolle Aria **160** · Crüger und Gerhardt, oder: Die Aria als Kirchenmusik **165** · »Concerto cum aria« zwischen Dresden und Lübeck **171** · Was also ist »lutherische Aria« nach 1648? **176**

179 8. *»Da sprach Jesus ...«*
Evangelium und Kirchenkantate

Musik eines konfessionellen Zeitalters? **179** · Höfe, Städte, Landschaften **181** · Geschichtskorrekturen: »lange Linien« und Mikrostrukturen **188** · Wege zur Kirchenkantate **190** · Evangelium und Oper **194** · Albert Schweitzer und Bachs »Actus tragicus« **201**

208 9. *»Ich habe fleißig seyn müssen«*
Bach als Organist und als Leipziger Director musices

In Leipzig **208** · Orgelkunst als Arbeitsgrundlage **210** · Orgelchoräle in der Liturgie **216** · Lutherisches Künstlerbild im Wandel: das 20. Jahrhundert **218** · Ein Tor zur Zukunft? Die beiden Probekantaten **223** · Komponierte Musikorganisation **227** · Der Choralkantaten-Jahrgang als Etappe **231** · Matthäuspassion und Weihnachtsoratorium **235**

244 10. *Kirchenmusik zwischen Gottesdienst und Konzertleben*
Das zweite lutherische Vierteljahrtausend

Verfall nach 1750? **244** · Eine Musikästhetik des Kirchlichen und ihre Folgen **247** · Das Problem der kirchenmusikalischen Texte **253** · Gegenentwürfe in der Musik **256** · Die Professionalisierung der Kirchenmusik **260** · Lutherische Musik im Konzept einer Nationalkultur **263** · Bilanz eines Jahrhunderts **268**

277 *Anmerkungen*

292 *Verzeichnis der abgekürzt zitierten Literatur*

310 *Abbildungsnachweis*

311 *Register der Personen- und Ortsnamen*

Vorwort
Eine Standortbestimmung

Hat es je »lutherische Musik« gegeben? Die Frage mag verwirren: Natürlich haben in den fünf Jahrhunderten, die der Reformation Martin Luthers folgten, unzählige Menschen gelebt, die Musik für die lutherische Glaubenspraxis schrieben und sie in ihr aufführten. Zeugen dafür sind zuallererst Johann Sebastian Bach und Heinrich Schütz, ebenso Luthers Weggefährte Johann Walter oder auch Felix Mendelssohn Bartholdy. Fragt man aber zugleich danach, worin das Lutherische in ihrer Musik liegt, wird die Situation unbehaglich: Denn welche Stilelemente ihrer Musik rechtfertigen den Begriff »lutherisch« so sehr, dass sie – im Umkehrschluss betrachtet – nicht auch außerhalb der Kirche lebensfähig wären? Und welche Musikströmungen, die zu ihrer Zeit in katholischen Territorien blühten, waren willkommen: in lutherischen Gottesdiensten und in der (auch außerkirchlichen) lutherischen Gesellschaft? Sosehr manche Texte, die in der Musik vertont sind, konfessionell gebunden erscheinen, hatten Lutheraner doch keine Probleme damit, in einem »katholischen« Musikstück, das ihnen gefiel, etwa den Mariengruß »Salve Regina« (»Sei gegrüßt, Königin«) durch die Worte »Salve, o Jesu« (»Sei gegrüßt, Jesus«) zu ersetzen und es anschließend aufzuführen.

»Was hätte Luther dazu gesagt?«, mag man sich fragen. Bezogen auf die Musik seiner Zeit ist die Antwort eindeutig: Er hat dieses Vorgehen, das so konfessionell offen wirkt, aktiv unterstützt. Die Kirchenmusik seiner Umgebung war die gleiche, die in katholischen Territorien erklang; und gerade Umtextierungen wirkten auch für ihn interessant. Sicher: Texte, theologische Zugangsweisen und liturgische Organisationsformen hatten zu allen Zeiten Einfluss auf die Kompositionen. Doch wie vieles an ihnen selbst ist letztendlich konfessionell geprägt?

Mit der Frage nach der Position Luthers ist ein viel weiterer Problemkreis berührt: Was hatte die Arbeit lutherischer Komponisten tatsächlich mit Luther zu tun: mit der historischen Persönlichkeit, mit seinen Ideen und seinem individuellen Wirken? Wo also hat Luthers Musikanschauung Langzeitwirkungen entfaltet? Oder wo bestimmten viel eher aktuelle theologisch-liturgische Auffassungen das, was sich unter dem Dachbegriff »lutherisch« auch künstlerisch äußerte?

Dies alles ist hier unter dem Begriff »Musik im Namen Luthers« zusammengefasst. Er lässt sich auf Musik beziehen, die in der Zeit Luthers von dessen reformatorischem Denken direkt inspiriert war, ebenso auf Musik späterer Zeiten, die als Teil einer gesamteuropäischen Stilentwicklung von Lutheranern praktiziert wurde: in der Kirche, also als Teil der Liturgie, ebenso aber auch als Lebensäußerung einer konfessionell geprägten Gesellschaft. Um dieses kulturelle Erbe geht es in diesem Buch: um Musik, die sich der lutherischen Reformation verpflichtet fühlt, und um den jeweils zugehörigen geistes- und ideengeschichtlichen Kontext. Diese Kulturtraditionen setzen bei Luther und der Musik in seinem Umfeld an; daraufhin sind in den Kapiteln 2 bis 4 zunächst äußere Faktoren zu betrachten, also die Legitimierung der Musik in Gottesdienst und Glaubensauffassung des Luthertums oder die Organisationsformen, die es ermöglichten, dass die einschlägigen Musiker, die für die Realisierung erforderlich waren, vor Ort bereitgehalten werden konnten. In den Vordergrund treten dann einzelne Entwicklungsphasen und deren historischer Kontext – der viel mehr Katholisches, speziell Italienisches und sogar »Päpstliches« enthält, als der Begriff »Musik im Namen Luthers« auf Anhieb vermuten lässt.

Der Blick auf diese größeren Dimensionen ist erst in jüngerer Zeit möglich geworden. Voraussetzungen hierfür waren – nicht erstaunlich – eine Säkularisierung der Kulturvorstellungen, ein Bewusstsein für Ökumene und ein historisches Denken über nationale Grenzen hinweg. Die »Musik im Namen Luthers« macht die Schwierigkeiten deutlich, die es dabei zu überwinden galt. Noch für Preußen im ausgehenden 19. Jahrhundert hatte kein Zweifel daran bestanden: Das musikalische Erbe des Luthertums war Kernstück einer nationalen, deutschen Kultur. Mithilfe einschlägiger Singbewegungen war es in weiten Gesellschaftskreisen präsent.[1] Nach dem Zweiten Weltkrieg jedoch wurde diese zentrale kulturelle Stellung lutherischer Musik brüchig.[2] Nur das Werk Bachs blieb von dieser Entwicklung verschont; doch in den 1970er- und 1980er-Jahren waren Zweifel am Überleben sowohl der Musik Schütz' als auch der lutherisch geprägten Orgelmusik durchaus berechtigt – im geteilten Deutschland auf unterschiedliche Weise. Gründe dafür lagen im Allgemeingesellschaftlichen, das sich auch gezielt gegen die einstige nationale Vereinnahmung jener Musik wandte. Anderes war musikalisch bedingt. Denn Interpreten und Publikum begeisterten sich in zuvor ungekannter Weise für die Musik, die parallel zu jenen lutherischen Entwicklungen in Italien entstanden war.

Diese reichen Erfahrungen ermöglichen nun einen neuen Blick auf jenes lutherische Musik-Erbe; mit ihnen erschließt sich dessen europäische Dimension als ein überkonfessioneller Kontext. Ganze Werkgruppen, die für die lutherische Musikkultur prägend wirkten, sind erst durch die Italien-Entdeckungen verfügbar geworden. Andere Neuzugänge treten hinzu, vor allem im Hinblick auf die Rolle Nordwestdeutschlands, das Preußen nach 1864/67 zunächst als Eroberungsmasse aus seinen Kulturkonzepten herausgehalten hatte,[3] das aber – auch mit einer Offenheit in die Niederlande und nach Skandinavien hinein – ein eigenes Profil in die »Musik im Namen Luthers« einbringt.

Fragen nach diesen Nachbarn des mitteldeutschen lutherischen Musikgeschehens ließen sich bis 1933 erst in Ansätzen stellen, nach 1945 kaum stärker, seit den 1980er-Jahren jedoch völlig neu. Alles Weitere ist dann eine Frage der Zeit und der Informationsqualität: Wie lange lassen sich neue Erkenntnisse in ältere Konzepte einfügen? Wann wird es unvermeidlich, völlig neue Konzepte zu entwickeln?

Dass diese überkommenen Projektionen entstanden, war ein Stück weit dem Pioniercharakter geschuldet, mit dem die frühen Musikhistoriker arbeiteten. Ihr Interesse galt dem geographisch-musikalischen Umfeld, in dem sich das Wirken Bachs und Schütz' (oder auch dasjenige Luthers) entfaltete. Es führte zu einer Fokussierung auf Sachsen und Thüringen in deren historisch-kulturräumlichen Grenzen,

Alte Projektionen · Martin Luther begleitet sich beim Liedersingen auf einem Zupfinstrument – ähnlich wie ein Vorsänger der »Jugendbewegung« im frühen 20. Jahrhundert. Johann Sebastian Bach, in seiner Zeit eigentlich einer der größten Orgelvirtuosen, hat den Blick nur auf Luther gerichtet und begleitet ihn an der Orgel mit der Zurückhaltung eines Korrepetitors. »Luther und Bach, beide vereint sollen unser Leitstern sein«, heißt es im zugehörigen Erläuterungstext.

Titelholzschnitt zum *Vereinsblatt* des »Vereins zur Pflege kirchlicher Musik in Schleswig-Holstein und Fürstentum Lübeck«, August 1925.

nicht nur gegenüber der internationalen Dimension italienischer (»katholischer«) Musik, sondern auch im Inneren der lutherischen Traditionen. Führt man aber den Pionierzugang im Umkehrschluss fort, treten die Probleme zutage: Gab es allein in Mitteldeutschland ein Luthertum, das musikaffiziert war, in den übrigen Regionen aber ein anderes, das der Musik indifferent gegenüberstand? Oder wusste man einfach noch zu wenig von den Eigenleben anderer lutherischer Regionen und der dort gepflegten Musik?

Parallel zu diesen Entwicklungen haben Musiker wie Hörer neue prägende Gestalten kennengelernt, die für »Musik im Namen Luthers« einstehen können. Sie wirkten in drei zuvor kaum zugänglichen Zeiträumen der Geschichte. Zunächst sind Zeitgenossen Bachs zu nennen; einem breiteren Publikum ist deutlich geworden, dass lutherische Kantaten der Zeit um 1720/30 nicht deshalb automatisch als weniger attraktiv zu gelten haben, wenn auf ihren Titelseiten ein anderer Komponistenname als derjenige Bachs steht. Und: Nach Bachs Tod blühte die »Musik im Namen Luthers« weiter; die ältere Auffassung, es sei mit ihr anschließend nur noch bergab gegangen, erwies sich schlichtweg als unausgereift. Eine dritte »Terra incognita« schließlich war die Musik der Zeit zwischen Schütz und Bach, die weder jenen verwässert noch diesen vorbereitet hat, sondern selbstständig war und eigens wahrgenommen werden will. Keinesfalls handelte es sich um eine »Übergangsperiode«, wie einst Zeiten genannt wurden, zu denen sich der Zugang nicht so leicht erschloss wie zu denen der »Genies«; und letztlich ist jeder Zeitraum Übergang – nicht mehr und nicht weniger als ein anderer.

Über alledem hat sich auch der kirchliche Umgang mit Musik lutherischer Traditionen gewandelt. Nachwuchs- und Identitätskrisen kirchlicher Laienchöre wären in früheren Phasen des 20. Jahrhunderts undenkbar gewesen; abgesetzt von ihnen hat sich jedoch für das lutherische Musik-Erbe die Präsenz wesentlich intensiviert, weil die professionellen Ensembles der Alte-Musik-Bewegung sich schwerpunkthaft mit Sakralmusik beschäftigen – sie bildet nun einmal ein Zentrum in den Repertoires der für sie relevanten Geschichtsepochen. Und die Interessensverluste der 1970er-Jahre an Orgelmusik sind mittlerweile selbst Geschichte.

Sakrale Musik vermittelt nicht nur eine geistliche Botschaft, sondern ist ein zentraler Faktor europäischer Kultur. Diese ist nicht in der einen oder der anderen Richtung von Konfessionellem geprägt worden, sondern über lange Zeit hinweg überhaupt davon, dass die Kirchen und die Kunst den gleichen Weg gingen; das ist dem Kulturerbe all der Länder gemeinsam, deren geistige Wurzeln auf katholisch-mittelalterliches Denken zurückgehen. Ihr spezifischer Kulturumgang unterscheidet sich von dem anderer christlicher Konfessionen. Das orthodoxe Christentum macht dies exemplarisch deutlich: Seine Ikonen sind viel stärker typisiert und gelten zugleich selbst als weitaus »heiliger« als Bildwerke auch der katholischen Kirche; und erst Tschaikowskys *Liturgie des Heiligen Johannes Chrysostomus* op. 41 (1878) machte den Weg dafür frei, dass Komponisten sich eigenschöpferisch mit den klangvollen Gesängen der russisch-orthodoxen Kirche auseinandersetzen durften[4] – zuvor hatten auch diese Melodien als deutlich »heiliger« gegolten, als kirchliche Musik in westlichen christlichen Konfessionen gesehen wurde. Wenn also ein spezifisches kulturelles Erbe des Luthertums umschrieben wird, handelt es sich nicht um eine Herabsetzung anderer Glaubensrichtungen. Das gilt besonders für die, gegenüber denen sich für das Luthertum – auf unterschiedliche Weise – im Lauf der Zeiten Reibungsflächen ausbildeten, langfristig aber viel eher Schnittmengen, die sich stetig vergrößerten: für den Katholizismus und die reformierten Bekenntnisse.

Von dem kulturellen Erbe, das aus diesen kirchlichen Traditionen erwachsen ist, kann auch eine säkulare Gesellschaft sich nicht lossagen; und dass in der Literatur und Musik mancher lutherischer Gebiete seit dem späten 18. Jahrhundert Nichtkirchliches eine Schlüsselrolle spielte (etwa mit dem Werk Goethes und Schillers – oder mit der Sinfonik Mendelssohns und Schumanns), bedeutet nicht, dass diese Leistungen das Kirchliche abstreiften. Dieses Erbe will angenommen werden, von jeder Generation neu. Staat und Gesellschaft können es nicht ausschlagen, ebenso wenig die Kirche selbst, und zwar gerade auch dann, wenn sie ihre Arbeitsfelder eher in einer gesellschaftlichen Breite sieht. Jahrhundertelang hatten sich mit einer kirchlichen »Kunst vor Ort« auch andere Schichten als »die Intelligenz« identifiziert; Kunst ist folglich als Glaubensinhalt vermittelt worden und hat eine identitätsstiftende Funktion auch für Menschen übernommen, für die die Hintergründe einer Kompositionskunst nicht einmal im Ansatz verständlich waren.[5] Das funktioniert bis heute; gängige Vorstellungen von Bach als Verkünder einer Glaubensbotschaft belegen dies. Und Orgelmusik (zumal diejenige Bachs) ist ein akustisches Signal, das (etwa im Film) automatisch auf Kirche verweist.

Ziel des Buches ist es nicht, lutherische Kirchenmusik enzyklopädisch darzustellen: Nicht jeder Name, der in ihrer Entwicklung eine Rolle spielte, wird vorkommen, und nicht jede kirchenmusikalisch relevante Idee wird gewürdigt. Detaillierte Werkbesprechungen finden sich nur, wo sie für die Darstellung unabdingbar scheinen. Und Lexikalisches ist in Nachschlagewerken viel eher zugänglich, nicht zuletzt im Internet. Ziel ist daher das, was in der digitalen Wissensgesellschaft – mit der Unüberschaubarkeit der scheinbar leicht zugänglichen Einzeldaten – viel schwerer fällt: das Sortieren und die inhaltliche Bündelung. Beides muss dort ansetzen, wo sich das Erscheinungsbild der lutherischen Musik seit dem frühen und mittleren 20. Jahrhundert grundlegend verändert hat, weil eine Musikforschung, die sich naturgemäß auf das gesamteuropäische, überkonfessionelle Wechselspiel der Kräfte ausrichtet, neue Perspektiven hat entstehen lassen, sodass die traditionelle Wahrnehmung von »Kirchenmusik« justiert werden muss.

Resultate sollen nicht pauschal formuliert werden; es war ja gerade das Problem der »alten Projektionen«, dass mit Festlegungen Ausgrenzung verbunden war, die deshalb nicht aufrechtzuerhalten ist. Justierungen oder gar Neukonzeptionen müssen also stets aus Details des historischen Geschehens hergeleitet werden. Wie mit einem Richtscheinwerfer sollen deshalb Knotenpunkte beleuchtet werden, die die kulturellen Entwicklungen verständlich machen können. Sie betreffen vielfach den Alltag derer, die die Musik in einem gottesdienstlichen Rahmen zum Leben bringen sollten.

*

Sachdarstellung kann nie völlig objektiv sein; jeder Zugang, erst recht jede Interpretation, ist zwangsläufig subjektiv. Das bestimmt sogar die Sicht »neuer Forschungsresultate«; denn der Horizont, in den sie jeweils eingebettet werden, ist vom Betrachter abhängig. Die individuellen Erfahrungen, die in das Buch hineinspielen, setzen mit Grundzugängen zum »traditionellen« lutherischen Chormusik-Repertoire an, die ich über 15 Jahre hinweg als Mitglied der Stuttgarter Hymnus-Chorknaben gewann. Sie weiteten sich zunächst mit Eindrücken der Historischen Aufführungspraxis: in experimentellen Aufnahmen, mit denen das Collegium musicum des Westdeutschen Rundfunks (auch: Collegium Aureum) sich der Interpretation von Bach-Kantaten und barocker italienischer Vokalmusik zuwandte und dafür vor allem mit westdeutschen Knabenchören kooperierte.[6] Eine dritte Ausgangsebene ergab sich in Gesangs-Meisterkursen bei dem Tenor Ernst Haefliger, zeitweilig Partner der Münchner Bach-Tradition Karl Richters; dass diesem Musizieren – ohne die »Informiertheit« der Historischen Aufführungspraxis – empirische Untersuchungen zugrunde lagen, deren Ergebnisse historischen Idealen erstaunlich nahekamen,[7] gab den Eindrücken eine Tiefendimension.

Das Handwerkszeug dafür, diese Grundlage in einem größeren historischen Ganzen zu sehen, verdanke ich in der Musikwissenschaft vor allem Georg von Dadelsen und Ulrich Siegele, daneben Hansmartin Decker-Hauff und Franz Quarthal in der Geschichtlichen Landeskunde: Deren Arbeit gilt ortsgeschichtlichen Quellen, und die Resultate lassen sich zugleich in überregionale Dimensionen übertragen. Diese Techniken sind für musikhistorische Forschung unverzichtbar: Denn Musiker lassen sich – seit der Überwindung der zu absolut gefassten Geniebegriffe – nur als Menschen »wie du und ich« verstehen, eingebunden in Lebensbedingungen einer Normalbevölkerung. Diese Methoden prägten zunächst meine Erfahrungen mit der katholischen Musiktradition Süddeutschlands, später, nach 1989, meine Arbeit mit ostdeutschen Archivquellen. Doch für einen Zugang zu den lutherischen Traditionen reichen die (sich kontinuierlich erweiternden) Kenntnisse mitteldeutscher Musik nicht aus; neben sie muss auch ein Verstehen der Strukturen in »Luthers Norden« gesetzt werden: der kulturellen Praxis, die von der dänischen Reformation geprägt wurde. In Norddeutschland verband sich dies mit Traditionen des Nordseeraumes. Wie erwähnt, sprengten die Gesamtresultate zunehmend die Erklärungsmodelle, die von den herkömmlichen »Projektionen« abgeleitet waren. So war zunächst einmal großflächige Grundlagenforschung nötig: über viele Jahre hinweg, bis »hinunter« auf die Ebene zahlreicher Kirchenarchive. Und so erklärt sich auch der Berichtscharakter des Buches: Für viele Details hat es anderweitig eigene Vorarbeiten gegeben, die hier in Filterung und Pointierung Eingang finden; die »Selbstzitate«, die das Literaturverzeichnis erkennen lassen, haben demzufolge auch den Zweck, Hintergründe für Informationen zu erschließen, die hier nur angerissen werden können.

Musikgeschichtliche Grundlagenforschung ist selbst zwangsläufig individuell, funktioniert ohnehin nur, wenn sie sich kritische Fragen von außen stellen lässt, und sie muss dadurch zu Ende gebracht werden, dass sie – soweit möglich – über die Wissenschaft hinaus auch ein breiteres Musikpublikum erreicht. In dieser Hinsicht sei hier stellvertretend für viele andere den Kolleginnen und Kollegen in der Internationalen Heinrich-Schütz-Gesellschaft für vielfältige wissenschaftliche und musikalische Kooperationen gedankt. Besonders hervorgehoben seien ferner Pastor i. R. Hans-Heinrich Tegtmeyer (Buxtehude), dem ich herzlich für fortwährenden Gedankenaustausch danke, ebenso Landeskirchenmusikdirektor Hans-Jürgen Wulf (Hamburg), der nach einer langjährigen, ereignisreichen Zusammenarbeit einen wesentlichen Anstoß zum Zustandekommen dieses Buches gegeben hat, sowie Daniel Lettgen, der als Lektor eine Fülle wertvoller Rückfragen stellte.

An den Schluss dieser Vorbemerkung sei noch ein Wort zum Umgang mit alten Quellentexten gestellt: Deren Schreibweisen werden minimal modernisiert, und zwar nur dort, wo eine alte Buchstabenfolge »nicht selbsterklärend« oder gar missverständlich erscheint. Wo Luther »ohne« als »on« schreibt, muss ein »h« eingeschoben werden; »yugent« aber dürfte auch als Originalschreibweise verständlich sein. Weitergehende, grundsätzlichere Anpassungen nähmen den Texten aber einen Teil ihrer Unmittelbarkeit. Originale Schreibweisen lassen sich auf kurzen Wegen erreichen, da Quellen in aller Regel als Digitalisate online zugänglich sind.

1 »Ein neues Lied wir heben an«? Musik in der Liturgie Luthers

Das gesamtkulturelle Klima

Am 31. Oktober 1517, einen Tag vor Allerheiligen, brachte Martin Luther in Wittenberg seine 95 Thesen an die Öffentlichkeit. Der Nachwelt gilt dies als Stichtag der Reformation. Sie stand in einem weit ausgreifenden Kontext, und aus europäischer Sicht wird die Zeit, die dem Thesenanschlag vorausging, vor allem als eines gesehen: als aufregend.

Das Weltbild befand sich in grundstürzenden Veränderungen. Nikolaus Kopernikus konnte begründen, weshalb nicht die Erde, sondern die Sonne im Mittelpunkt des Kosmos stehe. Amerika wurde »entdeckt«, und die Folgen der Entdeckung lagen auf zwei Gebieten. Nun dämmerte auch den letzten Zweiflern, dass die Erde kugelförmig ist, dass sich über ihr also nicht der Himmel wölbe und unter ihr kein Platz für die Hölle sei. Zugleich verschoben sich die Handelswege: Genua und Venedig, ebenso Lübeck als Hansezentrum an der Ostsee verloren ihre einstige Drehscheibenfunktion; ein neuer maritimer Wettstreit entstand zwischen Spanien und Portugal, und dieser wurde schon nach wenigen Jahrzehnten durch Niederländer und Engländer aufgemischt (auch Hamburg hatte an ihm Anteil). All diesen Entwicklungen wuchs Popularität zu: mithilfe des ab 1450 von Johannes Gutenberg entwickelten Buchdrucks. Zwar verhinderten Analphabetismus und die hohen Kosten des Verfahrens eine Breitenwirkung. Doch das Ausmaß, in dem das neue Medium genutzt wurde, macht deutlich, wie wichtig es für den Umgang mit allen Neuentwicklungen der Zeit war. Und auch in der Kirche zeichnete sich ein Wandel ab. Schon seit dem Konstanzer Konzil (1414–1418) gärten Konflikte. Von 1512 an tagte in Rom das Fünfte Laterankonzil, um über Reformen zu beraten; das erfolglose Ende, das es im März 1517 fand, wirkt wie ein Auftaktsignal der Reformation Luthers.

Der Reformbedarf als solcher erfasste auch die gottesdienstliche Praxis. Bis dahin hatte der Zelebrant der Messe, fern jeglicher kirchlicher Zuhörerschaft, direkt vor einem Altar gestanden, das Gesicht zu dessen Bildwerken gewandt. Ihn schien er anzusprechen, quasi als Stellvertreter des Adressaten: des Heiligen, dem der Altar geweiht war, oder nicht zuletzt des gekreuzigten Sohnes Gottes. Neue Bewegungen[1] wie die »Devotio moderna« strebten nun an, Gottesdienst als Botschaft zu verstehen und das Heilige stärker zu vermitteln. Dies führte auch zur Entstehung von Lettnern (»Lektorien«), an denen zusätzliche Altäre Platz fanden. Zugleich wurde das Predigen der hochmittelalterlichen Bettelorden aufgewertet, das faktisch eine Wendung des Gottesdienstes um 180 Grad bedeutete; dieser Predigttätigkeit verdanken die Kanzeln ihre Legitimation. Von ihnen aus traten auch Laienprediger für eine neue Frömmigkeit ein; dasselbe Forum nutzten aber auch Ablassprediger. In dieser Wendung des

Geschehens hin zur Zuhörerschaft spielte auch die Orgel eine Rolle, denn sie konnte auf einem Lettner einen unübersehbaren Platz erhalten.

Man könnte meinen, kein Lebensbereich habe von diesen Entwicklungen unberührt bleiben können. Doch gerade bei der Musik sind Folgen kaum zu erkennen: Für sie war die Zeit um 1500 relativ ruhig, ohne große Irritationen oder Brüche. Sicher: Das vor-kopernikanische Weltbild war auch mit musikalischen Mitteln interpretiert worden. Denn für Umlaufbahnen und Positionen der Himmelskörper wurde angenommen, dass ihnen dieselben Proportionen zugrunde lägen, nach denen auch die Akustik funktioniert: Wer eine Saite in der Mitte teilt und den Rest zum Klingen bringt, erhält die nächsthöhere Oktave; das Teilungsverhältnis 2 : 3 führt zur Quinte, 3 : 4 zur Quarte. Dieselben Verhältnisse »galten« für den Aufbau des Himmels: für die Relation zwischen der Erde und den um sie kreisenden Planeten. Musste dieses System aber für ein heliozentrisches Weltbild infrage gestellt werden? Was sprach gegen eine Weiterarbeit mit den so fundamental wirkenden, musikalischen Zahlen? Klar ist jedoch: Von derlei Überlegungen wurde die klingende, irdische Musik nicht erfasst.

Auch der Buchdruck ließ sich erst mit Verzögerung für Musik nutzbar machen. Ihr Notationssystem ist zu komplex. Buchdruck ist einfacher: Text wird auf ein weißes Papier gebracht, ähnlich wie beim Schreiben. Musiknotation dagegen setzt sich aus zwei Vorgängen zusammen: Ehe Noten aufgeschrieben werden können, müssen Notenlinien gezogen werden. Also müssen auch für einen Druckvorgang diese beiden Arbeitsgänge zusammengeführt werden – aber wie? Eine erste Erfindung (durch Ottaviano Petrucci in Venedig) ermöglichte eine Herstellung in tatsächlich zwei Arbeitsgängen: Zuerst wurden die Notenlinien gedruckt, dann exakt auf ihnen (und in ihren Zwischenräumen) die Noten. Das erforderte Präzisionsarbeit. Eine sicherere Alternative war, jede Notenseite wie eine Grafik komplett als Holzschnitt oder Stich herzustellen; noch für die frühesten Gesangbücher bauten die Drucker die Noten auf diese Weise in ihre Setzer-Arbeit ein. Doch bei längeren Kompositionen war dieser Aufwand zu groß. So zerlegte man schließlich den Notentext in Einzel-Einheiten: Für jeden Notenwert in jeder denkbaren Tonhöhe stand dann eine einzelne Letter zur Verfügung; sie umfasste also Notenkopf, Notenhals und die erforderlichen Notenlinien. Auch das war nur ein Kompromiss; denn so aus Einzellettern zusammengestückelt, kommen nie ungebrochen waagrechte Notenlinien zustande, sondern diese ähneln eher den Schienenverläufen vorsintflutlicher Eisenbahnstrecken. Immerhin aber ließ sich mit diesem Verfahren Musik irgendwie im Druck vervielfältigen; ab etwa 1530 hatte es das westliche Europa im Griff – als Luxus. Denn noch im späten 18. Jahrhundert war es typisch, nach handschriftlich vervielfältigten Noten zu musizieren. So erfasst das Neue des Buchdrucks zwar auch die Musik, nicht aber mit denselben weitreichenden Konsequenzen wie bei der reinen Vervielfältigung von Worttext.

Wie die gottesdienstlichen Wandlungen sich auf die Musik auswirkten, lässt sich aus der Warte der Zuhörer verstehen. Bei ihnen können Worte, die ein Zelebrant in der Messe sprach (dem Altar zu- und von einer Laienschar abgewandt), nur als undifferenziertes Geräusch angekommen sein, bestenfalls als Gemurmel; dass die Wort-

Eyn gesang Bu-
chleyn/welche man yetz
und ynn Kirchen
gebrauch-
en ist.

Vorreformatorischer Gottesdienst · Der Priester zelebriert ihn vor dem Altar – mit Messbuch und Abendmahlskelch. Der Gemeinde wendet er seinen Rücken zu.
Vignette im Zwickauer Gesangbuch von 1525.

botschaft den Weg in das ferne Kirchenschiff einer gotischen Hallenkirche schadlos überstand, ist auszuschließen. Im Prinzip war es also auch gleichgültig, ob ein Text auf Latein oder in der Volkssprache gesprochen wurde. Dasselbe gilt für liturgische Gesänge: Auch von ihren Texten kann kaum etwas die irdische Zuhörerschaft erreicht haben. Und Nachhall verzerrte das, was die Musiker sangen. Für geistliche Laien jener Zeit muss dieses Klangbild ein Kennzeichen von Gottesdienst gewesen sein: Es machte den Gesamteindruck von »Kirche« ebenso aus wie das visuell Erlebbare, also der Raum als solcher und dessen Bildersprache. Die Vermutung läge nahe, dass diesem distanzierten Klangbild und der Passivität des Publikums das »lutherische

Kirchenlied« entgegengesetzt worden wäre; sinnvoller ist zunächst sich vorzustellen, wie radikal eine solche Veränderung gewesen wäre – und tatsächlich hat sie in dieser Form auch nicht stattgefunden. Das zu zeigen ist eines der Themen dieses Kapitels.

Das typische kirchliche Klangbild schloss die Orgeln ein; seit dem 14. Jahrhundert traf man ihre Klänge häufiger auch in den Kirchen reicher Kaufmannsgemeinden an, nicht mehr also nur in kirchlichen Zentren (in Klöstern, Bischofs- und Wallfahrtskirchen). Orgelmusik hat selbstverständlich keinen Text; doch es ist fraglich, ob dies für das Musik-Erleben überhaupt von Belang war. Denn wenn zu den Gläubigen auch ein Gesangstext nicht durchdrang, machte es nichts aus, wenn die Musik von vornherein keinen Text hatte; wichtiger war also, dass auch auf den Orgeln etwas gespielt wurde, das mit den liturgischen Melodien verbunden war. Orgelkunst entwickelte sich also im Rahmen des etablierten Erlebens kirchlicher Musik, für das die liturgischen Melodien das Zentrale waren, nicht aber die irdische Verständlichkeit der zugehörigen Texte.

Dennoch äußert sich in dem Vordringen der Orgeln in Gemeindekirchen ein Wandel. Das Instrument war im späten Mittelalter maßgeblich verändert worden: Der Gesamtklang ließ sich fortan in einzelne Register zergliedern. Diese Neuentwicklung fügt sich nahtlos an die technischen Umbrüche der Zeit an. Und das Orgelinteresse des Patriziats passt gleichfalls dazu: Das Ästhetische spielte eine neue Rolle, also das Klangerlebnis als sinnlicher Reiz. Doch größere Entwicklungen der Orgelkunst liegen wiederum erst in nachreformatorischer Zeit.

Diese Zeit, die für die Musik offensichtlich so ruhig war, wurde von der uneingeschränkten Macht der Kirche geprägt. Deren traditionelles Schriftmonopol brachte es mit sich, dass die Nachwelt vor allem über die Musik informiert ist, für die sich die Kirche interessierte. Sicher: Die schon früh einsetzende italienische Renaissance[2] und das gleichzeitige französische Spätmittelalter hatten auch Musik mit nichtkirchlichen Texten hervorgebracht; auch sie stieß bei Klerikern auf Interesse, und diese weltliche Musik ließ sich mit denselben Techniken aufzeichnen, die für das Notieren kirchlicher Gesänge verfügbar waren. Was damit ausgespart worden ist, lassen nur Bildwerke erahnen: Sie zeigen eine verwirrende Vielfalt an Instrumenten. Wer sie betrachtet, muss sich wie taub fühlen, weil von der Musik, die sich mit ihnen verband, nichts auf die Nachwelt gekommen ist: Nicht das Mittelalter wurde von Vokalmusik dominiert, sondern die Musiküberlieferung der Kirche. Wenn damalige Instrumentalmusik überhaupt je aufgezeichnet wurde, dann eben nicht mit Notationssystemen, die sich die Kirche erschlossen hatte – um zuallererst den gregorianischen Choral überzeitlich zu sichern. Instrumentalmusik war der Kirche offensichtlich nur für die Vorstellung des Himmels wichtig.

Ruhig war die Zeit für die Musik aber auch auf ihrem ureigenen Feld, der Stilentwicklung; es ist nicht verkehrt, von einer Blütezeit zu sprechen. Das vokalmusikalische Geschehen wurde beherrscht von der Kunst »der alten Niederländer«: den Musikergenerationen des 15. Jahrhunderts, die vor allem aus einem breiten Grenzraum zwischen Nordfrankreich und den südlichen Niederlanden stammten. Den Kern des Gebietes bildete der Norden des bis 1477 bestehenden Herzogtums Burgund, des extrem wohlhabenden, kulturell reichen Korridorstaats zwischen dem Englischen

Kanal und den Westalpen. Kurz vor 1500 profilierte sich Josquin des Prez als beherrschender Repräsentant dieser Kunst, und zwar dort, wo es unter den gegebenen Umständen zu erwarten ist: am Petersdom in Rom. Er war der Erste, dessen Berühmtheit maßgeblich durch die Drucktechniken gefördert wurde. Die 1502 erschienene Messensammlung *Misse Josquin* ist der erste Musikdruck, der einen Autorennamen im Titel trägt, und Werke Josquins wurden in gedruckten musiktheoretischen Lehrwerken als satztechnische Vorbilder präsentiert. Ohnehin beherrschte er die Musikkultur in der Westhälfte Europas; davon zeugen die Werkwiedergaben in zahllosen Chorbüchern, also den zeitgenössischen Aufführungsmaterialien.[3]

Neben Josquins Messen und zeitgenössischen Motetten gelangte vor allem ein anderes Repertoiresegment der Musikkultur in Druck: französische Chansons. Die Anforderungen an die Drucklegung dieser Musikstücke waren ähnlich überschaubar wie deren Länge; die Nachfrage rechtfertigte diese Luxus-Pionierprodukte und verhalf umgekehrt auch der Gattung zu einer besonderen Popularität. Diese Mechanismen prägten seit 1530 den Umgang mit dem kurz zuvor neu erstandenen italienischen Madrigal. Dessen frühe Komponisten, Philippe Verdelot und Jacob Arcadelt, stammten aus französischen Teilen jener nicht näher differenzierten »Niederlande« und entfalteten ihre Kunst vor allem in Florenz. Der fortentwickelte Notendruck konnte diese Musik nun verbreiten; und mit dieser Chanson-Madrigal-Gruppe kommt man unvermittelt auch der reformatorischen Kultur nahe.

Die Stellung Luthers

Die geschilderten Bedingungen sind grundlegend, um zu verstehen, wie die Reformatoren auf die kirchliche Musik ihrer Zeit reagierten. Das beginnt bei der Stellung Josquins im Kulturleben: Ganze Volksscharen im Einflussbereich des Papsttums haben seine Musik erlebt. Dass Luther – universitär gebildet – auch den Namen dessen kannte, der als Komponist hinter ihr stand, resultiert nicht zuletzt aus der Präsenz Josquins in den schriftlich geführten Diskursen der Zeit. Doch da Luther auch Einzelkompositionen erwähnt haben soll, als er Josquin als »der Noten Meister« bezeichnete,[4] belegt dies eine tiefer gehende Kenntnis. Und offensichtlich konnte er diese Musik auch stilgeschichtlich bewerten. Das deutet sich in seinen »Tischreden« an: Zwar ist es nicht leicht, diese nicht einmal stenogrammartigen Mitschriebe immer auf veritable Gedankengänge zurückzuführen; doch einmal scheint er sich über den klangorientierten Stil Josquins geäußert zu haben, um ihn – als ebenso ungezwungen wie das Evangelium – von der Musik Heinrich Fincks (gestorben 1527) abzugrenzen. In ihrer strengeren Kontrapunktik und ihren aggressiveren Dissonanzen werde zu sehr das Gesetzmäßige erkennbar.[5] Dennoch lässt sich Luthers Musikverständnis nicht umfassend charakterisieren: Seine auf Musik bezogenen Äußerungen stammen aus unterschiedlichen Zeiten, reagieren auf unterschiedliche äußere Bedingungen und müssen (oder gar: können) daher nicht zu einem geschlossenen Bild führen.[6]

Ferner: Luther hatte unverkennbar ein Bewusstsein für die neuen Medien seiner Zeit. Das zeigt sich im Großen wie im Kleinen: in der Übersetzung der Bibel und deren Verbreitung, ebenso in den Kleinschriften, mit denen er sich zu drängenden Fragen der Zeit äußerte, oder in seinen wissenschaftlich-theologischen Publikationen. Dazu gehört auch, was Luther und seine Mitstreiter auf dem Liedsektor leisteten: Denn populäre Musik mit nichtlateinischen, volkssprachigen Texten in überschaubaren, kleinen Formen war nun einmal etwas, an dem sich die Musikdrucker damals abarbeiteten. In diesen Kontext gehört auch »Ein neues Lied wir heben an«, der balladenartige Liedbericht über zwei reformatorische Glaubensmärtyrer in Brüssel – dessen Textanfang nur genau dieses Lied einleitet, nicht aber auf eine neue Liedkultur verweist.

Auch die Einstellung der Reformatoren zur Wirkung kirchlicher Musik wird nach dem Betrachteten verständlich. Wenn Ulrich Zwingli und Jean Calvin Orgelmusik und die überkommene Form der Mehrstimmigkeit infrage stellten oder gar ablehnten, lässt sich dies auf den liturgischen Nutzen dieser Musik beziehen: Wer Glaube aus der Bibel herleitet, konnte durchaus ein belastetes Verhältnis zu einer kirchlichen Musik haben, deren Text in den Tiefen des architektonischen Raumes verloren geht – oder analog dazu (was die Orgel betrifft) gar keinen Text hat. Dieses Denken kann auch Luther nicht fremd gewesen sein. Doch weder er noch sein engerer Umkreis sahen hier drängenden Handlungsbedarf (vgl. 2. Kapitel).

Viel eher regte Luther an, genau die Gesänge beizubehalten, die jenen akustischen Eindruck des Kirchenraumes damals prägten. In seiner frühen Schrift *Vonn ordenung gottis dienst yn der gemeyne* schreibt er 1523: »Das gesenge yn den sontags messen und vesper laß man bleyben, den sie sind fast gutt, unnd aus der schrift gezogen.«[7] Auch ihm ging es um den Text; solange dieser aus der Bibel stammte, hatte er mit den überkommenen liturgischen Gesängen keine Probleme. Vielen von ihnen liegen Psalmausschnitte zugrunde. Und dies setzt sich in manchen seiner Lieder fort: »Ein feste Burg« und »Aus tiefer Not« sind Psalmlieder, also direkt »biblisch«; dieses Prädikat können »Erhalt uns, Herr, bei deinem Wort« oder »Ein neues Lied wir heben an« nicht für sich beanspruchen.

Dass Kirchgänger von den alten liturgischen Gesängen nur deren musikalische Aspekte erleben konnten, hat Luthers Denken offensichtlich nicht beeinflusst. Viel wichtiger waren ihm die Interpreten dieser in Musik gefassten Texte: die Schüler. Er ging offensichtlich davon aus, dass Lernende, die ihren Platz im Bildungssystem finden mussten, Glaubenstexte besser verinnerlichten, wenn diese sich mit Musik verbanden: Deshalb verfolgte er die Absicht, mit Liedern »das heylige Evangelion [...] ynn schwanck [= in Schwang] zu bringen«, und zwar mit vierstimmigen Sätzen, sodass der Schuljugend »das guete mit lust, wie den jungen gebührt, eyngienge«.[8] Die Texte brauchten nicht unbedingt ins Deutsche übersetzt zu sein; denn von der weltweit geübten Bildungssprache Latein wollte Luther die Gläubigen nicht abgrenzen. Deshalb zieht sich durch die frühe liturgische Praxis des Luthertums wie ein roter Faden der Hinweis, dass Städte mit größeren Lateinschulen Sonderregelungen hinsichtlich der Gottesdienstgestaltungen hätten; stets geht es dabei um das Lateinische, und mit ihm öffneten sich auch Räume für mehrstimmige Musik. Wie sich dies – auch im Unterschied zur vorreformatorischen Zeit – gestaltete, ist ebenfalls näher zu betrachten.

Musik in der Wittenberger Messe

Um die Mitte der 1520er-Jahre, knapp zehn Jahre nach dem Thesenanschlag und kurz nach Luthers Rückkehr von der Wartburg nach Wittenberg, rückte die Gestaltung der äußeren Glaubensformen in den Fokus der Reformatoren, und mit dem Gottesdienst war dann unweigerlich auch die Musik berührt. Wie aber stellten Luther und die frühesten »Lutherischen« sich deren Rolle vor? Welche Mitglieder des kirchlichen Personals sollten Aufgaben übernehmen, und welche Beiträge sollten sie leisten? Der Umgang mit diesen Fragen ist doppelt schwierig. Denn die beiden Erwartungen der Nachwelt, in Luthers Gottesdienst seien Gemeindelieder und die deutsche Sprache zur Basis des Handelns geworden, lenken die Blicke offenkundig in eine falsche Richtung; die Einsicht, sie seien vielleicht revisionsbedürftig, hat sich über Generationen hinweg nicht durchgesetzt. Schon 1896 schrieb der Theologe Julius Smend über diese lutherische Frühzeit:

> Wenn man die ungeheure Bedeutung des deutschen Liedes für die Reformation erwägt, wird man erstaunt sein, von dessen Klängen in unsern Gottesdienstordnungen verhältnismäßig so wenig zu vernehmen. [...] Der Weg zum evangelischen Kirchenliede ist fast nirgend in der Richtung betreten worden, daß man an Stelle des hergebrachten, vorschriftsmäßigen Klerikalgesanges sofort die frischen Töne volkstümlicher Glaubensäußerung gehört hätte.[9]

Offensichtlich hatte man das Bild Luthers als Stifter des Gemeindegesangs, das sich aber mit der historischen Situation nicht vereinbaren lässt, allzu lieb gewonnen. Diese ist – zugegebenermaßen – schwer zu durchdringen, denn »das« Gottesdienstkonzept, das Luther und sein Kreis entwickelten, ist alles andere als eindeutig. Sicher: Es musste für unterschiedlichste Gottesdienstbedingungen passend sein, für den dörflichen Rahmen ebenso wie für einen städtischen, obendrein auch für den akademischen wie in Wittenberg. Und an jedem Ort gab es im Vorfeld eine eigene Gottesdiensttradition. Obendrein bleiben viele prinzipielle Fragen offen, und sogar in Wittenberg selbst ist das Bild nicht kohärent.[10]

Einige fundamentale Schriften Luthers und seines Kreises geben erste Einblicke, wie die gesungenen Anteile eines glaubensfördernden Gottesdienstes gesehen wurden. 1526 gab Luther die *Deutsche Messe und Ordnung Gotesdiensts, zu Wittenberg, fürgenomen*[11] in Druck, eine Muster-Agenda, die die Leser durch die einzelnen Etappen des Gottesdiensts führt. Diese Schrift lässt sich flankieren mit zwei frühen Nürnberger Drucken: Im selben Jahr erschien *Das Teutsch gesang so in der Meß gesungen wirdt*; schon 1524 war das *Enchiridion oder hand büchlein geystlicher gesenge und Psalmen* herausgekommen.[12] Diese Schriften können einen Rahmen für erste Klärungen abstecken – für die in jedem Fall grundlegend ist, nicht automatisch »lutherisches Lied« mit »gottesdienstlichem Gemeindelied« gleichzusetzen.

Zunächst ist der Untertitel des *Enchiridion* (wörtlich griechisch für »Handbuch«) zu betrachten: Es sei »eynem yeglichen Christen fast nützlich bey sich zu haben, in steter übung und trachtung«. Ein Buch also primär für den individuellen Gebrauch? Ganz unten auf der Titelseite findet sich hingegen der Hinweis: »Mit disen und der gleichen Geseng solt man billich [= auf angemessene Weise] die iungen iugendt aufferziehen.« So verbindet sich mit diesem Werk erneut ein pädagogisches Anliegen – wie mit dem *Teutsch gesang* des Folgejahrs, dessen zitierter Titel mit »... zu Nutz und Gut den jungen kindern Gedruckt« fortgeführt wird.

Das Bild, das sich aus diesen Schriften ermitteln lässt, ist uneinheitlich und lückenhaft. Für die Reformatoren war dies aber kein Problem; denn der Gottesdienst folge ohnehin »menschlicher satzung«[13] und sei insofern in seinen äußeren Formen nicht entscheidend. Alles Regelwerk laufe letztlich auf Gewohnheit und Langeweile hinaus.[14] Und so folgt im Schlussteil des *Teutsch gesang*, nachdem scheinbar einen Muster-Ablauf entwickelt worden ist, gleich ein Rückzieher:

> Zu letzt sagen wir, das mans brauchen mag wie man wil, es ist hie kain gesetz, sondern yederman frey, allain das es geschehe gott zu lob und ehr, auch zur besserung der gantzen gemain [= Gemeinde], dann [= denn] es sol und muß in der versamlung nichts gelehrt, gebet[et] und gepredigt werden, es verstehe es dann yederman, und sprech Amen, wie Paulus lernt.

In der *Deutschen Messe* formuliert Luther abschließend seine Sicht etwas konkreter:[15]

> Diejenigen, so auß fürwitz unnd lust neuer dinge gern zu gaffen [= zuschauen], sollen sollichs [= des Gottesdienstes] gar balde müde und überdrüssig werden, wie sie bißher auch in dem lateinischen Gottesdienst gethan haben, da [= als] man in den kirchen teglich gesungen und gelesen hat und dennoch die kirchen wüst und ledig [= leer] blieben seind und schon bereit auch im teütschen thun.

Und so fährt er mit einer Begründung seines pädagogischen Fundamentalansatzes fort:

> Darumb ists das beste das solcher Gotsdienst, auff die jugent gestellet werde, und auff die ainfeltigen [= Einfältigen], so zuefals [= zufällig] herzukommen. Es will doch bey den andern, weder gesetz noch ordnung, noch vermahnen, noch treyben helffen, die laß man fahren.

Folglich ist ihm die Einführung junger Menschen in ein aktives Glaubensleben das Primäre; sekundär ist, mit welchen äußeren Formen das geschieht. Doch diese Lösung war zu einfach – nicht nur für die wissbegierige Nachwelt, sondern schon für die Zeitgenossen. Denn wer sich in einer so sensiblen Situation, wie die Reformationszeit es war, mit gedruckten Äußerungen zu Wort meldet und das Dargestellte dennoch für nicht verbindlich erklärt, braucht sich nicht zu wundern, wenn dem Umschriebenen mehr Gewicht zugemessen wird als den nicht benannten Alternativen – allen Freiheitsbeteuerungen zum Trotz. Worauf zielen diese Leitlinien also ab?

Wie die Buchtitel es besagen, war der sonntägliche Gottesdienst nach wie vor eine »Messe«. Mittelalterlicher Praxis folgend, setzte sie sich aus zwei ineinander verschränkten textlich-musikalischen Teilrepertoires zusammen. Eines von ihnen ist das »Ordinarium«: die »gewöhnlichen« Textanteile, die in jeder Messfeier vorkommen, also beginnend mit »Kyrie eleison« und endend beim Agnus Dei. Diese Messteile streuen sich ebenso über den gesamten Gottesdienst wie die Stücke, die der anderen Gruppe zugehören: das »Proprium«, das »Eigentümliche« jedes Gottesdienstes, das also auf dessen Stellung im Kirchenjahr ähnlich Bezug nimmt wie die wechselnden Schriftlesungen. Von den Gesängen des alten Propriums beibehalten werden der Introitus (zu Beginn des Gottesdienstes, vor dem Kyrie) und mindestens einer der Gesänge, die traditionell zwischen den Lesungen stehen (Graduale, Alleluja, Sequenz).

Dass auch im zweiten Teil des Gottesdienstes Propriumsgesänge üblich waren (Offertorium und Communio im Umkreis der Abendmahlsfeier), greift Luther hingegen nicht auf.

Also wurde für jeden Propriumstext hinterfragt, welche Funktion er im Gottesdienst übernehmen kann. Ebenso verfuhren die Akteure mit den Ordinariumsteilen und wiesen sie sogar unterschiedlichen gottesdienstlichen Akteuren zu; am zyklischen Zusammenhang waren sie nicht interessiert. Schon Kyrie und Gloria, wenngleich in der Messfeier traditionell nacheinander erklingend, werden den frühesten Regelungen zufolge voneinander getrennt behandelt. In der *Deutschen Messe* wird ohnehin nur das Kyrie erwähnt, im *Teutsch gesang* erscheinen beide als Beiträge des Pfarrers. Weitere Einblicke liefert die Wittenberger Kirchenordnung von 1533: Ihr zufolge ist das Gloria nur ein Festtags-, nicht also ein gewöhnlicher Sonntagsgesang.[16] Das Credo fällt der Gemeinde zu: als Lied »Wir glauben all an einen Gott«. Für das Sanctus stellt Luther 1523 ebenfalls ein Lied bereit (»Jesaja dem Propheten das geschah«), doch wurde es in Wittenberg offensichtlich nicht gesungen; das Agnus Dei schließlich, mit seinen an das »Lamm Gottes« gerichteten Bitten »erbarme dich unser« und »gib uns deinen Frieden«, erschien als idealer Begleitgesang des Abendmahls.

Aus alten Propriumsteilen und dem so differenziert gewichteten Ordinarium stellten Luther und seine Mitstreiter also Umrisse eines Messablaufs zusammen. Wie wenig Konkretes dabei entstand (im Wechselspiel aus vorgeschlagenen Möglichkeiten und dem Sich-Nicht-Festlegen), lässt sich exemplarisch am Beginn zeigen, dem Introitus, für den sich in jeder Schrift ein anderer Gestaltungsansatz findet.

Eine besonders traditionelle Variante scheint die zu sein, die Luther in der *Deutschen Messe* entwickelt: »Wir«, so schreibt er, singen »ainen teutschen psalmen«. Gemeint ist kein Lied, denn er fährt fort: »in primo tono auf die weyse wie folget.« Daraufhin findet sich ein langes Notenbeispiel, aus dem hervorgeht, dass hier der gesamte 34. Psalm auf Deutsch gesungen werden soll: »Ich will den Herren loben allezeit, mein Lob soll immerdar in meinem Munde sein. [...]« Dies ist aber keine traditionelle Gottesdienst-Eröffnung: Weder die Melodie noch der Text hat etwas mit einem gregorianischen Introitus zu tun. Vielmehr regt Luther an, den Psalmtext auf eine der typischen Melodien für das »Psalmodieren« zu singen: diejenige im »ersten Ton«, also dem dorischen Modus.

Anstelle des »teutschen psalmen« schlägt Luther als Alternative »ain gaystlich lied« vor. Hierfür aber gibt er kein Beispiel. Dass es ein Gemeindelied war, ist kaum denkbar, denn Luthers Formulierung heißt im Ganzen: »Zum anfang aber singen Wir ain gaystlich lied, oder ainen teutschen psalmen in primo tono, auff die weyse wie folget.« Für beide Varianten ist der Akteur also derselbe: »Wir«. Das Psalmodieren hat eine Gemeinde damals keinesfalls beherrscht, weder textlich noch musikalisch. Luthers Formulierung kann aber auch nicht bedeuten, dass die Gemeinde entweder (aktiv) ein Lied sang oder (passiv) einen Psalmvortrag erlebte, denn dann hätte Luther zwischen »der Priester« und »die gantze kirche« unterschieden – so, wie er es im Folgenden tut. Also ist dieser Gottesdienstanfang aus der Tradition der Messfeier heraus zu verstehen: Ihr zufolge sang zu Beginn die Choralschola (auch wenn an dieser Stelle kein schlichtes Psalmodieren vorgesehen war). Für Luther bestand demnach kein Zweifel, dass irgendeine Sängerformation in Altarnähe den Gottesdienst eröffne. »Zum anfang aber singen Wir…« heißt demnach: »In unseren Wittenberger Gottesdiensten steht am Anfang…« Dieses »Wir« wird immer wieder verwendet; auf die »gantze Kirche« verweist es nie.

In *Das Teutsch gesang* wird das Thema aus einer anderen Richtung betrachtet. Als Eingangsgesang wird ebenfalls »ein Psalm« vorgeschlagen, aber in Nachdichtung als Strophenlied: »Aus tiefer Not schrei ich zu dir«, Luthers Bearbeitung des 130. Psalms. Die pädagogische Bestimmung des Buches trifft sich also mit der Tradition der Messfeier: Der Schulmeister sollte das Lied anstimmen und seine Schüler so unterrichten, dass sie mitsingen konnten – wiederum in der Nachfolge einer Choralschola. An ein solches Lied wird Luther auch für die Ersatzkonstruktion der *Deutschen Messe* gedacht haben.

Präziser wird dann 1533 die Wittenberger Kirchenordnung. Hier heißt es: »Vor allem in der Messen soll man erstlich singen das deutsch Benedictus Sacharie mit seiner kurzen antiphon«: Gemeint ist der Lobgesang des Zacharias aus Lukas 1 (der als Wechselgesang »Gesegnet sei Gott, der Herr von Israel« das Zwickauer Gesangbuch von 1525 eröffnet[17]). Erst danach ist der Introitus an der Reihe, »zu zeiten lateinisch, zu zeiten deutsch, welches soll sein ein deutscher psalm.« Also ging es hier entweder um einen unveränderten Psalmtext (wie in der *Deutschen Messe*) oder um eine Nachdichtung (wie in *Das Teutsch gesang*), nicht aber um ein beliebiges Kirchenlied; ausdrücklich wird dem Schulmeister in einem eigenen Abschnitt aufgegeben, er solle nur Gesänge gebrauchen, »so rein aus der heiligen schrift genomen sein«.[18]

Was also nimmt der »geneigte Leser« aus diesen Informationen mit? Teils setzt sich fort, dass Luther 1523 an den Gesängen der alten Messe festzuhalten empfahl. Keines der erkennbaren Konzepte rückt von der Tradition eines Introitus ab; Psalmtexte stehen im Zentrum, und die Gemeinde hört nur zu. Andernteils wurde kein absoluter Regelungsbedarf gesehen; Gottesdienst mag zwar Ausdruck des Glaubens sein, ist aber kein Selbstzweck. Welche Texte und Melodien verwendet werden, ist insofern nicht ausschlaggebend.

Bis hin zur Predigt wird die lutherische Messfeier weitgehend von jenen mittelalterlichen Traditionen geprägt: von dem Abwechseln einer Sängergruppe, die die Ordinariums- und Propriumsteile in den Gottesdienst einbringt, mit den Beiträgen des Priesters, der sämtliche Lesungen und Gebete ebenfalls singt. Für dessen Sprechgesang stellt Luther in der *Deutschen Messe* ein melodisches Baukastensystem bereit; je nach Satzzeichen und Sinneinheiten soll der Textvortrag einen plausiblen Bogen umschreiben. Noch mehr Melodieelemente entwickelt er für das Evangelium; denn in dessen Texten sollen die Erzählebene, die Wortbeiträge Jesu und die Kommentare anderer Personen musikalisch voneinander unterschieden werden. Das Gesamtresultat daraus überrascht, denn »gesprochenes Wort« kam auf diese Weise im Gottesdienst nur an einer einzigen Stelle vor: in der Predigt. In ihrem Sprachklang wurde sie also viel stärker als in späterer Zeit aus dem übrigen Gottesdienst herausgehoben: als etwas Einmaliges, Unmittelbares.

Doch wie man die Dinge auch dreht und wendet, an keiner Stelle kommt ein vielfältiger »lutherischer Liedgesang der Gemeinde« zum Vorschein. Luther verfolgte

Gesungene Lesung · Luthers Melodien-Bausteine für die Lesung der Epistel, die er direkt aus der Messpraxis des Spätmittelalters übernommen hat. Man startet mit der Tonfolge des »Initiums«, schließt mit dem »Finale« und hat für die Binnengliederung weitere Formeln zur Verfügung, besonders auch für die Frage, »Questio«.

Martin Luther, *Deutsche Messe*, 1526.

offensichtlich fundamental andere Ziele. Bisweilen werden Lieder als Ersatz für die alten lateinischen Propriumsgesänge vorgeschlagen, dann aber (wie im Introitus) einer Sängergruppe zugewiesen. Und wenn die Gemeinde dennoch Anteile am Singen hat, dann sehen diese anders aus als in späteren Zeiten.

Ein erstes Mal wirkt sie an der Sequenz mit, also an einem der Propriumsgesänge zwischen den beiden Lesungen. Sequenzen sind lateinische Strophendichtungen des Mittelalters, und laut den Wittenberger Bestimmungen von 1533[19] wurden drei von ihnen in die lutherische Messe übernommen, je eine für die Zeit zwischen Weihnachten und der Fastenzeit (»Grates nunc omnes«), zwischen Ostern und Christi Himmelfahrt (»Victimae paschali laudes«) sowie für Pfingsten (»Veni Sancte Spiritus«). Zwischen die lateinischen Strophen durften die »Laien« schon in vorreformatorischer Zeit Antwortgesänge einschieben. In lutherische Praxis übertragen, wurde also je nach Jahreszeit eines von drei traditionellen Sequenzliedern gesungen, in deren Texten das lateinische Original in freier Übersetzung wiedergegeben ist: in den Wochen nach Weihnachten »Gelobet seist du, Jesu Christ«, zwischen Ostern und Himmelfahrt »Christ ist erstanden«, zu Pfingsten »Nun bitten wir den heiligen Geist«. Alle drei gehören einer eigenen Liedgattung an: Jede Strophe schließt mit dem Ruf »Kyrieleis« (»Herr, erbarme dich«); ihm verdankt diese Liedgruppe den Namen »Leis« oder »Leise«.

Ein zweites Mal singen durfte die Gemeinde dann nach der gesungenen Evangelienlesung, an der Stelle des traditionellen Credo. Die ausführlichste Darstellung für dessen Gestaltung findet sich erneut in der Wittenberger Kirchenordnung: Der Priester singt als Einleitung »Credo in unum Deum« lateinisch, daraufhin setzen die Schüler mit dem Text »Patrem omnipotentem …« fort und singen »alsdan mit dem volk *wir gleuben alle an einen gott*«. Dies ließ sich abkürzen: Dann stimmte der Schulmeister nach der Evangelienlesung gleich das Lied an, und Schüler und Gemeinde traten hinzu.

Das Bild setzt sich nach der Predigt fort. Das Vaterunser wird gesungen (laut *Deutscher Messe* trägt der Pfarrer hingegen eine erklärende Paraphrase vor). Für die Einsetzungsworte zum Abendmahl ist Priestergesang wiederum unbedingte Vorschrift. Und während der Austeilung von Brot und Wein werden erneut Lieder gesungen – von wem, lässt sich zumindest anhand der Wittenberger Kirchenordnung klären:[20]

> Weil [= dieweil, während] das volk communicirt, singt man *sanctus; agnus dei; Jesus Christus unser heiland; gott sei gelobt;* das deutsch *confitebor tibi; pange lingua* lateinisch und dergleichen, auch deutsche gesenge vom feste etc. bis die communion aus ist.

Oder anders: Das Volk ist mit dem Abendmahl (»Kommunion«) beschäftigt und soll sich auf dessen geistliche Bedeutung konzentrieren; für ein Singen ist dabei kein Platz. Lieder und andere Gesänge (vor allem, wenn sie einen lateinischen Text haben) trugen demnach andere vor, also erneut die Schüler (für die noch sehr viel später Sonderregeln galten, wie sie trotzdem am Abendmahl teilnehmen könnten[21]). Kommentarlos entfällt nach der Predigt das vorreformatorische Offertorium, und nur im *Teutsch gesang* wird auf den einstigen Abschluss des Propriums ausdrücklich Bezug genommen, die Communio (und zwar mit einem Lied: »Es woll uns Gott genädig sein«). Warum die lutherische Praxis gegenüber diesen alten Propriumsteilen auf Abstand geht, wird nicht erklärt; die zweite Hälfte der Messfeier jedenfalls erhielt ein neues, lutherisches Aussehen, indem die Musikanteile auf die Gesänge zum Abendmahl konzentriert werden. Dass sich hier die reformatorischen Debatten um die Bedeutung des Abendmahls auswirkten, liegt nahe und lässt sich – später – in anderem Zusammenhang bestätigen.

Nach dem Abendmahl folgt noch der deutsche Messgesang »Christe, du Lamm Gottes«, und zwar auch dann, wenn ein lateinisches Agnus Dei während der Austeilung gesungen wurde. Für die Bezeichnung der Ausführenden findet sich erneut das fatale »wir« oder »man«, das aber im Gesamtkontext nie für »das Volk« benutzt wird. Einem Dankgebet schließt sich der Segen an, und danach fällt der Gemeinde noch einmal eine aktive Rolle zu: Sie antwortet mit »Amen«.

So scheint es, dass die Gemeinde nur marginal am Gottesdienst beteiligt war. Das aber ist eine rückblickende Sicht; allzu leicht lässt sich unterschätzen, wie viel Gemeindeorientierung in volkssprachigen Lesungen, der Austeilung des Abendmahls in beiderlei Gestalt (mit Brot und Wein) und dem als Lied gesungenen Glaubensbekenntnis lag. Indem Luther dieses aus dem Messordinarium herauslöste und als gesungenes Credo zur Individualäußerung der Gläubigen erklärte, veränderte sich der Charakter des Gottesdienstes fundamental.

Ein Gemeindelied war bei alledem also nicht intendiert. Eine Neuerung war ja schon, dass das Volk überhaupt etwas singen durfte; 100 Jahre zuvor, beim Konstanzer Konzil (1414–1418), war dies noch ausdrücklich verboten worden,[22] offenkundig weil der Gesang der Messfeier durch außergottesdienstliches Singen (wie bei Prozessionen) unter Druck geraten war. Die Leisen-Praxis als solche war hingegen nicht neu; Luther baute sie lediglich aus, indem er zu den ursprünglich einstrophigen Gesängen »Gelobet seist du, Jesu Christ« und »Nun bitten wir den Heiligen Geist« weitere Strophen hinzudichtete. Und das als Lied individualisierte Glaubensbekenntnis folgte einer eigenen theologischen Logik. Das Ziel eines prinzipiellen Liedersingens zeichnet sich also nicht einmal in Ansätzen ab. Wie also lässt sich stattdessen die Rolle der Gemeinde charakterisieren: Sie sang volkssprachige Liturgie-Anteile, die in jedem Gottesdienst vorkamen. Das gilt für das Glaubenslied ohnehin, ebenso auch für die Sequenz-Einlagen, die über mehrere Wochen hinweg gleich blieben. Wechselnde Lieder zu singen war Aufgabe der Schüler.

Es war also nicht abzusehen, ob und in welcher Richtung sich eine singende Gemeinde jemals auf Kosten professioneller Sänger emanzipieren würde; denn rein entwicklungsgeschichtlich betrachtet, mussten hierfür Teile des alten Propriums an die Gemeinde überwiesen werden. Viel eher also wurde die alte Messfeier nur insofern »reformiert«, als das nicht länger Gewünschte ausgeschieden wurde. Alles andere konnte bleiben, wie es war.

Missverständnisse hinsichtlich eines schon »lutherischen« Gemeindeliedes entstanden also vor allem durch Fehllesungen. Hinweise des 16. Jahrhunderts darauf, dass Schüler im Gottesdienst sangen, lassen sich nie so verstehen, dass damit ein ohnehin vorhandener Gesang der Gemeinde gestützt wurde; wo keine Gemeinde erwähnt ist, sondern nur die Schüler oder der Schulmeister, sangen allein diese. Sicher: Es lässt sich nicht ausschließen, dass auch normale Kirchgänger einmal in ein Lied einstimmten, wenn sie es kannten. Doch bis sich die Rollenverteilung umkehrte (sozusagen von einem Schülerlied zu einem Gemeindelied), dauerte es lang. Noch 1604 in Hamburg wird jenes Mitsingen Einzelner als bloße Option benannt: dass in vierstimmigen Schüler-Liedsätzen »den Discant auch ein jeder Christ … gleich mit Musiciern« könne.[23] Noch dabei war das Mitsingen kein Regelfall.

Wolfgang Musculus in Eisenach und Wittenberg, 1536

All die Offenheit, die in den Äußerungen zwischen 1523 und 1533 offensichtlich mit Absicht liegt, musste dennoch für den sonntäglichen »Ernstfall« konkretisiert werden. Dafür, wie Menschen im direkten Umkreis Luthers den Gottesdienst wirklich erlebten, gibt es ein aufschlussreiches Dokument; es verdankt sein Entstehen einem Umstand, der einem modernen Verbrauchertest ähnelt. »Prüfer« war Wolfgang Musculus, der 1536 (drei Jahre nach Publikation der zitierten Kirchenordnung) aus seiner Heimat, der Reichsstadt Augsburg, nach Wittenberg entsandt wurde, um dort an den Beratungen zur »Wittenberger Konkordie« teilzunehmen. Deren Zweck war die Beilegung einer Unsicherheit in einer elementaren Frage des Glaubenslebens: Ist Christus beim Abendmahl real anwesend, oder ist dieses nur ein Gedächtnismahl? Musculus reiste zunächst an den ursprünglich vorgesehenen Tagungsort Eisenach; Luther jedoch war erkrankt, sodass die Teilnehmer sich in Wittenberg trafen. An beiden Orten protokollierte Musculus für seine Augsburger Auftraggeber, was er im Gottesdienst erlebte; anscheinend wollte er so viel Orientierung wie möglich nach Hause mitnehmen.[24]

Als »Prüfer« ist Musculus ideal für die Nachwelt. Denn als Abgesandter einer oberdeutschen Reichsstadt kannte er auch die andersartigen gottesdienstlichen Formen, die die Reformation im Südwesten Deutschlands bis hin zur Schweiz hervorgebracht hatte. Sie waren entstanden, weil die örtlichen Reformatoren zuvor als Prediger Aufmerksamkeit erregt hatten, außerhalb der Messe; ihre Predigtfeiern wurden in jenen Städten zum gottesdienstlichen Normalfall erklärt. Und weil diese Predigten von Gesängen der Gläubigen eingerahmt worden waren, sah die liturgische Praxis dort fortan völlig anders aus.[25] Wohl auch wegen dieser liturgischen Unterschiede ist Musculus' Bericht sehr detailliert, und wenn er an den Reisestationen notiert, die Liturgie folge dem päpstlichen Ritus (»... more papistico«), bezieht sich dies auf eine Reformation, in der die Messe abgeschafft worden war. In Eisenach erlebte er den Gottesdienst am Sonntag Cantate mit, in Wittenberg dann zwei Wochen später am Sonntag Exaudi.

Der Eisenacher Gottesdienst begann mit einem traditionellen Introitus, gesungen vom Schulmeister und dem Schülerchor. Tatsächlich handelte es sich um den »päpstlichen« Gesang, von dem dieser Sonntag seinen Namen hat: um »Cantate Domino«, den Beginn des 96. Psalms. Offensichtlich wurde also keine der für Wittenberg entwickelten Formen praktiziert. Dann war das Kyrie erreicht, das nach Musculus' Beobachtung irgendwie abwechselnd mit der Orgel gesungen wurde; wer die Sänger waren, berichtet er nicht. Was es mit diesem Gesang auf sich hatte, erschließt sich nur indirekt, doch jedenfalls zeigt sich: Auch das Kyrie wurde anders als in Wittenberg behandelt.

Dort war für normale Sonntage das Urkonzept abgeschafft worden: Jeder der drei Teilsätze (»Kyrie eleison, Christe eleison, Kyrie eleison«) war einst dreimal nacheinander gesungen worden. Luther aber wollte dieses »neunmalige Kyrie« nur noch an Festtagen zulassen und empfahl stattdessen, jeden Satz nur einmal zu singen. Hätte man sich in Eisenach dies zu eigen gemacht, wäre an einem normalen Sonntag ein »Abwechseln« zwischen Sängern und Orgel nicht möglich gewesen: Entweder wären die beiden Kyrie-Sätze gesungen und das zentrale »Christe eleison« von der Orgel gespielt worden; dann hätte man diese Anrufung nie eigens gehört.[26] Noch unwahrscheinlicher ist der umgekehrte Fall: Die Orgel hätte beide »Kyrie«-Anrufungen gespielt, der Chor nur für das »Christe eleison« Text benutzt. Also müssen die drei Teilsätze je dreimal vorgekommen sein. Wie dann eine Orgelmitwirkung funktionierte, zeigen Manuskripte der Jahrzehnte um 1500:[27] Im einleitenden Kyrie wird ein einzelner gesungener Vortrag von zwei Orgelanteilen eingerahmt; in umgekehrter Anordnung folgen die drei Durchgänge des »Christe«. Darüber hinaus enthalten jene Quellen noch ein »Kyrie ultimum« für Orgel. Diese Abfolge ist einleuchtend: Wenn die Orgel beginnt, ist für die Sänger-Fortsetzung die Intonation gesichert.

Wie in der Messe üblich, folgte in Eisenach das Gloria: intoniert vom Pfarrer, sofort fortgesetzt von Chor und Orgel, vermutlich wiederum im Wechsel; zwar äußert sich Musculus nicht dazu, doch es gab in Eisenach sogar Vokalmusik, die eigens auf diese Aufführungsform ausgerichtet war (vgl. 5. Kapitel). Damit war das erste Kollektengebet erreicht, das der Pfarrer ebenso sang wie die anschließende Epistellesung. Das nächste Element des traditionellen Messablaufs wäre nun die Gruppe aus Graduale, Alleluja und Sequenz gewesen; nur die Letztere kam vor. Musculus zufolge spielte zuerst die Orgel; dann trug der Chor die erste Strophe der Ostersequenz »Victimae paschali laudes« vor, und »das Volk« antwortete mit »Christ ist erstanden«. Weitere Angaben macht er nicht, wohl weil ihm der Ablauf selbstverständlich war; also wechselten die lateinischen Strophen und die der mittelalterlichen Leise so ab, wie dies auch nach der Wittenberger Kirchenordnung intendiert war. Dennoch wünschte sich die Nachwelt von Musculus mehr Klarheit: Fiel der Orgel nach der Einleitung nochmals ein Anteil an der Sequenz zu? Und welche der beiden Varianten, deutsche Texte in die lateinische Sequenz einzubringen, wurde gewählt: Wurde immer nur (wie traditionell üblich) die erste Leisen-Strophe gesungen – oder jeweils genau die Liedstrophe, die sich auf die vorausgegangene lateinische bezog?

Wieder im Sprechgesang trug der Pfarrer das Evangelium vor; danach spielte erneut die Orgel, und »ecclesia« sang »Wir glauben all an einen Gott«, also nach Wittenberger Praxis auch hier die ganze Gemeinde. Die Abfolge ist wiederum eindeutig: Erst spielte die Orgel, dann sang die Gemeinde das Lied; eine Orgelbegleitung war nicht vorgesehen. Predigt, Abendmahlsvorbereitung und -austeilung folgten; nach den Einsetzungsworten spielte erst die Orgel, und während die Gemeinde zum Abendmahl ging, sang der Chor »Agnus Dei«. Diesem folgte ein gesungenes Schlussgebet, der Segen, und, vom Chor gesungen, das deutsche »Da pacem«: »Verleih uns Frieden gnädiglich«. Wäre daran die Gemeinde beteiligt gewesen, hätte Musculus mitgesungen und dies protokolliert.

Somit handelte es sich nicht völlig um eine »Wittenberger« Messe; der Eisenacher Gottesdienst ging auch von lokalen Sondertraditionen aus, die sich in zahlreichen Details noch klarer fassen lassen (vgl. 5. Kapitel).[28] Schön zu sehen ist, wann die Orgel spielte, erkennbar aber auch, dass kein veritables Gemeindelied vorkam, sondern nur die üblichen, »wiederkehrenden« Gesänge.

Zwei Wochen später, in Wittenberg, bot sich Musculus ein nur geringfügig anderes Bild, das aber erneut die minimal älteren »Vorschriften« relativiert. Ausdrücklich schreibt Musculus, dass die Orgel den Vortrag von Introitus und Kyrie eröffnete und am Gloria mitwirkte; dieses wurde vom Liturg eröffnet. In der Kollekte nach dem Gloria ergab sich laut Musculus ein Wechselgesang zwischen Pfarrer (»Der Herr sei mit euch«) und Chor (»und mit deinem Geist«); nicht einmal diese Antwort übernahm also die Gemeinde. Kollekte und Epistellesung wurden gesungen, aber beide mit lateinischem Text, und vor dem folgenden Lied, das der Chor vortrug, spielte erneut die Orgel. Zwischen den Lesungen gab es keine Sequenz (weil sie zwischen Himmelfahrt und Pfingsten nicht vorkommt), aber auch keines der in den alten Vorschriften vorgesehenen Lieder: weder »Mitten wir im Leben sind« noch »Nun bitten wir den heiligen Geist« oder »Nun freut euch, lieben Christen gmein«, sondern »Gott der Vater wohn uns bei«.[29] Diese Offenheit der Liedwahl mag die Verpflichtung des Schulmeisters spiegeln, nicht immer dieselben Lieder singen zu lassen,[30] wieder aber bezogen auf einen Gesang der Schüler. Diese übernahmen – sonderbarerweise – anschließend auch das Glaubenslied zwischen Evangelium und Predigt. Oder hat Musculus hier nicht richtig aufgepasst?

Nach der Predigt sang der Chor auf Latein die Friedensbitte »Da pacem, Domine« (die in Eisenach, deutsch gesungen, den Gottesdienst beschloss). Und als Gesänge, die während der Austeilung des Abendmahls vorgetragen wurden, protokolliert Musculus neben dem lateinischen Agnus Dei die Lieder »Jesus christus etc. Gott sey gelobet etc.«, also exakt die drei Gesänge, die auch laut Wittenberger Kirchenordnung die ersten Präferenzen waren; wer die Gesänge sang, sagt Musculus nicht, doch angesichts des Lateinischen im Agnus Dei kommt auch hier nur der Chor in Betracht. Einen Schlussgesang gab es nicht; nach dem gesungenen Segen des Pfarrers endete die Messfeier.

Auch mit Musculus' doppeltem Praxistest also verfestigt sich das Bild. Die Rolle der Musik in der lutherischen Messe leitet sich aus deren spätmittelalterlichem Vorgänger her und wurde nur punktuell anders gestaltet (Credo-Lied, Musik im Umkreis des Abendmahls). Ein veritables »Gemeindelied« ist nicht in Sicht. Besonders wertvoll sind Musculus' Hinweise auf Anteile der Orgel, die in den zitierten Schlüsselschriften nirgends erwähnt sind; stets spricht er von Solospiel.

Figuralmusik, das dänische Luthertum und Georg Rhau

Wie aber konnte im Umfeld Luthers noch mehr gottesdienstliche Musik ermöglicht werden, also vor allem auch mehrstimmige? Eine klare Antwort darauf lässt sich nur schwer geben: weil alle liturgischen Abläufe so offen formuliert wurden. Folglich mag es scheinen, als ob in ihnen die mehrstimmige Musik noch gleichgültiger war als der äußere Rahmen. Doch dies ist nur die eine Seite der Medaille. Denn wenn ein Chor am Gottesdienst mitwirkte, war in den Teilen, die ihm zufielen, prinzipiell auch Figuralmusik möglich. Dass deren genaues Ausmaß von den Kirchenordnungen nicht geregelt wird, mag sich daraus erklären, dass Figuralmusik nur an relativ wenigen großen Orten möglich war, an denen mit den Gottesdienstrichtlinien ohnehin souverän umgegangen werden konnte.

Das Angebot solcher Musik war groß. Seit den späten 1520er-Jahren stiegen die Produktionszahlen der Notendrucke nahezu sprunghaft an, nicht zuletzt auf dem Sektor von kirchenmusikalischen Sammelbänden (mit Motetten von verschiedenen Meistern).[31] Und die gottesdienstliche Musiknachfrage spiegelt sich auch in den Chorbibliotheken lutherischer Schulen des 16. Jahrhunderts. Wie aber ließen sich diese Repertoires in Gottesdiensten nutzen? Keinesfalls konnte Musik nur wegen ästhetischer Werte in den Gottesdienst importiert werden; vor allem musste sie sich in die zeitgenössische Liturgie einpassen. Und »Gottesdienst« war nicht nur die Messe; die frühen Lutheraner gaben auch das traditionelle Stundengebet nicht preis, dessen Ordnung sich in der Titelformulierung des Leipziger Gesangbuches von 1530 spiegelt: *Enchiridion geistlicher gesenge und Psalmen fur die leien [= Laien] ... Sampt der Vesper, Metten, Complet und Messe*. Auch Vesper, Mette und Komplet bestanden demnach fort.

Mehrstimmige Bearbeitungen ganzer Psalmen hatten ihren Platz in der Vesper, und zwar stets mehrere in klassischen Koppelungen. Mozarts beide *Vesperae* (KV 321 und 339) und Monteverdis *Marienvesper* sind in ihren Texten für zwei unterschiedliche, liturgisch klar definierte Anlässe zusammengesetzt, und entsprechend nennt das Leipziger Gesangbuch von 1530 fünf lutherische Vesperpsalmen (110–114).[32] All diesen Konzepten gemeinsam ist ihr neutestamentlicher Abschluss mit dem Magnificat. Solche liturgischen Zuordnungen wurden zweifellos beachtet; die Freiheit, typische Vesperpsalmen auch einmal als Mess-Introitus zu gebrauchen, hatte also Grenzen. Und ebenso wenig, wie Lieder »frei« in den Gottesdienstablauf eingefügt wurden, konnte ein Chorleiter »frei« mehrstimmige Musik zur gottesdienstlichen Aufführung auswählen.

Im Hinblick auf »lutherische« mehrstimmige Musik ist selbstverständlich am interessantesten, wie Luther selbst sie in der Messe erlebt haben mag. Dass Kunstmusik eine Rolle für Luther (der sich über sie äußerte) und seinen Kreis spielte (allen voran für seinen Weggefährten Johann Walter), steht außer Frage; doch welche mehrstimmige Kirchenmusik im Wittenberg Luthers erklang, ist nicht dokumentiert. Um dennoch ein Bild gewinnen zu können, müssten zwei Fragen möglichst präzise beantwortet werden. Die erste: Weil die Wittenberger Liturgie im Detail so wenig autoritativ (oder auch: griffig) wirkt, müsste man, um die Informationslücken zu schließen, an einem anderen Ort Regeln finden, die im Kern den Wittenberger Angaben nahestehen und diese obendrein konkretisieren; dann sähe man klarer, was auch in Wittenberg möglich war. Welche örtliche Liturgie aber könnte dies sein? Und die andere: Wo gibt es ein musikalisches Repertoire, das unmittelbar auf diese Liturgie abgestimmt ist? Die Liturgie ist das Übergeordnete; erst in Verbindung mit ihr lässt sich bestimmen, welche Musik zu ihr passte.[33]

Relativ weitgehend gelingt dies in Eisenach. Grundlage können hier Musculus' detaillierte liturgische Aufzeichnungen sein; außerdem ist das Eisenacher Kantorenbuch der 1540er-Jahre erhalten geblieben, das ein umfangreiches Musikrepertoire gerade für die Messfeier wiedergibt und sich mit Musculus' Angaben verbinden lässt.[34]

Doch der Eisenacher Gottesdienst wich, wie beschrieben, in einer Reihe von Details von der Wittenberger Praxis ab, auch in solchen, deren Folgen tief in die Musikpraxis hineinragen und erst aus dem Kantorenbuch hervorgehen. Also kommt man Luthers Erleben damit nicht genügend nahe. Wollte man einen solchen Gottesdienst gar rekonstruieren, scheiterte das Vorhaben ohnehin an den Orgelanteilen; denn Musik von der Art, die Musculus beschreibt, ist nicht überliefert. Das zeigt, wie hoch die Anforderungen sind, die für Klärungen erfüllt sein müssten. Diese günstigeren Bedingungen aber herrschten im frühen dänischen Luthertum. Dass sie sich in einem anderen Sprachraum ergeben, ist für die Figuralmusik belanglos, denn sie war ohnehin in der Regel lateinisch. Und so ist weit auszuholen, ehe die aus verschiedenen Richtungen stammenden Informationen zu einem Figuralmusik-Bild zusammengefügt werden können. Zunächst also: Warum gerade Dänemark?

Das Königreich gehörte zu den frühesten Sympathisanten der lutherischen Reformation; eine Art Vorreiterrolle hatte, schon vor Luthers Thesenanschlag, ein kritischer Reformkatholik inne, Poul Helgesen. 1517 hatte er sich eigenständig zu Missbräuchen geäußert, die sich aus seiner Sicht in der Papstkirche ergeben hatten. 1520 ließ sich König Christian II. durch seinen sächsischen Schwager Friedrich den Weisen einen lutherischen Prediger aus Wittenberg schicken; beim Wormser Reichstag von 1521, bei dem Luther den Widerruf seiner Positionen verweigerte, war Christian durch einen Gesandten vertreten. In Worms hieß es ferner, Luther solle eine Theologieprofessur in Kopenhagen übernehmen; dass es nicht dazu kam, wird zuallererst mit der Lebensgefahr zusammengehangen haben, die für Luther aus dem Verhängen der Reichsacht resultierte,[35] und so gelangte Luther stattdessen auf die Wartburg.

In Dänemark entluden sich anschließend Spannungen, die sich seit Längerem zwischen unterschiedlichen Interessensgruppen des Ostseeraums angestaut hatten, in einen veritablen Bürgerkrieg (1534–1536), der weitaus komplexer war als die mitteleuropäischen Bauernaufstände: Drei legitime Aspiranten der Königswürde kämpften um die Macht, und je einer wurde unterstützt vom katholischen Adel, dem lutherischen Adel und den Bauern. Am Ende setzte sich der lutherische Christian III. durch; die radikale Beseitigung der bisherigen Kirchenmacht gehörte zu den Maßnahmen, die er anschließend ergriff, um das Land neu zu ordnen. So erklärte Christian III. 1536 das Luthertum zur Staatsreligion; Dänemark war damit der erste dezidiert lutherische Staat überhaupt.

Die Bestimmung einer lutherischen Staatsreligion mag wie eine normale Konsequenz daraus wirken, dass ein Territorium eine lutherische Kirchenordnung erhielt. Eine solche verhinderte aber nicht, dass ältere Glaubenselemente fortgeführt wurden. In Dänemark war also ein völlig neues religiös-politisches Werkzeug entstanden, und so folgten andere Länder dem dänischen Beispiel (allen voran 1539 Sachsen).

Die dänische Kirchenordnung, die in der Folge erarbeitet wurde, ist bis in Details den jüngsten Entwicklungen des Landes verpflichtet. Denn hier nun führte kein Weg daran vorbei, bis hinunter zu den Abläufen des Gottesdienstes klar zu definieren, was als »zur Staatsreligion gehörig« gelten konnte und was nicht; für Beliebigkeit war in der angespannten Situation kein Platz. So entstand in Dänemark auch in Fragen der Gottesdienstordnung etwas Einzigartiges: Strikt an lutherische Ideen gebunden (deren Verwirklichung ja Ziel der politischen Maßnahme war), wurden Festlegungen getroffen, die man andernorts nicht in dieser Klarheit antrifft. Und so ist der erste Kreis schnell geschlossen: Im Dänemark der späten 1530er-Jahre trifft man auf genau die gesuchte Konkretisierung der frühen lutherischen Regeln.

In ihrer Bedeutung ragten diese Festlegungen weit über die dänischen Grenzen hinaus; sie beeinflussten auf Jahrzehnte auch den Norden des Heiligen Römischen Reiches Deutscher Nation. Ohnehin gehörte diesem der Südteil Schleswig-Holsteins (= Holstein) an, das aber unter dänischer Regierung stand, und viele der regionalen Kirchenordnungen stammten aus der Feder Johannes Bugenhagens (der auch die dänische begutachtete). So entstand mithilfe des dänischen Vorbilds ein gemeinsamer lutherischer Aktionsraum, und die Folgen daraus blieben für lange Zeit erkennbar: Weil dieses Regelwerk von so klaren Festlegungen ausging, ergaben sich Fortentwicklungen langsamer als in anderen Gegenden: In »Luthers Norden« hatten die Wittenberger Ur-Komponenten eine größere Bestandskraft als in Wittenberg selbst.

Die Messfeier als solche wurde in Dänemark nicht angetastet; bis heute heißt der dänische Sonntagsgottesdienst »højmesse«: hohe Messe. Getreu den Traditionen und den Diskussionen der 1530er-Jahre teilte sie sich in zwei unterschiedlich behandelte Teile, je einen vor und nach der Predigt.[36] Vor der Predigt blieb nahezu alles beim Alten; gegenüber der Wittenberger Praxis wurde lediglich die Anzahl der Kyrie-Teile auf grundsätzlich drei beschränkt (die längere Wittenberger Festtagsform war also ausgeschlossen), und zwischen den Lesungen gab es ursprünglich noch das Maximum an Gesängen: Graduale, Alleluja und Sequenz in unmittelbarer Folge.

Für die Gottesdienstteile nach der Predigt jedoch wurde der Gebrauch alter Messbücher verboten; sie mussten sichtbar geschlossen und vom Altar weggebracht werden, weil jede Erinnerung an eine vorreformatorische Opferfeier ausgelöscht werden sollte – im Sinne der zeitgenössischen Abendmahlsdiskussionen. Das betraf die Musik ganz direkt: Wenn die Messbücher zugeklappt wurden, war der Zugang zu Offertorium und Communio versperrt. In den Kirchenordnungen aus Wittenberg waren diese Teile einfach nicht mehr erwähnt worden; die Begründung dafür wird im Dänemark der 1530er-Jahre gegeben.

So wurde die Messfeier geteilt: in einen traditionellen Teil bis zur Predigt und einen neuen nach dieser. Und zugleich wurde mit standardisierten örtlichen Unterschieden gearbeitet, denn die Messe brauchte nicht an allen Orten gleich gefeiert zu werden: Es gab Regeln für Zentren, an denen eine Lateinschule bestand; für kleinere Orte galten andere. Nur in den letzteren fand der Gottesdienst im Wesentlichen in der Volkssprache statt; in den größeren Städten hatte das Lateinische weitaus mehr Gewicht. Sogar das Credo war dort als lateinischer Gesang zugelassen. Die Orte mit großen Schulen wurden also als Zentren des Lateinischen hervorgehoben; und in den zugehörigen Kirchen lässt sich am ehesten mit Figuralmusik rechnen, selbstverständlich auf Latein.

Die liturgische Praxis Dänemarks unterschied sich von derjenigen in Wittenberg somit im Kyrie (aber nur an Festtagen) und in der Behandlung des Credo. Dass dies trotzdem nicht schwer wiegt, zeigt der Vergleich mit Eisenach: Dort war man Luthers Kyrie-Einschränkungen nicht gefolgt, und die alte Gruppe aus Graduale, Alleluja und Sequenz war anscheinend grundsätzlich reduziert worden.[37] Wer also eine Vorstellung von einer potenziellen Wittenberger Figuralmusik gewinnen möchte, kann sich am ehesten an den dänischen Regeln orientieren, für Lesungen und Gebete die entsprechenden deutschen Texte einsetzen und ein mehrstimmiges Credo gegen Luthers Lied austauschen.

Und so ist der Blick frei auf ein zweites Feld, das umfassend dargestellt werden muss: die Musikdrucke von Georg Rhau (1488–1548). Rhau war schon früh Sympathisant der Ideen Luthers gewesen und büßte deshalb 1520 die Stelle des Leipziger Thomaskantors ein, die er erst 1518, gleich nach seinem Studium in Wittenberg, erhalten hatte. Eine anfänglich steile Karriere wurde folglich schon in ihren Anfängen gekappt. Rhau fand eine Basis für sein individuelles Fortkommen ab 1523 in Wittenberg, wo er in engsten Kontakt zu den Reformatoren trat; seit 1525 war er einer ihrer Drucker.[38] Die erste von zahlreichen Predigtsammlungen Luthers (über den Lobgesang des Zacharias) erschien schon im ersten Jahr. Die *Loci communes*, Philipp Melanchthons »fürnemeste [=wichtigste] Artickel Christlicher lehre«, folgten 1530 ebenso wie Rhaus zweiteiliges Musiklehrbuch zum Choral- und Figuralgesang, das wohl noch aus seiner Leipziger Zeit stammte; die Druckausgabe zum Augsburgischen Bekenntnis, im selben Jahr verabschiedet, verließ seine Offizin 1531. Auch weitere musikalische Schriften gab er heraus, so schon 1528 die *Musica Instrumentalis deudsch* von Martin Agricola, zehn Jahre später den *Libellus de compositione cantus* von Johannes Galliculus, einem Freund offensichtlich aus der Leipziger Zeit. Und parallel dazu, im Jahr 1538, ging Rhau auch zum reinen Notendruck über. Seine Planungen hierfür müssen von vornherein weit über den Tag hinausgereicht haben; im Rückblick erscheint das Resultat wie ein programmatisches Vorhaben, denn am Ende stand ein kirchenmusikalisches Angebot für alle Anliegen des Luthertums zur Verfügung.

Den Anfang machten zwei unterschiedliche Sammelbände. Der eine enthält ein weites Spektrum von Gesängen für die Karwoche, darunter Vertonungen der Texte aus den Klageliedern Jeremiae (für die Vespergottesdienste), Choralpassionen und eine Messe für Karfreitag. Im anderen finden sich verschiedenartige geistliche Gesänge – Psalmen, Hohelied-Kompositionen, Vertonungen von Geschichten des Alten Testaments (etwa zum Streit zwischen David und Goliath) und der Evangelien, aber auch ein Ave Maria. Daraufhin schärfte Rhau seinen Arbeitsansatz. Als 1539 die Festgesänge für Ostern und Himmelfahrt erschienen, beschränkte er sich ausschließlich auf die Liturgie der Messfeier. Weiterhin aber greifen Ordinarium und Proprium ineinander. Das ist dann beim dritten Band für die Messfeiern nicht mehr der Fall: Die *Officia Natalia* von 1545 enthalten für die Wochen nach Weihnachten nur noch die Propriumsgesänge. Dies kaum ohne Grund: Denn in den Jahren dazwischen waren auch Gesänge für die Stundengebete erschienen (seit 1540), ebenso eine Sammlung allein mit Ordinariumszyklen (1541). Zwei Bände der noch späteren Produktion sind dann ausdrücklich auf Schulpraxis ausgerichtet: das schon ältere, nun aber von Rhau übernommene *Wittembergisch deudsch Geistlich Gesangbüchlein* von Johann Walter, in dessen berühmtem Vorwort Luther den Wert von Liedern für die Pädagogik hervorhebt, und die *Neuen deutschen geistlichen Gesänge für die gemeinen Schulen*, dessen Schul-Orientierung schon im Titel steht (beide von 1544).

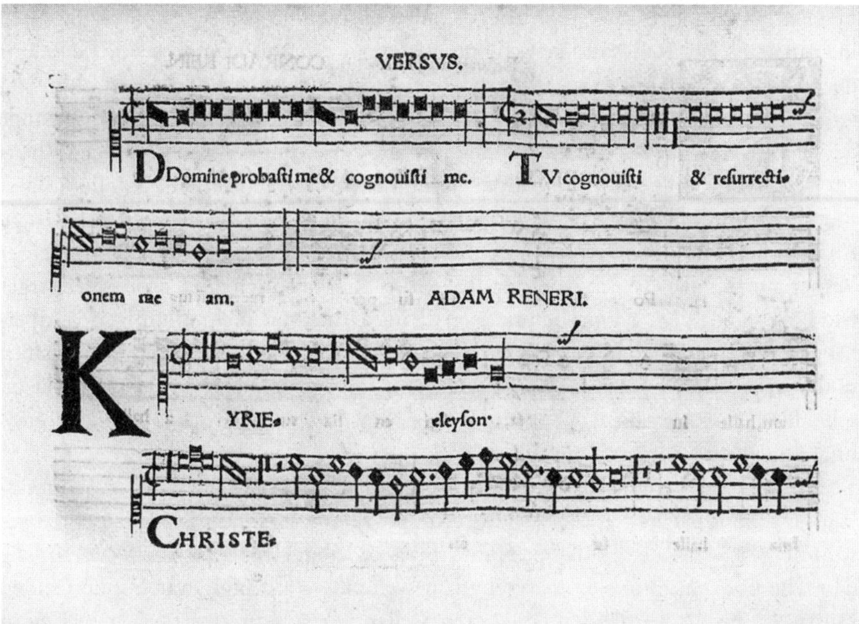

Früheste lutherische Figuralmusik · Durch Georg Rhau in Druck gegeben, ist das Repertoire von der Tradition des Spätmittelalters geprägt. Oben der Binnen-Versus zu Conrad Reins Oster-Introitus »Resurrexi et adhuc tecum sum«, unten ein Kyrie von Adam Rener. Beide Stücke sind sogar wesentlich von gregorianischen Melodien geprägt, die der Diskant in großen Notenwerten vorträgt.

Georg Rhau, *Officia paschalia*, 1539, Discantus. Letterndruck: Die Notenlinien sind, den Lettern entsprechend, unterbrochen.

Die Werke, die Rhau zusammentrug, sind teils zeitgenössisch; gerade die Bände mit Propriumsgesängen enthalten jedoch Musik von Komponisten, die spätestens in den 1520er-Jahren gestorben waren. Vielleicht griff Rhau hier auf Musik zurück, mit der er in seiner Zeit als Leipziger Thomaskantor gearbeitet hatte; jedenfalls spiegeln seine Editionen ein Musikverständnis, das nicht von der Reformation selbst geprägt worden, sondern dieser vorausgegangen war und sie bestenfalls begleitet hatte.[39] Unweigerlich ging von diesem so programmatisch wirkenden Repertoire jedoch eine normative Kraft aus, die alle Stilunterschiede vergessen machte. Zudem ließ er sein Vorhaben von gleichsam höchster Stelle autorisieren. Die Vorrede der *Symphoniae jucundae* von 1538 schrieb Luther, die der gleichzeitigen Passionssammlung Melanchthon; in gleicher Weise trat Bugenhagen als geistiger Pate für eine Responsoriensammlung von Balthasar Resinarius ein, die 1543 erschien.

Die dänische Konkretisierung der Wittenberger Liturgie und die Produktion Rhaus lassen sich ideal verknüpfen: für die Zeit um 1550/60, und zwar an der Domkirche von Ribe, dem Zentrum des schon aus der Wikingerzeit stammenden Bistums an der dänischen Nordseeküste, mitsamt der zugehörigen Kathedralschule.[40] Ein Musikinventar der 1580er-Jahre listet dort rückblickend die nachreformatorischen

Notenanschaffungen auf – so präzise, dass sich die meisten von ihnen bibliographisch identifizieren lassen. Besondere Bedeutung erlangte der musikverantwortliche Rektor der späten 1550er-Jahre, Hans Thomissøn; er rundete den Bestand ab, der schon von seinen Vorgängern angelegt worden war, und ordnete ihn. Für die Propriumsgesänge der Weihnachts- und Osterzeit standen ihm die einschlägigen Sammeldrucke Rhaus zur Verfügung; er ließ sie miteinander zusammenbinden, sodass seine Schüler immer nur die Stimmbücher dieser Sammlung mit in die Messe zu nehmen brauchten. Ähnlich ließ Thomissøn zwei Bände mit Gesängen vereinigen, die er offenbar in der Vesper nutzte: Rhaus Ausgabe der Resinarius-Responsorien und eine Nürnberger Motettensammlung. Ferner benutzte er Rhaus Druck mit mehrstimmigen Bearbeitungen derjenigen lateinischen Hymnen, die in der lutherischen Praxis anerkannt und 1542 in Druck gelangt waren. Vor allem für den schulischen Gebrauch lagen schließlich eine Ausgabe von Walters *Wittembergisch deudsch Geistlich Gesangbüchlein* und eine weitere Motettensammlung vor.

Im Zentrum stand also ein Notenangebot, das Rhau seit seiner Zeit als Thomaskantor gesammelt hatte; es muss zugleich auf seinen Heimatort Wittenberg abgestimmt gewesen sein. In Ribe konnte man es, ohne lange zu überlegen, in die dänische Liturgie einfügen, die so eng von Wittenberg abhängig war. Sonderformen musste es nur an den beiden erwähnten Stellen geben, zunächst im Kyrie. Weil in Dänemark sogar an großen Festen (die naturgemäß am ehesten »anfällig« für Figuralmusik waren) jede Wiederholung der Anrufungen untersagt war, kaufte Thomissøn im Jahr 1558 kurzerhand einen Band Messkompositionen, in denen sich dieses Problem nicht stellte: eben erschienene Werke von Jacobus Clemens non Papa, deren Kyrie-Sätze nicht an liturgische Melodien gebunden sind. Dieselbe Sammlung half ihm, auch das andere Problem zu überbrücken, im Credo: Denn weil dieses in Wittenberg als Gemeindelied gesungen wurde, hatte Rhau hierfür keine Musik bereitgestellt. Bei Clemens non Papa war auch für diese Position der dänischen Liturgie passende Musik vorhanden. Insofern erweist sich das Riber Repertoire auch in einer anderen Hinsicht als ideale frühlutherische Quelle: Es enthielt nur genau so viel Musik, wie unbedingt notwendig war. Es wurde also keine weitreichende Sammlung angelegt, die nicht mehr erkennen ließe, wie die liturgischen Zuordnungen erfolgten. Um den Grundzustand lutherischer Figuralmusik innerhalb der Wittenberger Vorstellungen zu erkennen, ist die Riber Situation also Gold wert.

Schließlich aber war in Ribe auch die *Psalmodia* von Lucas Lossius in Gebrauch, die 1553 als lutherisches Graduale in Nürnberg herausgekommen war: mit allen gregorianischen Gesängen, die in der lutherischen Gottesdienstpraxis eine Rolle spielen konnten. Lossius, seit 1533 Lehrer an der Lüneburger Johannisschule, hatte den Band den beiden Söhnen des dänischen Königs Christian III. gewidmet, und Melanchthon hatte eine Vorrede verfasst. Wie eng die lutherischen Kulturräume zusammenhingen, wird also eindrücklich unter Beweis gestellt: zwischen Nürnberg, Wittenberg, Lüneburg und Kopenhagen.

Orgelspiel in der Messe

Laut Musculus' Reisebericht gehörte in Eisenach das Solospiel der Orgel zur Normalität – auch an einem gewöhnlichen Sonntag. Noten, die einen Eindruck von diesen Klängen vermitteln könnten, liegen für genau die Stellen, die er benennt, nicht vor; aber auch sonst ist die Überlieferung extrem spärlich. Obendrein bricht noch ein weiteres Problem auf: Für manche Gottesdienstabschnitte, für die aus jener Zeit Orgelmusik vorliegt, gibt es auch mehrstimmige Vokalmusik. Handelte es sich also um eine Alternative: entweder Chor oder Orgel? Und wie klang Orgelmusik lutherischer Gottesdienste vor 1550?

Dass es keine »lutherische« Orgelmusik aus jener Zeit gibt, ist nicht unbedingt problematisch; denn auch die Ensemblemusik, die sich in Rhaus Drucken für die Messfeier findet, verweist eher auf die Tradition, aus der die Reformation selbst erwuchs. Eine Vorstellung, wie in derselben konfessionellen Ambivalenz Orgelmusik aussah, kann eine umfangreiche Sammlung geben: die Orgeltabulatur des Jan z Lublina (Johannes von Lublin). Er wirkte als (katholischer) Kanoniker in Kraśnik, 50 Kilometer südwestlich von Lublin, das im 16. Jahrhundert zum Zentrum der polnischen Adelsreformation wurde. Die datierten Eintragungen der Sammlung stammen aus den Jahren 1537 bis 1548, also aus einem Ambiente, das demjenigen der Sammlungen Rhaus zumindest äußerst ähnlich war.

Bei Johannes von Lublin finden sich Orgelbeiträge zu Teilen des Ordinariums, ferner ganz gezielt Musik zum Introitus und zur Sequenz. Das entspricht dem, was man aus deutschen lutherischen Quellen der Zeit erfährt. Musculus berichtet für Eisenach, dass dem gesungenen Introitus Orgelspiel vorausging, gleichsam als Verbindung aus Gottesdiensteröffnung und einer Intonation, die für die Sängergruppe die Tonhöhe sicherstellte. Das Resultat mag ähnlich gewesen sein wie die Introitusstücke aus Kraśnik. Sie richten sich auf dreizehn Feste des Kirchenjahrs aus; den Traditionen des mittelalterlichen Orgelspiels entsprechend, mögen dies die Tage gewesen sein, zu denen dort überhaupt die Orgel erklingen sollte. Denn Orgelmusik war eine Zierde der größten Feste.[41]

Das, was Johannes von Lublin im Hinblick auf die Sequenz erkennen lässt, ist ebenso teils der spätmittelalterlichen Praxis verpflichtet, teils der frühlutherischen verwandt, und zwar im Falle der achtstrophigen Ostersequenz »Victimae paschali laudes«. Für vier der Strophen enthält das Manuskript Musik, mit den lateinischen Textanfängen überschrieben: für jede mit ungerader Zahl nummerierte. Folglich wurden die geradzahligen Strophen (2, 4, 6 und 8) als gregorianischer Choral vorgetragen und jeweils von der Orgel vorbereitet. Auch dies findet sich in der lutherischen Sequenzpraxis; laut der Mecklenburgischen Kirchenordnung von 1535/40 fielen damals der Orgel in der Ostersequenz genau diese Strophen zu.[42] Dort ist zudem haarklein beschrieben, was zwischen deren Beiträgen geschah: Nach der Orgelintonation sollte der Schulmeister jeweils zwei Strophen der Sequenz im originalen Latein vortragen, beginnend mit derjenigen, auf die sich der vorausgegangene Orgelbeitrag bezog; seinem Strophenpaar folgte dann die Gemeinde mit einer Einzelstrophe des deutschen Sequenzliedes, zu Ostern also »Christ ist erstanden«.

Während hier die mecklenburgische Praxis und die aus Kraśnik perfekt zusammenpassen, wirkt schon fraglicher, ob sich das Beobachtete auch auf Musculus' Eisenacher Erlebnisse übertragen lässt: Dass zuerst die Orgel spielte, wirkt unproblematisch; doch dann wechselten Chor (lateinisch) und Gemeinde (deutsch) miteinander ab, beide angeleitet von dem für Musik verantwortlichen Lehrer. War also kein Platz für weitere Orgelanteile? Umgekehrt war in Mecklenburg der Schülergesang verzichtbar; dort sang allein der Schulmeister. Und indem er sogar die Strophen, die der Organist spielte, noch einmal vortrug, garantierte er, dass der komplette Text im Gottesdienst vorkam – trotz Orgel.

Wichtig ist diese Beobachtung auch im Hinblick auf die Musiksammlungen Rhaus. Denn dieser stellt für genau die Strophen der Ostersequenz eine mehrstimmige Version bereit, für die auch jene Orgelbeiträge in Betracht kamen. Wie sich Orgelmusik und Figuralmusik zueinander verhalten sollten, ist offensichtlich nirgends dokumentiert worden. Denkbar ist, dass sich beide Formen ausschlossen, ebenso aber, dass das Ensemble einen Teil der mecklenburgischen Schulmeister-Rolle übernahm. Dann hätte erst die Orgel eine Strophe gespielt, der Chor diese mit Text wiederholt. Anschließend wäre die jeweils nächste lateinische Strophe einstimmig vorgetragen worden – vom örtlichen »Schulmeister« (oder Rektor oder Kantor), vermutlich unter Beteiligung der zugehörigen Schülergruppe. Jeweils zum Schluss wäre die deutsche Liedstrophe der Gemeinde an der Reihe gewesen, zweifellos wiederum mit einer klanglichen Führung durch Schulmeister und Schüler.

Wiederum steht man also vor einer Nebelwand. Eines jedoch tritt aus ihr unzweifelhaft hervor: In einigen lutherischen Regionen war der Gottesdienst zwischen den beiden Lesungen musikalisch außerordentlich reich. Je mehr Sequenzstrophen in zwei Sprachen oder in unterschiedlichen Besetzungen vorgetragen wurden, desto ausladender wurde diese Konstruktion, und zwar in jedem Gottesdienst der relevanten Jahreszeit exakt gleich. Nur der Organist, der seine Musik zweifellos improvisierte, konnte in jedem Gottesdienst etwas anderes spielen. Leicht dehnte sich dieser Abschnitt also auf zehn Minuten Aufführungsdauer aus, anders als die übrigen, nur wenige Minuten dauernden liturgischen Gesänge. Und wenn (wie ursprünglich auch in Wittenberg vorgesehen) der Sequenz noch Graduale und Alleluja vorausgingen, ergab sich etwas sehr Attraktives: Denn diese beiden wechselten von einem Gottesdienst zum anderen, während die nachfolgende Sequenz jeweils über Wochen hinweg dieselbe blieb; Wechsel und Konstanz standen also nebeneinander. Dieses zentrale liturgische Segment kam dem Luthertum binnen weniger Jahrzehnte abhanden; sein Erbe an gleicher Stelle trat erst die Motette an, später die Kirchenkantate.

Die Tabulatur des Jan z Lublina enthält zudem Hymnen (wie sie auch im Lutherischen gesungen wurden) und weitere Sequenzen (auch für Feste, von denen das Luthertum abrückte, etwa den 6. November als Leonhardstag); doch für weitere Orgelanteile, die für Musculus' Eisenacher Aufenthalt belegbar sind, fehlen auch in dieser Quelle Anhaltspunkte. Orgelmusik für ein (zumal lutherisches) Gloria ist erst deutlich später nachweisbar.[43] Und zudem spielten der Eisenacher und der Wittenberger Organist irgendetwas jeweils vor den Liedern der Schüler. An welche Art Liedvorspiel lässt sich hier aber denken?

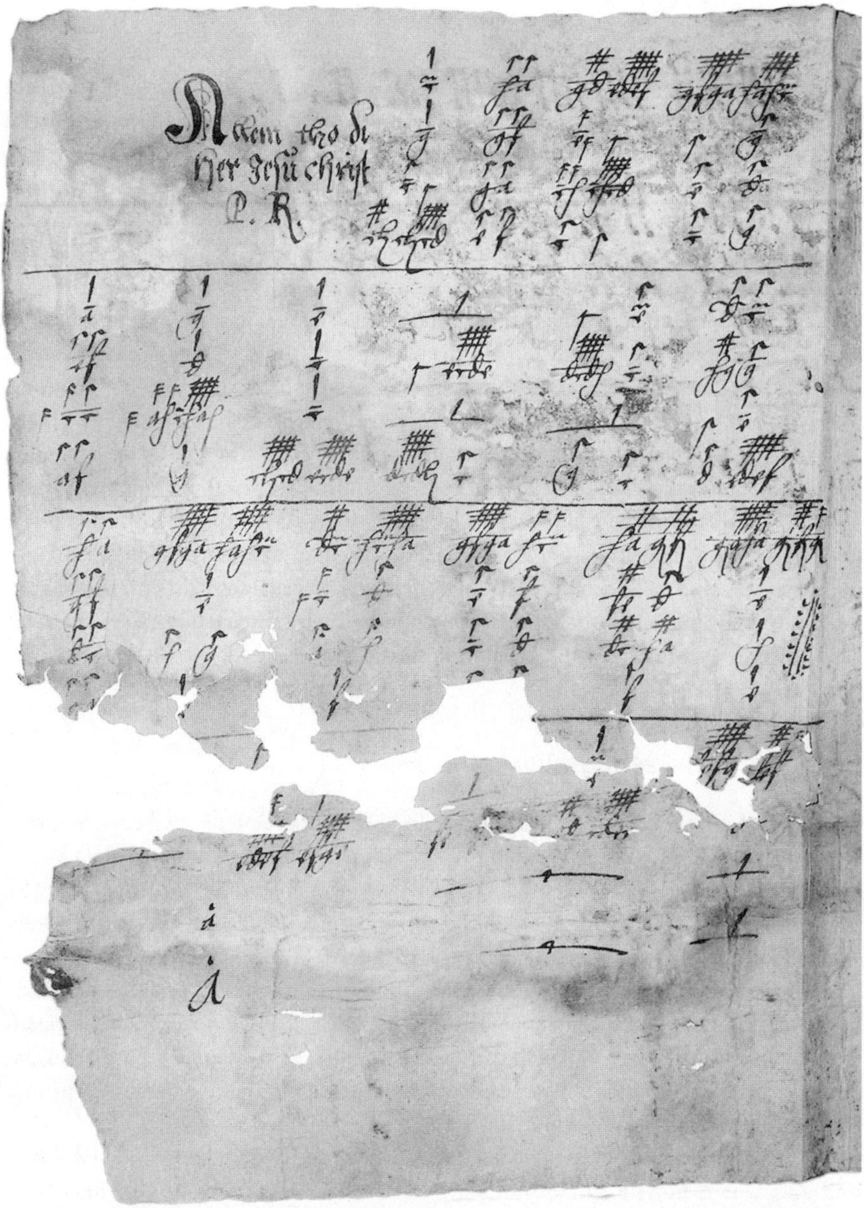

Der älteste erhaltene lutherische Orgelchoral · Von »P. R.«, dem als Paul Rußmann identifizierbaren Organisten der Hamburger Petrikirche (gestorben 1560), stammt diese Bearbeitung von »Allein zu dir, Herr Jesu Christ«. Die Musik ist in Tabulaturschrift aufgezeichnet: mit Tonbuchstaben, über denen die jeweiligen Notenwerte angegeben werden.

Fragment der Tabulatur aus Lüdingworth (Cuxhaven), um 1580.

Antworten sind für die frühe nachreformatorische Zeit an nur zwei Orten möglich, und nur in einem Fall lässt sich das Prädikat »lutherisch« ohne Bedenken verwenden: für »Allein tho di, Her Jesu Christ«, komponiert offensichtlich von Paul Rußmann, der bis zu seinem Tod 1560 Organist an St. Petri in Hamburg gewesen war.[44] Um 1580 aufgezeichnet und in der Dorfkirche von Lüdingworth bei Cuxhaven als Fragment überliefert, sind die künstlerischen Grundzüge des Stückes immerhin klar erkennbar. Die Melodie steht im Vordergrund, mit typischen tastenmusikalischen Spielfiguren der Zeit angereichert; mit solchen werden auch die Zäsuren zwischen den einzelnen Liedzeilen überbrückt. Das andere Werk, für das eine »lutherische« Beziehung aber kaum angenommen werden kann, stammt erneut aus einer konfessionellen Umbruchsituation. In der Orgeltabulatur des Pforzheimer Mönchs Leonhard Kleber, die 1524 abgeschlossen wurde, ist eine Komposition mit »Kum hayliger gaist« überschrieben, die auf den (auch im frühen Luthertum präsenten) Pfingstgesang verweist. Doch dieses dreistimmige Werk, das im Ganzen weitere Bögen schlägt als die Hamburger Komposition, stammt vermutlich aus einem anderen Kontext. Das Lied wurde schon im 15. Jahrhundert als Antiphon zum Magnificat gesungen,[45] also in der Vesper. Um ein Choralvorspiel handelt es sich kaum, sondern eher um eine solistische Liedstrophe. Insofern ist das Fragment von Rußmanns Choralbearbeitung vermutlich das einzige Stück, das der Eisenacher und Wittenberger Vorspielpraxis nahesteht: mit einem herben, attraktiven Klangeindruck.

Graduale und Gesangbuch

In dem weiten Bogen, der sich von Pforzheim über Wittenberg und Ribe nach Lublin schlagen lässt, wird deutlich, wie sehr die Kunstmusik im frühen lutherischen Gottesdienst dem Spätmittelalter verpflichtet war. Die einzige veritable Wortbotschaft der Messe war die Predigt, denn auch die Lesungen wurden gesungen. Vor allem in der ersten Hälfte des Gottesdienstes konnten die alten Messgesänge problemlos fortleben; in der zweiten, nach der Predigt, veränderte sich die Musik, weil das prägende Element, das Abendmahl, eine neue Ausrichtung erhielt. Orgelmusik, kaum je eigens erwähnt, wird dort, wo es Orgeln gab, weiter praktiziert worden sein; die Schweigsamkeit der Quellen erklärt sich zweifellos daraus, dass es den Zeitgenossen primär auf die Texte ankam, mit denen die Orgelanteile verbunden waren.

Die Besucher eines Gottesdienstes waren über weite Strecken dessen Zuhörer und Zuschauer; nur für kurze Momente spielten sie eine aktive Rolle. Lieder sangen Schüler, die mit ihnen liturgische Anteile der spätmittelalterlichen Messe in der Volkssprache ersetzten. Wenn nun aber die Gottesdienstbesucher fast nichts sangen (außer »dem Glauben« und den traditionellen Leisen-Einschüben in der Sequenz): Warum misst die Nachwelt Luther und seinem Kreis dann eine so große Bedeutung für das Kirchenlied bei? Und welchen Sinn hatte die sich anscheinend explosionsartig ausbreitende Gesangbuchkultur, wenn diese nicht auf die Gottesdienstbesucher abzielte? Ein Antwortversuch muss neben den geistlichen Anliegen der Reformation auch die Medienkultur des 16. Jahrhunderts in den Blick nehmen.

Wie erwähnt, war zu Luthers Zeit Notendruck jung, und weil dieser sehr aufwendig war, stellten sich einer großflächigen Nutzung mehr Hindernisse in den Weg als dem »Buch«-Druck im engeren Sinn. Gedruckte Noten blieben deshalb noch bis ins 18. Jahrhundert Luxus. Was das bedeutet, lässt sich von den *Frischen teutschen Liedlin* von Georg Forster aus betrachten, einer Sammlung weltlicher Liedbearbeitungen, die zwischen 1539 und 1556 erschien. Wegen des Liedcharakters wurde die Sammlung bei ihrer Wiederentdeckung im mittleren 19. Jahrhundert als zentrale Quelle eines deutschen Volksliedes aufgefasst; in ihrer Entstehungszeit kann sie aber nur eine Musiksammlung für die Hausmusik der zeitgenössischen Aristokratie gewesen sein.[46] Menschen, die sie sich anschafften, waren wohlhabend, konnten neben Text auch Noten lesen und waren obendrein noch imstande, die Musik irgendwie aufzuführen. Dies alles war im »einfachen Volk« nicht gegeben. Die Sammlung Forsters (der in Wittenberg zeitweilig »Tischgenosse« Luthers gewesen war) erschließt damit auch Möglichkeiten zum Verständnis geistlicher Gesangbücher der Zeit: Keinesfalls waren Vokalmusik-Drucke im 16. Jahrhundert ein Massenmedium.

Viele der frühen Gesangbücher enthalten Noten. Und viele Melodien waren neu; nur selten konnten sie weggelassen werden. Jedes Gesangbuch berichtet somit darüber, welche Melodien bei seinen Käufern als bekannt vorausgesetzt werden konnten (nämlich die, die bei einem Textabdruck weggelassen wurden). Der Aufwand, der für diese Wiedergaben betrieben wurde, war groß: Frühe Gesangbücher enthalten die Melodien noch nicht in der Fortführung von Gutenbergs »Satz mit beweglichen Lettern«, sondern als Holzschnitte, wie Bildleisten oder andere Grafiken, die in einen Text eingefügt werden.

So erscheint es sinnvoll, die Lieferkette nachzuzeichnen: vom Gesangbuch-Initiator zum Kunden. Sie ging nicht von den Regierenden aus; die frühen Gesangbücher waren noch nicht obrigkeitlich »privilegiert« oder gar »oktroyiert« wie im späten 18. Jahrhundert, als der Staat sogar das Singen in der Kirche kontrollieren wollte. Die Initiative zur Publikation lag in vielen Fällen bei den Druckern, die in ihrer Arbeit strikt auf Wirtschaftlichkeit achteten. Sicher: Sie konnten mit Theologen zusammenarbeiten, und ohnehin stellten sie Lieder für die aktuelle Glaubenspraxis zusammen; das teure Papier und die aufwendigen Drucktechniken wurden nicht für ein Liedrepertoire verwendet, dem die Käufer ratlos gegenüberstanden.

Die beste Reklame für diese Produkte war offenbar, zu Beginn eine Gesangbuchvorrede Luthers nachzudrucken; in der Praxis scheinen diese wie gemeinfreies Gut gebraucht worden zu sein. Wie nonchalant man dabei vorgehen konnte, zeigt zuerst das *Enchiridion* von 1525. Eigentlich ein »normales« Gesangbuch mit Melodie- und Textwiedergaben, enthält es die Vorrede, die Luther 1524 zu den vierstimmigen Liedbearbeitungen Johann Walters im Wittenberger *Geystlichen gesangk Buchleyn* geschrieben hatte. Nicht einmal der Hinweis auf den Nutzen der Vierstimmigkeit wurde unterdrückt.[47] Nur wenig besser ist dies im Leipziger Gesangbuch von 1530 gelöst:[48] Dort verweist immerhin ein Klammerzusatz darauf, dass die Vierstimmigkeit nicht hier realisiert ist, sondern in einem andersartigen Produkt. Trotzdem konnte es scheinen, als habe Luther diesen Text eigens geschrieben und für das ältere Produkt lediglich Werbung gemacht. Das aber war nicht der Fall; der Wiederabdruck der

Vorrede gibt dem vorgelegten Werk lediglich eine höhere Weihe. Dass diese Vorrede schließlich auch im Gesangbuch des Leipziger Druckers Joseph Klug (1533) wiederkehrt, obwohl Luther für dieses zusätzlich eine neue Vorrede schrieb, zeigt, wie sehr sich jene »alte« binnen kurzem zu einem Markenzeichen entwickelt hatte.

Mindestens bis hierhin lässt sich das Liedrepertoire also aus Sicht der Drucker betrachten; das verlegerische Interesse steht im Vordergrund, nicht die Gemeinde. Folglich ist das Erfurter *Enchiridion* von 1524 ebenso wenig ein lokal »gültiges« Kirchengesangbuch, das auf aktuelle Liturgie abgestimmt war, wie das Zwickauer *gesang Buchleyn* aus dem Folgejahr; die Ortsangabe verweist nur auf die Interaktion eines Druckers, der am jeweiligen Ort wirkte, mit Kunden, die sich hinter den Liedern irgendwie sammeln konnten. Ohnehin waren die Gesangbücher der mittleren 1520er-Jahre noch weniger als ihre jüngeren Nachfahren dafür geeignet, einen lutherischen Gottesdienst zu begleiten. Denn immer wieder fehlen in ihnen Lieder, die liturgisch von zentraler Bedeutung waren. So verzichtete der Zwickauer Drucker 1525 auf die Wiedergabe der Sequenz-Leisen, und im Erfurter *Enchiridion* sucht man »Wir glauben all an einen Gott« vergeblich: Zwar wird in einer Überschrift auf diese Melodie Bezug genommen (ohne dass sie abgedruckt wurde), doch es folgt ein anderer Text, und unter der Überschrift »zu bekennen den glauben« ist ein Text von Paul Speratus wiedergegeben. Somit hätten in einem Gottesdienst Wittenberger Prägung weder Schüler noch Kirchgänger mit diesen Büchern etwas anfangen können.

Mit diesen Druckerpublikationen kristallisierte sich im Lauf der ersten nachreformatorischen Jahrzehnte ein Kern-Liedbestand heraus; er konnte jeweils um freiere Anteile ergänzt werden. Zunächst bezog sich dieser Kern auf Luthers Umkreis; so heißt es mitten im Leipziger Gesangbuch von 1530:[49] »Bis hieher gehen die Wittenbergische lieder und geseng, Die weil die andern nu auch gemein [= verbreitet] sind, wollen wir sie auch hernacher setzen.« Unter den folgenden sind dann weitere, die für lange Zeit in lutherischen Gesangbüchern zu finden waren: »Mag ich Unglück nicht widerstahn«, »Christ, der du bist Tag und Licht« oder »Ein Kindelein so löbelich«. Der Drucker bildete also einen Überschuss gegenüber den Konkurrenzprodukten – wiederum eher ein Kaufanreiz für die interessierten Anhänger Luthers als ein Kennzeichen für eine lokale gottesdienstliche Praxis.

Luther stand dieser Entwicklung skeptisch gegenüber; er schreibt dazu in der »neuen« Vorrede zum Klug-Gesangbuch:

> Nu haben sich etliche wol beweiset, und die lieder gemehret, also das sie mich weit ubertreffen, und inn dem wol meine meister sind, Aber daneben auch die andern wenig guts dazu gethan, Und weil ich sehe, das des teglichen zuthuns ohn allen unterscheid, wie es einen jeglichen gut dunckt, uber das, das auch die ersten unser lieder je lenger je fälscher gedruckt werden, hab ich Sorge, es werde diesem büchlin die lenge [= langfristig] gehen, wie es allezeit guten büchern gangen ist, das sie durch ungeschickter köpffe zusetzen [= Zutun], so gar uberschüttet und verwüstet sind, das man das gute drunter verloren, und alleine das unnütze jm brauch [= in Gebrauch] behalten hat.

Daher, so Luther, habe er das gesamte Liedmaterial quasi auf einen Null-Zustand zurückgesetzt, neu geordnet und mit Verfassernamen versehen, »welchs ich zuvor vermieden, aber nu aus Not thun mus, damit nicht unter unserm namen, frembde untüchtige gesänge verkaufft würden«. Und so stehen Luthers Lieder nun am Anfang, gefolgt von seinen Psalmnachdichtungen und einer Reihe liturgischer Gesänge; dann schließen sich einige wenige auch seines engsten Kreises als »andere, der unsern Lieder« an. Nach »Christ ist erstanden« kommt dann die erste Einschränkung, die zugleich deutlich macht, dass es eine umfangreiche lutherische Liedkultur ohne direkte kirchliche Bindung gab:

> Es sind auch geistliche lieder, durch andere, zu dieser zeit gemacht, weil aber der selbigen sehr viel sind, und der mehrer [= größere] teil nicht sonderlich tügen [= taugen], habe ich sie nicht alle wollen jnn dis unser Gesangbüchlin setzen.

Vor allem Lieder von Paul Speratus fanden Gnade vor Luthers Augen, daneben solche von Lazarus Spengler und Erhard Hegenwald. Ein weiterer Teil des Bandes bezieht sich dann direkt auf die Lobgesänge der Bibel. Und so entstand hier eine Art Enzyklopädie lutherischer Liedkultur: ein Kernrepertoire des evangelischen Selbstverständnisses. Damit rechtfertigt sich auch, von einer prägenden Rolle Luthers für das geistliche Lied seiner Zeit zu sprechen. Zu »Kirchenlied« oder gar »Gemeindelied« war dies damit aber noch nicht geworden.

Dieser Liedbestand wurde nun den Käufern angeboten: Menschen, die zunächst einmal lesen, außerdem die nicht mit abgedruckten Melodien kennen und notfalls auch mit Noten umgehen können mussten. All dies war auch Unterrichtsstoff der Schulen, die in jeder umfangreicheren Kirchenordnung als Multiplikatoren der (geistlichen) Bildung erwähnt werden. Und weil die Schüler eine der hauptsächlichen Akteursgruppen im Gottesdienst waren, schließt sich bei ihnen ein Kreis: Frühe Gesangbücher waren vor allem pädagogische Instrumente; die Schulen waren ihre zentralen Abnehmer – neben den materiell und intellektuell privilegierten Schichten der Bevölkerung. Und aus welcher Richtung man die weitergehenden Informationen auch zusammenträgt: Immer wieder stößt man auf dieses schulische Ziel der Liedkultur.

Dies lässt sich zunächst in zahlreichen Gesangbüchern so nachlesen: in den Vorworten, auch denen Luthers. Wie zitiert, war das Erfurter *Enchiridion* von 1524 laut Titelvermerk ausdrücklich auch zur Erziehung der »iungen iugendt« bestimmt; ebenso waren die vierstimmigen Sätze im *Geystlichen gesangk Buchleyn* von Johann Walter ein Teil dieser schulisch ausgerichteten Publikationskultur. Denn ausgehend von dem Wittenberger Liedbestand benennt Luther den Zweck des Bandes in der so häufig nachgedruckten Vorrede so:

> Und sind dazu auch in vier stimme bracht, nicht aus anderer ursach, denn das ich gerne wollte, die iugent, die doch sonst soll und mus ynn der Musica und andern rechten künsten erzogen werden, ettwas hette, damit sie der bul lieder und fleyschlichen gesenge los worde, und an derselben stat, ettwas heylsames lernete.[50]

Der Hinweis auf die »bul lieder und fleyschlichen gesenge«, also auf Liebeslieder, wird in einer weiter ausgreifenden soziologischen Konstellation verständlich. Weltliche, populäre Musik spielte im frühen Musikdruck-Wesen eine wichtige Rolle: die französische Chanson, das in den 1520er-Jahren entwickelte italienische Madrigal oder eben auch das deutsche Gegenstück (das »Lied«). Diese Publikationen erreichten

Lutherischer Gottesdienst als Stundengebet und Messfeier · Die Gottesdienst-Abläufe werden anhand der Liturgie für den 1. Advent erläutert. Der Messe geht die Matutin (Mette) mit ihren sechs Teilen voraus, darunter als zweites Stück ein lateinischer Psalm (hier Psalm 112). Nach dem abschließenden »Benedicamus« folgt die Messe mit ihrer charakteristischen Verschränkung aus Stücken des Ordinariums (vom Kyrie zu Anfang bis zum abschließenden Agnus Dei) und des Propriums (Introitus, Alleluja, Sequenz). Als Nr. 7 ist die Predigt benannt, als Nr. 14 werden die Einsetzungsworte des Abendmahls erwähnt. Nur die beiden in Fraktur gesetzten Stücke (Nr. 15 und 18) sind deutschsprachige Lieder, die in jedem Gottesdienst gleich vorkommen; ob die Gemeinde sie mitsang, wird nicht erwähnt.

Lucas Lossius, *Psalmodia*, 1553.

aber, wie beschrieben, nur die höheren Schichten. Sofern Luther also auf im Druck verbreitete »Buhllieder« anspielte, sprach er von diesen Spitzen der Gesellschaft. Aus ihnen stammten aber zugleich die Schüler der großen Lateinschulen.

Andere Lieder konnte man im Alltag aufschnappen und ebenso in der Erinnerung abspeichern, wie Menschen des 21. Jahrhunderts mit Hits umgehen und sich den musikalischen Anteilen von Werbung nicht entziehen können. Wollte man jenen mündlich tradierten »Buhlliedern« mit einem geistlichen Gesangbuch begegnen, bedurfte es eines Hebels, der an dem »auf der Straße« kursierenden Repertoire ansetzen konnte. Auch dieser lag nur in den Schulen. Selbstredend konnte diese Zielrichtung der Gesangbücher gesteigert werden, wenn ihr Inhalt auch in den Elternhäusern gepflegt wurde; deshalb appelliert Luther auch an die Verantwortung aller Erzieher. Sein Ruf wäre verhallt, hätte es nicht eine Zielgruppe gegeben, die mit den aufwendigen Publikationen (mit Noten und Melodien) etwas anfangen konnte. So landet man wieder in den gehobenen Gesellschaftsschichten.

Und erneut hilft ein Blick auf die dänische Situation weiter. Auch dort hatte es schon früh umfangreiche Gesangbücher gegeben: 1533 im damals noch dänischen Malmö, zwanzig Jahre später in Kopenhagen, schließlich 1569 das *Psalmebog* des zuvor in Ribe so bemerkenswert wirkenden Hans Thomissøn. Auch sein Buch kam zunächst auf seine eigene Initiative hin zustande; doch in der besonders straff regulierten dänischen Gottesdienstkultur[51] bestimmte der König unmittelbar nach Erscheinen in einem Erlass, dass Thomissøns Sammlung in jeder Kirche und jeder Schule vorliegen müsse – also oktroyiert wie andernorts erst in sehr viel späterer Zeit. Jede Kirche, das heißt: Das Gesangbuch musste in einfacher Ausfertigung vorhanden sein, zum Gebrauch also mindestens »des Schulmeisters«. Und »jede Schule« bedeutet, dass es sich um ein didaktisches Hilfsmittel teils der Glaubenslehre, teils der Gottesdienstvorbereitung handelte. Die Anschaffung für jeden einzelnen Gläubigen hätte nicht nur die Drucksysteme überfordert, sondern auch die Geldbeutel; für die (wiederum gut fassbare) dänische Situation ist erkennbar, dass der Anschaffungspreis etwa dem entsprach, was eine Kuh kostete.

Kurz: Wohin man sieht, hatten die Gesangbücher ihre Zielgruppe in den Schulen und – flankierend – in Häusern der Oberschicht. Diese Basisarbeit mithilfe von Liedern bot eine wesentliche Grundlage des Glaubens. Dem Gemeindelied stand im Gottesdienst zudem eine Liturgie entgegen, die von den Gradualien gespiegelt wird: als Fortentwicklung der vorreformatorischen Praxis. Lucas Lossius bot 1553 eine vereinheitlichte Grundlage allein der lateinischen Gesänge, Franciscus Elerus in Hamburg 1588 mit niederdeutschen Zusätzen.[52] Dazwischen liegen 1573 die *Kirchen-Gesenge Latinisch und Deudsch* von Johannes Keuchenthal,[53] der am Harz wirkte und sein Fundamentalwerk in Wittenberg herausbrachte, aus demselben Jahr schließlich – für Dänemark, nun ausdrücklich königlich patentiert – das Graduale von Niels Jesperssøn. Bei Elerus findet sich ein Liedanhang, bei Keuchenthal sind Lieder in die alte Liturgie eingestreut – aber letztlich so, wie es auch schon aus den alten Kirchenordnungen hervorgeht. Jesperssøn brauchte das nicht zu tun; Thomissøns *Psalmebog* war ja präsent. Dass damit – über das Schulische hinaus – irgendwo ein Weg zum Gemeindelied eingeschlagen worden war, ist nirgends erkennbar.

2 Diesseitspflichten und Jenseitsaussichten
Was rechtfertigt »lutherische Musik«?

Musik ohne Gregor und Caecilia

Die mittelalterliche Kirche führte ihre Musik auf Papst Gregor I. zurück (den Großen, gestorben 604): Mit seinem Namen ist der Begriff »gregorianischer Choral« verknüpft. Er habe diese Melodien direkt von Gott empfangen. Die Taube des Heiligen Geistes setzte sich auf seine Schulter und übermittelte ihm so die Gesänge, die fortan Liturgie der westlichen Kirche sein sollten. So ist die Geburtsstunde des gregorianischen Chorals unzählige Male auch bildlich dargestellt worden.

Im Spätmittelalter erhielt die Musik dann auch eine weibliche Patronin: Caecilia. Sie war eine frühchristlich-römische Märtyrerin, die ihren Rang als Heilige dem Umstand verdankte, mehrere Versuche, sie aus Glaubensgründen hinzurichten, überlebt zu haben. In der Urquelle ihrer Heiligenlegende wird zu Anfang des 5. Jahrhunderts berichtet, sie habe ein Keuschheitsgelübde abgelegt, während auf ihrer Hochzeitsfeier musiziert wurde; allerdings ist der Text an zwei Stellen nicht eindeutig. »Während ›organa‹ gespielt wurden, sang Caecilia ›in corde suo‹ allein zu Gott – mit den Worten: Mein Herz und mein Körper mögen, Herr, unbefleckt bleiben, damit ich nicht verderbe.«[1] Mit »organa« können allgemein Instrumente gemeint sein; auch »Orgel« schien jedoch zu passen, weil ohnehin einer der Hinrichtungsversuche darauf abzielte, sie in Dämpfen eines Bades ersticken zu lassen – und die Orgel war das Musikinstrument der Badestuben. Umstritten ist auch, ob sie wirklich gesungen hat, und dies verbindet sich mit »in corde suo« (»in ihrem Herzen«).[2] Dieser Begriff kommt in einem Paulus-Zitat vor, das in allen Musikdebatten des 16. Jahrhunderts eine Schlüsselrolle spielte: Sie könnte also nur innerlich mitgesungen haben; ebenso kann gemeint sein, dass sie nicht nur vor sich hin gesungen habe (»mit dem Mund«), sondern sogar »von ganzem Herzen«. In all dieser Unklarheit jedenfalls trat die Legende unvermittelt in den Gesichtskreis spätmittelalterlicher Menschen und wurde so interpretiert, dass sie den Aufstieg der Orgel begleiten konnte.

Wenn es nun für Reformatoren darum ging, kirchliche Musik zu legitimieren, stand Caecilia selbstverständlich nicht zur Verfügung, auch nicht Gregor, sosehr die lutherische Liturgie anfänglich vom Erbe der Gregorianik geprägt war. Wie aber ließ sich ein gleichwertiger Ersatz beschaffen? Als Grundlage musste für ein Musikverständnis gesorgt werden, das sich auf biblische Zeugen berief; mit Nachbiblischem hätte sich nicht argumentieren lassen. Dies muss Ausgangspunkt der Überlegungen sein.

Musik in der Bibel

Wer auf die Suche nach biblischen Musikern geht, wird zunächst im Alten Testament fündig: An Sängern fehlt es nicht. Schon Mose sang gemeinsam mit den Israeliten ein Lied, als es ihnen gelungen war, das Rote Meer zu durchqueren und sich dort von der Verfolgung durch die Ägypter zu lösen (2. Mose 15); Debora und Barak sangen nach gewonnener Schlacht über die Kanaaniter ein Loblied (Richter 5), ebenso Hanna, als sie den kleinen Samuel zur Welt gebracht hatte (1. Samuel 2). Mehrere Lieder finden sich bei Jesaja: »Herr, du bist mein Gott« im 25. Kapitel, »Wir haben eine feste Stadt« gleich anschließend im 26. Aus den alttestamentlichen Apokryphen tritt der Lobgesang des Tobias (Tobias 13) hinzu; vergleichbare Lobgesänge singen im Neuen Testament Zacharias, der Vater Johannes des Täufers, und vor allem seine Schwägerin Maria, die das »Magnificat« anstimmte, als sie ihre Schwester Elisabeth besuchte (beide in Lukas 1; in Lukas 2 folgt dann noch der kürzere Gesang des Simeon). Auf diese Weise sind Traditionen der Lobgesänge vom Alten ins Neue Testament erkennbar.

Daneben stellt sich die Frage nach Instrumenten. Bezugspunkte finden sich im Alten Testament reichlich, und zwar schon im 4. Kapitel des 1. Buches Mose: Denn zu den frühen Nachfahren Kains gehört auch Jubal, »von dem sind hergekommen die Geiger und Pfeifer« (Vers 21). Und im Anschluss an Moses Loblied übersetzt Luther: »Mirjam, die Schwester Aarons, nahm eine Pauke in ihre Hand, und alle Weiber folgten ihr nach[,] hinaus mit Pauken im Reigen.«

Die reichsten Hinweise auf Instrumente finden sich im Zentrum des alttestamentlichen Musikgeschehens: im Psalter, den 150 Lobgesängen, für die David eine Schlüsselfunktion übernimmt. 72 der Texte werden auf David zurückgeführt (also fast die Hälfte), viele mit der Angabe eines Instruments. Diese Hinweise werden jeweils im Anfangsvers eines Psalms gegeben; zitiert man etwa den 6. Psalm als »Ach Herr, strafe mich nicht in deinem Zorn«, so bezieht man sich auf den 2. Textvers, dem noch die Bemerkung »Ein Psalm Davids, vorzusingen, auf acht Saiten« als Einleitung vorausgeht. 51 Psalmen (ein Drittel) tragen keine Zuschreibung an eine bestimmte Person, auch einige besonders musikalisch affizierte: Keinem Psalm, der mit den Worten »Singet dem Herrn ein neues Lied« beginnt, wird ein Hinweis auf David vorangestellt (Psalm 96, 98 und 149).

Von David erzählt die Bibel ferner, dass er eine Instrumentalmusik anführte, als die Bundeslade nach Jerusalem gebracht wurde: »mit allerlei Saitenspiel von Tannenholz, mit Harfen und Psaltern und Pauken und Schellen und Zimbeln« (2. Samuel 6, 5). Dieser Rundumschlag durch das biblische Instrumentarium gleicht dem im Abschluss des Psalters fast wörtlich: »Lobet ihn mit Posaunen« und »lobet ihn mit Saiten und Pfeifen« treten noch hinzu zu den auch bei Samuel erwähnten »Psalter und Harfe«, »Pauken und Reigen« sowie den hellen und den wohlklingenden Zimbeln (Psalm 150, 3–5). Dort folgt dann ein Schlusssatz, der teils wie eine Zusammenfassung wirkt, teils wieder zum Singen zurückführt: »Alles, was Odem hat, lobe den Herrn! Halleluja!« Auch für diesen Psalm wird kein Autor benannt; es war nicht David allein, der hinter der biblischen gemischten Besetzung aus Instrumenten und Gesang stand.

Davids Nachfolger als König, Salomo, soll die Traditionen fortgesetzt haben. Als er den von ihm erbauten Tempel in Jerusalem einweihte, berichtet die eine Überlieferung (2. Chronik 5) von einem gewaltigen Musizieren, an dem neben Sängern und Spielern von Zimbeln, Psaltern und Harfen auch 120 Trompete spielende Priester mitwirkten. An anderer Stelle der Bibel werden die extrem wertvollen »Harfen und Psalter für die Sänger« erwähnt, die Salomo aus dem Sandelholz der Königin von Saba bauen ließ (1. Könige 10, 12).

Wie weit diese Berichte historisch zu belegen oder gar die Instrumente identifizierbar sind, spielt an dieser Stelle keine Rolle; wichtig ist nur, in welcher Form all dieses das Bewusstsein von Menschen des 16. und 17. Jahrhunderts prägte. Als 1702 Arp Schnitgers Orgel in der Kirche St. Salvatoris in (Clausthal-)Zellerfeld fertiggestellt wurde, erhielt das Gehäuse des Rückpositivs als Verzierung eine Kurzfassung dieses alttestamentlichen Musikprogramms: In der Mitte steht David mit der Harfe; flankiert wird er von Mirjam und von Asaph, dem Chor-Anführer Davids, dem zwölf Psalmen zugeschrieben werden.

Brauchte man einen Beleg dafür, weshalb Kirchenmusik erforderlich sei, wurde man in der Bibel leicht fündig. Und die Texte waren auch Vorbilder für Neuschöpfungen, nicht nur die Psalmen: Im Klug'schen Gesangbuch von 1533 sind gegen Ende Vertonungen der vorwiegend alttestamentlichen Lobgesänge enthalten: als vierstimmige Sätze aus schlichten Akkordfolgen (»Falsobordone«). Und als Johann Rist 1641/42 seine so wirkungsreichen *Himmlischen Lieder* in die Welt hinaussandte, war deren zweite Zehnergruppe komplett auf konkrete Gesänge der Bibel bezogen.[3] Insofern könnte man meinen, alles sei klar gewesen: Ohnehin war das Singen im Christentum über jeden theologischen Zweifel erhaben; auch Instrumente »nach Davids Manier und Gebrauch«[4] hätten einen unbestrittenen Platz in der Kirche haben können. Das aber war nicht der Fall. Warum?

Unter jenen Dichtungen Rists war der Lobgesang des Zacharias der einzige, der ein neutestamentliches Vorbild hatte. Damit deutet sich an, wo das eigentliche Problem lag. Denn überhaupt ist im Neuen Testament von Musik nur selten die Rede. Und da es in den konfessionellen Auseinandersetzungen seit dem 16. Jahrhundert um eine Definition der originär christlichen Glaubensgrundlagen ging, genügten die alttestamentlichen Schriftbezüge allein noch nicht für die Legitimation einer Musikkultur, die erst im Laufe des Mittelalters im Schoß der Kirche entstanden war: Mehrstimmigkeit, potenziell mit Instrumenten, auch ohne Beziehung zu den Melodien, die im gregorianischen Choral für den Vortrag biblischer Texte bereitstanden.

Warum nun sind die christlichen Teile der Bibel so arm an Musikhinweisen? Naturgemäß kann es in den Evangelien keine Beschreibung eines christlichen Gottesdienstes geben; ein einziger Bericht über ein Treffen der Apostel und das, was dabei gebetet oder musiziert wurde, hätte eine bestimmende Wirkung für das weitere Christentum gehabt. Auch Jesus und seine Jünger singen nie, und nicht einmal das, was Matthäus (26, 30) im Anschluss an »das« Abendmahl berichtet, ist – zumindest nach Luthers Übersetzung – vollständig geeignet, auf Musik bezogen zu werden: »Und da sie den Lobgesang gesprochen hatten, gingen sie hinaus an den Ölberg.« Haben sie den Lob-»Gesang« wirklich nur »gesprochen«?

Neben Maria und Zacharias mit ihren psalm-ähnlichen Lobgesängen (für die keine Mitwirkung von Instrumenten erwähnt wird) verbleibt das Musizieren der Engel zu Christi Geburt; doch es sind Engel, nicht Menschen, die diese Musik machen, und entgegen vielen bildlichen Darstellungen spricht auch das Weihnachtsevangelium nicht von Instrumenten. Posaunen kündigen schließlich das Jüngste Gericht an; wiederum von Engeln geblasen, geht es dabei aber gerade nicht um ein ästhetisch-rituelles Musikereignis. Ist es also überhaupt gerechtfertigt, im christlichen Gottesdienst Instrumente zu gebrauchen?

Hier kommt einzig der Apostel Paulus zu Hilfe. Im 5. Kapitel des Epheserbriefes (18–20) schreibt er: »Und saufet euch nicht voll Wein, daraus ein unordentlich Wesen folgt, sondern werdet voll Geistes: Redet untereinander in Psalmen und Lobgesängen und geistlichen Liedern, singet und spielet dem Herrn in eurem Herzen und saget Dank allezeit für alles Gott und dem Vater in dem Namen unsers Herrn Jesu Christi.« Eine ähnliche Formulierung findet sich nochmals im Kolosserbrief (3, 16), dort aber ohne den Schlüsselbegriff »spielet«. Nur im 19. Vers jenes Epheser-Kapitels steht folglich das Wort, das die Benutzung der Instrumente in der christlichen Kirche rechtfertigen konnte – wenn es hart auf hart ging. Und das war im späteren 16. Jahrhundert der Fall.

Wie in der Caecilia-Legende stellte sich die Frage, was »in euren Herzen« heißt. Soll man sich Instrumentalmusik zum Lob Gottes also nur innerlich vorstellen?[5] Diese Debatten flossen zusammen mit einer allgemeineren: Alle Aspekte menschlichen Lebens wurden in jener Zeit in drei Kategorien eingeteilt: Den beiden extremen wurde zugeordnet, was dem Glauben absolut förderlich oder absolut schädlich sei; zwischen ihnen wurde ein breiter Zwischenraum für Neutrales gelassen, für die »Mitteldinge« oder »Adiaphora« (wörtlich: das Indifferente). Kurz nach Luthers Tod 1546 rückte diese Unterscheidung ins Zentrum der theologischen Diskussionen, weil sie einen Maßstab dafür ermöglichte, in welchen Details eine Abgrenzung von der Papstkirche unausweichlich sei.[6] Den Traditionen der vorausgegangenen Jahrzehnte folgend, war sogar das Äußere der Gottesdienstfeier ein »Mittelding« (»Menschensatzung«). Musik jedoch polarisierte stärker als vieles andere: Kann Vokalmusik womöglich sogar glaubensfördernd sein? Oder, auf der anderen Seite: Muss man Instrumentalmusik aus der Kirche verbannen, weil sie keinen inhärenten Glaubenswert habe?

Um diese Fragen zu diskutieren,[7] traf 1586 der württembergische Lutheraner Jacob Andreae in Montbéliard, damals eine linksrheinische Besitzung Württembergs (»Mömpelgard«), mit einem führenden calvinistischen Kollegen zusammen, Théodore de Bèze. Andreae sah die Musik im Gottesdienst als biblisch gewünscht an (auch im Sinne Paulus'), gesungene Musik also als etwas Essenzielles für den Glauben; so weit war Bèze bereit mitzugehen. Instrumente, so Andreae weiter, seien nicht verboten, also mindestens dem Ermessen anheimgestellt, wenn nicht gar glaubensfördernd. Auch diesen zweiten Teil schränkt Bèze nicht grundsätzlich ein, doch seine übergeordnete Kategorie, die Bindung jeglicher Kirchenmusik an (biblischen) Text, kann auch so eng gefasst verstanden werden, dass von den lutherischen Anliegen kaum etwas übrig bleibt; jedenfalls wollte er vermeiden, dass der Glaubenswert der Musik einfach durch ein ästhetisches Erlebnis überformt werde. Auch schließt er Orgelspiel nicht aus, sieht aber nicht als notwendig an, dass Orgeln in Kirchen vorhanden sind.

Bei dieser Offenheit blieb es nicht. 1597 vertraten die Anhalter Calvinisten eine Position, die sich klar gegen jegliche Instrumentalmusik stellte. Instrumente im Alten Testament seien in der christlich-theologischen Diskussion völlig irrelevant; sie sagten nur etwas über den jüdischen Gottesdienst aus und ließen sich nicht als notwendige Bestandteile christlicher Praxis sehen – man praktiziere ja auch keine Beschneidung. Also hätte alle alttestamentliche Musik (und mit ihr die zugehörigen Instrumente) im Christentum nur noch einen allegorischen Wert. Orgeln und lateinischer Gesang seien menschliche Erfindungen, nichts also, das Gott angeordnet habe. Glaube verbinde sich nur mit der reinen Wortverkündigung und den Sakramenten.

Damit zeigt sich, wie unsicher die Position der Musik in der nachreformatorischen Welt war, vor allem wenn es um Instrumente ging. Ließ sich also überhaupt mit ganzem Herzen und ganzer Überzeugung Gott zu Ehren musizieren, wenn das klangliche Medium keinen Text hatte? Oder war das Resultat dann automatisch weltlich: eine Art akustischer Reiz, der mit anderem, das die vorreformatorische Kirche ausgezeichnet hatte, überwunden werden musste? Waren Instrumente hingegen tolerabel, wenn sie in Musik mit biblischem Text einstimmten? Kaum denkbar war, das Glaubensfördernde zur bloßen Einstellungssache zu deklarieren, sodass den Instrumentalisten, die in der Kirche auftraten, alles Vertrauen der Welt hätte zuteilwerden können: dass sie dort zweifelsohne etwas Gottgefälliges spielen würden. Dafür war die Skepsis der in Musik nicht unbedingt bewanderten Theologen zu groß.

Musik und Ewigkeit

Das Luthertum hatte jedoch noch ein anderes Eisen im Feuer: eine Argumentationslinie, die es von spätmittelalterlichen Humanisten geerbt hatte. Sie steht völlig isoliert neben den Diskussionen um die Adiaphora. Der Grund dafür liegt auf der Hand: Die »humanistische« Überlegung gab es, lange bevor die Adiaphora-Debatte ansetzte; es hätte eines eigenen Anstoßes bedurft, beide aneinander zu koppeln. So entwickelten sie sich getrennt voneinander weiter. Worum also ging es?

Essenziell für das Denken der Reformation ist die Rechtfertigungslehre. Die um sie kreisenden Fragen bildeten einen Kern im Streit um den Ablasshandel. Sicher: Es ging bei diesem auch um persönliche Bereicherung und um das Recht des Papstes, im abendländischen Christentum eine Sondersteuer zum Bau des Petersdoms zu erheben – womit der Konflikt mit den ebenso auf Repräsentation und Alleinstellungsmerkmale bedachten Fürsten vorprogrammiert war. Doch die eigentliche Begründung des kirchlichen Vorgehens erreichte jeden einzelnen Menschen in seinem Innersten: als Angst vor dem Jenseits, zunächst vor dem Fegefeuer als Zwischenstadium auf dem Weg zum Jüngsten Gericht, noch mehr und noch undifferenzierter vor der Hölle, die auf die völlig Missratenen am Ende und für alle Ewigkeit warte. Dies machte die Menschen verwundbar: mit ihrem individuellen schlechten Gewissen im Alltag und der Sorge, ob ein ethisch zweifelhaftes Handeln denn überhaupt zu sühnen sei. Die Aussicht, etwas vergleichsweise Preiswertes tun zu können, um die Folgen zu lindern, war zwar attraktiv; doch wer konnte sicher sein, dass die temporäre Gewissensentlastung in alle Ewigkeit fruchtete? Reichten die guten Werke des Diesseits aus? Wer also einmal angefangen hatte, einen Entlastungsversuch vorzunehmen, befand sich fortan in der endlosen Spirale einer materiellen Entschuldung des emotional Unentschuldbaren.

Die Rechtfertigungslehre geht genau von diesem Bewusstseinsaspekt aus: Letztlich lasse sich das schlechte Gewissen nicht beseitigen, weil eben »die Sünde« als nicht ausrottbar gelten müsse; sie gehöre zur menschlichen Disposition. Dies könnte Anlass für einen radikalen Pessimismus sein, gäbe es da nicht die Kernsätze vor allem des Glaubensbekenntnisses: »[Ich glaube an die] Vergebung der Sünden, Auferstehung der Toten und das ewige Leben.« Davon, dass man sich dies alles mit irdisch Messbarem erkaufen müsse, ist keine Rede. Deshalb lässt sich die Grundlage des Erlösungsgedankens auf eine verhältnismäßig knappe Formel bringen.

Der Bibel zufolge existiert Sünde seit dem Sündenfall; mit ihm entstand zugleich »der zornige Gott« des Alten Testaments, der seinem eigentlich »auserwählten« Volk fortan nicht nur mit Fürsorge entgegentrat, sondern zugleich mit Drohungen, schweren Prüfungen und Strafen. Doch die sündige Menschheit besserte sich nicht. So sandte Gott seinen Sohn in die Welt: um durch dessen Tod die Welt zu retten und um mit dieser Aufopferung, der dann noch Auferstehung und Himmelfahrt folgten, ein konkretes Glaubensvorbild zu schaffen. Schließlich sollte der Heilige Geist den »neuen Bund« zwischen Gott und Menschen dauerhaft sicherstellen: mit seiner Ausgießung über die Welt zu Pfingsten.

Doch dieses Konzept war kein Automatismus: Die Gläubigen hatten nur dann die Aussicht auf Erlösung, wenn sie aktiv Glauben praktizierten; die Rechtfertigung aus Gnade ist kein Freibrief, sondern bringt zugleich diese Verpflichtung mit sich, die im Glaubensbekenntnis benannt ist: an die Vergebung der Sünden zu glauben. Das klingt theoretisch, kaum messbar; doch in der Realität sehen die Dinge viel handfester aus. Dafür, wie Glaube ideal praktiziert wird, benennt Luther ein neutestamentliches Vorbild: Maria. Wie er 1521 in seiner Auslegung des Magnificat hervorhebt, lobe sie Gott allein für seine Güte, nicht für den Wert seiner Werke (wie es unter Christen üblich sei), und sie räsoniere nicht über das Evangelium, sondern folge ihm unmittelbar.[8] Dieses Einfältige mache sie zur idealen Christin – eine Vorstellung übrigens, die auch erklärt, weshalb im Luthertum Marienfeste weiterlebten.

In diesem Sinn zwingt die erlösende Gnade des dreieinigen Gottes zu uneingeschränkter Dankbarkeit und zu ewigem Lobpreis – nicht nur im stillen Kämmerlein, sondern auch mit einem eigenen Verkündigungszweck gegenüber anderen. Lobpreis aber ist Musik, und sie schafft eine direkte Verbindung zum ewigen Himmel. Auch in ihm wird das Lob Gottes gesungen, und zwar noch über den Weltuntergang hinaus. Denn wenn Gott ewig sei, gelte ebenso die Verpflichtung ewig, ihn zu loben. Damit ist die ewige Seligkeit letztlich vor allem eines: Musik. Sie also wird Teil der lutherischen Heilsauffassung, und so wurde sie 1740 in der Kirche von Møgeltønder, wenige Kilometer nördlich der deutsch-dänischen Grenze, auf vier großformatigen Deckengemälden dargestellt: Dem Sündenfall im Frieden des Paradieses folgt der Kreuzestod Christi; beim Jüngsten Gericht trennen sich die Wege der Gläubigen von denen der Ungläubigen. Der Himmel, in dem die Engel »Soli Deo Gloria« singen, wölbt sich über der Orgel.[9]

Nur Musik ist damit ein Teil der Ewigkeit, anders als alle anderen Künste. Denn aus Sicht der Bibel wird im Zuge des Jüngsten Gerichts die Babylonische Sprachverwirrung überwunden; Grammatik, Rhetorik und Dialektik (bzw. Logik), die drei grundlegenden, »trivialen« Freien Künste, sind im Angesicht Gottes nicht mehr nötig. Die drei Partner-Künste der Musik im fortgeschrittenen Quadrivium (Arithmetik, Geometrie, Astronomie) verlieren mit dem Weltuntergang ihre Bedeutung. Und die beiden so grundlegenden Wissenschaftszweige neben der Theologie (die im Himmel nicht mehr notwendig ist) sind gleichfalls überflüssig geworden: Jura (im Kontext eines ewigen Friedens) und Medizin (in einem Paradies mit ewiger Gesundheit).[10] Nur die Musik hat auch in der Ewigkeit einen Sinn.

Teile dieses Denkens wurzeln sicherlich schon in vorreformatorischer Zeit. Denn der 89. Psalm, in dem dieses ewige Musizieren angesprochen wird, gehört auch zur katholischen Begräbnisliturgie:[11] »Ich will singen von der Gnade des Herrn ewiglich«, heißt es dort in Vers 2. Tatsächlich also »ewiglich«. Und der Text setzt sich fort (Vers 6): »Und die Himmel werden, Herr, deine Wunder preisen und deine Wahrheit in der Gemeinde der Heiligen.«

Luthers musikalischer Berater Johann Walter führte dies in seinem Gedicht *Lob und preis der löblichen Kunst Musica* von 1538 so zusammen:

Die Music mit Gott ewig bleibt
  Die andern künst sie all vertreibt,
Im Himel nach dem Jüngsten tag,
  Wird sie erst gehn in rechter wag,
Jtzt hat man hülsen nür darvon
  Dort wird der kern recht auffgethan,
Im himel gar man nicht bedarff
  Der kunst Grammatic[,] Logic scharff,
Geometrj, Astronomey,
  Kein medicin, juristerey,
Philosophey, Rethorica
  Allein die schöne Musica,
Do werdens all Cantores sein
  Gebrauchen dieser kunst allein,
Sie werden all mit rhum und preis
  Gott loben hoch mit gantzem fleis,
Und dancken seiner grossen gnad
  Die er durch Christ erzeiget hat,
Sie singen all ein liedlein neu,
  Von Gottes lieb und hocher [= hoher] treu,
Solchs singen ewig nicht vergeht
  Wie in Apocalipsi steht,
Gott helff uns allen auch dohin
  das wir bey Gott in einem sinn,
Und allen auserwählten gleich
  Singen mit freud in Gottes reich.[12]

Diese Vorstellung hat das Luthertum fundamental geprägt; sie findet sich immer wieder in neuen Zusammenhängen, etwa auch in Philipp Nicolais Lied »Wachet auf, ruft uns die Stimme« (1599):[13] »Gloria sey dir gesungen«, beginnt die Schlussstrophe; dieser Lobgesang in der Stadt Gottes, dem himmlischen Jerusalem, erfolgt gemeinsam »mit Menschen und Engelischen Zungen«, zugleich »mit Harpffen und mit Cymbeln schön«, also Instrumenten. Die Situation in dem ewigen »dulci jubilo«, also dem endlosen, süßen Jubelgesang, ist unvorstellbar schön: »Kein Aug hat je gespürt, kein Ohr hat mehr gehört, solche Freude.«

Mit dieser Sichtweise hatte die Musik unter allen anderen »Adiaphora« eine luxuriöse Position inne: Letztlich war sie eben doch mehr als nur eine neutrale Facette des christlichen Daseins, weil sie als unmittelbares Glaubenszeugnis untrennbar zur Rechtfertigung und – in der nächsten Stufe – zur Ewigkeit gehöre. Und nachdem der Versuch gescheitert war, zwischen Lutheranern und Calvinisten eine Einigung über den Instrumentengebrauch in der Kirche zu erreichen, wurde der Zankapfel zum lutherischen Erkennungsmerkmal: für eine Kirchenmusik, die neben dem Singen auch »Harpffen und Cymbeln schön« einsetzt.

Offen bleibt bei alledem, welche Rolle die Instrumente in der frühen lutherischen Kirchenmusik denn überhaupt spielten. Belege für ihre Mitwirkung gibt es kaum, und nur verstreute Hinweise aus dem mittleren 16. Jahrhundert deuten auf ein Mitspielen gesungener Parts hin.[14] Und dennoch sind, wie zu Beginn des 1. Kapitels angesprochen, zeitgenössische sakrale Bilddarstellungen voller Instrumentalisten. Ein extremes Beispiel stammt erneut aus Dänemark; es findet sich in Rynkeby, einem Dorf an der Ostseite der Insel Fünen.[15] Der örtliche Gutsherr, Erik Hardenberg, hatte längere Zeit in Wittenberg als Hausgenosse Melanchthons gelebt, übernahm 1565 die Besitzungen seiner Familie und stattete daraufhin die Nordkapelle seiner Patronatskirche mit einem imposanten »Himmel voller Musik« aus, der für die Instrumentenkunde eine wahre Fundgrube ist. Nicht nur Orgeln oder die gewöhnlicheren Streich- und Blasinstrumente werden in diesem Himmel gespielt, sondern auch Drehleier, Dudelsack und Hackbrett. Für die Verbindung aus Himmel und Instrumenten ist Rynkeby somit ein ideales Beispiel – noch vor dem Mömpelgarder Religionsgespräch. Und doch ist nicht erkennbar, welchem irdischen Kirchenmusik-Erleben diese Himmelsvorstellung entsprungen sein könnte.

Für die folgenden Jahrzehnte erscheint dann mit den Gedanken, die Walter in seinem Gedicht äußert, ein theologischer Rahmen abgesteckt, und zwar im gesamten lutherischen Raum. Besondere Schubkraft erhielten sie im Umkreis des Reformtheologen Johann Arndt im frühen 17. Jahrhundert (*Vier Bücher vom wahren Christentum* 1605/10; *Paradiesgärtlein voller christlicher Tugenden*, 1612), der vor allem in Braunschweig und Celle wirkte; in seiner Nachfolge entwarf Christoph Frick, Superintendent in Burgdorf bei Celle (und später in Bardowick nördlich von Lüneburg), sein 1631 erschienenes *Music-Büchlein* – mit dem Untertitel *Nützlicher Bericht Von dem Uhrsprunge, Gebrauche und Erhaltung Christlicher Music Und also Von dem Lobe Gottes*. Das lässt sich wörtlich nehmen: Frick schrieb eine Musikgeschichte erst aus biblischer Sicht, der dann ein erstaunlich kundiger Schnelldurchgang durch die Entwicklungen des Mittelalters folgt (Frick kann sogar mit Namen wie

Ein Himmel voller Musik · Rechts der triumphierende Christus auf dem Regenbogen, der die Erlösten und Engel »dirigiert«. In den übrigen Feldern dieser Deckenmalerei sind Engel mit Instrumenten zu sehen: in der linken Gewölbekappe innen von oben nach unten ein Dudelsack, ein Virginal und eine kreisrund gewundene Trompete (oder ein Horn), außen eine »Nyckelharpa«, eine Orgel und vermutlich ein Scheitholt in seiner skandinavischen Variante als »Langspil«.

Rynkeby (Fünen, Dänemark): Grabkapelle der Familie Hardenberg, Nord- und Ostkappe des Gewölbes, nach 1565 – wohl unvollendet, denn die Schrifttafeln sind frei geblieben.

Dunstable, Guillaume Dufay und Gilles Binchois etwas anfangen) – »biß endlich Josquinus [= Josquin], Fincius [= Heinrich Finck], Senfel [= Ludwig Senfl], Orlandus [= Orlando di Lasso], Stoltzerus [= Thomas Stoltzer] &c. und andere, die Kunst des Figural-Gesanges auffs aller herrligste, wie wir dieselbe jetzo GOtt lob sagen, an Tag bracht haben«.[16] Und daran schließt Frick eine Rechtfertigung der Musik im Luthertum an.[17]

Fricks umfangreiches Buch lässt kaum mehr erkennen, dass es aus einer Predigt hervorgegangen ist (gehalten hatte er sie 1615). Ohnehin legten Predigten dann, wenn sie im Druck erschienen, ihren Tagesbezug ab und traten in den allgemeinen theologischen Diskurs ein. Wer sie zitierte, machte keine Fehler, konnte aber stets auch versuchen, die angelegten Argumentationslinien noch ein bisschen weiter zu fassen als die Vorgänger. Beim Zitieren wiederum waren Autoren nicht zimperlich, denn nicht selten wurden die Formulierungen nur recycelt; Quellenangaben beziehen sich auf Bibelstellen, kaum je auf die Urheber der Textsegmente. Und so wuchs ein differenzierter, reichhaltiger Wissenspool an.

Die zentralen Predigtanlässe dafür, die musiktheologischen Positionen fortzuentwickeln, waren auf der einen Seite – wie schon für Frick – Einweihungen neu errichteter Orgeln.[18] Eine Schlüsselstellung hat dabei Conrad Dieterichs *Ulmische Orgel Predigt* (1624). Orgel-Neubauten waren auch damals äußerst kostspielig, und so verband sich mit ihnen stets der sensibelste Punkt des gottesdienstlichen Instrumentengebrauchs: Lohnt der Aufwand? Neben diese lokalen, momentanen theologischen Rechtfertigungen der Orgel traten zahllose Begräbnispredigten, denn Sterben und Tod warfen in jedem Fall die Frage nach der Ewigkeit auf, also in dieser auch nach der Musik.

Ein Schwerpunkt der Predigttätigkeit auf beiden Feldern ergab sich nach 1650 im Land Hadeln, am Südufer der Elbe in deren Mündungsbereich gelegen. Kaum einer der aktiveren Pastoren der Gegend ließ es sich nehmen, eine musikalisch relevante Stellungnahme ab- und in Druck zu geben. Den Anfang machte Joseph Pipping in Altenbruch: 1653 pries er beim Begräbnis des Dorfschulmeisters die Himmelsmusik.[19] Sachkundig sowohl im Theologischen wie im Musikalischen argumentierend, zog er zur Veranschaulichung zeitgenössische Musikstücke heran. Damit wird das musiktheologische Denken für die Gemeinde geradezu ideal nachvollziehbar.

Drei Zugänge waren ihm wichtig: die textlichen und die musikalischen Gattungen sowie die praktische Funktion im Erlösungskonzept. Für jeden dieser Bereiche definierte er erneut drei Typen: Für die Texte ging es ihm um Altes und Neues Testament sowie um das Kirchenlied; die musikalischen Gattungen, die er voneinander absetzte, sind vielstimmige Tutti-Ensemblemusik, solistisch-dialogische Kompositionen und die Liedbearbeitungen, wie sie von Schülern einer lokalen Schule gesungen wurden. Und das Praktische zielt ab auf das Begräbnis, die Rechtfertigung und das ewige Musizieren. Neun Themen also, für die ihm aber drei Beispielstücke ausreichten; offensichtlich konnte er souverän in einem lokalen Repertoire navigieren, das obendrein genügend Mitgliedern der Trauergemeinde vertraut war.

Das erste Stück ist »Wie bin ich doch so herzlich froh« von Heinrich Grimm aus Braunschweig: eine Kirchenliedstrophe für zwei Soprane und Continuo, typisch für das Schülerrepertoire der Zeit, zudem ein Werk, das am Ort vielfach als Begräbnismusik gesungen wurde.[20] Die zweite Komposition hat einen neutestamentlichen Text und ist ein modernes, geringstimmiges Concerto: von Thomas Selle aus Hamburg die dialogische Aufbereitung des Gleichnisses vom reichen Mann, der für seinen irdischen Lebenswandel Höllenqualen erleidet, und dem einst armen Lazarus, der nun in Abrahams Schoß sitzt. Dieses Stück steht für den Rechtfertigungsgedanken und das Himmel-Hölle-Problem. Dem dritten Werk schließlich liegt ein Text aus dem Alten Testament zugrunde; es ist eine große Ensemblekomposition von Andreas Hammerschmidt über den 34. Psalm, der, mit den Worten »Ich will den Herren loben allezeit« beginnend, ideal auf die ewige Himmelsmusik verweist. Und der Theologe Pipping verfügte auch über differenzierte musikalische Kenntnisse; den Text des Hammerschmidt-Stückes gibt er in einer Formulierung wieder, die nur im Bass vorkommt. Also verrät er zugleich, dass er diese Musik als Bassist kennengelernt hatte. Davon, dass er sich zu einem Thema geäußert hätte, von dem er keine tiefer gehende Ahnung hatte, kann keine Rede sein.

Dies setzt sich an einem zweiten, besonders individuellen Zeugnis dieser musikbezogenen Sterbenskultur fort. 1660 musste der Pastor Hector Mithobius in Otterndorf zum Begräbnis der erst 24-jährigen Anna Catharina Münstermann predigen, der Frau eines jungen Kollegen. Sie entstammte einer traditionsreichen holsteinischen Pastorenfamilie und war unzweifelhaft mit diesem musikalisch-eschatologischen Denken groß geworden. Mithobius' Predigt geht von einem Kirchenlied aus, »Meinen Jesum lass ich nicht«; er eröffnete sie so:[21]

> Meinen Jesum, laß ich nicht, sagte [...] unsere Seligverstorbene, liebe Mitt-Schwester, in ihrer letzten und hefftigsten Kranckheit, sonderlich in den fünff letzten Tagen ihres Lebens, etliche hundert mahl zu mir unnd andern Anwesenden, wenn wir sie zu besuchen pflegten, ja sie redete diese Worte nicht allein vielmahl mit freudiger Stimme und fröhlichen Geberden, sondern sie fieng auch an mit beweglichen Worten dieselben zu erk[l]ären unnd außzulegen, unnd wie die Kranckheit überhand nam sang sie auch dieselbigen mit erhabener und anmuthiger Stimme, mit hellen und wollautenden Gesange.

Mithobius kannte die Geschichte dieses Liedes; er bezeichnete es als »Ihrer Churfürstlichen Durchlauchtigkeit zu Sachsen, Hertzog Johann Georgen des Ersten Denck- und letzten Spruch«, den Christian Keimann in Zittau in »feine teutsche Reimen verfasset« und Andreas Hammerschmidt mit je fünf Sing- und Instrumentalstimmen vertont hatte. Das Stück war ganz neu; erst zwei Jahre zuvor im Druck erschienen (1658), war es bereits nach Otterndorf gelangt, dort musiziert worden und hatte dabei die nun Verstorbene so ergriffen, dass sie nach dem Anhören gesagt habe, sie »wündsche von Grund ihrer Seelen daß ihr solches in ihrem Todtbette von Gott möchte eingegeben und sie dessen wieder erinnert werden«. Auch hier weist also Musik in die Ewigkeit, noch dazu dadurch, dass die Sterbende sich selbst ins Jenseits singt.

Zwei Jahre später, am 19. September 1662, hielt Johannes Münstermann, vermutlich ihr Schwiegervater, in Otterndorf die klassische Predigt zur Einweihung einer neuen, sehr großen Orgel der Stadt; mit einer weiteren Orgelpredigt trat zehn Tage später, am Michaelisfest, Henricus Henrici im wenige Kilometer südlich gelegenen Neuenkirchen hervor.[22] Die beiden Orgeltexte wurden als Teile eines Fundamentalwerks mit dem Titel *Psalmodia Christiana* gedruckt: In ihm wird umfassend dargelegt, warum die Musik für die Lutheraner so wichtig sei und wie sie wirke; zusammengestellt (und in wesentlichen Teilen verfasst) wurde sie von Mithobius.

Anlass dieses Werks waren Überlegungen des Rostocker Theologen Theophil Großgebauer, die er 1661 in seiner *Wächterstimme aus dem verwüsteten Zion* geäußert hatte; in seiner Ablehnung der »großen« Kirchenmusik vollzieht er einen Bruch mit den lutherischen Urkonzepten (selbstverständlich ohne dies so zu sehen). Welche Folgen Großgebauers Werk hatte, soll erst im Schlusskapitel dieses Buches gezeigt werden; hier ist zunächst wichtig, dass Mithobius' Buch in der inhaltlichen Zusammenschau der Argumente einen Gipfel der lutherischen Musiktheologie bildet: konkret als Gegenentwurf zu Großgebauer.

Wie in einem Brennspiegel sind die Überlegungen auf dem Titelbild des Bandes zusammengefasst. Das untere Drittel zeigt vermutlich die Otterndorfer Kirche; nur wendet sich die Gemeinde nicht dem Altar zu, sondern der Orgelempore im Westen.

Kirchenmusik als Weltkonzept · Unten lauscht die Gemeinde dem Musizieren von Kantor und Schülern (im Mittelgang) sowie der »großen« Kirchenmusik auf den Emporen beiderseits der Orgel. In der Mitte das alttestamentliche Musizieren König Davids (links mit der Harfe), auf das sich die irdische, christliche Gegenwart bezieht. Beide finden ihre Erfüllung oben im himmlischen Musizieren: im Sinne der Offenbarung Johannis.

Hector Mithobius, Titelblatt der *Psalmodia Christiana* von 1665.

Im Mittelgang steht ein Dirigent, wohl der Kantor der örtlichen Lateinschule, denn neben ihm am Chorpult singen drei Schüler. Die Südempore (auf deren Brüstung, dezent versteckt, der Buchtitel steht) trägt vor allem Spieler von Saiteninstrumenten, die Nordempore ist Bläsern vorbehalten (und liefert den Untertitel: mit dem Hinweis auf die Epistel des 20. Sonntags nach Trinitatis als Predigttext zur örtlichen Orgeleinweihung). Zwischen den Instrumentalisten ist immer wieder einmal ein Musiker mit Notenblatt und ohne Instrument zu sehen, folglich ein Sänger. Die Orgel ist auf das Wesentliche reduziert; zwischen den massigen Pedaltürmen und vor dem Hauptwerk ist das Rückpositiv optisch gestaucht wiedergegeben, um auch den Blick auf den Organisten freizugeben. Vor dem Hauptwerk schwebt, von zwei Engeln gehalten, der entscheidende Bibelspruch aus dem Epheserbrief, auf seine Essenz »Singet und spilet dem Herrn« verkürzt.

Die Mittelzone des Bildes zeigt den Transport der Bundeslade nach Jerusalem. Drei Verse aus dem 6. Kapitel des 2. Buchs Samuel werden genau bezeichnet; und so ist links als Anführer David mit der Harfe zu erkennen, ihm folgend (vor und hinter den Trägern der Bundeslade) das »ganze Israel [...] mit Jauchzen und Posaunen«. Die Bilddarstellung ist noch reicher; hinzu kommt, was in der umfassenden »biblischen Instrumentenkunde« des 150. Psalms erwähnt ist (dieser Text steht zwischen Bundeslade und dem Epistelwort an der Orgel): von links nach rechts erst Pauken, dann Pfeifen unterschiedlicher Art, eine Triangel und zwei unterschiedliche »Saitenspiele«.

Oben schließlich ist der Himmel wiedergegeben. Über dem Lamm schwebt ein Schriftband mit dem Anfangssatz des Engelskonzerts aus der Weihnachtsgeschichte; im Wolkenkranz sitzen 24 Sänger, jeder von ihnen mit einer Harfe ausgestattet – in direkter Anspielung auf die Offenbarung Johannis, auf die links im Schriftfeld verwiesen wird.[23] Und die Szenerie erscheint eingebettet in die »Stimme vieler Engel um den Thron und um die Gestalten und die Ältesten her«, von der in der Offenbarung ebenfalls die Rede ist.

Also zeigt das Bild einen Prozess: Das Musizieren im Diesseits ist mit dem in der Ewigkeit verbunden, und es ist dessen unterste Stufe; in der Ewigkeit wird zugleich das Musizieren des Alten Testaments vollendet, das seinerseits der irdischen Alltagspraxis übergeordnet ist – als Teil der christlichen Lehre. So schlägt das Bildkonzept (und mit ihm das gesamte Buch) den Bogen zurück zum Gedicht Johann Walters und gibt dessen Gedankenwelt nun, 1665, nochmals besondere Schubkraft.[24]

Dieses Denken also hat Musizieren und Komponieren der lutherischen Tradition geprägt. Das Reformationsjahrhundert hatte einen Legitimationsdruck entstehen lassen; in ihm hätte nicht ausgereicht, dass Kirchenmusik einfach nur Erbe einer Tradition war. Wüsste man nicht, dass es auch Fundamentalkritik wie die Großgebauers gab, könnte man meinen, die Debatten des 16. Jahrhunderts seien endgültig zugunsten der lutherischen Musik ausgegangen – zumal auch der immense künstlerische Ertrag, wie von Pipping zitiert, den Nutzen zu bestätigen schien. Und das Konzept ging auf: Niemand im (reichen) Bauerndorf Altenbruch hatte ein Problem mit kunstvoller Kirchenmusik; die Identifikation der Einwohner mit ihr ging so weit, dass Pipping mit dieser Musik frei operieren konnte, um sein Himmelskonzept verständlich zu machen – gegenüber einer Trauergemeinde, die (weil es um das Begräbnis des Schulmeisters ging) aus allen Gesellschaftsschichten des Dorfes stammte.

Für die lutherische Musik im 17. Jahrhundert bedeutete diese Ideenwelt eine pauschale Wertschätzung, und sie strahlte aus auf das Leben des Einzelnen. Nicht irdische Werke entscheiden über das himmlische Weiterleben, sondern der Glaube; um ihn individuell zu äußern, müsse jeder beim Musizieren schon auf Erden das

Bestmögliche bieten. Diesen Gegensatz bringt Henricus Henrici in seiner Neuenkirchener Orgeleinweihungspredigt besonders plastisch auf den Punkt, und er umreißt die Grundlage dafür so:[25]

> Die ganze Christliche Kirche, so wohl die Triumphierende [im Himmel] als die Streitende [auf Erden], theilt sich in zwey Choros und Reyen [= Reihen, Reigen], den Obern und den Untern. Jener figurirt droben im Himmel, wier hierunten auf Erden singen den Choral. Unsere Music soll sein ein Echo und Wieder-Schall der Himmlischen Music. Wie der Papagey dem Menschen lernet nachschwätzen, so sollen auch wir den Engeln und Außerwehlten Himmels-Bürgern nachsingen. Die Englische Music soll unser Exemplar [= Vorbild] und Tabulatur sein, damit sie auch Gott möge gefallen.

Und dann fährt er fort: »Wir sollen und müssen Gott loben, es geschehe nun mit schlechten oder mit Kunst-Stimmen.« Also: Jeder muss sich nach seinen Kräften bemühen, den irdischen »Wieder-Schall der Himmlischen Music« entstehen zu lassen. Wer eine »schlechte« (schlichte, unausgebildete) Stimme hat, nutzt sie für das Lob Gottes; wer für dieses auch Kunstmittel einsetzen könnte und hinter seinen Möglichkeiten zurückbleibt, reicht individuell nicht an den »Wieder-Schall der Himmlischen Music« heran und verweigert somit das Glaubenszeugnis.

In der ewigkeitsbezogenen Bestattungspraxis war das Singen der Schüler am Grab unverzichtbar; es konnte auch mit den »schlechten« Stimmen einer Dorfschule geleistet werden. Im städtischen Bürgertum konnte der Musiziergedanke auch weit über den Tod hinauswirken; die Leipziger Thomaner bekamen Geld aus privaten Stiftungen, die eigens dazu angelegt worden waren, dass alljährlich am Sterbetag des Stifters vor dessen einstigem Haus ein Lied oder eine Motette gesungen werden sollte – eine Praxis, die sinnigerweise erst nach einem sächsischen Glaubensschwenk prominent nachweisbar ist (vgl. 5. Kapitel).[26] Und schließlich waren Trauerfälle auch Anlässe für neue Kompositionen. Breit dokumentiert sind die Drucke, in denen Musiker des 17. Jahrhunderts strophische »Arien« zum Gedächtnis an einen Verstorbenen publizierten – neben den typischen Trauergedichten, die zumeist nicht auch vertont wurden. Diese persönlichen Abschiedsworte traten in der Sterbenskultur neben die Trauerpredigt und den biographischen Nachruf (als Exempel geistlichen Lebenswandels). Ob jene strophischen Trauerkompositionen stets musiziert wurden, mag man bezweifeln, denn auch die Gedichte werden nicht vorgelesen worden sein; sie leben ein Stück weit von der Komplexität ihrer poetischen Anlage.

Aufgeführt wurden aber die größeren Kompositionen, die eigens und direkt für die Trauerfeiern entstanden. Stil und Besetzungsumfang richteten sich – dem Erlösungsgedanken folgend – nach den Frömmigkeitsvorstellungen; denn auf sie kam es an, nicht auf den messbaren äußeren Aufwand. Wem ultramoderne Musik nicht gottesfürchtig genug schien, der griff zu stilistisch anderem. So schrieb Bach seine Motette »Der Geist hilft unser Schwachheit auf« BWV 226 für das Begräbnis des Thomasschul-Rektors Johann Heinrich Ernesti 1729: Der Verstorbene war 1652 geboren und hatte als Theologe und Philologe wissenschaftlich gearbeitet; eine doppelchörige Motette (insofern traditionell wirkend, auch mit ihrem vollen Instrumentarium) mag seinem Denken exakt entsprochen haben. Drei Jahre zuvor hingegen war der Kammerherr Johann Christoph von Ponickau gestorben; neun Tage jünger als Ernesti,[27] war er als Hofbeamter in der kursächsischen Staatsverwaltung aktiv gewesen. Dass zu seinem Trauer-Actus eine Kirchenkantate entstand (Bachs »Ich lasse dich nicht, du segnest mich denn« BWV 157), zeigt insofern modernere Stil-Interessen eines Menschen, der in das höfische Leben eingebunden war.

Ohnehin entstanden die auffälligsten Werke dieser Art zu fürstlichen Trauerfeiern; die musikalischen Möglichkeiten dazu, qualitativ und quantitativ Einsatz für den Ewigkeitsbezug zu leisten und ihn zu propagieren, waren an einem Hof naturgemäß größer als in jedem anderen Kontext. Hier ist zu unterscheiden zwischen einer älteren, dezidiert lutherisch motivierten Kultur und der jüngeren, ausgeprägt absolutistischen des 18. Jahrhunderts, in der dem Verstorbenen auch Personenkult zuteilwurde. Ihn lässt Bachs Kantate »Lass, Fürstin, lass noch einen Strahl« BWV 198 (1727) schon im zweiten Wort erkennen; Johann Christoph Gottscheds Text spricht nur von Kurfürstin Christiane Eberhardine, nie von der musikaffizierten Ewigkeit. Ziel dieses Personenkults war, die Untertanen, die der Aufführung beiwohnten, in eine möglichst breit aufgestellte Landestrauer einzubeziehen.

In jener älteren Gestalt steht dieser Aspekt im Hintergrund; wichtiger sind – nicht unerwartet – Erlösung und Jenseits. Drei beispielhafte Werke oder Werkgruppen stechen hier aus der Musikgeschichte hervor: die *Musikalischen Exequien* von Heinrich Schütz, geschrieben zur Trauerfeier für Heinrich Posthumus Reuß in Gera 1636, ferner die Trauermusiken, die Johann Philipp Förtsch und Georg Österreich am Hof der Herzöge von Schleswig-Holstein-Gottorf zwischen 1680 und 1704 schufen, und schließlich die Trauermusik zum Tod Herzog Ernst Ludwigs von Sachsen-Meiningen in der Vertonung von Johann Ludwig Bach von 1724.[28] All diese Werke sind von dem so elementaren lutherischen Denkmodell getragen, und zwar auf doppelte Weise: Aus Sicht der Irdischen wird dem Verstorbenen etwas Wirksames mit auf den Weg ins ewige Engelskonzert gegeben; und ein Hof legte vor den Untertanen, deren Repräsentanten im Rahmen der regionalen Ständeordnung dem Staatsbegräbnis beiwohnten, ein Zeugnis des Glaubens an Rechtfertigung, Ewigkeit und Engelskonzert ab.

Was also zeichnet jene höfischen Werke aus? Heinrich Posthumus hatte für seine Trauerfeier ein differenziertes, ausbalanciertes Programm an Bibelzitaten ausgewählt; diese sind als »Devisen des Sterbens« komplett auch auf seinem Prunksarg wiedergegeben, und Schütz hat genau diese Texte vertont. Die Anordnung auf dem Sarg wurde in einer gedruckten Schrift kommentiert, als beispielhaftes Zeugnis dafür, welche Bedeutung Tod und Auferstehung haben – insofern als theologische Lehrschrift. Der Druck von Schütz' Komposition gehört ebenso zu dieser Memorialkultur: Mit ihr wurde zwar auch dem Verstorbenen ein Denkmal gesetzt, doch weil er an keiner Stelle der Komposition erwähnt wird (und diese daraufhin, von ihm persönlich abgelöst, universell aufführbar ist), entsteht etwas Musterhaftes. Der Herrscher scheute keine Mühe, für seinen Abschied von der Erde das Maximum an textlich-musikalischer Konzeption zu erarbeiten, und das Resultat fordert andere auf, es ihm nach Kräften gleichzutun.

Schütz' Musik im einleitenden Teil kann ein wenig kurzatmig wirken; das ist dem Umstand geschuldet, wie viele Texte Schütz vor allem in diesem »Concert […]

Sterbenskultur als Gesamtkunstwerk · Heinrich Posthumus Reuß (gestorben 1635) ließ seinen Prunksarg mit Bibelzitaten versehen; diese kamen nicht nur in der Trauerpredigt vor, sondern sie wurden obendrein von Heinrich Schütz in den *Musikalischen Exequien* vertont, die aus Anlass des Trauergottesdienstes entstanden. »Also hat Gott die Welt geliebet« und »Er sprach zu seinem lieben Sohn« eröffnen den zweiten Abschnitt des einleitenden »Concerts in form einer teutschen Missa«.

Die Gruft der Familie Reuß befindet sich in der Kirche St. Johannis in Gera.

in form einer teutschen Missa« zu verarbeiten hatte. Kaum eines der Bibelzitate, die bei Trauerfeiern Predigttext sein konnten, fehlt; der Bogen spannt sich von »Nacket bin ich von Mutterleibe kommen« und »Christus ist mein Leben, Sterben ist mein Gewinn« über »Ich weiß, dass mein Erlöser lebt« bis zu »Herr, ich lasse dich nicht, du segnest mich denn«. Und sowohl das Fürstenhaus als auch Schütz als Komponist wussten, was »große Musik« ist: Sie wird teils klangräumlich als Doppelchörigkeit angeordnet, teils handelt es sich um solistische Musik mit Generalbass.

Als rund 90 Jahre später in Meiningen Herzog Ernst Ludwig starb, hatte auch dieser sich den Text seiner Trauermusik kompiliert; dem mittleren ihrer drei Teile liegt ein Ewigkeitsgedicht zugrunde, das er sogar selbst verfasst hatte. Der Hofkapellmeister Johann Ludwig Bach konnte musikalisch alle Register ziehen: ebenfalls mit einem doppelchörigen Vokalensemble, zudem in solistischen Arien mit modernsten Instrumenten (wie dem Chalumeau, einem zeitgenössischen Verwandten der Klarinette). »Traurig« wirkte die Trauermusik nur bedingt; selbstverständlich gibt es auch Moll-Farben, doch im Zentrum steht der Gedanke, den der Herzog am Anfang seines Gedichts äußert: »Ich suche nur das Himmelleben«. Wer er zu Lebzeiten gewesen war und wie er von seiner Nachwelt gesehen werden wollte, wird mit keinem Wort erwähnt; das Werk mit seinen eindrucksvollen Ausmaßen dient also nur zur Darstellung der Glaubensinhalte und – unter ihnen – vor allem des himmlischen Jerusalem.

Wie sich fürstliche lutherische Trauermusiken zwischen den Gottesdiensten in Gera 1636 und Meiningen 1724 entwickelten, ist vor allem deshalb schwer zu rekonstruieren, weil von nahezu keinem Hof entsprechende Werke erhalten geblieben sind; sie wurden auch nicht weiter verbreitet, wohl weil Traueranlässe (als Staatsakt) und Besetzungsaufwand jeweils einzigartig erschienen. Breit informiert ist man nur über das, was am Hof der Herzöge von Schleswig-Holstein-Gottorf geschah; dessen Musik ist in der Sammlung ihres Kapellmeisters Georg Österreich erhalten geblieben (lange Zeit irreführend als »Sammlung Bokemeyer« geführt – Heinrich Bokemeyer hatte jedoch am Zusammentragen der Noten einen nur marginalen Anteil).[29] Neben den Werken, die Österreich selbst für Trauergottesdienste des Hofes schrieb, umfasst die Sammlung auch entsprechende Kompositionen seines Vorgängers Johann Philipp Förtsch. Sie alle zeigen die lutherische Sterbenskultur in besonders breit differenzierter Form; und zugleich lässt sich an ihnen ablesen, was nach zeitgenössischer, individueller Einschätzung als künstlerische Höchstleistung im Angesicht der Ewigkeit verstanden werden konnte.

Deren Indikatoren sind teils besonders umfangreiche Besetzungen (ein elfstimmiges Streicherensemble in Förtschs »Unser Leben währet siebenzig Jahr«, 1692), teils extreme sängerische Herausforderungen (Sopran-Höhe und Bass-Melismen in Österreichs »Unser keiner lebet ihm selber«, 1702). Manche Texte werden in kantatenartige Satzfolgen überführt; andere wirken wie ältere Schwesterwerke zu Bachs Choralkantaten, und ihnen liegen dann die typischen Sterbechoräle zugrunde. Und wieder andere sind sehr breit angelegte und groß besetzte Geistliche Konzerte mit großer formaler Spannkraft (wie Österreichs »Wir haben nicht einen Hohenpriester«, 1695). Schließlich aber gibt es auch Österreichs »Plötzlich müssen die Leute sterben« von 1702, das den Kriegstod Jonathans zum Thema hat – mit seinem alttestamentlichen Stoff (und auch im Klangkonzept) nicht unähnlich den späteren alttestamentlichen Oratorien Händels. Anlass war der Tod des Herzogs, Friedrich IV., in einer Schlacht des Großen Nordischen Krieges, und jeder, der dem Trauergottesdienst beiwohnte, muss die Verbindung zwischen Jonathan und dem Herzog gesehen haben. In der Erstfassung des Werks wird dieser jedoch nie erwähnt; zur Aufführung kam dann eine erweiterte Version, in der der Personenkult sich Raum bricht. Flankiert wurde dieses Werk von einem Choralkonzert und jenem »Unser keiner lebet ihm selber«, das – wie Schütz' *Musikalische Exequien* – als Reihung zahlreicher Bibelstellen mit Sterbethematik aufgebaut ist; an der Schwelle der lutherischen Kantatenkultur stehend, bildet dieses Werk also eine Art Bindeglied zwischen Schütz' Werk und dem 160 Jahre später entstandenen *Ein deutsches Requiem* von Johannes Brahms mit einer ähnlichen biblischen Textgestalt.

So macht der Ewigkeitsgedanke deutlich, warum die Musik des Luthertums sich auf einem so breiten, theologisch abgesicherten Fundament entfalten konnte und immer wieder um Tod und Ewigkeit kreist. Dies ist Ausdruck nicht allein irdischer Bedrängnisse, sondern zugleich einer elementaren, überzeitlichen Hoffnung. Musik war deshalb zugleich zwingend in die Liturgie eingebunden; und alle Gläubigen hatten zudem den Auftrag, außerhalb des Gottesdienstes zu musizieren – geistliche Lieder. Mit der Ewigkeitsdimension wurde die Musik somit zu einem essenziellen Ausdrucksmittel des lutherisch geprägten Glaubens. Fortwährend bestand der Druck, musikalisch das Bestmögliche zu leisten, weil diese Klänge aus der irdischen »streitenden Kirche« in die himmlische »triumphierende Kirche« wiesen; ohne dieses Konzept hätte sich eine eigene lutherische Musikkultur kaum profilieren lassen. Unter welchen Bedingungen dieses für Musik so ideale Konzept ausgehöhlt und schließlich aufgehoben wurde, wird Thema des 10. Kapitels sein.

Der Sängerkönig

Vor allem die Herrscher traf der Auftrag, dass alle Gläubigen schon auf Erden Gottes Lob auf bestmögliche Weise zu singen hätten: Ihre Ensembles konnten (und mussten) dabei musikalisch mehr leisten als andere Sterbliche. Für sie kam noch eine Komponente hinzu: König David. Dass er Musiker war, stand ohnehin außer Zweifel. Dass die Geschichten, die von ihm erzählt werden, keinerlei Vorbehalte gegenüber Instrumenten zeigen und diese im Psalter detailliert erwähnt werden, machte ihn für das Luthertum zur idealen Identifikationsfigur darin, auch auf dem Gebrauch der Instrumente zu beharren. Zudem[30] spielte er für Saul auf der Harfe, wenn über diesen »der böse Geist« kam; das unterstrich die positive Wirkung der Musik. Doch David war noch mehr. Mit seiner Steinschleuder besiegte er Goliath; dies machte ihn zum Verteidiger eines rechten Glaubens. Und er war König. Also mussten sich Herrscher an dem kompletten Davids-Konzept messen lassen. Neben der Verteidigung nach außen mussten sie auch innerer Feinde gewärtig sein – wie David, der von seinem Vorgänger Saul und von seinem Sohn Absalom verfolgt wurde. Zugleich lassen die Bußpsalmen David als demütig erscheinen: ein weiterer Auftrag an Herrscher. All dieses wird in den einschlägigen »Fürstenspiegeln« der Zeit herausgearbeitet, und zwar überkonfessionell; und es gehörte mit der Musik (zumindest deren Förderung) untrennbar zusammen.

Schon Walter fordert von Herrschern zumindest ein umfassendes Mäzenatentum für Musik:

> Wenn David itzund leben solt
> Weil Gottes zusag ist erfült,
> Er würd die Music hocher [= höher] ehrn
> Kein gelt nicht sparn[,] die kunst zu mehrn,
> David solt ein exempel sein
> Der Herrn und Fursten liecht und schein,
> Das sie zu dieser heilgen kunst
> Ihr leblang hetten lieb und gunst.[31]

Die beiden Seiten, der Ewigkeits- und der Davids-Bezug, kamen zusammen in dem Gedicht, das Schütz zum Tod Heinrich Posthumus Reuß' dichtete.[32] Dieser habe nach den Zerstörungen des Krieges für den Wiederaufbau von Schulen und Kirchen gesorgt und dann »wie David selbst auch [...] Zung und Hand, / Durch gantz kunstreichen Schall, erhoben und gewandt / Zu Gottes Ehr und Preiß.« Heinrich also ist dem Davids-Auftrag gerecht geworden und hat die musikalischen Anforderungen der Ewigkeitsauffassung konkret erfüllt.

Eine besondere Note im Umgang mit David ergab sich für den niederländischen Calvinismus, der eine eigene Orgelleidenschaft entwickelte (vgl. 4. Kapitel). David als Stifter des Psalters bot Calvinisten ohnehin einen Bezugspunkt; Calvin sah nicht zuletzt in allen Anfechtungen, die er als Reformator durchlebte, eine innere Verwandtschaft zu dem Psalmisten.[33] Dieser ist daraufhin, ausgestattet mit der Harfe als Attribut, in unzähligen calvinistischen Kirchen an Orgeln, die zur Förderung des Psalmengesangs dienten, abgebildet worden. Lutheraner teilten dieses Bildkonzept, waren aber nicht an das dominante Bildmotiv des Harfenspielers gebunden: Auch der Kampf gegen Goliath wird an Orgeln wiedergegeben – letztlich vertraten ja nur die Rechtgläubigen auch ein Kirchenmusikkonzept, das die Instrumente einschloss. Doch findet sich dieses Motiv wiederum auch im reformierten Kontext: Auf den Türen, mit denen seit 1591 die Orgel in Uphusen bei Emden verschlossen wurde, sah man, wenn sie geöffnet waren, den Triumphzug des kleinen David, der das abgeschlagene Haupt Goliaths vor sich her trägt.[34]

So stand David vielen Gläubigen vor Augen – in nahezu allen Regionen. Psalmen hatten ohnehin eine Schlüsselbedeutung für den Gottesdienst: Ausschnitte aus ihnen bildeten ein Rückgrat des gregorianischen Chorals; ganze Texte lebten in den Vespergottesdiensten auch des Luthertums weiter. Als Lieder gefasst, treten die »Psalmen« (als Nachdichtungen tatsächlicher Psalmtexte) bisweilen direkt in das Dreierkonzept ein, das der Apostel Paulus in den beiden für die Musik so wichtigen Bibelzitaten umreißt: »Redet untereinander in Psalmen und Lobgesängen und geistlichen Liedern«. Psalmen lassen sich als Lieder nachdichten, Lobgesänge entsprechen den Hymnen der gregorianischen Praxis, und »geistliche Lieder« sind für das außerkirchliche Singen gedacht. Nach dieser Dreiergliederung ist der Liedbestand ausdrücklich im Konstanzer Gesangbuch von 1540 angeordnet; doch auch Luther sah diese Gliederung, nach der – ganz konkret – die Liedfolge des von ihm mitbetreuten »Babst'schen Gesangbuches« von 1545 eingerichtet ist.[35] David war allgegenwärtig.

Fromme Musiker?

Schließlich stellt sich eine im Umfeld musiktheologischer Zugänge unvermeidliche Frage: Wie fromm muss ein Musiker sein, um für kirchliche Dienste zu taugen? Muss er sein wie Joseph Berglinger, dessen (fiktive) Lebensbeschreibung Wilhelm Heinrich Wackenroder und Ludwig Tieck 1795/96 ans Ende der *Herzensergießungen eines kunstliebenden Klosterbruders* stellten? Berglinger weihte sein Leben einer sakralen Tonkunst, und als er eine Passionsmusik (wie sich zeigte: sein letztes Werk) komponieren wollte, musste er erst gegen sein zerrissenes Herz ankämpfen und schrieb die Musik schließlich »unter heftigen Gemütsbewegungen« nieder.[36] Bilder wie dieses haben den Zugang zu Komponisten von Musik mit geistlichen Texten tiefgreifend geprägt, nicht aber erst in der Romantik. Denn die Frage, wie es der kirchliche Musiker mit der Religion hält, wurde schon im Mittelalter diskutiert, und sie hatte auch für die lutherische Seite Bedeutung. Zwar gab es hier keine Instanz, die einen Musikstil dogmatisieren konnte wie die päpstliche Kurie. Doch umgekehrt war die Sorge vor dem unfrommen Musiker möglicherweise nur diffuser.

1324/25 taucht die Frage einer missbräuchlichen Verwendung von Musik wohl erstmals in den Argumentationen des Papsttums auf.[37] Das Gedächtnis der päpstlichen Verwaltung sorgte dafür, dass dieser Satz reaktiviert werden konnte, besonders im mittleren 16. Jahrhundert (in der Zeit des Trienter Konzils) und im Vorfeld des Heiligen Jahres 1750. Und da alle Argumentationen der Kurie über Jahrhunderte hinweg den Anspruch der Unfehlbarkeit hatten, gab es kaum Möglichkeiten, den Missbrauchsvorwurf zu hinterfragen.

Die Bulle wurde in Avignon erlassen, seit 1309 der Sitz der Päpste. Johannes XXII., verantwortlicher Urheber der Bulle, verurteilte die junge französische Motette, in der neben einem liturgischen Cantus firmus mit dessen Originaltext (im Tenor) in den Oberstimmen weltliche, volkssprachige Texte vorgetragen werden. Johannes XXII. war Franzose und konnte französische Musik kennen; doch offensichtlich war jene Motette nicht auch in den römischen Traditionen verwurzelt, und so war die erhoffte Einheitlichkeit der Liturgie nicht gegeben. Wer dafür verantwortlich war, aus einem stilistischen Unterschied zwischen Rom und Frankreich einen Missbrauchsvorwurf abzuleiten und ihn gegen die Musiker zu richten, ist nicht zu klären; Johannes trug letztlich nur die »politische Verantwortung« für die Formulierungen, die fortan christliche Kirchenmusik-Diskurse begleiten konnten.

Der Vorwurf geht auf jeden Fall an der Sachlage vorbei. Jeder Musiker der Zeit, der irgendwie in der Kirchenmusik tätig war, war zugleich eingebunden in kirchliche Strukturen. Musik entfaltete sich also in einer lokalen Hierarchie; unterlief ein nachgeordneter Priester (als Musiker) liturgische Vorschriften, hätte er sehr schnell Grenzen gesetzt bekommen. Folglich entstand der Konflikt daraus, dass die liturgischen Bedingungen grundsätzlich nicht einheitlich waren, aber das Papsttum ein einheitliches Erscheinungsbild postulierte: Die Liturgie, die dem Papst vorschwebte, bestand eben nicht überall gleich, und sachgerechter wäre gewesen, die Unterschiede den lokalen Liturgieverantwortlichen anzulasten, als den musikalisch Ausführenden ein Eigenleben vorzuwerfen. Folglich muss man die Mechanismen eingehender beschreiben, die diese Musikkultur trugen.

Elementar für die Kirche war, dass in ihr nie eine mehrstimmige Motette »aufgeführt« wurde: Liturgie kennt keine musikalischen Gattungen, sondern nur den spezifischen Introitus des jeweiligen Gottesdienstes oder den spezifischen Psalm einer liturgisch festgelegten Konstellation des Stundengebetes. Selbst wenn ein Musiker glaubte, mit einer mehrstimmigen Bearbeitung dem jeweiligen liturgischen Gesang eine ideale Gestalt gegeben zu haben, war er in seiner Einschätzung von der des kirchlichen Vorgesetzten abhängig. Wie weit sich Musik entfalten konnte, regelte sich also primär vor Ort. Dabei konnte sich ein Professionalitätsproblem ergeben: Denn Priester haben eine geistliche Kompetenz; wollten sie (als Priester) zugleich musikalische Aufgaben ausüben, war auch musikalische Kompetenz notwendig. Doch für die bloße Beurteilung von Musik galten nur die geistlichen Konzepte; und so konnte sich Musik nur in dem damit abgesteckten Rahmen entfalten. Er aber brauchte wiederum nicht überall einheitlich zu sein; eine überregionale Verständigungsgrundlage war allein mit den einstimmigen gregorianischen Gesängen gegeben, und schon die prinzipielle Frage, ob deren Einbettung in einen mehrstimmigen Vortrag zulässig sei, ließ sich nicht pauschal beantworten. Das also führte zu Reibungsflächen – wie 1324/25. Und sie vergrößerten sich durch Mobilität: teils durch die der Musiker, die ihr Musikverständnis an einen anderen Ort mitnahmen, teils durch die der kirchlich Verantwortlichen, die von außen in ein eingespieltes Milieu eintraten. Und das gilt genauso für die lutherische Praxis.

Gesetze einer örtlichen oder regionalen Tradition bestimmten die Komposition also in weitaus höherem Maße, als eine romantisch geprägte Gesellschaft es sah. Ein Komponist, der einen bestimmten Psalmausschnitt vertonte, tat dies innerhalb der Liturgie, nicht aus persönlicher Ergriffenheit (wie Wackenroders und Tiecks Joseph Berglinger). Und wenn man sich wünscht, Bach hätte doch mehr Lieder Paul Gerhardts in Choralkantaten »behandeln« sollen als nur in einer einzigen (»Ich hab in Gottes Herz und Sinn« BWV 92), liegt die Ursache nicht in Bachs Einstellung zu Gerhardt; sie beruhte ganz konkret auf der Liedtradition, in die er vor Ort eingebunden war.

Vorbildgestalten der Kirchenmusik wie Josquin, Palestrina oder Bach schrieben kaum aus einem akuten Bedürfnis heraus geistliche Musik; es war Teil ihres Berufes, sie zu schaffen und aufzuführen. Musik wurde nie auf etwas Geistliches verengt, sondern war (umgekehrt) von diesem umfassend getragen, in sich selbst und in allen Lebenslagen. Dies steht auch hinter einer Formulierung, die sich beim Propheten Jesaja findet (5, 11–12): »Weh denen, die des Morgens früh auf sind, des Saufens sich zu fleißigen, und sitzen bis in die Nacht, daß sie der Wein erhitzt, und haben Harfen, Psalter, Pauken, Pfeifen und Wein in ihrem Wohlleben und sehen nicht auf das Werk des Herrn und schauen nicht auf das Geschäft seiner Hände!« Dieser musikalische Imperativ des bedingungslos Geistlichen findet sich auch an sensibler Stelle: in der Dorfkirche in Hamburg-Neuenfelde, an einem Deckenbalken, der direkt der Orgel Arp Schnitgers (1688) zugewandt ist. Zahlreiche Bibelzitate, die zur Begründung der »großen« Kirchenmusik typischerweise herangezogen wurden, sind in dieser Dorfkirche für die Gemeinde sichtbar; das Jesaja-Wort aber richtete sich direkt an den Organisten – und wurde über seinem Spieltisch als Aufforderung »Gott allein die Ehre« präzisiert. Kunst »zu Gottes Ehre« war kein Bekenntniswerk, sondern eine essenzielle Arbeitsgrundlage.

Kurz: Eine gläubige Grundeinstellung vorromantischer Musiker beim Schreiben und Spielen von Kirchenmusik war eine Selbstverständlichkeit, allerdings auf einem breiten Fundament. Wenn sich alle Beteiligten vor Ort einig waren, konnten alle nur erdenklichen Kunstmittel genutzt werden – und mussten es auch, und zwar als Teil der individuellen wie kollektiven Ewigkeitsfürsorge: Textausdruck, komplexer Kontrapunkt, auch Modernität und Aktualität. So brauchte auch nicht gefragt zu werden, ob Kunst allen, die mit ihr konfrontiert wurden, bis in letzte Winkel verständlich sei; es ging auch nicht darum, Gläubige auf einer möglichst niedrigen Kunststufe abzuholen. Warum hätte gerade die Musik leichter verständlich sein sollen als die vielen anderen Aspekte des Glaubens? Christliche Grundfragen wie die Rechtfertigung (als Hilfe, mit dem Gewissen und der eigenen Endlichkeit klarzukommen), die Nächstenliebe (als zwischenmenschlicher Respekt, über die eigene Person hinausgehend) und das Pfingstwunder des Heiligen Geistes (als Halt für den Menschen, auch wenn er allein ist) sind intellektuell ähnlich herausfordernde Fragen wie die nach der Wirkung von Musik. Viel charakteristischer erscheint somit die Anforderung, die Henricus Henrici in der Neuenkirchener Orgelpredigt formulierte: Alle Gläubigen leisten das individuell Bestmögliche; das zwingt auch zu Höchstleistungen derer, die sie erbringen können. Darin treffen sich alle und vertrauen einander. Dies steckte den Rahmen dafür ab, dass sich im Luthertum eine spezifische musikalische Kunst entwickeln konnte.

3 Musikprofis – Musikamateure
Kantoren und Organisten, Lateinschüler und Adjuvanten

Director musices und Stadtpfeifer

Die nachhaltige Sicherung der neuen Glaubensgrundsätze wuchs den Schulen zu. Kloster- und Kathedralschulen gingen in kommunale oder territoriale Trägerschaft über, und bis hinunter in kleinste Gemeinden reichte das Schulwesen. Es wurde mit den Gemeindekirchen verknüpft; dies prägte das Unterrichtsleben der folgenden Jahrhunderte – und ebenso die Musik.

Wie dies funktionierte, lässt sich von der Situation in Leipzig aus beschreiben. Bach als Thomaskantor war nicht an einer Kirche angestellt, sondern an der Thomasschule. Trägerin war die Stadt. Diese hatte aber noch eine andere bedeutende Schule zu verwalten: die Nikolaischule, die der anderen Hauptkirche angeschlossen war. Beide Kirchen trennt ein Fußweg von 500 Metern. Da eine innerstädtische Konkurrenz nicht sinnvoll erschien, hatten die Stadtväter eine Strukturentscheidung getroffen: An der Thomasschule war ein musikalisches Profil gebildet worden, an der Nikolaischule ein wissenschaftliches. Das heißt: Selbstverständlich hatte auch die Thomasschule ihren nichtmusikalischen, wissenschaftlichen Zweig; umgekehrt gab es auch im Kollegium der Nikolaischule einen Kantor. Das, was dieser tat, blieb jeweils weit hinter dem Wirken seines Nachbar-Kollegen zurück, entsprach aber dem Berufsprofil vieler zeitgenössischer Kleinstadt-Kantoren. Eine größere musikalische Entfaltung war nicht nötig, denn die Profilbildung an der Thomasschule hatte gerade zum Zweck, den Kantor der Nikolaischule zu entlasten. Dies war eine Grundlage dafür, dass Bach mit dem Titel »Director musices« unterschreiben konnte: als Musikdirektor der Stadt. Er sorgte dafür, dass in beiden Hauptkirchen musiziert wurde; das beste und das zweitbeste Sängerensemble sangen in ihnen im umschichtigen Wechsel, weitere Schüler in den Nebenkirchen der Stadt.

Ein erstes Modell dazu, wie die beiden Hauptkirchen von nur einer Schule aus mit Figuralmusik versorgt werden konnten, hatte Sethus Calvisius entwickelt, Thomaskantor der Zeit zwischen 1594 und 1615.[1] Seine strukturellen Umgestaltungen gaben dem Thomaskantor zugleich die Funktion eines städtischen Musikexperten: Er konnte in übergeordneten musikalischen Fragen um Rat gefragt werden, auch im Orgelbau. Und dem Amt wuchs die Dienstaufsicht über das Kollegium der Stadtpfeifer zu, die zugleich zu einem integralen Teil des Musikensembles wurden. Doch in beidem liegt kein Automatismus. Warum ein Kantor befragt wird (und nicht ein Organist), wenn es um Orgelbau geht, ist eigens zu betrachten; wie aber stand es um die Stadtpfeifer?

Viele Orte hielten sich einen Musikanten, der auf einem durchdringenden Blasinstrument zu repräsentativen Zwecken Signale spielen konnte, bisweilen auch, von einem Turm über die Dächer der Stadt hinweg, Liedmelodien. Die Professionalität, die für dieses Signalblasen erforderlich war, war hoch; aber da die Signale nicht häufig genug gebraucht wurden, lag die Honorierung weit unterhalb dessen, was zum Leben notwendig war. Und so wurde der Job des Musikanten mit weiteren Komponenten ausstaffiert, die die kommunale Kasse nicht belasteten: Dem Musikanten wurde ein Musizierprivileg für alle erdenklichen privaten Anlässe der Einwohnerschaft gegeben. Niemand durfte für Tanzmusik einen anderen Instrumentalisten engagieren als den Inhaber des Privilegs, das für einen klar abgegrenzten Bereich galt, eine Stadt oder auch ein größeres Landgebiet. Diese Musiker lebten in vielen Orten also davon, für jeden Auftritt bei ihrer Kundschaft fixe Gebührensätze erheben zu können, wie zunftangehörige Handwerker. Nicht selten kam es zu Konflikten mit den Musikanten des stehenden Militärs; diese hatten in Friedenszeiten kaum etwas zu tun und suchten Nebeneinkünfte – womit dann die territorialen Militär- und die kommunalen Verwaltungsstrukturen miteinander in Konflikt gerieten.[2] Unsicher waren die Einkünfte allemal, denn die Bereitschaft der Bevölkerung, in Musik zu investieren, war konjunkturabhängig. Und waren Lustbarkeiten verboten, weil das Land nach einem Todesfall in der Fürstenfamilie in kollektive Trauer verfallen war, konnte dies für Musikanten existenzbedrohend werden.

Die Vielfalt ihrer denkbaren Aufgaben bestimmte zugleich das Instrumentarium. Typisch war das Spiel auf dem Zink, einem Blasinstrument mit kleinem Trompetenmundstück und Grifflöchern, aus Holz gearbeitet und mit Leder umwickelt; es konnte ähnliche Klänge hervorbringen wie eine (weich klingende) Barocktrompete, wurde häufig als höchstes Instrument des Posaunenchors eingesetzt und konnte auch bei Kälte und Nässe Verwendung finden. Und wer das kleine Trompetenmundstück des Zinks zur Ton-Erzeugung benutzen kann, konnte sich auch auf eine ausgewachsene Trompete einstellen; die Griffloch-Technik des Zinks wiederum ähnelt derjenigen aller Holzblasinstrumente. Daneben wurden Violinen und andere Streichinstrumente benötigt, mindestens für Tanzmusik; sie waren aber nicht geeignet, um bei Wind und Wetter im Freien gespielt zu werden. Kurz: Wer Stadtpfeifer sein wollte, musste viele Instrumente beherrschen; je mehr, desto besser. Spezialisierung war nur ausnahmsweise möglich: In einigen norddeutschen Städten entsprossen den Ratsmusikkollegien Geiger, die die internationale Violinkunst entscheidend voranbrachten, darunter Musiker wie Dietrich Becker (Hamburg), Nicolaus Bleyer und sein Schüler Nathanael Schnittelbach (beide in Lübeck). Eine Ausnahme war auch Gottfried Reiche, ein Trompetenvirtuose, der im Leipzig der Bach-Zeit die Stadtpfeifer anführte, Musik für sein Instrument drucken und sich mit diesem porträtieren ließ.

Kirchenmusik, die mit den Strukturen der Stadtmusiker verknüpft war, wurde selbst von deren Universalismus geprägt. In der Mehrchörigkeit der Zeit um 1600 konnte ein so vielfältig einsetzbarer Stadtmusiker in jede der komponierten Stimmen eintreten; aus der Lage der Stimme resultierte dann, zu welchem Instrument er griff. Und in späteren Zeiten konnte der Musikant von einem Satz zum nächsten das Instrument wechseln; kommen in einer Bach-Kantate einmal zwei Blockflöten vor, an einer anderen Stelle zwei Oboen, hilft die Vorstellung weiter, dass hier nur zwei Spieler gefragt waren, nicht also zweimal zwei »Spezialisten«.

Wie in Leipzig gab es in größeren Städten (oder auch: in größeren Landgebieten) statt nur eines Musikanten ein umfangreicheres Musikantenteam. Dessen Mitglieder bildeten eine zunftmäßig organisierte Gruppe, wie im Handwerk mit Gesellen und Lehrlingen. Handwerker wirkten häufig in derselben Straße; das galt auch für die Stadtmusiker. In Erfurt wohnten sie am Junkersand (auch die frühen Mitglieder der Familie Bach, die sich in den dortigen Stadtpfeifer-Strukturen profilierten); und in Leipzig hieß sogar bis ins 19. Jahrhundert eine Straße ausdrücklich »Stadtpfeifergässchen« (die heutige Magazingasse im Süden des Stadtzentrums). Aufgaben der Leipziger Stadtpfeifer lassen sich bis heute am Alten Rathaus ablesen: Gespielt wurde auf einer Empore im Ratssaal (dem »Musikantenstuhl«) und auf einem Balkon am Rathausturm; beide sind erhalten geblieben.

Die Leipziger Stadtpfeiferei, 1479 eingerichtet, erklärte sich 1587 zur Innung und hatte damit eigentlich den gleichen Status wie andere Zünfte. Doch die Stadt zahlte ihren Stadtpfeifern ein Grundgehalt und hatte sich damit über die eigentlichen Zunftstrukturen gesetzt. Die Stadtmusiker waren also quasi als städtische Teilzeitbeamte in eine Behördenhierarchie eingebunden, und in ihr wurde der städtische Director musices, einst »nur« Kantor der einen Schule, zum Dienstvorgesetzten der Musikanten.

Der ingeniöse Sonderfall wurde kopiert: von Thomas Selle. 1599 geboren, hatte er selbst die Thomasschule besucht, und zwar in ihrem »Musikprofil«; sein Kantor war anscheinend zuerst Sethus Calvisius gewesen, dann Johann Hermann Schein. 1641 wurde er in Hamburg zum Kantor am Johanneum gewählt, dem akademischen Gymnasium der Stadt. Dieses war 1529 von Bugenhagen als zentrale Lateinschule eingerichtet und im säkularisierten Johanniskloster untergebracht worden; an keiner der vier Hauptkirchen entstand also auf Kosten der anderen ein schulisches Zentrum. Erst Selle jedoch entwickelte einen Plan, wie diese vier Kirchen vom Musizieren der Sänger, die am Johanneum ihre Schulausbildung absolvierten, gleichmäßig profitieren konnten,[3] und er hatte zugleich die Aufsicht über die »Ratsmusikanten«.[4]

Selles Übertragung des Leipziger Modells auf Hamburg hatte eine Schwachstelle. Eine Stadt mit vier Hauptkirchen konnte allein durch ein Alternieren des Ensembles nicht adäquat versorgt werden. Die Probleme zeigten sich jeweils an den Hochfesten Weihnachten, Ostern und Pfingsten, die über drei Tage hinweg gefeiert wurden: Drei Kirchen konnten jeweils in Folge von dem Musikensemble besucht werden, eine vierte musste leer ausgehen. Doch konnten die Organisten in die Bresche springen; das Fest litt also nicht, wenn der Kantor die anderen Kirchen besuchte. Allerdings machten diese Organisten andere Musik als der Kantor: nicht zusammen mit Schülern, und sie spielten auch nicht nur solistische Orgelmusik. Wie also funktionierte ihr »Ersatz«?

Die Musizierbereiche des Kantors und des Organisten waren baulich voneinander getrennt, und an manchen Orten ist dies bis heute erkennbar geblieben: Oft gab es, wie im Eisenacher Gesangbuch von 1763 sogar eigens bezeichnet, zwei direkt übereinander angeordnete Emporen, oben die der Orgel als »Music Chor«, darunter die der Schüler. Wollte ein Kantor auf dem »Sing und Schüler-Chor« den Gesang instrumental stützen lassen, benötigte er ein Orgelpositiv, denn zu »der« Orgel gab

Orgelempore und Schüleremproe · Diese Aufteilung war in vielen Kirchen anzutreffen: In der idealisierten Wiedergabe der Architektur der Eisenacher Georgenkirche wird die Orgelempore als »Music Chor« bezeichnet (links und rechts des Spieltisches), die darunterliegende Empore als »Sing und Schüler-Chor«. Beide Musizierbereiche sind also voneinander getrennt. Ganz unten sind in den Bänken einige Gottesdienstbesucher dargestellt.

Eisenachisches Neurevidirtes und beständiges Gesangbuch, 1763, Ausschnitt aus dem Titelkupfer.

es keinen Sichtkontakt. Und neben dieser gab es nur enge Durchgänge, in denen die Schüler nicht genügend Platz gefunden hätten. Wollte der Organist gemeinsam mit anderen musizieren, bestimmte das Raumangebot also Besetzung und Stil; er konnte Einzelinterpreten um sich gruppieren, kaum mehr als zwei Musiker, die dann seine Professionalität teilen mussten: in virtuoser Generalbassmusik.

Kein Leipziger Hauptkirchen-Organist konnte sich im 17. und 18. Jahrhundert derart neben dem Musikdirektor profilieren. Dies war auch nicht nötig, denn beide

Kirchen waren durch das Alternieren der Ensembles lückenlos versorgt. Doch zeigt sich zugleich ein struktureller Unterschied: Ein Organist in Hamburg blieb nicht so weit im Hintergrund wie ein Leipziger Kollege. Die musikalischen Funktionen waren also im Luthertum nicht einheitlich definiert – trotz einer gemeinsamen Grundlage.

Schulmeister, Kantoren und die Lateinschüler

Wie im 1. Kapitel beschrieben, wuchs dem »Schulmeister« mit der Reformation eine wichtige liturgische Funktion zu. Im Gottesdienst trug er manche Gesänge als Solist vor; bei anderen führte er die Gemeinde an, und schließlich stellte er den Gesang der Schüler sicher; folglich musste er die Musik, die von ihnen gesungen wurde, auch einstudieren. Das konnten die liturgischen Gesänge sein, die aus den vorreformatorischen Gottesdiensten in die lutherischen übernommen worden waren – einstimmig choraliter oder mehrstimmig figuraliter. Der Schulmeister trug aber auch Verantwortung dafür, dass die neuen Lieder vom musikalischen und religiösen Bewusstsein der Schüler Besitz ergriffen, genau so, wie sich dies in Johann Walters *Geystlichem gesangk Buchleyn* darstellt.[5]

Wie diejenigen, die an den frühen lutherischen Lateinschulen für die Musik zuständig waren, diesen pädagogischen Auftrag erfüllten, ist beispielhaft für die Kathedralschule im dänischen Ribe belegt. Hans Thomissøns zweiter Nachfolger, Peder Hegelund, hat dies in seinem privaten Tagebuch aufgezeichnet.[6] Im November 1569 hatte er, eben vom Studium in Leipzig und Wittenberg nach Dänemark zurückgekehrt, den Posten an der Schule angetreten; am Ersten Weihnachtstag, der im Anschluss an die morgendliche Messfeier ein normaler Unterrichtstag war, begann er nachmittags mit der Lektüre der *Loci communes* von Melanchthon (von ihm als »Definitiones Theologiae« zitiert) – nachdem er zuvor acht Weihnachtslieder aus *Den Danske Psalmebog* behandelt hatte, dem eben erschienenen Gesangbuch seines früheren Lehrers Thomissøn. Mit den Blattnummern dieses Buches bezeichnet, setzte er bei der dänischen Version von »Der Tag, der ist so freudenreich« an; sein Pensum schloss »Gelobet seist du, Jesu Christ« ein und reichte bis zu »Jesaja dem Propheten das geschah«. Zwei der Lieder waren von Thomissøn erstmals auf Dänisch ins Gesangbuch gelangt: »Vom Himmel hoch, da komm ich her« und »Was fürchtst du, Feind Herodes, sehr«. Also handelte es sich tatsächlich um ein Einstudieren; und mit ihm wird sich zwangsläufig auch ein Kommentieren der Glaubensaussage verbunden haben. Auf diese Weise ließ sich also, wie Luther es im Vorwort zu Walters *Geystlichem gesangk Buchleyn* geschildert hatte, »das heylige Evangelion [...] ynn schwanck« bringen.[7]

Arbeiten wie diese scheinen für die Nachwelt zwingend mit dem Begriff »Kantor« verknüpft; warum aber ist von Schulmeistern die Rede – oder (im Fall Hegelunds) von einem Rektor? Die Antwort liegt im Schulwesen der Zeit. Denn selbstverständlich gab es Musikunterricht auch an Schulen, die nur einen Lehrer hatten und in denen alle Schüler in einem einzigen Klassenraum unterrichtet wurden: vom Schulmeister. Diese Schulen führten nicht zu »höheren akademischen Weihen«, sondern nur zu Basiswissen. Das Wichtigste in ihm war die Glaubenspraxis, und dies gab dem einen Lehrer eine Schlüsselfunktion: im Alltag (an der Schule) und im Gottesdienst (neben dem Pfarrer).

Wenn sich eine Gemeinde für ihre Schule einen zweiten Lehrer leisten konnte,[8] führte dies zu einer umfassenden Teilung des Schulbetriebs. Es gab dann zwei Klassen; eine von ihnen beschäftigte sich mit dem Stoff für Fortgeschrittene und war einem Lehrer in höherwertiger Position zugeordnet, während dessen niedriger gestellter Kollege in der unteren Klasse Basiswissen vermittelte. Worum es dabei ging, erklärt sich direkt aus der Berufsbezeichnung: »Schreib- und Rechenmeister«. Der höhere Lehrer hingegen konnte sich »Rektor« nennen und vertrat die Schule nach außen. Dazu gehörte auch die musikalische Aktivität im Gottesdienst. Und in Abgrenzung vom Basiswissen, das der untere Kollege vermittelte (oder der »Schulmeister« einer einklassigen Schule), umfasste der Stoff für Fortgeschrittene nicht selten auch elementares Latein. Denn je höher qualifiziert der Posten war, den ein junger Mensch einmal antreten wollte, desto mehr wurde von ihm verlangt, auch die lateinischen Fremdwörter oder Satzkomplexe zu verstehen, die im Sprachgebrauch der Regierungen und Gerichte einen festen Platz hatten. Wer – auch in ländlichen Gebieten – hier mithalten wollte, kam um das Lateinische nicht herum.

Die Funktion eines Kantors ist erst ab einem mindestens dreiklassigen Schulsystem vorhanden. Sie ergab sich zwischen den Stufen des Rektors und des Schreib- und Rechenmeisters, und ihr Inhalt ist leicht verständlich: An einer dreiklassigen Schule war die Qualifikation höher, die die Absolventen erwerben konnten; folglich musste der Stoff nach oben hin ausgebaut werden. Für sie stand der Rektor ein, und so wurde all das, was dessen Posten an einer nur zweiklassigen Schule charakterisierte, nun dem Kantor zugeordnet: vor allem der elementare Lateinunterricht und das Musizieren.

Dies veränderte sich nicht, wenn über der Kantorenstufe noch eine zusätzliche Lehrerposition eingeführt wurde: die des Konrektors (dann konnte der Rektor auch noch Griechisch unterrichten). Sollte diese vierklassige Schule noch weiter vergrößert werden, wurden weitere Stufen hinzugefügt, nun unter der des Kantors, und der Nomenklatur lagen nur noch die lateinischen Ordnungszahlen zugrunde: Ein »Collega quartus« war also Kollege auf dem vierthöchsten Rang und konnte dem Kantor zuarbeiten, indem er seinen Schülern erste Brocken Latein beibrachte. Beim Kantor verblieb dann die Aufgabe, diese Grundlagen in Syntax zu überführen, und zwar in der Tertia, der Klasse auf dem dritten Rang von oben.

Das Schulsystem mit zumeist fünf, nur selten bis zu acht Kollegen umfasste auf diese Weise ebenso viele Klassen wie Lehrer. Standardmäßig verblieben Schüler zwei Jahre in jeder Klasse (etwas, das sich noch im späten 20. Jahrhundert in Bezeichnungen wie »Unter-« und »Obersekunda« spiegelte); Überflieger kamen jedoch mit nur einem Durchlauf aus – weshalb sich Philipp Melanchthon bereits mit zwölf Jahren an der Universität Heidelberg immatrikulieren konnte. Andererseits musste die Lateinschule auch nicht bis zum Ende besucht werden; vielen Handwerkern genügte es, ihre Söhne bis in die Tertia auf die Lateinschule zu schicken, in der sie die im Alltag so wichtigen lateinischen syntaktischen Konstruktionen lernten. Die Tertia aber war die Klasse des Kantors; er war also für viele Lateinschüler der am höchsten gestellte Lehrer, den sie im Unterricht erlebten. Wo aber bleibt bei alledem die Musik – auch über die elementaren Liedzugänge hinaus, wie sie exemplarisch für Hegelund erfassbar sind?

Zuallererst prägte sie den Lateinunterricht. Ohnehin stand aller Stoff, der vermittelt wurde, im Dienst der Glaubensübung: Auch Schreiben-, Rechnen- und Lateinlernen waren Teil der religiösen Konditionierung heranwachsender Menschen. Ein brillantes Zeugnis dafür, wie dieser Unterricht aussah, liefert 1665 Hector Mithobius; er porträtiert die Unterrichtspraxis eines Ratzeburger Kantors, Henricus Sartorius:

> Er thate gegen die hohen Feyertage nichts anders, als daß er die Schüler zur gebührlichen Feuer [= Feier] des instehenden [= bevorstehenden] Festes, und zur geistlichen Freude rechtschaffen præpariret. Die kleinesten übete er mit schönen Sprüchen und Gebetlein, die mitlern mit analysiren, construiren, disponiren und recitiren der schönesten Psalmen, hymnorum, Sequentium &c. Welche er aus den Choral-Büchern und uhralten Christlichen Poeten fleissig aufsuchte, zum öfftern choraliter über singen und wol bekant machen lies.[9]

Folglich dienten die Psalmen, Hymnen und Sequenzen als lateinischer Schulstoff. Die Begriffe »analysiren, construiren, disponiren und recitiren« umschreiben den Unterrichtsverlauf: Wie also ist der zugrunde liegende Text aufgebaut, und wie könnte er unter veränderten grammatikalischen Bedingungen sonst heißen? Zugleich wurden die Texte aufgesagt, aber auch einstimmig (choraliter) gesungen. Und schließlich folgt noch eine ungeschminkte Schlussbemerkung: Denn mit dieser intensiven Beschäftigung wurde nicht nur die Syntax, sondern zugleich die Glaubensessenz der Texte »bekant« gemacht. Sie prägten sich also durch beständige Wiederholung ein: die Texte und die Syntax mithilfe der Musik. Davon spricht auch die Zwischenüberschrift, unter die Mithobius die Beschreibung stellt: »Wie man in Schulen fürnemlich auf die *Sacra* sehen solle.« Das war der »Endzweck« des Unterrichts.

Damit wird zugleich eine reformatorische Fundamentalposition berührt: Glaubenszugang findet der Mensch »allein durch das Wort« und die Sakramente.[10] Die Essenz davon bedeutet jedoch »sola scriptura«: »allein durch die (Heilige) Schrift«. Und zu deren Verkündigung ist letztlich jedes Mittel recht: nicht allein der Mund eines Pfarrers, sondern ebenso das Bild oder die Musik. In der Pädagogik gilt eine sinnvolle Mischung von Medien als lernfördernd, permanenter Frontalunterricht hingegen nicht. Die lutherische Reformation hatte gerade dafür ein ausgesprochen modernes Bewusstsein: Sie stützte sich in der Verkündigung des Wortes in herausragender Weise auch auf die Fachkompetenz Lucas Cranachs des Älteren; ebenso hörte Luther auf den musikalischen Rat Johann Walters, als er die *Deutsche Messe* ausarbeitete.[11] Wer hingegen (in späterer Zeit) die Bild- und Klangkünste abstreifte und die Parole »allein durch das Wort« nur mit der verbalen Kompetenz der Theologie verknüpfte, verengte die reformatorische Grundidee in nicht sonderlich sachdienlicher Weise. Sinnvoller wirkt die Botschaft des Thomaskantors Calvisius, der 1597 in der Vorrede seiner vierstimmigen Kirchenliedbearbeitungen *Harmonia Cantionum Ecclesiasticarum* schreibt:

> Wo aber ein Gesang Gottes Wort und Geist hat, und kömpt nach S. Pauli meinung, Fürs ander [= außerdem], darzu die liebligkeit, so schafft es grossen nutz, weil eine liebliche schöne Melodey, oder auch Harmoney, wann die Lieder mit menschlicher stimm gesungen, oder auff Instrumenten gespielt werden, die gemüter der Menschen vielmehr und krefftiger bewegen und zur andacht erwecken: Als wenn die Wort nur blos geredet und gehört werden.[12]

Im Anschluss bezieht er sich auf einen Satz, den »der weise Heyde [= Heide] Plato [...] recht geschrieben« habe und den er so ins Deutsche übersetzt: »Das nichts leichters eingehe, auch bey den Kindern, als was man jhnen mit Gesang beybringet.« Sartorius in Ratzeburg wandte dieses Konzept »gegen die hohen Feyertage« an. Die Gesänge, die im Syntax-Unterricht zergliedert und memoriert wurden, kamen daraufhin im Gottesdienst vor. Auf eine aktive Mitwirkung an ihnen waren die Schüler also bestmöglich vorbereitet.

Musikunterricht fand folglich auch zu Zeiten statt, zu denen er nicht auf dem Stundenplan stand. Hierfür jedoch war typischerweise (landauf, landab) die Stunde nach dem Mittagessen vorgesehen – physiologisch eigentlich keine gute Wahl. Doch dies war seit undenklichen Zeiten so üblich. Zu dieser Mittagszeit nun wird kaum nur der musikalische Spezialunterricht stattgefunden haben, der (je nach Potenzial des Ortes) auf das Musizieren beim nächstfolgenden gottesdienstlichen Anlass hinführte, sondern die generell geforderte, elementare Musikunterweisung. Hierfür gab es Handbücher (Kompendien); sie waren geprägt von einem Konzept, das Heinrich Faber 1548 in Braunschweig entwickelt hatte. Für mehr als ein Jahrhundert wurde es benutzt, kopiert, relativiert und fortentwickelt, behielt aber stets den ursprünglichen Kern.[13]

In diesem Unterricht ging es demnach nicht um komplexe Fragen wie Fugenlehre oder Textausdruck, sondern um Notenlesen und dessen sängerische Umsetzung. Schüler mussten Notenwerte unterscheiden und in Verbindung mit Taktvorzeichnungen anwenden können; außerdem war das Verständnis sämtlicher denkbarer Notenschlüssel essenziell, weil von ihnen aus die Tonhöhe der Noten errechnet werden sollte. Hierfür wiederum bedienten sich die Musiklehrer eines aus dem Mittelalter ererbten Systems: Die Töne wurden mit sechs Silben bezeichnet, als Ut, Re, Mi, Fa, Sol und La. Ut konnten dabei die Töne *c*, *f* und *g* sein; von ihnen aus gerechnet kommt dann zwischen Mi und Fa immer ein Halbtonschritt zustande (über *c* zwischen *e* und *f*, über *f* zwischen *a* und *b*, über *g* zwischen *h* und *c*). Wer dies zu ermitteln gelernt hatte, konnte vom Blatt singen; man brauchte nur zu wissen, wo der Mi-Fa-Halbtonschritt liegt. Darauf bezog sich der Merkvers »Mi et Fa / est tota musica« – Mi und Fa machen die ganze Musik aus. Für Luther hatte dies den Rang eines theologischen Paradigmas: Der alles entscheidende Unterschied zwischen *b* und *h* entspreche dem Evangelium; diesem seien alle übrigen Tonstufen ebenso nachgeordnet wie im Außermusikalischen das weltliche Gesetzwerk.[14]

Der Zugang wurde anhand von allen erdenklichen Melodien geübt: Sie wurden von den Schüler zunächst mit den jeweils zugehörigen Tonsilben versehen. Um den Lerneffekt zu steigern, ließen sich Mustermelodien im Kanon singen: Dann musste sich jeder Schüler auf seinen eigenen Part konzentrieren, weil Kameraden neben ihm etwas anderes sangen; letztlich arbeiteten sich aber – im Kanon – alle an derselben Musik ab, sodass die Schwierigkeiten für alle gleich waren. Dieses elementare Kanonsingen erklärt, weshalb angehende Choristen gute Sopranstimmen haben mussten;[15] dies hat nichts mit der Stimmlage zu tun, die die Jungen daraufhin im kirchlichen Ensemble übernahmen, sondern mit dem elementaren Lernen, das für alle von demselben Tonraum ausgehen sollte. Und erst in zweiter Linie wird deutlich, weshalb diese Einheitlichkeit erwünscht war; denn sie ermöglichte einen fließenden Übergang ins Musizieren.

Dieser Schritt vom Unterricht zum tatsächlichen Musizieren ist kaum je deutlich gemacht worden; zwischen den Kompendien und »der« Musik fehlt zumeist die Vermittlung – auch dann, wenn (wie im *Compendium musicum* des Augsburger Kantors Adam Gumpelzhaimer) dem Textteil ein Motettenanhang beigegeben ist.[16] Denn Unterricht und Motetten müssen pädagogisch in Zusammenhang zueinander gestanden haben. Diese Vermittlung hat Matthias Ebio klargestellt, Kantor an der Lateinschule in Husum.[17] Wenn seine Schüler die Grundlagen der Notation verstanden hatten und diese auf die abstrakten Kanons anwenden konnten, fuhr er mit Kanons fort, in denen Kirchenlieder aufbereitet waren, denn diese waren ohnehin der elementare Kirchenmusikzugang seiner Schüler. Zunächst sollten auch diese Kanons mit den Tonsilben textiert werden, und wenn das Lernresultat befriedigte, wurde der »echte« Liedtext eingesetzt. Dann lockerte Ebio die Kanontechniken: in Liedbearbeitungen für zwei Soprane und Generalbass. Und schließlich löste er sich von den Liedmelodien; seine Soprane konnten dann die latenten Kanontechniken auch in Psalmkompositionen singen und waren daraufhin für die Kirchenmusikmitwirkung konditioniert. Diese pädagogischen Schritte müssen weit verbreitet gewesen sein; denn viele Kantoren hinterließen Musik, in deren Oberstimmenparts noch die Kanontechniken hindurchschimmern (wie 1618 in den *Opella Nova I* des Thomaskantors Johann Hermann Schein).

Ebios Kompendien-Version, 1651 erschienen, ist eine der letzten, die neu publiziert wurden. Hundert Jahre waren seit dem Erscheinen von Fabers Ur-Werk (1548) vergangen. Für Lutheraner dieser Zeit hatte es kaum eine Alternative dazu gegeben, einen Einstieg in das Musizieren zu finden: Alle Komponisten, die in jener Zeit ausgebildet wurden, müssen von diesem Konzept geprägt worden sein und standen unter dessen allgegenwärtigem Einfluss. In manchen Regionen wirkte es auch noch länger. So erschien der Faber-»Abkömmling«, den Gumpelzhaimer 1591 erstmals in Druck gegeben hatte, 1681 letztmals neu.

Von diesem Musikzugang waren ebenso auch alle geprägt, die irgendwann einmal eine Kantorenstellung übernahmen und dann einen anderen Karriereweg einschlugen.[18] Kantor zu sein war nur in seltenen Fällen eine Stellung »fürs Leben«: Sie bot Aufstiegsmöglichkeiten innerhalb des Schulsystems (als Konrektor, Rektor), ebenso auch außerhalb (als Pfarrer). Deshalb war es nicht ungewöhnlich, wenn eine Schule alle paar Jahre einen neuen Kantor einstellte; ein Kantorat war ein ideales Trittbrett für die theologische Laufbahn. Und so brauchte sich mit einer Kantorenstellung keine wirkliche musikalische Professionalität zu verbinden. Im Prinzip hatte jeder Lateinschulabsolvent die notwendige Qualifikation erworben: Er musste gelernt haben, wie das Kompendiensystem funktionierte, und die Regeln auf das lokal übliche Musikrepertoire anwenden. Das war nicht viel; der Kirchendienst, der sich aus dem Schulamt herleitete, verband sich also nicht mit unüberwindlichen Schwierigkeiten.

Auf diese Weise entstand ein idealer Kreislauf lutherischer Musikpraxis. Jeder, der lateinische Syntax verstehen wollte, lernte dies bei dem Lehrer, der für die Musik in der Kirche zuständig war. Jeder verinnerlichte zugleich das Prinzip, wie aus den Noten des einschlägigen Repertoires Klang werden konnte, und memorierte zeitlebens bestimmte geistliche Kernbotschaften mithilfe der Melodien, die er zugleich mit der lateinischen Syntax im Gedächtnis abgespeichert hatte. Deshalb war es nicht schwer, vom Schüler zum Lehrer zu werden und genau dieses Funktionieren von Musik an eine nochmals jüngere Generation weiterzugeben – außer, jemand entwickelte eine ausgesprochene Aversion gegen das Erlebte.

Damit war zugleich dafür gesorgt, dass die Musik gesamtgesellschaftlich eine ähnlich luxuriöse Stellung innehatte, wie sich dies für ihre Rolle im Erlösungskonzept darstellen lässt. Jeder Handwerker (der bis zur Tertia auf die Lateinschule gegangen war) hatte eine unmittelbare Beziehung zu der mehrstimmigen Musik, die sonntags im Gottesdienst erklang, erst recht jeder Pfarrer oder auch Jurist, der nach dem kompletten Besuch der Lateinschule seine Ausbildung an der Universität fortgesetzt hatte. Die Bedeutung kunstvollerer Kirchenmusik musste folglich vor niemandem begründet werden, der an diesem Bildungssystem teilgenommen hatte.

Doch gab es auch Menschen, die keinen Anteil daran hatten. Das waren typischerweise nicht die Menschen »auf dem Land«. Viele Agrargemeinden leisteten sich aufwendige Kirchenmusik; Handel mit landwirtschaftlichen Produkten, von denen das Überleben der Städte letztlich abhing, sicherte den Agrargebieten einen sozialen und kulturellen Standard, der oft weit mehr als nur Elementares enthielt, also auch zumindest die Anfangsgründe des Lateinschul-Stoffes – dies alles ist im folgenden Teilkapitel näher zu betrachten. Unterprivilegiert war viel eher das städtische Dienstpersonal, das in sonntäglichen Frühgottesdiensten nur eine geistliche Grundversorgung erhielt; zu einer Vertiefung kam es in der Kirche erst später, während jenes Dienstpersonal das sonntägliche Mittagessen zubereitete.

Die Bedingungen dafür, Kantor zu sein, veränderten sich zwischen dem mittleren 17. und dem frühen 18. Jahrhundert zumindest für die Metropolen grundlegend. Bach (in Leipzig) oder Telemann (erst in Frankfurt, dann in Hamburg) hatten mit den geschilderten Verhältnissen kaum mehr etwas zu tun. Der Wandel wird 1642 erkennbar: Im Lehrbuch *Musica practica* des Nürnberger (später Frankfurter) Kantors Johann Andreas Herbst wird urplötzlich nicht mehr der traditionelle Kompendienstoff beschrieben, sondern der Umgang mit den komplexen Verzierungen der modernsten italienischen Opernmusik; mit ihnen arbeitete auch Tobias Michael, Leipziger Thomaskantor nach Scheins Tod 1631.[19] Ohne diesen Perspektivwechsel hätten lutherische Lateinschulen der wenig späteren Zeit keine konkurrenzfähigen Gesangsstars hervorbringen können: wie Johann Philipp Förtsch, der in Frankfurt zur Schule gegangen war und ebenso wie Johann Carl Quellmalz (Absolvent der Lateinschule in Freiberg) nach 1678 an der Hamburger Oper Karriere machte. Folglich verschoben sich auch die stilistischen Ansprüche ans Musizieren. Doch noch lange wirkte das alte »Qualifikationskantorat« fort, das nur wenige zu einer lebenslangen Aktivität ausbauten.

Kirchenmusik mit Erwachsenen?

Hatten junge (männliche) Lutheraner die Klassenstufe des Kantors absolviert, waren für sie die lateinischen Floskeln der Bildungs- und Verwaltungssprache keine Fremdwörter mehr. Was aber stellten sie als Erwachsene mit den parallel dazu gewonnenen musikalischen Erfahrungen an? Diese Frage verbindet sich mit den musikalischen Dimensionen der Rechtfertigungslehre: Wer dem ewigen Engelskonzert beitreten wolle, müsse musikalisch lebenslang sein Bestes geben; Glaube praktiziere man nicht dadurch, dass man sonntags nur einfach zur Kirche gehe und sich gerade einmal die Predigt des Pfarrers anhöre. Oder, wie Joseph Pipping 1653 es in Altenbruch ausdrückte: »Die aber, welche die Music und geistliche Lieder verachten, wie die jenigen thun, welche (NB) so gar späte zur Kirchen kommen, oder sich sonsten schämen den Mund auffzuthun, die Stimme zu erheben, und mitzusingen, die setzen sich selbsten in grosse Gefahr.«[20] Wer also aus Musik-Unlust »gar späte« kommt, war für die Predigt noch immer rechtzeitig in der Kirche – nach der ersten Gottesdienststunde mit ihren dominanten musikalischen Elementen. Doch das war nicht »gelebter Glaube«: Ein »Allein durch das Wort« zählte nicht. Also führte auch für Erwachsene am bestmöglichen, aktiven Musizieren kein Weg vorbei, und so stellt sich die Frage nach den Mitwirkungsmöglichkeiten. Ihre Beantwortung ist vertrackt – nicht zuletzt deshalb, weil nur an relativ wenigen Orten zu diesem Musizieren Dokumente greifbar sind.

Eine erste Information liefert Michael Altenburg, der 1620 als Pfarrer in Tröchtelborn (damals zum kurmainzischen Erfurt gehörig) Kompositionen herausbrachte und im Vorwort zu seinem *Ersten Teil neuer lieblicher und zierlicher Intraden* schrieb:

> Daß aber die liebe Musik sehr hoch gestiegen bezeugt nicht allein die Betrachtung der Fürtrefflichen und herrlichen Compositionum, sondern auch der Oerter, da die Musik in Schwange gehet. […] Ist doch bald kein Dörflein, bevorrauß [= besonders] in Thüringen darinnen Musica[,] beydes Vocalis und Instrumentalis […] den Oertern nach sollte floriren und wohlbestellet sein. Hat man ja kein Orgelwerk, so ist doch die Vocalis Musica zum wenigsten mit ein 5 oder 6 Geigen orniert [= geschmückt] und geziert, welches man vorzeiten kaum in den Stätten hat haben können.[21]

Dies gilt als Schlüssel zur Kultur der Thüringer »Adjuvanten«: der »Helfer« in der Kirchenmusik. Vielerorts waren sie vereinsmäßig organisiert, und die Adjuvantenchöre besaßen umfangreiche Musiksammlungen – besonders bekannt sind Sammlungen im gleichfalls erfurtischen Dorf Udestedt sowie in Großfahner, Vogelsdorf, Molsdorf und Thörey in der näheren Umgebung oder in Gräfenroda am Thüringer Wald.

Analog dazu gab es in Sachsen »Kantoreigesellschaften«; sie zu verstehen ist schon aus terminologischen Gründen schwer. »Kantorei! Dieses Wort hat romantischen Klang«, schwärmte im Jahr 1940 Arno Werner,[22] Kirchenmusiker in Bitterfeld, der über Jahrzehnte hinweg und in einem großen Radius um seine Heimatstadt herum Quellenbestände erschloss; schon 1902 hatte er eine große Studie zu den sächsischen Kantoreigesellschaften veröffentlicht, die nach wie vor musikhistorische Arbeitsgrundlage ist. Doch der Begriff »Kantorei« ist unscharf; für das frühere 20. Jahrhundert mag er insgesamt auf Traditionen einer Laienchor-Bewegung verwiesen haben (so, wie kirchliche Chöre den Namen »Kantorei« tragen können), ohne dabei einzuschließen, dass auch Profi-Ensembles so hießen – allen voran die 1548 gegründete Gruppierung, auf die die Sächsische Staatskapelle Dresden ihre Geschichte zurückführt. Von »Hofkantoreien« setzen diese Kantoreigesellschaften sich ab, und ebenso überlappen sie nur bedingt mit den Sängergruppen der Schulen, denen ein Kantor voranstand (und die daher ebenfalls als »Kantoreien« erscheinen können). So muss man sich von dem – für Werner so wichtigen – Begriff lösen: Es ist wichtiger, der Sache selbst auf den Grund zu gehen.

Schon für die Zeit vor der Reformation konnte Werner nachweisen, dass sich in sächsischen Städten Laiengruppen zur Mitwirkung an der liturgischen Musik trafen; dies ergab sich im Rahmen der Kalandsbruderschaften, einer mittelalterlichen Vereinsform des Bürgertums, die stets geistlicher Aufsicht unterstand. In ihnen wurde zwischen musikalischen und nichtmusikalischen Mitgliedern unterschieden; die ersteren engagierten sich im Gottesdienst. Diese historische Tiefenperspektive der Kantoreigesellschaften zeigt sich besonders in Staßfurt und Delitzsch (1439 und 1440), weniger deutlich in Chemnitz oder Döbeln.

Wie sich diese Kulturform historisch entwickelte, lässt sich zahlenmäßig darstellen: an den 126 Kantoreigesellschaften des alten Sachsen, die Werner erfasste.[23] In der ersten Zeit nach der Reformation entstanden nur sehr wenige (1539 in Wahrenbrück, 1540 in Oschatz und nun in Delitzsch auch ausdrücklich); ein Aufschwung ergab sich dann seit den 1570er-Jahren. Auf diese Weise war bis 1590 ein erstes Viertel dieser Verbünde entstanden (29). Dann beschleunigte sich das Tempo zunächst: Bis in die 1630er-Jahre hinein kam mehr als das zweite Viertel hinzu (33). Die große Zeit der Kantoreigesellschaften brach erst nach dem Abklingen des Dreißigjährigen Krieges an: mit 49 Neugründungen seit der Mitte der 1640er-Jahre.[24]

Das lässt sich übersichtlich interpretieren. Erst im zu Ende gehenden 16. Jahrhundert konnte das generationenüberspannende Bildungssystem »greifen«: Zunächst mussten die Schulstrukturen entstehen; dann mussten die ersten Lateinschul-Absolventen erwachsen werden, im städtischen Bürgertum ankommen und sich organisieren. Zudem ist aus landespolitischen Gründen für Sachsen die Zeit um 1590 eine gliedernde Grenze (vgl. 5. Kapitel). Ein Erbe dieses neuen Denkens war Martin Rinckart, Dichter von »Nun danket alle Gott«, der während seiner Wirkungszeit in Eilenburg (ab 1617) wesentlichen Anteil am Aufbau einer Kantoreigesellschaft hatte; Impulse hierzu mag er von Calvisius bezogen haben, unter dem er als Thomaner gesungen hatte.[25] Und während in der Folgezeit in der sächsischen Kirchenmusik die Instrumente heimisch wurden, um die zuvor theologisch so heftig gestritten worden war, konnte dies erst nach dem Ende des Dreißigjährigen Krieges auch zu einer bürgerlichen Kirchenmusik-Normalität werden. Dies alles sieht in Thüringen ähnlich aus: So wurde der Adjuvantenchor in Udestedt (1663 neu formiert) mit seinen imposanten Musikbeständen zu einem typischen Vertreter dieser Musikpraxis, ebenso rund 20 Kilometer westlich derjenige in Großfahner.[26]

Lange Zeit glaubte man, es habe solche Adjuvantenchöre oder semiprofessionelle Kantoreien außerhalb des historischen Gebietes von Thüringen und Sachsen kaum gegeben.[27] Grund dafür ist jedoch eher, dass man sich in anderen Regionen nicht auf die Suche gemacht hatte. Schon 1901 wusste man von einer »musikalische Gilde« in Friedland im östlichen Mecklenburg.[28] Vergleichbare Strukturen gab es in Bösenrode am Südostharz, das ab 1715 zum Kurfürstentum Hannover gehörte.[29] Schließlich gab es Adjuvanten auch im Nordsee-Einzugsbereich, allerdings nicht mit einer vereinsmäßigen Struktur, sondern auf individueller Basis.[30]

Dem entspricht, dass die norddeutschen (und dänischen) Kalandsordnungen der Zeit vor der Reformation zwar den üblichen Gottesdienstbesuch erwähnen, nicht aber eine sängerische Mitwirkung der Mitglieder; anscheinend gab es hier also keine vorreformatorische Tradition darin, sich vereinsmäßig an der Kirchenmusik zu beteiligen. Das aber wirft Fragen auf: Waren dann an den Orten, deren Kirchenmusik ohne Kalandsbrüder gestaltet wurde, schon von vornherein so viele kirchliche Gesangskräfte vorhanden, dass eine Laien-Verstärkung nicht notwendig schien? Für die Corpus-Christi-Bruderschaft, die in Mohrkirch südöstlich von Flensburg bestand, ist nicht von musikalischen Verpflichtungen die Rede (1510) – also nur weil es am Ort ein Antoniterkloster gab und die Mönche allein für den Gesang einstehen konnten? Dem Marien-Kaland in Stintebüll hingegen, einem 1634 im Meer versunkenen Ort der Insel Nordstrand, stand kein Kloster zur Seite, und auch hier werden in den Kalandsregeln keine Gesangsaufgaben erwähnt; Musik gab es hingegen durchaus, sogar eine Orgel, deren Spieler in jener Zeit kein Amateurmusiker gewesen sein kann.[31] Waren also die Adjuvantentraditionen auch vom örtlichen Reichtum abhängig?

Und die Fragen lassen sich fortsetzen. Klar ist, dass eine Adjuvantentätigkeit Musikausbildung voraussetzte; hatten die Aktiven also sämtlich in der Lateinschule mindestens die typische Tertia eines Kantors absolviert? In den Friedländer Regeln von 1600 scheint sich dies zu bestätigen: »Soll auch niemand dazu verstattet werden, er verstehe denn ein Wörtlein Latein und kenne die Noten.«[32] Wenn dies überall so galt: Dann handelte es sich bei den Adjuvanten durchweg um Angehörige der höheren bürgerlichen Schichten in Stadt und Land, also um selbstständige Handwerker, Kaufleute und Hofbesitzer. Folglich kann es ein Adjuvantenwesen in fast allen lutherischen Regionen gegeben haben – abgesehen von solchen mit Leibeigenschaft und mit Kirchen mächtiger Patronatsherren, die die (auch kulturellen) Geschicke ihres Gebietes selbst in die Hand nahmen.

Wie aber stand es um größere Städte? In Friedland bildeten »Bürgermeister, Ratsherren, Richter, Prediger, Schulkollegen und Musiker von Fach« das aktive Personal der Gilde.[33] Wie also muss man sich die Mitwirkung entsprechend hochgestellter Personen etwa im Leipziger Musikleben vorstellen? Es mutet sonderbar an, dass Familienangehörige der umschichtig regierenden Bürgermeister, die in den Hauptkirchen eigene Logen hatten, in Bachs Musikensemble mitgewirkt haben könnten – doch warum: wohl nur deshalb, weil die Nachwelt die Stadtobrigkeit von der Kirchenmusik abgrenzt und kaum für möglich hält, dass deren Mitglieder sich beim (solistischen) Musizieren exponierten. Wirkte also der Leipziger Bürgermeister und Ratsherr Christoph Pincker, Schütz' Schwiegersohn, in der Kirchenmusik mit? Und 1619 erhielt der Thomaskantor Johann Hermann Schein Geld für ein Essen mit Musikern, die nicht (wie die Stadtpfeifer) im Sold der Stadt standen – als Dank für die Mitwirkung zu den Festmusiken an Ostern und Pfingsten.[34] Wurden hier allein Studenten versorgt – die für Bach eine Stütze der Kirchenmusik waren?[35]

Doch eine städtische Adjuvantenkultur war keinesfalls standardisiert. Aus Malchin in Mecklenburg, gerade einmal 50 Kilometer westlich von Friedland, zog im Jahr 1707 der Kantor Christian Friedrich Linde weg, um sich um das Kantorat an der ambitionierten Lateinschule in Stade zu bewerben; er begründete dies damit, dass in Malchin seine »angeschafften Jahrgänge«, also Noten mit Kirchenmusik durchs ganze Jahr, »in Ermangelung der Adjuvanten gleichsahm begraben« lagen.[36] Es mag also nur ein paar Aktive gegeben haben, demnach weniger als in Friedland. Und unter den Orten, an denen Arno Werner die sächsische Kantoreitradition festmacht, ist kaum eine der zentralen Städte, also weder Leipzig und Dresden noch Zwickau, Freiberg und Meißen – nur Chemnitz macht eine Ausnahme. Eine Erklärung dieser Unterschiede ist nicht in Sicht.

Die notwendigen Bildungsvoraussetzungen waren auch in den Marschlandschaften an der Nordsee mit ihrer weitgehenden verwaltungsrechtlichen Eigenständigkeit gegeben. Zu den Adjuvanten des Lehrers, der 1653 in Altenbruch zu Grabe getragen wurde,[37] gehörten drei Hofbesitzer, die auch die Geschicke des Ortes lenkten; einer von ihnen war ein Kornhändler, der in Helmstedt Jura studiert hatte. Und dass diese Adjuvantenmusik tatsächlich einen Bezug zur Eschatologie hatte, erfährt man in Oldenswort (Eiderstedt),[38] wo 1652 beim Begräbnis des Gastwirts Christian Lorentz, »weilln Er vorhin bey seinem Leben, in der Kirchen mit Musiciren so vocaliter alß Instrumentaliter auffgewartet«, auf den obligatorischen Gebührensatz für das Läuten der Totenglocke verzichtet wurde. Damit wurde er Kirchenbediensteten gleichgestellt; ein Honorar hat er zu Lebzeiten nie erhalten. Sein Musizieren war also beispielhaft; es wies wiederum direkt in den Himmel. Doch er stand mit ihm nicht allein; die Kirche besaß die bis zu achtstimmigen Festgesänge von Hieronymus Praetorius, hatte also genügend Personal, um Werke dieses Umfangs in den Gottesdienst hineinzutragen. Wer seine Musizierpartner waren, sagen die örtlichen Quellen nicht.

So steht die Erforschung des Phänomens nach wie vor am Anfang. Mit einer gewissen Distanz zur Kantoreien-Begeisterung Arno Werners öffnet sich hier ein Blick auf die Glaubenspraxis der lutherischen Normalbevölkerung, abgesetzt von den großen akademisch-theologischen Diskursen der Zeit. Die Vorstellung, dass diese Menschen im Gottesdienst weiterhin bestenfalls interessierte Zuhörer waren wie in der frühlutherischen Messe, greift zu kurz; die Verantwortung des Einzelnen, das eigene Schicksal zu gestalten, setzte mehr Aktivität voraus. Diese begann mit der Glaubensübung zu Hause: Man brauchte keine pietistischen Konventikel, um sich auch außerhalb der Kirche mit Glaubensfragen zu beschäftigen; und ein Blick auf das Gesangbuch als etwas, das Gemeindeglieder nur im Gottesdienst benutzten, blendet aus, dass aus genau diesen Büchern zu Hause gesungen (und in ihnen gelesen)

Häusliche Kammermusik · Eine ganze Familie ist beim Musizieren vereint. Auch Gesänge geistlichen Inhalts hatten hier einen Platz – wie in diesem Band die Musik von Johann Schop und Michael Jacobi.

Titelkupfer zu Johann Rist, *Frommer und Gottseliger Christen Alltägliche Haußmusik* (so der Titel im Bandinneren), 1654.

werden konnte. Schließlich berührt die Adjuvanten-Thematik auch das private geistliche Musizieren – und dort zugleich die Rolle der weiblichen Gläubigen: Eines der Bücher mit Gedichten von Johann Rist (in Vertonungen durch Johann Schop und Michael Jacobi) trägt den Titel *Frommer und Gottseliger Christen Alltägliche Haußmusik* (1654) und zeigt als Titelkupfer genau dieses: Vater, Mutter, Tochter und zwei Söhne beim instrumental-vokalen Musizieren. Auf diesem Grund entwickelte sich auch die Adjuvantenkultur, deren soziale, geographische und religiöse Differenzierung bislang nicht in einem konsistenten Bild zu fassen ist.

Organisten

So verbleibt noch die Rolle des Organisten: ein erstaunlich problematisches, in den lutherischen Regionen zudem uneinheitlich behandeltes Berufsbild. Einerseits war der Organist ein professioneller Musiker – im Gegensatz zum Kantor, der ein professioneller Theologe war und in seiner Ausbildung lediglich elementare musikalische

Aspekte »mitgenommen« hatte. Denn mehr musikalische Einsicht als ein Adjuvant brauchte er eigentlich nicht zu haben – mit einer Ausnahme: Er musste in der Schule aktiv Musik unterrichten.

Der Unterschied zwischen spezifischer musikalischer Kompetenz und theologisch-wissenschaftlicher Bildung führte zumeist zu einer höheren Rangstellung des Kantors gegenüber dem Organisten. Und da der Kantor im Konzept der Lateinschule lediglich eine mittlere Position innehatte, wird erkennbar, wie weit nachgeordnet dann erst recht der Organistenstand war. Die ersten Belege dafür finden sich schon in den Kirchenordnungen Johannes Bugenhagens. Zwar lehnte er Orgeln nicht ab; eher lässt sich wohl von einer Duldung sprechen, wenn er 1525 in einer der frühen Wittenberger Kirchenordnungen formuliert:[39] »Organis (quando iam illic sunt) possunt, si voluerint, uti« – Orgeln, wo sie schon vorhanden sind, dürfen, wenn man will, benutzt werden. Und zwar, wie hinzugefügt wird, nur sonntags im Te Deum und dann, wenn man deutsche Lieder singe: »si quando germanica carmina cecinerint« (wie üblich, bleibt offen, welche Rolle die Orgel dann haben sollte und wer die Lieder sang). Bugenhagens Haltung zu den Standesfragen kommt aber darin zum Ausdruck, dass er in der Hamburger Kirchenordnung als Organistengehalt 50 Mark lübisch für angemessen erachtete (25 Reichstaler), ein Viertel eines Pastorengehalts (bzw. ein Sechstel des Superintendentengehalts).[40]

Für den mitteldeutschen Raum blieb diese Relation längerfristig gewahrt; im nördlicheren Deutschland aber explodierten die Organistengehälter. Johann Adam Reinken war als Hamburger Katharinenorganist der wohl unerreichbare Spitzenverdiener seines Standes, mit 1.200 Mark pro Jahr, die durch Zulagen und Unterrichtseinnahmen noch um ein Vielfaches gesteigert wurden. Und 1638 erhielt in Tönning, einer damals noch jungen Stadt an der Nordsee, der Organist ein Viertel der für Kirche und Schule vorgesehenen Personalmittel; den Rest teilten acht andere unter sich auf, darunter zwei Pastoren und die drei Lehrer der örtlichen Lateinschule.[41] Fragen um den Vorrang eines Kantors stellten sich unter diesen Bedingungen naturgemäß nicht. Was es mit diesem Organistenstand auf sich hatte, bedarf also einer eigenen Klärung.

4 »Lobet den Herren mit Saiten und Orgeln«

Das Luthertum und die Orgelkunst im nördlichen Mitteleuropa

Orgel um 1500: technisch und soziologisch

Wie erwähnt, wurden Orgeln von den lutherischen Reformatoren immerhin geduldet. Mit welcher Orgelpräsenz rechneten die Reformatoren aber? Und warum gab es Orgeln überhaupt dort, wo sie nun »bleiben« durften? Die Klärung ist nicht leicht; keine Orgel ist in genau der Gestalt erhalten geblieben, die sie um 1500 hatte, und Baudokumente jener Zeit sind kaum überliefert. Trotzdem muss der Ist-Zustand der Reformation irgendwie beschrieben werden – auch deshalb, weil die Orgel zu den wenigen Komponenten der Musikkultur gehört, die etwas zum aufregend Neuen der Zeit um 1500 beigetragen haben. Den Ausgangspunkt dafür bildeten Entwicklungen des 15. Jahrhunderts; daraufhin ergab sich eine Dynamik, in der sich fortschreitende Bautechniken und ästhetische Interessen der Bau-Auftraggeber wechselseitig motivierten.

Die Orgel hatte im Frühmittelalter einen Weg in die Kirchen gefunden. Von Beginn an folgt ihre Bedienung den Prinzipien des binären Systems, ähnlich wie bei einem Computer. Essenziell für das Spiel ist eine erste Schicht solcher Ja-Nein-Techniken: im Wechselspiel zwischen Klaviatur und Orgelpfeife. Der Druck auf eine Taste bewirkt, dass sich unter der Pfeife ein Ventil öffnet; dann kann Luft, die im Inneren des Instruments mithilfe einer Blasebalgtechnik als Überdruck aufgebaut worden ist, in die Pfeife einströmen – ein Ton erklingt. Wie dies geschieht (auch: lauter oder leiser), lässt sich anders als beim Klavier nicht variieren. Es geht nur um ein Entweder / Oder.

Doch in hochmittelalterlichen Orgeln bewirkte der Druck auf eine Taste, dass mehrere Pfeifen gleichzeitig bedient wurden. In begrenztem Ausmaß gibt es das noch in jüngeren Instrumenten, und schon Michael Praetorius verweist 1619 auf diese Analogie: Die ältere Technik sei ähnlich wie »eine Mixtur, so mit 10. 15, und wol 20. Pfeiffen auff jedem Clave [= jeder Taste] besetzt gewesen ist«.[1] Der Fachterminus für diese umfassende Mixtur-Konstruktion lautet »Blockwerk«: Das Pfeifen-»Werk« der Orgel war demnach auf einer einzelnen, dicken Holzbohle aufgebaut. In diese hatte der Orgelbauer Windkanäle eingebohrt, je einen für jede Taste; wurde diese niedergedrückt, strömte zu allen ihr zugeordneten Pfeifen Luft. Registrierbar war diese Orgel also nicht.

Mit Orgelklang waren daher grundsätzlich andere Ideale verbunden als in jüngerer Zeit. Angestrebt wurde allein, dass sich die Töne unterschiedlich gebauter Pfeifen zu einer großen Summe addierten; die Orgel klang damit laut und massig. Transparenz oder Schattierungen eines Gesamtklangs lagen außerhalb der Vorstellungswelten. So war es auch nicht üblich, etwa zwei Stimmen auf einem einzigen Manual zu spielen, denn ein solches Nebeneinander wäre nicht erlebbar geworden. Vielmehr ist mittelalterliche Orgelmusik typischerweise aus einer einzelnen bewegten Oberstimme und einem mit den Pedalregistern zum Klingen gebrachten Fundament zusammengesetzt.

Ohnehin teuer, wurden solche Instrumente, wie Praetorius schreibt, »in die vornembste grosse Münster und Thumbstifft [= Domstift] Kirchen [...] gebauet«[2]. In Wolfenbüttel wirkend, kannte er eine einzige solche Orgel vom eigenen Augenschein: im Halberstädter Dom. Aufgrund ihrer Bauinschrift konnte er sie ins Jahr 1361 datieren und wusste, dass sie 1495 umgebaut worden war; dieser Zustand, der sich bis zur Reformation kaum weiterentwickelt haben kann, blieb dann noch einmal für ein Jahrhundert gewahrt. So konnte Praetorius dieses mittlerweile fossilartig wirkende Instrument direkt damit vergleichen, was er in seiner Umgebung als Orgelnormalität begriff.

In der Halberstädter Orgel war dieses Dauer-Tutti bereits aufgebrochen worden.[3] Aus dem Blockwerk war eine einzige Stimme isoliert worden: dadurch, dass eine Barriere hinter der vordersten Pfeifenreihe eingeschoben worden war. So konnte Luft allein zu ihr geführt werden. Diese Pfeifen wurden also als »Praestant« (»vorn stehend«) von einem »Hintersatz« abgekoppelt, in dem die alten Blockwerksprinzipien weiterlebten. Der Praestant wurde zur Hauptstimme (in jüngeren Orgeln daher »Principal« genannt), und traditionell stehen Pfeifen dieses Registers in der Schauseite des Instruments.

Wer abwechselnd den Praestant und das Tutti spielen lassen wollte, musste also nur das zugehörige Sperrventil öffnen oder schließen. Sollten beide Teile aber unabhängig voneinander gleichzeitig gespielt werden, benötigte man für jeden ein eigenes Manual. Beide Manuale zielten also auf zwei unterschiedlich disponierte Klangkörper ab, Vorläufer der späteren, auch baulich voneinander abgesetzten »Werke« der Orgel; sie lassen sich entweder separat spielen oder miteinander koppeln. Auch das »Entweder / Oder« der Koppelung von Orgelwerken ist eine Technik des Zweiersystems; es entspricht dem Verfahren, zwei vollgültige Computer miteinander zu vernetzen. Und in weiteren Schritten wurde es möglich, das Blockwerk komplett aufzugliedern, sodass sich nicht nur die vorderste Pfeifenreihe isolieren ließ, sondern jede beliebige, auch mitten aus den Pfeifenreihen heraus: wie heute, also als einzelne Register der Orgel. Und diese Stimmen ließen sich dann auch frei miteinander kombinieren, um damit weitere Klangfärbungen zu erzielen.

Seitdem überlagern sich in der Orgel mehrere Schichten von computerähnlichen Ja-Nein-Informationen: Mithilfe der Taste wird ein bestimmtes Pfeifenventil geöffnet (und beim Loslassen wieder geschlossen); hinzu kommt, ob ein Register gezogen ist oder nicht. In einer dritten Schicht können unterschiedliche, selbstständig spielbare »Werke« zu einem Plenum verbunden werden – mit einem Koppelmechanismus. Orgeln wurden somit seit dem 15. Jahrhundert zu Marksteinen der Technikgeschichte, in jener Zeit weitaus komplexer als die eigentlichen Rechenmaschinen, zudem noch abgestimmt auf die Akustik eines Raumes.

Diese Entwicklungen öffneten völlig neue musikalische Horizonte. Orgelbauer konnten für diese neue Kombinatorik delikate Einzelregister schaffen, die vorher im

Plenum eines Blockwerks untergegangen wären; umgekehrt konnten besonders kräftige Farben profiliert werden, die zuvor einen Blockwerks-Grundbestand überdeckt hätten. Selbstverständlich reagierten die Musiker auf die neuen Möglichkeiten – und ermutigten die Orgelbauer zu weiteren Verfeinerungen. Wie das Resultat bei der Hörerschaft ankam, lässt sich leicht vorstellen: Während ihr einst die Orgel als etwas gleichartig Lautes, ausschließlich Machtvolles entgegengetreten war, entstand nun eine Vielfalt ästhetischer Reize. Dass Orgeln fortan nicht mehr nur an kirchlichen Zentren anzutreffen waren, sondern auch in den Kirchen einer städtischen Kaufmannschaft, spiegelt die Aufgeschlossenheit einer spätmittelalterlich-humanistischen Gesellschaft für etwas Sinnliches, das deshalb aber noch lange nicht unfromm und äußerlich war, sondern Glaubenszugänge schaffen konnte. Mit der Registrierungstechnik ließ sich sogar ein Festtag charakterisieren: 1515 bekam in St. Gallen ein neu angestellter Organist den Auftrag, nur bei großen Festen alle Register zu gebrauchen, an normalen Sonntagen aber nur sehr einfache Klänge (»allerschlechtest«) in die Kirche hinauszusenden.[4]

Die alte Halberstädter Orgel stand in einer Domkirche, also dort, wo die kirchliche Orgelkultur schon am längsten zu Hause gewesen war; das Bistum war mit der Reformation von einem katholisch-geistlichen zu einem lutherisch-weltlichen Territorium geworden und stand seit 1566 unter dem Einfluss der Herzöge von Braunschweig-Wolfenbüttel. Doch wie auch in anderen ehemals geistlichen Gebieten blieb dort das Domkapitel deutlich länger »dem alten Glauben treu« als die Umlandbevölkerung. Diese Spannungen erklären wohl, weshalb die Domorgel im Lauf jener Zeit den neuen Möglichkeiten nicht angepasst worden war – glücklicherweise, denn ohne Praetorius' Augenzeugenbericht fehlten der Nachwelt alle diese so wesentlichen Einblicke.

Praetorius führte die Orgelentwicklungen, die er zwischen dem Uralten und dem Normalen seiner direkten Umgebung sah, auf die Reformation zurück. Er verquickte auf diese Weise die technische Seite mit der religiösen: mit der zentralen Frage der Zeit, ob in der Kirche der Gebrauch von Instrumenten zulässig sei. Und so umschrieb er die noch junge Registrierbarkeit der Orgel mit poetischen Worten:

> Es hat aber ungefehr vor hundert Jahren fast gleich zu der zeit, als der Herr Lutherus durch Gottes schickung die Christliche Evangelische Lehre, und das reine Wort Gottes an Tag, und herfür bracht, auch durch sonderbahres eingehen GOTtes diese Musicalische Invention [= Erfindung] sich rechtschaffen herfür gethan, und zu GOTtes Lob und Preiß so vollnkömmlich an Tag zu kommen, angefangen, derogestalt, daß man, wie die unterschiedliche Arten des Klanges, eine aus der andern zu nehmen, [...] hat erkennen lernen.

Und Praetorius fährt fort:

> Und gleich wie die heilige Schrifft im Babstthumb [= Papsttum] so lange zeit verborgen, und nur einen gemeinen Larven [= Abglanz] gleich geblieben; Also auch die Musica [...] fast jmmer in einem schlechten unnd bald nichtigen Stande beruhet hat; Biß daß sie wie jetztgedacht, durch Gottes gnädigen väterlichen Willen erhaben, und gleich aus einer schwartzen verdunckelten Wolcken wieder herfür kommen und erhellet, und bey dieser unser zeit von Tag zu Tage also hoch gestiegen und verbessert ist, daß es numehr fast nicht wol höher wird kommen können.[5]

Mit dieser Gleichsetzung von Bibelwort und Musik als gemeinsamer Basis der neuen Verkündigung steht Praetorius ganz im Denken der Zeit, ebenso darin, dass er diesen emotionalen Ausbruch gerade bei der Beschreibung der Orgel unterbringt, obgleich ihre Musik in aller Regel gerade nicht mit Worttexten verbunden ist. Dies aber spiegelt das musikalische Selbstverständnis der Orgel-Auftraggeber.

Denn selbst wenn es zwischen Orgeldifferenzierung und Reformation kein Kausalverhältnis gab, so trafen beide Entwicklungen doch dieselben Menschen. Und sie mussten bestimmen, wie sie beides in Zukunft behandeln wollten. Die Investitionen für jene ultramoderne Technik hatten sie selbst getätigt, vielleicht ihre Eltern oder (im entferntesten Fall) ihre Großeltern. Das »wo Orgeln sind, sollen sie bleiben« der Reformation hieß für die Menschen zunächst, dass es keinen Identitätsbruch zu geben brauchte, dass also das teuer erkaufte Juwel nicht sogleich dem Orkus anvertraut werden musste. Zugleich war das Bleiberecht für die Orgeln auch ein Freibrief, sie weiterzuentwickeln: dort, wo die Sozialstrukturen, die Finanzverhältnisse und das kirchliche Leben dies ermöglichten.

»Norddeutsche« Orgelkunst und die drei »Musiksysteme« Mitteleuropas

Eine »mittelalterliche« Orgelkultur gab es in Mitteleuropa überall etwa gleich. Wesentliche Fortentwicklungen der alten Blockwerksorgel fanden dann entlang des Rheins statt, flussabwärts bis zu einer sehr breit verstandenen Mündung im Gebiet des heutigen Belgien und der Niederlande.[6] Von dort aus ließen sie sich ideal verbreiten. Denn das Gebiet gehörte zum Einflussbereich des Herzogtums Burgund, das 1470 an der Nordsee von der Provinz Holland bis Amiens reichte, im Binnenland über Luxemburg und den Breisgau bis in den Schweizer Jura und an die Loire. Zudem standen Wege vom Niederrhein ostwärts offen, vor allem der Westfälische Hellweg zwischen Duisburg und Corvey, weitergeführt in Richtung Goslar. Und in Köln lag eines der wichtigsten Zentren der Hanse, die den südlichen Ostseeraum im Griff hatte. Die damit angerissene Infrastruktur trug nicht nur den Handel, sondern auch die Kulturentwicklungen. Deshalb ist im Mitteleuropa der Zeit um 1500 ein einheitlicher Orgelstandard nicht nur in den »Münster und Thumbstifft Kirchen« anzutreffen, sondern auch im patrizischen Ambiente: Orgelklänge gehörten in Städten um 1500 im wahrsten Wortsinn zum »guten Ton«.[7]

Unterschiede zeigen sich jedoch im Anschluss an die Reformation, ohne dass Gründe dafür auf Anhieb zu erkennen wären. Prägend für die lutherische Musik wurden vordergründig die Lateinschulen mit ihren charakteristischen Ensembles; die mit ihnen verbundene mehrstimmige Musik beherrschte die lutherischen Verhältnisse Mitteldeutschlands. Schulen genau derselben Art entstanden aber auch in allen anderen lutherischen Gebieten; dennoch ging von ihnen nicht überall dieselbe musikalische Wirkung aus – vor allem weiter im Norden nicht. Dort beherrschten viel eher Organisten das Geschehen: Sie waren musikalische Profis und setzten sich damit von den Kantoren ab, die (wie im vorigen Kapitel gesehen) professionelle

Theologen waren und in der Musik nur über ein Grundwissen verfügten, aber keine musikalischen Höhenflüge zu leisten hatten. Warum also diese Polarität?

Die Folgen sind allgegenwärtig. In Mitteldeutschland (und den angrenzenden Gebieten) waren Kantoren den Organisten hierarchisch übergeordnet; im Norden standen die Dinge genau umgekehrt. Und beide Musikformen haben das Luthertum geprägt. Während aber die Kantorenkunst sich scheinbar logisch aus den Worten einer Liturgie ableitet, müssen zur Erklärung der lutherischen Orgelkunst die komplexeren Modelle herhalten, um die spätestens seit den 1580er-Jahren gerungen wurde. Doch ein solches »Ringen« war gerade dort nicht zu erkennen, wo die Orgelkunst dominierte.

Dieser »Norden« ist zudem nicht leicht zu definieren; es war ein nationales, deutsches Denkmodell, jene Kunstformen pauschal als »norddeutsche Orgelmusik« zu umschreiben. Hilfreicher wirkt die Perspektive des Bach-Biographen Philipp Spitta, der 1873 von einer »nordländischen Organistenschule«[8] sprach. Denn integrale Bestandteile spielten sich zur gleichen Zeit in Dänemark ab, das als Impulsgeber in »Luthers Norden« jenseits nationaler Modelle auf jeden Fall mitzudenken ist. So wäre es sachgerechter, von einer »Orgelkunst im nördlichen Mitteleuropa« zu sprechen, zu der dann mindestens auch das Geschehen im westlichen Ostseeraum gehört.

Tatsächlich durchziehen zentrale Komponenten der Orgelkunst einen noch größeren, bis zum Ärmelkanal reichenden Raum dieses »nördlichen Mitteleuropa«. Traditionelle Werkstoffe dieser Orgeln sind Zinn, dessen reichste europäische Fundstätte bis in die Frühe Neuzeit in Cornwall lag, und Eichenholz, das in der besten Qualität aus dem Baltikum stammte. Als »Englisch Zinn« und »Wagenschott« verweisen die Fachtermini sogar konkret auf einzelne Regionen. So deutlich dies für den ersten Terminus wird, muss dies für »Wagenschott« eigens erläutert werden.

Der Begriff, der Ende des 13. Jahrhunderts im Niederdeutschen auftaucht, bezeichnet angeblich »durch Spaltung einer Eiche entstandene Holzstämme von bestimmter Größe«, zumeist mit einer Länge von 14 Fuß.[9] Doch das erklärt die Wortzusammensetzung nicht. Zwar spielte Eichenholz in der Wagenherstellung durchaus eine Rolle. Was aber soll ein/e »Schott« am »Wagen« sein (einfach eine Trennwand?), und warum hätte gerade dies auch den Baustoff charakterisieren sollen? Später bezeichnete der Begriff dann einfach knotenfreie Eichenbretter (nicht mehr also Stämme), und er taucht – nochmals deutlich später – auch am Oberrhein auf. Doch dorthin scheint sogar der Begriff erst gewandert zu sein.

Denn nimmt man hinzu, dass für das Jahr 1347 von Flößerei von »waynschos« nach Danzig gesprochen wird, zeichnet sich ab, dass der Begriff ursprünglich etwas ganz anderes bedeutet: Hinter ihm scheint die deutsche Verballhornung des polnischen Ortsnamens Wąsosz zu stehen. Er ist in Polen nicht selten (dem deutschen »Wegscheid« entsprechend). Auch im Baltikum, woher dieses Eichenholz in jedem Fall stammte, gibt es ihn, zudem aber in jener eingedeutschten Form auch als Name einer Adelsfamilie: 1585 wanderte ein »Andreas Rogalla de Wagenschoss (Wasosz)« aus Nordmasowien im Herzogtum Preußen ein.[10] Damit, dass dort die beiden Begriffsformen nebeneinander stehen, öffnet sich der Blick in die historisch-geographischen Tiefen des Landes, wo (im heutigen Powiat Ełk, deutsch: Lyck) nicht nur

Besitzungen jener Familie lagen, sondern auch einer der Orte mit deren anderem Namen, Rogale. Von diesen Besitzungen aus war die Familie eine von denen, die im Spätmittelalter »Urwald« des Landes zur Besiedlung übernahmen; sie drang damit am Fluss Dzierzbia in ein Gebiet vor, aus dem jenes so ideale Holz stammen muss. Überreste dieser riesigen Waldgebiete existieren bis heute in jener Gegend, vor allem im Białowieża-Nationalpark, der als letzter Tiefland-Urwald Europas Weltnaturerbe Polens und Weißrusslands ist. Dort stehen auch heute noch bis zu 500 Jahre alte Eichen, mit 40 Meter hohen Stämmen, die in Mannshöhe einen Umfang von sechs Metern haben.[11] Auch Utrechter Bildschnitzer der Gotik bezogen dieses Holz aus Danzig, das, wie erwähnt, schon 1347 als Umschlagplatz aus dem Landesinneren bezeichnet wurde; und die Hanse ließ es auch nach England gelangen, wo es als »wainscot« geführt wurde.[12] So ist »Wagenschott« ein Herkunftsnachweis, der eine Materialqualität bezeichnet, ebenso wie »Englisches Zinn« von einer schon im London des 14. Jahrhunderts belegbaren Zinn-Kupfer-Legierung abgeleitet ist.[13]

Auf diese Weise lassen sich zwischen Kanalküste und Baltikum anhand charakteristischer Baustoffe zwei Pole dieser Orgeltradition umschreiben. Sie werden aus dem mittleren 14. Jahrhundert ergänzt durch das älteste Tastenmusik-Manuskript überhaupt (aus Robertsbridge in East Sussex) und die ältesten erhaltenen Orgelfragmente der nachrömischen Zeit, die aus Gotland stammen.[14] Zwar gab es zweifelsfrei Orgeln auch andernorts in Europa. Doch all diese Daten markieren anscheinend die frühesten Eckpunkte eines Geschehens, das als eine »norddeutsche« Orgelkunst offensichtlich zu eng gefasst ist.

Die eigenen Liturgiezugänge des »nordmitteleuropäischen« Luthertums hängen also nicht damit zusammen, dass in seinen Gottesdiensten weniger Musik vorgekommen wäre als in mitteldeutschen; die Kirchenordnungen ähneln einander – nicht zuletzt deshalb, weil viele von ihnen aus der Feder Bugenhagens stammen. Gründe ergeben sich auch nicht daraus, dass in Norddeutschland das Städtewesen weniger ausgeprägt war; denn die Verpflichtung zum Aufbau eines lutherischen Schulwesens reichte bis in die kleinsten Gemeinden hinunter. Auch in Norddeutschland gab es – ohne Orgel – schulgebundene Kirchenmusik auf Dorfebene: In Westerhever an der Nordsee waren die Sätze des Gothaer *Cantionale sacrum* von 1646 so wichtig, dass sie 1665 handschriftlich in eine neue Gottesdienst-Agende eingetragen wurden – für zweistimmigen Gesang.[15] Doch die Teilung des lutherischen Deutschland in eine dominante mitteldeutsche Kantoren- und eine ebenso dominante norddeutsche Orgelpraxis reicht noch über das 17. Jahrhundert hinaus. Führende norddeutsche Schulen holten sich Kantoren aus Thüringen, weil diesen eine erhöhte Fachkompetenz nachgesagt wurde; als im Protektionismus des 18. Jahrhunderts Vorschriften formuliert wurden, Stellen des öffentlichen Lebens nur noch mit Landeskindern zu besetzen, brach die norddeutsche Kantorenkultur zusammen.[16] Umgekehrt bezog der mitteldeutsche Raum nicht nur Ideen und Manuskripte aus der norddeutschen Orgelpraxis, sondern auch »Manpower«, besonders in den Jahrzehnten nach dem Dreißigjährigen Krieg.[17]

Eine klare Grenze zwischen beiden Gebieten lässt sich nicht ziehen. Grenzen sind politische Gliederungsmittel; nur die wenigsten Kulturströme machen an ihnen

Halt. Diese wiederum richten sich viel eher nach der gewachsenen Infrastruktur und nach der lokalen Identität. Also konnten kulturelle Bedingungen auch in eine Nachbarregion ausstrahlen – wie tief, richtete sich danach, wie weit der Horizont der Normalbürger (also auch: der Musiker) reichte, bisweilen konkret danach, wie weit ein Mensch an einem Tag reisen konnte. Das, was man »vom Hörensagen« kennt, ist ein Resultat solcher Kommunikationsverhältnisse. Vergleichbare zwischenmenschliche Kontakte entstanden auch zwischen reisenden Kaufleuten und ihrer ortsgebundenen Kundschaft.

Nimmt man diese Unschärfe in den Blick, lässt sich die Gliederung der Kirchenmusiksysteme überraschend klar zum Binnenaufbau des Heiligen Römischen Reiches Deutscher Nation in Beziehung setzen: zu den »Reichskreisen«,[18] in die das Reich unter Kaiser Maximilian, zu Anfang des 16. Jahrhunderts, eingeteilt worden war. Im Obersächsischen Kreis, der sich von Südwestthüringen nordostwärts bis nach Hinterpommern erstreckte, war die Kantorenkunst dominant; im Niedersächsischen Reichskreis, der vom Harz an Nord- und Ostsee reichte und auf dem Weg an die Küste Mecklenburgs nur die brandenburgische Altmark aussparte, stand die Orgelkunst im Fokus. Die Grenze zwischen diesen Musiksystemen verschob sich im Lauf der Zeit in nordwestlicher Richtung; Grund dafür war, dass während des 18. Jahrhunderts Organisten zunehmend in den Schulbetrieb eingebunden wurden und sich ihr Arbeitsalltag dann demjenigen von traditionellen Schulkantoren annäherte. Doch dass diese Entwicklung bei der Orgelkunst ansetzte, wirkt noch immer traditionell »norddeutsch«.

In diesem Sinne erscheinen nicht nur Musiker in Lüneburg, Hamburg und Lübeck als typisch »norddeutsche« Organisten, sondern auch Samuel Scheidt und Friedrich Wilhelm Zachow in Halle, das zum Erzstift Magdeburg gehörte, oder Johann Rudolph Ahle in der thüringischen Reichsstadt Mühlhausen. Denn auch diese beiden Territorien gehörten zum Niedersächsischen Reichskreis, ebenso die Reichsstadt Nordhausen, wo der Orgelbauer Heinrich Compenius d. Ä. seit etwa 1580 ein strategisch ideal gelegenes Zentrum zur Übertragung »norddeutscher« Orgelkunst nach Mitteldeutschland aufbaute. Umgekehrt wirkt es für Stettin (das Zentrum Pommerns als obersächsischem Territorium) erklärlich, dass um 1600 ein Kantor die musikalische Schlüsselkompetenz innehatte (Philipp Dulichius), so weit nördlich die Stadt auch liegt.

Wie weit das »Hörensagen« in das jeweilige Nachbargebiet reichte, lässt zunächst Leipzig erkennen. Von dort zog Andreas Düben, Sohn des gleichnamigen Thomasorganisten, nach Amsterdam, um sich seinen letzten künstlerischen Schliff bei Jan Pieterszoon Sweelinck zu holen. Dieser Ausbildungsweg war für Spitzenorganisten des Niedersächsischen Reichskreises typisch: aus Hamburg, Schwerin, Hannover, aber eben auch aus dem geographisch nahe gelegenen Halle. Umgekehrt zeigen Kantoren im »niedersächsischen« Magdeburg um 1600 in ihrem Wirken keine Unterschiede gegenüber ihren Kollegen im angrenzenden »obersächsischen« Gebiet, zum Beispiel Leonhart Schröter (aus Torgau) oder Friedrich Weißensee (aus Thüringen).

Die Kulturvermittlung des Fernhandels prägte das »obersächsische« Stralsund, dessen Orgelkultur auf die Verkehrssysteme der Hanse zurückführbar ist; mit dem fortgesetzten (und lange erfolglosen) Bemühen, einen Orgelbauer in die Stadt zu ziehen,[19] teilte die Stadt Interessen an einer »auswärtigen« Kunst, die auch weit ins Baltikum ausstrahlten. Umgekehrt war in Hamburg, am Unterlauf des Informations-»Flusses« Elbe gelegen, auch Platz für einen Kantor vom Format Thomas Selles, der (nach Wirkungsstationen in Schleswig-Holstein) die Leipziger Musikverhältnisse auf eines der wichtigsten Zentren norddeutscher Orgelkultur übertrug. Und die Orgel der Hamburger Orgelbauerfamilie Scherer in Tangermünde (1624) steht an einem Schnittpunkt der Einflüsse: in einer Hansestadt der »obersächsischen« Altmark. Schließlich wurden Fernbeziehungen auch vom universitären Bildungssystem getragen: wie im Fall von Werner Fabricius, der aus Hamburg eigentlich nur zum Jurastudium nach Leipzig gekommen war und dort schließlich als Nikolaiorganist eine weitreichende Wirkung entfaltete.

Die gleiche Orgelausrichtung wie in den »niedersächsischen« Reichsgebieten gab es auch in manchen dänischen Reichsterritorien: auf den Ostseeinseln und in den weiter östlich gelegenen Landschaften Schonen, Halland und Blekinge (die im mittleren 17. Jahrhundert an Schweden fielen).[20] Ebenso lässt das alte Herzogtum Schleswig, mit Flensburg, Tønder (Tondern) oder Husum und den zugehörigen Küstengebieten, dieselbe Ausrichtung erkennen wie die beiden angrenzenden Reiche, das kaiserliche im Süden und das königlich dänische im Norden. Und nicht zuletzt ist die Orgelkultur in dem Gebiet mitzurechnen, das an den Niedersächsischen Reichskreis im Westen anschloss; das Bistum Verden sowie die Grafschaften Oldenburg und Ostfriesland gehörten zum Westfälischen Kreis, in dem sich nach dem 16. Jahrhundert die Orgelkultur zwischen drei Konfessionen aufteilte, den Katholiken im Süden, den Lutheranern weiter im Norden und den Reformierten ganz im Nordwesten.

Die Unterschiede zwischen den beiden Musikformen – von Kantor oder Organist geprägt – waren Mitteldeutschen des 17. Jahrhunderts unmittelbar bewusst. Nicht erst Bach berief sich auf norddeutsche Vorbilder für seine Orgelkunst; schon Heinrich Schütz schickte seinen Kapellknaben Matthias Weckmann zur Orgelausbildung nach Hamburg (wo dieser schließlich dauerhaft Fuß fasste). Und nachdem an der Leipziger Nikolaikirche mit Fabricius ein Norddeutscher heimisch geworden war, gelang es, auch für die Orgel der Thomaskirche eine entsprechende Personalentscheidung zu treffen. Fortan lagen beide Hauptkirchen-Posten in den Händen von Organisten, die in ihrer Kunstpraxis ausgeprägt norddeutsche Züge zeigten.[21]

Umgekehrt wussten auch Norddeutsche um die Eigenart ihrer Orgeltraditionen. Besonders prägnant kommt dies 1683 zum Ausdruck, als der junge Arp Schnitger einen Orgelneubau in Elmshorn, nordwestlich Hamburgs, fertigstellte und die Gemeinde vorsorglich Ausschau nach einem geeigneten Organisten hielt. Zwei Bewerber kamen in die engere Wahl, der eine aus Nürnberg stammend, der andere aus dem »norddeutschen« Raum. Einer der Pastoren des Ortes, Paul von der Burg, äußerte sich detailliert über das Probespiel,[22] das, weil die Orgel noch nicht fertig war, im nahe gelegenen Barmstedt stattfand:

> [Ich habe,] wie die beide den hiesigen Organisten- und Schul-Dienst ambirenden [= sich um ihn bewerbenden] Candidaten daselbst auf der Orgel die Probe geschlagen [= gespielt], mit Fleiß angehöret, da denn, meinem geringen Verstande nach, dem Competitori

> [= Bewerber] von Nürnberg dies Zeügniß geben mag, daß derselbe in hac arte [= in dieser Kunst], bevorab [= insbesondere] manualiter eine fugam und præludirende Handgriffe zu machen, zimlich erfahren sey, jedoch daß es Ihme auf dem Clavichordio od[er] etwa einem Clavicymbel artiger [= besser] als auf der Orgel von statten gehe, gestalt [= dergestalt, dass] [...] ich Ihme angemercket: Kirchen-Psalme aber oder geistliche Lieder auf der Orgel nach Organisten Kunst in 2 claviren, und pedaliter zu tractiren, hat Er Sich nicht hervorgethan.

Der süddeutsche Organist beherrschte also Fugentechniken und ein paar »Griffe« für die Intonation eines Gesanges; Pedalspiel und der Umgang mit einer zweimanualigen Orgel in einer großen Choralbearbeitung waren ihm aber fremd. Dies sah Paul von der Burg bei dem »norddeutschen« Bewerber gewährleistet und attestierte ihm, dass er »artiggesetzte fugen und præambula angebracht, also insonderheit die KirchenGesänge in erforderter Manier auf einen mit 2 claviren und pedal versehenen Orgelwercke wolvernehmlich zu spielen wiße«. Darin also lag hier der entscheidende Unterschied.

Leider sind die Kandidaten nicht identifizierbar. Aus Nürnberg stammte Johann Pachelbel, damals in Erfurt beschäftigt; es wäre nur plausibel, wenn er sich dort gerade 1683 nicht aufgehalten hätte. In Erfurt wütete die Pest; seine Frau und sein Kind fielen ihr zum Opfer, er selbst kam mit dem Leben davon. War er also verreist? Drei Tage bevor seine Frau starb, wurde eine Zahlung an ihn geleistet – aber nicht direkt, sondern an einen Stellvertreter. Und im Rechnungsbuch der Predigerkirche, dessen Abrechnungen über Begräbnisse angesichts der Pest chaotische Zustände erkennen lassen, ist weder für Pachelbels Frau noch für den kleinen Sohn, der drei Wochen später starb, eine Zahlung genannt; war also niemand zugegen, bei dem das Geld hätte eingetrieben werden können?[23] Lässt sich eine Beziehung Pachelbels zu Dieterich Buxtehude ebenfalls in diese Zeit zurückführen? Die Fragen lassen sich stellen, nicht jedoch beantworten. Und auch der andere Kandidat ist nicht identifizierbar, obwohl von ihm namentlich als »Unserm LandsMann Mons. Lübbeke« gesprochen wird. Damit aber kann nicht Vincent Lübeck gemeint sein; wenn es heißt, der Kandidat werde zu gegebener Zeit sicherlich eine schöne Stellung erhalten, passt dies nicht zum Profil des Organisten an der Ratskirche der schwedischen Provinzhauptstadt Stade, sondern muss sich auf einen unbekannten, weiteren Namensträger beziehen.

Erfasst man mit dieser dominanten Orgelkultur also primär den Nordwesten des Reiches und mit der ebenso dominanten, schulgebundenen Vokalmusik den Obersächsischen Kreis, stellt sich die Frage nach den übrigen Gebieten Mitteleuropas. Hier lässt sich zurückkehren zu der Feststellung, es habe in vorreformatorischer Zeit überall ähnliche Ansatzpunkte für die Orgelkultur gegeben – denen im Hinblick auf Liturgie und Bildungswesen ohnehin ebenfalls ähnliche Bedingungen zur Seite standen. Wie bei einer einfachen Subtraktion entsteht folglich der Eindruck, dass sich in den katholischen Gebieten im Westen und Süden des Reiches die vorreformatorische Musikkultur unmittelbarer fortentwickelt habe (fortan dann geprägt vom Trienter Konzil): als ein drittes, ebenfalls relativ einheitliches Musikprinzip. Doch das Bild lässt sich noch weiter differenzieren.

Über die gemeinsamen Wurzeln hinaus, die durch italienische und französische Einflüsse ergänzt wurden, erhielt dieser Kulturraum eine eigene, innere Kohärenz dadurch, dass zwischen 1583 und 1761 das politisch so wichtige Kur-Erzbistum Köln in bayerischer Hand lag: regiert von nachgeborenen Herrschersöhnen. Schon der erste unter ihnen, Ernst von Bayern, war zugleich Bischof von Hildesheim (seit 1573), Lüttich (seit 1581) und Münster (seit 1584); für seinen Nachfolger Ferdinand kam zu allen diesen Posten 1612 auch noch Paderborn hinzu, das sich später (ebenso wie Münster) zeitweilig aus diesem Machtverbund löste. Doch im mittleren 18. Jahrhundert wurde mit Clemens August die alte Machtfülle wiederhergestellt – und noch um Osnabrück erweitert.

Jeder dieser Bischöfe brachte eher die angelernten Kulturvorstellungen seiner Heimat mit, als dass er sie bei Amtsantritt abgestreift hätte. Auf diese Weise entstand für die Musikkultur ein Transfer zwischen München und Köln, im erweiterten Sinne zwischen dem Voralpenraum und dem Niederrhein – und von dort bis zum Westharz reichend. Die nördlicheren dieser Zentren waren auch mit den Erzbistümern Mainz und Trier verbunden; und die katholischen Gebiete des Voralpenraumes entwickelten bis ins 18. Jahrhundert hinein ohnehin ein eigenes Kommunikationssystem, das vor allem von den Klöstern getragen war (mit deren Aufhebung durch Napoleon wurde es zerschlagen): zwischen Einsiedeln in der Zentralschweiz und zumindest Klosterneuburg vor den Toren Wiens. Das Resultat dieser Kulturverbindungen[24] spiegelt sich exemplarisch in den Inventaren der Bonner Hofmusik und prägte auf diese Weise das Musikklima, in dem der junge Beethoven aufwuchs – so weit, dass für ihn schließlich, nachdem 1784 mit Maximilian Franz ein Habsburger die Erzbischofswürde übernommen hatte, der Schritt nach Wien alles andere als ein Kulturschock war.

So lassen sich für die Musik der Frühen Neuzeit in Mitteleuropa diese drei Grundzugänge voneinander unterscheiden: in einer Zeit, in der das Geistliche für die Musik ohnehin prägend war. Sie lassen sich nicht verabsolutieren; dass dies nicht sinnvoll wäre, zeigt sich schon daran, wie die beiden lutherischen Zugänge ineinandergriffen. Und über lokale Infrastruktursysteme wurden ohnehin vielfältige Mischformen ausgeprägt, ebenso wie alle drei Grundmodelle durch konfessionell unterschiedliche Annäherungen an die Musikkultur Italiens überlagert wurden. Die drei Systeme erscheinen daher eher wie die Fluchtpunkte einer dreidimensionalen perspektivischen Darstellung, ohne aber allein schon das Bild auszumachen. Am ehesten noch ist hiervon die Musik der reformierten Territorien abzusetzen. Doch auch Hessen-Kassel zu Schütz' Ausbildungszeit ist im Musikalischen nicht von grundsätzlichen Unterschieden zu Nachbarsystemen geprägt, und ebenso wie die reformierten Musikzugänge Ostfrieslands und des benachbarten Groninger Landes »lutherische« Elemente erkennen lassen, strahlten die reformierten Ideen der Schweiz auch auf das südwestdeutsche Luthertum aus.[25] So lässt sich von der primär süddeutsch-katholischen Kultur, Musik im Rahmen der Anforderungen von Hochamt und Stundengebet zu entwickeln, und der primär mitteldeutschen, in der die vokalmusikalische Bibeltext-Vermittlung als charakteristisches Zentrum erscheint, zurückkehren zum Kernphänomen der Musik nördlicher Regionen: der Orgelkunst.

Metropolen und ihr Hinterland an der Nordsee

Auf welcher Grundlage also hatte sich diese norddeutsche Orgelkunst positioniert – sodass sie gleich nach der Reformation zum musikalischen Brennpunkt eines so umfassenden Gebietes wurde? Allein in den Metropolen des Raumes lassen sich die Antworten nicht finden, weil städtische Orgelkultur um 1500 in Mitteleuropa eben etwas ziemlich Einheitliches war. Welche anderen Faktoren kann es folglich gegeben haben? Die Antwort ist einfach, nicht aber die Begründung für sie: Eine entscheidende Rolle spielten die norddeutschen Agrarregionen. Wie aber konnten gerade sie in das kulturelle Gefüge eingreifen?

Ausgehen lässt sich davon, was »Agrarregion« bedeutet. Das Mittelalter hatte einen Aufbruch der Städte mit sich gebracht; der Rechtsgrundsatz »Stadtluft macht frei nach Jahr und Tag« lockte Menschen aus Abhängigkeitsverhältnissen (bis zur Leibeigenschaft) in die wachsenden Ballungsräume. Doch dieses Wachstum zeitigte neben wirtschaftlichen Erfolgen auch Probleme: neben der Hygiene vor allem mit der Nahrungsmittelversorgung. Das einzige typische Agrarerzeugnis, das sich unbehandelt in größeren Mengen transportieren und lagern ließ, war Getreide; große Nachfrage bestand auch nach Produkten aus der Rinderhaltung, neben Fleisch also Milch, und zwar auch (haltbar gemacht) in Form von Käse (Schweine dagegen gab es in den Städten selbst; sie fanden in den Gassen Nahrung).[26] Für die Städte waren diese Agrarprodukte überlebensnotwenig, und in großen Mengen ließen sie sich aus Regionen beziehen, die über exzellente Bodenqualität verfügten – Kunstdünger, der zu Bodenmelioration eingesetzt wird, gab es noch nicht.

Im nördlichen Mitteleuropa war dies die große Zeit der Marschenregionen an der Nordsee: Dort hatte man weite, extrem fruchtbare Landstriche durch Eindeichung dem Meer abgerungen. Zwar waren sie fortwährend von Sturmfluten bedroht; wenn sich deren Folgen aber in Grenzen hielten, reifte dort in großen Mengen Getreide, und die Rinder, die Jahr für Jahr in Herden von weither herangetrieben wurden, waren jeweils zu Saisonende quasi von selbst fett geworden.[27]

Selbstverständlich fanden diese Gebiete auch das Interesse der Landesherren: wegen der Steuereinnahmen. Dennoch haftete der Herrschaft über die Marschen auch etwas Abschreckendes an; wer sie besaß, musste für den Küstenschutz einstehen – Unwägbarkeiten, denen sich Landesherren ungern stellten. Und so konnten sich vor Ort vordemokratische Selbstverwaltungsstrukturen entfalten: Die Einwohner sicherten selbst ihre Deiche, mussten hierfür eigenständig Entscheidungen treffen dürfen und entwickelten dafür eigene verfassungsähnliche Grundlagen. Diese wurden als »friesische Freiheit« bekannt, galten aber auch für Nichtfriesen (wie die »sächsischen« Dithmarscher, die sogar außerhalb der Reichskreisgliederung standen). Marschenbewohner fühlten sich bei der Vermarktung ihrer Agrarerzeugnisse daraufhin mit gutem Grund als ebenbürtige Handelspartner ihrer städtisch-herrschaftlichen Großkunden; da jeweils einige der Landwirte akademisch gebildet waren,[28] wurde dieser Dialog ohnehin auf Augenhöhe geführt. So gelangten die Bewohner der Marschen zu kollektivem Wohlstand und lernten in beständigem Austausch mit den Städten, was für deren Patriziat ein standesgemäßes Leben ausmachte. Hier kam auch die Kunst ins Spiel; gotische Schnitzaltäre der Dorfkirchen an der Nordsee zeugen davon, wie souverän sich diese Gesellschaft auf dem internationalen Kunstmarkt zu bewegen verstand.[29] Und spätestens seit dem 15. Jahrhundert interessierte sich dieses Agrarpatriziat auch für Orgelmusik, die – als automatische Folge des Austausches – auf dem Dorf keinesfalls schlechter klingen durfte, als sie in den Städten zu erleben war.

Eine solche Orgeltradition in Relation von Stadt und Land hätte sich theoretisch überall ergeben können; doch »das Land« hätte dafür ebenso konditioniert sein müssen wie die Küsten- und Flussmarschen im Nordsee-Einzugsgebiet. Dies, realisiert als Wechselspiel von Selbstwert, Selbstverwaltung und Selbstverwirklichung bis in die Kunst hinein, war das Alleinstellungsmerkmal dieses Gebiets. Ein Gradmesser dafür, in der unmittelbaren Reformationszeit, sind die Bauernkriege: Während sie zwischen Harz, Kärnten und Genfer See tobten, gingen sie die Nordsee-Anrainer nur deshalb nichts an, weil »dort draußen« an der Nordsee die zentralen Forderungen der Aufständischen im Landesinneren schon lange erfüllt waren; 100 Jahre zuvor waren sie unter Berufung auf »uralte Rechte« bereits als Normalität bekräftigt worden, und der Volksmund führte sie auf Karl den Großen zurück.[30] Dazu gehörte das Recht der Priesterwahl, aber eben auch der Kunstentfaltung.

Außer jeder Diskussion stand, dass diese allein der Ehre Gottes diente, und dies bot auch die Begründung für den finanziellen Aufwand. So leiteten in Wremen, einem Dorf nördlich von Bremerhaven, die Kirchgeschworenen und die weiteren Gemeindevertreter 1624 den Neubauvertrag für ihre Orgel mit folgenden Worten ein:

> Im Nahmen der heiligen Dreyfaltigkeit, kundt undt zu wissen sey Jedermennigligen [= jedermann], das nachdem ein Erbar loblich Kaspel [= Kirchspiel] Wremen, dem allmechtigen barmhertzigen Gott zu ehren aus schuldiger Danckbarkeit, dass er bis dahero Ihr landt für [= vor] feindliche Uberfalle und vorheerung behutet, auch etzliche Jahre her Ihre Deiche und Damme herlich und wunderbahrlich gebessert, der Kirchen Zu Zier, gott zu loben, fromme hertzen zu erquicken, eine Neue Orgel zu fundiren [= erbauen] ist bedacht und entschlossen.

Die Orgel erhielt 30 Register und wurde eine besonders große in jener Region, war aber keineswegs die einzige; auch Misselwarden und Mulsum, jeweils rund drei Kilometer entfernt, hatten damals Orgeln. Bei Vertragsschluss herrschte schon seit fast sechs Jahren Krieg im Reich, und der Seedeich ist keine 800 Meter von der Kirche entfernt; die Dankesworte haben also einen aktuellen Bezug, und im Gesamtvorhaben spiegelt sich das religiös-kulturelle Selbstverständnis einer ganzen Landschaft.

Seine Wurzeln hatte es offensichtlich im 15. Jahrhundert. 1437 war die erste Orgel der Kirche von Marienhafe in Ostfriesland errichtet worden, einem dezidiert agrarischen Zentrum der Gegend.[31] Und etwa fünf Jahre später hatten sich die Bauern in Rysum bei Emden eine Orgel in Groningen bauen lassen; Bezahlung war in der Währung vereinbart worden, die diesen Land-Stadt-Verkehr prägte: eine Herde Mastrinder.[32] Aus der Zeit unmittelbar vor 1500 gibt es dann erste Aufzeichnungen über ein Orgelbauprojekt in einem dörflichen Rechnungsbuch: Peter Poit, Kirchgeschworener im heute zu Cuxhaven gehörenden Dorf Altenbruch, berichtet, wie

Die Orgel als Stolz einer Dorfgemeinde · Das Instrument, vom Agrarpatriziat gestiftet und bewahrt, steht als Blickfang auf dem Lettner. Dessen Durchgänge zum einstigen Altarraum wurden im Zuge der calvinistischen Reformation zugebaut; die Orgel jedoch durfte in der Kirche bleiben. Sie soll größer wirken, als sie in Wirklichkeit ist: Auf die Innenseiten der Orgeltüren (links und rechts) sind Pfeifen nur aufgemalt.

Krewerd (Groningen), Orgel von 1531.

das dörfliche Leitungsgremium den Bau eines modernen, bereits registrierbaren Instruments durch einen Bremer Mönch organisierte.[33]

Die Orgelinitiative lag anscheinend überall bei diesem agrarischen Patriziat. Genauere Einblicke sind nicht möglich, weil auf Ortsebene die schriftliche Überlieferung nur in Ausnahmefällen bis in jene Zeit zurückreicht. Noch für die Zeit um 1520 lässt sich die Ausbreitung dieser Orgelkultur nicht abschätzen; verlässlich werden die Informationen hingegen um 1580.[34] Zwischen der einstigen holländischen

Zuiderzee (heute: Ijsselmeer) und dem südlichen Dänemark bei Tønder (Tondern) sowie in den Mündungsgebieten von Ems, Weser und Elbe lassen sich dann rund 150 Orgeln nachweisen: in einem Landstreifen, der sich über etwa 900 Kilometer hinweg erstreckt.

In manchen Regionen bildeten sich regelrechte Cluster: in den niederländischen Provinzen Friesland und Groningen sowie im westlichen Ostfriesland (die sich alle der calvinistischen Reformation anschlossen), ferner im Landzipfel zwischen den Mündungsgebieten von Weser und Elbe (Land Wursten, Land Hadeln) sowie an der Elbe flussaufwärts (bis hin zu den Hamburger Vier- und Marschlanden) sowie in Dithmarschen, Eiderstedt und auf den Nordfriesischen Inseln Nordstrand, Pellworm und Föhr. Andere Marschlandschaften folgten erst später nach, vor allem die alte Grafschaft Oldenburg, die, im frühen 16. Jahrhundert von einer Sturmflut zerrissen, auf Jahrzehnte hinaus mit der Landessicherung zu kämpfen hatte, oder Gebiete im heutigen Süddänemark. Diese wurden erst nach 1650 von der Orgelwelle erfasst und erweiterten dann den Raum um nochmals über 90 Kilometer bis zum nördlichen Ende der Marschen, bei der Stadt Varde. Und »Cluster« bedeutet, dass schon damals in jenen Regionen Kirchen mit Orgeln in Sichtweite zueinander standen; der kürzeste Abstand zwischen zweien sind seit den 1580er-Jahren die 900 Meter zwischen Borstel und Jork im Alten Land südwestlich von Hamburg.

Von den Marschendörfern allein können die maßgeblichen künstlerischen und liturgischen Impulse nicht ausgegangen sein, die der Orgelkultur Norddeutschlands einen Überschuss gegenüber Mitteldeutschland gaben. Dennoch spielen in den Begründungen auch die Agrarlandschaften eine Rolle. Als Bugenhagen den Gedanken »wo Orgeln sind, sollen sie bleiben« formulierte, wird er an Wittenberg gedacht haben, vielleicht auch an Städte seiner pommerschen, »obersächsischen« Heimat; die Dynamik des Orgelgeschehens im Nordseeraum kann er nicht gekannt haben. Dort war der Instrumentenbestand um 1500 in rasantem Aufbau begriffen, und Bugenhagens Freibrief schien es nun zu rechtfertigen, das frisch Geschaffene noch auszubauen. Das kulturelle Erbe der jüngsten Vergangenheit, die veränderten liturgischen Rahmenbedingungen und die Orgel-Fortentwicklungen bedingten sich also gegenseitig: Die Orgelmusik muss bei den Auftraggebern einen ebenso hohen Stellenwert gehabt haben wie die neuen Glaubensformen.

Der Orgelbau profitierte maßgeblich von diesen Entwicklungen. Dies war teils eine Folge der Nachfrage: Je mehr Orgeln entstanden, desto mehr wurden die Techniken der Klangbildung und des Registrierens vorangetrieben. Dies setzte nun nicht nur an einzelnen Orten an, sondern an jenen Clustern; zwischenörtliche Konkurrenz befeuerte die Begeisterung – und zugleich die sprunghafte Perfektionierung der Instrumentenbaukunst. Sie bot denen, die als Musiker den Städten wie Dörfern dieser Region entstammten, exzellente Arbeitsbedingungen. Und nicht zuletzt veränderte sich das Berufsbild des Orgelbauers: Einst war dies ein Wanderhandwerk gewesen; das Orgelinteresse des aufstrebenden Patriziats verdichtete die Nachfrage, sodass in den Städten Orgelbauer auch sesshaft werden konnten. Doch weil es Kundschaft fortan auch in großen Radien um die Städte herum gab, konnten sich veritable Zentren herausbilden: in Metropolen wie Groningen, Bremen und Hamburg, aber auch in kleineren Orten wie Jever, Berne an der Unterweser, Itzehoe oder Lunden in Dithmarschen.[35] So ist diese kirchenmusikalische Spezialität des Luthertums das Resultat einer Interaktion von Metropolen und deren Hinterland.

Schon in der unmittelbaren Reformationszeit war die Entwicklung dieser dezidierten Orgellandschaft also unumkehrbar geworden. Auch hier ging es darum, die Kunstaktivitäten der Eltern- und Großelterngeneration nicht verwerfen zu müssen. Die Sensibilität für dieses Erbe mag besonders hoch gewesen sein, denn diese Traditionsfragen prägten alle Lebensaspekte: Die Orgelbegeisterung verschmolz mit dem Einsatz für die »uralten Rechte«, der Küstensicherung und dem gesellschaftlichen Miteinander vor Ort.[36]

Orgelkultur als Hype: Nordsee-Dörfer im späten 16. Jahrhundert

Wie also entwickelten sich diese einzigartigen Orgelbedingungen weiter? Die Geschichte lässt sich ausgehend vom Jahr 1512 erzählen, als auf der Halbinsel Eiderstedt sich die beiden Marschengemeinden Garding und Oldenswort ihre ersten Orgeln leisteten. Von der Gardinger blieb das kunstvoll geschnitzte Gehäuse erhalten; 1896 wurde es entkernt – bis dahin hatte es auch noch die bemalten gotischen Orgelpfeifen gegeben, deren Konturen auf einem alten Foto zu erahnen sind.[37] In Oldenswort hatten die örtlich Verantwortlichen ihre Erst-Orgel schon 300 Jahre früher ersetzt:[38] Dieses völlig neue Instrument von 1592 hatte nicht nur ein Haupt- und vielleicht ein Brustwerk wie die Gardinger Orgel, sondern jedenfalls ein Rückpositiv (dessen Gehäuse erhalten geblieben ist); also war es dreimanualig. Ob schon eigene Pedalregister zur Verfügung standen, von denen sehr viel später berichtet wird, lässt sich nicht klären. In jedem Fall war es damit das größte Instrument weit und breit; nur Husum hatte noch mehr zu bieten.

Schnell änderte sich dieses Bild. Denn im südlich angrenzenden Dithmarschen wurde in Wöhrden, einem Dorf ähnlicher Größe, 1593/94 eine noch ambitioniertere Orgel errichtet, ebenfalls als Ersatz für eine schon ältere. Sie hatte ein Hauptwerk, ein voll ausgebautes Brustwerk, ein Rückpositiv und ein Pedalwerk mit insgesamt 32 Registern.[39] Das war fast ein Drittel mehr an Registern, als in der Thomaskirche in Leipzig nach einem gleichzeitigen Umbau zur Verfügung standen; und dort bestand das Brustwerk nur aus zwei Regalregistern.[40] Dem bisherigen Organisten trauten die Wöhrdener offensichtlich nicht zu, dass er dieses Prachtinstrument beherrsche;[41] daher machten sie sich auf die Suche nach einem Virtuosen und fanden ihn in David Scheidemann. Er kam aus einer anderen Marschengemeinde, aus Oberndorf, südlich der Elbe gelegen; zehn Jahre blieb er in Wöhrden und zog dann nach Hamburg an die Hauptkirche St. Katharinen, wo sein berühmterer Sohn, Heinrich, später seine Nachfolge antrat.

Das, was in Wöhrden entstanden war, fand Nachahmer: »ein herlik Orgellwerk […], welkeß allen Landeßlüden ein Exempel unnd Anreitzung waß«, also zunächst einmal den dörflichen Entscheidungsträgern (»Landleuten«) in der näheren Umgebung.[42] Erst zog die Gemeinde Wesselburen nach, sechs Kilometer entfernt;

auch dort hatte es schon länger eine Orgel gegeben, die nun erneuert wurde. Gleichzeitig drang die Kunde auch über die Elbe nach Süden. So machte sich in Otterndorf (dem Zentrum des Landes Hadeln) eine Delegation auf den Weg über die Elbe, um sich organistisch inspirieren zu lassen. Das hatte Erfolg, denn der Erbauer der Wöhrdener Orgel, Antonius Wilde, durfte sich anschließend in Otterndorf niederlassen. Sein Wappen findet sich bis heute zweifach in der Kirche. Und von dort aus zog das Geschehen weitere Kreise. Wilde ersetzte erst die Otterndorfer Orgel durch einen Neubau; das keine zehn Kilometer westlich gelegene Bauerndorf Lüdingworth folgte. In allen Orten baute Wilde folglich schon das zweite oder gar dritte Instrument einer lokalen Tradition; nur in Osterbruch, sechs Kilometer südöstlich von Otterndorf gelegen, hatte das Wilde-Instrument von 1598 keinen Vorgänger.

Alle diese Orte waren auch musikalisch in größere Dimensionen eingebunden. Aus Otterndorf wurde Joachim Möring nach Hamburg berufen, als Nachfolger des einflussreichen Orgelmeisters Hieronymus Praetorius an der Hauptkirche St. Jacobi; Möring war vermutlich zuvor in Schwabstedt tätig gewesen, dem späteren Geburtsort Nicolaus Bruhns'.[43] In Lüdingworth wirkte um 1580, noch am Vorgänger der Wilde-Orgel, ein Musiker, der den ältesten bekannten lutherischen Orgelchoral überlieferte; und aus Dithmarschen stammte Caj Schmedeke, der 1577 seinen Posten in Husum verließ, um über Helsingør nach Danzig zu ziehen.[44]

Um 1580 erscheint diese Orgelkunst also in voller Ausprägung: als ein flächiges Phänomen. Ein erster Künstler trägt ihre Ausdrucksformen aus dem Nordseeraum in andere Regionen (Schmedeke); in Hamburg etabliert sich seit 1582 mit Hieronymus Praetorius ein überregional wirksamer Komponist. 1574 war dort der Orgelbauer Jacob Scherer gestorben, eine der frühen Schlüsselpersönlichkeiten des Geschehens; seine Söhne trugen das Erbe weiter. Just zu dieser Zeit nun entflammte in Mittel- und Süddeutschland die Debatte um die Rolle der Instrumente (besonders der Orgel) in der Kirche. Dass sie den Norden nicht anfocht, ist also kein Wunder. Fortan gab es im Luthertum zwei Kirchenmusiksysteme, die nur locker miteinander verbunden waren – lange vor Bach, lange auch vor dem Wirken des bekanntesten norddeutschen Orgelbauers, Arp Schnitger (1648–1719), und seines jüngeren sächsischen Berufskollegen Gottfried Silbermann (1683–1753).

Orgelmusik: warum?

Der so dezidiert eigenständige Ansatz lutherischer Kirchenmusik im Norden Mitteleuropas wirkt weitaus weniger verständlich als der mitteldeutsche: Diesem zufolge wurde der Schuljugend biblischer Text vermittelt, und zwar in Verbindung mit Musik, die daraufhin auch in die Kirche hineingetragen wurde. Wie aber lässt sich eine lutherische gottesdienstliche Orgelmusik legitimieren? Eine Begleitung des Gemeindeliedes gab es nicht; es war ja noch nicht einmal der Liedgesang selbst in der Kirche heimisch geworden. Als klassische weitere Musikbeiträge einer Orgel haben sich in späterer Zeit Vor- und Nachspiel zum Gottesdienst herausgebildet, doch auch sie waren noch nicht erfunden; und die gezielte Orgeleinleitung eines liturgischen Introitus ist etwas anderes als ein allgemeines Gottesdienst-Vorspiel. Was also lässt sich aus den historischen Quellen entnehmen?

Nur wenig Musik ist direkt aus dieser frühen, so prägenden Phase der »norddeutschen Orgelkultur« erhalten geblieben, am ehesten die Werke von Hieronymus Praetorius (Hamburg) und seines aus Itzehoe stammenden Altersgenossen Johann Steffens (Lüneburg). Den Kern bilden Choralbearbeitungen, für die aber unklar bleibt, wo genau sie in einem Gottesdienst aufgehen konnten; daneben sind Beiträge zu lateinischen Gesängen überliefert, also zu Hymnen und Magnificat sowie zur Sequenz und einzelnen Teilen des Messordinariums.[45] Für die Verwendung der beiden letzteren Typen bieten die Gottesdienstordnungen Anhaltspunkte; diese Orgelbeiträge sollten also im Wechsel mit einer Sängergruppe erklingen. Auf die ausgeprägte Toccatenkunst späterer Zeiten verweist dagegen noch nichts.

Doch diese »uralte« Orgelmusik muss noch andere Seiten gehabt haben. Besondere Einblicke ermöglicht eine Gottesdienst-Aufzeichnung für Oldenswort von 1601;[46] demnach wurde die so hoch geschätzte Orgel nur an zwei Stellen der Liturgie gespielt. Als Gloria sollte zunächst der »Chorus« das Lied »Alleine Godt in der Höge sy ehr« singen; daraufhin heißt es: »wird die Orgel erstlich gerühret [= gespielt], ehe das nachfolgende gesungen wirdt.« Dieses Nachfolgende war »De Here sy midt Jüw« (»Der Herr sei mit euch«), die Einleitung des Kollektengebets. Dafür aber bedarf es keines Orgel-»Vorspiels«. Was die Orgel stattdessen leisten sollte, lässt sich in Verbindung mit ihrem zweiten »Auftritt« klären. Nach der gesungen vorgetragenen Epistel war erst erneut der »Chorüs« an der Reihe: Er sang »psalmüm: vel Seqüentiam«, also entweder einen Originalpsalm, ein Psalm- oder ein Kirchenlied, oder es erklang die an jener Stelle übliche, musikalisch reiche Sequenz; danach wird dann »wiederumb die Orgel gerühret«, ehe der Pastor, erneut mit einem plattdeutschen »Der Herr sei mit euch« intoniert, zur gesungenen Evangelienlesung übergeht.

An keiner der beiden Stellen bereitet die Orgel also einen liturgischen Gesang vor. Dennoch ist den beiden Spielanlässen etwas gemeinsam: Beiden folgte eine Anrufung, dieser dann einmal ein Gebet, das andere Mal eine Lesung. Ein vorbereitendes Orgelspiel ist nicht einmal notwendig, um den Pastor den richtigen Ton finden zu lassen; denn es geht jeweils ein anderer gesungener Teil voraus, an dessen Schluss- oder Grundton er problemlos hätte anknüpfen können. Folglich steht diese Orgelmusik völlig frei im liturgischen Raum; der Organist darf irgendetwas spielen, ohne dass dies weiter definiert wäre. Oder anders: Im Gottesdienst entsteht eine konzertante Einlage. Wie aber lässt sie sich liturgisch rechtfertigen?

Einen Schritt weiter führt ein Visitationsprotokoll von 1710 aus einem eher unterprivilegierten Orgel-Dorf der oldenburgischen Wesermarsch, Neuenhuntorf bei Berne: Die Orgel war im späten 17. Jahrhundert unbrauchbar geworden; die Gemeinde konnte eine Reparatur nicht ohne die Genehmigung der Obrigkeit organisieren und hatte offenkundig auch kein Geld dafür. Deshalb berichtet der Visitator in seinem Protokoll: »Die Orgel ist defekt, die Bauern klagten, sie hätten nun gar kein Kurzweil mehr in der Kirchen.«[47] Also ging es um Abwechslung: in der fortwährenden, frontalen Wortverkündigung durch den Pastor, die nur mit dem mittler-

Konzertante Orgelmusik-Einlagen im Gottesdienst · Aufgezeichnet ist ein lutherischer Gottesdienstablauf, in dem die lateinische Liturgie mit plattdeutschen Lesungen und Gebeten abwechselt. Nach dem Psalm- oder Sequenz-Gesang des »Chorüs« ist ein Hinweis eingefügt, dass anschließend »die Orgel gerühret« werden soll. Diese bietet kein Vorspiel; der »Minister« (Pastor) könnte seine Anrufung auch ohne vorangegangene Orgelklänge anstimmen. So erklingt mitten im Gottesdienst freie Instrumentalmusik.

Oldenswort (Eiderstedt), Missale von 1601.

weile etablierten Liedersingen der Gemeinde abwechselte. Wenn sich eine Gemeinde im Gottesdienst hingegen wünschte, einmal nichts zu tun (also weder zu singen noch konzentriert der Verkündigung zu lauschen), muss dies darauf abzielen, über Gehörtes nachdenken zu können und die Konzentration für das Nachfolgende zu schärfen. Das muss es gewesen sein, was die Neuenhuntorfer Bauern unter »Kurzweil« verstanden. Entsprechend führte das Oldensworter Orgelspiel nicht einfach nur (funktional) auf die Anrufungen hin, sondern (inhaltlich) auf die folgenden Wortanteile: Es sorgte für eine innere Sammlung, für eine Fokussierung; mit ihr wurde das Wahrnehmungsvermögen neu gestartet, um Ohr und Sinne wieder aufnahmefähig zu machen für eine Botschaft, in der es auf einen Textinhalt ankam.

Insofern wurde auch diese völlig freie Orgelmusik liturgisch instrumentalisiert. Und sie konnte sogar eine unmittelbar geistliche Botschaft übernehmen: dann, wenn der Organist berücksichtigte, welcher Lesungstext sich anschließen sollte, und sein Spiel atmosphärisch auf dessen Inhalt ausrichtete. Dieser Verkündigungsgedanke ist einmal sogar ausdrücklich belegt:[48] 1704 für Johann Sebastian Merck, den ersten Spieler der 1679 erbauten Orgel in Møgeltønder, direkt nördlich der deutsch-dänischen Grenze. Mitten im Gottesdienst erlitt er eines Sonntags einen Schlaganfall – »während er auf der Orgel das Vaterunser auslegte«. Wenig später starb er, und so notierte der Kirchenbuchführer die Umstände, die zum Tod führten, im Begräbnisregister. Übersetzt in moderne Musikbegriffe, hatte Merck demnach eine Choralbearbeitung improvisiert, entweder über die liturgische Vaterunser-Melodie oder über Luthers Lied »Vater unser im Himmelreich«. Und entweder hatte er nach der Predigt gespielt (die mit dem Vaterunser schloss) oder während des Abendmahls. Jedenfalls war der Kirchenbuchführer überzeugt, dass es sich um Auslegung handelte; aus seiner Sicht ergab sie sich also nicht nur in Wortbeiträgen des Gottesdienstes. Ein konzertantes Musik-Erleben im Gottesdienst war demnach 1704 in Møgeltønder liturgisch essenziell, ebenso wie 1601 in Oldenswort.

Orgelkunst der niederländischen Reformierten

Möglicherweise war die Orgelbegeisterung der Nordsee-Gemeinden schon in vorreformatorischer Zeit von diesen Gedanken getragen. Denn auf Ähnlichem baut auch – im Südwesten der Marschen und unter anderen liturgischen Bedingungen – der Orgelumgang der niederländischen Reformierten auf: Calvinisten, denen ansonsten eine dezidierte Ablehnung der Orgelmusik nachgesagt wird, bis hin zur radikalen Beseitigung der Instrumente. Doch insbesondere in den Provinzen nördlich von Amsterdam gingen die Uhren anders: in Noord-Holland, Friesland und Groningen. Der brillanteste Beleg dafür stammt aus Burgwerd bei Leeuwarden, zehn Kilometer östlich vom Ansatz des Damms gelegen, der heute die Nordsee und das Ijsselmeer voneinander abteilt. Als 1580 in Friesland der Calvinismus offiziell eingeführt wurde, bezahlten die Dorfbewohner aus der Kirchenkasse einen Handwerker, der die hölzernen Bildwerke zersägte und die Wandgemälde übertünchte – und den Schiffer, der mit einem Kahn die Orgel eines aufgelösten Klosters aus Leeuwarden ins Dorf transportierte.[49] Folglich nutzte die Gemeinde die Gunst der Stunde und schaffte sich eine Orgel an – praktisch zur gleichen Zeit, als Glaubensbrüder und -schwestern Orgeln zerstörten.

Diese Orgelinteressen hatten klare pädagogische Ziele. Denn die Einführung des Calvinismus bedeutete, dass fortan im Gottesdienst die Lieder des Genfer Psalters zu singen waren: die Nachdichtungen der 150 Psalmen, deren niederländische Übersetzungen durch Petrus Dathenus 1566 in Druck gegeben wurden. Diese Lieder mussten nun im Gottesdienst Wurzeln schlagen. Die Versuche, dies zu erreichen, verdeutlichen zunächst einmal plakativ, was geschehen wäre, wenn auch das Luthertum sofort die alten liturgischen Gesänge durch einen dominanten Gemeindegesang ersetzt hätte. Zudem brachten diese Entwicklungen neue kirchenmusikalische Formen hervor, die zeitversetzt auf das Luthertum ausstrahlten; folglich gibt es hier ein Paket wertvollster Informationen zu öffnen – und zu verstehen.

Wie gesehen, stellte sich für die Reformation im Lauf der Zeit die Frage, welche Art von Musik sie gutheißen könne: mindestens die, die im Epheser- und Kolosserbrief erwähnt wird, also Psalmen (die Gesänge des Alten Testaments), Lobgesänge (von Moses Gesang nach dem Durchzug durch das Rote Meer bis zu Marias »Magnificat«) und irgendwelche sonstigen »geistlichen Lieder«. Den Psalmen galt das Hauptinteresse;[50] schon zu Weihnachten 1523 regte Luther an, Psalmen durch Nachdichtung in Lieder umzuwandeln, und für 1538 ist das erste reine Psalmengesangbuch nachgewiesen. Doch auch wenn sich Luthers Impuls als »Geburtsstunde des evangelischen Gesangbuchs«[51] sehen lässt, blieb die Psalmenidee für das Luthertum etwas Randständiges; in den Gesangbüchern sind viel eher nur einzelne Psalmen als Nachdichtungen enthalten, nicht zuletzt »Ein feste Burg ist unser Gott« (Psalm 46: »Der Herr ist meine Stärke«) oder »Aus tiefer Not schrei ich zu dir« (Psalm 130: »Aus der Tiefe rufe ich, Herr, zu dir«).

Im Folgejahr, 1539, erschien dann in Straßburg eine erste Publikation Calvins, aus der schließlich eine komplette »Bereimung« des Psalters erwuchs: ab 1541, als in Genf das Psalterprojekt systematisch in Angriff genommen wurde. 1562 lag der komplette Psalter vor: 150 Psalm-Nachdichtungen mit 125 Melodien. Die Veröffentlichung im Zusammenspiel mehrerer Druckereien ermöglichte eine Startauflage von insgesamt 30 000 Exemplaren; zwei Dichter – Clément Marot und Théodore de Bèze – standen hinter diesem Gesamtprojekt, dazu drei Musiker (Guillaume Franc, Loys Bourgeois und Pierre Davantès).[52] Ein kompletter, christlicher Psalter: Damit hatte das reformierte Bekenntnis bei der Legitimierung von Kirchenmusik einen Vorsprung gegenüber den Lutheranern gewonnen. Drei Jahre später, 1565, legte Claude Goudimel schließlich schlichte mehrstimmige Bearbeitungen dieser Melodien vor; und diese Version wurde 1573 von Ambrosius Lobwasser ins Deutsche übertragen.

Ab 1580 sollten also die niederländischen Reformierten diese Lieder als neue liturgische Grundlage nutzen. Die Kenntnis der Melodien und ihrer Texte war bestenfalls begrenzt; also war hier fortgesetztes Lernen angesagt. Es fand natürlich in der Schule statt, und je größer der Ort war, der im Einzelnen betroffen war, desto eher bestand die Chance, dass ein Schulmeister die Lieder mit den Schülern einstudieren und daraufhin sonntags die Gemeinde mitziehen konnte. Die Einbettung der Melodien in einen Satzverbund, wie Goudimel ihn geschaffen hatte, erleichterte zumindest das Lernen der Melodien, möglicherweise auch das Singen im Gottesdienst. Doch je kleiner die Gemeinden waren, desto mehr stellte sich die Frage nach Lesekenntnis und musikalischem Können – und desto weniger kam auch ein Singen mehrstimmiger Sätze in Betracht, die ohnehin nur auf Französisch vorlagen. Die Perspektiven dafür, die neuen liturgischen Gesänge einzuführen, waren also nicht rosig.

Ein zweiter Teil des Lernkonzepts fiel den Organisten zu.[53] Dort, wo es sie gab, erhielten sie den Auftrag, außerhalb der Gottesdienstzeiten die Melodien vorzuspielen: in Orgelkonzerten am Samstagnachmittag, ebenso vor und nach dem Sonntagsgottesdienst. Im Grunde genommen war beides revolutionär: Die Konzeption als öffentliches Konzert hatte keine Vorbilder, und die Verlagerung der Orgelmusik an den Rand des Gottesdienstes wirkt wie ein Vorläufer der jüngeren Orgelvor- und -nachspiele. Beides erfordert also genaueres Hinsehen.

Das samstägliche Vorspielen von Melodien bezog sich offenbar primär auf das liturgisch Erforderliche des folgenden Tages. Selbstverständlich ließen die Musiker es nicht bei den bloßen Melodien bewenden; vielmehr öffnete sich hier Raum für weit ausgreifende musikalische Variationstechniken, die das Memorieren attraktiv machten: in dauernder Rückversicherung gegenüber den Melodien. Dieser Konzertvortrag hatte also ein klares liturgisches Ziel. Dennoch ermöglichte er dem Publikum auch einen ästhetischen Zugang zu der Musik, die es zu hören bekam, und letztlich stand dies dem Kennenlernen der Melodien auch nicht im Wege. Und wenn sich eine Gemeinde dann sonntags schon vor dem Gottesdienst traf, um dem Organisten erneut zuzuhören, geschah dies nicht in aller Heimlichkeit gegenüber dem Pastor. Die Vorstellung ist absurd, dass dieser etwas gegen das Orgelspiel einzuwenden hatte, sodass es verstummen musste, sobald er in Sichtweite kam. Im Gegenteil: Nicht selten unterschrieb der Pastor auch in jenen frühen Jahren einen Orgelbauvertrag als Erster, noch vor den Repräsentanten der Gemeinde;[54] er förderte selbstverständlich das Erlernen der Melodien.

Doch im Ganzen genommen, führten diese didaktischen Versuche nicht weit genug. Und obgleich der Gebrauch der Orgel im reformierten Gottesdienst eigentlich nicht zulässig war, gingen einzelne Gemeinden dazu über, den Liedgesang von der Orgel stützen zu lassen – wann genau, ist nicht zu klären (weil es eben nicht erlaubt war), doch als Fixpunkte gelten Groningen (1628), Leiden (1637) und Hoorn (1644).[55] Den praktischen Nutzen beschrieb Patroclus Römeling, Pastor erst südlich Groningens und schließlich in Farmsum (heute zu Delfzijl an der Außenems gehörig):[56] Der Gesang könne, wenn er von den Orgeln begleitet würde, so weit beschleunigt werden, dass die Gemeindeglieder erstmals verstünden, welchen Text sie eigentlich sängen. Im Hinblick darauf war schon bei der Dordrechter Synode von 1618/19 die Benutzung der Orgel (wo sie vorhanden war) in das Ermessen der Gemeinden gestellt worden.

Römelings Ziel, das Tempo bis hin zur erstmaligen Textverständlichkeit steigern zu wollen, wirft Licht auf den vorherigen Zustand. Wenn beim Singen das Tempo so langsam ist, dass sich der singenden Gemeinde der Textsinn nicht erschließt, müssen die Bedingungen in der Tat katastrophal gewesen sein. Demnach hatten sich die Gemeinden Silbe für Silbe und Ton für Ton in den Psalm vorgetastet. Eine Ursache dafür mag gewesen sein, dass der Rhythmus der (original französischen) Lieder zu schlecht mit dem niederländischen Sprachduktus übereinzubringen war,[57] sodass es sich anbot, alle Töne gleich lang zu singen. Doch außerdem waren die Gemeinden auf einen Vorsänger angewiesen, um einen Weg in die Liedkultur zu finden. Und so zeichnet sich die Tragweite des Problems ab: Das Tempo des Singens hing auch mit einer zu geringen Kenntnis der Lieder zusammen. Beim gottesdienstlichen Singen konnte der Schulmeister also immer erst dann, wenn sich eine Mehrheit der Anwesenden beim jeweils gefragten Ton samt zugehöriger Silbe eingefunden hatte, mit dem nächsten Ton und der nächsten Silbe fortfahren. Diese Koordinationsprobleme ließen sich allein mit der konzertanten Vorbereitung der Melodien nicht beheben; auch beim Mitspielen des Gesangs waren sie nicht auf Anhieb überwunden, aber durch den Klangstrom der Orgel überdeckt. Und einige Anwesende werden den Text jeweils beherrscht und dann mit ihrem Singen die übrigen Gemeindeglieder mitgerissen haben.

Aus keiner lutherischen Region sind jemals vergleichbare, zumal flächige Schwierigkeiten im Umgang mit dem Gemeindelied überliefert. Die Gründe dafür liegen auf der Hand: Dessen Einführung erstreckte sich über eine sehr viel längere Zeit; Gemeinden übernahmen die Lieder, als diese im Gottesdienst seit Längerem heimisch geworden waren: durch beständigen Gesang der Schüler. Liedkenntnis ergab sich daraufhin nicht nur vom »Hörensingen«,[58] sondern auch dadurch, dass die Schüler aus der Schule herauswuchsen und die dort gelernten Lieder in das Erwachsenenleben mitnahmen. Dort angekommen, bereitete es ihnen dann keine Probleme, sich dem Liedersingen eines Schulmeisters und dessen Schülergruppe anzuschließen.

Doch blieben den Lutheranern die neuen Orgelfunktionen der Reformierten nicht verborgen. An ihnen mag sich die systematisch wirkende Aufrüstung mit Orgeln orientiert haben, die ab den 1630er-Jahren die Grafschaft Oldenburg erfasste.[59] Noch interessanter wirkte das Liedvariationenspiel: Jan Pieterszoon Sweelinck in Amsterdam vermittelte diese Techniken seinen Schülern aus Hamburg (den Brüdern Jacob und Johann Praetorius sowie Heinrich Scheidemann), zudem an Melchior Schildt aus Hannover, Samuel Scheidt aus Halle und eben auch, wie eingangs beschrieben, Andreas Düben aus Leipzig. All diese Musiker tauchten tief in eine musikalische Kunstform ein, für die es in ihrer Heimat keine liturgische Notwendigkeit gab. Sie lösten also das Gelernte aus dem reformierten Kontext und konnten das Ästhetische dieses Orgelspiels desto stärker in den Vordergrund treten lassen, Scheidt sogar im Druck: in der 1624 erschienenen *Tabulatura nova*. Zugleich aber gab es unter den Mitschülern dieser Lutheraner durchaus auch Musiker, für die die Kunstformen Sweelincks essenziell für ihre Berufstätigkeit in einer reformierten Region waren; ausdrücklich belegt ist dies für Albert Jansen aus Emden, der diese Kunst auf lokaler Ebene Ostfrieslands pflegte.[60]

So strahlte die reformierte Orgelpraxis der nördlichen Niederlande weit ins Luthertum aus: mit der Liedbegleitung, den einst so zweckorientierten Liedvariationen, dem kirchlichen Konzertieren der Orgel und der Idee, vor und nach dem »eigentlichen« Gottesdienst auf der Orgel zu spielen. Quasi im Gegenzug erreichte die lutherische Orgellegitimation diese calvinistische Tradition. Das Gehäuse der Orgel in Westerhusen bei Emden, die 1642/43 von Jost Sieburg erbaut wurde, wird von zwei Bibelzitaten eingerahmt: Oben steht der Ausschnitt aus dem Epheserbrief (plattdeutsch: »Singet u. speelet dem Heren in iuwem Herten«), der für Lutheraner in der Abgrenzung vom strengen Calvinismus so zentral war, unten ein eigentlich entstelltes Zitat aus dem 150. Psalm: »Lovet den Heren mit Seiden und Orgeln«. Dass die »Harfen« des Psalmworts durch »Orgeln« ersetzt wurden, wirft zugleich Licht auf das Selbstverständnis einer gesamten Region.

Ausbreitung

Diese spezifische Orgelkunst wurde also zur musikalischen »Leitkultur« dessen, was sich als »nördliches Mitteleuropa« umschreiben lässt. Sie strahlte in vielfältigen Richtungen aus. Die erste, zentrale Informationsachse dafür reichte in den Ostseeraum, mit den alten Handelsverbindungen der Hanse. Im späteren 16. Jahrhundert wurde eine ältere Orgelkultur etwa in Danzig von den neuen Denkmodellen überformt; Orgelbauer und Organisten aus irgendwelchen friesischen Gebieten, aus Flensburg und Hamburg gaben der Musikkultur der Stadt ein neues Gesicht, und zwar parallel zur Einrichtung eines lutherischen Schulwesens und zugleich in Verschmelzung mit Kulturströmen, die vom polnischen Königshof ausgingen. Bis ins 18. Jahrhundert ragten die »niedersächsischen« Orgeleinflüsse dauerhaft in die Kultur des »obersächsischen« Pommern hinein. In Stralsund spielten an der Nikolaikirche Organisten aus Hamburg: ab 1646 Johann Martin Rubert, schon zuvor Bernhard Peterssen, vermutlich identisch mit dem aus Freiburg (Elbe) stammenden Berend Petri, auf den eine der Schlüsselquellen für Hamburger Orgelmusik der Zeit um 1600 zurückgeht.[61] 1653 wurde die große Marienorgel durch einen Lübecker erbaut (Friedrich Stellwagen) und ab 1703 durch Christopher Raupach bespielt, einen Organistensohn aus Tondern (Tønder). Ähnliches gilt an anderen Berührungsflächen der beiden Kulturformen und der beiden Reichskreise. Wer in der Erfurter Predigerkirche zur Orgel (1650) hinaufblickt, betrachtet eine Werk-Gliederung, die als »Hamburger Prospekt« in die Orgelterminologie eingegangen ist; dieses Erscheinungsbild hat Ludwig Compenius geschaffen, Spross jener Orgelbauerfamilie, die diese Gestaltungsformen von den eben noch »niedersächsischen« Städten Nordhausen und Halle aus ins »Obersächsische« vermitteln konnte. Diese Orgel war Dienstinstrument zunächst für Johann Bach (einen Großonkel Johann Sebastians), später für Johann Pachelbel, die somit im innersten Thüringen von »norddeutscher« Orgelbaukunst erfasst wurden. Ebenso attraktiv war diese für Lemgo oder Kassel, die südlichsten Punkte im Wirken der Hamburger Orgelbauerfamilie Scherer. Und auch nach Norden tastete sich diese Orgelkunst vor; im 18. Jahrhundert erreichte sie mit dem Orgelbauer Gottfried Heinrich Gloger auch das südliche Norwegen.

Die Unterschiede der Kirchenmusik-Ausrichtungen zeigen jedoch auch noch etwas Weiteres: In Sachsen wurde dieses moderne Orgelprinzip erst relativ spät heimisch. Doch dies ist Teil eines sehr viel größeren Themenfeldes.

5 »Florilegium Portense« Warum die lutherische Musiktradition nicht in Luthers Zeit zurückreicht

Glaubenskonflikte als kulturpolitischer Rahmen

Für »Luthers Norden« entsteht der Eindruck, dass die Reformation, einmal vollzogen, das Leben »definitiv« auf eine neue Grundlage gestellt hatte, ohne große weitere Justierungen nach sich zu ziehen. Gerade im Musikalisch-Liturgischen wurde das, was man für lutherisch halten konnte, konserviert, weil es sich im Alltag als funktionstüchtig bewährte. Und so konnte aus dem spezifischen Orgelerbe der unmittelbaren Reformationszeit ein Kernstück lutherischer Kultur werden.

In Mitteldeutschland fand das Analoge nicht statt: Zu einer flächigen Konsolidierung der frühen Kantorenkunst kam es nicht. Viel eher entsteht für die Zeit zwischen 1550 und 1600 der Eindruck einer uneinheitlichen, auch ungesicherten Situation. Die Ursache dafür lag nicht bei der Musik selbst, sondern bei den allgemeinen Konflikten, die das Leben des 16. Jahrhunderts aus zwei Richtungen prägten – viel stärker als weiter im Norden. Von der lokalen Musikpraxis waren sie eigentlich weit entfernt.

Der eine Ansatz war übergeordnet kirchlich: Zu Jahrhundertbeginn war ein Versuch zur Reformierung der Kirche ergebnislos gescheitert; als dann im Laufe dreier Jahrzehnte viele Glaubensfragen (nicht zuletzt durch Luther) eine völlig neue Brisanz erhalten hatten, sollten die Probleme mit dem 1545 startenden Trienter Konzil überwunden werden. Keiner konnte absehen, dass die Tagungen bis 1563 dauern, wiederum ohne Einigung enden und vielmehr zu einer handfesten Spaltung des westlichen Christentums führen würden.

Davon abgesetzt war der andere Ansatz, die Sicht des Kaisers; ganz abstrakt formuliert, musste er dafür sorgen, dass das Reich wieder zu innerem Frieden fand. Krieg schwelte jedoch dauernd irgendwo, konnte jederzeit aufflammen, und kaum dass das Feuer gelöscht schien, zeigten sich neue Glutnester. Da in diese Situation immer auch die Glaubensfragen hineinspielten, berührten sich die Interessen des Kaisers mit denen des Papstes; dennoch standen beide Seiten einander mit einem jahrhundertealten Misstrauen in die Machtinteressen des jeweils anderen gegenüber. Zudem beäugten die Fürsten des Reiches das politische Vorgehen konfessionsübergreifend kritisch, denn sie sahen den Kaiser lediglich als »primus inter pares«, sich selbst also als prinzipiell gleichrangig. Da die Gesamtsituation in eine Glaubensspaltung führte, zeigt sich im Rückblick, dass eine Lösung, die alle zufriedengestellt hätte, wohl nicht erreichbar gewesen wäre.

Direkte Auswirkungen auf die Musik hatte dieser Widerstreit der Interessen nicht. Doch für ihn bot der mitteldeutsche Raum in der zweiten Hälfte des 16. Jahrhunderts besondere Ansatzpunkte: bei Herrschern, die die lutherischen Positionen an vorderster Front politisch vertraten, und bei den Universitäten ihrer Länder, die in der Definition der theologischen Lehrmeinungen prägend waren. Über die Letzteren ist die Musik durch die Hintertür viel unmittelbarer erreicht, als es vordergründig den Anschein hat. Denn sie war ein integraler Teil des Bildungssystems: An den Lateinschulen wurden kommende Theologiestudenten mit der Verquickung aus Lateinunterricht und Musik und dem musikalischen Kreislauf des Lernens und Lehrens herangebildet.

Mitteldeutschland rückte umfassend ins Fadenkreuz der äußeren Entwicklungen, unmittelbar nachdem Luther am 18. Februar 1546 gestorben war. Ein halbes Jahr später brach der Schmalkaldische Krieg aus; dem kaiserlichen Heer trat der lutherische Schmalkaldische Bund entgegen, angeführt vom sächsischen Kurfürsten Johann Friedrich. Das Bündnis wurde im April 1547 vernichtend geschlagen; Johann Friedrich verlor die Kurwürde und war daraufhin nur noch Herzog von Sachsen in dessen Thüringer Teilen. Die Kurwürde ging auf seinen »sächsischen« Verwandten über, Moritz; er hatte sich neutral verhalten und wurde dafür belohnt. Neutralität bedeutete dabei zunächst, trotz lutherischer Grundhaltungen für Kompromisse mit »Altgläubigen« offen zu sein, ähnlich wie das gleichzeitig ansetzende Konzil ja eigentlich die Einheit der Kirche wiederherstellen sollte. Seitens des Kaisers wurde einstweilen das »Augsburger Interim« verfügt, das gelten sollte, bis das Konzil weitergehende Regelungen verabschieden würde; doch im Alltag wollte niemand mit diesem Konzept leben, weder die Lutheraner, denen die Einschnitte in ihre Glaubenswelt viel zu weit gingen, noch die Katholiken, denen die Interimsregelungen viel zu viel Lutherisches enthielten. Beide Seiten waren nicht gewillt, aufeinander zuzugehen; die Fronten waren unlösbar verhärtet. Zudem war das Reich eben doch nicht zur Ruhe gekommen; schon im Mai 1547 erlitten die kaiserlichen Truppen in einer weiteren Auseinandersetzung mit dem Schmalkaldischen Bund nun ihrerseits eine schwere Niederlage, bei Drakenburg südöstlich von Bremen. Damit war die Situation wieder offen.

Moritz von Sachsen hingegen versuchte, Teilpositionen des Augsburger Interims in seinem Territorium einzuführen; er beauftragte Philipp Melanchthon mit der Ausarbeitung eines Konzepts, das 1548 als »Leipziger Artikel« schließlich den Kirchenvertretern vorgestellt wurde. Die Folge war eine Spaltung des lutherischen Lagers: Auf der einen Seite standen die »Philippisten«, die Moritz' Kompromissversuch mittrugen. Ihnen stand der Widerstand der »Gnesiolutheraner« gegenüber: »Gnesios« heißt »echt« und besagt insofern das Gleiche wie der jüngere, ebenfalls griechische Parallelbegriff »orthodox«: »rechtgläubig«, hier also in der Nachfolge Luthers.[1]

1552 brachte Moritz selbst Bewegung in die Szene: Er baute ein Bündnis mit Gleichgesinnten auf und verschaffte sich Rückhalt beim französischen König; aus dieser Position der Stärke heraus rang er dem Kaiser den »Passauer Vertrag« ab, eine direkte Vorbereitung des Augsburger Religionsfriedens von 1555, der die konfessionelle Trennung zementierte. Die politischen Folgen wogen schwer, wie ein Blick nach Trient zeigt: Moritz' Fürstenbündnis sprengte das Konzil, das ohnehin nur mühsam vorankam; aus Sorge vor einem Krieg reisten die Teilnehmer ab. Nach 1555 war dann an eine Wiederherstellung einheitlicher kirchlicher Verhältnisse nicht mehr zu denken; die Schlussphase des Konzils (1562/63) ermöglichte nur noch innerkatholische Glaubensjustierungen.

Doch in den reformatorischen Richtungen bestanden die Spannungen fort. Ausgleichsbestrebungen Melanchthons richteten sich nun auf den Calvinismus aus; aber auch der war den Gnesiolutheranern ein Dorn im Auge. Und die Kompromissbereitschaft eines »Philippismus« überdauerte den Tod seines Namensgebers 1560, auch weil August, Moritz' Nachfolger als Kurfürst, sich für sie stark machte. 1574 jedoch drehte der Wind: Angeblich war versucht worden, die streng lutherische Kurfürstin Anna auf die calvinistische Seite zu ziehen, um auf diese Weise August unter Druck setzen zu können;[2] dieser jedoch machte sich die Haltung seiner Frau zu eigen und verbot mit den »Torgauer Artikeln« alles, was auch nur den Anschein des Calvinismus erweckte. Auch »Philippismus« fiel nun diesem Vorwurf anheim. Für Sachsen brachen anderthalb Jahrhunderte an, die von Sorge vor einem »Krypto-Calvinismus« getragen waren. Die neu herrschende Glaubensgrundlage wurde umfassend definiert: 1577 mit der Konkordienformel, 1580 mit dem Konkordienbuch und einer vorbildlichen Kirchen- und Schulordnung.

Doch das »Ende von Lied« war dies noch immer nicht. Augusts Sohn Christian, der 1586 die Regierung antrat, förderte offen den zuvor bekämpften Calvinismus; und als er schon 1591 starb, wurden calvinistische Überzeugungen umso heftiger verboten und verfolgt. Als letzter Akt dieses Trauerspiels kam es 1593 in Leipzig während eines Calvinistenaufstandes zu veritablen Straßenschlachten.[3] Schon zuvor waren die Glaubensschwenks keineswegs friedlich verlaufen: Wer nicht parierte, wurde mindestens seines Amtes enthoben; manche konnten woanders eine neue Stellung finden, doch sie waren auf jeden Fall zunächst regional und individuell entwurzelt. Andere mussten das Land verlassen (wie Nicolaus Selnecker, der Dichter unter anderem des Liedes »Lass mich dein sein und bleiben«). Auch Festungshaft war eine Option der Machthaber; das schlimmste Los ereilte schließlich Nicolaus Krell, den Kanzler Christians I., der mit Billigung seines Fürsten die calvinistischen Fäden geknüpft hatte, nach dessen Tod aber für ein Jahrzehnt auf dem Königstein eingekerkert und schließlich in Dresden hingerichtet wurde.

Für Kunstentfaltung waren diese Konflikte alles andere als förderlich. Doch sie tobten nicht überall in Mitteldeutschland; das traditionell »gnesiolutherische« Thüringen ging ganz andere Wege. So müssen der sächsische Sonderfall und die übrigen Verhältnisse getrennt voneinander betrachtet werden.

»Ewige Kirchenmusik«: Wittenberger Repertoire und Eisenacher Kantorenbuch

Kirche kann Kunst zu ihrem »ewigen« Besitz erklären: zur liturgischen Essenz. Diese kann dann nicht mehr von Modeströmungen mitgerissen werden und veralten. Die katholische Kirche liefert gleich zwei musikalische Musterbeispiele dafür. Das eine ist der gregorianische Choral: Eigentlich einstimmige Musik des Frühmittelalters, wurde sie mit dem Stempel des Ewigen versehen. Eine vergleichbare Rolle fiel

Giovanni Pierluigi da Palestrina zu, aber in Renaissancedenken überführt: Nachdem das Trienter Konzil diskutiert hatte, ob die Kirche ihre Musik wieder auf den »heiligen« gregorianischen Choral reduzieren solle, gelang es, eine systemkonforme mehrstimmige Musik zu definieren. Der Text sollte unbedingt verständlich sein, nicht also durch dominante musikalische Kunststücke verdeckt. Palestrina wurde daraufhin zum »Retter der Kirchenmusik« erklärt (also: der mehrstimmigen), sein Name zugleich zum Dachbegriff für die zugrunde liegende Kompositionsweise. Nachfolgende Generationen arbeiteten mit dem Konzept eines Palestrina-Stils, bis schließlich die Romantik ihre Projektion einer idealen Kirchenmusik aus ihm ableitete.

Auch diejenigen westlichen Kirchen, die sich im 16. Jahrhundert neu bildeten, verfügen über ein solches »ewiges« Repertoire. Für den Calvinismus ist dies der Melodienschatz des Genfer Psalters, der damit ebenso klar »Musik des mittleren 16. Jahrhunderts« ist wie der Palestrina-Stil. Für das Luthertum ist die Lage komplexer. Zwar beruft es sich auf ein lutherisches Lied (auch wenn dieses anfänglich kaum Gemeindelied war), und in den Gesangbüchern schon des 16. Jahrhunderts nehmen Luthers Lieder eine Schlüsselstellung ein. Doch das Gros evangelischer Kirchenlieder ist jünger, vor allem dem mittleren 17. Jahrhundert entstammend. Also ist das eigentliche Liedrepertoire des Luthertums erst später entstanden: auf einer anderen stilistischen Grundlage als derjenigen Luthers.[4] Zudem sieht das Luthertum Kirchenmusik traditionell auch als etwas Mehrstimmiges: Ältere Motetten und jüngere Kantaten werden mit gutem Grund als ein Charakteristikum der Glaubensrichtung begriffen. Von Anfang an stand Musik dieser Art bereit: teils in den Drucken Georg Rhaus, mit denen dieser den gesamten kirchenmusikalischen Bedarf ausleuchtete, parallel dazu auch in Handschriften, die von Wittenberg aus an zentrale Pflegestätten der Kirchenmusik gesandt wurden.[5] Dieses »Wittenberger Repertoire«[6] war ideal konditioniert dafür, das Luthertum für Generationen zu begleiten: Musik, die – obgleich mehrstimmig – ähnlich wie liturgische Melodien als etwas Essenzielles, Normiertes hätte behandelt werden können und aus dem Alterungsprozess ebenso herausgelöst worden wäre wie der Palestrina-Stil. Doch dazu kam es nicht. Wie also steht es um die lutherische kirchenmusikalische Identität überhaupt?

Rhaus Drucke ebenso wie die Wittenberger Handschriften spiegeln nicht primär »lutherische« Kirchenmusik, die also vom Denken der Reformation wesentlich getragen worden wäre. Dies ließe sich von Walters komplexen mehrstimmigen Liedbearbeitungen sagen, ebenso von den Responsorien von Balthasar Resinarius. Viel eher zielte Rhaus verlegerische Arbeit auf mitteleuropäische Musik der Zeit um 1520 ab, die also parallel zu den grundlegenden reformatorischen Vorgängen schon bestand; neu war sie nicht mehr. Auch Thomas Stoltzer, der in dem Repertoire eine klassikerähnliche Rolle einnimmt, war seit 1526 tot. Gemeinden, die die von Rhau zusammengetragene Musik angeschafft hatten, nutzten sie, mindestens in den ersten zehn bis zwanzig Jahren nach deren Erscheinen. Und noch deutlich nach 1560 sind große Chorbücher völlig neu angelegt worden, für die dieses »Wittenberger Repertoire« zumindest die Basis bildete;[7] allen war eine Langzeitperspektive »einkomponiert«. Ob sie sich erfüllte, ist eine eigene Frage: Wie lange der Umgang mit bestimmten Noten währte, ist meist schwer abzuschätzen. In der Regel lässt sich die Entstehung eines Manuskripts (oder eines Druckes) viel eher datieren als dessen Nutzungsende.

Hier hilft das Eisenacher Kantorenbuch weiter. Es geht zurück auf den Eisenacher Kantor Wolfgang Zeuner, der seit 1536 als Lehrer an der dortigen Lateinschule nachweisbar ist; weil er spätestens um den Jahreswechsel 1543/44 in den Predigerdienst aufstieg, wird er das Buch in den frühen 1540er-Jahren zusammengetragen haben. Er starb 1548.[8] Der Band enthält im Wesentlichen wiederum Musik, die dem »Wittenberger Repertoire« nahesteht, ist allerdings von diesem nicht direkt abhängig. Dies ist leicht begründet: Das Chorbuch war schon angelegt, als Rhau noch in der Startphase seiner Arbeit war. Beide Kompilationen bedienen sich also aus den Œuvres der gleichen Komponisten, treffen aus ihnen aber für die Gottesdienstpraxis eine individuelle Auswahl. Im Eisenacher Kantorenbuch nehmen einen großen Anteil die Kompositionen von Conrad Rein ein, der aus Arnstadt stammte, zunächst in Nürnberg wirkte und schließlich zum Leiter der Hofkantorei in Kopenhagen berufen wurde (um 1522 ist er gestorben).[9] Weitere Werke stammen aus derselben Generation: Musik von Heinrich Isaac, Josquin, Pierre de la Rue, Adam Rener und eben Thomas Stoltzer. Sogar der 1505 gestorbene Jacob Obrecht ist in dem Repertoire vertreten. Nur wenige Komponisten, von denen sich Musik in jenem Buch findet, waren noch am Leben, als es zusammengestellt wurde: Ludwig Senfl (München), Anton Musa (Rochlitz, Merseburg) und nicht zuletzt Johann Walter.

Das Eisenacher Kantorenbuch ist aber nicht einfach eine Sammlung von Musik: so, wie solche Musikhandschriften bei der musikgeschichtlichen Erschließung zunächst verstanden wurden. Es ist konzipiert wie ein liturgisches Buch, ein Total dessen, was im lokalen Luthertum an mehrstimmiger Musik fortan gebraucht werden sollte. Ziel war also, etwas zu schaffen, das langfristig Bestand haben würde, und dafür war die Zusammenstellung mindestens ebenso prägend wie die einzelnen Werke. Für sie werden Komponistennamen genannt; die in der Liturgie genutzte Musik brauchte ihre Entstehungsumstände also nicht so abzustreifen, wie es für den gregorianischen Choral der Fall war. Andernorts war eine solche Anonymisierung von liturgisch nutzbaren Musikwerken durchaus geübte Praxis.[10]

Das Kantorenbuch enthält zunächst, dem Jahreslauf folgend, die spezifischen Gesänge einzelner Feste; es folgen Bearbeitungen des Messordinariums, schließlich auch Stücke für die Vesper.[11] Nicht für jeden Sonntag liegt ein Musikangebot vor. Für die drei Hochfeste Weihnachten, Ostern und Pfingsten sowie für Christi Himmelfahrt finden sich jeweils Introitus, Alleluja und Sequenz; andere Tage werden allein mit einem Introitus bedacht: Epiphanias (6. Januar), Mariä Reinigung (2. Februar) und Trinitatis (hier zusätzlich auch ein Alleluja), sodass alle anderen Gesänge einstimmig musiziert werden mussten. Ferner ließ sich ein »Dominicalis introitus« nutzen, der also an beliebigen Sonntagen erklingen konnte: »Loquebar de testimoniis tuis«, ein eigenartiger Fall, denn nach der römischen Liturgie bezieht sich dieser Gesang speziell auf Feste weiblicher Heiliger.[12]

Auch für die Sequenz gab es eine örtliche Sonderform. Zu Ostern wurde sie nicht gregorianisch-einstimmig eröffnet, sondern mit einer mehrstimmigen Version des »Victimae paschali laudes«, zuvor noch eingeleitet von Alt und Tenor mit dem deutschen »Christ ist erstanden«. Außerdem finden sich in dem Band Kompositionen für das Gloria, die (anders als die Stücke in Rhaus Sammlungen) offensichtlich auf spezifische regionale Praktiken ausgerichtet sind. Von dem Erfurter Musiker-Theologen Anton Musa stammend, beginnen sie erst beim Text »Gratias agimus tibi« (»Wir sagen dir Dank«). Vorausgegangen sein muss also die Intonation »Gloria in excelsis Deo« durch den Pfarrer, dann aber etwas anderes, zu dem der Text ab »Et in terra pax« gehört. Dies kann nur auf der Orgel gespielt worden sein. Wenn Wolfgang Musculus 1536 also berichtete, Orgel und Chor hätten die Intonation fortgesetzt (vgl. 1. Kapitel), mag er bereits ein solches Alternatim-Musizieren erlebt haben.

Wie dieses universelle Buch benutzt wurde, spiegelt sich 1551 in der Schulordnung des Eisenacher Rektors Andreas Boetius. Er fordert, die Singschüler sollten »so nahe wie möglich an das Buch herangehen und singen«.[13] Es muss auf einem großen Pult gestanden haben: Die aufgeschlagenen Doppelseiten haben ein Format von 54 mal 70 Zentimetern und enthalten jeweils die Musik aller beteiligten Stimmen eines Abschnitts, sodass alle Sänger aus dem einen Exemplar singen konnten. Nur ein weiteres gottesdienstliches Hilfsmittel wurde von den Schülern benutzt, denn in der Schulordnung wird ergänzt: »Wenn deutsche Kantilenen zu singen sind, sollen sie [die Schüler] mit ihren Singbüchern versehen sein.« So ist klargestellt, dass sich »das Buch« keiner Konkurrenz stellen musste; alle mehrstimmige liturgische Musik wurde aus diesem differenzierten Vorrat bestritten, und die »Singbücher« mit deutschen Liedern mögen Exemplare von Walters *Geystlichem gesangk Buchleyn* mit seinen mehrstimmigen Sätzen gewesen sein.

Das Kantorenbuch wirkt also so, als solle mit ihm im Musikalischen eine neue lutherische Ewigkeit anbrechen. Als Musculus sich 1536 in Eisenach aufhielt, bestand dieses Repertoire noch nicht; Kantor Zeuner muss also (ähnlich wie im 1. Kapitel für Ribe gesehen) ordnend in einen verstreut vorliegenden Notenbestand eingegriffen, das erforderliche Material auf eine einheitliche Grundlage gebracht und durch neue Stücke ergänzt haben. Ins Bild passt auch, dass Musculus nichts weiter von Chormusik berichtet, denn er besuchte einen normalen Sonntagsgottesdienst, für den das Kantorenbuch keine Figuralmusik bereithält; allenfalls in der Sequenz wären, dem Regelmaß ihrer Wiederholungen folgend, Teile auch mehrstimmig erklungen.

Doch, wie gesagt: Für eine Ewigkeit reichte es nicht. Die Nutzung kann nur wenige Jahrzehnte gewährt haben. Denn 1620 berichtet der Eisenacher Diaconus Johannes Himmel, das Buch werde »noch uf den heutigen tags in Unsern Kirchen reservirt« (also aufbewahrt), werde aber »rarissime vel nun quam« verwendet: selten oder nie. Dass 70 Jahre später Bach oder auch einer seiner älteren Brüder noch daraus gesungen hätten, ist schon aufgrund der Stilentwicklungen auszuschließen, die den Band bis 1620 nahezu verdrängt hatten.

Also wurde der »Wunsch nach Ewigkeit« von einem Stilwandel eingeholt. Die Medienkultur muss ihn beschleunigt haben. Denn Titelblätter von Druckausgaben tragen ein Erscheinungsjahr, stellten den Charakter des Neuen damit plakativ zur Schau und ermöglichten eine differenziertere stilistische Bestimmung. Diese Begleitkomponente der neuen Druckpraxis, die bislang kaum thematisiert ist, wirkte sich nicht auf sämtliche Musik der Zeit aus; weiterhin kursierten Musikwerke in Abschrif-

Chorbuch als Aufführungsmaterial · Auf dem Pult liegt nur das eine aufgeschlagene Notenbuch. Alle Sänger und Instrumentalisten haben sich so aufgestellt, dass sie die Noten lesen können. Nach Stimmen getrennt, sind diese jeweils blockweise über die Doppelseite verteilt. Der Chorleiter setzt gerade dazu an, die nächste Doppelseite aufzuschlagen, auf der der nächste Musik-Abschnitt in identischem Layout notiert sein muss.

Hermann Finck, *Practica musica*, 1556, Titelvignette.

ten, und wie alt die Stücke waren, sah man ihnen nicht direkt an. Doch daneben gab es eben jene eindeutig »neue« Musik, und so wurde das Gewohnte fortan nicht mehr nur schleichend überformt; vielmehr lockte ein neuer Reiz der Aktualität. Alt und Neu: Ansetzend in der Mitte des 16. Jahrhunderts, konnte dies zu einer stilbestimmenden Kategorie werden. Das war bei der Konzeption der »ewigen« Repertoires (Rhau, Zeuner) noch nicht mitbedacht worden. Das Vorhaben, ein lutherisches Kernrepertoire der Reformationszeit zu perpetuieren, geriet somit zunehmend unter Druck. So passt auch Johannes Himmels Bericht von 1620 perfekt ins Bild: Der erste Versuch, eine lutherische Kirchenmusik für eine »Ewigkeit« zu definieren, war gescheitert.

Als Himmel dies äußerte, war eine Alternative auf den Markt gekommen, die in der Folge – ohne in die Reformationszeit zurückzureichen – tatsächlich ein »vorerst ewiges« Repertoire lutherischer Kirchenmusik begründete. Als *Florilegium Portense* (Blütenlese aus Schulpforta) ist die Sammlung später berühmt geworden und hat noch nach der Mitte des 18. Jahrhunderts in lutherischen Gottesdiensten eine Rolle gespielt.[14] Warum nun widersetzte sich gerade diese Sammlung fortan der normalen Musik-Alterung? Teilweise mag der Dreißigjährige Krieg eine Rolle gespielt haben, in dem sich dieses Repertoire als stilistischer Rückzugsort anbot, teils auch der Konservatismus, der sich fortan mit den typischen Kantoraten verband (als Durchgangsstationen zu höheren Schulfunktionen oder eben Pfarrerstellen). Doch zumindest in der Zeit des Erscheinens muss die stilistische Ausrichtung der Sammlung zweierlei ideal erfüllt haben: Sie muss konsensfähig gewesen sein, zudem neu. Anders wäre ihre musterhafte Verbreitung nicht erklärlich. Was also bot sie kirchenmusikalischen Nutzern?

Sethus Calvisius und die Vorgeschichte des »Florilegium Portense«

Die Thüringer Musikvorstellungen mögen sich vom Repertoire der Luther-Zeit in einem normalen Wandlungsprozess wegbewegt haben, je nachdem, ob Neues attraktiver schien. In Sachsen war dies anders: Die Glaubensumbrüche der zweiten Jahrhunderthälfte hatten im Musikalischen mehr Konservatismus zur Folge. Offensichtlich wurde eine Kirchenmusik mit »low profile« gepflegt, die im Sinne der Tradition unbestritten kunstvoll war, aber in den konfessionellen Unsicherheiten kein größeres Aufsehen erregte.

Die Strukturen, in denen sich diese Entwicklungen ergaben, waren geprägt durch die drei »Fürstenschulen« Sachsens, die in einstigen Klöstern eingerichtet wurden, zunächst 1543 in Meißen[15] und in Schulpforta bei Naumburg, schließlich 1550 in Grimma. Sie sicherten eine einheitliche vorakademische Ausbildung, abzielend auch auf die Heranbildung des theologischen Nachwuchses. Musikalische Kontinuität ergab sich schon früh und ist an den Wirkungszeiten der Kantoren ablesbar: In Schulpforta war Henricus Dürfeld von 1545 an für 37 Jahre Kantor; fünf Jahre später übernahm Johann Reinmann das Kantorat der frisch gegründeten Fürstenschule Grimma und hatte es bis zu seinem Tod 1590 inne. Wolfgang Figulus schließlich, Kantor an St. Afra in Meißen, war dorthin 1551 von der Leipziger Thomasschule gewechselt (wo er seit 1549 Kantor gewesen war) und wurde 1588 pensioniert. Wie also sah die Kontinuität im Musikalischen aus: unter dem Einfluss der theologischen Auseinandersetzungen, die nach dem Schmalkaldischen Krieg auf die Tagesordnung traten? Relativ gut fassbar sind die Verhältnisse für die Fürstenschule Meißen[16] unter ihrem Kantor Wolfgang Figulus, der zudem mit rund 130 Werken auch als fruchtbarer Komponist hervorgetreten ist.

Wie an einer obrigkeitlichen Schule nicht anders zu erwarten, entsprach ihr Klima den Vorstellungen des Herrschers: Also stand Philippismus auf der Tagesordnung, als Figulus 1551 von Leipzig nach Meißen zog. Diese Glaubensrichtung war allerdings im Kollegenkreis umstritten; 1569 wurde der »Collega tertius« (der nächsthöhere Posten über dem Meißner Kantor) sogar wegen gnesiolutherischer Überzeugungen seines Amtes enthoben, und auch Figulus wurde in diesem Zusammenhang verhört. Doch wenige Jahre später drehte der Wind (mit den Torgauer Artikeln von 1574), und es fiel Figulus offensichtlich nicht schwer, sich fortan als Gnesiolutheraner zu positionieren, wohl mit allen Konsequenzen. Denn zur »wahren lutherischen Lehre« gehörte auch die »wahre lutherische Musik«, die ohnehin in Meißen dauerhaft gepflegt worden war.[17] Noch 1575 veröffentlichte Figulus in seinen Weihnachtsgesängen Stücke von Johannes Galliculus, dem Rhau-Kooperationspartner der Zeit um 1520 – neben Werken anderer Komponisten, die ebenfalls deutlich älter waren als er selbst (von Martin Agricola, 1486–1556, oder Ludwig Senfl, um 1490–1543).

Dieser Musikzugang kennzeichnet auch die umfangreichen handschriftlichen Sammelbände, die während Figulus' Meißner Zeit angelegt wurden und die sich dank dessen Schwiegersohn Friedrich Birck erhalten haben.[18] Dieser vertrat Figulus in Meißen noch kurzzeitig nach dessen Pensionierung und nahm die Manuskripte mit, als er 1591 zum Kantor an der Grimmaer Schwesterinstitution berufen worden war. Dort entwickelte er das Repertoire zunächst nur behutsam weiter; offensichtlich dienten ihm sowohl die geerbten Noten als auch die bei Figulus erlernten Stilkonzepte als Startkapital für ein Wirken, das sich schließlich wiederum über 30 Jahre erstreckte. Und zweifellos ist die postume Druckausgabe der *Hymni sacri et scholastici* von Figulus, die Birck 1594 veranlasste,[19] auch eine Hommage an diesen Schwiegervater; Birck muss Figulus' Wirken als Vermächtnis verstanden haben.

Figulus nahm durchaus wahr, was um ihn herum in der Musikwelt geschah; Werke Palestrinas oder Orlando di Lassos muss er gekannt haben. Sie finden sich in den Sammelhandschriften, teils aber auch in Musikdrucken, die Birck ebenfalls von Meißen nach Grimma mitgenommen haben muss.[20] In eine prominente Position geriet jüngere Musik für Figulus jedoch anscheinend nicht. Das wäre auch nicht im obrigkeitlichen Sinne gewesen. Denn zu den Maßnahmen, mit denen in Sachsen nach 1574 der Schwenk vom Philippismus zur lutherischen Orthodoxie zementiert werden sollte, gehörte 1580 auch die neue Schulordnung. In ihr wird von Musikern gefordert, »daß in der Kirche nicht ihre, da [= wenn] sie Componisten seyn, oder anderer neuen angehenden, sondern derer alten und dieser Kunst wolerfahrnen und fürtreffentlichen Componisten, als Josquini, Clementis non Papae, Orlandi und dergleichen Gesänge gesungen werden«.[21] Der Bogen spannt sich also von der Vorstufe des »Wittenberger Repertoires« zu dessen behutsamen Erneuerungen mit Werken von Jacobus Clemens non Papa und Orlando di Lasso; weitere stilistische Fortentwicklungen sind nicht erwünscht. Also bestand in Sachsen tatsächlich ein Interesse daran, den reformationszeitlichen Musikzugang zu konservieren.

An den anderen Fürstenschulen muss das Bild daher ähnlich gewesen sein. Das, was als ältestes originär Grimmaer Material vorliegt, ist nicht konturiert genug, um etwa das Wirken Reinmanns als Kantor klarer zu beschreiben. Doch er gehörte derselben Generation an wie Figulus; und dass Birck nach Grimma berufen wurde (so dezidiert in der Figulus-Nachfolge stehend), verweist darauf, dass dort die von ihm personifizierte Traditionspflege erwünscht war. Jahrzehntelang haben diese sächsischen Kantoren demnach keinen grundsätzlichen Bedarf gesehen, Neues an die Stelle des traditionellen »Wittenberger« Stils treten zu lassen.

Dies alles gilt genauso für andere Schulen. Georg Dietrich schied aus dem Dienst an der Meißner Stadtschule 1585 nach 33 Dienstjahren aus, Joseph Schlegel starb in Freiberg 1593 nach 37 Kantorenjahren, Valentin Otto 1594 in Leipzig nach 30 Jahren als Thomaskantor. Besonders plastisch werden die Entwicklungen jedoch an der

Dresdner Kreuzschule. Einen veritablen Kantor gab es dort seit 1540/42 (also gleichzeitig mit der Gründung der Landesschulen). Nach 1550 beherrschte der Philippismus das Geschehen ganz unmittelbar: Die Kantoren Johann Selner (ab 1553) und Andreas Lando (1560/61) wurden auf Empfehlung Melanchthons berufen. Andreas Petermann war dann der typische Langzeit-Kantor (1561–1585), und wie konservativ er dachte, spiegelt sich darin, dass er sich 1577 (nach dem Schwenk weg vom Philippismus) gegen die Verpflichtung wehrte, nunmehr monatlich Figuralmusik aufzuführen, nicht mehr nur zu großen Festen. Sein Nachfolger Caspar Füger hielt sich 1585/86 nur wenige Monate im Amt; er hatte sich 1580 als Orthodoxer geoutet (mit dem Musikdruck *Von dem Gros-wichtigem hochnötigem Werck der auffgerichteten Concordien*), sodass es nach Anbruch der »calvinistischen« Periode einen neuerlichen Wechsel im Amt geben musste. Und sein Nachfolger Basilius Köler bekam die ausdrückliche Anweisung, auch noch Musik von Isaac und Josquin (1517 bzw. 1521 gestorben) aufzuführen.[22]

Auch die Musiküberlieferung spiegelt diese Traditionsgebundenheit.[23] Ein großer »mitteldeutscher« Sammelband, dessen Herkunft leider nicht genauer bestimmbar ist, ist noch um 1571 herum genauso als »liturgisches Buch« angelegt worden wie 30 Jahre zuvor das Eisenacher Kantorenbuch, und es ist von dem gleichen Repertoire-Ansatz geprägt, der schon um 1540 altertümlich gewesen war: mit Werken von Josquin, Adam Rener, Thomas Stoltzer und Johannes Galliculus. Und zehn Jahre später, um 1583/84, entstand auf der gleichen Basis ein »liturgisches Buch« für Glashütte (Sachsen). Nur wenige Kompositionen sind neuer, beispielsweise von Orlando di Lasso. Schließlich: Wenn zu Valentin Ottos Zeiten die Thomaner in beiden Leipziger Hauptkirchen »üblicherweise nur Choräle« sangen,[24] verweist dies auf den lutherischen Gottesdienstes in dessen Ursprungsform; nur ausnahmsweise wäre also sogar das »Wittenberger« Repertoire gebraucht worden.

Doch dann änderte sich das kulturelle Klima in Sachsen plötzlich: zwischen 1582 und 1594, genau zu der Zeit also, in der den Glaubensunsicherheiten der vorangegangenen Jahrzehnte schließlich ein gewaltsames Ende bereitet wurde. Der Erste, der in dieses Geschehen neu eintrat, war Sethus Calvisius, der 1582 den Posten Dürfelds in Schulpforta übernahm. Wenig später wurde er Nachfolger dessen, der als Letzter dieser Gruppe starb: Valentin Otto, bis 1594 Leipziger Thomaskantor. Calvisius war 1556 in Gorsleben am Kyffhäuser geboren; damals hatten die meisten aus dieser Vorgängergeneration bereits ihre Lebensstellungen inne. Zur Schule gegangen war er außerhalb des Landes, in Magdeburg, und wandte sich zum Studium zunächst nach Helmstedt; dass er 1580 ein Stipendium für das Studium an der Universität Leipzig erhielt, wurde nicht nur für ihn bestimmend, weil er fortan in den Kirchenmusikstrukturen des Landes aufstieg, sondern auch für die Kirchenmusik insgesamt. Denn der Bruch mit der sächsischen Tradition lässt sich auf gleich mehreren Ebenen mit seinem Wirken verbinden: Die Musikkultur, für die er jeweils vor Ort persönlich verantwortlich war, öffnete er für äußere Einflüsse und wirkte damit beispielgebend.

Schon in Schulpforta legte er ein eigenes kirchenmusikalisches Repertoire an. Also eine Neukonzeption: Sie wäre nicht notwendig gewesen, wenn er genau diese

Musik dort schon bei seinem Dienstantritt vorgefunden hätte. Seine Berufung nach Leipzig fand im Jahr nach den Calvinistenunruhen statt; das »orthodoxe« Luthertum wurde fortan desto vehementer vertreten. So muss das, was Calvisius in Schulpforta erreicht hatte, mit den neuen Glaubensklärungen verschmolzen sein. Auch in Leipzig hat Calvisius unzweifelhaft ein anderes Musikrepertoire gepflegt als dasjenige seines Vorgängers. Denn Valentin Otto hatte bei Dienstantritt die damals genutzten Noten übernommen (womit der Traditionsgedanke nochmals unterstrichen wird) und lediglich um Werke derer ausgebaut, die ohnehin als Erste neu in den Horizont traten: Orlando di Lasso und Jacobus Gallus.[25] Und wiederum ist die Dresdner Kreuzschule ein idealer Maßstab für die Folgen: Die Kantoren Christoph Lisberger (1606–1612), Samuel Rüling (1612–1615) und Christoph Neander (1615–1625) standen allesamt unter Calvisius' direktem Einfluss, der Erste schon in dessen Schulpfortaer Zeit.[26] Kurz: Calvisius war »Chorvater«[27] für das ganze Land.

Für einen anderen, gleichfalls neuen Baustein muss man etwas weiter ausholen. 1602 brachte Cornelius Becker als radikaler »orthodoxer Lutheraner« seinen *Psalter Davids gesangweis* heraus, eine Psalmennachdichtung, die er als klaren Gegenentwurf zu Ambrosius Lobwassers Adaptation des Genfer Psalters erarbeitet hatte. Lobwasser hatte lediglich die Texte neu gefasst (auf Deutsch) und die originalen reformierten Melodien beibehalten; Becker dagegen dichtete seine Psalmvarianten so, dass sie sich gerade nicht auf diese Melodien singen ließen, sondern auf solche von Liedern der lutherischen Tradition – sodass, wie Schütz es später ausdrückte, Beckers »Geistreiche Gesänge und Wort, gleichsam mit geborgeter Kleidung in Christlichen Versamlungen erscheinen, und sich hören lassen müssen«.[28] 1611 trat nun auch Calvisius in dieses Geschehen ein: Er erweiterte die von Becker gebotenen Melodien zu vierstimmigen Sätzen. Und für ihn lässt sich dieses »Orthodoxe« sogar als Entwicklung beschreiben: Denn als er 1597 ein Gesangbuch mit vierstimmigen Liedgesängen herausbrachte, sah er noch kein Problem darin, den 1. Psalm in der Bearbeitung Lobwassers mit abzudrucken.[29]

Und in noch weiterer Hinsicht griff Calvisius gestaltend in das Musikleben ein – so, dass das »low profile« der vorausgegangenen Zeit, quasi ein Standby-Modus, weitere Konturen erhält. Es kam zu fundamentalen Umbauten an den Orgeln der Leipziger Hauptkirchen. Sie wurden ausgeführt von Johann Lange, der in der reformationszeitlichen Orgellandschaft an der Nordsee (in Wesselburen, Dithmarschen) geboren und in der Hamburger Orgelbauwerkstatt Scherer ausgebildet worden war. 1578 hatte er in Kamenz Bürgerrecht erhalten[30] – vier Jahre nach dem innerkonfessionellen Schwenk weg vom Philippismus. Gleichzeitig zog sich der bis dahin beherrschende Orgelbauer zurück, Hermann Raphaelis Rodensteen (er starb 1583 in Weimar). Johann Lange »überdauerte« in Sachsen auch die calvinistische Epoche Kurfürst Christians. Seine Aktivitäten nahmen ab 1590 einen neuen Aufschwung, mit Orgelarbeiten 1592 in Torgau, ab 1594 in Rochlitz und vor allem ab 1597 in Leipzig.[31]

Für Sachsen war dies etwas Neues, auch gegenüber dem Wirken Raphaelis', der 1559 dorthin gekommen war. Dieser hatte vorher in Dänemark große, zweimanualige Orgeln gebaut. Doch in seiner Bautätigkeit von Zwickau aus sind nur einmanualige Instrumente nachweisbar; und zur Dresdner Schlossorgel lieferte er eine Übersicht,

Lutherischer Psalmengesang · Nachdem Ambrosius Lobwasser 1573 zu den Melodien des calvinistischen Genfer Psalters 150 deutsche Psalmnachdichtungen verfasst hatte, erarbeitete Cornelius Becker eine lutherische Alternative und bezog sich dabei auf das Traditions-Liedgut des Luthertums. Seine Gedichtversion des 96. Psalms hat er so eingerichtet, dass sie auf die Melodie »Vom Himmel hoch, da komm ich her« gesungen werden kann. Der Leipziger Thomaskantor Sethus Calvisius erweiterte dieses Konzept zu vierstimmigen Sätzen, die in der traditionellen Chorbuch-Notation gedruckt wurden.

Cornelius Becker und Sethus Calvisius, *Der Psalter Davids gesangweis*, 1611.

auf welche Weise sich die Register kombinieren ließen.[32] Hatten sich in Sachsen also die alten Blockwerkstechniken länger gehalten als in anderen Regionen? Zu dem kleineren Orgeltypus passt ferner das umfangreiche Tabulaturbuch des Leipziger Thomasorganisten Elias Nicolaus Ammerbach in seinen beiden Teilen (1571/75). Die Leipziger Orgelsituation änderte sich nun ausgehend von der Nikolaikirche, betreut von Calvisius und ausgeführt von Lange; und als Andreas Düben der Ältere 1595 den Organistenposten an der Thomaskirche übernahm, setzte auch hier der Prozess an, der wie ein Aufholversuch gegenüber der norddeutschen Orgelsituation wirkt. Doch der Anschluss an sie ließ sich noch nicht erreichen; wie im 4. Kapitel erwähnt, war die Orgel, die 1593 in Wöhrden entstand (also wenige Kilometer von Langes Geburtsort entfernt), deutlich größer als das Instrument Langes in der Leipziger Thomaskirche.[33] Ähnlich stellt sich das Verhältnis zur 1596 eingeweihten Schlossorgel in Gröningen bei Halberstadt dar: erbaut von David Beck, der seine Werkstatt nach damaligem Reichskreis-Verständnis in »Niedersachsen« unterhielt (Halberstadt, Halle), eingeweiht von einem 53-köpfigen Gremium der bedeutendsten lutherischen Organisten der Zeit – von Augsburg bis Danzig und Hamburg.[34] Das sächsische Update war demnach überfällig, die neu geschaffene Situation dann für die kommenden Jahre tragfähig.

So lässt sich zum *Florilegium Portense* zurückkehren, dessen weitere Geschichte sich mit Erhard Bodenschatz verbindet, einem Schüler Calvisius'. Dieser jedoch steuerte noch eine Vorrede zu dieser Sammlung bei, in der er deren Geschichte beschreibt: von einem Nukleus bei ihm bis zur Publikation durch seinen Schüler. Das unterstreicht also Calvisius' Impulswirkung. Ferner schreibt er, in Schulpforta wegen der Ungunst der Zeiten an einer Drucklegung gehindert worden zu sein.[35] Kaum verklausuliert, verweist er damit auf die Regierungszeit Kurfürst Christians mit dessen calvinistischen Neigungen. Bodenschatz ergehe es nun besser, und dieser habe den Bestand noch ausgeweitet. Was also war das erste Resultat: 1603, in Bodenschatz' erstem *Florilegium selectissimarum cantionum*?

Die Sammlung[36] umfasst 89 Werke, davon sieben ohne Angabe eines Autorennamens. Mit 19 Stücken führt Jacobus Gallus die Komponistenliste an: ein Prager Musiker der Gegenreformation. An zweiter Stelle steht Orlando di Lasso, der Musikstar des bayerischen (katholischen) Kurfürstenhofes – mit neun Werken. Den dritten Platz nimmt Calvisius ein (sieben Werke), den vierten teilen sich mit je sechs Stücken zwei Organisten, Christian Erbach in Augsburg und Hieronymus Praetorius in Hamburg.

Nur neun Stücke des Repertoires stammen aus Sachsen, neben den sieben von Calvisius noch zwei von Bodenschatz. Andere Traditionen des Landes spielen also – an einer seiner Fürstenschulen – keine Rolle. Zwei Stücke wurden von Mitteldeutschen in Regionen komponiert, die nicht zu Kursachsen gehörten. Einer von ihnen war ein Thüringer Ernestiner: Melchior Bischoff, einst Kantor in Altenburg (Thüringen), der gezielt anti-philippistische Überzeugungen vertrat[37] und nun Hofprediger in Coburg war. Der andere war Valentin Hausmann, Organist in Gerbstedt in der Grafschaft Mansfeld. Und neben den je sechs Werken von Erbach und Praetorius stehen noch einmal sechs von weiteren Musikern der lutherischen Reichsgebiete (darunter Friedrich Weißensee in Magdeburg und Philipp Dulichius in Stettin) und schließlich noch zwei von Hans Leo Hassler, der damals in den Reichsstädten Augsburg und Nürnberg wirkte.

53 Kompositionen dagegen stammen aus der katholischen Musikpraxis; sie beherrscht also deutlich mehr als die Hälfte des Bandes. 17 dieser Werke wurden von Italienern komponiert, deren erste berufliche Schritte frühestens in den 1560er-Jahren gelegen hatten: darunter Luca Marenzio, der Monteverdi-Lehrer Marc'Antonio Ingegneri und vor allem die beiden Gabrielis in Venedig, Andrea und sein Neffe Giovanni. Die verbleibenden 36 »katholischen« Stücke (die von Musikern in Deutschland stammen) repräsentieren Gebiete, von denen zugleich die Gegenreformation ausging. Ein sonderbares Gemisch also: Was bezweckten Calvisius und Bodenschatz mit diesem so wenig »lutherisch« wirkenden Repertoire, das obendrein

die Traditionen Sachsens so auffällig ausspart? In jedem Fall begaben sie sich stilistisch unter die Fittiche einer Musikkultur, die vom Trienter Konzil und dessen Zielsetzungen geprägt war. Von diesen jedoch waren andere lutherische Gebiete schon früher erfasst worden, und dies bietet einen Schlüssel zum Weiterdenken.

Was ist »nach-tridentinische Musik« in Italien?

Eigentlich ist beim Trienter Konzil selbst nichts Grundlegendes zur Musikentwicklung gesagt worden. Anderes war auf ihm viel wichtiger. Priesterausbildung, Positionen zum Fegefeuer und zum Ablass, Fragen des Abendmahls und vieles mehr standen oben auf der Agenda. Kurz: Das Konzil widmete sich einer »katholischen Reformation«. Erst nach seinem Abschluss kamen musikalisch entscheidende Fragen auf die Tagesordnung. Was sich genau ereignete, ist unbekannt; wenn es hierzu in den Vatikanischen Archiven Akten gibt, befinden sich diese bis heute unter Verschluss. Die ersten Berichte finden sich in musiktheoretischer Literatur des frühen 17. Jahrhunderts;[38] auf sie konnte sich sogar die päpstliche Kurie beziehen, wenn sie in der Folgezeit auf dieses Thema zu sprechen kommen wollte.

Vorausgegangen war, dass anscheinend eine Gruppe von leitenden Personen im Vatikan die mehrstimmige Musik loswerden wollte. Nur der gregorianische Choral, der aufgrund der Gregor-Legende ohnehin als heilig, von Gott kommend und unantastbar angesehen wurde, sollte erhalten bleiben; nur in seiner Einstimmigkeit könne der Text gottgefällig transportiert werden – und vor allem eines: verständlich. Das aber war ein Reizwort der Zeit, und Textverständlichkeit ist fortan immer wieder als Bedingung geistlicher Musik formuliert worden. So fragt sich zunächst, ob denn das Publikum, das der Musik Josquins gelauscht hatte, wirklich den Text nicht hatte verstehen können; wieso hatten seine päpstlichen Arbeitgeber nicht dagegen protestiert, und wieso galt Josquin auch für Luther als idealer Komponist – den er noch dazu von anderen abgrenzte?[39] Zweifellos war der Text in dieser Musik »verständlich«: Wer einer Messfeier aufmerksam folgt, versteht die Texte »Kyrie eleison« oder »Gratias agimus tibi« (im Gloria: »Wir sagen dir Dank«) allein schon deshalb, weil sie immer an den betreffenden liturgischen Stellen vorkommen; und jeder Zuhörer hat es sich selbst anzulasten, wenn er beim Zuhören kurzzeitig abgeschweift ist und sich daraufhin im Gang der Liturgie neu verorten muss. Selbst eine kunstvolle Polyphonie (wie in der Musik Josquins) kann also kein Problem gewesen sein – zumindest im Messordinarium.

Seit den 1520er-Jahren hatte sich die Situation aber gewandelt, weil in Italien eine neue Gattung schlagartig populär geworden war, für die die Textverständlichkeit unabdingbar war: das Madrigal – als Vertonung volkssprachiger Lyrik. Mit ihm hängen mehrere Aspekte der lutherischen Musikkultur zusammen; so muss das Madrigal etwas ausführlicher dargestellt werden.

Ein Madrigal setzt sich aus Versen zusammen, die in freier Abfolge entweder sieben oder elf Silben umfassen; innerhalb der Elfsilbler ist es zudem möglich, einen siebensilbigen Teilabschnitt zu bilden. In eine germanische Sprache ließ sich dies nie adäquat übertragen, weil in ihren Versformen die Betonungsabfolge entscheidend ist und nicht (wie im Italienischen) die Silbenanzahl. Goethe – aufgrund seiner Erfahrungen mit Italien und dessen klassischer Literatur – hat immerhin einige handhabbare Beispiele dafür formuliert, an denen sich manche Techniken verdeutlichen lassen. In *Faust* lässt er den beflissenen Wagner äußern: »Zwar weiß ich viel; doch möcht ich alles wissen«. Elf Silben, und nach dem Semikolon folgt ein typischer siebensilbiger Rest. Im originalen Italienisch hätte lediglich das Versmetrum nicht so regelmäßig sein müssen wie bei Goethe.

Mit den Madrigalversen entstand nie das Regelmaß eines leichten Liedes, auf dessen Musik man hätte tanzen können. Das Schwebende, Prosa-Nahe, das trotzdem komplexer ist als die normal gesprochene Sprache: Das stand im Fokus der Madrigalkunst, und sie wurde in Italien zur neuen »hohen« Literatur erklärt. Nicht zuletzt unter Berufung auf Petrarca als nationale Identifikationsfigur schon des 14. Jahrhunderts erschien es fortan nicht mehr zwingend, Kunstdichtung auf Latein zu verfassen. Musiker haben minimal zeitversetzt das Madrigal für ihre Kompositionspraxis entdeckt; mithilfe des jungen Musikaliendrucks wurde die Gattung verbreitet und sprunghaft fortentwickelt.

Viele Madrigalvertonungen sind mehrstimmig, aber nie »Chormusik«. Denn wer die einzelnen Stimmen mehrfach besetzt, gibt die erforderliche akustische Trennschärfe preis: Sie ist für das Verständnis des Textes grundlegend. Der Text eines Madrigals ist kaum je so bekannt wie derjenige eines liturgischen Gesangs; und die Textverständlichkeit muss auch dann gewahrt bleiben, wenn ein Stück kontrapunktisch komplexer gestaltet ist. Auch dann noch müssen die musikalischen Linien den Sprachfluss der Dichtungen tragen können. Kunstvolle Lyrik und kunstvolle Musik verschmolzen also zu einer Gattung, in der beide Komponenten gleich wichtig sind.

Für Palestrina, vermutlich 1525/26 geboren,[40] muss das Madrigal über seine gesamte künstlerische Laufbahn hinweg zum geistigen Horizont gehört haben. Wenn er zum »Retter« der Kirchenmusik stilisiert wurde, war er trotzdem nicht frommer als andere Musiker seiner Zeit; wenn er geistlichen Text »verständlich« in Musik übersetzen konnte, tat er nichts anderes als das, was von ihm in jeder Madrigalkomposition gefragt war. Und er traf sich in diesem Denken mit anderen: vor allem mit dem Mailänder Kardinal Carlo Borromeo,[41] der in jener Zeit eine Schlüsselfigur der päpstlichen Verwaltung war. Er bezog noch zwei weitere Musiker in das Geschehen ein: die 1563 frisch ernannten Domkapellmeister in Mailand (Vincenzo Ruffo) und Vicenza (Nicola Vicentino). Allem Anschein nach berief Borromeo nun ein Schiedsgremium in den Vatikan ein, um dort ein Probesingen für Kirchenmusik zu veranstalten: Konnte man als Hörer den Text der Messe auch in einer mehrstimmigen Vertonung verstehen? Am positiven Ausgang kann schon vorab kein ernsthafter Zweifel bestanden haben; Borromeo und seine Mitstreiter müssen dieser Musik genauso zugehört haben wie einer Madrigalvertonung, und sie alle wussten, worauf es dabei ankam. Auf diese Weise ist damals die katholische Kirche nicht den Eingebungen eines extrem frommen Musikers, Palestrina, gefolgt, sondern Teile in ihr, die sich für entscheidungsbefugt hielten, haben sich von musikalischen Modeströmungen abhängig gemacht: Verständlich war Text dann, wenn er kompositorisch so behandelt wurde wie im Madrigal, also sprachlich ebenso prägnant und möglicherweise obendrein mit einer ebenso eindringlichen musikalischen Bildlichkeit. Zudem war mit Vicentino ein Musiker unter den »Prüfungskandidaten«, der sich auf die venezianische Doppelchörigkeit berufen konnte; ihre Schlüsselpersönlichkeit, Adrian Willaert, war sein Lehrer gewesen, gleichfalls ein Musiker, der schon vom frühen Madrigal geprägt worden war. Auch für die venezianische Doppelchörigkeit war Textverständlichkeit Normalität: als Resultat daraus, dass die Ensembleteile mit Teilsätzen oder sogar nur kurzen Einwürfen abwechseln. In diesen ist ohnehin keine kontrapunktische Ausbreitung möglich, die zu Textverständnisproblemen hätte führen können.

Textverständlichkeit wurde gleichzeitig zum Reizwort auch der anderen Konfessionen. Calvin hatte sich zunächst auf die Einstimmigkeit der Vertonungen zum Genfer Psalter festgelegt; und dass »das Wort« verstanden werden solle, war auch für Lutheraner von zentraler Bedeutung. Doch weil Luther und sein Kreis noch nichts vom Madrigal wussten, muss man davon ausgehen, dass sie diese Textverständlichkeit gerade in der Musik Josquins, des Rhau-Repertoires oder der komplexen Walter-Liedbearbeitungen gewährleistet sahen. Welche Folgen dies hatte, ist am Kapitelende eingehender zu betrachten.

Vorab ist die eine Stelle zu beleuchten, an der die Musik auf dem Trienter Konzil tatsächlich berührt wurde: nur indirekt, in der Sache aber massiv. Es geht um die Residenzpflicht der Priester. Müssen diese dort wohnen, von wo sie ihr Geld beziehen, wo also die Pfründen ihrer Versorgung liegen? Oder ist es zulässig, den dortigen Altardienst durch einen – vielleicht auch nur minder qualifizierten – Vertreter versehen zu lassen, während der Pfründeninhaber selbst im Heimatkonvent lebt? Dies wurde fortan ausgeschlossen.

Welche Folgen diese kirchenrechtliche Neuordnung für das gottesdienstliche Musizieren hatte, für das in der katholischen Kirche typischerweise geweihte Priester zuständig waren, lässt sich aus einem sehr viel späteren Bericht erfahren. Im Jahr 1790 veröffentlichte Franz Friedrich Sigismund August Böcklin von Böcklinsau, ein aus Straßburger Adel stammender Musikamateur, eine Serie musikalischer Reisebriefe.[42] Einer von ihnen, in dem die Klöster des Oberrheingebiets vorgestellt werden, widmet sich auch dem Kloster St. Blasien im Schwarzwald, das durch seinen Fürstabt Martin Gerbert (1720–1793) zu einem Knotenpunkt der internationalen Musikforschung geworden war; Gerberts Pioniertätigkeit ergab sich innerhalb einer erneuten Bestrebung, den gregorianischen Choral zu reformieren, ähnlich wie 200 Jahre zuvor im Zuge der »katholischen Reformation«. Doch die Musikausübung im Kloster blieb weit hinter dem zurück, was sich erwarten ließ. Böcklin zitiert einen (fiktiven?) Anonymus, der ihm berichtete, das Kloster habe »immerhin etlich und vierzig (meistens junge) Männer auf ihre kleinere Klöster, Prioraten, Probsteyen und Pfarren auszusetzen, die nur alsdann wieder nach Hause kehren, wenn Musikgeist, Kräfte, und Uebung verflogen sind: hiemit findet man im Kloster selbst fast keine, – als meistens alte ausgediente und zur Musik nicht mehr aufgelegte Männer [...]. Aus diesem ergiebt sich die Hauptursache der schlechten Musik zu St. Blasi.« Ein reiches Musikleben wurde also unmöglich, wenn einem Kloster zu viele Pfarreien zugeordnet waren und diese auch tatsächlich seelsorgerisch betreut werden mussten; die nachtridentinische Residenzpflicht des einzelnen Priesters setzte der klösterlichen Musikentfaltung Grenzen.

Rund 200 Jahre zuvor findet sich ein ähnlicher Bericht: 1602 in der Vorrede der *Cento concerti ecclesiastici* op. 12 von Lodovico Grossi da Viadana. Diese Werke gelten traditionell als Meilenstein in der Entwicklung der Generalbasstechnik, denn Viadana schrieb sie eigens so, dass die ein bis vier Melodiestimmen nur von einer Orgel begleitet werden sollen. In seiner Vorrede begründet er dieses Vorgehen; als 1609 die Musik in Frankfurt am Main für den deutschen Markt nachgedruckt wurde, wurde die Vorrede übersetzt und textlich erweitert. Hier heißt es zu Beginn:[43]

> Es sind viele Ursachen (vielgeliebter Leser)[,] so diesen excellentissimum [= ausgezeichneten] Musicum bewogen, gegenwertige Concerten an Tag zu geben [= zu veröffentlichen] und zu trucken: unter welchen diese die fürnembeste eine; [...]

Nun wird also die Kernmotivation der Publikation herausgearbeitet. Denn Viadana habe etwas Besonderes »bemerkt« (so ist das folgende »vermerckt« zu verstehen):

> Dieweil es vermerckt daß gemeiniglich, wann Cantores [= Sänger] mit lebendigen Stimmen, entweder mit drey, zwo, oder auch wol mit einer Stimm allein in ein Orgel singen [= mit einer Orgel musizieren]; die Organisten nit wenig Beschwerung deßwegen empfinden. Dann dieweil eine Motet so in die Orgel gesungen wirdt, offtmals mit acht, sieben und sechs, oder aber uffs wenigste mit fünff Stimmen componiret; der Sängeren aber selten uber einen oder zwey, ja uffs höchst uber drey nicht beyhanden; [...]

Das entspricht völlig dem musikalischen Befund: der Stimmenzahl der Stücke, die für die kirchenmusikalische Praxis jener Zeit im Druck erschienen. Warum selten mehr als ein Sänger vorhanden sei (sicher aber nicht mehr als drei), sagt Viadana nicht. Der Grund ist derselbe, wie ihn Böcklin in St. Blasien konstatierte. Was also geschieht konkret, wenn diese Stimmen fehlen? Dieser Ausblick fehlt bei Viadana; für die deutsche Ausgabe ist er frei hinzugesetzt worden.

> Ist es klar und offenbar, daß aus Mangel der anderen Stimmen, der Symphoni und Melodi an ihrer Composition und Majestet derselben viel entzogen und benommen wirdt.

Mit »Symphoni« ist, der griechischen Grundbedeutung folgend, Zusammenklang gemeint. Dessen Mängel in den zeitgenössischen Aufführungsbedingungen müssen italienischen Käufern der Sammlung so selbstverständlich gewesen sein, dass Viadana sich hierzu nicht zu äußern brauchte; die nachtridentinische, strikte Handhabung der Residenzpflicht muss ein Stück weit normal gewesen sein. In Deutschland, zumal von der lutherischen Reichsstadt Frankfurt aus betrachtet, war eine Erklärung aber notwendig. Auch sie ist noch nicht erschöpfend; denn entscheidend ist, dass dann, wenn das Musikpersonal eines Konvents ausgedünnt wird, nicht automatisch die Hauptstimmen der Musik »zu Hause bleiben« dürfen und nur Nebenstimmensänger als Pfarrer in den Gemeindedienst abgesandt werden. Diesen Gedanken hat man also zu berücksichtigen, wenn Viadanas deutscher Herausgeber fortfährt:

> Und fürnemblich, wann die Stimmen, so auß defect [= Fehlen] der Sängern aussengelassen werden müssen, mit Fügen, Cadentzen, Contrapunctis, und anderen dergleichen modulis [Kunststücken] mehr, welchen der andern Stimmen lange Pausen zu respondiren [= zur Folge zu haben] pflegen; ja welche nothwendig müssen außgeführet, componiret und überflüssig mit viel Fugen erfüllt werden, [...]

Das ist selbstverständlich: Ein Musikstück braucht nicht einmal die musikalischen Kunststücke (Fugen) zu enthalten, um dann, wenn einzelne Stimmen fehlen, unattraktiv zu werden. Und dann, wenn in den Kadenzen die melodieführenden Stimmen eben leider gar nicht mehr besetzt sind, fehlt der Musik ihre eigentliche Aussage:

> Derowegen wann nun die natürliche und eigentliche Vereinigung und Correspondentz der Stimmen uberschritten wirdt, ist leicht zu erachten, wieviel einer Motet an ihrer Zier, Kunst und Lieblichkeit entzogen wirdt (wie solches die jenigen bezeugen werden, welche nicht unbillich [= mit Recht] dafür halten, daß der Music durch gar zuviel Pausen, unzierliche Cadentz und ungereumbte Concordantzen [= sonderbare Klänge] viel entzogen werde).

Und schließlich kommt auch noch die Botschaft, die für die nachreformatorische Zeit ohnehin den Nerv trifft: die Auswirkungen, die es für die Textaussage hat, wenn einzelne Stimmen nicht gesungen werden:

> Darzu kompt auch, daß die Wort interrumpirt [= auseinandergerissen], oder gantz untergetruckt [= weggelassen], und bißweilen durch unförmliche Intervalla corrumpirt [= entstellt] werden, welches hernach [...] den Zuhörern nit weniger verdrusses bringet, als es den Cantoribus selbsten Mühe und Arbeit gebieret.

Viadana komponierte also Werke, in denen die von ihm beobachteten Mängel nicht eintreten können: Die Botschaft (künstlerisch wie liturgisch) ist in seinen Werken auch dann komplett, wenn nur die geschrumpfte Sängerzahl anwesend ist.

Selbstredend verstanden Lutheraner die Ursachen nicht; eine posttridentinische Reduktion der Ensembles, die aus der radikal durchgeführten Residenzpflicht resultierte, konnten sie nirgends erleben; ohnehin war ihr mehrstimmiger Gesang keine priesterliche Angelegenheit, sodass auch die Hintergründe nicht verständlich werden konnten. Für Lutheraner war die Rolle des Generalbasses viel interessanter, vor allem nachdem der Frankfurter Verleger Viadana für sie eine veritable Erfinderrolle zugeschrieben hatte.[44] Wenn sie sich nun auch von Viadanas Sammlung inspirieren ließen, handelte es sich in jedem Fall ebenfalls um »nachtridentinische Musik«.

»Musica Transalpina« im mitteldeutschen Luthertum

Der Attraktivität, die all diesen nachtridentinischen Musikprinzipien anhaftete, hatte das etablierte lutherische Repertoire (auch das der Rhau-Drucke) letztlich nichts entgegenzustellen. Das Neue setzte sich schon im späten 16. Jahrhundert zusammen aus Musik, die trotz ihrer Mehrstimmigkeit den Text so »verständlich« transportierte wie ein Madrigal, und aus einer Mehrchörigkeit, in der die Textverständlichkeit sogar in eine imposante Klangräumlichkeit überführt werden konnte, schließlich – zeitversetzt, nach 1600 – auch aus den Anregungen Viadanas für eine geringstimmige, generalbassbegleitete Kirchenmusik. Kein Musiker musste bis in die letzte Konsequenz verstehen, was genau in Italien diese musikalischen Entwicklungen ausgelöst hatte; all dies Nachtridentinische konnte auch von einem abstrakt ästhetischen Standpunkt aus interessieren.

Die Haupt-Einfallsschneise für diese Musik nach Mitteleuropa war die Brennerroute, die von Süden auf die Reichsstädte Augsburg und Nürnberg abzielte, zwei Zentren des Notendrucks. In Augsburg wirkten seit 1584 bzw. 1585 Gregor Aichinger und Hans Leo Hassler, zwei Schüler der Gabrielis in Venedig, beide unterstützt von den Fuggern (der erste auf katholischer, der andere auf lutherischer Seite); ebenso prägte Orlando di Lasso in München diese Musikkultur. Werke dieser Musiker (mit Ausnahme Aichingers) bilden daraufhin einen Schwerpunkt des *Florilegium Portense*.

Aus dieser Richtung sah sich das alte reformationszeitliche Musikrepertoire fortan unter Dauerbeschuss gesetzt. Nicht nur originär geistliche Werke machten dieses Neue aus; vor allem zwei Personen waren virtuos darin, sogar aktuelle Madrigale und deren schlichtere Varianten mit deutschen Texten zu versehen:[45] der Pfarrer Ludwig Helmbold in Mühlhausen, dem als Dichter das Luthertum Lieder wie »Nun lasst uns Gott, dem Herren« und »Von Gott will ich nicht lassen« verdankt, und der Magdeburger Kantor Leonhart Schröter. In den *Cantiones suavissimae quatuor vocum*, die in zwei Teilen 1576 und 1580 in Erfurt erschienen,[46] konditionierten sie auf diese Weise italienische Originalwerke von Willaert, Lasso und anderen zumindest für einen lutherischen Lateinschulunterricht. »In dir ist Freude in allem Leide«, die 1598 erschienene deutsche Version des Tanzliedes von Giovanni Giacomo Gastoldi, ist das berühmteste dieser Produkte.

Die Lutheraner standen mit diesem Transfer nicht allein. Musik dieser Art flutete damals ohnehin in das nördlichere Europa hinein: Etwa gleichzeitig wurden in England[47] italienische Madrigale, in die Landessprache übertragen, unter dem vielsagenden Titel *Musica Transalpina* (erster Teil 1588) verbreitet. Er könnte diese Modeströmung komplett charakterisieren, ebenso wie der Titel *Italian Madrigalls Englished* (1590) das Verfahren plastisch umschreibt. Erfurt wurde zur lutherischen Drehscheibe dieses Geschehens. Und wenn Hieronymus Praetorius, der in Bodenschatz' *Florilegium* als Komponist so dominante Organist, in Hamburg venezianische Mehrchörigkeit entfaltete, mag er auch mit ihr in Erfurt in Kontakt gekommen sein, wo er 1580/81 als Organist gewirkt hatte.

Auf diese Weise zeigt sich in Mittelthüringen für jene Zeit ein völlig anderer Musikzugang als an den Fürstenschulen Sachsens. An der westlichsten von ihnen, in Schulpforta, schlug Calvisius nun nach 1582 jenen neuen Weg ein – nachdem er obendrein in Magdeburg an Schröters Wirkungsstätte zur Schule gegangen war. Vor diesem Hintergrund verwundert die stilistische Ausrichtung auch des *Florilegium* überhaupt nicht mehr – und auch nicht, dass jeglicher weitere Versuch, das »Wittenberger Repertoire« zur überzeitlichen liturgischen Grundlage zu erklären, nicht erfolgreich gewesen wäre.

Daneben interessierten sich lutherische Komponisten dafür, einzelne Stimmen eines Vokalsatzes nicht nur in Orgelklängen zusammenzufassen (nach dem Vorbild

Viadanas), sondern durch Melodieinstrumente zu ersetzen. Damit dies funktionierte, mussten einige Grundregeln befolgt werden, die auch in Viadanas Überlegungen eine Rolle spielten. Selbstverständlich musste jede Stimme, die als »potenziell gesungen« übrig bleiben sollte, den Gesamttext enthalten. Und ebenso kam es auf die Melodieführung an: Binnenstimmen durften nicht einfach als Füllstimmen konzipiert werden, als musikalische Verlegenheitslösungen; träten gerade sie als gesungene Parts hervor, wäre das Resultat musikalisch nicht mehr attraktiv gewesen.

Wie wichtig diese Instrumentenbeteiligung für das Luthertum wurde, spiegelt sich erneut in den theologischen Diskussionen: als der Lutheraner Jacob Andreae 1586 in Montbéliard seinen calvinistischen Gesprächspartner Théodore de Bèze davon zu überzeugen versuchte, dass Orgeln und andere Instrumente gottesdienstlich notwendig seien.[48] Die Orgel ist dabei eine Sache für sich, ebenso die theologische Grundhaltung; wenn es aber um Konkretes geht, muss Andreae an ein gemischt vokal-instrumentales Musizieren gedacht haben, bis hin zur Kopie der venezianischen Doppelchörigkeit.

Und daraufhin wird auch die wohl eindrucksvollste endzeitliche Musikinszenierung des Luthertums verständlich: die Grablege der sächsischen Kurfürsten im Freiberger Dom. Unten in den Boden eingelassen sind die Grabplatten der Herrscher und ihrer Angehörigen, an den Wänden sind diese lebensgroß dargestellt; über allem wölbt sich der Himmel mit Christus als Weltenrichter und zahlreichen Engelsfiguren. Und weil, wie im 2. Kapitel dargestellt, dieser Himmel auf ewige Zeiten voller Musik sein müsse, ist genau diese in beispiellos realistischer Form mit in die Konzeption einbezogen. Auf den Kapitellen der Wandpfeiler stehen Putten; in ihren Händen halten sie, wo nur irgend möglich, originale Instrumente der Zeit um 1590. Wie für einen Verbrauchertest sind sie aus der laufenden Produktion gegriffen worden: Die Saiteninstrumente stammen den Geigenbauer-Zetteln zufolge aus Randeck, dem damaligen Zentrum des sächsischen Instrumentenbaus. Nur neun der 30 Instrumente sind Attrappen: die Posaunen und Krummen Zinken sowie die Schlaginstrumente.[49] Ihre endgültige Gestaltung erhielt die Grablege unmittelbar nach der Regierungszeit Christians I.; die Engelfiguren wurden erst Ende 1591 in die Planungen einbezogen und 1593 geschaffen.[50] Zu Christians Zeit, mit dessen klarem Bekenntnis zum Calvinismus, wäre diese Musikdarstellung des Himmels nicht möglich gewesen. In der Folgezeit zeichnete sich dann für Instrumente, wie sie hier vorkommen (mit Ausnahme des Schlagzeugs), ein viel klareres Verwendungsprofil ab: in den Musizier-Konzepten, die aus dem nachtridentinischen Italien nach Norden gedrungen waren.

Von ihnen muss auch Calvisius' Schulpfortaer Zugang ausgegangen sein. Calvisius führte die Repertoire-Aktualisierung daraufhin auf eigene Weise fort. Als Thomaskantor gab er 1600 ein Musiklehrbuch in Druck, die *Excercitationes Musicae Duae*. Hier zieht er eine Vielzahl von Stücken als Beispiele heran; die meisten stammen aus drei Sammelbänden, die der Nürnberger Egidien-Kantor Friedrich Lindner ab 1585 herausgebracht hatte.[51] War dies also sein favorisiertes Repertoire für sein Leipziger Wirken? Aus ihm wiederum fand kaum ein Stück in das *Florilegium* Eingang.[52]

Vielmehr veränderte Bodenschatz dessen ursprüngliche stilistische Ausrichtung nur geringfügig. In den jüngeren Ausgaben des *Florilegium Portense* (die ab 1618 auch

Instrumente als Ausdruck theologischer Stabilisierung · Der Chorraum des Freiberger Doms wurde ab 1591 zur Grablege der sächsischen Kurfürsten umgestaltet. Auf dem umlaufenden Gesims stehen Engelsfiguren mit Musikinstrumenten. Es sind zumeist zeitgenössische Originalinstrumente. Konzipiert wurde das Arrangement unmittelbar nach dem Tod Kurfürst Christians I., der dem Calvinismus nahestand; diese »Musik im Himmel« dagegen erscheint als rein lutherisch-orthodoxe Inszenierung, die erst nach Überwindung der vorausgegangenen konfessionellen Unruhen möglich war. Kirchenmusik mit Instrumenten hatte fortan in Sachsen Hochkonjunktur.

Ausführung der Engel durch Carlo di Cesare, 1593; Lauten und Geigen der Instrumentenbauerfamilie Klemm aus Randeck (Erzgebirge), um 1592.

so heißen) erscheint Hieronymus Praetorius als lutherische Identifikationsfigur noch aufgewertet: Mit neun Stücken ist er nun (gleichauf mit Lasso) der zweitwichtigste Komponist des Repertoires. Ferner sind mehr Musiker aus Thüringen vertreten (und zwar die beiden Coburger Heinrich Hartmann und Melchior Franck); und schließlich kamen auch ein paar weitere Kursachsen hinzu: der Jurist Heinrich Steutz in Naumburg (Schulpforta liegt fünf Kilometer westlich der Stadt) sowie mit Johann Groh (Domorganist in Meißen) und Christoph Demantius (Kantor in Freiberg) zwei weitere Musiker, die einst in Leipzig dem Calvisius-Umkreis angehört hatten. Sogar der scharfe Schnitt, mit dem sich dieses Repertoire von anderen sächsischen Traditionen abgrenzte, blieb der Sammlung dauerhaft erhalten: Aus dem Land selbst kamen nur Werke in Betracht, deren Komponisten etwas mit Calvisius zu tun hatten, ansonsten aber die »moderne Musik« des Raumes zwischen Hamburg und Italien.

Mit diesem Repertoire wurde das *Florilegium Portense* in seiner Grundform zu einem neuen Identifikationspunkt der lutherischen Praxis,[53] auch für Regionen, die bei den sächsischen Verwerfungen allenfalls eine Zuschauerrolle eingenommen hatten. Es hatte fortan in zahllosen lutherischen Schulbibliotheken seinen festen Platz. Noch Johann Sebastian Bach benutzte es; 1729 ließ er ein neues Exemplar anschaffen, weil die Motetten in die Leipziger liturgischen Abläufe eingebettet waren – bis 1770.[54] In der katholischen Kirche gibt es mit dem Werk Palestrinas eine ungebrochene Tradition, Musik des 16. Jahrhunderts aufzuführen; mithilfe des Luthertums wäre es beinahe möglich geworden, eine zweite solche Linie herzustellen, gleichfalls dominant mit Musik katholischer Komponisten – wäre das *Florilegium* im späteren 18. Jahrhundert nicht irgendwann aus der Musikkultur verdrängt worden. Zu diesem Repertoire eröffnete der Musikforscher Carl von Winterfeld seit seinem Werk *Johannes Gabrieli und sein Zeitalter* von 1834 einen ersten Neuzugang. Die Traditionslücke misst also nur wenige Jahrzehnte.

In den Blick nahm Winterfeld damit die venezianische Facette der nachtridentinischen Musik, die sich um 1600 tatsächlich als Hauptinteressenfeld der Lutheraner entpuppt hatte: die Mehrchörigkeit. Schon das Gesamtprojekt des *Florilegium* steht in ihrem Zeichen, und Michael Praetorius, der 1605 (kurz nach dem ersten *Florilegium*) als Hofkapellmeister in Wolfenbüttel eine umfassende Publikationstätigkeit für jedwede liturgisch-musikalische Nutzung in Gang setzte, vertrat dieses Ideal ebenso wie schon zuvor sein Namensvetter Hieronymus Praetorius in Hamburg. (Beide sind nicht miteinander verwandt; »Praetorius« ist schlichtweg die lateinische Übersetzung der Nachnamen »Schulze« oder »Schultheiß«.) Dem Dresdner Hof gelang es dann 1608, mit Hans Leo Hassler einen italien-erfahrenen Musiker als Kammerorganisten zu gewinnen: eine offensive Anpassung auch der musikalischen Hofkultur an den »frischen Wind«, der aus einer nachtridentinischen, venezianischen Richtung wehte. Doch schon vier Jahre später starb er; und in der Folge wurden die Musikplanungen des sächsischen Hofes zunehmend hektisch: für Kurfürst Johann Georg I., der 1611 seinem jung verstorbenen Bruder Christian II. nachgefolgt war.

Dass dabei die sächsischen Konfessionsauseinandersetzungen noch eine bestimmende Rolle spielten, deren Niederschlagung nunmehr bereits zwei Jahrzehnte zurücklag, ist nicht zu erkennen. Vielmehr waren die Probleme von einst einer neuen Normalität gewichen, in der Johann Georg eine klare Linie vertrat: kaisertreu, orthodox lutherisch (dies verbot eine Kooperation mit den reformierten Pfälzern) und mit unverhohlener Überlegenheit gegenüber den thüringischen Ernestinern (denen er die Kurwürde selbstverständlich nicht wieder zurückgeben wollte). Und für ihn als jungen, modernen Fürsten gehörte zum Repräsentationsbedürfnis auch die moderne Musik. Vorläufig konnte Michael Praetorius für diese einstehen: Im Sommer 1613 war sein Dienstherr gestorben, Heinrich Julius von Braunschweig-Wolfenbüttel, und an dessen Tod schloss sich in zeitüblicher Form eine ausgedehnte Hoftrauer ohne musikalische Lustbarkeiten an. Daher konnte Praetorius nach Dresden »ausgeliehen« werden, war dort aber nur eine Interimslösung, zunächst für die Dauer eines Jahres (es wurde schließlich mehr als das Doppelte daraus). Dann wurden der Kurfürst und seine Administration in Kassel auf einen Musiker der nächsten Generation aufmerksam, der gerade an der Quelle dieses für das Luthertum so ideal erscheinenden Musikstils, in Venedig, ausgebildet worden war: auf den jungen Heinrich Schütz.

6 *Kirchenmusik und Glaubenspolitik*
Heinrich Schütz im Dreißigjährigen Krieg

Kassel und Dresden

Für den Blick, den die Nachwelt auf die lutherische Musikkultur richtet, ist Heinrich Schütz eine »zentrale Persönlichkeit«, und zwar schon im buchstäblichen Sinne. Sein Geburtsjahr (1585) liegt nahezu punktgenau auf halbem Wege zwischen denen Luthers (1483) und Bachs (1685); damit machen seine Werke einerseits dem Letzteren keine unmittelbare historische Konkurrenz und öffnen andererseits einen Zugang zur Kultur des frühen Luthertums – ohne aber auch stilistisch so alt zu sein wie die Musik der direkten Luther-Zeitgenossen. Auf diese Weise bot Schütz' Œuvre der jungen lutherischen Chorpraxis nach 1900 reichen Stoff, gleichsam als zweites Standbein neben den Vokalwerken Bachs. Im Gegensatz zu diesen zeigten seine Kompositionen zwei Vorzüge: Viele von ihnen schienen (anders als etwa die Kantaten Bachs) auch ohne Instrumente oder Solisten aufführbar zu sein; und überzeugend wirkte auch, dass in ihnen fast ausschließlich biblische Texte vertont sind (Rezitative oder Arien auf neu gedichtete Texte gibt es in ihnen nicht).

Dieses Bild hat sich gewandelt. Begegnungen mit der Musik von Schütz' Zeitgenossen, vor allem den italienischen, haben den alten Zugang infrage gestellt; Schütz war ganz direkt von italienischen Musikentwicklungen beeinflusst, viel stärker, als dass er nur als Etappe zwischen Luther und Bach gesehen werden könnte. Und es zeichnete sich auch ab, dass Schütz in seiner Musik weitaus mehr an Solisten und Instrumente gedacht hatte, als es im früheren 20. Jahrhundert für möglich gehalten worden war.

Dass Schütz weiterhin in einer herausgehobenen Position steht (einer anderen als zuvor), muss also neu begründet werden: nicht damit, »Größe« auf Kosten von Zeitgenossen definieren zu wollen, sondern damit, den Blick tatsächlich auf Schütz selbst zu richten. Und für die Darstellung der »Musik im Namen Luthers« ist dies auf doppelte Weise wichtig. Denn Schütz war eine besonders »sichtbare« Gestalt im Musikleben seiner Zeit: Er war als Kapellmeister am Dresdner Hof Teil der Glaubenspolitik, auf deren lutherischer Seite der sächsische Kurfürst eine Führungsrolle innehatte. Zugleich war er ohne Zweifel ein phänomenaler Musiker. Mit all diesem prägte er zugleich die Musikentwicklungen der Folgezeit: mit der Summe, die er aus seinen persönlichen Vorstellungen und einer breiten internationalen Erfahrung zog. Dies machte ihn zu einer kulturellen Identifikationsfigur.

Dass der sächsische Hof den jungen Heinrich Schütz langfristig an Dresden band, war eigentlich eine politische Unfreundlichkeit: gegenüber Schütz' erstem Dienstherrn, dem Landgrafen Moritz von Hessen-Kassel. Dieser hatte Schütz' Unterricht umfassend finanziert: erst eine Lehrzeit als Kasseler Kapellknabe, dann ein Studium an der Universität Marburg, schließlich eine musikalische Zusatzausbildung bei Giovanni Gabrieli in Venedig. Moritz praktizierte damit keine Begabtenförderung (sie sähe sich dem einzelnen Menschen verpflichtet), und er tat es nicht für Schütz als kommendes Genie (von derlei konnte er nichts wissen). Die Ziele waren viel handfester: Ein Landesherr betrachtete seine (auch freien) Untertanen als Rohstoff der Landeszukunft; er konnte in diese Menschen investieren, um daraufhin Nutznießer ihrer spezialisierten Fähigkeiten zu sein – lebenslang. So wurden geistliche Strukturen aufgebaut (in Sachsen mit den Fürstenschulen, in Württemberg mit den Schulen des »Landexamens«, die durch Hermann Hesse in die Literatur eingingen: in Erzählungen wie *Unterm Rad* und *Narziss und Goldmund* oder im Roman *Das Glasperlenspiel*[1]). Ebenso haben Landesherren das Nachwachsen von Justiz- und Verwaltungswesen organisiert. Auch für die Künste gilt dieses Besitzdenken. Werke von Luzzasco Luzzaschi in Ferrara oder Orlando di Lasso in München wurden wie Objekte einer fürstlichen Schatzkammer unter Verschluss gehalten.[2] Und auf denselben Überlegungen beruhte der Zorn des Weimarer Herzogs Wilhelm Ernst, als »sein« Organist Bach 1717 in Köthen Hofkapellmeister werden wollte und um Auflösung des Dienstverhältnisses nachsuchte; Bach wurde für vier Wochen »wegen seiner Halßstarrigen Bezeügung u[nd] zu erzwingender dimission, auf der LandRichter-Stube arrêtieret«,[3] also in Haft genommen nur wegen des Wunsches auf Entlassung. Dass die »Waffe« in diesem Fall stumpf blieb, hing mit dem mitregierenden Neffen des Herzogs zusammen, der den Köthener Fürsten Leopold, seinen Schwager, in Bachs Berufung unterstützte.

Landgraf Moritz nun hatte unverkennbar in Schütz investiert: jahrelang. Dieser diente ihm, aus Venedig zurückgekommen, zunächst als zweiter Hoforganist. Kurfürst Johann Georg I. befand sich jedoch, wie am Ende des letzten Kapitels dargestellt, in einer misslichen Situation, was die Hofmusik anging. Zunächst kam Schütz für eine kürzere Zeit nach Dresden; ein zweiter, gleichfalls als Interim vereinbarter Aufenthalt wurde dann in einen Dauerzustand überführt, und Schütz kehrte nicht wieder nach Kassel zurück.

Äußerer Anlass der ersten Leiharbeit war die Geburt des zweitgeborenen Prinzen: August, am 13. August 1614 geboren, wurde am 18. September getauft.[4] Dies war nicht einfach ein privates Fest des Kurfürstenhauses, wie es im Folgejahr für den nächstjüngeren Sohn gefeiert wurde (Christian, zwei Tage nach dessen Geburt). Für August wurde die Taufe wie ein Staatsakt vorbereitet: Fünf Wochen waren seit der Geburt verstrichen, ähnlich den vier Wochen im Jahr zuvor für Johann Georg II. Sicher: Bei diesem lagen die Hoffnungen auf den Fortbestand des Kurfürstenhauses; doch der Kurfürst, der selbst in der Thronfolge nachgerückt war, mag eingerechnet haben, dass es auch auf deren »Nummer 2« ankommen könne. Und so wurde die Taufe des jüngeren Bruders August von ähnlich langer Hand vorbereitet wie die des Erstgeborenen.

14 Tage nach der Geburt hatte der Kurfürst nach Kassel geschrieben, ob Landgraf Moritz ihm Schütz als Organist für die Feierlichkeit ausleihen könne; Moritz hatte eingewilligt, und Schütz hinterließ in Dresden einen glänzenden Eindruck. Daraufhin behandelte Johann Georg das Gastspiel eher wie ein Probespiel, das am

Ende nur eines gemacht habe: Appetit auf mehr. Schon am 10. Oktober 1614 eröffnete er dem Kasseler Landgrafen, dass er Schütz gerne länger in Diensten hätte. Damit begann, wie Hans Joachim Moser 1936 schrieb, der seltene Fall, dass »zwischen zwei Potentaten um einen Musiker gefeilscht und gerungen« wurde.[5] Schütz jedenfalls kam im Mai 1615 für nunmehr zwei Jahre leihweise nach Dresden; im Februar 1617 dann setzte Johann Georg die Daueranstellung Schütz' durch, und dieser wurde 1619, nach dem Tod des vorherigen Hofkapellmeisters Rogier Michael, uneingeschränkt dessen Nachfolger.

1614 war Schütz in Kassel ein Teil des inneren Hoflebens gewesen: ein junger Mann, der am Anfang der lokalen Karriereleiter stand. In Dresden hingegen hatte sogar Schütz' erste »Beschäftigung auf Zeit« eine andere Dimension. Johann Georg, der ihn irgendwo erlebt haben muss (wo genau, weiß man nicht), schmückte sich anlässlich eines Staatsakts, vor dem Publikum der Prinzentaufe, mit ihm als fremder Feder. Und Schütz wird nicht nur bei der Taufe selbst aufgetreten sein, sondern auch vor- und nachher bei weiteren Musikanlässen. Dieses Modell wurde ab Frühsommer 1615 intensiviert; Schütz wurde ein integraler Teil der kursächsischen Repräsentation.

Zunächst fiel in diese Leihperiode die dritte Prinzentaufe, die, wenn auch kaum vor überregionalem Publikum, dennoch gebührend gefeiert worden sein muss, also auch mit Musik. Das war am 29. Oktober, dem 21. Sonntag nach Trinitatis. Vier Wochen später endete das Kirchenjahr, mit einem typischen endzeitlichen Thema als Predigttext: Jesu Ankündigung seiner Wiederkunft, wie sie im 24. Kapitel des Matthäus-Evangeliums steht (Vers 15–28). Der Oberhofprediger, Matthias Hoë von Hoënegg, gab die Predigt, die er damals hielt, in Druck und sprach in ihr davon, Jesus habe »geweissaget, welch ein elender erbärmlicher Zustandt, nicht allein bey dem Jüdischen Volck, sondern auch bey uns Christen, in der letzten Zeit, biß an den Jüngsten Tag, sein würde«.[6] Wo dieser »erbärmliche Zustandt« für Hoë lag, ist angesichts seiner Titelformulierung unstrittig: *Christliche Predigt Von den schrecklichen Greweln [= Gräueln], die heutiges tages im Bapstthumb [= Papsttum], und in der Calvinischen Lehrern Büchern augenscheinlich zu befinden sind.* Auch hier muss Schütz im Gottesdienst mitgewirkt haben; das Land, aus dessen Dienst er nur beurlaubt war, war allerdings selbst »calvinisch«.

Für Hoë war über jeden Zweifel erhaben, dass das »Bapstthumb« abzulehnen sei; letztlich hatte der Augsburger Religionsfriede von 1555 hier eine klare Grenze gezogen, die die Konfession eines Landes an den Regierenden band. Dem entspricht die Grundhaltung Johann Georgs, zwar kaisertreu zu sein, aber eben lutherisch. Und »lutherisch« bedeutete gerade für Sachsen, jedwedem calvinistischen Denkansatz entgegenzutreten. In diesem Rahmen stehen auch Hoës Predigtausführungen zur Musik: Er wendet sich gegen calvinistische Vorwürfe, die Lutheraner trügen unkritisch papistische Sitten fort, und spottet, dann dürften Lutheraner ja entsprechend auch »kein Kyrie mehr singen, kein Gloria in excelsis Deo, kein Veni Sancte Spiritus, oder dergleichen«, zudem kein Vaterunser beten oder die Einsetzungsworte zum Abendmahl verlesen, weil es all dies ebenfalls schon in vorreformatorischer Zeit gegeben habe. Damit ist also die politisch-religiöse Grundstimmung umrissen, in der sich Schütz fortan bewegte.

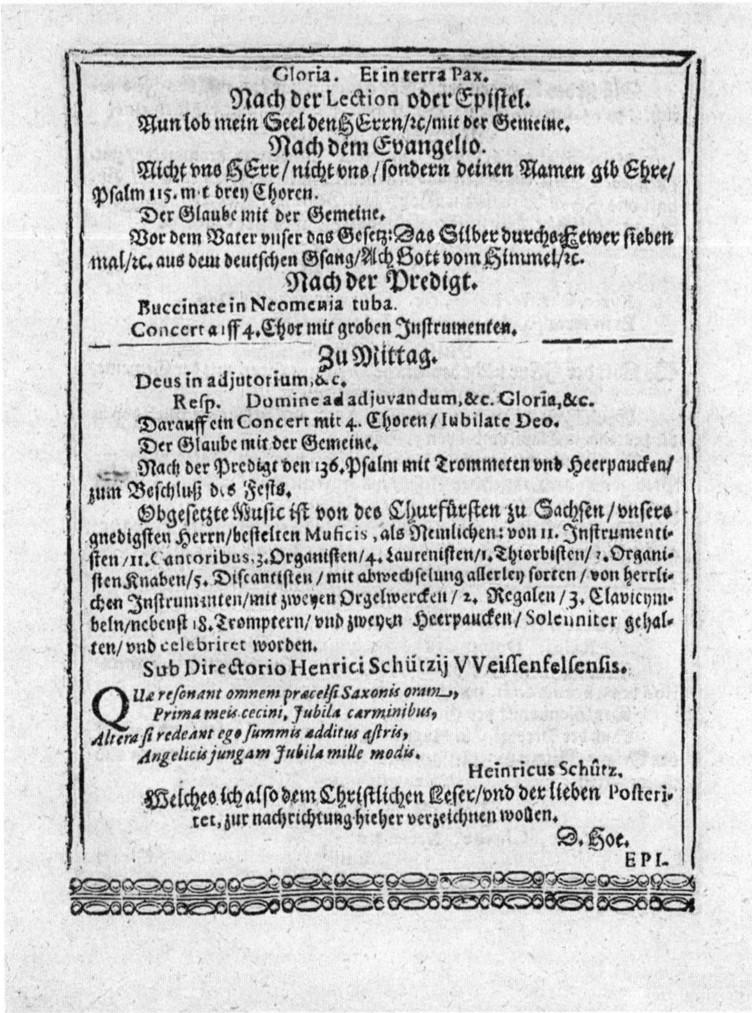

Gloria. Et in terra Pax.

Nach der Lection oder Epistel.

Nun lob mein Seel den HErrn/etc./mit der Gemeine.

Nach dem Evangelio.

Nicht uns HErr/nicht uns/sondern deinen Namen gib Ehre/ Psalm 115. mit drey Choren.

Der Glaube mit der Gemeine.

Vor dem Vater unser das Gesetz: Das Silber durchs Fewer sieben mal/etc. aus dem deutschen Gsang/Ach Gott vom Himmel/etc.

Nach der Predigt.

Buccinate in Neomenia tuba.

Concert auff 4. Chor mit groben Instrumenten.

Zu Mittag.

Deus in adjutorium, &c.

Resp. Domine ad adjuvandum, &c. Gloria, &c.

Darauff ein Concert mit 4. Choren / Iubilate Deo.

Der Glaube mit der Gemeine.

Nach der Predigt den 136. Psalm mit Trommeten und Heerpaucken/ zum Beschluß des Fests.

Obgesetzte Music ist von des Churfürsten zu Sachsen/unsers gnedigsten Herrn/bestelten Musicis, als Nemlichen: von 11. Instrumentisten/11. Cantoribus, 3. Organisten/4. Lautenisten/1. Thiorbisten/2. Organisten Knaben/5. Discantisten/mit abwechselung allerley sorten/von herrlichen Instrumenten/mit zweyen Orgelwercken/2. Regalen/3. Clavicymbeln/nebenst 18. Trompetern/und zweyen Heerpaucken/Solenniter gehalten/und celebriret worden.

Sub Directorio Henrici Schützij VVeissenfelsensis.

Quae resonant omnem praecelsi Saxonis oram,
Prima meis cecini, Jubila carminibus,
Altera si redeant ego summis additus astris,
Angelicis jungam Jubila mille modis.

Heinricus Schütz.

Welches ich also dem Christlichen Leser/und der lieben Posteritet, zur nachrichtung hieher verzeichnen wollen.

D. Hoe.

EPI.

Das Dresdner Reformationsjubiläum 1617 · In der Verantwortung des Organisten Heinrich Schütz, der eigentlich nur vom Kasseler Landgrafen ausgeliehen worden ist, wird in der sächsischen Schlosskapelle maximale Mehrchörigkeit entfaltet – hier am letzten der drei Festtage in drei- und vierchörigen Werken, die genau benannt werden (aber leider nicht erhalten geblieben sind). Über dem Namen Schütz' wird voller Stolz die große Zahl der Mitwirkenden aufgeschlüsselt.

Matthias Hoë von Hoënegg, *Chur Sächsische Evangelische JubelFrewde*, Dresden 1617.

Sein so öffentlich einsehbares Dresdner Wirken erreichte dann 1617 gleich mehrere weitere Höhepunkte, in rascher und mit nur kurzem Vorlauf planbarer Folge.[7] Am 22. April schlugen die Theologen der Wittenberger Universität vor, die 100-Jahr-Feier der Reformation festlich zu begehen. Mitten in die Vorbereitungen hinein kündigte sich Ende Juni Kaiser Matthias in Dresden an; vom 25. Juli bis zum 13. August war er mit großem Gefolge am Hof zu Gast, und auf Schütz warteten außerordentlich differenzierte Aufgaben, die im Umkehrschluss erkennen lassen, wie es um seine Künste bestellt war – das muss eingehender betrachtet werden. Einen Tag vor der Abreise des Kaisers war dann das fertig ausgearbeitete Zeremoniell des Reformationsjubiläums im Druck erschienen; die Feierlichkeiten erstreckten sich schließlich über drei Tage zuzüglich dreier Vorbereitungspredigten.[8] Schütz war für das reiche Musikprogramm verantwortlich – zumindest als Chef der Aufführungen. Gleich der erste der Festtagsgottesdienste begann mit einer Vertonung des 98. Psalms (»Singet dem Herrn ein neues Lied«), gefolgt von Kyrie und Gloria – »Alles auff sieben Chor, [e]tc. mit Trommeten und Heerpaucken«.[9] Schütz' erhaltene Vertonung dieses Textes in den *Psalmen Davids* von 1619 kann damit nichts zu tun haben; dass ihre Zweichörigkeit (die punktuell durch einen dritten Chor erweitert werden kann) die Reduktion einer einst auf sieben Gruppen verteilten Musik sei, erscheint undenkbar. Nicht sämtliche Stücke der Feiern stammten aus seiner Feder; für den Kaiserbesuch schrieb Michael Praetorius zumindest fünf extrem groß besetzte Werke (sie sind leider nur dem Textanfang und dem Besetzungsumfang nach bekannt).[10] Bei allen weitergehenden Bestimmungen begegnet man dann bei Praetorius und Schütz denselben Problemen: Wenn Programm-Nennungen nur näherungsweise mit einem überlieferten Stück zusammenpassen (oder wenn beide »Informationen« sich nur bei einem allgemeineren Kompositionstypus treffen, ohne dass es konkretere Berührungspunkte gäbe), bleibt jede »Klärung« spekulativ – notwendig wäre aber eine substanzielle Hypothese.[11]

Und auch mit dem Reformationsjubiläum war das Jahr noch nicht zu Ende. Die Kurfürstin war hochschwanger; am 23. Dezember wurde Magdalena Sibylle geboren, später die Frau des dänischen Kronprinzen Christian, nach dessen Tod (1647) verheiratet mit Friedrich Wilhelm II. von Sachsen-Altenburg – mit beiden Herrschern hatte Schütz später zu tun. Auch zu ihrer Taufe muss er musiziert haben. Und zu all diesen Ereignissen kam noch der normale Hof- und der allsonntägliche Kirchendienst hinzu. Kurz: Schütz' erste Schritte in Dresden waren alles andere als ein normaler Berufsstart, und er muss sie mit Bravour absolviert haben. So liefert das von ihm Geleistete präzise Informationen darüber, was er theoretisch schon zuvor in Kassel beherrscht hatte, als er »nur« zweiter Hoforganist war.

Wer war Schütz 1614/1617?

Als Schütz 1614, kurz vor seinem 29. Geburtstag, wohl erstmals Dresdner Boden betrat, konnte er auf bewegte Jahre zurückblicken. Viele Ereignisse lassen sich mit Worten von Zeitgenossen umschreiben, die damit – aus Schütz' Umgebung heraus – auch zeigen, wie er und sein Wirken gesehen wurden; besonders zahlreich geäußert wurden sie unmittelbar nach seinem Tod. Sie sind vielleicht nicht restlos objektiv, lassen sich aber so weit wörtlich nehmen, wie sie auf Fakten anspielen oder offensichtliche Grundstimmungen der Zeit wiedergeben.

1585 war er in (Bad) Köstritz bei Gera zur Welt gekommen, als Landeskind der Herrscherfamilie Reuß (in deren jüngerer Linie). Sein Vater betrieb dort ein Gasthaus:

in jener Zeit ein elementarer Versorgungsbetrieb für die Infrastruktur eines Landes. Nicht nur eine Schlafmöglichkeit für Reisende war dort vorhanden; der Wirt musste auch im Wechsel der Jahreszeiten das Vorhandensein von Speisen und Getränken sicherstellen, und ebenso musste für Pferde gesorgt werden. Köstritz lag an einer der alten Verkehrsrouten, die alle auf Leipzig abzielten[12] – zwischen der westlichen, die an der Saale entlang führte, und der östlichen auf der Route Hof–Zwickau–Altenburg.

Die Lebensbedingungen veränderten sich 1590 grundlegend. Christoph Schütz zog nach Weißenfels, um dort den Gasthof »Zum Schützen« zu übernehmen, den bis dahin sein (nun verstorbener) Vater bewirtschaftet hatte. Weißenfels lag an jener westlichen Verkehrsachse, die in diesem Bereich mit dem europäischen Haupthandelsweg zwischen Frankfurt am Main und Breslau verknüpft war. Hier muss unablässig Verkehr in den größten denkbaren Dimensionen der Zeit vorbeigeflossen sein; für Christoph Schütz brachte dies im Alltag große logistische Herausforderungen mit sich. Weißenfels gehörte damals noch zum eigentlichen Kursachsen (es war noch nicht Hauptort eines Herzogtums Sachsen-Weißenfels). Damit avancierte Schütz zum sächsischen Landeskind, und für die Musiken zum Reformationsjubiläum wird dementsprechend berichtet, sie seien unter Leitung von »Henrico Schützij VVeissenfeldensis« aufgeführt worden – die eigentlich Reußische Herkunft wurde großzügig übergangen.

Die Tatsache, Sohn eines Gastwirts zu sein, gab Schütz' Leben dann 1598 die entscheidende Wendung. Damals, so berichtet der spätere Dresdner Oberhofprediger Martin Geier im Nachruf auf ihn,[13] habe Landgraf Moritz bei Schütz' Eltern »pernoctiret«, also übernachtet; das war in einem Gasthaus an der markanten Reiseroute nicht ungewöhnlich. Er habe Schütz »als damahls so einen kleinen Knaben, so lieblich singen gehöret«, dass er den Eltern vorschlug, ihn zur weiteren Ausbildung zu ihm nach Kassel zu schicken. Die Eltern zögerten, der Landgraf fasste brieflich nach; am 20. August 1599 dann reisten Vater und Sohn Schütz nach Kassel.

Schütz besuchte dort das Collegium Mauritianum, hatte aber in Weißenfels schon gründlichen und vielfältigen Unterricht »stattlich gelehrter Leute« erhalten, wie Geier berichtet; und dieser schildert dann Schütz' wissenschaftliche Karriere bis hin zum fürstlichen Stipendium an der Universität Marburg. Strenggenommen wirkt dies aber inkonsistent: Denn Schütz kann nicht seiner Singstimme wegen zu einem akademischen Unterricht nach Kassel eingeladen worden sein. Wo also bleibt die Musik? Geier verweist darauf, dass sich bei Schütz »auch stracks in der Jugend eine sonderliche Inclination [= Neigung] zu der edlen Music« gezeigt habe, also schon in Weißenfels. Eine musikalische Grundausbildung muss in Kassel kontinuierlich und intensiv fortgesetzt worden sein, kaum nur im normalen Schulunterricht. Denn die nächste Etappe, der mehrjährige Aufenthalt bei Giovanni Gabrieli in Venedig, setzt voraus, dass Schütz solide Musikkenntnisse schon in Kassel erworben hatte, die dann mit einem Aufbaustudium perfektioniert werden konnten. Damit war Schütz (ebenso wie seine »Mitschüler« aus unterschiedlichen Regionen Europas) gegenüber Gabrieli kein Lehrling,[14] sondern der typische Geselle auf Wanderschaft, der – mit Sponsoring durch einen Fürsten – einen Spitzenmeister aufsuchen konnte. Die eigentliche »Lehre« Schütz' hatte folglich im Umkreis des Kasseler Hofkapellmeisters

Georg Otto gelegen. Mit ihr konnte Schütz sich auf venezianische Herausforderungen vorbereitet fühlen; denn obgleich Otto eher die traditionelle, imitatorische Schreibart favorisierte, hatte am Kasseler Hof neben Madrigalen Hasslers auch die nachtridentinische Spielart der Mehrchörigkeit Fuß gefasst.[15] Und so verband sich keinerlei konfessionelles Problem damit, dass Schütz ab 1609 diesen Stil an dessen venezianischer Wurzel studierte. Doch Gabrieli konnte Einblicke in ein viel breiteres musikalisches Spektrum geben: Neben dieser Mehrchörigkeit umfasste es vor allem Tastenmusik und die Techniken des italienischen Madrigals. Für jeden dieser Bereiche lassen sich die Tiefenperspektiven genauer umreißen.

Im Vortrag kompletter Psalmen wechseln nach altem kirchlichem Brauch zwei Chöre miteinander ab, Vers für Vers. Im mittleren 16. Jahrhundert war dies kunstvoll erweitert worden und hatte sich neben der kontrapunktisch reichen »Kunst der alten Niederländer« zu einem neuen Kernstück der Kirchenmusik entwickelt. Adrian Willaert in Venedig (selbst »eingewandert«) gilt mit seinen *Salmi spezzati* von 1550 als eine der Schlüsselfiguren darin, aus diesem traditionellen Wechselgesang eine komponierte Klangräumlichkeit entwickelt zu haben (erfunden hat er das Prinzip jedoch nicht[16]): An der Dogenkirche San Marco wirkend, konnte er die zahlreichen Emporen dafür nutzen, das bloße Abwechseln in ein sinnliches Hör-Abenteuer zu überführen, das daraufhin von Andrea Gabrieli und dessen Neffen Giovanni maßgeblich verfeinert wurde. Kaum eine der Kirchen jedoch, auf die diese Kunst damals nördlich der Alpen übertragen wurde, hatte vergleichbare akustische Potenziale, erst recht nicht die Schlosskapelle in Dresden, in deren vergleichsweise kleinem Baukörper Schütz dann zum Reformationsfest 1617 maximale Mehrchörigkeit entfaltete. Doch auch in der »trockeneren« Raumakustik war es überwältigend, vom Klang eingehüllt zu sein und nicht vorhersagen zu können, aus welcher Richtung die nächste musikalische Aussage erklingen werde. In der Vorrede der *Psalmen Davids* beruft sich Schütz darauf, die zugrunde liegenden Techniken bei Gabrieli gelernt zu haben.

Die Tastenmusik war ein zweiter Bereich, den Gabrieli – als einer der Organisten an San Marco – brillant vertreten konnte. Seine transalpinen Schüler nahmen wohl allesamt eine entsprechende Spezialqualifikation mit nach Hause. Der dänische Musiker Truid Aagesen hatte später in Kopenhagen neben der Orgel der Schlosskapelle auch die der Liebfrauenkirche (»Vor Frue«) unter seinen Händen; Johann Grabbe diente als Organist an den Höfen in Brake (Lemgo) und Bückeburg, Christoph Klemsee am schwarzburgischen in Arnstadt, und auch einer der Katholiken in dieser Personengruppe, Gallus Guggumos, hatte – bei einem jüngeren Bruder des bayerischen Kurfürsten – einen Organistenposten inne. Weitere Gabrieli-Schüler wirkten als Organisten in Stuttgart, Augsburg und Regensburg.[17] Schütz jedoch erscheint durch ein besonderes Detail von diesen Mitschülern abgesetzt. Im Gedenkgedicht *Der christliche Assaph*, das der aus Weißenfels stammende Pfarrer Georg Weiße nach Schütz' Tod publizierte,[18] heißt es:

> Venedig kennt dich schon von drey und Sechzig Jahren,
> Und wenn du nur gewolt, so hättstu können seyn
> Der Andre Gabriel, der mit dir so verfahren,
> Daß er an seine statt dich offt gesetzet ein.

Er ließ dir auch, schon todt, den besten Ring verehren,
Zum Zeichen seiner Gunst, und daß er dich Ihm gleich
Bey Lebens-Zeit geschätzt: Du woltest aber kehren
Viel lieber arm zu Hauß, als dorte werden reich.

Also hatte Schütz mindestens Vertretungsdienste für Gabrieli übernommen. Ob dies Teil von dessen normalem Unterrichten war, lässt sich nicht sagen, weil es über die »Mitschüler« keine vergleichbaren Nachrichten gibt; doch offensichtlich wäre Schütz auch als Gabrieli-Nachfolger akzeptabel gewesen (»der Andre Gabriel«). Damit ragt er aus dem Mitschülerkreis heraus. Vor allem Guggumos, der exakt gleichzeitig mit Schütz bei Gabrieli war, hätte – als Katholik – ebenso für die Nachfolge in Betracht kommen können, und er war alles andere als ein schlechter Komponist.[19] Für Schütz muss also die Tastenmusik-Komponente in Venedig eine besondere Rolle gespielt haben, und Weiße wird einige Verse später noch deutlicher:[20]

Du warst kein solcher nicht, dergleichen viel sich finden,
Die, wenn sie nur verstehn ein wenig das Clavir,
Stracks Componisten seyn, da sie doch forn und hinden
gantz unbewandert seyn in solcher Kunst Revier,
Und wissen nicht, warum die allerklenste Fuge
So, oder anders muß im Thon gesetzet seyn.

Dass Schütz Tastenmusiker gewesen sei, hat – angesichts seines geistlichen Vokalwerks – für die jüngere Nachwelt keine Rolle gespielt.[21] Doch seine Umwelt sah beide Tätigkeitsfelder in einem organischen Miteinander. Weiße schreibt daher mit Blick auf Schütz' Gesamtwerk:[22]

So hastu, frommer Schütz, gesungen und geklungen
Viel tausend schöne Stück, die alle preisen dich.
Die werden nicht vergehn, so lange Noten bleiben,
So lang' ein' Orgel ist, so lang' ein Luthertum:
Was noch in Schrancken [= Schränken] liegt, das kan ich nicht beschreiben,
Es ist ein grosser Schatz, so viel ich weiß darum.

Orgelmusik, Schütz' vokalmusikalisches Erbe und das Luthertum erschienen Weiße also als ein untrennbares Ganzes, aus dem gerade die Erste nicht herausgerechnet werden kann.

Als dritten Bereich umfasste der Unterricht zweifellos alles, was mit dem italienischen Madrigal zusammenhing, also mit der Gattung, in der die meisten Gabrieli-Besucher am Unterrichtsende ein Meisterstück in Druck gaben. Folglich vermittelte Gabrieli einen Schlüssel zu dieser Kompositionsart des 16. Jahrhunderts, in der der Textbezug eine so herausragende Rolle spielte. Jeder dieser Meisterschüler gelangte zu eigenen Konsequenzen;[23] doch die Grundlagen waren für alle gleich. Es ging um Kontrapunkt innerhalb eines Satzes aus typischerweise fünf Stimmen (also in einem Überschuss gegenüber den vier Stimmregistern Sopran, Alt, Tenor und Bass, in dem jeweils eines von ihnen doppelt vertreten ist). In diesem musikalischen Geflecht sollten die differenzierten Verstechniken der italienischen Dichtung auf intelligente Weise musikalisch umgesetzt werden: die Sieben- und Elfsilbler, die typischerweise je einen Textgedanken umfassen, die ein Komponist aber neu gliedern und gruppieren kann. Trotz Mehrstimmigkeit und Kontrapunkt musste der Text wahrnehmbar sein, und zugleich ging es um die musikalische Vergegenwärtigung der Textaussage. Das Resultat umschrieb Georg Weiße mit Blick auf Schütz so:[24]

> Die Texte wustestu beweglich einzurichten,
> Daß iedes Wörtgen war genommen wohl in acht.

Eine solche Überlegung steht auch hinter dem Zugang zu Schütz als »musicus poeticus«, den Hans Heinrich Eggebrecht 1959 formulierte:[25] in der Kirchenmusik. Dasselbe machte aber auch die Kunst des italienischen Madrigals aus. Wie also hängen die Kompositionstechniken in den beiden Repertoirebereichen miteinander zusammen? Diese Frage konfrontiert den Betrachter zunächst mit dem mentalitätsgeschichtlichen Erbe des 20. Jahrhunderts.

Unbestritten war in diesem, dass für das italienische Madrigal jener Textausdruck essenziell war. Davon abgesetzt entwickelte sich ein Bewusstsein für ein eigenes Ausdruckssystem der lutherischen Musik: die »musikalisch-rhetorischen Figuren«. Diese waren durch den Rostocker Kantor Joachim Burmeister in dessen *Musica poetica* von 1606 systematisch vorgestellt worden; er wollte damit zeigen, dass Vokalmusik echte rhetorische Qualitäten habe, also nichts Abstraktes sei.[26] Das gab auch der Nachwelt die Gewissheit, dass in geistlicher Musik ein handfester Auslegungs- und Verkündigungscharakter liege: schon aus Sicht der Komponisten. Rhetorik war zugleich ein Teil des historischen Bildungsmodells: Sie gehörte ebenso wie die Musik zu den Sieben Freien Künsten, die das Fach Philosophie ausmachten. Und so ergab sich der Figurendiskurs unter ihrem Dach. Das ist die theoretische Seite.

Sie aber wurde in einer musikalischen Praxis flankiert, die von einer »zunehmenden Orientierung der Musik am Text« getragen war.[27] Doch lag diese einfach in der Luft? Offensichtlich war der Musikwissenschaft der Bezugspunkt lange verborgen geblieben: wie weitgehend das Madrigal Italiens diese Textorientierung bestimmt hatte. Schon Menschen wie Burmeister können sich dieser Dimension kaum bewusst gewesen sein, als sie diesen »philosophischen« Diskurs eröffneten. Denn nicht das Madrigal selbst hatte sie erreicht, sondern dessen Konsequenzen in der italienischen Motettenkunst: Auch die lateinisch textierte Musik Italiens, die das Luthertum damals aufsog, ist vom Ausdruckspotenzial des Madrigals getragen, nicht zuletzt das Œuvre Orlando di Lassos, aus dem Burmeister sich seine Schlüsselbeispiele holte.

Die rhetorisch-theologischen Anliegen der lutherischen Figurenlehre sind folglich ohne das (nicht sakrale, nicht deutsche) italienische Madrigal nicht denkbar. Und Burmeister kam es keineswegs nur auf die Figur als solche an, sondern auf deren Einbindung in einen kontrapunktischen, mehrstimmigen Satz, genauso wie im Madrigal. Zu diesem verbreiterten sich während des späteren 20. Jahrhunderts die Zugänge, und daraufhin begann sich auch abzuzeichnen, welche Bedeutung diese italienische Kunst für die lutherische Musik gehabt hatte; daraufhin legte sich dann auch die Verwunderung darüber, weshalb Gabrielis lutherische Schüler sich ausgerechnet an italienischen Madrigalen abarbeiteten. Erst später entwickelte die lutherische Figurenlehre ein Eigenleben, mit zentralen Stationen bei Schütz' Schüler Christoph Bernhard (in seinem *Tractatus compositionis augmentatus*, um 1660) und Johann Gottfried Walther (in seinem *Musicalischen Lexicon*, 1732). Da hatte sich die italienische Musik vom traditionellen Madrigal längst wegbewegt.

Schütz jedenfalls kann, als er nach Venedig aufbrach, Burmeisters Überlegungen nicht gekannt haben; die aktuelle italienische Form dieser Ausdrucksorientierung hat er also bei Gabrieli kennengelernt – und dies gilt genauso auch für die anderen jungen Musiker, die den Unterricht Gabrielis genossen. Kaum einer hatte in seinem weiteren Leben noch einmal die Gelegenheit, sich genau dieser Gattung zuzuwenden (nur der Kopenhagener Vizekapellmeister Mogens Pedersøn stellte noch ein veritables zweites Madrigalbuch zusammen).[28] Sie alle hatten aber gelernt, beim Komponieren tendenziell auf »iedes Wörtgen« achtzugeben. Und so ist auch der »musicus poeticus« Schütz in seinem geistlichen Werk wesentlich von den Techniken des Madrigals geprägt: intensiver als Burmeister, der nie selbst in Italien war, sondern nur unter den italienischen Musikeinflüssen stand.

In Schütz' Madrigalzugang kam noch eine Komponente hinzu, die kontrovers diskutiert worden ist: die Auseinandersetzung mit den neuen satztechnischen Freiheiten, die sich Monteverdi unter dem Schlagwort »seconda pratica« erlaubt hatte. Während die »erste Praxis« den Normalfall des Komponierens regele, trete, so Monteverdi, jene zweite aus textlichen Gründen ein; der Textausdruck legitimiere, satztechnische Regeln punktuell außer Kraft zu setzen.[29] Es geht also nicht nur darum, klangliche Härten ein- und dann gleich wieder regelgerecht fortzuführen; das lässt sich auch traditionell begründen, etwa mit den Techniken des Vorhalts. Vielmehr kommt »seconda pratica« erst dort zustande, wo auch das Umfeld im traditionellen Sinn »nicht stimmt«, und zwar weil allein der Text dies legitimiere. Auch in Schütz' Madrigalen gibt es das,[30] später – viel intensiver – in den geistlichen *Symphoniae sacrae I* (die 1629 in Venedig erschienen).

In anderen Fällen wirken die Härten eher versteckt. Dachte Schütz also traditioneller als Monteverdi? Das wirkt bei genauerer Betrachtung nicht plausibel. Eher sah er den Kontrapunkt aus einer anderen Perspektive als jener: als Tastenmusiker. Die Musik seiner Madrigale schiebt sich scheinbar langsam dahin und entwickelt Bögen mit großer Spannkraft; unter ihnen ergibt sich oft eine zweite, viel schnellere Bewegung. In Tastenmusik ließe sich von Akkorden und deren Verbindungen sprechen, die mit schnellen Figurationen unterlegt werden. Dahinter steckt zugleich ein textlich-syntaktischer Ansatz: Schütz fasst typischerweise mehrere Verse in einen einzigen Abschnitt zusammen; er stellt einer musikalisch-textlichen Aussage, die die Spannkraft der Bögen prägt, eine zweite gegenüber, die in jenen kleinen Notenwerten komponiert wird. So konnte er auch zwei und mehr Textgedanken gleichzeitig behandeln; das liegt außerhalb der Möglichkeiten eines Dichters, der zwischen zwei Versen stets eine Grenze setzen muss. Oder anders: Schütz überführte die Versfolge der Gedichte in eine neue Architektur, die auch für den harmonischen Verlauf prägend ist und sich aus wenigen großen Abschnitten zusammensetzt – größeren, als Monteverdi oder ältere Madrigalkomponisten dies handhabten, weil sie sich enger an die Versgliederung des zugrunde liegenden Gedichts anlehnten.[31] Diese Architekturbestrebungen weisen selbst in die Zukunft: Sie prägen noch die italienische Musik der Jahrhundertmitte.

Also zeichnet sich ab, wie umfassend der Unterricht war, den Gabrieli erteilte.[32] Neben der tastenmusikalischen Grundausrichtung war der Umgang mit den beiden italienischen Gattungen beherrschend, die um 1580 in Mitteleuropa auf die Tagesordnung gerückt worden waren: das Madrigal, das die »nachtridentinische« Forderung nach Textverständlichkeit ideal erfüllte, daneben die vergleichbar prägnante Kompositionstechnik des mehrchörigen Stils. Beide Vokalmusikformen kreuzte Schütz im Schlussstück seiner 1611 gedruckten Madrigalsammlung: in einer doppelchörigen Ergebenheitsadresse an seinen Sponsor.

Und doch ist auch damit noch nicht alles umschrieben, was Schütz' künstlerisches Profil anschließend ausmachte. Denn als er 1617 – schon damals »als ein weitberühmter Organist« besungen[33] – die musikalische Ausgestaltung des Kaiserbesuches sicherzustellen hatte, wurde von ihm auch verlangt, Instrumentalmusik zu organisieren. Für die Tafelmusiken musste er unterschiedliche Ensembles bereithalten, je nachdem, in welcher Personenkonstellation gespeist werden sollte. Wollte der Kaiser mit seinem unmittelbaren Kreis allein essen, sollte Schütz auf »eine gute auserlesene Musicam bedacht seyn, dazu nicht allzu viel, iedoch die besten [...] Musicis [...] gebrauchen«, während dann bei der kurfürstlichen Tafel eben die übrigen Musiker Dienst tun sollten; und natürlich sollte Schütz auch für die Tänze »uf dem großen Saal« Musiker abordnen, dass »sie dobey fleißig aufwarttenn und gute tänze machen«.[34] Hätte Schütz nicht auch über ein differenziertes, stilsicheres Organisationstalent auf dem Sektor der nichtkirchlichen Instrumentalmusik verfügt, hätte für den Kurfürstenhof das Resultat leicht peinlich ausfallen können.

Dies alles zeigt, dass sich Schütz' vorausgegangenes Lernen nicht auf eine Juristenausbildung mit flankierenden Musikelementen oder auf Madrigale als Frucht eines Unterrichts bei Gabrieli reduzieren lässt. Schütz muss in Venedig optimale Chancenauswertung betrieben haben. Auch zuvor in Kassel hat er nicht einfach nur im höfischen Musikensemble mitgesungen, sondern Kapellorganisation gelernt und Urteilsvermögen entwickelt. Das machte ihn attraktiv: für den Grafen Ernst zu Holstein-Schaumburg in Bückeburg, für den er um 1615/16 Dienste erbrachte,[35] und besonders für den sächsischen Kurfürstenhof.

Für diesen – als Vorkämpfer der sich formierenden lutherischen Seite – war all das, was Schütz mitbrachte, von immenser Bedeutung: wie weitgehend, lässt sich aus Schütz' Publikationstätigkeit der Folgejahre ersehen. Schütz gab kaum je aus freiem Willen Musik in Druck; die Ausgaben tragen nicht selten das Wappen eines Herrschers, das ohne Wenn und Aber dessen ureigenster Besitz war (wie das in allen Komponenten geschützte Logo eines Industriekonzerns), und so handelte es sich stets um offizielle Verlautbarungen. Zudem konnte seine Musik die Aufbruchsansätze der Zeit, die sich für das Luthertum von den Erfurter Kontrafaktur-Drucken und von Calvisius herleiteten, ideal repräsentieren. Wie sehr Schütz' Schaffen zudem mit dem Denken der Reformation konform ging, brachte schließlich 1672 der Leipziger Superintendent Georg Lehmann in einem Trauergedicht zum Ausdruck; er legte dem aus der Welt geschiedenen Schütz klassische Worte der Musiktheologie in den Mund:[36]

Mir ist der Himmel selbst zum Chore anvertrauet,
  Da componire ich das Alleluja rein,
  Da lob und singe ich mit allen Engelein
Wohl dem, der so mit mir auf GOttes Rechte bauet!

Die Nachwelt hat sich schwer damit getan, Schütz so zu sehen, wie es seine Umwelt also nachweislich tat: als einen musikalischen Universalisten. Darin war er eine lutherische Identifikationsfigur, aber anders, als die Wiederentdeckung seines Werks es ermöglichte. Diese verlief parallel mit der Entwicklung kirchlicher Chöre; Philipp Spitta, Herausgeber der ersten Gesamtausgabe von Schütz' Werk (abgeschlossen 1894), sah daher nur für die groß besetzten Kompositionen im Musikleben eine Zukunft.[37] Aus dieser Warte betrachtet, stellte sich Schütz' Schaffen für lange Zeit ganz anders dar, als es hier geschildert ist: nahezu ausschließlich über die erhaltenen Werke. Allzu vieles erscheint dann mit der »Lehrzeit« bei Gabrieli verbunden, zugleich mit dem Madrigaldruck. Erst mit den *Symphoniae sacrae I*, die Schütz bei seinem zweiten Italienaufenthalt (1628/29) in Druck gab, hätten sich die Gewichte verlagert: in Werken mit einer geringen Zahl teils instrumentaler, teils vokaler Stimmen. Als Bezugsperson dieses Stils erschien Monteverdi. Denn David Schirmer schreibt 1672 in seinem Gedenkgedicht auf Schütz – ausgehend davon, dass dieser während der 1620er-Jahre schwere persönliche Verluste hinnehmen musste, insbesondere 1625 den Tod seiner Frau:

Sein Welschland [= Italien] war sein Artzt. Diß hat, nach dem verlangen,
Auffs neue wiederumb den tapffern Mann empfangen.
Der Edle Mont de verd wies ihn mit Freuden an,
Und zeigt ihm voller Lust die offt gesuchte Bahn,
Daß er sich mit der zeit viel höher auffgeschwungen,
Und seinem JEsu Christ sein Leiden vorgesungen.

Daran aber ist fast jedes Wort rätselhaft. Hat Schirmer sich Monteverdi als Adligen (»Mont de Verd«) vorgestellt? Wie steht es um das Verhältnis zwischen dem, was Monteverdi vertrat (Musikdramatik?), und Schütz' Werken, in denen es um den Kreuzestod Christi geht? Sie sind erst viele Jahre nach dem Venedig-Aufenthalt entstanden, die *Sieben Worte* SWV 478 vielleicht in den 1640er-Jahren, die Lukaspassion SWV 480 dann 1653, und für keines von ihnen ist eine Begegnung mit irgendeiner Stilfacette Monteverdis grundlegend. Die »nachtridentinische« Musik für wenige Stimmen und Generalbass hingegen beherrschte Schütz schon spätestens 1618; damals entstand für eine Dresdner Hochzeit sein Konzert »Wohl dem, der ein tugendsam Weib hat« (SWV 20), in dem große doppelchörige Teile mit solchen geringstimmig besetzten abwechseln. Also gehörte dieser Stil lediglich zunächst nicht in das Druck-Auftragsspektrum seines Hofes. Sicher: Gespräche zwischen Monteverdi und Schütz 1629 mögen es in sich gehabt haben; doch sie fanden unweigerlich auf Augenhöhe statt, und Inhalte, Bezugspunkte oder Folgen sind nicht rekonstruierbar – auch deshalb nicht, weil Monteverdis Œuvre jener Zeit nur dürftig dokumentiert ist. Und so ist in dem traditionellen Bild Schütz' nur noch eine Facette anzufügen: 1648 habe er sich mit der *Geistlichen Chor-Music* wieder auf die alte Motettenkunst besonnen und die Stilistik der geringstimmigen Musik aus der vorigen Zeit (*Kleine geistliche Konzerte* und *Symphoniae sacrae* in je zwei Teilen) wieder abgestreift. Doch auch das ist nicht korrekt; denn geringstimmig sind dann schon wieder die *Symphoniae sacrae III* von 1650; und die *Geistliche Chor-Music* ist keine traditionelle Motettenkunst.

Dies alles stiftete Ratlosigkeit. Wie konnte dieser Musiker mit rund 30 Jahren quasi von einem Tag auf den anderen die Musikverantwortung für den wichtigsten lutherischen Hof in Deutschland übernehmen, wenn er zuvor gerade einmal 19 Madrigale geschrieben hatte – Werke mit italienischem Text? Kurz: Wer sein Schaffen in den Blick nehmen will, muss die zeitgenössischen Äußerungen und die Kompositionsanlässe ebenso ernst nehmen wie die erhaltenen Werke. Und so lässt sich zurückkehren in den Sommer 1613. Schütz war knapp 28 Jahre alt, exzellent ausgebildet, aber noch nicht der »Vater aller Musikorum«, als der er in der Rückschau schon des 18. Jahrhunderts erschien,[38] auch nicht eine Person, für die sich »kommende Größe« schon abzeichnete, sondern ein Organist des Kasseler Landgrafen. Plötzlich hatte er ein Hofleben an einer seiner sensiblen Außenflächen mitzugestalten: als Frontfigur einer zunehmend konfessionell bestimmten Politik, in der Zeit des Dreißigjährigen Krieges.[39]

»Psalmen Davids« als Einstieg

Schütz' Einbindung in das sächsische Hofleben vollzog sich auch nach den »Leiharbeits«-Perioden in Etappen. Am 12. Februar 1617 wurde er zum sächsischen Kapellmeister bestellt; die alleinige Verantwortung für die Hofkapelle hatte er erst nach dem Tod seines Vorgängers Rogier Michael am 25. Januar 1619. Parallel dazu, im April 1618, war ihm ein Druckprivileg für »fürhabende Opera musicalia« zuerkannt worden;[40] und er büßte weite Teile seines Privatlebens ein. Denn als der Kasseler Landgraf sich ein letztes Mal um Schütz' Dienste bemüht hatte, teilte Kurfürst Johann Georg ihm mit:[41]

> Zu dem hat auch erwähnter Schütz auf unser selbst vielfältiges Ermahnen sich in eine Heirath allhier eingelassen, da er sich denn wegen seiner zukünftigen Vertrauten Ältern und Freunde dahin verpflichten müssen, von diesem Ort und aus diesem unsern Dienst sich nicht zu wenden, sondern in demselben zu continuiren und zu verharren.

Die Hochzeit mit Anna Magdalena Wildeck, Tochter des kursächsischen Steuerbuchhalters Christian Wildeck,[42] war vom Hof zumindest genehmigt worden; und Schütz hatte sich zu lebenslangem Dienst verpflichtet. Und die Entwicklung insgesamt kam am 1. Juni 1619 zum Abschluss: Auf den Tag seiner Hochzeit ist zugleich die Vorrede seines Opus 2 datiert, der *Psalmen Davids Sampt Etlichen Moteten und Concerten.* In der Regel (so auch in diesem Buch) werden diese nur mit den ersten beiden Wörtern benannt. Inhaltlich ist dies aber nicht völlig korrekt, weil drei Stücken andere Texte zugrunde liegen (Jesaja, Jeremia, Kirchenlied); auch die Gattungsunterschiede, von denen der Titel spricht, sind von Bedeutung.

Dass Hochzeit und Druckveröffentlichung auf einen Tag fielen, war weder Zufall noch Schütz' Privatsache. Denn der Druck wurde vom Hof gezielt an Städte Sachsens versandt. Manche dieser »Landstände« wurden zugleich eingeladen, bei der Hochzeit Schütz' durch einen Abgesandten vertreten zu sein, beließen es aber dabei, ihm als Gegenleistung für den Druck ein Hochzeitsgeschenk zu übersenden (genau in dieser logischen Verknüpfung!): Weißenfels, Zeitz, das Naumburger Domkapitel, Leipzig und Dresden. Und das Ereignis war von langer Hand geplant worden; das Zeitzer Geschenk stand schon seit dem 9. Mai fest, also mehr als drei Wochen im Voraus. Auch an Auswärtige ging der Druck: mindestens ans Magdeburger Domkapitel und an die Reichsstadt Frankfurt am Main.[43]

Was also sollte mit den *Psalmen Davids* erreicht werden? Hier hilft es, erneut einen Blick auf das *Florilegium Portense* zu werfen. Mit dessen Grundform von 1603 war ein Horizont abgesteckt worden: aus Musik, die von den nachtridentinischen Kompositionsidealen getragen war, einschließlich der Wortprägnanz und der Klangpracht venezianischer Mehrchörigkeit. Auch einige der bereits vorliegenden lutherischen Folgerungen wurden mit in die Sammlung aufgenommen. Sie machen deutlich, dass Calvisius und Bodenschatz keine Tür zu etwas völlig Neuem aufstießen; ihre Wirkung liegt einesteils bei der Zusammenstellung der Musik, andernteils in der innersächsischen Abgrenzung von dem Bisherigen – in der Zeit der konfessionellen Unsicherheiten des Kulturlebens.

Schütz hingegen, nicht einmal zehn Jahre jünger als Bodenschatz, dachte moderner und hatte diesen Musikstil direkt »an der Quelle« studiert, im Zusammenspiel mit Praetorius perfektioniert und dann 1617 ein Maximum an San-Marco-Ähnlichkeit zelebriert. Seine *Psalmen Davids* stehen zwischen beiden *Florilegiums*-Neuausgaben (1618, 1621), verdrängten dieses Werk aber nicht; Schütz wird auch nicht die Absicht gehabt haben, dies zu tun. Viel eher vertiefen die *Psalmen Davids* die stilistische Grundlage: Gerade in ihnen konnte ein zeitgenössischer lutherischer Kirchenmusiker einen Eindruck davon gewinnen, welche aufführungspraktischen Möglichkeiten in einem Repertoire wie dem des *Florilegium* lagen. Und zugleich wird die machtvolle Mehrchörigkeit, wie sie das Dresdner Reformationsjubiläum von 1617 geprägt hatte, weitestmöglich ins Land hinausgetragen: Die Musik ist ein zentraler Teil der sächsischen konfessionellen Strukturpolitik.

Schütz legt detailliert dar, welche Potenziale in der notierten Substanz liegen. Er präsentiert achtstimmige Grundformen, die von der Nachwelt viel zu leicht als die Essenz der Werke missverstanden wurden. Ensembleteile, die als »Capella« gekennzeichnet sind und als Ergänzung zum Grundbestand der »Favoriti« hinzutreten, sind nicht etwa nebensächlich; viel eher ist der Klangeindruck der Werke gerade von diesen Ad-libitum-Teilen abhängig. Mit jener Differenzierung zeigt Schütz aber, wie diese Werke auch dann aufführbar sind, wenn vor Ort die Kräfte für eine eindrucksvollere Darbietung nicht vorhanden sind.

Dies gilt gleich für das erste Stück, den typischen Eröffnungspsalm der Vesper: »Der Herr sprach zu meinem Herren« (Psalm 110). Eine kleine Sängergruppe trägt den zitierten Einleitungssatz vor; dann folgt, was »der Herr« spricht, nicht als solistische »Stimme Gottes«, sondern so, wie sich diese im Sinne der theologischen Vorstellungen

Schütz im Zentrum des sächsischen Musiklebens · Links des Notenpults stehend, dirigiert Schütz die Hofmusiker in der Dresdner Schlosskapelle; auf der Empore über der Figur des Königs David, Sinnbild des christlichen Herrschers, die Orgel von Gottfried Fritzsche (1610–1612). Die umlaufenden Emporen ermöglichten trotz des relativ kleinen Raumvolumens ein mehrchöriges Musizieren, vor allem auch die beiden mit den geschwungenen Brüstungen über dem Altarraum.
Kupferstich von David Conrad, 1676.

und akustischen Möglichkeiten darstellt: in der annähernd parallelen Deklamation sämtlicher beteiligter Stimmen. Dieser Klangverbund ist unweigerlich eindrucksvoller, wenn neben den zwei Favoriti-Chören mit den »essenziellen« Stimmen auch die weiteren Kräfte musizieren, für deren verstärkende Wirkung Schütz im Vorwort Aufstellungsanweisungen gibt: »Creutzweiß« sollen Gruppen einander gegenüberstehen, die dieselbe Musik singen, denn nur so erreichten »die Capellen den gewündschten effect«; sie werden »zum starcken Gethön, unnd zur Pracht eingeführet«.

Damit zeigt Schütz zugleich, dass er den Begriff »concertare« noch korrekt verstand; er muss ihn bei Gabrieli kennengelernt haben.[44] Michael Praetorius, nach gutem Lateinunterricht und mit allenfalls begrenzten Italienischkenntnissen, sah in ihm einen Wettstreit von Klanggruppen realisiert und prägte damit das Verständnis unzähliger mitteleuropäischer Komponisten, die jünger waren als er: Wenn Wettstreit vorkommen sollte, komponierten sie ein Abwechseln von Chören. Dies, von Praetorius 1619 in seinem *Syntagma musicum* formuliert, charakterisiert aber selbstverständlich nicht Schütz' Kompositionen, die im gleichen Jahr in die Welt herausgingen; Schütz wusste vielmehr, dass »concertare« im Mittelitalienischen »Dinge aufeinander abstimmen« heißt, ebenso wie man im jüngeren Deutschen von »konzertierten Aktionen« spricht. Also steuern Stimmen und Stimmgruppen unterschiedliche Musikaspekte zu einem Gesamtverlauf bei, der dann irgendwann in einer Tutti-Kadenz gipfelt. Erst dort werden alle unterschiedlichen musikalischen Aspekte verknüpft. Dieses Denken war Schütz in Fleisch und Blut übergegangen, schon in seinen venezianischen Madrigalen. Wie beschrieben, geht es ihm dort darum, mit diesem »konzertierenden Prozess« unterschiedliche Gedanken zu größeren Sinneinheiten zusammenzufassen.

Ferner betont Schütz, wie vieles in diesen Stücken instrumental aufführbar ist. Manche Kompositionen (zum Beispiel »Herr, unser Herrscher«) sind so eingerichtet, dass pro Chor nur eine einzige, aber beliebige Stimme gesungen werden kann, während dann alle anderen instrumental auszuführen wären. Das wirkt fast so, als bestünde das nachtridentinische Problem der Residenzpflicht (und der daraus folgenden Auflösung der Pracht-Ensembles der Konvente) auch in lutherischen Gebieten. Tatsächlich gab es in ihnen ein ähnliches Problem: Nicht jede Stadt verfügte über ein so umfangreiches Ensemble wie der Dresdner Hof. Stadtpfeifer konnten also Einzelstimmen übernehmen, sofern eine pro Chor als gesungener Part übrig blieb; ebenso ließ sich die Doppelchörigkeit auf eine schlichte Zweistimmigkeit reduzieren, sodass der gesamte restliche Satz einem Organisten zufiel. Um hier den von Viadana umschriebenen Klangrisiken entgegenzuwirken, spielte Schütz einen weiteren seiner Trümpfe aus: den des Sängers. Denn die Beliebigkeit, irgendeine Stimme auszuwählen, war künstlerisch nur dann attraktiv, wenn jede so geführt wurde, als sei sie die Hauptstimme. Auch Binnenstimmen haben musikalisch »dankbare« Linien – etwas, das Schütz-Interpreten bis heute auch in reinen Vokalensembles erleben. Vielleicht handelte er aus individueller Erfahrung, denn für ihn wird 1630 als Stimmangabe mitgeteilt: »Der Churfl. S.[ächsische] Capellmeister singet einen Alt.«[45]

Um das obere Ende diese Potenziale auszuloten, trifft Schütz in einigen Stücken präzise Festlegungen. In der Jesaja-Vertonung »Zion spricht: Der Herr hat mich verlassen« fordert er für einzelne Stimmen zwingend Gesang, für andere Instrumentalspiel – und erreicht damit, dass sich das gesamte Klangpotenzial des Instrumentariums, von der Bassposaune bis zum Zink, auf dem Raum von dreieinhalb Oktaven um den Gesang herum fügt. Und dabei bietet Schütz auch das genaue Gegenteil des Eingangspsalms, denn hier ist das »Zion spricht« dem »starcken Gethön« zugewiesen, die Fortführung hingegen Einzelstimmen aus beiden »Favoriti«-Chören: Es ist nicht Gott, der hier spricht, sondern sein auserwähltes Volk in der Gefangenschaft. Noch delikater wird der Satz in der Jeremia-Vertonung »Ist nicht Ephraim mein teurer Sohn« – ein Stück, für das Schütz, um es komponieren zu können, unweigerlich Einblicke in die italienische Solomusik des frühen 17. Jahrhunderts gewonnen haben musste. Und für einen der Texte legt er sogar zwei verschiedene Kompositionen vor: »Wohl dem, der den Herren fürchtet« (Nr. 7 und 23). Sie markieren die Eckpunkte zwischen der inneren Varianz eines achtstimmigen Satzes und jenen Festlegungen der Besetzung.

Insofern ist für Schütz' *Psalmen Davids* das Universelle die Richtschnur. Nahezu jedes Ensemble kann diese Musik aufführen; »die richtige« Besetzung gibt es nicht. Sogar eine Aufführung mit großen Chören, wie sie das späte 19. Jahrhundert hervorgebracht und das 20. Jahrhundert gepflegt hat, wirkt »korrekt«, in der elementaren Zweichörigkeit gewissermaßen als ein künstlerisches Minimum dessen, was sich mit der Musik leisten lässt. Jede Verfeinerung aber gehört ebenso zum Konzept: die solistische Besetzung der Singstimmen, deren Flankierung mit Instrumenten (oder auch allein mit einer Orgel), vor allem aber die Potenzierung der Musik in die Räumlichkeit einer Kirche hinein. Essenziell ist die Pracht, nicht die Beschränkung.

Das muss als Botschaft Schütz' verstanden werden; denn auf dieselbe Weise lässt sich auch mit dem insgesamt schon älteren Repertoire verfahren, mit dem Bodenschatz die nachtridentinische Prägnanz erstmals in einer umfassend sächsischen Publikation zusammengefasst hatte. Der Ideengeber dieser Sammlung, Calvisius, war seit 1615 tot.

Geistliche Musik und sächsische Politik

1619, zwei Jahre nach dem Kaiserbesuch und dem Reformationsjubiläum, war Schütz vom Diener eines politisch herausragenden Hofes zu einem von dessen Aushängeschildern geworden. Seine Musik sollte den Landständen ein Vorbild sein: So, wie sie beschaffen war, sollte im ganzen Kurfürstentum musiziert werden. Und auch anderen Reichsständen gegenüber zeigte der Kurfürstenhof kulturell Flagge. Die Musik Schütz' hatte den ausdrücklichen Zweck, nach außen zu dringen.

Dies prägte Schütz' Wirken mindestens für die folgenden 30 Jahre. Werke, die außerhalb dieses politischen Feldes entstanden, sind von ihm nur in geringem Ausmaß bekannt und erhalten geblieben: ein paar Kompositionen für private Anlässe von Gleichrangigen (»bürgerliche« Hochzeits- und Begräbnismusiken). Ansonsten treten die weltpolitischen Anliegen des Hofes hervor: Schütz war für die »gute Stimmung« verantwortlich, präsentierte (aus lutherischer Richtung) auch für die Ohren katholischer Fürsten plausible Musik, in aller Pracht – so, dass Sachsen damit punkten konnte.

1621 hatte Johann Georg für den Kaiser einen Ausgleich zwischen diesem und den schlesischen Ständen herbeigeführt und nahm nun in kaiserlichem Auftrag in Breslau die Huldigung entgegen; Schütz sorgte mit zwei Kompositionen (*Syncharma musicum* SWV 49 und »Teutoniam dudum« SWV 338) für einen attraktiven musikalischen Rahmen.[46] 1627, beim Treffen der Kurfürsten in der Freien Reichsstadt Mühlhausen, schrieb Schütz die Friedensbitte »Da pacem, Domine« SWV 465, die sich direkt an die versammelten Souveräne des Reiches wendet; Friede erschien zwingend nötig, nachdem es im Vorjahr bei Lutter am Baremberge eine der frühen verheerenden Schlachten des Dreißigjährigen Krieges (fatal für die lutherische Seite) gegeben hatte. Hinter diesen außenpolitisch relevanten Aktivitäten tritt dann im selben Jahr die Torgauer Fürstenhochzeit fast ein wenig zurück; sie war zuallererst eine Angelegenheit Sachsens, auch wenn wiederum alle nur erdenklichen Staatsgäste zugegen waren. Für das Fest schrieb Schütz zu Martin Opitz' *Dafne* die Musik; sie ist nicht erhalten, und an ihrer Opernnähe bestehen weitreichende Zweifel.[47]

1628 reiste Schütz nach Italien; als Ziel war auf jeden Fall Florenz vorgesehen,[48] und in Venedig hat er sich längere Zeit aufgehalten. Aber auch unterwegs muss er aktiv geworden sein, denn er reiste nicht auf dem direkten Weg; Anfang November berichtet er aus Venedig, er sei wegen der »an den Venetianischen grentzen gesperreten päße« erst verzögert dorthin gelangt.[49] Pässe an den Grenzen der Republik

Venedig gab es nur in den Karnischen Alpen, also an der Verkehrsachse aus Richtung Klagenfurt (der Brenner lag mitten in Tirol); folglich wäre Schütz über Wien gereist – ohne dass man wüsste, was er dort getan hat. Wie auch immer: Die Reise diente nicht einfach Studienzwecken, sondern hatte auch politische Komponenten.

1631 versammelten sich die lutherischen Reichsstände in Leipzig, um über die Abwehr des Restitutionsedikts zu beraten, das den Augsburger Religionsfrieden (»cuius regio, eius religio«) infrage stellte und die Einziehung geistlicher Territorien verbot; wieder war auch Schütz mit von der Partie, nur weiß man nicht genauer, was er hier zur Aufführung brachte – vielleicht unter anderem sein Psalmkonzert »Herr, der du bist vormals genädig gewest deinem Lande« SWV 461.[50] Jedenfalls hatte dieses Musizieren Folgen für Schütz in dessen nächsten beiden Jahrzehnten seines Wirkens: Bei (oder kurz nach) diesem Treffen lernte der dänische Kronprinz Christian seine Braut kennen, die sächsische Prinzessin Magdalena Sibylle – und ebenso Schütz' Musik, die er daraufhin auch bei seiner Hochzeit in Kopenhagen erleben wollte.[51]

Auf ähnliche Weise lässt sich für nahezu jede Werksammlung, die Schütz in Druck gab, zugleich auch eine allgemein-, glaubens- oder kulturpolitische Intention erkennen. »Politisch« bezieht sich dabei nicht auf die musikalische Essenz der geistlichen Kompositionen, sondern auf das Gesamtanliegen der Druckausgaben. Dies gilt zuerst für die *Cantiones sacrae*, die Schütz 1625 dem böhmischen Fürsten Hans Ulrich von Eggenberg widmete. Warum aber gerade diesem, einem Ex-Lutheraner? Leuchtet man das historische Umfeld aus, zeichnet sich eine Antwort ab.[52] Das brisante konfessionelle Verhältnis, das sich in der zweiten Hälfte des 16. Jahrhunderts im Dreieck zwischen Katholiken, Lutheranern und Calvinisten aufgebaut hatte, war in der Frühzeit des Dreißigjährigen Krieges nochmals komplizierter geworden. Die Böhmen hatten sich vom (katholischen) Kaiser abgewandt und den (calvinistischen) Kurfürsten von der Pfalz zum König gewählt; für Sachsen kam nach dessen jüngster Geschichte ein Calvinist als Bündnispartner nicht in Betracht. So blieb Johann Georg nur, den Kaiser bei dessen erfolgreichen Versuchen zu unterstützen, Böhmen wiederzugewinnen. Doch ging der Kaiser aufs Ganze: Nicht nur der Calvinismus in Böhmen wurde unterbunden, sondern auch die böhmischen Lutheraner gerieten unter Druck. 1622 wurde in Prag die lutherische Gemeinde aufgelöst; aufgebaut hatte sie zuvor kein anderer als der sächsische Oberhofprediger Hoë von Hoënegg. Alle Interventionen des sächsischen Hofes (und anderer lutherischer Fürsten) beim Kaiser blieben erfolglos. Schütz' Sammlung nun lässt sich in diese Aktivitäten einreihen: Eggenberg war der engste Vertraute des Kaisers, war lutherisch erzogen worden und stand vermutlich auch deswegen dem späteren, scharf antilutherischen Restitutionsedikt zurückhaltend gegenüber. Er also war eine gute Adresse dafür, einen neuerlichen Vorstoß im Sinne konfessioneller Deeskalation in Böhmen zu versuchen. Die Wahl genau der lateinischen Texte, die in den *Cantiones sacrae* vertont sind, erscheint unmittelbar auf dieses Ziel abgestimmt: Sie finden sich im Überschneidungsbereich katholischer und lutherischer Andachtsschriften schon der 1550er-Jahre und greifen Gedanken der Schwermut auf, die Kaiser Ferdinand begleiteten.

Daher arbeitet Schütz hier auch mit weitgehend zurückgenommenen kompositorischen Wagnissen; die *Cantiones sacrae* sind weitaus weniger madrigalähnlich als die

Motecta seines einstigen venezianischen Mitschülers Gallus Guggumos. So scheint sich das Projekt direkt an den Kaiser zu wenden. Doch die Zeit war nicht reif für einen Erfolg. Die Widmungsvorrede Schütz' trägt das Datum des 1. Januar 1625; ein Vierteljahr später war das Patent Albrecht von Wallensteins (der Eggenbergs Unterstützung genoss) als Anführer des kaiserlichen Heeres perfekt. Und damit kam es zu einer Verschärfung der militärischen Spannungen im Reich.

Auch der nächste Werkdruck Schütz' ist ohne Glaubenspolitik nicht zu verstehen: der *Becker-Psalter* von 1628. Worum ging es? Cornelius Becker hatte die 150 Psalmen als Lieder nachgedichtet – als Gegenentwurf zur deutschen Übersetzung des »Genfer Psalters« durch Ambrosius Lobwasser, die, 1576 erschienen, noch vom Denken der »philippistischen« Zeit Sachsens getragen ist. Wie im vorigen Kapitel erwähnt, dichtete Becker seine Texte zu Melodien lutherischer Lieder. Wenn Schütz nun zu 92 dieser Gedichte neue, eigene Melodien (und daraufhin auch neue Sätze) schrieb, vermittelt er, dass erst damit das Becker-Projekt zu Ende geführt sei.[53] Gewidmet wurde das Werk Kurfürstin Hedwig, der Frau von Johann Georgs verstorbenem Vorgänger und Bruder Christian II. Dieser war der erste Kurfürst nach den calvinistischen Sympathien seines Vaters Christian I. gewesen. Hedwig war eine geborene dänische Prinzessin; jede dieser Königstöchter seit der Reformation stand stramm auf lutherischem Boden – auch Hedwigs Tante Anna, die Kurfürstin des mittleren 16. Jahrhunderts, oder Hedwigs mit dem Herzog von Gottorf verheiratete Schwester Augusta, die, als ihr Mann einen calvinistischen Prediger für seine Schlosskapelle bestellt hatte, allsonntäglich die fünf Kilometer zum Schleswiger Dom zurücklegte, um dort einen lutherischen Gottesdienst erleben zu können.[54]

Die politische Dimension der beiden »dänischen« Drucke Schütz' ist ebenso unverkennbar. Die *Symphoniae sacrae II* widmete Schütz seinem Förderer, dem Kronprinzen Christian: Dieser hatte für die musikalische Ausgestaltung seiner Hochzeit Schütz gewonnen; in seinem Schloss Nykøbing auf der Insel Falster baute er eine exzellente Hofkapelle auf, und mindestens dort wurden (nicht zuletzt während einer zweiten Dänemark-Reise Schütz', 1642–1644) einige der Stücke, die in dem Band enthalten sind, aufgeführt. In der Kapelle des Prinzen, in der der einstige sächsische Musikzögling Matthias Weckmann als Organist wirkte, lag eine Schlüsselrolle bei dem Sopran-Falsettisten Agostino Fontana;[55] ihm könnten manche der zahlreichen Soprankompositionen in den *Symphoniae sacrae II* quasi auf den Leib geschneidert worden sein. 1647 also fasste Schütz diese Kompositionen (und weitere) in jenem Druck zusammen, der dem Kronprinzen auf einer Bäderreise nach Böhmen in Dresden überreicht werden sollte. Und offensichtlich hatten der Königssohn und Schütz schon eine gemeinsame Zukunft geplant, in der auch Fontana eine Rolle spielen sollte – ein Projekt, in das auch der sächsische Kurprinz Johann Georg II. eingebunden war.[56] Doch dann starb 1647 Christian vor den Toren Dresdens, und so fiel dieses kulturpolitische Projekt, das Schütz über Jahre hinweg aufgebaut hatte, in sich zusammen wie ein Kartenhaus. Fontana wurde Kapellmeister in Kopenhagen und starb 1650; weitere Dresdner Kontakte zu ihm scheint es nicht gegeben zu haben.[57] Und selbst wenn wirklich Schütz es war, der dem dänischen Hof daraufhin Kaspar Förster als neuen Musiker vermittelte,[58] blieb dies für ihn selbst ohne Folgen.

Noch klarer politisch motiviert ist der andere dänische Druck Schütz', die *Kleinen geistlichen Konzerte II*. 1639 wurden sie dem nächstjüngeren Sohn König Christians IV., Frederik, gewidmet, der eine Schlüsselstellung im konfessionspolitischen Gefüge Norddeutschlands innehatte. Sein Vater hatte für ihn die typische Aufgabe eines zweitgeborenen Herrschersohnes ins Auge gefasst, eine Sekundogenitur: auf der Machtbasis einesteils der dänischen Anteile an Schleswig-Holstein, andernteils zweier ehemals geistlicher Gebiete, des Erzstifts Bremen und des Hochstifts Verden. Regierungszentrum dieses Gesamtverbundes sollte das 1617 an der Elbe gegründete Glückstadt sein. Frederiks Funktion war 1629 doppelt wichtig geworden: Sein Vater hatte sich im Frieden von Lübeck (Mai 1629) verpflichten müssen, sich – nach seiner glücklosen Heerführerrolle – fortan aus Vorgängen des Heiligen Römischen Reiches Deutscher Nation herauszuhalten. Das war eine sinnlose Vorschrift, da dänische Könige wegen ihrer holsteinischen Besitzungen auch deutsche Reichsfürsten waren. Zudem verkündete der Kaiser im März 1629 das Restitutionsedikt:[59] Gerade die beiden geistlichen Gebiete des Elbe-Weser-Raumes waren von der anschließenden Rekatholisierung betroffen, und beim Leipziger Konvent von 1631 war auch Frederik zugegen, der allerdings gerade ohne Anwartschaft auf eines der geistlichen Gebiete dasaß. 1635 war er dann in seine Funktionen eingesetzt, 1638 allerdings nochmals durch eine kaiserliche Invasion bedrängt worden. Dass nun der sächsische Kapellmeister dem dänischen Königssohn, dem das Eintreten für diese Machtansprüche zur Lebensaufgabe gemacht worden war, den Werkdruck widmete, lässt sich als offizielle sächsische Unterstützungszusage für die dänischen Machtinteressen verstehen. Doch auch Frederiks Leben entwickelte sich schließlich anders: Nach dem Tod des älteren Bruders rückte er in der Thronfolge auf und wurde nach dem Tod des Vaters (1648) als Frederik III. dessen Nachfolger.

Am ehesten noch unpolitisch wirkt die Auferstehungshistorie von 1623; ein zentrales politisches Anliegen steht jedoch hinter den *Musikalischen Exequien* (1636). Denn sie bildeten – als Musik und als deren Druckausgabe – einen Teil des Staatsbegräbnisses von Heinrich II. Posthumus Reuß, Herrscher über Schütz' Heimatterritorium. Politische Motivationen sind schließlich für die drei Drucke unverkennbar, die Schütz dem Kurfürsten bzw. dessen Sohn Johann Georg II. widmete und die mit dem jeweiligen Wappen geziert sind: Den *Psalmen Davids* des Jahres 1619 folgte mit einer Dedikation an den Fürsten 1651 der dritte Teil der *Symphoniae sacrae*, dazwischen deren erster, lateinischer Teil, den Schütz in Venedig dem Prinzen widmete. So müssen noch zwei weitere Drucke eingehender betrachtet werden: die *Kleinen geistlichen Konzerte I* von 1636 und die *Geistliche Chor-Music* von 1648.

Die erste der beiden Sammlungen hat zu Missverständnissen Anlass geboten. Schütz schreibt zu Beginn seiner Widmung an Heinrich von Friesen:

> Welcher gestalt unter andern freyen Künsten, auch die löbliche Music, von den noch anhaltenden gefährlichen Kriegs-Läufften in unserm lieben Vater-Lande, Teutscher Nation, nicht allein in grosses Abnehmen gerathen, sondern an manchem Ort gantz niedergeleget worden, stehet neben andern allgemeinen Ruinen und eingerissenen Unordnungen, so der unselige Krieg mit sich zu bringen pfleget, vor männigliches [= aller] Augen. […] Unterdessen aber, und damit mein von GOtt verliehenes Talentum in solcher edlen Kunst nicht

gantz ersitzen bleiben [= zum Stillstand kommt], sondern nur etwas weniges schaffen und darreichen möchte, habe ich etzliche kleine Concert auffsetzen, und gleichsamb als Vor-Boten meiner Musicalischen Werck, zur Ehre Gottes anjetzo heraußgeben [...] wollen.

Sicher: Die Kriegszeit mag nicht zum Ausbau der Mehrchörigkeit getaugt haben, wie Schütz sie 1617 in der Dresdner Schlosskapelle entfaltet und mit dem Siegel des Kurfürsten 1619 ins Land hinausgetragen hatte. So viele Musiker ließen sich allenfalls noch für das reußische Staatsbegräbnis von 1636 in Gera aufbieten: In den ersten beiden Teilen der *Musikalischen Exequien* wurden die beiden Chöre zweifellos auf den Kirchenraum verteilt; im abschließenden dritten setzte Schütz sogar einen ersten Chor »allernechst bey Orgel« und einen zweiten Chor »in die ferne geordnet« voneinander ab. Doch diese Kunst war auch in Italien, also fern des Dreißigjährigen Krieges, weitgehend zurückgedrängt worden; das Interesse galt nunmehr den »Concerti« weniger Stimmen, teils vokal, teils instrumental. Wenn Schütz in den *Kleinen geistlichen Konzerten I* genau diese Gattung »bediente«, leistete er also einen Beitrag zur aktuellen Stilentwicklung; dieser Musik hing die Geringstimmigkeit gerade nicht als Defekt an. Ohnehin lagen einige Stücke dieser Art als Frühfassungen schon in den späten 1620er-Jahren vor (etwa, mit reichen Verzierungen, »Erhöre mich, wenn ich rufe« SWV 289 für zwei Soprane[60]) – also in einer Zeit, in der Schütz auch personell aus dem Vollen schöpfen konnte. Gering- und Vollstimmigkeit sind somit zwei Spielarten seines Stils, nicht Indikatoren für Krieg und Frieden.

Doch vor allem: Es wäre ein Affront gewesen, Heinrich von Friesen als hohem Funktionsträger der Staatsgewalt groß besetzte Musik zuzueignen, die dieser sich nicht hätte anhören können. Denn dafür stand ihm das erforderliche Personal ohnehin nicht zur Verfügung. Schütz schreibt im Vorwort, Friesen sei »in der Edlen Kunst der Music [...] wolerfahren und derselben ein grosser Liebhaber«. So handelt es sich um einen kulturellen Imperativ: Auf der sozialen Stufe Friesens war es – trotz des Krieges – möglich, Musik dieses unzweifelhaft modernen Stils aufzuführen; andere konnten dasselbe tun, und daher ließen sich die Werke auch im Druck veröffentlichen. Ähnlich gilt dies für den »dänischen« zweiten Teil: Im Umkreis Frederiks kann es 1639 keine großen Kapellstrukturen gegeben haben; sein norddeutscher Sekundogenitur-Hof kam offensichtlich nie über eine Aufbauphase hinaus. Umso wichtiger ist, dass die Stücke dieses zweiten Teils aufwendiger gestaltet sind als die des ersten – und dass sie einen Nerv der Zeit trafen. Denn noch im Jahr des Erscheinens kopierte Johann Rudolph Radeck, damals Organist in Flensburg (als altem Machtzentrum Dänemarks für Schleswig und Holstein), zahlreiche der Stücke für seine innovative musikalische Praxis.[61] Dass Orgelvirtuosen im nördlichen Mitteleuropa nicht mehr nur solistisch spielten, sondern um sich herum auf den beengten Orgelemporen exklusive Virtuosen gruppierten, nahm in jener Zeit gerade seinen Anfang.

Die *Geistliche Chor-Music* schließlich, die Schütz 1648 der Stadt Leipzig widmete (und damit: ihrem Musikensemble, den Thomanern, zum Gebrauch), ist als scheinbar traditionelle Motettenkunst wie ein Gegenpol zu der Geringstimmigkeit behandelt worden: als Auftrag an junge Musiker, dass, »ehe Sie zu dem concertirenden Stylo schreitten, Sie vorher diese harte Nuß (als worinnen der rechte Kern, und das rechte Fundament eines guten Contrapuncts zusuchen ist) auffbeissen, und darinnen ihre erste Proba ablegen möchten«, wie es in der Vorrede heißt. Ein Zusatz, der Schütz wichtig war, wird in den Zitaten dieses Gedankens meist übergangen: Auch »dieser Stylus der Kirchen-Music ohne den Bassum Continuum« sei »nicht allezeit einerley [= dasselbe]«; es handelt sich also nicht um Werke, in denen beim Aufführen keine Variabilität möglich sei. Vielmehr könne eine in diesem Stil gehaltene Musik »in Vocal- und Instrumental-Partheyen vertheilet«, also im Sinne der mittlerweile jahrzehntealten Praxis gemischter Besetzungen aufgeführt werden. Diese geistliche »Chor«-Musik ist insofern nicht das, was Generationen jüngerer Musiker aus ihr gemacht haben: eine zwingend rein vokale Musik. Zudem verwahrt Schütz sich ausdrücklich gegen die Polarisierung, die in der Folge dieser jüngeren Praxis entstanden ist. Er will diese Werke nicht als allein gültiges Modell betrachtet sehen und schreibt, man könne sich »in einem und dem andern Stylo als ein helles Liecht fürleuchten, und auff den rechten Weg zu dem Studio Contrapuncti anführen« lassen. So ging es Schütz auch hier um Stilbildung, ausgehend von der Musik des wichtigsten Musikensembles in Sachsen neben der Dresdner Hofkapelle. Was dies im Ganzen bedeutet, ist eine musikalische Frage, die in der Folge eigens beantwortet werden muss.

»Viel tausend schöne Stück«: ein Querschnitt durch Schütz' kirchenmusikalisches Profil

Georg Weiße liefert die Zahlenangabe »viel tausend« in seinem Nachrufgedicht. Auch dann, wenn sie aus dichterischer Freiheit entsprungen ist, macht sie betroffen. Das Schütz-Werke-Verzeichnis zählt etwas mehr als 500 Kompositionen; das wirkt ansehnlich. Verteilt jedoch auf über 60 Schaffensjahre, wären jedem von ihnen etwa acht zuzuordnen, darunter nur wenige lange, aber viele ausgesprochen kurze. Dies macht deutlich, dass man in der Annäherung an Schütz von vornherein einen erheblichen Anteil verlorener Werke mit einzukalkulieren hat. Vieles davon mag bei der Beschießung Dresdens im Siebenjährigen Krieg vernichtet worden sein, als auch das Kapellhaus (mit seinen Sammlungen älterer Noten) in Flammen aufging.[62] Anderes schimmert 1638 und 1662 aus den Kapellinventaren Kassels und Weimars hervor: Unter Schütz' Namen (oder Initialen) werden zahlreiche Titel aufgelistet, ohne dass die zugehörigen Werke irgendwo erhalten geblieben wären.[63] Und so erscheint es auch voreilig, in den Drucksammlungen Spuren der Kompositionen identifizieren zu wollen, die Schütz für festliche Anlässe geschrieben hat: Wenn in seiner künstlerischen Biographie an zwei Stellen derselbe Text genannt, aber nicht mit zwei identischen Besetzungen verbunden wird, können hinter den Werknennungen durchaus auch zwei völlig verschiedene Kompositionen stehen. Zudem: Immer wieder wird Schütz als gewandter Tastenmusiker erwähnt, ohne dass auch nur eine einzige Probe seiner Kunst vorhanden wäre. Und schließlich hatte Schütz neben allem Exzeptionellen auch einen irgendwie gearteten Alltag, der nicht erst in der zweiten Reihe stand, sondern zur Inszenierung des Kurfürsten gehörte.

So lässt sich anhand von Notenhandschriften und dokumentarischen Hinweisen erkennen, dass viele Drucke auch Werke enthalten, die zum Zeitpunkt der Drucklegung schon Jahre alt waren. Besonders markant ist die Situation für »Anima mea liquefacta est«, 1629 in Venedig in die *Symphoniae sacrae I* aufgenommen: Es ist eines der Klangexperimente Schütz', mit dem er sich die Überlegung Monteverdis, satztechnische Regelwerke um des Textausdrucks willen preiszugeben, besonders weitgehend zu eigen macht.[64] Doch es entstand nicht erst in Venedig; eine Frühfassung lag schon in Dresden vor und findet sich um 1626/30 in demselben Pirnaer Gebrauchsmanuskript, in dem auch »Erhöre mich, wenn ich rufe« enthalten ist – das später (1636) in die *Kleinen geistlichen Konzerte I* aufgenommen wurde, dort aber ohne die reichen Verzierungen. In relativ kurzem Zeitabstand mögen Schütz' mehrchörige Experimente des Jahres 1617 einen Abglanz in den *Psalmen Davids* gefunden haben. Und in den *Symphoniae sacrae II* (1647) sind neben Stücken, die vor den Ohren des dänischen Widmungsempfängers erklangen, auch solche enthalten, die schon in den 1630er-Jahren nach Kassel gelangten. Den weitesten Bogen schließlich schlägt Schütz mit »Siehe, wie fein und lieblich ist«, das er 1619 für die Hochzeit seines Bruders Georg mit der Tochter seines Leipziger Verlegers und Buchhändlers Friedrich Große geschrieben hatte – und das den Rahmen der Privatdrucke erst 31 Jahre später verließ, als es in die *Symphoniae sacrae III* einging.

So überlagern sich zwei unterschiedliche Gedanken: auf der einen Seite die politischen Absichten, mit denen die Musikdrucke verknüpft werden können, auf der anderen die Konzeption der musikalischen Inhalte. Im Rahmen der jeweiligen Gattung spiegeln die Drucke, was Schütz über längere Zeit hinweg in seinem Hofalltag komponiert hatte. Dieser wiederum lässt mehrere Zielrichtungen erkennen, die Schütz dauernd parallel zueinander verfolgte, ohne sie in Konkurrenz zueinander zu sehen; es lässt sich nicht sagen, dass eine Stilrichtung ihm mehr am Herzen gelegen habe als eine andere. Grundkomponenten, die er schlichtweg phänomenal beherrschte, lagen schon in der Musiksituation um 1600 auf der Hand. Textverständlichkeit in mehrstimmiger Musik entsteht zuallererst aus Respekt vor dem Deklamationsrhythmus; das war eine der Grundlagen des italienischen Madrigals seit seinen Anfängen. Bildhafte Anschaulichkeit der Komposition ist ein weiteres Madrigalresultat, das als nachtridentinische geistliche Musik Italiens auch das lutherische Denken befruchtete. In Schütz' italienischen Madrigalen kommen, wie eingangs im Vergleich mit Monteverdi dargestellt, auch spezielle Techniken der Abschnittsbildung hinzu; diese Kombinatorik ließ sich auch auf Bibeltexte anwenden und führte zugleich in den Kompositionen zur Überwindung von Kleinteiligkeit.

Ferner ist ihm, wie für die *Psalmen Davids* geschildert, die Gleichbehandlung der Stimmen im mehrstimmigen Vokalsatz musikalisch zur zweiten Natur geworden. Gesangsparts können zudem ausgesprochen virtuose Elemente enthalten wie in den *Symphoniae sacrae I* all die Abschnitte, in denen allein die Singstimme den rhythmischen Fortgang garantiert: etwa an Beginn und Schluss des ersten Stücks, »Paratum cor meum«. Hier schafft Schütz einen Raum dafür, am Ende eine Solokadenz und am Beginn eine ähnlich freie Gestaltung zu improvisieren. Die Verzierungen in der handschriftlichen Quelle zu »Erhöre mich, wenn ich rufe« zeigen, dass Schütz dieses virtuose Element italienischer Prägung schon nach dem ersten Venedig-Aufenthalt beherrschte. Und ebenso gehören die extrem weitgespannten Melismen der *Symphoniae sacrae II* in diesen Rahmen. Diese Solotechniken dringen schließlich auch in Einzelstücke der *Psalmen Davids* ein: als Potenzierungen der »bloßen« Mehrchörigkeit, die diese Werke ansonsten prägt.

Mit diesen stilistischen Überlegungen kann man zurückkehren zur Vorrede der *Geistlichen Chor-Music.* Sie lässt sich im Hinblick darauf neu lesen, welche musikalische Vorbildung aus Schütz' Perspektive junge Menschen der Zeit an Lateinschulen erhielten. Normalerweise gingen sie, wie im 3. Kapitel beschrieben, nach Erlernung des Elementaren mit dem Kanonsingen zum musikalischen Ernstfall über. Kleinere Kompositionen entstanden schon, wenn zwei Soprane (kanonähnlich verknüpft) über einem Generalbassfundament musizierten; mit ihm ließen sich satztechnische Mängel ausbügeln, die bei der Kanon-Koppelung entstanden. Das mag einer der Gründe gewesen sein, weshalb Schütz gerade in der *Geistlichen Chor-Music*, die sich auf ein schulisches Musizieren ausrichtet, so massiv für den Kontrapunkt eintrat: Dieser müsse sich selbst tragen können, also auch ohne jene Generalbass-Absicherung. Und mit jenen einfachen Kanontechniken war weder die Binnengestaltung des Satzes noch das Wechselspiel gleichberechtigter Stimmen im Hinblick auf die Abschnittsbildung in Sichtweite gekommen; beides gehört elementar zu Schütz' Stil. Daher wirkt es konsequent, wie weitgehend Schütz in der *Geistlichen Chor-Music* auf die sonst so naheliegenden kanonartigen Verknüpfungen der Oberstimmen verzichtet. Da ferner der Thomaskantor Tobias Michael auch die modernen italienischen Verzierungstechniken unterrichtete[65] und sich insofern von dem alten Kantorenkonzept ablöste, entstand tatsächlich der Raum für Neues.

Auch in dem berühmten »Die mit Tränen säen« sind zwei Soprane besetzt; sie werden lediglich in freier Imitation zueinander geführt. So öffnet sich der Blick auf die Räume, die Schütz stattdessen erschloss. Mithilfe von ausgreifenden Wiederholungen fasst er die gegensätzlichen Eingangsgedanken »Die mit Tränen säen – werden mit Freuden ernten« in eine große architektonische Einheit zusammen. Und während das nachfolgende »Sie gehen hin und weinen« sich mithilfe der Harmonik zu »und tragen edlen Samen« öffnet, spielt dieses – insofern janusköpfig – auch in das anschließende »und kommen mit Freuden und bringen ihre Garben« hinein. Also hat Schütz anstelle einer schlichten Reihung eine nur in zwei Großabschnitte gegliederte Komposition geschaffen. Wer also eine musikalische Schulung durchlaufen hatte, wie die *Geistliche Chor-Music* sie eröffnete, war danach umfassend frei dafür, auch über einem Generalbass souverän zu arbeiten.

Schließlich ist aber auch noch ein ganz anderer Aspekt in Betracht zu ziehen: Zu Schütz' musikalischem Denken gehören zwingend die Instrumente. Auf der einen Seite prägen sie die *Psalmen Davids*, vor allem in deren Klangeindruck; auf einer anderen stehen Schütz' Experimente mit spezifisch instrumentalen Techniken. Wer in Schütz' »Anima mea liquefacta est« (aus den *Symphoniae sacrae I*) nur auf den Einsatz der Singstimmen wartet, verpasst ein ultramodernes Ritornell der Zeit – mit einem Aufbau aus Startmotiv, Fortspinnung und Schluss, wie auch noch Bach ihn in seiner Musik einsetzt. Wer nur die Offenheit der Instrumentalbezeichnungen in den *Psalmen Davids* sieht (denen zufolge es gleichgültig sein kann, eine Oberstimme mit einer Violine, einem Zink oder einer Blockflöte zu besetzen), findet keinen Zugang zu einem Schütz, der Geiger auch mit Mehrfachgriffen beglückt (wie in »Freuet euch des Herren, ihr Gerechten« aus den *Symphoniae sacrae II*). Die Einblicke, die Schütz in diese Techniken hatte, erstaunen nicht: Der Dresdner Hof beschäftigte zeitweilig mit Carlo Farina einen herausragenden Geigenvirtuosen der Zeit.

Auch all dies machte das Musizieren Schütz' an jenem so wichtigen lutherischen Hof aus. Es prägte seine Aufgaben schon zum Kaiserbesuch 1617 und bildet sich immer wieder auch in seinen Werken ab. Und nach 1648 entwickelte er diesen Musikstil weiter: bis hin zu den Passionshistorien und der Weihnachtshistorie, auch zu den Kompositionen des *Schwanengesangs*, in dessen Zentrum der 119. Psalm steht – im äußerlichen Fortwirken der alten Mehrchörigkeit, aber eben zugleich in derselben Klangfülle wie in Psalmkompositionen Jüngerer (wie Johann Rosenmüller).

Schütz in seiner Zeit

Schütz hatte mit guten Gründen jahrzehntelang einer Orientierung an der italienischen Musik das Wort geredet: nach seinen Erfahrungen bei Gabrieli, dann während der 1620er-Jahre, als er von Dresden aus eine zweite Reise plante (und sie 1628/29 realisierte). In den frühen 1640er-Jahren gab es eine weitere Begegnung mit zeitgenössischer italienischer Musik (vgl. 8. Kapitel). Nach Kriegsende schien die Zeit reif für einen Aufschwung; doch vor allem angesichts knapper Kassen ließ er auf sich warten, und erst nach dem Tod Johann Georgs I. – zugleich rund zehn Jahre nach Ende der Kriegshandlungen in Mitteldeutschland – nahm er Fahrt auf. Während dieser Jahre hatte Schütz eng mit dem Kurprinzen zusammengearbeitet,[66] aber zugleich mehrfach um Versetzung in den Ruhestand gebeten. Diese wurde ihm nach dem Thronwechsel endlich bewilligt. Doch Ruhe stellte sich in seinem beruflichen Wirken nicht ein. Zwei weitere Jahrzehnte lang bestimmte er den musikalischen Wiederaufbau, und zwar auch dort, wo er schwerer fiel als in Dresden. Georg Weiße dichtete nach Schütz' Tod:

> Es rühmt noch deinen Dienst das grosse Coppenhagen,
> Ingleichen Schlesewick, und Wolffenbüttel auch,
> Das schöne Weimar-Schloß weiß von dir viel zu sagen,
> Wie du da GOtt gelobt nach Assaphs [= Davids Chorführer] Kunst Gebrauch.

In Wolfenbüttel stand er als Berater ebenso zur Verfügung wie in Weimar, wo zu Schütz' sonstiger Italienkenntnis auch Einflüsse aus Polen hinzutraten,[67] ferner besonders – von Weiße nicht erwähnt – in Zeitz. Hingegen ist eine gleichwertige Kapellberatung Schütz' auf Schloss Gottorf bei Schleswig anderweitig nicht nachweisbar.[68] Einen gedanklichen Ansatzpunkt böte die dortige Herzogin, Maria Elisabeth, eine sächsische Prinzessin; da die musikalische Erziehung des kurfürstlichen Nachwuchses zu Schütz' Dienstaufgaben gehörte, muss auch sie in ihren Genuss gekommen sein. Doch damit ist noch keine Basis für weitere Folgerungen gelegt.

Schütz agierte somit lebenslang auf Feldern, die typisch für seine Zeit waren: Mehrchörigkeit und Geringstimmigkeit, vokaler Textausdruck und Instrumentalanteile. Er wirkte mit alledem »öffentlicher« und internationaler als der mit ihm befreundete Thomaskantor Johann Hermann Schein, der zwar vor seiner Berufung in dieses Amt ebenfalls Hofkapellmeister gewesen war (in Weimar), während seines Lebens aber nie den thüringisch-sächsischen Raum verließ (und dennoch im *Israelsbrünnlein* so »italianisierende« Musik schreiben konnte wie kaum ein anderer), oder der Organist Samuel Scheidt, der im »niedersächsischen« Halle die Potenziale seiner niederländischen Ausbildung bei Sweelinck buchstäblich aus-»spielen« konnte. Die extreme Weltläufigkeit, die von Schütz gefordert wurde und die er problemlos ausfüllte, setzt ihn sogar noch von den anderen, musikalisch herausragenden Meistern seiner Zeit ab: als überregionale öffentliche Instanz der musikalischen Kultur.

Das Bild, das schon die Umwelt von ihm gewann, ist geprägt von einer mehrstaatlichen Ausbildung, breiter internationaler Erfahrung und schließlich den umfassenden Kunstresultaten auf all den Feldern, die musikalisch »en vogue« waren. Jede dieser Komponenten war im Luthertum ausdrücklich gewünscht; und jede davon muss schon 1615 sein Auftreten geprägt haben. Denn anders ist das sächsische Ringen um ihn nicht erklärlich: für eine Position, die mit überdurchschnittlich weitreichender Ausstrahlung verbunden war, und zwar neben dem eigentlichen Wirkungskreis (dem Hof) auch im Landesinneren und in der Außenpolitik.

Zweifellos war Schütz ein religiöser Mensch; doch das war jeder Berufskollege auch. Dass er kaum weltliche Musik in Druck gab, zeigt keine individuelle Präferenz, sondern das Operieren des Hofes, dem er unterstand. Staat und Kirche aber waren nicht getrennt; weltliche Musik diente dem geistlichen Selbstverständnis des Hofes, ebenso wie geistliche Musik dessen weltliche Ansprüche unterstrich. Insofern liegt die konfessionelle Bedeutung, die sich mit Schütz' Werk verbindet, auf einer übergeordneten Ebene: Der Staat und das von diesem verkörperte Luthertum hatten ein vitales Interesse an Kunst. Sie zeigte sich in Schütz' Wirken ideal – und zudem international verständlich. In ihrer maximalen Förderung wurde Glaube ausgedrückt, von höchster staatlicher Stelle unübersehbar so gewollt.

Ein »musicus politicus« unter diesen Bedingungen konnte zugleich in Distanz zu den Glaubensdebatten der Zeit stehen. Selbst wo diese nicht blutig waren, wurden sie dennoch in der aktuellen Sprache geführt: harsch und unversöhnlich. Die Musik jedoch war – zu ihrem Glück – an Texte gebunden, die nach wie vor weitgehend der Bibel entstammten oder auch sonst als überzeitlich empfunden wurden wie die tradierten kirchlichen Hymnen oder die Worte des Messordinariums. Schütz' überlieferte Bearbeitungen von Kirchenliedern (ohnehin nur eine kleine Gruppe) sparen die brisanten Texte aus; »Verleih uns Frieden« drückt zwar die Einheit staatlicher und kirchlicher Macht aus, aber ohne Worte wie »und steur des Papsts und Türken Mord«, die im Originaltext von Luthers »Erhalt uns, Herr, bei deinem Wort« stehen. Und die Psalmnachdichtungen Cornelius Beckers, so dezidiert anticalvinistisch das Projekt war, lassen in ihrer Musik die zugrunde liegenden Konfessionsabgrenzungen nicht mehr erkennen. So erscheint Schütz im Rückblick wie ein abgeklärter, ruhender Pol seiner Zeit, der er in der Lebensrealität aber kaum gewesen sein kann. Mehr lässt sich aus der nur ausschnitthaften Werküberlieferung nicht ablesen.

7 »Lasset uns den Herren preisen«
Das Luthertum nach 1648 und das Lied

1648: wie weiter?

Die in der Überschrift formulierte Frage werden sich viele gestellt haben, die nach dem Westfälischen Frieden Wiederaufbau zu betreiben hatten: für die mancherorts stark dezimierte Bevölkerung, für zerstörte Städte und Dörfer, schließlich auch für die Kultur. In Berlin standen im Jahr 1643 von einst 1209 Wohnstätten mehr als die Hälfte leer.[1] Nach der apokalyptischen Zerstörung Magdeburgs sah das Bild dort noch katastrophaler aus; von einst rund 35000 Einwohnern wurden 1639 nur noch 450 gezählt. In der »Fläche«[2] hatte der Krieg einen rund 600 Kilometer langen, breiten Streifen zwischen Brandenburg und Südwestdeutschland besonders hart getroffen: mit Bevölkerungsverlusten von 30 bis 50 Prozent – und elementaren Folgen für die Nahrungsmittelversorgung. In der Lausitz war der Viehbestand um zwei Drittel reduziert; Milch und Fleisch waren Mangelware, ebenso Zugleistung in der Feldarbeit. In Berlin kam es schon in den 1620er-Jahren zu Hungertumulten.[3]

In das Bewusstsein Mitteleuropas hat sich der Dreißigjährige Krieg als archetypische Erfahrung eingegraben, so weit, dass die unmittelbare Nachkriegssituation mit derjenigen am Ende des Zweiten Weltkriegs gleichgesetzt wurde.[4] Doch der Frieden war brüchig; die folgenden Jahrzehnte waren dauernd von Krieg gekennzeichnet, geführt von komplex gestrickten Koalitionen, in denen auch die Schutzmächte des Friedens von 1648, Frankreich und Schweden, eine Rolle spielten. Das Geschehen gipfelte mit Anbruch des neuen Jahrhunderts, als im Großen Nordischen Krieg (der bis ans Schwarze Meer ausgefochten wurde) und im Spanischen Erbfolgekrieg diese beiden Schutzmächte an den Flanken des Reiches tätig wurden, dieses aber durch ihre Bündnissysteme mit erfassten. Wer also glaubt, es habe sich nach der Mitte des 17. Jahrhunderts ein kontinuierlicher Wohlstands- und Kulturaufbau vollziehen können, verschließt die Augen davor, auf welche Weise jene archetypische Erfahrung in einen Dauerzustand überführt wurde. 1657 wurde Itzehoe in Brand geschossen, 1689 Heidelberg und Hirsau, 1712 Stade. Das Menetekel Magdeburg stand keiner Kriegspartei jemals warnend vor Augen.

Neu nach 1650 war, dass die Höfe noch mehr Anziehungskraft als vor dem Krieg generierten. Das kam der Musik zugute, in den ersten Jahrzehnten speziell der geistlichen; das kulturelle Klima war nach wie vor religiös geprägt. Zudem erlangte an den Höfen italienische Musik neue Bedeutung. Auf dem »flachen Land« war die Situation folglich anders: ärmlicher, aber auch mit einer klareren inneren Betroffenheit gegenüber den Kriegserfahrungen. Was die konfessionelle Identität angeht, stand zuallererst Sammlung auf der Tagesordnung: Neuversicherung des Selbstverständnisses, auch dessen, was man überhaupt noch glauben konnte. Letztlich war dies ein Nährboden für das, was sich bis zum Ende des 17. Jahrhunderts als Pietismus formierte: die Forderung nach einer individuellen Erneuerung des Glaubens. Was aber entstand aus all diesem in musikalischer Hinsicht?

Um dies zu ergründen, ist eine Differenzierung nötig. Denn weite Teile des nordwestdeutschen Raums wurden von der »archetypischen« Kriegserfahrung erst nach 1648 erfasst. Bis dahin hatten vor allem die Hansezentren Hamburg und Lübeck vergleichsweise ruhige Jahrzehnte zugebracht, ebenso die nicht dänisch regierten Gebiete in Schleswig und Holstein, ferner Lauenburg und das Land Hadeln (südlich der Elbmündung) sowie Oldenburg; in einer teuer erkauften Neutralität gegenüber den Kriegsparteien blieben sie von Zerstörungen weitgehend verschont. Daher auch begegneten dort die Herrschenden wie die Bevölkerung den mitteldeutschen Vorformen des Pietismus mit einer Mischung aus Verständnislosigkeit und Ablehnung. Was das Ganze sollte, war schlichtweg nicht einzusehen; schon an den konfessionellen Irritationen des späten 16. Jahrhunderts hatten die Bewohner dieser Regionen keinen Anteil gehabt, sondern an dem Luthertum weitestgehend festgehalten, das die Reformation selbst vermittelt hatte. So stellte sich die Frage »1648: wie weiter?« für weite Teile des nördlichen Mitteleuropa gar nicht. Was sich stattdessen ergab, muss man also genauer ansehen.

Die Frage »1648: wie weiter?« betrifft jedoch auch das 20. Jahrhundert. Damit, dass Johann Georg II. (als sächsischer Kurprinz) italienische Musiker nach Dresden zog, begann für Generationen lutherischer Musikfreunde die »Zeit zwischen Schütz und Bach«, ein halbes Jahrhundert, zu dem in der Musikpraxis für lange Zeit die Zugänge fehlten. »Nicht mehr wie Schütz« und »nicht genügend deutsch-lutherisch« mögen die Bewertungen auf der einen Seite gelautet haben, »noch nicht wie Bach« auf der anderen.

Die Ursache hierfür liegt darin, wie sich das Musikverständnis seit spätestens 1800 gegenüber Älterem geöffnet hatte.[5] Bis dahin galt als unumstößlich, dass die jeweils zeitgenössische Musik die beste überhaupt sei; doch über die englische Händel-Begeisterung kam eine neue, nun historisch orientierte Note ins Spiel, die sich in der deutschen Bach-Begeisterung fortsetzte und von der Feststellung flankiert wurde, dass auch Jahrzehnte nach dem Tod Mozarts dessen Musik partout nicht veralten wollte. Auf diese Weise sah sich das Musikpublikum zunehmend in einer gewachsenen Tradition, ansetzend in der Jugendzeit Bachs und Händels um 1700. Parallel dazu hatte die katholische Kirche eine ältere Musikgeschichte für sich entdeckt: mit der Erschließung von Quellen zum gregorianischen Choral und zur Musiktheorie des Mittelalters. Damit stieß sie bis ins Reformationsjahrhundert vor, zunächst bis zu Josquin. Dort war zugleich der traditionelle Fluchtpunkt des musikhistorischen Bildes in Sichtweite: Palestrina.

So verblieb in den Kulturkonzepten zunächst eine Lücke von 150 Jahren, zwischen der Mitte des 16. und dem Anbruch des 18. Jahrhunderts. 1834 unternahm Carl von Winterfeld einen ersten Versuch, sie zu verengen: mit seinem Buch *Johannes Gabrieli und sein Zeitalter*, das zugleich einen Weg zu Schütz und Monteverdi öffnete, allerdings zunächst nur für einen kleinen Expertenkreis. Erst an der Schwelle zum 20. Jahrhundert wurden Erfolge damit erzielt, den Zugang abzusichern; von Josquin und Palestrina ergab sich nun ein Weg bis zur Mitte des 17. Jahrhunderts.

Vieles ist seither geschehen: Die »norddeutsche Orgelkultur« wurde erschlossen, auch die Vokalmusik ihres Traditionskreises (mit einer zentralen Stellung Dieterich Buxtehudes) und die Werke der Thomaskantoren vor Bach. Doch es ist eine eigene Herausforderung, mit einem theoretisch-historiographischen Konzept die Lücke zu schließen, die der Musikgeschichtsschreibung seit jenen Urzeiten anhaftet.[6] Letztlich ähnelt die Situation einem Tunnelbauprojekt, bei dem von zwei Endpunkten ausgehend Stollen in einen Berg vorgetrieben werden; dass sie einander treffen, lässt sich zwar in der Geologie vorausberechnen, nicht aber in einem so vagen »Milieu« wie der Kulturgeschichte. Die Frage »1648: wie weiter?« umschreibt das kritische Verbindungsglied: Gibt es tragfähige Konzepte dafür, musikalische Vorgänge der Zeit bis Schütz und derjenigen seit Bach miteinander zu verbinden? Dem kirchenmusikalischen Zugang kommt dabei – in jener weiterhin konfessionell geprägten Gesellschaft – eine Schlüsselrolle zu. Sicher: Die Entwicklungen müssen nicht linear »von Schütz zu Bach« geführt haben, denn selbstverständlich gab es Musik des Luthertums auch neben Schütz, die ein Eigenleben entfaltete, ebenso neben Bach; und nicht alles, was der Generation vor diesem angehörte (und anhörenswert ist), zielt tatsächlich auf ihn ab. Folglich muss man sich von Standardzugängen des Genieprinzips lösen: Auch Schütz und Bach waren »nur« Menschen; sie repräsentieren die Musik ihrer Zeit keineswegs umfassend, nicht einmal die lutherische. Und das, was zwischen beiden steht, ist ebenso sehr »Übergang« zwischen zwei Epochen, wie ihr eigenes Wirken als Übergangszeit aufzufassen ist. So geht es zunächst um eine kirchenmusikalisch-lutherische Bestandsaufnahme für die Mitte des 17. Jahrhunderts.

»Norddeutschland« in und nach dem Krieg

Im Herbst 1631 war der Krieg in Sachsen angekommen, nachdem im Mai Magdeburg vernichtet worden war. Damit geriet das Geschehen endgültig außer Kontrolle. Schon das Jahr 1632 machte das Kriegsgeschehen im mittleren Europa allgegenwärtig, mit Schlachten nördlich von Augsburg (bei Rain am Lech), bei Wiesloch in der Pfalz, bei Nürnberg und bei Lützen, und 1633 setzte sich dies bei Hessisch Oldendorf (bei Hameln) fort. Eine weitere Eskalation schien kaum mehr denkbar. Sie stellte sich trotzdem ein, zunächst mit der Schlacht bei Nördlingen (1634), nach der mit dem Frieden von Prag (1635) immerhin die Wogen zwischen den Konfessionen geglättet wurden; doch für Frankreich und Schweden war der Krieg damit nicht zu Ende, und so dauerten die Kämpfe an, mit ihrer nahezu unabsehbaren Ortswahl zwischen Wittstock in Nordwestbrandenburg (1636) und Freiburg im Breisgau (1644).

Jede Eskalationsstufe erschien den Betroffenen schon schlimm genug. So lassen sich auch Schütz' Äußerungen lesen, mit denen er im Angesicht des Krieges um Urlaub aus Dresden nachsuchte. Im Februar 1633, also kurz nach der Schlacht bei Lützen, hielt er ein groß angelegtes Musizieren (»auf viel Chor«) nicht mehr für möglich. Er bat, auch zum Zweck der Fortbildung, um Genehmigung einer Reise[7] und hatte schon ein paar Tage zuvor an den sächsischen Gesandten in Hamburg präzisiert, er wolle einige Zeit »in Niedersachsen (welche örter ich niemals gesehen)« zubringen.[8] Dieses Vorhaben verschmolz dann mit dem Engagement in Kopenhagen; auf der Reise dorthin hatte Schütz ausgiebig Gelegenheit, vor allem Hamburg (als Teil des Niedersächsischen Reichskreises) kennenzulernen, weil er dort zwei Monate lang auf dänische Instruktionen zur Weiterreise warten musste.[9] Hamburg, im Herbst 1633: Was war es, das Schütz dort musikalisch antraf?

An jeder der damals vier Hauptkirchen (die fünfte, St. Michaelis, bestand noch nicht) wirkte ein Schüler Jan Pieterszoon Sweelincks: an St. Petri Jacob Praetorius (dem Schütz seinen Zögling Matthias Weckmann zur Fortbildung gab), an St. Nikolai dessen Bruder Johann (beide waren Söhne von Hieronymus Praetorius, dem auch für das *Florilegium Portense* so wichtigen Musiker), an St. Katharinen Heinrich Scheidemann, schließlich an St. Jacobi der aus Mecklenburg abgeworbene Ulrich Cernitz. 1629 hatte sich in Ottensen, vor den Toren der Stadt, der Orgelbauer Gottfried Fritzsche niedergelassen, der aus seiner Zeit als sächsischer Hoforgelbauer mit Schütz bekannt war und nun in die Nachfolge der – nicht mehr weiter wirkenden – Orgelbauerdynastie Scherer eingetreten war. Fritzsches Wirken im Weichbild Hamburgs hatte mit einem Neubau in der »Nebenkirche« St. Maria Magdalena (1629/30) begonnen und führte daraufhin zu prägenden Erweiterungen der Orgeln in den Hamburger Hauptkirchen: 1630 hatte er in St. Nikolai einen Anfang gemacht, 1632 in St. Katharinen fortgesetzt, und St. Jacobi folgte 1635; aktuell arbeitete er in St. Petri. In das traditionell norddeutsche Metallpfeifen-Spektrum der Orgeln führte er Holzregister ein; das nach wie vor prägende Klangkonzept der ersteren muss für einen Orgelvirtuosen wie Schütz imposant gewesen sein. Ebenso die Größe der Instrumente: In St. Katharinen war die Zahl der Register auf mindestens 55 angewachsen, in St. Petri lag sie nach Abschluss der Arbeiten nur geringfügig niedriger; sie verteilten sich auf fünf Werke, die über drei Manuale plus Pedal bespielt wurden[10] – schlichtweg eine andere »Klasse« als die Orgeln im Dresdner Schloss (33 Register) oder in den Leipziger Hauptkirchen (29 Register in St. Nikolai, 25 in St. Thomae). Das also war es, was sich Hamburg während der Zeit leisten konnte, in der das Kriegsgeschehen weiter im Süden aus dem Ruder lief.

Wie der musikalische Stil der Hamburger Kollegen beschaffen war, wusste Schütz; als er 1624 über deren Studiengenossen Samuel Scheidt und den ersten Teil von dessen legendärer *Tabulatura Nova* ein Gutachten abgab, bezeichnete er diese Stücke als »sachen für Organisten auf die Niederländische manier undt auf seine, Scheitten art«,[11] präzise zwischen Fundament und individueller Umsetzung differenzierend. Doch dieses Individuelle erschließt sich der Nachwelt nur in Umrissen, auch im Hinblick auf die Hamburger Kollegen. Zwar haben sich von ihnen zahlreiche freie Orgelwerke (als Präludien oder »Praeambula«) erhalten, dazu ausladende Choralbearbeitungen bis hin zu Variationszyklen, die das Anliegen des niederländischen Calvinismus, Gemeinden die Liedmelodien des Genfer Psalters nahezubringen, in ein lutherisches, weitaus weniger zweckgebundenes Musizieren verpflanzten. Doch wie weit es sich bei dem Überlieferten um idealisierte Kunstmuster handelt, wie weit sich also das Improvisieren dieser Orgelmeister von dem Niedergeschriebenen unterschied,[12] ist nicht zu bestimmen. Unklar ist auch, ob diese Organisten schon 1633 gemeinsam mit Einzelvirtuosen Geistliche Konzerte musizierten; von keinem von ihnen sind in ausreichendem Ausmaß Eigenkompositionen erhalten, doch spielte dieser Stil für sie zumindest später eine Rolle. Nur als Fragment bekannt ist ein sehr ausladendes Konzert Cernitz' aus der Zeit nach 1650; 1662 führte Heinrich Scheidemann anlässlich des musiktheologisch so wichtigen Orgelweih-Gottesdienstes in Otterndorf Werke dieser Art auf, doch ist kein einziges von ihnen überliefert.[13]

Die Sweelinck-Tradition war typisch nur für Hamburg; in Kopenhagen wurde die Orgelkunst anders profiliert. Dort war zwischen dem frühen und dem späten 17. Jahrhundert dauernd ein annähernd komplettes Spektrum europäischer Orgelkunst in fußläufigen Entfernungen erlebbar,[14] personifiziert durch Musiker, die in den relevanten Tastenmusik-Regionen ausgebildet oder sogar geboren worden waren: in Italien (erst in der Nachfolge Gabrielis, dann Frescobaldis), in den Niederlanden (Sweelinck), in Thüringen und am Harz, in Polen und den Hansestädten des Ostseeraums. Auch Helsingør und Roskilde hatten an diesem Kultursystem Anteil. Auf Jahrzehnte war eine Ausbildung in diesem Städteverbund eine Qualitätsgarantie für Verantwortliche großer Kirchen, wenn sie einen neuen Organisten berufen wollten: Einer der ersten unter ihnen war Franz Tunder (seit 1632 herzoglicher Organist auf Schloss Gottorf in Schleswig, ab 1641 in Lübeck), der berühmteste zweifellos Dieterich Buxtehude (1637 selbst in jenem dänischen Gebiet geboren, seit 1668 Tunders Nachfolger in Lübeck); und Nicolaus Bruhns, der 1689 nach Husum berufen wurde, war einer der letzten in dieser Reihe. Mit dieser Aufzählung ist zugleich die Schlüsselwirkung einer dritten Metropole berührt: Lübeck, dort konzentriert auf die Ratskirche St. Marien. Schon Tunder, mehr noch Buxtehude, wurde in der Orgelkunst zu einer Identifikationsfigur neben den Hamburger Kollegen mit deren andersartigem künstlerischem Profil.

Parallel dazu wurden die »norddeutschen« Spielarten der beiden kirchlichen Berufsbilder konsolidiert. Organisten waren vor Ort die Profis; sie vertraten die kunstmusikalischen Angelegenheiten so unumschränkt, wie dies im mitteldeutschen Raum nicht möglich gewesen wäre. Den Kantoren verblieb die Arbeit am Unterbau: die Einführung der nachwachsenden Generation in ein lutherisches Musiksystem, das diese dann lebenslang begleiten konnte, sowie die Bereitstellung eines Ensembles für die wiederkehrenden musikalischen Anforderungen des Gottesdienstes. Und die Metropolen waren nicht die einzigen Orte, an denen sich diese Entwicklungen so verfeinerten; in den kleineren Orten der Nordsee-Marschen war die Spaltung zwischen dem Kunstinteresse (für das die Organisten einstanden) und den begrenzteren schulischen Musikstrukturen (die diese Kunst nicht tragen konnten) noch größer. Für jene Orgelmusik war die Frage danach, ob sie theologisch vertretbar sei, offensichtlich eindeutig mit »Ja« beantwortet worden: Sie galt als Mittel der Auslegung und wurde deshalb auch von Theologen ausgeübt. Auf Föhr, im »Friesendom« St. Johannis in Nieblum, arbeitete der Pastor Laurentius Jacobi als Liturg, Prediger und Orgelvirtuose in Personalunion.[15] Und so lassen sich drei Konstellationen herausgreifen, um von den Nordsee-Marschen aus die Unterschiede zur Situation Mitteldeutschlands zu verdeutlichen.

Die erste liegt erneut in Oldenswort auf der Halbinsel Eiderstedt (vgl. 4. Kapitel).[16] Die Gemeinde investierte, während andernorts der Krieg tobte (und Schütz sich in Sachsen seiner musikalischen Sache nicht mehr sicher war), unausgesetzt große Summen in die Fortentwicklung ihrer 1592 erbauten, schon damals sensationell leistungsfähigen Orgel: Einem Umbau 1625/26 folgte nach nur 13 Jahren ein weiterer; und 1655 war Geld für eine dritte Ausbaustufe vorhanden. An anderen Orten entwickelte sich das Geschehen gemächlicher, aber ebenso zielgerichtet. Ein Symbol dafür kann die Dithmarscher Gemeinde Tellingstedt sein, die sich 1642 eine erste (bis heute teilweise erhaltene) Orgel anschaffte: im selben Jahr, in dem bei Breitenfeld nördlich Leipzigs eine weitere Schlacht des nunmehr völlig entgrenzt wirkenden Schwedisch-Französischen Krieges ausgefochten wurde. Erbauer des Instruments war der aus dem Erzgebirge stammende Fritzsche-Schüler Tobias Brunner, dem es damals gelang, in Lunden (Dithmarschen) einen überregional aktiven Orgelbaubetrieb aufzubauen.

Ein zweites Beispiel betrifft die Grafschaft Oldenburg und deren Neutralität, die es mitten im Krieg ermöglichte, endlich den einst sturmflutbedingten Orgel-Entwicklungsrückstand des 16. Jahrhunderts aufzuholen. In Gemeinden, die so liquide waren, dass trotz der Investition die Steuererträge nicht litten, kam es seit den 1630er-Jahren zu einer obrigkeitlich gebilligten Orgel-»Aufrüstung«: vor allem in Butjadingen, der Landzunge zwischen Jadebusen und Wesermündung. Dorf neben Dorf erhielt eine Orgel, und nahezu für jeden der Organisten lässt sich eine weit überregionale Erfahrung nachweisen.[17] An der Außenweser, in Burhave und Blexen, wirkten zwei Thüringer aus dem Erfurter Raum, der Burhaver in Nürnberg ausgebildet. Sein Kollege in Golzwarden hatte unter dem Druck des Krieges 1637 seinen bisherigen Organistenposten verlassen, in Bleckede im Lüneburgischen; dorther stammte auch der Stelleninhaber in Rodenkirchen, der sein Orgelprofil in Lüneburg und Hannover geschärft hatte. An der Westseite der Landzunge, in Tossens und Eckwarden, fanden kurz nach dem Krieg ein Stader und ein Hamburger Organist ihre Stellungen. Und das klarste Profil zeigt der Organist, der zunächst in Stollhamm tätig war und dann in den nördlichsten Ort berufen wurde, nach Langwarden: Joachim Rochau war als Organistensohn auf der anderen Weserseite geboren (in Midlum im Land Wursten); seine Kunst hatte er beim Vater erlernt und dann perfektioniert, erst in Bremen, vor allem aber in Hamburg (bei Heinrich Scheidemann) und Lübeck (bei Franz Tunder). An den Standards dieser Orgelzentren wollten diese aufstrebenden Gemeinden also partizipieren. Und die Künstler gaben – »dort draußen« – zugleich ihre Kunst an die nächste Generation weiter;[18] das Gesamtvorhaben war auf Nachhaltigkeit angelegt. Alle diese Gemeinden hatten also die innere Ruhe, erstmals an Orgelmusik zu denken und sich dabei an den Spitzen der zeitgenössischen Musikkultur zu orientieren, während andere Regionen vom Krieg gezeichnet waren. Dieses Kulturklima war es auch, in das der Orgelbauer Arp Schnitger (geboren 1648) hineinwuchs; Golzwarden ist seine Taufkirche.

Und schließlich lässt sich Altenbruch im Land Hadeln in den Blick nehmen. 1647, im letzten Kriegsjahr, brachte dort Gottfried Fritzsches Sohn Hans Christoph einen weitreichenden Orgelumbau zum Abschluss; Hauptziel war, die Orgel für das

Zusammenspiel mit allen erdenklichen Instrumenten zu konditionieren,[19] die demnach vor Ort die Standards definierten. Wie es um die Qualität dieser Musik stand, lässt sich sechs Jahre später aus der Musikpredigt Joseph Pippings ablesen (vgl. 2. Kapitel). Liquiditätsmängel oder Kunsteinbrüche lagen fern jeglichen Vorstellungsvermögens: ein Jahr vor den Friedensschlüssen von Münster und Osnabrück.

Dass diese Konstellationen keine isolierten Erscheinungen eines kulturellen Rückzugsraumes, sondern untereinander eng verbunden waren, zeigt als Schlüsselpersönlichkeit der Hamburger Katharinenorganist Heinrich Scheidemann. In Dithmarschen geboren, stand er lebenslang in Kontakt zu Brunner, ebenso zu dessen nächsten Kooperationspartnern; denn unter ihnen waren – als Organisten – auch seine Verwandten.[20] Verschwägert war er auch mit Johannes Münstermann, einem der Musiktheologen in Otterndorf, und sein Schüler Rochau wirkte in der jungen Butjadinger Orgellandschaft. Ähnlich lässt sich auch der Oldenburger Graf Anton Günther, der die Orgelkultur seines Landes aufbaute, als Pate der Überregionalität sehen: Er war Widmungsempfänger nicht nur der Otterndorfer *Psalmodia Christiana*, sondern auch der *Friedens-Freude In vier Stimmige Arien*[21] des damaligen Hamburger und späteren Stralsunder Organisten Johann Martin Rubert – der wiederum ein Schüler Scheidemanns war.

So hatte sich das Musizieren in nördlichen Gebieten des Luthertums während des Krieges weitgehend unbeirrt fortentwickelt; und weil der Orgel in der dort üblichen Gottesdienstpraxis eine so wichtige Funktion beigemessen wurde, lässt sich an Orgelbaudaten auch ablesen, wo es zu Kriegseinbrüchen gekommen war und wie sie überwunden wurden. Das südwestlich Hamburgs gelegene Alte Land war 1631 vom Restitutionsedikt betroffen, musste schwere Beschädigungen an Kirchen, Orgeln und Land hinnehmen und wurde zum Spielball der Großmächte Dänemark und Schweden; dort kam die Kulturentwicklung erst nach Jahrzehnten wieder in Gang. Von 1677 an drückte der Orgelbauer Arp Schnitger dieser Region dann seinen Stempel auf; mit dem 1687 von ihm radikal umgebauten Instrument in Steinkirchen schuf er eine der heute bekanntesten Orgeln der Welt.[22] Das zeigt zugleich, wie außergewöhnlich war, was sich 1653 bis 1659 in Stralsund ereignete: die prompte Ersetzung einer 1647 durch Blitzschlag zerstörten Orgel in St. Marien. Der Lübecker Orgelbauer Friedrich Stellwagen errichtete das neue Instrument: mit 51 Registern auf drei Manualen samt Pedal. Investitionen dieser Art ließen andernorts ähnlich lange auf sich warten wie im Alten Land. Kein Wunder also, dass diese norddeutsche, elementar von Orgelmusik geprägte lutherische Praxis fortan auch als Maßstab für den Wiederaufbau der vom Krieg heimgesuchten Teile Mitteleuropas dienen konnte: als Vorbild, ebenso aber auch als etwas, von dem sich Menschen so gezielt abgrenzen wollten wie der Theologe Theophil Großgebauer, der aus Thüringen nach Rostock gekommen war und gegen dessen Kirchenmusikkritik sich die *Psalmodia Christiana* schließlich wandte (vgl. 2. Kapitel).

Rist, Schop und die kunstvolle Aria

Eine andere Facette dieser »norddeutschen« Eigenständigkeit lässt sich im Sommer 1641 fassen; Schauplatz ist Wedel, rund 20 Kilometer westlich vom Hamburger Stadtzentrum entfernt, Hauptakteur der Ortspastor Johann Rist. Was er anstieß, ist eine komplizierte Geschichte, die ein Eintauchen in Details erfordert; es geht um Dichtungstheorie, ebenso um musikalische Formen, auf die der Blick jedoch erst noch freigeräumt werden muss. Und doch handelt es sich um eine der wichtigsten Entwicklungen lutherischer Kultur: um nichts Geringeres als das »Kirchenlied« des späteren 17. Jahrhunderts. Auf direktem Wege kam es nicht zustande, sondern blieb gleichsam als Rest einer ganz anderen Entwicklung übrig. Man muss sich also tief in die Geschichte hineinzoomen.

Rist schloss damals den ersten Teil seiner *Himmlischen Lieder* ab und gab ihn in Druck: eine erste Zehnerlieferung, der bis zum Spätherbst 1642 noch vier weitere folgten. Nur darin spiegelt sich der Krieg: dass nicht alle 50 Gedichte gleich auf einen Schlag in Buchform erschienen. Nahezu alles, was dieses Projekt ausmacht, war aufsehenerregend, und seine Folgen begleiteten Rist bis an sein Lebensende 1667. Einer der besten Zeugen für die Tragweite ist erneut Schütz. Er suchte Rist in Wedel persönlich auf; dieser besang die Begegnung in einem Gedicht. Weil dieser dort schrieb, Schütz werde sich »morgen [...] zu reisen bereiten über den vielmahls erböseten Belth«, handelte es sich um Schütz' Hinreise nach Dänemark – also Ende 1642.[23] Das letzte »Zehn« der *Himmlischen Lieder* war noch nicht einmal erschienen. Warum also kam Schütz nach Wedel, und was interessierte mit ihm die deutsche Kunstwelt?[24]

Ein wichtiger Impulsgeber für Rist war Martin Opitz mit seinem *Buch von der Deutschen Poeterey* von 1624. Dessen Ausgangspunkt lässt sich so umschreiben, dass deutsche Dichtung gegenüber der italienischen ins Hintertreffen geraten war. In Italien war mit dem Madrigal die doppelte Gleichung des frühen 16. Jahrhunderts »Kunstdichtung ist lateinisch, Volkssprache produziert keine Kunst« gesprengt worden; das komplexe Madrigal war in der Tat »Kunst«. Deutsche Dichter kamen aber nicht mit. Das Madrigal wird aus Versen mit festen Silbenzahlen gebildet, und die Abfolge der betonten Silben ist zweitrangig; im Deutschen dagegen ist ein Regelmaß der Betonung entscheidend – letztlich das, was laienhaften Gedichtvortrag für Zuhörer so quälend macht. Das wiederum gab es im Madrigal nicht; umgekehrt kennt der deutsche Vers keine festen Silbenzahlen, denn zwischen zwei Betonungen können problemlos auch einmal zwei unbetonte Silben stehen statt nur einer (wie zu Beginn von Goethes *Erlkönig* nach der ersten betonten Silbe: »Wer *rei*-tet so *spät* durch *Nacht* und *Wind*«). Diese Regeln tragen im Deutschen auch das strophische Prinzip: Der äußere Versaufbau lässt sich in einer nächsten Strophe wiederholen. Das italienische Madrigal ist dagegen dezidiert nichtstrophisch. Kurzum: Deutsche Strophendichtung und italienisches Madrigal standen völlig quer zueinander; vom Kunstgewinn der italienischen Lyrik fiel kein Abglanz auch auf die deutsche.

Um 1600 wurde die Verwirrung dann perfekt: Auch für italienische Künstler wurde eine neue Strophendichtung attraktiv. »Strophisch« bedeutet ja, dass alles regelmäßig gebaut sein müsse, auch das Metrum der Verse und deren Anzahl; denn sonst lässt sich das Baumuster nicht für eine zweite Strophe reproduzieren. Diese Dichtungsart hatte zuvor das »volkstümliche« italienische Tanzlied getragen und deshalb nicht als »kunstwürdig« gegolten (auf ein solches Tanzlied geht etwa das Kirchenlied »In dir ist Freude in allem Leide« zurück). Doch nun stellte der Dichter Gabriello Chiabrera fest, dass Komponisten (wie sein Musizierpartner Giulio Caccini) solche Texte für ihre Arbeit benötigten.[25]

Damit entstand die italienische Aria. Die beiden verfügbaren poetischen Formen prägten italienische Kultur für Jahrhunderte, und zwar in der Oper. Das metrisch nicht geordnete Madrigal konnte alle Dialoge tragen: die Rezitative, die auf diese Weise prosa-nah wirken können, aber eben dennoch Dichtung sind. Die (noch für lange Zeit strophische) Aria stiftete dagegen Abschnitte, in denen die Musik dominiert. Noch in den Opern Giuseppe Verdis wechseln Dialogabschnitte aus madrigalischen Versen mit den regelmäßigen Strophen der Aria ab.

Deutsche Dichter musste dies irritieren. Im 16. Jahrhundert hatten sie aus sprachlichen Gründen keine Chance gehabt, sich den Kunstgewinn des italienischen Madrigals zunutze zu machen. Und nun erklärte Chiabrera letztlich genau das, was das deutsche Manko gewesen war, zum ultimativ Neuen: das metrisch Regelmäßige, Strophische. Konnte man also nun den traditionellen deutschen Ansatz ebenfalls zur Dicht-»Kunst« aufwerten? Als Lösung des Problems schlug Opitz eine Reihe kleinerer Justierungen vor. Der Versverlauf musste tatsächlich kohärent gebaut sein, durfte in sich also nicht plötzlich Abweichungen von den strengen Regeln zeigen; und die Reime mussten »rein« sein. Weitgehend entspricht schon Martin Luthers »Vom Himmel hoch, da komm ich her« diesen Anforderungen; fraglich ist aber, ob sich die beiden Schlussverse der ersten Strophe reimen: »Der guten Mär bring ich so *viel* / Davon ich sing'n und sagen *will.*« Wie in Italien wurde diese neu »geadelte« Kunstlyrik nun auch zu »Dichtung für Musik«, besonders früh 1638 beim Schütz-Schüler und -Cousin Heinrich Albert in Königsberg. Rist, von seinen Zeitgenossen als bedingungsloser Opitz-Fan auch belächelt, übertrug die Ideen im großen Stil auf geistliche Lyrik: beginnend eben mit den *Himmlischen Liedern* von 1641/42.

Was daran (letztlich für Schütz) aufsehenerregend war, ist nicht leicht zu erkennen. Von allem Anfang an hatte es im Luthertum geistliche Dichtung gegeben, aber nicht mit dem Kunstrang, den die italienischen Madrigaldichter für sich reklamierten; nur bedingt verhalfen geistliche Anliegen zu Wertschätzung, am ehesten wenn ein Dichter den Psalter neu fasste. Davon löste sich Rist; er schuf in Opitz' Nachfolge etwas Neues. Da die Frage nach der Kunst so wichtig war, verwundert kaum, dass etwas anderes dabei herauskam als das, was der Begriff »deutsches evangelisches Kirchenlied« suggeriert: nichts dezidiert Volkstümliches. So wird erkennbar, wie verschlungen die Wege waren, die dann zum Gemeindelied führten. Und ein Stück weit wirkt es konsequent, dass Rist im Stammteil des *Evangelischen Gesangbuches* mit nur fünf Liedern vertreten ist.

Seine *Himmlischen Lieder* bilden in ihrer Druckveröffentlichung eine untrennbare Einheit mit Musik; diese besteht aus einer Melodie und einem Generalbasspart (der obendrein ebenfalls textiert ist), komponiert vom Hamburger Ratsgeiger Johann Schop. Ober- und Unterstimme definieren den musikalischen Verlauf umfassend und lassen es zu, Binnenstimmen hinzuzufügen; diese Erweiterung, von der auch Rist spricht,[26] ist eine der denkbaren Nutzungsformen dieser Musik. Die fünf Lieferungen der Sammlung sind nicht völlig einheitlich; nur die ersten beiden haben ein übergeordnetes Thema, und auch im Musikalischen sind die Teile nicht gleich. So ist zunächst ein Überblick über das Projekt notwendig.[27]

Rist stellt in den ersten zehn Gedichten christliche Glaubensessenz in den Vordergrund: Je eines widmet sich Weihnachten, der Passion, dem Grab Christi, der Auferstehung und der Himmelfahrt (erstaunlicherweise nicht auch Pfingsten); in der zweiten Hälfte der Zehnergruppe schließen sich Gedichte zu den Themen Gottesfurcht, Buße und Geduld an, ehe Rist mit einem Morgen- und einem allgemeinen Loblied den Abschluss bildet. Die Gedichte 11 bis 20 sind Nachdichtungen biblischer »Lobgesänge«, wie sie auch schon im Klug'schen Gesangbuch von 1533 als zeitgenössische Lieder erscheinen: beginnend mit Moses Gesang nach dem Durchzug durchs Rote Meer, endend mit dem Lobgesang des Zacharias. Für die drei folgenden Zehnergruppen lockert Rist die thematische Ausrichtung; in der vierten steht ein Gebetscharakter im Vordergrund, in der fünften das Lob Gottes, aber letztlich nicht unumschränkt.

So lässt sich weiter eingrenzen, weshalb Schütz an dem Resultat so interessiert war, dass er bei dessen Erfinder, dem Pastor einer Landgemeinde, eigens einen Reiseaufenthalt einplante, um sich mit ihm auszutauschen. Was eine Aria sei, wusste er längst, nicht zuletzt durch Heinrich Albert. Mit Opitz hatte er 1627 für das Torgauer Hochzeitsstück *Dafne* zusammengearbeitet. Liedkonzepte waren ihm nicht neu; er hatte zu Cornelius Beckers Psalter Liedmelodien und Sätze komponiert und 1628 in Druck gegeben. Alles, was sich nur auf diese Facetten bezöge, wäre nicht ausreichend, um Schütz' offenkundig brennendes Interesse zu erklären, auch nicht (für einen Musiker) der enzyklopädische Ansatz Rists, sich allen erdenklichen geistlichen Themen zuzuwenden. Eher war es die enge Beziehung zwischen den Texten und genau der Musik, die Schop komponiert hatte. Sie aber lenkt die Blicke in eine andere Richtung als die des Kirchenliedes.

Denn als Schütz seine Bearbeitungen zum *Becker-Psalter* in Druck gab, schrieb er in der Vorrede, dass »fast kein *Musicus* ist, welcher nicht etwa eine Melodey auffsetzen könte«.[28] Folglich lag für ihn im Komponieren einer Liedmelodie nichts Bemerkenswertes; die musikalischen Teile eines Kirchenliedes zu generieren wäre für ihn »keine Kunst« gewesen. Auch das Hinzusetzen eines Generalbasses war für ihn (als profilierten Tastenmusiker) etwas Elementares. Beides hätte dazu genügt, ein gutes Lied zu kreieren, nicht aber, Schütz nach Wedel zu locken. Folgerichtig sind Schops Kompositionen anders: komplexer. Tatsächlich entstand aus dem Zusammenspiel von Rists Dichtung und Schops Musik etwas Analoges zur italienischen Aria: eine perfekte geistliche Kammermusik wahrsten Wortsinns, religiös ausgerichtet, genau passend für die Buchkäuferschichten des mittleren 17. Jahrhunderts – sofern der Krieg ihnen die Spielräume für kulturelle Aktivitäten gelassen hatte. Das muss es gewesen sein, was Schütz imponierte.

Schop kannte offensichtlich die Wurzeln, die die italienische Aria im Tanzlied hat. Dies setzte er auch in zwei »Liedern« um, die noch im *Evangelischen Gesangbuch* enthalten sind: in »Ermuntre dich, mein schwacher Geist« (seit 1993/96 nur noch von der 9. Strophe an als »Brich an, o schönes Morgenlicht« gesungen) und im Osterlied »Lasset uns den Herren preisen«, dessen Weiterführung als »Sollt ich meinem Gott nicht singen« noch genauer betrachtet werden muss. Im gottesdienstlichen Gebrauch ist der typische Charakter des lebhaften italienischen Tanzliedes kaum noch zu erkennen, den Schop ihnen gab; beide stehen in dem schnellen Dreiertakt, der aus der barocken Suite auch als Courante bekannt ist (»courir« heißt »laufen«). Andere Töne schlägt Schop in den Klageliedern zur Passion an – sodass unterschiedliche Aria-Individualitäten erkennbar werden. Und in allen übrigen lotet er zusätzlich die Ausdrucksmöglichkeiten aus, die ihm als Komponist zur Verfügung standen. Taktarten können innerhalb der Strophen gewechselt werden; das aber musste dann zu sämtlichen weiteren Strophen passen, setzte also eine enge Abstimmung zwischen Text und Musik voraus. Bisweilen ist der Generalbasspart nicht einfach nur Stützung, sondern in die motivische Gestaltung einbezogen, also »obligat«; damit nähert sich Schop dem Eindruck eines Geistlichen Konzerts en miniature – das aber gleichfalls strophisch bleiben muss. Ohne dass Rists Text dazu besonderen Anlass gäbe, entwickelt Schop schließlich einen eigenen rhythmischen »Drive« im Bußlied »Jesu, der du meine Seele«: Die erste und dritte Silbe dieses Textes wird gedehnt, sodass ein Dreierrhythmus entsteht; »meine Seele« folgt dann als Zweierrhythmus. Auch dieses Muster wird durch das ganze Lied beibehalten. Alle diese Techniken werden zusammengeführt in den langen Strophen des abschließenden Lobliedes »Auf, meine Seel, und lobe Gott«. Im zweiten »Zehn« dann arbeitet Schop die Nachbarschaft zum Geistlichen Konzert noch weiter heraus: Der Generalbasspart ist noch selbstständiger geführt, die Oberstimme rhythmisch vielfältiger gestaltet. Schops Behandlung des »Gesangs der Jünglinge im Feuerofen« schließlich ist die am wenigsten »liedhafte« Komposition der *Himmlischen Lieder* überhaupt.

Nimmt man Rists Konzepte, Schops kompositorische Vielfalt und Schütz' so spezifisches Interesse zusammen, lag ein schlichtes, volkstümliches Kirchenlied für keinen von ihnen in Sichtweite. Vielmehr war dieser vielfältige Kunstanspruch auch die Wurzel des Erfolgs, sodass Rist das Projekt fortsetzen konnte. 1648 brachte er gemeinsam mit seinem Schwager, dem Organisten Hinrich Pape, Passionsdichtungen heraus; 1651 arbeitete er in den *Neuen Himmlischen Liedern* mit Komponisten aus nahezu dem gesamten lutherischen Deutschland zusammen, erstmals auch mit Andreas Hammerschmidt; kaum zufällig widmete er gerade diesen Band dem musikalisch so aktiven Oldenburger Grafen Anton Günther. Gleichzeitig erschien die *Sabbahtische Seelen-Lust*, die der Hamburger Kantor Thomas Selle in Musik setzte. Jeder der Kooperationspartner brachte sich auf eigene Weise in die Arbeit ein; auch Einfaches, liedhaft Erscheinendes kommt in den Werken vor, etwa bei Sigmund Theophil Staden, dem Nürnberger Lorenz-Organisten, in dessen zehn Beiträgen zu den *Neuen Himmlischen Liedern*, denen dort aber auch andere Konzepte gegenüberstehen.[29] Noch weiter als Schop lotet Selle in seinen artifiziellen Miniaturen die Potenziale aus; in den *Neuen Musicalischen Fest-Andachten* finden sich außerordentlich vielgestaltige Vertonungen für Rists anschauliche Gedichte, etwa in einer musikalisch vertrackten Ballade auf das Wirken Luthers.[30] Und der Lüneburger Organist

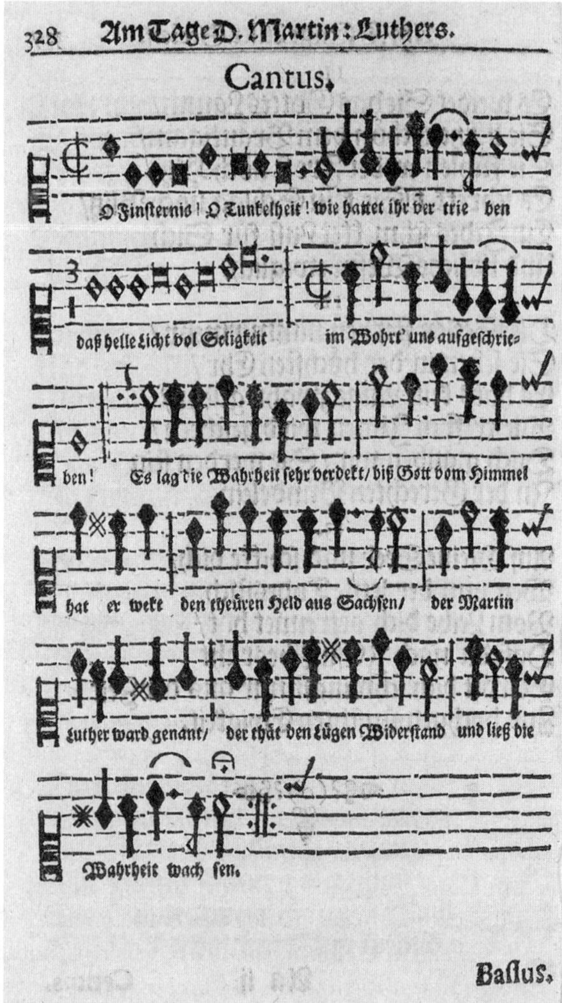

Aria als Kunst · Die strophische Ballade über das Wirken Martin Luthers wird von Thomas Selle keineswegs als einfaches Lied vertont; in einem solchen wären keine Taktwechsel zu erwarten (zweite Zeile). Der Anfang ist mit geschwärzten Noten als Triole kenntlich gemacht; er wird genauso schnell musiziert wie der Dreiertakt zu Beginn der zweiten Zeile. In dieser Notation liegt etwas Bildliches: Der Gegensatz zwischen »Tunkelheit« und »hellem Licht« konnte sogar in den Noten sichtbar gemacht werden.

Johann Rist, *Neue Musicalische Fest-Andachten*, 1655.

Christian Flor nutzte Rists *Musicalisches Seelen-Paradies* dafür, in dessen zweitem Teil (1662) Stücke in Tonarten auf nahezu sämtlichen Stufen der chromatischen Leiter zu schreiben, in Des-Dur ebenso wie in Fis-Dur oder b-Moll.[31] Wer mit diesen Stücken arbeiten wollte, musste also schon 1662 die traditionellen Systeme, ein Tasteninstrument in reinen Terzen zu stimmen, hinter sich gelassen haben und wissen, wie man diese Noten lesen soll. Mit all diesem trafen Rist und seine musikalischen Partner den Nerv der Zeit. Dies spiegelt sich nicht nur in Schütz' Interesse, sondern noch direkter bei Paul Gerhardt.

Crüger und Gerhardt, oder: Die Aria als Kirchenmusik

Rists Verleger waren die Brüder Stern in Lüneburg, die sich auf einem benachbarten Gebiet einen Namen gemacht hatten: in der Publikation von Gesangbüchern, die nur Liedtexte enthalten. Im Jahr 1637 brachten sie ein *Vollständiges Gesangbuch* heraus,[32] und in diesem Titel, der die Gesangbuchkultur fortan für Generationen begleitete, äußert sich eine aggressive Marktstrategie: die Behauptung, dass der Liedbestand regionsunabhängig als gültig anerkannt werden könne. Als Textverfasser wird im Titel neben Martin Luther zunächst Philipp Nicolai namentlich genannt (Dichter von »Wie schön leuchtet der Morgenstern« und »Wachet auf, ruft uns die Stimme«), danach Bartholomäus Ringwaldt (»Es ist gewisslich an der Zeit«), zwei Dichter noch des 16. Jahrhunderts. Weitere Lieder seien das Werk »anderer geistreicher Männer«, und schließlich finden sich in dem Buch noch die 15 Bußpsalmen aus dem *Becker-Psalter*. Die behauptete Vollständigkeit äußert sich schließlich auch darin, dass dieser Ausgangsbestand »mit vielen herrlichen Liedern vermehrt« sei.

In die Nachfolge dieses »Vollständigkeits«-Anspruchs reiht sich 1640 dann Johann Crüger ein, Kantor an der Berliner Nikolaischule und -kirche. Für sein *Neues vollkömmliches Gesangbuch Augsburger Konfession*[33] benötigt er, in der von den Kriegslasten schwer gezeichneten Doppelstadt Berlin-Cölln wirkend, einen konfessionellen Zusatz; denn das Kurfürstentum Brandenburg lebte seit 1613 mit Reibungen zwischen einer calvinistischen Herrscherfamilie und einer traditionell lutherischen Bevölkerung. Auch Crüger benennt im Titel einen zentralen Dichter namentlich: Johann Heermann (1585–1647), der der Nachwelt vor allem durch sein Passionslied »Herzliebster Jesu, was hast du verbrochen« im Gedächtnis geblieben ist – mit einer Melodie Crügers, die in jenem Gesangbuch erstmals nachweisbar ist. Und ebenso wie in den Rist-Publikationen finden sich auch bei Crüger Generalbass-Sätze; doch die Lieder sind eher in der gleichen Einfachheit gehalten wie Stadens Musik in Rists *Neuen Himmlischen Liedern*.

Ab 1647 gab Crüger sein Gesangbuch in veränderter Gestalt und mit neuem Titel heraus: *Praxis pietatis melica*, also »lyrisch-musikalische Frömmigkeitspraxis«. Schon der Titel war ein Volltreffer: Bis ins 18. Jahrhundert wurde er weiter genutzt, und die Bücher, die ihn trugen, enthielten neben Crügers Ur-Liedbestand immer auch neue. Zu diesem hatten Vertonungen von Gedichten des Juristen Johann Franck gehört, der während seines Studiums in Königsberg dem Kreis um Heinrich Albert und Simon Dach angehört hatte; er ist Dichter von »Jesu, meine Freude«, »Brunnquell aller Güter« und »Schmücke dich, o liebe Seele«. Und auch Martin Rinckarts »Nun danket alle Gott« findet sich bei Crüger von Anfang an. Neben all dies traten nun ab 1647 auch Gedichte Paul Gerhardts, der daraufhin zu einer Schlüsselgestalt der deutschen geistlichen Dichtung wurde. Dass ihn Rists *Himmlische Lieder* prägten, ist kaum bemerkt worden; mindestens zwei Lieder aus dem »ersten Zehn« hat er sich sehr weitgehend zu Herzen genommen.

Das eine ist das in so tänzerischem Dreierrhythmus gehaltene Osterlied Rists, dessen erste Strophe so lautet:

Lasset uns den Herren preisen,
  O ihr Christen überall,

Kommet, dass wir Dank erweisen
  Unserm Gott mit süßem Schall!

Es ist frei von Todesbanden,
  Simson, der vom Himmel kam,
  Und der Löw aus Juda Stamm,
Christus Jesus, ist erstanden,
  Nun ist hin der lange Streit,
  Freue dich, o Christenheit.

Rists Strophen mit ihren je zehn Versen sind lang und folgen keinem alltäglichen Muster; die ersten beiden Paare können wie zwei Lied-Stollen einem Doppelstrich mit Wiederholungszeichen vorausgehen, dann folgen sechs Verse als Abgesang. Jede Strophe endet mit dem österlichen »Freue dich, o Christenheit«, und passend dazu steht am Ende des vorletzten Verses ein Reim auf »-eit«. Schop hat dies einfühlsam in Musik übertragen. Das Wiederholungszeichen nach Vers 2 ist tatsächlich vorhanden. Mehr Probleme bereitet der zweite Teil: Er besteht entweder aus zwei Dreiergruppen – oder aus vier Versen mit einem abschließenden Verspaar. Schop hat sich für eine Mischung aus beidem entschieden; er bildet eine Zäsur nach »Stamm« und lässt trotzdem die beiden letzten Verse als zusammengehörig erscheinen.

Das, was Gerhardt aus Rists Gedicht gemacht hat, ist bis heute im *Evangelischen Gesangbuch* enthalten, und zwar in Verbindung mit der Melodie Schops: als »Sollt ich meinem Gott nicht singen, / Sollt ich ihm nicht dankbar sein«, erschienen erstmals 1653. Wie Gerhardt dem Gedicht begegnet war, ist nicht leicht zu bestimmen. Er muss zwar auch Zugang zu den *Himmlischen Liedern* im Original gehabt haben (hierzu später mehr); doch zunächst ist Crüger in den Blick zu nehmen: Auch er steht unter Rists Einfluss.

1649, kurz nach der ersten *Praxis pietatis melica*, gab er eine Sammlung *Geistliche Kirchen-Melodien* heraus:[34] 161 Liedkompositionen für vier Singstimmen und Generalbass, häufig erweitert um zwei Violinstimmen. Viele traditionelle Lieder des Luthertums erscheinen darin einfach als »Sätze« der etablierten Melodien – so, dass die Reihenfolge ihrer Entstehungsetappen klar ist: Erst war die Melodie da, dann die Mehrstimmigkeit. Das ist anders bei den sieben Stücken aus den *Himmlischen Liedern*, die Crüger übernahm: die eröffnenden sechs der ersten Zehnerlieferung und schließlich noch »Werde munter, mein Gemüte« aus der dritten.

Zu diesen erst wenige Jahre alten Texten lag jeweils Schops Verbund aus Melodie und Basslinie vor. Im Prinzip hätte Crüger also einfach in dieses Sopran-Bass-Gerüst zwei neue Binnenstimmen einfügen und ein Violinstimmen-Paar hinzusetzen können. Stattdessen aber griff er tief in Schops Konzeption ein: Er glättete die anspruchsvollen Metren und vereinfachte die Melodik. Manche der Änderungen hängen damit zusammen, dass das Violinenpaar Platz im Satz erhalten musste: Schops flottes »Werde munter, mein Gemüte« wird gezielt ausgebremst, damit die Violinen den vergrößerten Singstimmen-Notenwerten eine schnelle Figuration entgegensetzen können. Und im selben Stück änderte Crüger Schops Anfangsnoten, um einen besseren Einstieg ins vierstimmige Musizieren zu finden.

Selbstredend nutzte Crüger daraufhin für die *Praxis pietatis melica* dieselben Melodieformen, die er in diesen mehrstimmigen Kompositionen angelegt hatte. Oder anders: Seine eigenschöpferische Kompositionsarbeit an den Rist-Gedichten ergab sich direkt daraus, dass er vierstimmige Sätze gewinnen wollte; hätte er für seine Liedersammlung eine Melodie mit Bassbegleitung benötigt, wäre es nur naheliegend gewesen, die Originale Rists und Schops abzudrucken.

Für die Gestaltung dieser mehrstimmigen Sätze sah sich Crüger als Erfinder.[35] Das blieb lange Zeit unverständlich; einer angemessenen Würdigung des Werkkonzepts durch die Nachwelt stand im Wege, dass sie dort »Liedern« begegnete, die zum Kernbestand einer liturgischen Alltagspraxis geworden waren – nicht nur Gesängen, die auch zu Crügers Zeit schon älter waren, sondern ebenso solchen, die damals neu entstanden. So wirkten die Kompositionen wie schlichte Kantionalsätze. Das aber kann Crüger so nicht gemeint haben; auch er muss dieses ältere Werkkonzept gekannt haben. Worum es stattdessen ging und was er mit Recht für neu halten konnte, zeigt sich, wenn auch die anschließenden Entwicklungen in den Blick genommen werden: bezogen sowohl auf die Liturgie als auch auf die italienische Aria.

Werke des von Crüger entwickelten Typus prägten fortan einen Teil der lutherischen Figuralmusik: als relativ schlichte, strophische Musik, die im Gottesdienst von einem Sänger-Ensemble (auch mit Instrumenten) als Ersatz traditioneller Motetten gesungen werden konnte, typischerweise also vor der Predigt. Diese Musizierform erfreute sich jahrzehntelang großer Beliebtheit, vor allem in kleineren Städten, die also nicht über ähnlich avancierte Ensembles verfügten wie Leipzig oder ein zeitgenössischer lutherischer Hof; bis an die Schwelle des 18. Jahrhunderts hat Wolfgang Carl Briegel solche Werke von Darmstadt aus in Druck gegeben.[36] Auf diese liturgische Konstellation bezieht sich auch Crügers Titel von 1649: »Geistliche Kirchen-Melodien« könnte wie eine Doppelung erscheinen; wäre es nicht ausreichend gewesen, von den ersten beiden Begriffen nur einen zu wählen? Doch genau darin lag das Neue: Es ergab sich eine vergleichsweise einfache Kirchenmusik, wie es sie zuvor – ohne Rekurs auf die Kunstform der italienischen Aria – nicht hatte geben können. Da Crüger diese Musik von vornherein im Gottesdienst nutzen wollte, musste er von Schops Gestaltungsformen einer geistlichen Kammermusik abrücken, die auf die Ansprüche einer anderen Zielgruppe ausgerichtet waren. Crüger leistete also einen eigenen Beitrag zu der noch jungen Aria-Kultur, und dabei spielte auch für ihn das Konzept Rists eine prägende Rolle.

So lässt sich zurückkehren zu Gerhardts Umgang mit Rists Osterlied. Crüger hat für dieses eine völlig neue Melodie geschrieben: im Duktus nicht viel anders als Schops Vorlage (ebenfalls im tänzerischen Dreiertakt), aber harmonisch einfacher – und mit »viel Platz« für die Figuration der Violinen. Für die drei letzten Verse legte

Crüger sich darauf fest, dass sie zusammengehören sollten, denn die beiden vorausgehenden (»Simson, der vom Himmel kam, / Und der Löw aus Juda Stamm«) erhielten nur eine einzige Liedzeile, die also wiederholt werden muss. Damit aber wird dieses Verspaar zu stark von der Fortführung abgesetzt: Nur mit Gewalt kann »Und der Löw aus Juda Stamm« von »Jesus Christus ist erstanden« getrennt werden. Ließ sich also der Kunstanspruch, der in Rists Dichtung liegt, nicht mit der Einfachheit verbinden, die Crüger mit seinen Melodien anstrebte? Das melodische Resultat jedenfalls übernahm Crüger auch in die *Praxis pietatis melica*, und dort gilt es als Melodie für das neue Gedicht Gerhardts.[37]

Ob Gerhardt sie beim Dichten im Ohr hatte, ist jedoch zweifelhaft; er hätte sich direkt an sie anlehnen können. Doch dies tat er nicht. Eher noch orientierte er sich an der Vorlage Schops, wie erneut am zweiten Gedichtteil deutlich wird: Ihn gliederte Gerhardt zwar klar in vier plus zwei Verse, sodass auch bei ihm Rists Ambivalenz des drittletzten Verses nicht mehr gegeben ist. Doch letztlich passen seine Strophen nicht schlecht zur Melodie Schops (dies belegt letztlich auch das *Evangelische Gesangbuch*), besser jedenfalls als zu derjenigen Crügers. Und am Strophenende lässt er dann erkennen, wie eng er sich an Rist orientierte: Auch bei ihm zielen alle Strophen auf ein Verspaar ab, das auf »-eit« gereimt wird. Allerdings bezog er den vorletzten Vers in die Refrainwirkung mit ein: Die Strophenschlüsse lauten durchweg: »Alles Ding währt seine Zeit, / Gottes Lieb in Ewigkeit.«

Im »deutschen evangelischen Kirchenlied« gibt es zahllose Beispiele dafür, einen Text auf zweierlei Melodie zu singen, etwa »Befiehl du deine Wege« und »O Haupt voll Blut und Wunden«. Denn manche Grundmuster für den Vers- und Strophenbau liegen in der deutschen Lyrik schlichtweg besonders nahe. Ebenso gibt es im lutherischen Kirchenliedbestand viele Fälle, in denen ein jüngerer Dichter die Melodie eines älteren Liedes mit völlig neuem Text versehen hat, auch mit ganz anderem Inhalt. Doch dass Gerhardt sogar Rists Strophen-Schlussbildung imitiert, ist eine eigene Sache: Es zeigt sich, wie weitgehend er sich von Rist hatte inspirieren lassen.[38]

Und das war kein Einzelfall. Denn ähnlich arbeitete er sich auch an Rists letztem Gedicht des »ersten Zehn« ab, das er direkt in der Ursprungspublikation kennengelernt haben muss: »Auf, meine Seel, und lobe Gott«. Dem Gedicht (das nicht auch Eingang in Crügers Publikationen fand) liegt einer der besonders anschaulichen Naturtexte der Bibel zugrunde, der 104. Psalm. Rist bezog sich in seiner Textversion auf das *Paradiesgärtlein* des Theologen Johann Arndt: Dieser hatte dort eine Psalm-Paraphrase sehr weitgehend an den biblischen Text angelehnt; erst am Schluss verließ er diese Grundlage – und da Rist ihm auch dort noch folgte, ist klar, dass vor ihm beim Dichten das Buch Arndts lag, nicht die Bibel.[39]

Der Naturpsalm ist für einen Dichter ein dankbares Thema, zweifellos; und für dieses Schlussgedicht des »ersten Zehn«, das Schop musikalisch besonders reich fasste, bekam er von Rist erneut eine eigenartige Strophenform geliefert. Zweimal läuft dasselbe poetische Muster ab, also in der Mitte neu ansetzend; und jede der Halbstrophen (mit je sechs Versen) gliedert sich in zwei Dreiergruppen. Beispielhaft kann das sein, was komplett die vierte Strophe ausmacht:

Die Wasser fließen mehr und mehr,
Dabei erklingt das leichte Heer
Der Vögel auf den Zweigen,

Bald feuchtest du von oben ab
Die Hügel, dass sie ihre Gab'
Und schöne Frücht' uns zeigen.

Du schaffest, dass das ganze Land
Mit Weizen füllet unsre Hand,
Du machest feucht die Erden,

Du lässest durch ein klares Nass
Die Kräuter, Blumen, Laub und Gras
Für Vieh und Menschen werden.

Dies entspricht dem 13. Vers des Psalms und dem Beginn des nachfolgenden. Das Resultat machte Eindruck auf Gerhardt; doch weil Rist dem Psalm so dicht gefolgt war, musste Gerhardt sich für seine kreative Weiterarbeit vom biblischen Urtext weiter entfernen, und zudem halbierte er Rists Strophen. Herausgekommen ist sein Sommer- und Ewigkeitslied »Geh aus, mein Herz, und suche Freud«. Zieht man den Psalm-Ausschnitt heran, auf den sich die eben zitierte Rist-Strophe bezieht, blieben aus ihm bei Gerhardt nur einzelne Reizwörter übrig: die zu »Bächlein« gewordenen »Wasser«, ebenso der Weizen, der bei Gerhardt »mit Gewalt« wächst. Die Freude darüber »bei Jung und Alt« leitet dann über zum zweiten Teil seines Liedes, der sich vom Psalm noch weiter löst: mit der Hoffnung auf das ewige Musizieren im Himmel. Doch nicht erst Gerhardt »selber kann und mag nicht ruhn, des großen Gottes großes Tun« zu rühmen; Rists Gedichtschluss heißt: »Mein Gott, dich preis ich für und für / Mit Jauchzen und Lobsingen«.

Zwischen Rist und Gerhardt spielte sich also mehr ab als in der typischen lutherischen Liedtradition. So zeigt sich auf ganzer Linie, dass Rists Konzept einer Aria – mit Opitz' Hilfe aus dem Italienischen abgeleitet und in geistliches Gewand gehüllt – ein durchschlagender Erfolg war. Schütz' Interesse mag von den neuen Möglichkeiten geweckt worden sein, die sich im Verhältnis von Text und Musik ergaben; Crüger und Gerhardt griffen die Konzepte eigenschöpferisch auf, jeder auf seine Weise. Lieder, die sich daraufhin mit ihren Namen verbinden, wirken musikalisch schlichter als die, die Schop aus den Gedichten Rists gewann. Darin mag sich ein Stilunterschied zeigen: zwischen einem kunstvolleren Konzept im Raum Hamburg, das Schütz auf Anhieb begeisterte, und einer reduzierten Form im mittleren Deutschland, die sich auch in den Rist-Vertonungen Stadens und Hammerschmidts findet. So begegnet die Nachwelt an dieser Stelle erneut einem kritischen Punkt: Wann verband sich mit der Aria, die einst unverkennbar als »kunstvoll« konzipiert worden war, der Gedanke des Volkstümlichen, der als Grundlage des Gemeindeliedes notwendig erscheint?

Man ginge zu weit, schon pauschal für Gerhardt zu postulieren, dass er liedhafter hätte arbeiten wollen als Rist. Seine »Lieder« verbanden sich ja auch mit dem Kirchenmusik-Ansatz Crügers – den später dessen Nachfolger Johann Georg Ebeling noch ausbaute. Und das war für die Wirkung sogar grundlegend. Denn etwa das

Ostergedicht »Auf, auf, mein Herz mit Freuden« (mit Musik von Crüger)[40] oder »Die güldne Sonne« (mit Musik von Ebeling) konnten nicht von einem Tag auf den andern zu Gemeindeliedern werden; zunächst wurden sie als »Geistliche Kirchen-Melodien« musiziert. Dies war notwendig, damit Gottesdienstbesucher sie »vom Hörensingen«[41] kennenlernen und nach einiger Zeit mitsingen konnten. Auf ähnliche Weise sind auch die ursprünglichen italienischen Tanzlieder populär geworden.

Insofern ist es eine fesselnde Frage, weshalb manche Arien leichter als andere in den »Besitz« der Gemeinden übergingen. Nimmt man die komplexen Arien des Rist-Umkreises in den Blick, liegt der Gedanke nahe, dass die Chancen einer Nachnutzung als Kirchenlied desto größer waren, je weniger kunstvoll die Kompositionen waren. Doch die Lage ist viel komplizierter; denn sonst hätte Andreas Hammerschmidts »Freuet euch, ihr Christen alle« niemals einen Weg in ein Gesangbuch finden dürfen. Es handelt sich eigentlich um eine mehrchörige Komposition, gebildet aus einem volltönenden Halleluja-Rahmen und Arienstrophen, die einer kleinen, feinen »Favoriti«-Gruppe zugewiesen werden – also nichts originär Liedhaftes. Auch lässt sich nicht bestätigen, dass die Komplexität mancher Schop- oder Selle-Vertonung von Rist-Dichtungen das Kundeninteresse verfehlten; denn dann hätte es um 1700 längst keine kunstvollen geistlichen Arien mehr gegeben.[42] Genau dies war aber der Fall: Damals erschienen nicht nur die aufwendigen Kompositionen zu Gedichten des Hamburger Pastors Hinrich Elmenhorst im Druck (unter anderem von Johann Wolfgang Franck, einem der fruchtbaren Hamburger Opernkomponisten der Zeit, und von Georg Böhm), sondern ebenso die bisweilen musikalisch überreichen Arien von Johann Anastasius Freylinghausen, Werkkonzepte aus Halle als Zentrum des Pietismus. Und andererseits haben die einfacheren, mehrstimmigen Briegel-Arien aus den 1680er-Jahren die Gesangbücher nicht erreicht. Also standen die beiden Aria-Formen das ganze 17. Jahrhundert über nebeneinander, die komplexere und die schlichtere. Keiner der Typen war dem anderen mittelfristig überlegen, und Automatismen in der Verbreitung sind nicht zu erkennen.

Offensichtlich ging es ganz einfach um Standortbedingungen: am ehesten um die Nähe zur Tradition der *Praxis pietatis melica*, die zu einem Markenbegriff wurde. Teils geht dies auf Crüger selbst zurück, teils darauf, dass Philipp Jacob Spener sich das Konzept zu eigen machte, eine der wegweisenden Gestalten des Pietismus. 1656 war Crügers Werk erstmals auch in Frankfurt erschienen (soll man von einem Raubdruck sprechen?); 1666 wurde Spener dorthin berufen und schrieb zwei Jahre später (sechs Jahre nach Crügers Tod) zu einer Neuausgabe ein eigenes Vorwort.[43] In ihm betont er – seiner eigenen Theologie entsprechend – »für das Singen [...] die Verbindung von Wiedergeburt und Wort Gottes«. Spener adaptierte die *Praxis pietatis melica* damit ähnlich für seine eigenen Zwecke, wie er 1675 seine Schlüsselschrift *Pia desideria* zunächst als Vorrede zur Evangelienpostille Johann Arndts (1616–1620) publizierte. Er verortete seine Ideen also marktbewusst und breit in der theologischen Tradition (ohne dass diese sich dagegen wehren konnte); dem verdankt das Werk Crügers seinen weiteren Ruhm – mit dem das Aria-Konzept zunehmend zu einem Kirchenlied mutierte.

»Lasset uns den Herren preisen« spiegelt diesen Prozess in idealer Weise. Aus Rists so richtungweisender Publikation stammend, scheint schon sein österlicher Text direkt auf ein kollektives Liedersingen im Gottesdienst zu verweisen; doch eigentlich wird hier allein der Kunstanspruch der Aria realisiert, ebenso wie in Schops Dreiertakt-Musik. Crügers Alternative ist nicht volkstümlicher als diese; andernfalls hätte das liturgische Liedersingen nicht so problemfrei den Rückweg zu Schops Original beschreiten können. Und Gerhardt hat seiner Rist-Variante nicht einmal im Theologischen eine Aussage gegeben, die Rist fremd gewesen wäre; sogar dessen Strukturidee übernahm er. Hat Gerhardt seinen Dichtungsansatz also überhaupt als etwas stilistisch Andersartiges verstanden? Oder veränderte nicht eher erst der fortschreitende Umgang mit der *Praxis pietatis melica* den Charakter von »Sollt ich meinem Gott nicht singen«: hin zum Kirchenlied?

Mit diesem Liedrepertoire kristallisierte sich für die lutherische Liturgie eine zweite musikalische Basis heraus: Ebenso wie für das *Florilegium Portense* das Alter der Stücke mit der Zeit kaum mehr als messbar erschien und die Sammlung zeitweilig den Rang eines liturgischen Buches annahm, wuchs diese Funktion nun auch der Aria zu, sofern diese – den Traditionszufällen folgend – zum Kirchenlied geworden war. Dass diese Gesänge einst Dichter und Komponisten gehabt hatten, war zunehmend ohne Belang, insofern ähnlich wie im gregorianischen Choral; ein anderes Bewusstsein wurde am ehesten noch den ursprünglichen Liedern Luthers und seines Kreises zuteil. Bemerkenswert ist aber, dass beide liturgischen Gruppen auf Anregungen aus Italien beruhten: Die Musik im *Florilegium Portense* ist geprägt von nachtridentinischer Musik, das so wesentlich im mittleren 17. Jahrhundert wurzelnde Kirchenlied von der Aria.

Die Aria-Begeisterung der Lutheraner zündete auf drei gesellschaftlichen Ebenen. Die unterste von ihnen war das Singen in der Gemeinde und zu Hause. Die mittlere Stufe lag im Musizieren der – kulturgeschichtlich gesehen – Mittelstädte, deren Kirchenmusik sich aus einem vierstimmigen Sängerensemble und Generalbass zuzüglich zweier Geiger zusammensetzte, also einer Standardsumme aus Lateinschule und den Stadtmusikanten; diese Besetzung bot zugleich eine ideale Basis dafür, die Aria an eine Gemeinde weiterzugeben. Zugleich aber wurde mit der Aria auch in den Spitzenstrukturen des Musiklebens gearbeitet: an Höfen, dazu primär in den norddeutschen Hansestädten und deren Umgebung. Dort sah das Resultat nochmals anders aus.

»*Concerto cum aria*« *zwischen Dresden und Lübeck*

Als Schütz sich 1642 kurzfristig zu einem Besuch bei Rist entschloss, kann er die Liedpotenziale nicht abgesehen haben – und seine Interessen lagen zweifellos woanders. Doch auch das, was sich am »oberen Ende« ergeben würde, lag noch in weiter Ferne; erst zwei Jahrzehnte später erreichte diese Entwicklung ihre nächste Etappe. Das Entwicklungsziel heißt in Dresdner Hofakten »Concerto cum aria«.[44]

Allein die Nennung dieses Begriffs ist schon ein Glücksfall. Denn in Kirchenmusik kommt es typischerweise darauf an, eine liturgische Position sachgerecht auszufüllen; wie die musikalische Gattung heißt, spielt keine Rolle – das ist eher für die interne Verständigung der Musiker von Bedeutung. Die Nachwelt hat sich für

Grundformen lutherischer Musik auf »Motette« und »Kantate« festgelegt und die erste mit der Zeit Schütz' verbunden, die zweite mit derjenigen Bachs; beide Bezeichnungen sind nicht glücklich gewählt. Denn Bach hat den Begriff »Kantate« im Kirchenmusikalischen nie benutzt, und Schütz wäre mit der Pauschalqualifizierung als »Motette« kaum einverstanden gewesen, weil er viel eher vom »Concerto« geprägt war (so, wie Gabrieli den Begriff verstand). »Concerto« ist auch die Überschrift vieler »Kantaten«-Partituren Bachs; doch für diesen bezog sich der Titelbegriff wiederum auf ein anderes Musizieren als das, was Schütz unter ihm verstand. So schließt sich der Kreis: Zeitgenössische Gattungsbegriffe der Kirchenmusik sind nicht als eindeutige Kategorisierungen genutzt worden. Also geht es auch hier um ein genaueres Hinsehen: hinter die Fassaden der Begriffe.

Tatsächlich ist »Concerto cum aria« eine klar nachvollziehbare Formel. Sie besagt zunächst, dass etwas Strophischem (der Aria) etwas Andersartiges (mit »Concerto« benannt) vorausgeht. Ein anschauliches Beispiel (mit einer vergleichsweise kurzen Aria) ist das Werk, das 1667 von Christoph Bernhard aus Anlass des Todes von Rist geschrieben wurde. Dem eröffnenden »Concerto« liegt der Predigttext zugrunde, ein Satz aus dem Lukas-Evangelium (18, 13). Dann folgt die vierstrophige Aria.

Concerto
Gott, sei mir gnädig nach deiner Güte und tilge meine Sünde nach deiner großen Barmherzigkeit.

Aria
1. Deine Güte, die das Leben,
Edler Gaben Eigentum,
Weisheit, Ehre, Stand und Ruhm,
Jesu! reichlich mir gegeben;
Mache mich von Sünden ledig,
Sei mir armen Sünder gnädig.

2. Deine Güte, die geschlichtet
Vor Anstößen meinen Gang,
Mich erhalten, wenn ich sank,
Wenn ich fiel, mich aufgerichtet;
Mache mich von Sünden ledig,
Sei mir armen Sünder gnädig.

3. Dein Erbarmen, deine Liebe,
Die dich aus des Himmels Saal
In die Welt, Angst, Not und Qual,
In Tod, Grab und Hölle triebe;
Mache mich von Sünden ledig,
Sei mir armen Sünder gnädig.

4. Dein Erbarmen, meiner Lieder,
Meiner Lehre Kern und Saft,
Die, durch deines Geistes Kraft,
Ich gelehret meine Brüder;
Will dich droben ewig preisen,
Mit verlangten Himmels-Weisen.

Für »Concerto« und »Aria« lässt sich auch musikalisch argumentieren. »Concerto« beschreibt ein allgemeines kompositorisches Verfahren: Mehrere selbstständig geführte Stimmen werden über einen längeren Abschnitt hinweg allmählich miteinander zusammengeführt; die Strophenabfolge der »Aria« wird daraufhin anders komponiert. Und damit ist der Schlüssel des Verständnisses gefunden: Im einleitenden Bibelwort-Concerto wirken sämtliche Stimmen zusammen; sie tasten sich so im Text vor, dass ihr Musizieren immer wieder Vollstimmigkeit bildet. Die Strophen der Aria sind dagegen geringstimmig besetzt: Jede Singstimme erhält »ihre« Strophe, hier in der Abfolge: Sopran – Alt – Bass – Tenor, und trägt sie allein mit Generalbassbegleitung vor. Auf diese Weise ist Textverständlichkeit gewährleistet: auch für die neu konzipierten, nichtbiblischen Texte, und auch dann, wenn der Komponist die Gesangsaufgaben virtuos anreichert. Typischerweise treten am Ende jeder Strophe die Instrumente hinzu, sodass, ehe die nächste erreicht ist, ein Ritornell erklingen kann. Und ebenso gehört zu den Grundprinzipien dieses Musizierens, dass nach der letzten Strophe (und ihrem Abschlussritornell) das Concerto wiederholt wird. Das hat praktische Gründe: Das Werk endet dann nicht quasi in seiner Selbstauflösung, musiziert nur von einer zufälligen Teilgruppe des Ensembles, sondern im Tutti; und so lässt sich zudem der textliche Bogen zurück zum Bibeltext schlagen.

Bis hierhin betrachtet, zeigt sich schon einmal jener dritte grundsätzliche Aria-Ansatz der lutherischen Kirchenmusik: neben dem möglichst syllabischen, der eine »Nachnutzung« als Kirchenlied ermöglichte, und der möglichst vielgestaltigen Musik, wie Schop und Selle sie schon früh zu Rists Gedichten schrieben (doch so, dass sogar diese differenzierten musikalischen Bögen auf jede Strophe angewandt werden können). Hier nun heißt »strophisch« etwas anderes, das auch den virtuosen Potenzialen Rechnung trägt – und keine Alltagskost für jedes erdenkliche Ensemble war. Komponisten, die diese Fäden aufgriffen, und Aufführungskräfte, die diesen Ansprüchen gerecht werden konnten, gab es in erster Linie an den Höfen.

Wie aber passen »virtuose Potenziale« mit einem strophischen Aufbau zusammen, der ja viel eher an Wiederkehrendes, Einheitliches denken lässt? Dafür ist erneut ein Bogen von der lutherischen Aria zur italienischen Musik zu schlagen. Das frühe, berühmte Muster hierfür findet sich 1607 bei Monteverdi in seiner Oper *L'Orfeo*. Der Titelheld, seiner Braut beraubt, versucht, sich Zugang zur Unterwelt zu verschaffen; der Fährmann Charon (»Caronte«) verweigert dem noch lebendigen Sterblichen jedoch die Überfahrt ins Totenreich und wird von Orpheus mit der Kraft der Musik bezwungen. Diese schöpft er, der legendäre Musiker, nach Monteverdis Sicht aus der Aria, die zwar strophisch ist, deren Konstituenten sich aber von Strophe zu Strophe ändern können: mit unterschiedlichen Instrumenten und wechselnden Gestaltungen der Gesangslinie. Dieses Prinzip der »strophischen Variation«[45] ist also der Schlüssel dazu, auch in dieser lutherischen Kirchenmusik-Gattung Virtuosität und Aria zu kreuzen: Während der Generalbass von einer Strophe zu anderen gleich bleibt, wird in jeder eine eigene Gesangslinie entwickelt.

Also geht es hier gerade nicht darum, dass Strophisches einfach sei; es bietet nur einen »einfachen« Rahmen, der sich auf komplexe Weise ausfüllen lässt. Bei der Trauerfeier für Rist trafen einige Spitzensänger zusammen; Christoph Bernhards

Musik ist schon im Concerto-Teil sehr anspruchsvoll.[46] Daraufhin erhalten die Einzelstimmen in der Aria profilierte, individuelle Aufgaben, und zum Teil ist dies unvermeidlich: Zwar erschiene denkbar, dass Sopran und Tenor ungefähr das Gleiche singen (nach jüngerem Verständnis: die hohe Frauen- und die hohe Männerstimme), analog dazu Alt und Bass; doch Sopran und Alt (ebenso Tenor und Bass) müssen ihre Virtuosität in jeweils typischen Stimmlagen entfalten können. So spielt die Gattung »Concerto cum aria« auch mit dem Publikum: Ihm wird die Illusion vermittelt, einer strophisch angelegten Musik zu lauschen, doch jede Strophe erhält ihren eigenen Charakter. Wie weit also lässt sich die Trägheit des Gehörs nutzen: Wie weit empfindet man Musik noch als »gleich«, obwohl die Unterschiede in den Noten augenfällig sind? Hier zeichnet sich ab, weshalb die Entwicklung dieses musikalischen Prinzips so attraktiv war.

Bernhard nutzte noch weitere Freiheiten. Denn er lässt das Concerto auch in der Mitte der Aria anklingen, zwischen der zweiten und dritten Strophe; außerdem komponiert er eine einleitende Sinfonia, die er ebenfalls im Werkinneren – als eigenes Strukturelement – wiederholt. Und schließlich lassen sich nicht nur Ritornelle nach den Strophen bilden; wiederkehrend ist auch der Refrain, in den fast jede Strophe ausläuft. Das Strophische eröffnete also viel mehr Differenzierungsmöglichkeiten als nur die eines Liedes.

Wie erwähnt, taucht der Begriff (und das Prinzip) erstmals am Dresdner Hof auf, und zwar zu Weihnachten und zum Jahreswechsel 1660/61 beim neuen Kapellmeister Vincenzo Albrici.[47] Er war anscheinend schon seit dem Regierungsantritt Johann Georgs II. 1656 in Dresden; immer wieder aber war er auf Reisen, vorwiegend zu seiner früheren Dienstherrin, Christina von Schweden, die zum Katholizismus übergetreten war. Albrici reiste zu ihr bald nach Rom (in seine Heimat), bald an irgendeinen Ort des schwedischen Staatsgebiets (wie im Herbst 1660 nach Stralsund). Er war groß geworden mit den Kunstformen der römischen Solomotette, wie sie von Giacomo Carissimi oder Bonifazio Graziani gepflegt wurde; auch in ihren Werken wechseln Textglieder unterschiedlicher Art miteinander ab – Arienstrophen, Bibelzitate, deklamatorische Abschnitte. Doch das, was Albrici Ende 1660 als »Concerto cum aria« präsentierte, scheint seine eigene Erfindung gewesen zu sein: eine Kreuzung der römischen musikalischen Tradition mit den liturgischen Anforderungen des Dresdner Hofes. Schnell fasste die neue Gestaltungsform Fuß: Aus der Zeit ab 1662 liegen von Albrici mehrere Kompositionen dieser Art vor (in der Richtung, die später auch Christoph Bernhard für die Rist-Trauermusik einschlug), ebenso von Marco Giuseppe Peranda, dem Vizekapellmeister – darunter die Hohelied-Komposition »Fasciculus myrrhae«. 1665 entstand dann erstmals eine komplette deutsche Serie solcher Werke durch das gesamte Kirchenjahr:[48] gedichtet von dem Halleschen Hofdichter David Elias Heidenreich, komponiert vom »zugehörigen« Kapellmeister David Pohle. Die Texte fielen auf extrem fruchtbaren Boden: Zu ihren weiteren Vertonern gehörte der Zeitzer Kapellmeister Clemens Thieme (der schon 1668 starb) und sein Weißenfelser Kollege Johann Beer; den Sprung ins städtische Milieu schaffte das Werkprinzip – nicht verwunderlich – in Leipzig, wo sich der Thomaskantor Sebastian Knüpfer und sein Nachfolger Johann Schelle mit Heidenreichs Texten befassten.

»Concerto cum aria« · Oben auf der Seite endet das Tutti-»Concerto«, dem ein Bibelwort aus dem Hohelied zugrunde liegt. Ihm folgt in der unteren Seitenhälfte die neu gedichtete »Aria. à 4. Stanze«, eine Aria in vier Strophen. Jede von ihnen fällt einer Solostimme zu: nacheinander den beiden Sopranen, einem Alt und einem Tenor. Weil die Musik (wie der Text) strophisch ist, genügte es, ein einziges Mal die Generalbasslinie zu notieren (ganz unten, mit einer verworfenen Vorab-Version); darüber steht die Musik der vier Solo-Strophen.

Marco Giuseppe Peranda, *Fasciculus myrrhae*, Dresden 1662.

Bernhard, der 1663 am Hamburger Johanneum die Nachfolge Thomas Selles antrat, hatte zuvor in Dresden all dies an der Wurzel miterlebt. Seine Zugänge zum modernen italienischen Gesangsstil verdankte er den Kontakten des Hofes zum Sopran-Falsettisten Agostino Fontana, und 1657 war er sogar selbst in Rom gewesen;[49] mit seiner Berufung nach Hamburg konnte er das »Concerto cum aria« nach Norden vermitteln. Das vermutlich größte Werk dieser Gattung stammt dann von Dieterich Buxtehude, der das Gestaltungsprinzip wohl erst in Lübeck kennenlernte (nach 1668): Jeder der sieben Teile der *Membra nostri Jesu Christi* ist als »Concerto cum aria« geformt, mit einem einleitenden lateinischen Bibelwort, dem dann eine typische Ariendichtung folgt.

Schon Komponisten wenig jüngerer Zeiten haben das Grundprinzip des »Concerto cum aria« unterlaufen; sie experimentierten damit, die feste Struktur zu sprengen. Librettisten jedoch hielten noch länger daran fest. Als Georg Österreich 1702 seine imposante Trauermusik »Plötzlich müssen die Leute sterben« schuf,[50] musste er eine Planänderung seiner Auftraggeber berücksichtigen: die Erweiterung des Werks um ein mehrstrophiges Gedicht. Sie bildet daraufhin den Aria-Teil der Komposition; deren »Anfangsteil« jedoch ist eine so vielgliedrige Mischung aus Bibeltext und Liedstrophen, dass der Gesamteindruck kaum mehr auf das alte Einleitungsprinzip eines »Concerto« zu verweisen scheint. Und zwei Jahre später, zum Kirchenjahr 1704/05, entstand in Meiningen ein an sich modern wirkender Jahrgang mit Kantatentexten, der weite Kreise zog:[51] Vermutlich vom jungen Herzog Ernst Ludwig gedichtet, vertonte sie zuerst einer der aufstrebenden Sterne am Opernhimmel, Georg Caspar Schürmann, später in Wolfenbüttel tätig. Für größere Feste gibt es dort Texte, die ein veritables »Concerto cum aria« enthalten: und zwar als zweiten Werkteil, eingeleitet mit einem neutestamentlichen Bibelwort. Schon Schürmann hat offensiv gegen diese strophische Gestalt an komponiert;[52] er überführte die Strophen einfach in mehrere unterschiedliche Sätze. Und noch »schlimmer« verfuhr Bach, als er 1726 einen dieser Texte bearbeitete (in der Himmelfahrtskantate »Gott fähret auf mit Jauchzen« BWV 43): Die Zweiteiligkeit seines Werkes durchschneidet die Aria zwischen ihrer ersten und zweiten Strophe (bei Bach die Arie Nr. 5 und das Rezitativ Nr. 6). Für Librettisten reichte der »Geist von Dresden 1660« also weiter als für die Komponisten.

Was also ist »lutherische Aria« nach 1648?

Die italienische Aria fristete im Bewusstsein späterer Zeiten ein Schattendasein; als ihre Früchte ließen sich bestenfalls die *Arie antiche* erleben, in denen Bruchstücke aus Opern des mittleren 17. Jahrhunderts einen Weg in den Gesangsunterricht des 20. Jahrhunderts fanden. So wird verständlich, weshalb man von dieser Arienkunst nichts weiter erwartete; letztlich schienen jene Stücke einfach nur klein und schlicht zu sein. Erst die kulturhistorische Aufgeschlossenheit dafür, was italienische Aria war, hat eine Korrektur ermöglicht, und erst daraufhin lässt sich auch begreifen, wie es in Deutschland zum Erfolg des »lutherischen Kirchenliedes« kam. Dessen Aufblühen war abhängig von den Ideen Opitz' dazu, wie Dichtung in deutscher

Sprache Kunstcharakter erlangen könnte; und im Wechselspiel Rists und anderer Dichter mit Musikern, die den italienischen Gedanken einer »Poesia per musica« mittrugen, konnte diese Dichtung auch musikalisch Potenzial entfalten. Das Resultat war Kunst, die Dichtung ebenso wie die Musik; eine Volkstümlichkeit, wie sie sich im Gemeindelied sehen lässt, war erst in einer Folgeetappe möglich. Eine »Aria«, die als gottesdienstliche Hauptmusik erklang, war einprägsam; weil sie zugleich Trägerin aktueller Glaubensinhalte sein konnte, sprach nichts dagegen, diese mehrstimmigen Kompositionen auf die Anteile zu reduzieren, die eine Gemeinde sich aneignen und mitsingen konnte.

Geringfügig jünger ist das »Concerto cum aria«, dessen Charme viel eher in der Variabilität der Aria-Linien lag als in deren Fasslichkeit. Im Zusammengehen mit dem Concerto und dessen Bibelprosa entstand dann für deutsche Verhältnisse eine ähnliche Mischung von Texten wie in der italienischen Oper aus dem Wechselspiel von Madrigal (prosaähnlich wirkend, aber poetisch durchgeformt) und strophischer Aria.[53] Auch das lutherische Resultat war ein Quantensprung für die Musikentwicklung. Denn wer eine mehrsätzige Komposition schreiben wollte, musste »Sätze« voneinander absetzen können; das lieferte ein Bibeltext nicht auf Anhieb, ebenso wenig die strophische Aria. Es musste also einen Wechsel textlicher Formen geben, der sich ausgestalten ließ; dies war – von der Aria aus betrachtet – mit der Hinzunahme des Bibeltexts gewährleistet. Denn dieser war vorgegeben, also Prosa, nicht aber eine solche, die auch im alltäglichen Gespräch hätte vorkommen können; er wirkte somit ähnlich gehoben wie das Madrigal im Italienischen. Zusammen mit der Aria ergab sich auch im Musikalischen eine sinnvolle, veritable Satzfolge.

Mit der Aria-Produktion insgesamt machte sich das Luthertum jedoch in großem Ausmaß vom Zeitstil des mittleren 17. Jahrhunderts abhängig: von der Wortwahl der Dichtung ebenso wie von der Diktion der Melodien. Das wog schwerer als im Hinblick auf Lieder Luthers und seiner Zeitgenossen: In ihnen war dieses Autoritative, Vorbildhafte ebenso systembedingt wie erwünscht – es ging ja um die Wiedererkennbarkeit eines »lutherischen« Glaubens. Doch der Kunstcharakter konnte Probleme bereiten, die aus kirchlicher Sicht nicht immer lösbar schienen. Wo die Musik zu tänzerisch wirkte, ließ sie sich zwar ausbremsen, auch ganz einfach dadurch, dass man die Lang-Kurz-Wechsel des Dreiertaktes in zwei gleich lange Werte des geraden Taktes überführte; und Zierformen konnten so weit weggelassen werden, dass nur eine rein syllabische Deklamation übrig blieb. Viel schwieriger war es aber, sich dauerhaft mit der dichterischen Bildhaftigkeit des mittleren 17. Jahrhunderts abzufinden; spätestens die Aufklärung wünschte sich eher Abstraktion und Distanz. Dies wurde zu einem echten Problem für das Luthertum (vgl. 10. Kapitel).

Doch auch die Aufnahme der neuen »Arien« in den Gottesdienst war kein Selbstläufer. Eine Gemeinde der Halbinsel Eiderstedt[54] ließ 1682 ihre Visitatoren wissen, neue Lieder hätten in ihrem Gottesdienst keinen Platz; die vorgeschobene Begründung war, dass die Gemeinde sie nicht kenne und der Lehrer keine Noten lesen könne, um den Schülern die Lieder beizubringen. Wenn hingegen in einer Nachbargemeinde der Pastor zu Protokoll gab, in der ersten Stunde des Gottesdienstes werde nur georgelt und gesungen, erhält man die eigentliche Begründung für jene ablehnende Haltung: Weiterhin folgte der Gottesdienst in »Luthers Norden« den Formen der Reformationszeit. Doch die Lied-Traditionsbindung galt ebenso in Sachsen. 1732 berichtet Christian Gerber, ein erbitterter Gegner großer Kirchenmusik, in seiner Jugend (den 1670er-Jahren) sei nur an Weihnachten, Ostern und Pfingsten etwas anderes als acht Standardlieder gesungen worden.[55] Ein Gemeindegesang, der neue Texte und Melodien in sich aufnahm, entstand also deutlich langsamer, als die Gesangbuchproduktion es erahnen lässt; die private Praxis ist viel früher und intensiver von den Früchten der neuen Aria-Kultur erfasst worden, die im kunstmusikalischen Bereich angelegt worden war. Noch immer gingen die Uhren nicht so, wie man sich eine lutherische, liedgebundene Gottesdienst-Essenz vorstellen mag.

8 »Da sprach Jesus ...«
Evangelium und Kirchenkantate

Musik eines konfessionellen Zeitalters?

Die frühe Aria mag den Eindruck erwecken, für die lutherischen Gebiete Mitteleuropas sei bei Kriegsende eine Art Unterdruck entstanden: Als die Kriegshemmnisse beseitigt waren, konnte das Neue einströmen, das sich mittlerweile in Italien entwickelt hatte. Doch die Lage ist weitaus komplexer, und gerade in Mitteldeutschland wirkt kaum logisch, wie die lutherische Musikkultur nach 1648 wieder in Gang kam. Denn dort mischten sich Voraussetzungen und Einflüsse unterschiedlichster Art. Kultureller Wiederaufbau entfaltete sich an zahllosen vor- und frühabsolutistischen Höfen, zugleich in Milieus, die diesen aktuell modernen Staatstheorien kritisch gegenüberstanden; in der Gesellschaft traf sich der Wunsch nach einem Wiederfinden des Hergebrachten mit dem Drang, Lebensformen endlich wieder eigenständig gestalten zu können. Für alle Interessengruppen waren Orientierungspunkte in der Weite Europas willkommen, nicht nur in Italien: Wo also gab es funktionierende Strukturen, an denen ein Anknüpfen sinnvoll erschien? Auch die Kulturpraxis der beiden Garantiemächte des Westfälischen Friedens (Frankreich und Schweden) wirkte interessant, ebenso die Glaubenskultur der englischen Puritaner.

Was Italien betrifft, war der Kontakt lutherischer Musiker dorthin während des Dreißigjährigen Krieges nicht völlig abgerissen, und sogar für die vom Krieg am schwersten gebeutelten Regionen gab es Anker, von denen ausgehend die Verbindung wiederhergestellt werden konnte. Schütz verlor den Kontakt wohl nie, auch nicht nach seiner zweiten Italienreise von 1628/29. 1632 bestellte er über einen Verbindungsmann in Augsburg mehrere Drucke gezielt mit Musik neapolitanischer Komponisten;[1] in seinen *Symphoniae sacrae II* von 1647 sind zwei Werke enthalten, in denen er Musik Monteverdis aus dessen *Madrigali guerrieri, et amorosi* von 1638 zitiert, und weil er in seiner Vorrede auf diejenige Monteverdis anspielt, hat er die Druckedition gekannt.[2] Musik dieses Stilspektrums muss er um 1642/44 am Hof des dänischen Kronprinzen Christian in Nykøbing auf Falster erlebt haben; das dortige Repertoire spiegelt sich in dem umfangreichen Manuskript, das Matthias Weckmann, Schütz' Schüler und Christians Organist, in jener Zeit anlegte und das neben Werken aus Monteverdis *Selva morale e spirituale* (1641) auch weitere Werke italienischer Komponisten enthält.[3] Und im gleichen Rahmen bewegte sich der sächsische Kurprinz Johann Georg II., als er sich – in engst möglicher Kooperation mit Schütz – beim Neuaufbau der sächsischen Hofkapelle während der 1640er-Jahre eher für Italienisches als Deutsches starkmachte. Eine Schlüsselrolle spielten dabei Italiener an »Nachbarhöfen«: Agostino Fontana in Dänemark, ebenso der polnische Kapellmeister Marco Scacchi. Beide wirkten als Vermittler jenes modernen Stils.[4] Und jenseits der Alpen war nach wie vor Venedig der erste Bezugspunkt; der Kurprinz versuchte, Musiker aus dem Umkreis von Giovanni Rovetta zu rekrutieren, dem Nachfolger Monteverdis an San Marco.[5] Aus diesem Ambiente stammte dann tatsächlich einer der späteren Dresdner Kapellmeister, Giovanni Andrea Bontempi.[6]

Schütz stand mit diesem Wissen nicht allein. Ab 1641 gab der Breslauer Organist Ambrosius Profe seine *Geistlichen Concerten und Harmonien* heraus; Musik aus den späten Monteverdi-Drucken findet sich hier in geistlichen Adaptionen.[7] Da Profes Sammlungen im Druck erschienen (in Leipzig), haben sie selbstverständlich auch Käufer gefunden. Und 1642 revolutionierte Johann Andreas Herbst, Nürnberger »Kapellmeister« (faktisch ein Generalkantor der Freien Reichsstadt), die musikalische Lateinschulausbildung dadurch, dass er einen radikalen Schnitt gegenüber dem alten lutherischen Unterrichtskonzept von Heinrich Faber (1548) vornahm. Welche Ziele er verfolgte, besagt der Untertitel seiner Lehrschrift: *Eine kurtze Anleitung, wie die Knaben, [...] auff jetzige Italienische Manier, [...] können informiret und unterrichtet werden.*[8] Moderne italienische Musik war also ein Werbeargument. Und doch ist auch dies noch zu pauschal.

Zu einem bestimmenden Faktor wurde Musik aus Rom: aus dem Kulturleben, das sich im Umfeld von Papst Urban VIII. ergeben hatte. Sein Pontifikat währte von 1623 bis 1644. Er entstammte der Familie Barberini, deren weiteren Mitgliedern er zu einem innerkirchlichen Aufstieg verhalf; diese wurden in jener Zeit zu wichtigen Mäzenen des römischen Musiklebens. Dieses Vorbild strahlte am klarsten (und besonders früh) auf Frankreich aus: auf Jules Mazarin.[9] In Italien als Giulio Mazzarini geboren und in seiner Frühzeit Schützling der Barberini-Familie, war er seit 1642 der leitende Minister Louis' XIII., nach dessen Tod 1643 Erzieher des noch unmündigen Louis XIV. Er bewunderte die Kultur Urbans und war ein leidenschaftlicher Musikliebhaber. Genau die Musik, die von den Barberinis gefördert wurde, war für ihn wichtig: die junge römische Oper und die ihr benachbarten kleineren Gattungen. Diese Stilwelt holte Mazarin schon 1644 nach Frankreich.

Dieser römische Kulturimport erfasste auch den lutherischen Raum. Schweden sog im Rahmen des Bündnisses mit Frankreich ohnehin dessen Kultur auf:[10] Schon seit 1638 gab es französische Tänzer in Stockholm, 1646 sandte Mazarin der Königin eine Büchersammlung, 1646/47 wurde eine französische Violinistengruppe an den Hof engagiert; 1649 kam René Descartes auf Einladung Christinas nach Stockholm (wo er 1650 starb). Auch das Italienische spielte eine Rolle: Der postume Erstdruck von Leonardo Da Vincis *Trattato della pittura* erschien 1651 in Paris und wurde Christina gewidmet – ausgestattet mit Zeichnungen von Nicolas Poussin. Ende 1652 gab es am Stockholmer Hof dann auch eine italienische Musikertruppe: unter Leitung Vincenzo Albricis, der seit 1641 selbst durch das römische Kulturklima geprägt worden und dort Schüler Carissimis gewesen war. Auch dieser repräsentierte die Barberini-Kultur.[11] Ebenfalls 1652 wurde Kaspar Förster, ein Carissimi-Schüler schon der 1630er-Jahre, als Kapellmeister an den Hof in Kopenhagen berufen. Kurz: Das, was die Musik rund um Urban VIII. ausgemacht hatte, schien fortan zu dem höfischen Zeremoniell zu gehören, das auch den genesenden lutherischen Herrscherhäusern als Maßstab diente: neben Frankreich auch von Schweden ausstrahlend, der lutherischen Schutzmacht des Westfälischen Friedens, ebenso von Dänemark. Albrici wurde zu einem wichtigen Mittler dieser Kultur in den Protestantismus; 1655/56 wirkte er kurzzeitig am Stuttgarter Herzogshof, ehe er in kursächsische Dienste trat. Und auch Förster prägte die Zugänge: Er ist einer der wenigen Musiker des Ostseeraumes, deren Werke im damaligen Sachsen gepflegt wurden, in Luckau, Grimma und Weißenfels.[12] Das »Rom-Dresden-Phänomen«, mit Albricis Wirken Thema des vorigen Kapitels, erweist sich also als Teil eines umfassenden Systems, das die europäische Hofkultur prägte.

So kam es, dass die lutherische Musikkultur in der zweiten Hälfte des 17. Jahrhunderts von einer eigentümlichen Mischung aus Konfessionellem (im Textzugang) und Italienischem (im Stil) bestimmt wurde. Musik mit geistlichen Texten hatte in einem nach wie vor konfessionell geprägten Zeitalter ungebrochen Hochkonjunktur. Es konnte ja kein Fehler sein, auch außerhalb des Gottesdienstes Kompositionen mit geistlichem Text aufzuführen; Musik in klar konfessioneller Prägung entstand nicht nur für die Liturgie. Und deren Vorschriften lösten sich von den strikten Vorgaben der spätmittelalterlichen Messe. In der Folgezeit wurden lutherische Botschaften also in musikalischen Formen verbreitet, die am jesuitischen Collegium Germanicum et Hungaricum in Rom gepflegt wurden, der Ausbildungsstätte etwa Albricis: einer Institution, die eigentlich gezielt antilutherisch ausgerichtet war. Eine lutherische Scheu vor internationaler Musik, die in anderem konfessionellem Rahmen gewachsen war, bestand gar nicht.

Höfe, Städte, Landschaften

Ins Zentrum dieser lutherischen Entwicklungen traten also die Höfe. Nur partiell hängt dies mit den Wiederaufbau-Erfolgen zusammen, die sich dort schneller erreichen ließen als in den zugehörigen Territorien. Denn obendrein hatten sich an den Höfen schon vor dem Krieg neue Organisationsformen für das Musizieren entwickelt: veritable Stellenpläne, die in sich eine gewisse Variabilität zeigten (sodass ein Kammerdiener zugleich Geiger sein konnte[13]), aber in den Spitzenpositionen auf Virtuosität ganz bestimmter Personen ausgerichtet waren. Das ließ sich nicht in das städtische Milieu übertragen, denn Stadtpfeifer mussten prinzipiell sämtliche Instrumente beherrschen; diese Forderung nach Breite ermöglichte keine analoge Spezialisierung. Und die Virtuosität bei Hofe schloss zwangsläufig auch die Sänger ein: Professionelle Falsettisten oder gar Kastraten für Sopranpartien beherrschten andere Gesangstechniken, als sie mit Lateinschülern am Anfang von deren musikalischer Laufbahn erreicht werden konnten. Johann Andreas Herbsts Musiklehrbuch zeigt, dass schon früh auch Schulen mitzugehen versuchten, hier typischerweise die der Freien Reichsstadt Nürnberg, selbst eigentlich Hauptstadt eines großen Territoriums. Bis diese Entwicklung Landstädte erreichte, war ein weiter Weg zurückzulegen – vor allem wenn in ihnen die Musik von traditionellen Kantoren kontrolliert wurde, die ihr Wirken viel eher als Stufe der theologischen Karriereleiter sahen.

So wird unmittelbar verständlich, warum lutherische Musik der Zeit zwischen 1650 und 1700 für die Nachwelt lange so unzugänglich blieb: weil diese sich zu weitgehend auf zwei kirchenmusikalische Berufsbilder festgelegt hatte. Nicht Kantoren oder Organisten standen als Triebkräfte hinter diesen stilistischen Entwicklungen, sondern Kapellmeister, Träger also eines Titels, der im 19. Jahrhundert, als diese Erschließung lutherischen Musik-Erbes ansetzte, weltlich »besetzt« war: Ein Kapellmeister war vorwiegend in Oper oder Konzertsaal aktiv, ganz anders als seine religiös geprägten Amtsvorgänger zwei Jahrhunderte zuvor. Dies prägte seit Ende des 19. Jahrhunderts die Kirchenmusikpraxis: Auf Chorstrukturen fixiert, ließ sich schon die solistische Musik kaum wiederbeleben, die von Organisten im Zusammenwirken mit Kleinst-Ensembles gepflegt worden war. Weiteten sich die »kleinen« Geistlichen Konzerte noch zu Musik in größeren Besetzungen, drohten fatale Folgen: Denn manche dieser groß besetzten Werke treten den Betrachtern der Noten entgegen wie Chorwerke, mit vierstimmigen Vokalbesetzungen. Ihre Satzstrukturen sind aber »luftig« und delikat angelegt und ließen die höfischen Virtuosen abwechselnd hervortreten; wird diese virtuose Musik in Chorstärke dargeboten, vermag der Werkeindruck kaum zu befriedigen. Schon ein »Concerto cum aria« setzt Solosänger voraus, auch im differenzierten Satzgeflecht des Concerto. So hat erst die Alte-Musik-Bewegung des späten 20. Jahrhunderts einen Weg zu diesem zuvor vernachlässigten Repertoire-Segment erschlossen. In der lutherischen Kulturgeschichte darf an ihm der Blick aber nicht vorbeigehen: an dieser höfischen Kultur, die in ihrer Neubesinnung nach dem Krieg so dezidiert religiös blieb.

Im mittleren 17. Jahrhundert hatten große Reichsstädte mit diesem höfischen Musikansatz die geringsten Probleme: Hamburg und Lübeck (beide vom Krieg verschont), ähnlich Frankfurt und Nürnberg. Und die Frage, ob (und wie weit) die nichtstädtischen Gebiete der Territorialstaaten jemals von dieser neuen Kultur erfasst werden und sich später auch Kirchenkantaten aneignen konnten, birgt Sprengkraft: Denn wie weit förderte zugleich das Gefühl, mit den luxuriösen Ausdrucksformen der Höfe nicht mithalten zu können, den Eindruck, Kunst sei nicht glaubensförderlich? Wie weit also wurde die Aria-Polarität, die sich zwischen potenziellem »Kirchenlied« und dem »Concerto cum aria« auftut, zur Schicksalsfrage lutherischer Kultur: so, dass das angeblich Schlichte eher »echten Glauben« ausdrücke, das Kunstvolle hingegen nur wie ein zu äußerlicher Prunk wirke? Die Schriften der englischen Puritaner, die von Theophil Großgebauer in seiner Kritik der Kirchenmusik herangezogen wurden,[14] konnten diesen Eindruck aus seiner Sicht sogar theoretisch untermauern; allerdings stammen sie aus einer reformierten, nichtlutherischen Kulturtradition. Zunächst noch gewann diese kirchliche Kunstkritik aber nicht die Oberhand.

Die Nachwelt blickte also zunächst am Erbe dieser modernen, höfischen Kirchenmusik vorbei; für die Zeit nach 1650 interessierte sie sich für Musik, wie sie sich kleinere Städte leisten konnten. Diese knüpften an Aufführungsverhältnisse an, die in der Vorkriegszeit bestanden hatten; und von diesen wurden auch die kirchenmusikalischen Konzepte des frühen 20. Jahrhunderts abgeleitet. Beide Ansätze trafen sich bei Impulsen, die noch in den letzten Jahren des Dreißigjährigen Krieges angesetzt hatten, und zwar in einer Gegend, die vom Krieg keineswegs verschont worden war: in Zittau.

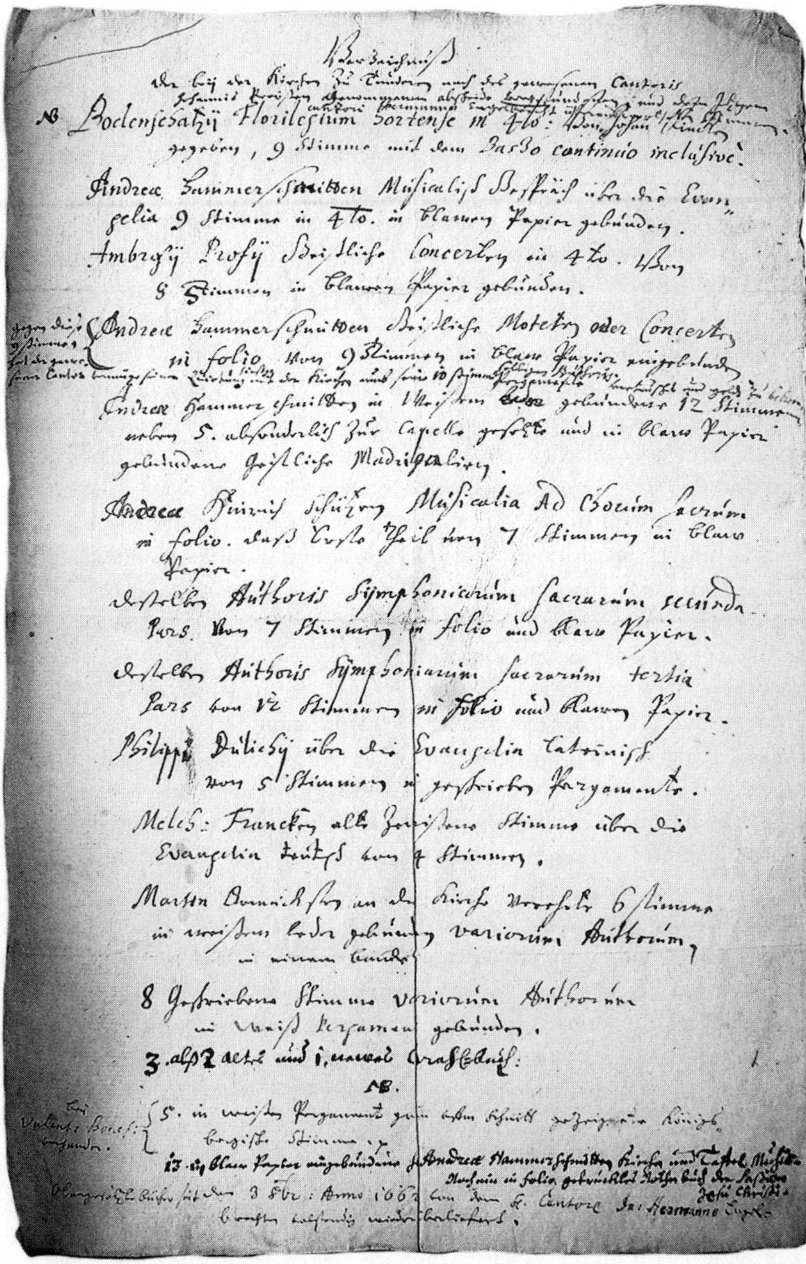

Lateinschul-Repertoire nach 1650 · Im mittleren 17. Jahrhundert erscheint sächsisch-thüringische Musik als Referenz-Repertoire für lutherische Kantoren. Der Thüringer Johannes Probst, der während der 1650er-Jahre in Tønder (Tondern) wirkte, brachte dorthin die neueste Musik mit. Nach dem *Florilegium Portense* ist sie zusammengestellt: je drei Werksammlungen Andreas Hammerschmidts und Heinrich Schütz'. Anderes (wie die Werke von Philipp Dulichius aus Stettin und Melchior Franck aus Coburg) hatte er vermutlich schon bei seinem Dienstantritt vorgefunden.

Landsarkivet i Aabenraa, Akten der Stadt Tønder (Tondern) über Kantoren und Organisten seit 1631.

Dort hatte Andreas Hammerschmidt, 1639 aus Freiberg kommend, den Organistenposten an St. Johannis übernommen. Die Stadt (mit der gesamten Lausitz) war 1620 vom Kaiser an Sachsen erst verpfändet worden und wurde 1635 endgültig sächsisch. Anders aber als in Sachsen üblich, wurde Hammerschmidt, der Organist, zum »starken Mann« des lokalen Musiklebens, mit weitaus größerer Ausstrahlung als der Kantor Simon Crusius.[15] Und Hammerschmidts in fünf Teilen erschienene *Musicalische Andachten* (1639–1653) wurden zu einem Fluchtpunkt für die Neu-Identifikation lutherischer Kirchenmusik – nicht nur in Mitteldeutschland, sondern auch für die Landwirte in Altenbruch bei Cuxhaven (vor 1653),[16] als Mitbringsel des Kantors Johannes Probst, der 1652 aus Thüringen nach Tondern (heute Tønder, Dänemark) berufen wurde, ebenso in Helsingør oder in Stockholm.[17] Hammerschmidt hatte seine Projekte so unbeirrt angepackt, als gäbe es keinen Krieg; und doch werden all die, die sein »Freuet euch, ihr Christen alle« auch als großes Geistliches Konzert von 1646 kennen, jedes Mal wieder die Entstehungszeit dort bedenken, wo das Tempo des »Gib der ganzen Christenschar« unvermittelt für »Friede und ein seligs Jahr« verlangsamt wird (in der Version als Gesangbuchlied ist dies nivelliert). Den immensen Erfolg seiner Musik konnte Hammerschmidt noch verbreitern, ebenfalls noch in der Kriegszeit ansetzend: mit den *Dialogi oder Gesprächen zwischen Gott und einer gläubigen Seelen* (zwei Teile, beide 1645). Weitere Werke folgten, nicht zuletzt seine Aria-Zusammenarbeit mit Johann Rist.

In diesen Wirkungen Hammerschmidts scheinen somit traditionelle Elemente im Vordergrund zu stehen: Er greift auch die Doppelchörigkeit der Vorkriegszeit auf. Zu bedenken bleibt dabei, wie neu er die Dinge sah: Er war fast drei Jahrzehnte jünger als Schütz. Und so schimmert in der Dreierrhythmik seiner Adventskomposition »Machet die Tore weit« die Prägnanz der Aria-Diktion hindurch, auch wenn dem Werk ein biblischer Text zugrunde liegt (Psalm 24, Vers 7–8). Mit all diesem konnte Hammerschmidt einen Teil des musikalischen Wiederaufbaus prägen.

Binnen wenigen Jahren begannen dann auch erste »Landstädte«, das Musizieren mit Stadtpfeifern und Lateinschülern an höfischen Praktiken zu orientieren, stellenweise mit größtem Erfolg. Ideale Einblicke ermöglicht die Stadt, die sich auch reichsstädtischen Strukturen am nächsten fühlen konnte: Leipzig. Auch dort gab es die Kritik am Höfischen; sie traf sich mit einer optimalen Chancenauswertung gerade dieses Neuen – innerhalb der etablierten Musizierverhältnisse. Das Vorhaben wurde »von oben« gesteuert, aus dem Leipziger Ratskollegium, in dem seit den 1650er-Jahren zwei »Fraktionen« erkennbar sind: Sollte man auch im Musikalischen versuchen, mit dem neuen Hofleben mitzuhalten? Oder war es sinnvoller, dieses zu ignorieren und allein auf die eigene Tradition zu setzen? Die Polarität beherrschte den Leipziger Rat auf Jahrzehnte, auch 1722/23, als Bach zum Thomaskantor berufen wurde (als Kandidat der höfisch orientierten Gruppierung), und sogar noch bei der Wahl von Bachs Nachfolgern in den Jahren 1750 und 1755.[18]

Höfisches hatte für Leipzig dauernd in Sichtweite gelegen. Johann Hermann Schein war vor seiner Berufung ins Thomaskantorat Hofkapellmeister in Weimar gewesen, seine Nachfolge trat Tobias Michael an, Sohn von Schütz' Dresdner Kapellmeister-Vorgänger. Die höfischen Impulse der zweiten Jahrhunderthälfte gingen dann wesentlich von Schütz' Schwiegersohn aus, dem Ratsherrn und zeitweiligen Bürgermeister Christoph Pincker.[19] Ihm gelang zunächst, Adam Krieger als Organisten an die Nikolaikirche zu ziehen, einen Schüler Scheidts: den Klavierlehrer der Kurprinzessin Erdmuthe Sophie. Als dann 1657 Tobias Michael starb, erkannte Pinckers »höfische« Ratsfraktion die Chance, Krieger auf das Thomaskantorat zu versetzen und mit ihm Anschluss an das Musikleben des Hofes zu finden. Dem Ratsprotokoll zufolge äußerte Pincker: Wenn »Kriegern die direction bemeltes [= des erwähnten] chori aufgetragen« würde, wenn er also städtischer Musikdirektor wäre (wie in großen Freien Reichsstädten), »würde dan die music desto besser bestellet werden«. Deshalb sollte Krieger von den alten Kantorenpflichten im Lateinunterricht befreit werden. Sie wiederum sollte Sebastian Knüpfer übernehmen, dessen musikalische Fertigkeiten der Kreis um Pincker kritisch sah;[20] dieser selbst äußerte, Knüpfer sei »zur direction des chori musici nicht genug«, und der Regierende Bürgermeister hatte – wie als Begründung dafür – Knüpfer lediglich als »der gewesene Bassist« vorgestellt. In einer Kampfabstimmung wurde dann Knüpfer gewählt, und zwar für ein Wirken, in dem sich – wie tradiert – sprachdidaktische und musikalische Pflichten mischten. Pinckers Vorstoß, aus dem Thomaskantorat eine rein musikalische Stellung zu machen, war gescheitert. Noch 1722/23, nach dem Tod des übernächsten Kantors, hätte das Ratskollegium nur mit Blick auf Telemann eingewilligt, den traditionellen Stellenzuschnitt zu verändern.[21] Pincker hatte die Sprengkraft seines Vorstoßes abgesehen; deshalb gab er zu Protokoll, auch eine Berufung Knüpfers in das traditionelle Amt zu unterstützen, aber nur als »zweite Wahl«. Alle Sorgen gegenüber Knüpfers Eignung erwiesen sich im Nachhinein als unbegründet: Ihm gelang es, dem Thomaskantorat auf Generationen hinaus Glanz zu geben. Und indem er auch Texte aus dem ersten deutschsprachigen Concerto-cum-aria-Jahrgang Heidenreichs vertonte, stellte er konkret unter Beweis, dass er die neuen, im höfischen Leben gewachsenen Formen sogar in den städtischen Musikstrukturen Leipzigs umsetzen konnte.

Eher städtisch wirkende Ziele verfolgten die Leipziger Stadtväter dann auf dem Sektor der Orgelkunst; auch sie ließen sich aber nicht leicht verwirklichen. Wie schon in den 1590er-Jahren dienten die norddeutschen Verhältnisse als Vorbild; und auch hier hatte Pincker die Fäden in der Hand.[22] Als Nachfolger Kriegers an der Nikolaikirche wurde 1658 Werner Fabricius berufen, der sich in der Stadt als Student aufhielt; Organistensohn aus Itzehoe, hatte er in Hamburg bei Heinrich Scheidemann seine Ausbildung perfektioniert. Gleichzeitig sollte der Thomasorganist, den die Stadtväter »weg[en] seines lüderlichen Lebens zu removiren [= von seinem Posten zu entfernen]« beabsichtigten, durch Albert Schop ersetzt werden, den Sohn von Rists Aria-Partner Johann Schop, nun – nach Unterrichtszeit gleichfalls bei Scheidemann – als Organist am Dom zu Güstrow wirkend. Wie schwierig die Umsetzung des Plans werden würde, stand allen vor Augen, denn der Ratsschreiber notierte: »Jedoch hette man ihm [Schop] zuvor anzumelden, daß es eine schlechte Bezahlung alhier gebe.« Schop kam nicht; erst 1672 gelangte der Posten des Thomasorganisten in »norddeutsche« Hände. Pincker setzte sich für Matthias Weckmanns Sohn Jacob ein und schlug – mit einiger Chuzpe – vor, auf ein Probespiel zu verzichten, »weil etliche H[erren] außm Raths collegio ihn albereit gehöret[,] er auch von H. CapellMstr Schüzen sehr recommendiret [= empfohlen]«. Die Berufung erfolgte einstimmig. Mit Daniel Vetter, der – erneut ohne Probespiel – als Schüler Fabricius' dessen Nachfolge antrat und 1721 starb,[23] reicht diese lokale Variante norddeutscher Traditionen noch bis an die Schwelle der Leipziger Zeit Bachs; und an der Thomasorgel ergab sich mit der Berufung Albricis (1681, auf persönliche Empfehlung des Kurfürsten hin) und seines Schülers Johann Kuhnau (1684) eine eigene höfische Orientierung.

Leipzig stand nicht allein damit, in der Orgelmusik speziell Anschluss an die Kunst Scheidemanns gewinnen zu wollen. Dessen Stil wurde in Mitteldeutschland auch von Johann Friedrich Alberti vertreten, der, von der Halbinsel Eiderstedt stammend, während seines Studiums in Leipzig Unterricht bei Fabricius hatte und Domorganist in Merseburg wurde. Und ohnehin war Leipzig unter Fabricius und Jacob Weckmann eine Drehscheibe des Orgelgeschehens, auf das sich zahlreiche sächsische Organisten berufen konnten.[24] Schon 1649 hingegen hatte Scheidemanns Ruf den Schwäbisch Haller Organisten Georg Wolfgang Truckenmüller, der damals kurzzeitig im sächsischen Colditz tätig war, nach Hamburg gelockt (wo er zudem die norddeutsche Aria- und Streicherkunst kennenlernte; anschließend kehrte er in seine Heimat zurück).[25] Und Scheidemanns Werke bilden einen Fluchtpunkt in der Tastenmusik-Aufzeichnung der Zeit: schon früh in der Harzregion (Wolfenbüttel, Zellerfeld), ferner in den Handschriften, die aus der Sammlung der in Lübbenau (Spreewald) beheimateten Grafen Lynar erhalten blieben, und schließlich sogar in einer vermutlich süddeutschen Quelle.[26] Erst in einer nächsten Etappe schob sich die Musik Buxtehudes davor: Wohl um 1680 hatte deren Verbreitung Höngeda bei Mühlhausen in Thüringen erreicht (wo der Lehrer Johann Georg Grobe das Präludium in g BuxWV 148 abschrieb), und in den 1680er-Jahren fügte der Dresdner Organist Emanuel Benisch Buxtehude-Werke in eine Sammlung international geprägter Tastenmusik ein.[27] Dieses Musikverständnis wiederum strahlte auch auf Leipzig zurück: Denn Kuhnau verkehrte in seiner Dresdner Frühzeit in denselben Musikerkreisen, in denen Benisch sein Werkrepertoire zusammentrug.[28]

Die höfische Orientierung prägt den Eindruck jener lutherischen Musikkultur auch in einer ganz anderen Hinsicht. Denn für die Nachwelt ruht die Kenntnis der Ensemblemusik jener Zeit auf nur zwei (allerdings massiven) Fundamenten, beide errichtet an Höfen des Ostseeraums: bei Gustav Düben, dem Stockholmer Hofkapellmeister zwischen 1663 und seinem Tod 1690, und seinem jüngeren Amtskollegen Georg Österreich,[29] der zwischen 1689 und 1702/04 (mit einer kurzen Unterbrechung) auf Schloss Gottorf in Schleswig wirkte. Österreichs Sammlung erstreckt sich über noch längere Zeit: Er hatte sie in den 1680er-Jahren in Hamburg und Wolfenbüttel begründet und führte sie nach 1702/04 in Braunschweig und Wolfenbüttel fort (allerdings in geringerem Ausmaß). Wegen kulturhistorischer Denkfehler des 20. Jahrhunderts ist ihrem Folgebesitzer Heinrich Bokemeyer die Ehre zugewachsen, als Namensgeber dieser »Sammlung Bokemeyer« zu figurieren.

Ohne die über 3000 Manuskripte, die jene beiden Musiker in etwa fünf Jahrzehnten zusammentrugen, wären halbwegs verlässliche Einblicke in die lutherische Ensemblemusik jener Jahrzehnte nahezu ausgeschlossen. Denn die nächstkleinere

Sammlung könnte diese Überlieferung nicht ersetzen: die etwa 450 Manuskripte, mit denen die traditionsreichen Musikbestände der Fürstenschule Grimma damals durch den Kantor Samuel Jacobi erweitert wurden. Er überschaute ohnehin einen viel kleineren geographischen Raum, zudem aus Sicht eines Kantors; doch auch dies ist wertvoll, denn so spiegeln sich hier die spezifischen innersächsischen Stadt-Land-Entwicklungen der Zeit. Zentrale Positionen nehmen hier je 33 Werke von Knüpfer und von Albricis Dresdner Nachfolger Marco Giuseppe Peranda ein. Knüpfer entpuppt sich damit als Vorbild für andere Kantoren, höfische Musikformen zu nutzen.

Düben und Österreich dagegen konnten einen riesigen kulturellen Radius überschauen. Für Düben leitete sich dies aus besonderen kulturellen Voraussetzungen her. Schweden war im Dreißigjährigen Krieg zur Großmacht aufgestiegen; Dübens Wirken gehörte mit zur Selbstfindung dieser neuen Rolle. Sein Stockholmer Musizieren war geprägt von den Zugängen, die mit den italienischen Ambitionen Königin Christinas erschlossen worden waren, dazu von seinem Wirken als Organist an der deutschen Kirche St. Gertrud. Dies eröffnete ihm kulturelle Verbindungen in die sächsische Heimat seiner Familie, zudem in andere lutherische Zentren an der Ostsee; so wurde er zur Schlüsselfigur in der Überlieferung der Vokalmusik Franz Tunders und Dieterich Buxtehudes aus Lübeck, Matthias Weckmanns und Christoph Bernhards aus Hamburg und nicht zuletzt einer Reihe von Danziger Komponisten. Daneben aber sind über Stockholm auch zahlreiche Werke von mitteldeutschen Musikern enthalten geblieben – nicht zuletzt solche von Albrici, der einst selbst in Stockholm gewirkt hatte.

Österreich[30] hingegen hatte viele Musiker, deren Werke in seiner Sammlung zu finden sind, schon als junger Musiker persönlich kennengelernt. 1664 in Magdeburg geboren, hatte er in Leipzig die Thomasschule besucht; für ihren Kantor Johann Schelle war er ein unverzichtbarer Altist. Als die Pest ausbrach, floh er und setzte seine Sängerkarriere in der Hamburger Ratskapelle fort (parallel dazu seine Schulausbildung am Johanneum). Wenige Wochen verbrachte er dann als Student in Leipzig, ehe er nach Hamburg zurückkehrte, nun als Tenorist; 1686 ging er in gleicher Funktion an den Hof nach Wolfenbüttel, wo er sich im gemeinsamen Musizieren mit zwei Italienern perfektionierte und zugleich Schüler des Kapellmeisters Johann Theile war. Spätestens in Wolfenbüttel erwachte seine Bewunderung für Johann Rosenmüller, der dort kurz zuvor gestorben war; besonders in seinen Psalmvertonungen blieb er für Österreich lebenslang ein Klassiker.[31] 1689, mit 25 Jahren, übernahm er dann den ambitionierten Kapellmeisterposten in Schleswig; über fünf Jahre hinweg wurde dort alle nur erdenkliche Musik, vorwiegend geistliche, in Abschriften angeschafft – wöchentlich im Durchschnitt zwei bis drei neue Werke. Zudem war Österreich ein fruchtbarer Komponist, und seine Arbeitsmanuskripte sind der Nachwelt erhalten geblieben; er ist damit einer der ersten Komponisten überhaupt, für den sich die Herausbildung musikalischer Reife detailliert verfolgen lässt, auch im Wechselspiel mit der Musik, die er zusammentrug.

Im Vergleich mit den schmaleren Einblicken aus Grimma, noch schmaleren aus anderen Sammlungen und schließlich einigen Inventarlisten lässt sich ablesen, wie umfassend und repräsentativ Düben und Österreich das lutherische Musikgeschehen der Zeit im Blick hatten. Die Nachwelt hat die Bedeutung noch über weite Teile des 20. Jahrhunderts hinweg nicht abgesehen. Zu lange waren Sammlungen wie diese lediglich Steinbrüche: Wo sonst hätte man der Werke von Komponisten jenes späteren 17. Jahrhunderts habhaft werden sollen, wenn nicht dort? Doch die Bestände sind zuallererst das Werk Dübens und Österreichs; die Sammlungen berichten über eine in sich kohärente Musikkultur, und spätere Betrachter können nicht einmal sicher sein, wie weit die beiden Sammler Musik tatsächlich dokumentierten – oder nicht gleich für ihre luxuriösen Musikverhältnisse arrangierten. Nur durch die »Brillen« beider Musiker also befasst sich die Nachwelt mit Musik jener Zeit. Selbstverständlich interessierten sich beide primär für höfisch Brauchbares: für Werke, die mit Spezialisten aufführbar waren. Gerade für Österreich in Gottorf lässt sich dies erkennen: Er war ein phänomenaler Tenorist; die Aufgaben, die er für seine Basskollegen schrieb, waren keinen Deut schlechter. In den ersten Jahren stand ihm als Altist der junge Johann Zacharias Grundig zur Seite, der die Eindrücke, die er in diesem Musikklima sammelte, in seine spätere Tätigkeit mitnahm: 1713 wurde er Kreuzkantor in Dresden; dort gab er den Brüdern Graun, später Musikern am Hof Friedrichs des Großen, einen Gesangsunterricht,[32] der auch von seiner Gottorfer Praxis geprägt gewesen sein muss.

Geschichtskorrekturen: »lange Linien« und Mikrostrukturen

Solche Linien auf der musikhistorischen Landkarte sind immens wichtig, um jene Zeit zu verstehen: Nicht alles in der Kirchenmusik zielte auf Bach ab; es gab vielmehr Hauptverkehrsadern, die ausdrücklich an ihm vorbeiliefen. Bach hatte als junger Musiker Kontakt zu Georg Böhm in Lüneburg und Dieterich Buxtehude in Lübeck; Österreich jedoch vertrat eine modernere Kirchenmusik als beide. Sie wirkt viel eher verständlich, wenn man sich auf den Stil des jungen Händel besinnt: nach der Ausbildung in Halle fortgebildet an der Hamburger Oper, deren Musizieren dauernden Austausch mit Österreich in Gottorf zeigt.[33]

So verschieben sich Grundzugänge zur lutherischen Kirchenmusik. Zu dezidiert wurde das Interesse generationenlang beherrscht vom Eindruck des Amts, das Bach in Leipzig innehatte: einem Kantorat. Doch nur wenige Kantoren hatten in der zweiten Hälfte des 17. Jahrhunderts Anteil daran, das Geschehen fortzuentwickeln. Dies lag viel eher bei den Kapellmeistern der Höfe. Ebenso hat das Interesse an Bachs Vorfahren den Blick auf anderes, Gleichzeitiges verdeckt.

Die Familie hatte seit der Zeit Johann(es) Bachs (1626 gestorben) in Thüringen ein professionelles Musik-Netzwerk entfaltet, mit dem das Land »von unten« perfekt beherrscht werden konnte, nicht zuletzt weil die Entfernungen zwischen den Zentren der Region auch für Fußgänger in Tagesmärschen zu überwinden waren.[34] Doch gerade das Kulturleben der Kleinstaaten Thüringens, die vom Dreißigjährigen Krieg aufs Schwerste gezeichnet waren, kam erst allmählich wieder in geordnete Bahnen. Erste Anfänge lagen schon um die Jahrhundertmitte: Der Hof in Weimar holte sich 1647/48 Rat bei Schütz,[35] in Gotha bestand ab 1651 eine Hofkapelle – die

Schlosskirche war 1646 noch ohne eine solche eingeweiht worden.[36] Eisenach jedoch wurde damals noch von Weimar aus regiert; nach 1662 lag die Residenz zunächst in Marksuhl, und als 1672 der Herzog nach Eisenach zog, gab es nur einen einzigen Musiker am Hof.[37] Die Kultur wurde also vom absoluten Nullpunkt aus aufgebaut. Ähnliches gilt für das schwer kriegszerstörte Coburg, das zu Jahrhundertbeginn eine musikalische Blütezeit unter Melchior Franck als Kapellmeister (und mit Heinrich Hartmann als Kantor) erlebt, aber 1633 seinen Rang als Residenzstadt verloren hatte; gemeinsam mit Meiningen wurde es erst mit einer Thüringer Gebietsteilung des Jahres 1680 wieder Hauptstadt.

Für Erfurt wird eine musikalische Schlüsselfigur 1678 greifbar, als Johann Pachelbel nach kurzem Aufenthalt am jungen Eisenacher Hof zum Organisten der Predigerkirche berufen wurde. Und ab 1681 entfaltete Philipp Heinrich Erlebach, aus Esens stammend und am ostfriesischen Hof ausgebildet, ein imposantes Wirken als Schwarzburger Kapellmeister in Rudolstadt. Wolfgang Carl Briegel jedoch, der in Gotha als Kapellmeister aufgebaut worden war, wurde 1671 nach Darmstadt abgeworben. Zu der Zeit musizierte Dresden längst quasi in einer anderen Galaxie, und die Sammlung Düben war im Wesentlichen abgeschlossen;[38] in Lübeck hatte Buxtehude die Nachfolge Tunders 1668 angetreten, und in Leipzig war 1677 Johann Schelle dem verstorbenen Knüpfer nachgefolgt.

Insofern konnten in Thüringen erst später »größere Entwicklungen« ansetzen – in den Zentren. Im kleinstädtisch-ländlichen Milieu Thüringens wie Sachsens dominierte hingegen lange die Kirchenmusik Hammerschmidts und Briegels, wenn nicht gar nach wie vor die der Vorkriegszeit.[39] So ist auch der Aufstieg der Musikerfamilie Bach ein Indikator für den Wiederaufbau. Heinrich Bach (1615–1692), als Stadtpfeiferssohn geboren, schlug einen doppelt modernen Weg ein: Er wurde Organist in Arnstadt, auch mit Kontakt zum dortigen schwarzburgischen Hof. Zwei seiner Söhne ergriffen denselben Beruf: Johann Christoph ab 1665 in Eisenach und Johann Michael ab 1673 in Gehren. Johann Sebastian Bachs Vater Johann Ambrosius hingegen, ein Neffe Heinrichs, stammte aus der Erfurter Stadtpfeifertradition und zog 1671 in dieser Funktion nach Eisenach; als der Herzoghof dorthin übersiedelte, trat er zu ihm in Kontakt. Tasteninstrumente und Hoforientierung: Beides bot die Sprungbretter über die traditionelle Stadtpfeiferei hinaus.

Der Thüringer Aufschwung gewann also erst ein Vierteljahrhundert nach Kriegsende an Fahrt, als auch die Höfe wieder lebensfähig wurden; und die Berufung Pachelbels an den Eisenacher Hof (1677) und weiter nach Erfurt (1678) wirkt wie ein Fanal des Neuen. Die Musik, die von Vorfahren Bachs und ihren Verwandten überliefert ist, ist ein direktes Zeugnis jener Zeit; handwerklich gediegen und unbedingt anhörenswert, findet sich ein Querschnitt davon im »Altbachischen Archiv«, also in Beständen, die Bach bei seinem beruflichen Start in Mühlhausen zusammentrug.[40] Dennoch lässt diese Musik eine gewisse Entfernung zu den Orten erkennen, an denen, schlicht gesagt, in deutlich größeren Dimensionen gedacht und komponiert werden konnte.

Das traditionelle Geschichtsbild muss also hinterfragt werden. Es hat sich aus »langen Linien« ergeben, und sie haben in den Köpfen der Nachwelt eine große

Bestandskraft entwickelt. Sie müssen aber immer wieder mit Mikrostrukturen abgeglichen werden, und wenn ganze Cluster von örtlichen und individuellen Detaildaten sich nicht mehr auf die etablierten »langen Linien« beziehen lassen, handelt es sich nicht mehr um Sonderfälle; vielmehr müssen dann diese übergeordneten Konzepte selbst korrigiert werden. Die tieferen Einblicke in das kirchliche Musikgeschehen des späteren 17. Jahrhunderts zeigen nun, dass die »langen Linien« zu intensiv auf Bach ausgerichtet wurden: Zu viele Aspekte, die aus anderen Ecken des »lutherischen Ganzen« stammen, lassen sich mit seinem Leben und Werk nicht verknüpfen, sondern entwickelten ein Eigenleben, das – umgekehrt – für das Verstehen Bachs (quasi als eigener Mikrostruktur) nützlich ist.

Für ein tiefer gehendes Verständnis der sogenannten »Kirchenmusik vor Bach« muss der Blick also gerade von Bach und dessen Traditionsraum wegbewegt werden: an die lutherischen Höfe, speziell nach Dresden und in den Ostseeraum. Weniger die mitteldeutsche Motettenkunst prägte die Kirchenmusik nach 1650 als vor allem die Prinzipien, die, aus Italien kommend, an jenen Höfen aufgesogen und konfessionell umgeformt wurden. Bachs Position erscheint vor diesem Hintergrund weniger als eine organische Fortsetzung von etwas, das über nahezu zwei Jahrhunderte (seit der Reformation) aufgebaut worden war; viel wichtiger ist es, dass es ihm und seinen Altersgenossen gelang, sich aus dem Klima des Nachkriegs-Nachholens herauszubewegen, auch in Thüringen selbst. Für Bach, ebenso für Telemann als zeitweiligen Eisenacher Kapellmeister, ergibt sich dann ohnehin der Luxus, dass sie eine so weite Ausstrahlung entfalteten wie wenige andere in der lutherischen Musiktradition – am ehesten noch Schütz. Auf einer nächsten Stufe folgen dann neben Hammerschmidt und Buxtehude auch einige Komponisten, die vielen Musikfreunden kaum auf Anhieb einfallen: Hieronymus Praetorius und Calvisius sowie Albrici, Rosenmüller und Scheidemann.

Wege zur Kirchenkantate

Einer der wichtigsten Punkte, an denen historisch gewachsene Denkmodelle justiert werden müssen, betrifft das Herz lutherischen Musikverständnisses: die Kirchenkantate. Wie entstand sie, was ist sie? Die Frage verbindet sich aufs Engste mit Bach: seitdem sich die Musikkultur für sein Kantatenwerk zu begeistern gelernt hatte, spätestens seit Erscheinen des ersten Kantaten-Bandes der Bach-Gesamtausgabe 1851. Und sie hat vielfältige Antwortversuche gefunden: allgemein stilistische, musiktheoretische und poetologische, auch theologische. Eine völlig neue Einschätzung ist nötig, weil sich – typischerweise in den Mikrostrukturen des historischen Materials – drei völlig veränderte Denkansätze ergeben haben, sodass sozusagen die Halbwertszeit der bisherigen Modelle überschritten ist.

Der erste dieser neuen Ansätze liegt in der italienischen Poetik; denn die Geschichte der lutherischen Kirchenkantate ist ohne ausreichende Einblicke in diese formuliert worden. Der zweite Ansatz geht vom »Concerto cum aria« aus, das erst während der zweiten Hälfte des 20. Jahrhunderts verstanden werden konnte. Der

Begriff bezeichnet plastisch, dass diese Musik weder Motette noch Kantate ist; die »Kirchenkantate« wird also als Gegenentwurf auch zum »Concerto cum aria« entstanden sein. Der dritte Ansatz schließlich ist ein pauschaler: Wurzeln dieser Kirchenkantate müssen in genau der Zeit liegen, die für die Nachwelt so schwer zugänglich war: zwischen Schütz und Bach. Je mehr Einblicke in diese Jahrzehnte möglich geworden sind, desto klarer zeichnet sich also der Korrekturbedarf ab.

Von Bach aus betrachtet, wirkte zunächst der Theologe und Philologe Erdmann Neumeister (1671–1756) wegweisend. Dieser letztlich unverdiente Ruhm fiel ihm zu, weil dem Bach-Biographen Philipp Spitta die Genese dieser Kantate ein dauerndes Rätsel blieb: Wie nur ließ sich die doppelte Brücke schlagen, die vom »recitirenden Gesang in seiner älteren Form« zum veritablen Rezitativ führte, ebenso von einer alten Arie, die er mit dem Begriff »Strophenlied« gleichsetzte, zur Dreigliedrigkeit der Da-capo-Arie?[41] Er suchte nach einer Lösung in der Dichtungstheorie des 17. Jahrhunderts, fand einen Ansatzpunkt in der Madrigal-Abhandlung von Caspar Ziegler (1653) und zitierte einige Sätze aus ihr wörtlich. Andere fasste er nur zusammen; das las sich daraufhin so, als referiere er die Vorlage getreu. Doch das ist nicht der Fall; wesentliche Textbestandteile (die Spitta möglicherweise nicht verstand) überging er und teilte seiner Umwelt trotzdem ein Modell mit – so weit, wie er gekommen war. Dass die Grundlagen nicht stimmten, ist nur die eine Seite des Problems; die andere ist, dass die Art der Da-capo-Arie, die ihm als Zielstufe vorschwebte, nicht auch Neumeister vor Augen stand. Kurz: Spitta hinterließ der Nachwelt eine schwere Bürde.[42]

Neumeister hatte 1702 eine Textsammlung *Geistliche Cantaten statt einer Kirchen-Music* publiziert – im Zusammenspiel mit Johann Philipp Krieger, dem Hofkapellmeister in Weißenfels. Dort also stand der gesuchte Begriff im Titel. Neumeister definiert sein Programm im Vorwort so: »Soll ich's kürtzlich aussprechen, so sieht eine *Cantata* nicht anders aus, als ein Stück aus einer *Opera*, von *Stylo Recitativo* und *Arien* zusammengesetzt.« Nur scheinbar passt dies auch auf Bach.

Dabei lag Neumeister mit seiner Definition völlig richtig: Er beschreibt Kantaten, die – nicht geistlich – in der Carissimi-Tradition entstanden waren. Von diesem römischen Musik-Erbe war auch Krieger geprägt worden: in Kopenhagen als Schüler Kaspar Försters, 1673/75 sogar direkt in Rom. Gerade Krieger muss gewusst haben, wie eine Kantate »funktionierte«; darein jedoch hatte zu Zeiten Spittas niemand Einblick. Neumeister hingegen, souverän in der Dichtkunst seiner Zeit operierend, schilderte auch die Bausteine korrekt. Arien setzen sich für ihn »zum meisten aus zweyen, sehr selten aus dreyen, Strophen« zusammen. Bachs Kantatenarien allerdings sind nicht typischerweise strophisch; Neumeister also beschrieb das Ererbte, nicht das im Werk Bachs Kommende. Und auch mit dem Rezitativ wusste er umzugehen – das im Italienischen von den klassischen sieben- und elfsilbigen Versen des Madrigals getragen ist. Offensichtlich waren Neumeister die deutschen poetologischen Bedrängnisse des vorausgegangenen Jahrhunderts vertraut, und so ging er auf Abstand zum Madrigal; er empfahl, man gebrauche am besten »zum *Recitativ* Jambische Verse, Je kürtzer aber, ie angenehmer, und ie bequemer sie zu *componiren* sind«. Diese Versform hatte der Nürnberger Dichter Georg Philipp Harsdörffer 1645 ins Spiel gebracht: ausdrücklich als Alternative für das im Deutschen so schwer imitierbare

Madrigal. Auf dieses rekurriert Neumeister dann nur im Hinblick auf die äußere Anordnung der Verse: Als deutscher Rezitativdichter habe man »als [=wie] in einem Madrigal« die Freiheit, »die Reime und Verse zuverwechseln [=abzuwechseln] und zuvermischen«. Konkret: Sieben- und Elfsilbler sind in ihrer Abfolge willkürlich und können beliebig durch Reime verknüpft werden.

Spitta hingegen wusste nicht, was ein italienisches Madrigal ausmachte und was es mit der spezifischen Aria-Tradition (im Unterschied zum allgemeinen Strophenlied) auf sich hatte. Und er war damit keineswegs der erste: Schon Bachs Vorgänger Kuhnau sprach 1709 »von dem Madrigalischen Stylo, der in Arien und Recitativ bestehet«; doch er wollte stattdessen ohnehin »die Biblischen Sprüche in ihrer eigenen Schönheit« wirken lassen, »ohne einigen frembden Zierrath, da sie nehmlich mit keinen Arien oder andern Poetischen Paraphrasibus begleitet sind«.[43] Bei dieser Distanz wundert es nicht, dass Kuhnau die Hintergründe der Poetik und die mit jenem Kantatenprinzip verbundenen Grundgedanken fremd waren. Doch Generationen von Kirchenmusikforschern und -freunden folgten auf diesem Weg. Dies ging sogar so weit, dass Neumeister die Erfindung einer »madrigalischen Kirchenkantate« zugeschrieben wurde, die es aber aus textlich-historischen Gründen gar nicht gegeben haben kann: Das »Madrigalische« beherrscht allenfalls ein Rezitativ; eine Aria, die madrigalisch sein solle, ist ein Widerspruch in sich. Und wenn auch Arien – wie im Werk Bachs – in der schon von Harsdörffer beschriebenen völligen Freiheit der Verslängen gestaltet sind, ist damit ebenfalls nichts Madrigalisches entstanden: »Buß und Reu / Knirscht das Sündenherz entzwei« lautet im Text der Matthäuspassion ein illustratives Beispiel dieser Versform. Genau dies ist nicht madrigalisch; Neumeister hat (in der Nachfolge Harsdörffers) sogar eine Brücke dafür gebaut, wie sich das Madrigalische aus dem deutschen Rezitativ heraushalten lasse.

Als im späten 20. Jahrhundert das so innovative Dresdner Klima der 1660er-Jahre wieder in den Gesichtskreis rückte, bröckelte an Spittas Konzept der Putz. 1670 hatte in Dresden Constantin Christian Dedekind besondere kirchenmusikalische Texte publiziert: In ihnen wechseln strophische Arien mit Rezitativen, die der Definition des italienischen Madrigals genügen[44], genau nach dem Muster also, das Neumeister 1702 proklamierte und umsetzte. Dedekind war der Konzertmeister des Hofes und zugleich ein versierter Dichter – eine ideale Voraussetzung für derlei Experimente. Doch auch Dedekinds so formalisiertes Gestaltungsprinzip greift nicht auf die vielfältigere, spätere Kirchenkantate voraus. So lässt sich nur konstatieren, dass Spitta vom Wege abkam und die Argumentation daraufhin in eine Sackgasse führte. Die Kirchenkantate im Sinne Bachs ist etwas völlig anderes, und sie ist nicht von Neumeister erfunden worden. Eine Klärung muss also an den elementaren Komponenten ansetzen – und diese zugleich aus ihren Traditionen herleiten.

Grundsätzlich war diese spätere Kirchenkantate offen für Texte von viererlei Art: für Prosa der Bibel, für Kirchenliedstrophen und für die beiden Formen von Lyrik, die für Rezitative und Arien eigens von Kantatenlibrettisten geschaffen wurden. Letztlich zeigt sich darin eine Generationenfolge. Die Bibelworte sind – in Luthers Übersetzung – die ältesten Textteile; zu ihnen treten Dichtungen verschiedener Art hinzu. Die älteren von ihnen entstammen überwiegend der Aria-Welle des mittleren

17. Jahrhunderts. Dafür, dass sie einmal »Kunst« gewesen waren, wird um oder nach 1700 kaum mehr Bewusstsein vorhanden gewesen sein: Sie waren etwas scheinbar Zeitloses geworden. »Frei« gedichtet schienen nur noch die Rezitative und Arien zu sein. Nicht immer brauchten in den Kantaten alle Textformen vorzukommen; charakteristisch wirkte diese Vielfalt auch dann, wenn nur eine Auswahl geboten wurde.

Diese Mischform muss Ausdruck eines gesamtgesellschaftlichen Konsenses gewesen sein: liturgisch, poetisch und musikalisch. In ihm hatten strophische Konzepte keinen Platz mehr – als Resultat eines normalen Kunstwandels. Auch die Strophenfolge des »Concerto cum aria« wurde, je weiter das 17. Jahrhundert sich seinem Ende zuneigte, ausgehöhlt; und Bach entwickelte später eine besondere Souveränität darin, sogar Liedtexte so zu Kantaten umzuformen, dass seine Komposition das Strophische nicht mehr erkennen lässt – besonders weitgehend in der Kantate »In allen meinen Taten« BWV 97 (1734). Ein Aspekt von Albricis Ur-Konzeption des »Concerto cum aria« gewann aber an Bedeutung: Er hatte zwischen Arienstrophen auch deklamatorische Abschnitte eingeschoben, ähnlich wie in der römischen Kantate; dieses Rezitativische sollte in den von Harsdörffer empfohlenen freien Versen gestaltet werden, möglichst nicht im schwerfälligen zwölf- bis dreizehnsilbigen Alexandriner – der aber auch noch im fortschreitenden 18. Jahrhundert Teil der deutschen Rezitativpraxis war.[45]

Mischungen jener vier Textkomponenten waren für die Gattung wichtiger als das Vorkommen des Begriffs »Kantate«, auch wichtiger als die äußere Nachbarschaft mancher musikalischer Formen zur Oper. Diesem allen übergeordnet war aber der liturgische Anteil des Konsenses: Die Kirchenkantaten mussten im Gottesdienst aufgehen können, positioniert zumeist kurz vor der Predigt.[46] Für deren Vorbereitung hatte sich die Liturgie von den mittelalterlichen Propriumsgesängen gelöst (weg von Alleluja, Graduale und Sequenz); die Textwahl eines Ersatzstückes konnte also vom direkten Kontext bestimmt werden, der von den beiden Lesungen (Epistel, Evangelium), dem Credo oder allgemein Fragen des Katechismus beherrscht wurde. Der Textzugang für diese liturgische Position war damit dominant christlich-neutestamentlich geprägt. Auch dezidiert Lutherisches war denkbar; dies war bereits der Fall, wenn als Hauptmusik eine mehrstrophig-mehrstimmige Aria erklang (wie mit Musik Crügers oder Ebelings auf Texte Gerhardts) und damit Glaubensinterpretation an die Stelle von Bibeltexten trat. Außerdem standen Texte aus dem Psalter zur Verfügung; und im gezielt christlichen Zugang konnten auch die prophetischen Texte des Alten Testaments eine Rolle spielen.

Im »Concerto cum aria« ließ sich beides zusammenführen: die Präsentation eines Bibelworts und anschließend dessen »lutherische« Interpretation. Ein Resultat zeigt der Hallenser Heidenreich-Textjahrgang von 1665:[47] Von den 66 Texten für das einleitende Concerto stammt fast die Hälfte aus dem Psalter (27) und etwa ein Viertel aus den Episteln (17); weitere fassbare Gruppen sind die je sieben Texte aus den Evangelien und aus den prophetischen Büchern des Alten Testaments (darunter vier nach Jesaja). Das macht anschaulich, welche Glaubenstexte in diesem Gottesdienst-Abschnitt vermittelt und in der anschließenden Aria exegetisch fortgeführt werden sollten.

Zugleich zeigt Heidenreich damit jedoch, wie schwer es war, sich tatsächlich auf den gottesdienstlichen Kontext zu beziehen: Epistel und Evangelium bilden weniger als die Hälfte der biblischen Bezugspunkte. Der Grund ist leicht zu verstehen: Texte eines Concerto-Teils müssen kurz sein, wie ein Spruch. Sonntagsevangelien dagegen, in der Regel längere Texte, konnten deshalb allenfalls mit einem kurzen Zitat in einem einleitenden Concerto-Teil aufgehen. Und da zudem das Strophische aus dem Aria-Teil der Gattung abgestreift werden sollte, zeigt sich, dass das »Concerto cum aria« kein direkter Vorläufer des Neuen sein konnte. Also muss die liturgische Position der Werke genauer betrachtet werden: deren Sinn für den Gottesdienst. In den Vordergrund treten in den Kirchenkantaten nun die Evangelienlesungen, die in jedem Fall das Sentenzhafte sprengen: Wie ließen sie sich kompositorisch fassen?

Evangelium und Oper

Viele biblische Geschichten sind hochgradig dramatisch – im engsten Wortsinn: Dauernd sprechen ihre Akteure miteinander. Das setzt in der Schöpfungsgeschichte an: Zwischen Gott und Adam findet das erste biblische Gespräch statt, als Eva aus Adams Rippe geformt worden ist. Eva selbst dialogisiert mit der Schlange, und vor der Vertreibung beider Menschen aus dem Paradies gibt es ein veritables Verhör mit Rede und Gegenrede. Aus Sicht des 17. Jahrhunderts lag es auf der Hand, solche Dialoge wie ein Bühnengeschehen aufzufassen. Doch Geschichten des Alten Testaments hatten im Gottesdienst keinen standardisierten Platz, anders als die Evangelien. In diesen ist der Erzählduktus viel einheitlicher als in den alttestamentlichen Geschichten. Fast immer ist Jesus unter den Sprechenden: als Lehrmeister, Wundertäter, Erlöser und Vorab-Kenner der Zukunft. Das machte für Komponisten die Evangelien interessant. Auch Luther kannte eine solche dramatische Differenzierung der Evangelientexte und war darin geprägt von mittelalterlichen Praktiken: Wenn Pfarrer im Sprechgesang einen Evangelientext vortrugen, sollten sie in eine tiefere Tonlage wechseln, wenn ein Jesuswort erreicht war.[48]

Schon ehe Lutheraner ein Bewusstsein für die Oper entwickelt hatten, waren eindrucksvolle Evangelienkompositionen entstanden. Der Coburger Kapellmeister Melchior Franck ging 1623 in seinen *Gemmulae evangeliorum musicae* noch von dem »kollektiven Sprechen« in großen Besetzungen aus, das Schütz auch den *Psalmen Davids* zugrunde legte; und manchmal schien es ihm sinnvoll zu sein, nicht auch die komplette Vorgeschichte eines Evangelientexts mit zu vertonen, sondern direkt mit einer solchen wörtlichen Rede zu beginnen. Ohne jegliche biblische »Anmoderation« fällt er gleichsam mit der Tür ins Haus. Das heißt: Bei unvorbereitetem Hören könnte ein Publikum den Zusammenhang nicht verstehen. Oder anders: Die Komposition war so direkt auf den Gottesdienstkontext abgestimmt, dass diese Verständnisprobleme nicht entstanden. So muss die Zuhörerschaft der Komposition Francks zum Fastensonntag Reminiscere[49] an anderer Stelle im Gottesdienst auf die Worte vorbereitet worden sein, mit denen die Musik ansetzt: »Es ist nicht fein, dass man den Kindern ihr Brot nehme und werf' es vor die Hunde.« Der Satz stammt aus der

Geschichte von der kanaanäischen Frau (Matthäus 15, 21–28), die Jesus um Hilfe für ihre Tochter bittet, von ihm aber – als Nichtangehörige des »Hauses Israel« – mit den Worten abgewiesen wird, die Franck für den Werkbeginn wählt. Wo sie auf Jesus trifft (zwischen Tyrus und Sidon), wie sie auf Jesus und seine Jünger zugeht und von ihrer Tochter berichtet (die vom Teufel geplagt wird), auf welche Weise schließlich die Jünger Jesus auffordern, sie wegzuschicken: All dieses übergeht Franck; er verlässt sich auf den Gottesdienst, in dem diese Textanteile kurz zuvor verlesen worden sind. In der Fortsetzung handelt Franck den Bibeltext dann komplett ab: Jesus kann die Frau nicht abschütteln; sie lässt in ihrem Glauben nicht locker und hält dagegen (»Ja, Herr, aber doch essen die Hündlein von den Brosamen, die von ihrer Herren Tische fallen«). Und Jesus gibt nach; die Tochter wird von den Heimsuchungen geheilt. Rede, Gegenrede und Erzählerisches: All dies setzt Franck nur durch Zäsuren voneinander ab.

Damit sind die Entwicklungspotenziale angedeutet: Denn im Sonntagsevangelium lassen sich die Dialogpartien auch völlig freistellen und ohne jegliche erzählende Anteile vertonen. Das setzt dann bei der kompletten Zuhörerschaft eine Kenntnis des biblischen Kontexts voraus, noch mehr als in Francks Werk. Dieses Wissen war auf jeden Fall vorhanden, denn anders als im Kirchenkonzert war der Musik im liturgischen Ablauf stets die einschlägige Schriftlesung vorausgegangen: Die Musik wurde nicht »frei« in den Gottesdienst eingestreut, gleichsam als ein beliebiges Werk. Verständlich wird dies im Vergleich mit der Predigt: Auch sie geht von einem Predigttext aus; sie hinge andernfalls in der Luft. Also liegt in Predigt und Vokalmusik ein ähnlicher Auslegungscharakter: Wie ein idealer Prediger regt auch eine ideale Komposition die Gemeinde zum Nachdenken über das Sonntagsevangelium an.

Das Fehlen der Bindetexte fällt nicht ins Gewicht, wenn diese nur aus »Da sprach er« oder ähnlich knappen Formulierungen bestehen. Beim Lesen sind sie notwendig, weil sich die Personenzuordnung der wörtlichen Reden sonst kaum erschlösse. Die Musik hat für derlei Unterscheidungen ihre eigenen Mittel – zumal seit der frühen Musikdramatik: Ein Komponist kann die Wortbeiträge einzelnen Sängern zuordnen, ihnen bestimmte Instrumente zur Seite stellen und die Gruppen im Extremfall auch räumlich getrennt voneinander aufstellen. All dieses macht dann deutlich, dass ein »Da sprach er« nur ein erzählerischer Notbehelf dafür ist, das dramatische Potenzial der Evangelientexte verständlich zu machen; es kann auch ganz entfallen, wenn das Dialog-Erlebnis anderweitig gesichert ist.

Völlig weglassen kann man diese trennenden Einschübe aber nur, wenn sie wirklich knapp sind. Ein »Evangelist«, der in Schütz' »Vater Abraham, erbarme dich mein« SWV 477 die Reden Abrahams und des »Reichen Mannes« voneinander trennte, wirkte eher störend, fast pedantisch; dasselbe gilt für den Verkündigungsdialog »Gegrüßet seist du, Maria« von Matthias Weckmann. Schütz' Komposition stammt vermutlich schon aus den 1620er-Jahren; so frühzeitig konnte dieses Dialogpotenzial ausgeschöpft werden.

Weitere Entwicklungsetappen lassen sich anhand einer einzigen Geschichte beschreiben, dem Evangelium für den 11. Sonntag nach Trinitatis; es steht im Lukasevangelium (18, 9–14). Wie üblich gibt es eine Einleitung, mit der die Szenerie umrissen wird, ehe es zum ersten Redebeitrag kommt. Diese textliche Vorbereitung lautet (Vers 9):[50] »DEr HERR Jesus saget zu etlichen, die sich selbst vermassen [= anmaßten], daß sie from wären, und verachteten die andern, ein solch Gleichniß.« Dieses ist damit eigentlich schon selbst eine Erzählung, enthält dann aber in sich nochmals Redebeiträge zweier Akteure:

Bericht Jesu	*Wörtliche Reden*
(10) Es giengen zween Menschen hinauff in dem Tempel zu beten, einer ein Phariseer, der ander ein Zöllner.	
(11) Der Phariseer stund, und betet bey sich selbst also:	»Ich danke dir, Gott! daß ich nicht bin wie andere Leute, Räuber, Ungerechte, Ehebrecher, oder auch wie dieser Zöllner.
(12)	Ich faste zwier [= zweimal] in der Wochen und gebe den Zehenden von allem, das ich habe.«
(13) Und der Zöllner stund von ferne, wolte auch seine Augen nicht auffheben gen Himmel, sondern schlug an seine Brust und sprach:	»Gott, sei mir Sünder gnädig.«
(14) Ich sage euch: Dieser gieng hinab gerechtfertiget in sein Haus, für jenem. *Denn wer sich selbst erhöhet, der wird ernidriget werden; und wer sich selbst ernidriget, der wird erhöhet werden.*	

1648 findet sich eine Komposition dieses Textes im *Ersten Theil geistlicher Dialogen* von Johann Rudolph Ahle (damals Kantor in Erfurt, später in Mühlhausen tätig).[51] Zwei Tenöre übernehmen den Part je eines der Betenden, ein Bassist den ersten Satz Jesu aus Vers 14. Alle Textbeiträge werden wiederholt, also für den musikalischen Eindruck ausgebreitet; vor allem der so knappe Beitrag des Zöllners könnte sonst nicht sinnvoll in eine Komposition überführt werden. Die drei Figuren treten am Ende zusammen: Den hier kursiv wiedergegebenen Satz stimmt der Bassist zunächst allein an, und die beiden Tenöre treten hinzu. Weder also die Redebeiträge noch deren Zusammenspiel könnten in einem »Concerto cum aria« aufgehen.

Dennoch ließen sich mit der Zeit auch bei der Evangelienvertonung Arientechniken einsetzen. Dies war aber nicht selbstverständlich. Denn die langen Geschichten der Evangelien haben eine eigene Logik, abzielend auf die Pointe eines Gleichnisses; eine innere Logik hat aber auch ein Strophengedicht, wie es einer Aria zugrunde liegt. Zwei Gebilde, die als etwas Fortschreitendes, Zielgerichtetes angelegt sind, müssten also miteinander verschränkt werden und dann möglichst gleichzeitig zum Schluss gelangen. In der Musikforschung stiftete dies zunächst Ratlosigkeit: Es schien, als seien zwischen die Strophen der Aria lediglich biblische Zitate eingefügt worden, wie eine Erläuterung dessen, was die Aria in ihrem Text besagt.[52] Doch die

Verhältnisse müssen umgekehrt gedeutet werden: Den liturgischen Vorrang hat das Evangelium, und die Aria tritt als Rahmen und Gliederung hinzu.

Die richtungweisenden Ansätze liegen in derselben Zeit wie Albricis Dresdner Entwicklung des »Concerto cum aria«; sie wurden daraufhin bis in die 1680er-Jahre weitergeführt. Schauplatz war Schloss Gottorf, und zwar in Verbindung mit Hamburg, wo 1678 am Gänsemarkt das erste öffentliche Opernhaus nördlich der Alpen gegründet worden war – 41 Jahre nach dem weltweit ersten in Venedig. Hauptakteure waren die Gottorfer Hofkapellmeister: Erste Ideen stammten schon von Augustin Pfleger, und Johann Philipp Förtsch brachte sie zur Perfektion.

Pfleger hatte um 1665/1668[53] für jeden Sonntag des Kirchenjahrs eine solche Komposition geschrieben, und weil letztlich kein Evangelien-Textausschnitt gleich aufgebaut ist wie ein anderer, gestaltete er auch die Musik außerordentlich verschiedenartig. Bald durchsetzte er die Geschichten mit Aria-Strophen; sie können den Evangelienbericht vorbereiten oder auch in seinem Inneren gliedern. Noch häufiger erweiterte er die Textgrundlage mit anderen Bibelzitaten, die die Szene illustrieren. Seine Resultate wirken bisweilen kurzatmig; filmisch gesprochen, fehlt ihm noch die Ruhe in der Kameraführung. Die hingegen brachte Förtsch mit, 1680 bis 1684 Pflegers dritter Gottorfer Nachfolger. Er hatte unmittelbar zuvor die Geburtsphase der Hamburger Gänsemarkt-Oper miterlebt, war einer ihrer Tenoristen gewesen, wirkte für sie dann zunächst als Librettist und wurde in den 1680er-Jahren einer ihrer wichtigsten Komponisten. Also war er im dramatischen Geschäft zu Hause wie kaum ein anderer mitteleuropäischer Musiker seiner Zeit, und mit dieser Erfahrung trat er in Pflegers Gottorfer Fußstapfen – zweifellos unterstützt von seinem Dienstherrn, Herzog Christian Albrecht, der ein Fan der Hamburger Oper war (besonders in der Zeit, in der Förtsch für diese komponierte[54]). Seine Evangelienvertonungen entstanden offensichtlich 1680/81.[55]

Auch Förtsch verzichtet, soweit es nur geht, auf erzählende Anteile, und auch er breitet die Geschichte von Pharisäer und Zöllner weiter aus. Er teilt die Szenerie in zwei Gruppierungen auf: Auf der einen Seite stehen Jesus (Bass) und die beiden Betenden (der Pharisäer als Tenor, der Zöllner als Alt); zu ihnen gesellen sich zwei Soprane, die das Geschehen von außen kommentieren. Sie bereiten die Szene mit zwei Arienstrophen vor, denen – wie in der venezianischen Aria um 1650[56] – ein kurzes Ritornell folgt. Jeder Sopran singt eine der beiden Strophen:

Ihr Sünder tretet bald herzu,
Die ihr mit Schuld beladen,
Hier ist für eure Seelen Ruh,
Hier ist der Stuhl der Gnaden.

Wer nur in Demut auf ihn traut,
Dem steht der Himmel offen,
Wer aber auf die Werke baut,
Hat Heuchlers Gnad zu hoffen.

Das zweite Ritornell endet; nach einer Zäsur öffnet sich der Blick auf den Pharisäer. Mit dessen gefälliger Musik tastet Förtsch sich schrittweise in den Text vor, wie es auch in der römischen Kantate üblich wurde, bis zum emphatischen Höhepunkt »oder auch wie dieser Zöllner«. Das ist das Reizwort für den Einschub eines ersten Jesus-Kommentars, doch er ist fingiert: Förtsch legt dem Jesus-Bassisten Worte aus dem Buch Judit (8,13) in den Mund, die eigentlich an Gott gerichtet, aber von einer Anrede (»Du«) in eine Feststellung umgeformt sind (»Ich«): »Es haben mir [statt: dir] die Hoffärtigen noch nie gefallen ...« Im Gegensatz zu dem Pharisäer-Beitrag, der von einer kontinuierlichen, wie ein Andante wirkenden Bewegung getragen ist, dominieren im Generalbass nun größere Notenwerte; das »Jesus«-Wort wirkt rezitativischer, und seine Phrasen werden von Einwürfen zweier Violinen gegliedert. Für den Pharisäer-Teil steht hingegen durchgehend das Ariose im Vordergrund.

Der Praxis, einen musikalischen Teilsatz (wie eine Arienstrophe) instrumental ausklingen zu lassen, folgt Förtsch auch hier (nicht aber zuvor beim Pharisäer). Die Musik kommt zum Stillstand; alle Erwartung ist nun auf den Zöllner gerichtet. Doch nicht sein biblischer Wortbeitrag erklingt; um den Längenunterschied zwischen den Gebeten auszugleichen, wird sein Text erweitert, und zwar mit Mitteln der Oper. Förtsch lässt den Zöllner eine hochexpressive Arie singen.

Gott, mein Geist ist ganz zerrissen,
Ach, mich ängstet mein Gewissen,
Weil ich Übels hab getan.
Ach, ach, sieh mich gnädig an.

Auch dies wird nur vom Continuo gestützt, und auch hier folgt ein Ritornell. Daraufhin kann der Bassist das Geschehen direkt fortsetzen, erneut mit Text, der nicht zum Sonntagsevangelium gehört: »Ich sehe den, der zerbrochenen Geistes ist und der sich fürchtet vor meinem Wort« (abgewandelt nach Jesaja 66, 2). Dann ist der Pharisäer wieder an der Reihe: Förtsch lässt ihn die Anfangsrolle wieder aufgreifen; nun gehören auch die restlichen Textportionen (bis hin zu Vers 12) zu seinem musikalischen Anteil. Immer wieder mischt sich der Jesus-Bassist ein, nun tatsächlich mit dem »Rede«-Beitrag aus Vers 14, ebenso der Zöllner mit seinem eigentlichen biblischen Satz. Die drei Akteure stehen also nebeneinander auf einer imaginären Bühne und tragen ihre Texte »a parte« vor, wie dies in der Operntechnik heißt: jeweils für sich. Die Illusion, keiner höre die Worte der anderen, muss daraufhin aufgelöst werden. Diese Rolle fällt wieder den Sopranen zu; sie beginnen mit den Worten »Bei dir gilt nichts denn Gnad und Gunst« einen veritablen, konzertanten Tutti-Schlusschoral, dem die zweite Strophe von Luthers »Aus tiefer Not schrei ich zu dir« zugrunde liegt. Alt und Tenor schließen sich dem an, als pflichteten sie den Sopranen bei, und die letzte Stimme, die einstimmt, ist (insofern auch dramatisch sinnvoll) der Christus-Bass, dem zugleich der Cantus firmus zufällt.

Förtsch hat also nicht einfach ein mehrstrophiges Gedicht und das Evangelium miteinander verschränkt;[57] strophisch ist nur der Sopran-Prolog. Und der Bibeltext wurde komplett dramatisiert: Förtsch griff aus ihm nur Textanteile heraus, die sich auch auf einer Bühne realisieren ließen. Am wenigsten gilt dies noch für den Prolog; doch Sinn barocker Opernarien war ohnehin, eine Handlungsstation emphatisch zu beleuchten, und in der venezianischen Oper der 1640er-Jahre ging eine solche

Arie – wie hier – der Bühnenaktion voraus[58] (erst später war dies umgekehrt). Die drei biblischen Akteure werden zudem als Rollen profiliert: Sie singen Stücke in jeweils eigenem Stilduktus, teils auch in eigener Tonart und mit charakteristischer Begleitung. Und doch tragen die drei Charaktere ihr Profil auch in die Strecke mit dem veritablen Dialog hinein – viel stärker als Jahrzehnte zuvor bei Schütz, der nur den Pharisäer-Beitrag mit Zöllner-Einwürfen durchsetzte (SWV 444), und aus einer anderen Perspektive als der lehrhaften, in der Wolfgang Carl Briegel 1681 diesen Stoff mit vielfältigen erläuternden Texten ausstaffierte.[59] Kein Zweifel also: Förtsch holte hier ein Stück Oper in die Gottorfer Schlosskapelle, mit allen Schattierungen des Ausdrucks und der musikalischen Formenvielfalt. Und er bezog sich zugleich ausdrücklich auf das Vorbild Pflegers: Denn schon dieser hatte in seine Behandlung des Stoffes das Judit-Zitat eingebaut, ebenfalls gleich nach dem Pharisäer-Beitrag. An dessen Stellung lässt sich allerdings der Unterschied der Werkkonzepte beschreiben. Denn Pfleger eröffnet seine Komposition ähnlich unvermittelt wie Franck manche seiner *Gemmulae evangeliorum musicae*: mit einem zweimaligen, einfach nur »fromm« wirkenden »Ich danke dir, Gott«, ohne weitere Vorbereitung. Der Einschub des unveränderten Judit-Zitats wirkt dann wie ein typisches exegetisches Stilmittel. Förtsch dagegen bereitet sein Publikum eigens auf das Auftreten des Pharisäers vor, und er dramatisiert den Judit-Satz. Damit verändert sich der Werkeindruck grundlegend.

Letztlich vergrößert Förtsch die Mischung der Texte also dadurch, dass er Opernerfahrung hat. Das lässt sich an weiteren Details vertiefen. Die Arie, die sein Zöllner singt, setzt die zweistrophige der Soprane nicht in einer dritten fort: Aus Paarreimen gebildet, hat sie ein anderes Profil als die Kreuzreim-Strophen der Soprane. Das mag marginal wirken; doch in einer Zeit, in der sich die lutherische höfische Sakralmusik am »Concerto cum aria« abarbeitete (auch Förtsch hatte daran Anteil[60]), war »Vorsatz« nötig, um die Textgestalt so gezielt zu wechseln. Und insgesamt arbeitet Förtsch sogar mit drei unterschiedlich gebauten Texten in gebundener Sprache und zeigt, wie extrem verschiedenartig sie daraufhin auch komponiert werden können: Den einleitenden Sopran-Strophen folgt die andersartige Zöllner-Arie, und der Schlusschoral bringt nochmals eine eigene poetische Farbe ins Spiel.

So steht mit diesem Konzept, das Förtsch allem Anschein nach in einem kompletten Jahrgang von Evangelienmusiken entfaltete (erhalten blieben 32 Werke), plötzlich eine voll ausgereifte neue Kirchenmusik vor den Betrachtern. Alle Details, die seit jeher als Grund-Anforderungen für eine veritable Kantate gelten, sind vorhanden. Die Werke stehen in einer unverkennbaren Beziehung zur Oper, viel klarer als die meisten Kantaten Bachs; und sie enthalten die charakteristischen Texttypen (Bibelwort, freie Dichtung und »Kirchenlied«) in musikalischer Aufbereitung als Arien, als chorisch wirkende Tutti-Sätze und als etwas Rezitativisch-Deklamatorisches. Fraglos ist dies alles nicht in der Musiksprache des 18. Jahrhunderts realisiert, sondern stammt stilistisch aus der Zeit um 1680; etwas anderes wäre aber auch nicht zu erwarten.

Offensichtlich bahnte sich die Kantatenkunst des Luthertums also über längere Zeit hinweg an: orientiert an der liturgischen Situation, in die sie eintrat. Die Entwicklungen konnte Förtsch wohl zum Kirchenjahr 1680/81 auf Schloss Gottorf zu einem ersten Höhepunkt führen, begünstigt von eigenen Opernerfahrungen und

Dramatisiertes Evangelium als Kantate · Johann Philipp Förtsch schildert in »Die Genad ist ohne Maß« den Fischzug des Petrus. Oben links läuft die einleitende Aria in einem instrumentalen Nachspiel aus; dann eröffnet der Jesus-Bass den Dialog mit »Simon, fahre auf die Höhe und werfet eure Netze aus, dass ihr einen Zug tut.« Das anschließende Evangelistenwort ist weggelassen (»Und Simon antwortete und sprach zu ihm«), die Antwort folgt also direkt als Duett: »Meister, wir haben die ganze Nacht gearbeitet [und nichts gefangen]«.

Partiturabschrift aus der Musikpraxis Georg Österreichs, um 1690/95; das Werk entstand vermutlich 1681 zum 5. Sonntag nach Trinitatis.

einem für Oper begeisterten Dienstherrn. Seine Werke drangen über diesen Hof hinaus;[61] manche von ihnen fanden sich in der Bibliothek der Lüneburger Michaelisschule in der Zeit, in der Bach diese besuchte. Wie die weitere Verbreitung ablief, ist kaum rekonstruierbar; dafür ist die Musiküberlieferung der Zeit zu dürftig. Förtschs Nachfolger Georg Österreich aber kannte diese Werkstrukturen; er überlieferte diese Kantaten, führte sie auf und schrieb zumindest einen eigenen Beitrag zu dieser Gattung (1693).[62] Auch der spätere Dresdner Kreuzkantor Johann Zacharias Grundig muss als Gottorfer Sänger dieses Werkkonzept kennengelernt haben; 1717 ließ er eine eigene Verbindung zur Oper entstehen, indem die Kruzianer fortan im neuen Opernhaus für das Singen der Chöre zuständig wurden.[63]

Eine Dramatisierung kirchlicher Musik konnte jedoch auch irritierend wirken, und zwar gerade dort, wo ein breiteres Publikum gleichzeitig erstmals mit Opern in Berührung kam. In Hamburg formierte sich Protest schon gegen Johann Theiles Adam-und-Eva-Oper *Der erschaffene, gefallene und wieder aufgerichtete Mensch*, 1677 vor Eröffnung des eigentlichen Spielbetriebs der Gänsemarkt-Oper uraufgeführt; er wurde aus der städtischen Geistlichkeit laut (der allerdings auch ihr Librettist angehörte, der Pastor Hinrich Elmenhorst). In Leipzig schließlich sagte einer der konservativeren Ratsherren bei der Wahl Bachs, dessen Musik dürfe nicht »theatralisch« sein – eine Vorgabe, die Bach dann in seinem Anstellungsrevers als »nicht opernhafftig« wiederfand und zu unterschreiben hatte.[64] Die Bekanntschaft mit der Oper ließ also etwas zum Problem werden, das die christliche Kultur eigentlich prägt: Die Evangelienberichte (so, wie die Perikopenordnung sie den Sonntagen zuteilte) sind eben vielfach von dramatischen Gesichtspunkten getragen. Das Prinzip »Da sprach Jesus …« ist eine christliche Grundkonstante.

Albert Schweitzer und Bachs »Actus tragicus«

So liegt für das, was in der zweiten Jahrhunderthälfte das Luthertum musikalisch charakterisiert, eine Schlüsselrolle bei den Höfen. Das gilt zunächst für Stockholm, das diese im Hinblick auf die Überlieferung mit Gottorf teilt; dort wiederum spielten sich auch richtungweisende stilistische Entwicklungen ab. Vom Dresdner musikalischen Erbe, das, im dortigen Kapellhaus verwahrt, im Siebenjährigen Krieg in Flammen aufging, haben sich immerhin aussagekräftige Ausschnitte in den Sammlungen aus Stockholm, Gottorf und Grimma erhalten – neben Musik aus Wolfenbüttel oder Weißenfels. Mit all diesen Höfen mithalten konnten große Reichsstädte, ebenso wenige weitere Zentren wie Leipzig oder auch Lüneburg. Wo aber findet Bach in diesem Geschehen einen Platz: aus Thüringen stammend, in dem der Krieg besonders lange nachwirkte, dazu als Organist?

In den »langen Linien« der Geschichtsbetrachtung liegt bei ihm eine kulturgeschichtliche Schlüsselrolle: Neben Händel ist er der Älteste, zu dem im 19. Jahrhundert der »ästhetische« Zugang zu historischer Musik zurückreichte. Noch Ältere gingen in dieses Konzept daraufhin nur als Wegbereiter ein, deren Schaffen von einem »noch nicht« gekennzeichnet erschien. Nun aber gilt Bach nicht nur als

Komponist; für Generationen von Menschen – seit Mendelssohns Wiederaufführung der Matthäuspassion 1829 – war er mit seiner Musik zugleich ein Glaubensbote. So verschärft sich das Problem: Es mag sein, dass Menschen um 1850/1900 sich mit den Klängen einer Musik schwertaten, die älter war als Bach; ist damit aber gleichbedeutend, dass ihm jene älteren Komponisten an Glaubenstiefe unterlegen waren?

Die damit angeschnittene Frage ist eigentlich absurd, macht aber die Situation klarer, in der sich die Entwicklungen abspielten. Denn das fortschreitende 18. Jahrhundert war eindeutig säkularer als das zu Ende gehende vorige; also können in lutherischer Musik, die älter ist als Bach, die Glaubensperspektiven keinesfalls schwächer ausgeprägt sein als bei ihm. Nur mag es für die Nachwelt einen Balancepunkt gegeben haben: Bis zu Bach zurück reichte ein lebendiges Interesse an Musik, und die Stilistik, die sich bei Bach fand, ermöglichte zugleich ein Verständnis für historische Glaubensübung. Vor dieser Scheidelinie hätte eine musikalisch transportierte Glaubenswelt, so ideal sie gewesen wäre, keine gleichermaßen unmittelbare Begeisterung finden können, weil sie sich in einem »zu alten« Stil äußerte.

Und doch geht auch diese Gleichung nicht auf; denn das Erleben der Musik Bachs wurde für jene Nachwelt gerade durch Theologisches gestört. Die »freie« religiöse Dichtung seiner Zeit erschien allzu leicht als »barocker Schwulst«. Allerdings war die aktuelle Gegenwart letztlich nicht besser: An die Stelle von Drastik und Bildhaftigkeit war eine Theologie getreten, die sich das Denken von Aufklärung und Rationalismus zu eigen zu machen versuchte, und auch diese Religiosität war nicht das, worauf sich das Interesse des frühen Bach-Publikums ausrichtete (vgl. 10. Kapitel). So entstand eine singuläre Projektion: Zu Bach konnte sich das Musikpublikum in einer lebendigen Beziehung fühlen; der Klang seiner Musik vermittelte eine Religiosität, die von der gleichzeitigen Kirche nicht angeboten wurde. Allerdings musste das Publikum an bestimmten Texten vorbeihören, deren Wortwahl jene Projektion störte. Das Resultat war das Bild Bachs als eines idealen Lutheraners;[65] sicher, es hätte noch günstiger ausfallen können, wenn ihm »bessere« Dichter zur Seite gestanden hätten, doch das wurde außerhalb seiner Verantwortung gesehen. Nur wenig überspitzt formuliert, wirkte also Bach, den Nathan Söderblom dann als »fünften Evangelisten« bezeichnet haben soll,[66] wie die musikalische Vollendung der lutherischen Reformation. Musik, die anders klingt als die seine, war insofern chancenlos: Die Glaubensbotschaft, die in ihr gesehen wurde, fand sich naturgemäß im Werk keines anderen Komponisten. Dieser Zugang erklärt sich also allein aus dem Rezeptionsverhalten. Doch tut es der Bewunderung für Bachs Musik keinen Abbruch, wenn unter gewandelten kulturellen Bedingungen das Fundament der Musikvorliebe verbreitert wird.

Dass in dem älteren System irgendetwas nicht stimmte, scheint schon Albert Schweitzer geahnt zu haben. 1905 publizierte er eine aufsehenerregende Studie, zunächst gezielt für ein französisches Publikum (*Bach, le musicien-poète*) und daraufhin auf Deutsch völlig neu gefasst. Es ging ihm um den Ausdrucksgehalt der Musik Bachs. In seinem Vorwort, geschrieben quasi in Trance, nachdem er eine Bayreuther Aufführung von Wagners *Tristan* erlebt hatte, stellte er Bach und Wagner in ihren ästhetischen Wirkungen einander gegenüber. Wagner präge das musikalische

Denken der ihm folgenden Zeit; für Schweitzer war er damit »ein Anfang«. Bach jedoch ist für ihn »ein Ende. Es geht nichts von ihm aus; alles führt nur auf ihn hin.«[67] Das bedeutet: Für Schweitzer hätte niemand fortsetzen können, was Bach geschaffen hatte. Das aber ist nur die eine Seite seines ästhetischen Modells.

Denn was kannte Schweitzer von der Musik, die auf Bach hingeführt habe? Die Musikforschung unternahm mit den *Denkmälern Deutscher Tonkunst* praktisch gleichzeitig erste Schritte darin, sich der geistlichen Ensemblemusik jener Vor-Bach-Zeit zuzuwenden; bemerkenswert früh erschienen Vokalwerke Franz Tunders (1900), der allerdings 71 Jahre älter als Bach war und 18 Jahre vor dessen Geburt starb (die Lebensdaten: 1614–1667). 1901 folgten, nur minimal jünger, Vokalwerke von Johann Rudolph Ahle sowie von Christoph Bernhard und Matthias Weckmann, 1903 dann die ersten von Buxtehude – nachdem gerade von dessen Vokalwerk ausgehend Spitta schon 1873 erstmals Kirchenmusik einer Vor-Bach-Zeit beschrieben hatte.[68] Schweitzer jedoch kann seine Sicht der Dinge noch nicht von diesen so jungen, obendrein nur schmalen Repertoire-Ausschnitten abgeleitet haben. Für ihn als visionären Organisten gab es anderes: Mitteldeutsche Orgelmusik auch des 17. Jahrhunderts war Teil des üblichen Repertoires (vgl. dazu das 10. Kapitel), und Orgelwerke Buxtehudes waren schon länger im Druck erschienen. Das Orgelmusikalische mag also einen zentralen Aspekt in seinem Verständnis von »Bach als Ende« ausgemacht haben.

Doch Schweitzers Konzept ist viel differenzierter – und dabei zugleich viel brüchiger. Denn selbstverständlich bezog er auch Bachs Vokalwerk in seine Überlegungen mit ein. Ins Zentrum stellen lässt sich der *Actus tragicus* »Gottes Zeit ist die allerbeste Zeit« BWV 106, eine Trauermusik für einen nicht exakt identifizierbaren Anlass der Zeit um 1707, als Bach Organist in Mühlhausen war – eine seiner allerfrühesten erhaltenen Kantaten. Schweitzer nun schreibt über das Werk: »Es gibt wohl kaum einen Bachverehrer, der nicht schon die Überlegung angestellt hätte, daß wir die zweihundert Kirchenkantaten für hundert in der Art des Actus tragicus geschriebene Werke hergeben würden.«[69] Dies lädt zu einer Bestandsaufnahme ein.

Das Werk, im Instrumentalen mit je zwei Blockflöten und Gamben delikat besetzt, beginnt mit einer kurzen »Sonatina«, in der vor allem die Instrumentation der Blockflöten Eindruck macht. Streckenweise spielen sie unisoni; bald aber pausiert die zweite, sodass die erste mit einem reduzierten Klangresultat übrig bleibt; und schließlich gibt es Strecken, in denen beide eigentlich die gleiche Melodielinie spielen, diese aber geringfügig unterschiedlich rhythmisieren. Verbunden mit den akustischen Interferenzen, die ohnehin beim einstimmigen Spiel zweier Blockflöten entstehen, entwickelt Bach also ein oszillierendes Klangbild. Diese experimentelle »Registrierung« scheint aus der Perspektive eines Organisten gewählt worden zu sein, der dasselbe auf seinem Instrument nicht erreichen kann und deshalb Chancen des Ensembles nutzt. Gleichwohl steht das Klangkonzept mit beiden Füßen im Thüringer Traditionskontext; an Höfen, zumal solchen in Norddeutschland, hatte sich viel eher eine Violinmusik durchgesetzt.

Das Kantatenlibretto enthält als Schluss zwei Kirchenliedstrophen, zuvor sechs verschiedene Bibelzitate, die minimal erweitert sind, um der Kompilation einen roten Faden zu geben. Der Textbeginn »Gottes Zeit ist die allerbeste Zeit« ist eine solche Erweiterung, die auf ein Zitat aus der Apostelgeschichte hinführt: »In ihm leben, weben und sind wir ...« Die Konsequenz fürs Sterben stammt dann erneut aus Bachs Gegenwart und wandelt das Vorausgegangene ab: »... solange er will. In ihm sterben wir zur rechten Zeit, wenn er will.« Alle Bibelzitate wirken sentenzhaft – ähnlich wie die Texte, die Heidenreich für seine Concerto-cum-aria-Dichtungen von 1665 als Einleitungen wählte. Und Bach formt aus jedem Teilsatz einen Komplex, der einem solchen »Concerto« entsprechen könnte; die Kompositionstechnik, von der Albrici hierin 1660 ausging, ist also auch für Bach die Basis.

Dies gilt bis in die Detailgestaltung hinein. Wie in der italienischen Kantatenkunst des mittleren 17. Jahrhunderts tastet Bach sich dort, wo die Texte etwas umfangreicher sind, schrittweise vorwärts – ohne jemals Text zu wiederholen, wenn dieser schon durch etwas anderes fortgeführt ist. »Gottes Zeit« erklingt einmal im Sopran, einmal im Tutti; mit der Einführung von »ist die allerbeste Zeit« sind die beiden Startwörter Geschichte. Doch auch deren Fortsetzung breitet sich nur über vier Takte aus; das Zitat aus der Apostelgeschichte trägt dann eine Fuge. Von ihr rückt Bach für die Textfortführung ab (»in ihm sterben wir zu rechter Zeit«) und wechselt Tempo wie Metrum, um auf die Inszenierung des Schlussgedankens hinzuarbeiten: des nur einmal musizierten, in seiner Glaubensaussage so zentralen »wenn er will«.

Dieses Aufstauen der Zielaussage ist die Alternative zu der alten, abschnittsweise fortschreitenden Behandlung von Texten; denn ein Komponist hat in der Hand, wie lange er eine Aussage in der Schwebe halten und wann er sie zu Ende führen will. Dies wiederholt sich in weitaus größerem Ausmaß im folgenden Tenorsolo »Ach Herr, lehre uns bedenken, dass wir sterben müssen«, dem ein Vers aus Psalm 90 zugrunde liegt: Weit hinausgeschoben wird hier der Schlussgedanke »Auf dass wir klug werden«, der wie eine Pointe behandelt wird. Diese Kompositionsmodelle beherrschen die römische Musik der Jahrhundertmitte, und schon Schütz muss erste Ansätze dazu bei Gabrieli kennengelernt haben: Wie nämlich lassen sich zwei und mehr Textgedanken so komponieren, dass sie in größeren musikalischen Bögen aufgehen können?

Aus der Perspektive der jüngeren Kantatenkunst betrachtet, mag der Aufbau des *Actus tragicus* wie eine Satzfolge erscheinen. Doch das lag – zumindest für diese Teile – noch nicht in Bachs Interesse; demgegenüber sind die Teile eines »Concerto cum aria« oder einer Evangelienkantate Förtschs auf viel modernere Weise voneinander abgesetzt. Bach dagegen baut eine Hilfskonstruktion ein, um die Abgrenzungen vorzunehmen, und er bezog sie aus der Instrumentalmusik. In dieser Hinsicht ist sein Tutti-Eingangs-»Satz« ähnlich gestaltet wie eine Toccata Buxtehudes und Nicolaus Bruhns'. Anders als in dieser findet sich in Vokalmusik keine virtuose Eröffnung, sondern ein Textfundament: »Gottes Zeit ist die allerbeste Zeit.« Dem folgt ein fugierter Abschnitt; wie er sich entwickelt, ist nicht mit gleicher Konsequenz angelegt wie später im *Wohltemperierten Klavier*. Vielmehr endet die Fuge »irgendwie«; es mag scheinen, der Komponist habe das Interesse an ihrer Thematik ausgereizt, und in manchen norddeutschen Orgelwerken wirkt das Resultat, als führe der Komponist die Fuge daraufhin ad absurdum.[70] Buxtehudes g-Moll-Präludium BuxWV 148 ist ein markantes Beispiel dafür – ohnehin eines der Werke, die besonders früh auch in Thüringen bekannt waren.[71] Wie aber kann ein solches Instrumentalwerk fortgesetzt werden, wenn eine Fuge ausgereizt ist? Das Buxtehude-Werk liefert die Antwort: im Prinzip nur erneut mit einem fugierten Teilsatz. Und dafür stellt sich eine ähnliche Frage wie in der frühen Kirchenkantate: Wie lassen sich zwei Teilsätze, die auf gleichen kompositorischen Grundlagen stehen, voneinander abgrenzen? In der Instrumentalmusik des 17. Jahrhunderts ist dies unzählige Male beantwortet worden: Die erste Fuge mündet in ein kurzes Adagio, das eine Schlusswirkung enthält, eine Zäsur ermöglicht und dann einer zweiten Fuge Raum gibt. Für Bach ist also nach dem Adagio-Teil »In ihm sterben wir zu rechter Zeit, wenn er will« der Weg frei, einen neuen Teilsatz folgen zu lassen, ähnlich wie in der norddeutschen Orgeltoccata, in der sich danach ein weiterer Fugenabschnitt anschließen könnte.

Gegen Ende des Werkes spielt Bach noch gezielter mit Techniken seines Thüringer Traditionskontexts. Alt und Continuo eröffnen einen Satzkomplex mit dem Psalmwort »In deine Hände befehl ich meinen Geist«. Ihm wird ein Lukas-Zitat zur Seite gestellt, das Wort, das Jesus am Kreuz an den reuigen Sünder richtete: »Heute wirst du mit mir im Paradies sein.« Nachdem der Bass diesen Text zweimal mit vielen ausdrucksvollen inneren Wiederholungen »durchgesungen« hat, tritt der Alt erneut ein und beantwortet die Bass-Aussage mit dem Luther-Choral »Mit Fried und Freud ich fahr dahin«. Zwei Bibelworte und ein Liedtext fügen sich also in ein Wechselspiel aus Rede und Gegenrede zusammen.

Dies ließ sich noch steigern: im zentralen Tutti-Teil des Werks (»Es ist der alte Bund«). Wieder werden zwei unterschiedliche Bibeltexte einander gegenübergestellt und ein Kirchenlied einbezogen (hier lediglich instrumental: »Ich hab mein Sach Gott heimgestellt«). Eine der biblischen Textkomponenten geht hier sogar in einer dreistimmigen Fuge auf. Dies alles verweist auf Techniken, wie sie sich in einer Trauermotette Johann Michael Bachs finden. Er verschränkt das Lied »Jesu, meine Freude« sukzessive mit drei Bibeltexten: Mit »Halt, was du hast« aus der Offenbarung Johannis beginnt das Werk, und es staut die Frage auf, was denn zu »halten« ist; das Eintreten des Kirchenliedes liefert dann die Erklärung.

Bach, als etwa 22-jähriger Organist in Mühlhausen, kann noch nicht über sehr viel Erfahrung auf dem Gebiet der Vokalmusikkomposition verfügt haben; die Anforderung, extrem divergente Textpartikel in einem großen musikalischen Bogen aufgehen zu lassen, erfüllte er, indem er teils auf seine tastenmusikalischen Erfahrungen zurückgriff, teils sich an der Kompositionspraxis seines direkten musikalischen Umfeldes orientierte. Insofern lässt sich das Resultat zwischen zwei Extremen beschreiben: entweder als geniale individuelle Verschmelzung der Traditionsströme, die er kennengelernt hatte, oder als Notbehelf, weil er die kirchenmusikalischen Potenziale seiner Zeit nicht weiter überblickte. Tatsächlich müsste er bei Buxtehude, den er kurz zuvor besucht hatte, auch anderen vokalmusikalischen Techniken begegnet sein; von ihnen findet sich im *Actus tragicus* keine verwertbare Spur. Und: Über das Repertoire, aus dem er als Chorist an der Michaelisschule in Lüneburg Musik gesungen haben muss, informiert das erhaltene Inventar in einem kaum überbietbaren Detailreichtum;[72] doch auch die Vielfalt des dort Vorhandenen bildet sich im *Actus tragicus* nicht ab. Diesem Lernverhalten soll im folgenden Kapitel genauer nachgegangen werden; jedenfalls hat Bach sich weiter reichende Kantatentechniken wohl erst auf seiner nächsten Stelle zu eigen gemacht, als Organist in Weimar – kaum zufällig also an einem Hof.

Was also meinte Schweitzer mit seinem Gedanken, »die zweihundert Kirchenkantaten für hundert in der Art des Actus tragicus geschriebene Werke hergeben« zu wollen – mit dem Bach gleichsam anfing, »ein Ende« zu sein? Letztlich postulierte er eine Tradition, aus der (seinem Empfinden zufolge) Bach stammen musste, und sie begeisterte ihn. Überspitzt formuliert, hätte Schweitzer also der ideale Anwalt für eine lutherische Ensemblemusik sein können, die älter ist als diejenige Bachs, die er aber noch kaum gekannt haben kann. Für ein modernes Musikpublikum wirkt dies wie eine besondere Ermunterung: Gerade in der Zeit vor Bach findet sich künstlerisch eigenständige Musik, der dieselbe Begeisterung zuteilwerden kann wie dem *Actus tragicus*, auch wenn diese nicht den Verfassernamen »Johann Sebastian Bach« trägt. Diese Begeisterung ist nicht an die spezifischen stilistischen Formen des Werkes gebunden, auch nicht an den Verzicht auf zeitgenössische Dichtung; gerade hier hat historische Distanz auch zu einer größeren Aufgeschlossenheit geführt. Folglich öffnet Schweitzers Bekenntnis zum *Actus tragicus* den Blick insgesamt für Musik, die aus der Zeit unmittelbar vor Bach stammt; das Werk bietet einen Schlüssel dafür, den »ästhetischen« Zugang des 19. Jahrhunderts zu älterer Musik auszuweiten und seine Grenze beim Jahr 1700 zu durchbrechen.

Diese Grenze ist aber 1971 – unmittelbar bevor jene ältere Musik in die Musiköffentlichkeit getragen wurde – gerade vom *Actus tragicus* aus noch einmal zementiert worden. Damals bezeichnete Alfred Dürr, einer der richtungweisenden Bach-Forscher der Zeit nach 1950, diese Musik als »Geniewerk, wie es auch großen Meistern nur selten gelingt und mit dem der Zweiundzwanzigjährige alle seine Zeitgenossen mit einem Schlage weit hinter sich läßt. Ja, man möchte sagen, daß Bachs Kunst in den folgenden Lebensjahren zwar noch sehr viel reifer, aber kaum mehr tiefer geworden ist: Der ›Actus tragicus‹ ist ein Stück Weltliteratur.«[73]

»Weltliteratur« wird, was in sich Vollkommenheit erkennen lässt; doch diese Einschätzung ist auch von den Betrachtern abhängig – und von deren Erwartungen. Der *Actus tragicus* hat sie aber mit geformt: Er war eine der ersten Kantaten Bachs, zu denen sich das 19. Jahrhundert einen Zugang erschloss. 1830/31, unmittelbar nach Mendelssohns Wiederaufführung der Matthäuspassion, erschien das Werk als Teil von zwei zufällig gebildeten Kantaten-Dreiergruppen (BWV 101–103, 104–106) im Druck. Damit gehört der *Actus tragicus* zu den Pionierwerken in der Wiederentdeckung von Bachs Vokalwerk, neben der Matthäuspassion und der h-Moll-Messe; er hat sich dem Bild Bachs – als idealem lutherischem Komponisten – ähnlich eingeprägt wie eine erste Landmarke eines noch zu entdeckenden, unbewohnten Kontinents. Gegenüber den fünf Partnerkantaten zeigte der *Actus tragicus* jedoch einen entscheidenden Vorsprung: Nur aus Bibelwort und Liedstrophen zusammengesetzt, mussten sich in ihm weder Aufführende noch Zuhörende mit einer in die Ferne gerückten barocken Theologie befassen. Ein fundamentaler Standortvorteil: Hier also trafen sich eine archaisch wirkende Wurzel von Bachs Personalstil und eine »reine« Theologie. Das erklärt die Bewunderung Schweitzers wie Dürrs. Dessen Vorstellung von etwas radikal Neuem kann aber nur von Thüringer Verhältnissen abgeleitet sein:

von dem Umfeld, das sich im größeren Rahmen mit dem »Altbachischen Archiv« ausleuchten lässt, ebenso mit der Ensemblemusik Johann Pachelbels, dessen »Christ lag in Todes Banden« Bach für seine eigene, ähnlich frühe Kantaten-Bearbeitung dieses Chorals als Vorbild gedient haben mag.[74] Die weitere Tradition, zu der das Thüringen der frühen Bach-Zeit gerade erst wieder Anschluss gefunden hatte, konnte auch Dürr damals noch nicht überblicken.

Wenn der *Actus tragicus* wirklich (woran kaum Zweifel bestehen) 1707/08 in Mühlhausen entstand, dann hat Bach in ihm jedoch auf verblüffende Weise die kirchenmusikalische Stellung dieser »niedersächsischen« Reichsstadt in Thüringen um 1700 umschrieben. Bruchstücke des Dresdner Rom-Erbes mischen sich aus der Perspektive eines Organisten (eine für Thüringen nach wie vor junge Schlüsselkompetenz) mit norddeutschen Stilelementen und den Thüringer Traditionen, in Musikformen der Stadtpfeifer mehrere Texte simultan zu verarbeiten. Zustande gekommen ist diese Mischung letztlich aber aufgrund der frühen Biographie Bachs, der in die Früchte des Thüringer Nachkriegs-Wiederaufbaus, soweit er sie innerlich verarbeitet hatte, auch seine norddeutschen Organisten-Eindrücke einbrachte. Weiteres, das die lutherische Kirchenmusik der Zeit ebenso kennzeichnete (wie die frühe Kantatenkunst), ist noch nicht zu erkennen; wiederum anderes, das auch in Thüringen populär war (wie die lutherische Aria seit Ahle und Briegel), hat Bach ohnehin weitestgehend ausgeblendet. Das Werk ist somit eine ideale Momentaufnahme für die Thüringer Musikkultur um 1700.

Das Resultat ist zugleich von der Persönlichkeitsentwicklung her erklärlich. Für Menschen, die mit analytischem Verstand in ihre Umwelt hineingewachsen sind, liegt es gerade in ihrem dritten Lebensjahrzehnt nahe, aus einer gegebenen Konstellation individuelle Konsequenzen zu ziehen, die jung und zugleich »verblüffend reif« wirken, gleichsam ohne jede Betriebsblindheit. Wie im Falle Bachs und des *Actus tragicus* heißt das nicht, dass sich darin eine individuelle Stilentwicklung abzeichne; nur weniges davon, was diese Momentaufnahme charakterisiert, findet sich auch später bei Bach wieder. Die Fuge blieb, aber die Techniken, sie zu schreiben, veränderten sich; ebenso ist das Werk Bachs lebenslang von einer Lust daran geprägt, unterschiedliche musikalische Komponenten miteinander zu kombinieren[75] – doch auch hier wandelten sich die Techniken grundlegend (bis hin zum Eingangschor der Matthäuspassion).

Diese Feststellungen verschieben die Akzente der Bewunderung, die dem *Actus tragicus* zuteilwird: Sie hat vor allem Bachs individueller Adaption von Einflüssen zu gelten. Der kulturelle Raum, in dem er arbeitete, war alles andere als luftleer, und viele Leistungen seiner Zeitgenossen und »Vorgänger« verdienen dieselbe Beachtung. Es war eine kulturelle Welt mit imposanter Vielfalt: von der Balance, in die Albrici das Verhältnis aus Bibelwort (Concerto) und Arienstrophen überführte, über die exegetisch-dramatische Durchdringung, aus der heraus Förtsch seine Evangeliendialoge gestaltete, bis hin zu den klangvollen Psalmkompositionen von Österreichs »Klassiker« Rosenmüller oder den virtuos-expressiven Geistlichen Konzerten der Organisten im nördlichen Mitteleuropa.[76] Bachs *Actus tragicus* ist eine Facette dieses pulsierenden kirchenmusikalischen Lebens.

9 »Ich habe fleißig seyn müssen« Bach als Organist und als Leipziger Director musices

In Leipzig

Am 22. April 1723 wurde Bach zum Nachfolger von Johann Kuhnau als Kantor der Leipziger Thomasschule gewählt.[1] Er unterschrieb die Konkordienformel, Sachsens Versicherung gegen Kryptocalvinismus;[2] die Angst vor diesem war auch 130 Jahre nach den Leipziger Aufständen noch nicht verflogen. Das Verfahren, das der Berufung vorausging, hat bei der Nachwelt Verwunderung gestiftet, die sich aber legen konnte:[3] Ehe Bach gewählt wurde, hatten bereits mehrere andere Musiker eine Berufung erhalten, aber nicht angenommen; sie waren also, so schien es einst, Bach (der vermuteten Idealbesetzung) vorgezogen worden. Doch es wirkt plausibel, dass vor allem Georg Philipp Telemann für die, die im Leipziger Rat damals an moderner Musik interessiert waren, eine Traumwahl gewesen wäre: Er war in seiner Leipziger Studienzeit als Musiker gefeiert worden, und mit ihm als Einzigem verband sich ernsthaft die Aussicht darauf, in der Stadt endlich ein Musikdirektorat etablieren zu können – ohne die angeschlossene Verpflichtung zum Lateinunterricht, die dem Kantorenamt seit dem Reformationsjahrhundert anhaftete. Und deutlich geworden ist auch, dass der Satz »Da man nun die besten nicht bekommen könne, müße man mittlere nehmen«[4] nichts mit Bach zu tun hatte: Ein Mitglied der Ratsfraktion, die dem Höfischen kritisch gegenüberstand, hat ihn geäußert, und zwar mit Blick allein auf die eigenen Kandidaten dieser Gruppierung. Sie hatte sich mittlerweile klarer positioniert: Einige dieser Ratsherren interessierten sich für den jungen Pietismus,[5] und die Tradition des Ständewesens erschien ihnen noch wichtiger als zuvor. Der Landesherr, August der Starke, war zum Katholizismus übergetreten, um polnischer König werden zu können; den Landständen war daraufhin an der Aufrechterhaltung »lutherischer Ordnung« gelegen, zumal in Leipzig als der Stadt, die für dieses Ständische bis ins Organisatorische hinein führend war.[6] Sogar diese »ständische« Fraktion hätte zur Not Telemann akzeptiert; interessiert war sie aber sonst nur an Bewerbern, die auch als Lateinlehrer ausgewiesen waren. Ihr letzter Wunschkandidat hatte abgesagt, und so musste sie nun einen »mittleren« Kandidaten ins Spiel bringen, wohl ohne sich vorab seiner Bereitschaft zur Kandidatur versichert zu haben: Christian Heckel in Pirna. Auch er war als Musiker kein unbeschriebenes Blatt; er war Schüler der beiden vorigen Thomaskantoren Schelle und Kuhnau gewesen, und von ihm ist in Mügeln eine Messkomposition erhalten geblieben.[7] Ob diese Ratsherren aber überhaupt Kantorenprofile einschätzen konnten, ist zweifelhaft: Denn von der Verpflichtung zum Lateinunterricht, der ihnen so wichtig war, war ihr erster Wunschkandidat, Christian Friedrich Rolle, am Magdeburger Altstädtischen Gymnasium befreit.[8]

Ein traditionelles Kantorat war das Leipziger Amt schon lange nicht mehr. Dies spiegelt sich schon in der schulischen Hierarchie: Zwar nahm Bach als Kantor in ihr nach wie vor den dritten Rang ein (nach Rektor und Konrektor), doch die dafür korrekte lateinische Ordnungszahl »tertius« wurde für den faktisch vierten Kollegen benutzt;[9] Bach stand also ein Stück weit außerhalb des normalen Schulgefüges. »Traditionell« hätte auch bedeutet, die Anforderungen der Kirchenmusik mit dem überkommenen Repertoire sicherzustellen: mit dem *Florilegium Portense*, mit Schütz' *Geistlicher Chor-Music* oder den *Andachten* Hammerschmidts. Doch diese Musik hätte auch den »ständischen« Ratsherren nicht genügt; deren Kandidat Andreas Christoph Duve, der in Braunschweig mit dieser Musik gearbeitet haben muss,[10] fiel vermutlich deshalb bei seiner Leipziger Kantoratsprobe komplett durch.[11] Auch für Bach gab es keine Verpflichtung zur Kantatenkomposition; die Leipziger Traditionen des Amts legten sie nur »moralisch« nahe.

Dieses Amt nun hätte Bach – wäre es ein normales Kantorat gewesen – aus verständlichen Gründen nicht gewollt: Es habe ihm, wie er seinem Jugendfreund Georg Erdmann schrieb,[12] anfänglich gar nicht behagt, den beruflichen Abstieg von einem Kapellmeisterposten (in Köthen) auf ein Kantorat auf sich nehmen zu sollen. Doch war ihm die Stellung äußerst »favorable« beschrieben worden: wohl nicht nur finanziell, sondern auch inhaltlich, offenkundig also dahingehend, dass er nur nominell Kantor sein solle, faktisch aber wie ein städtischer Kapellmeister arbeiten könne. Sogar die Verpflichtung zum Lateinunterricht konnte er umgehen, wenn er dauerhaft für einen Vertreter sorgte – auf eigene Rechnung. Die Kooperation zwischen ihm und dem offiziellen Leipzig war daraufhin im Ganzen eine sehr glückliche, sofern das Geschehen nicht aus der Warte der ständischen Gruppierung betrachtet wurde. Nur einmal hat sie, als sie den Regierenden Bürgermeister stellte, versucht, ihre Vorstellungen von einem »richtigen« Kantorat durchzusetzen.[13] Das war 1730 – als Bach gegenüber Erdmann klagte, er habe »eine wunderliche und der Music wenig ergebene Obrigkeit«.[14] Doch andere Teile dieser Obrigkeit waren »der Music« so »ergeben«, dass derlei Exzesse weitestmöglich von ihm ferngehalten wurden.[15]

Bach schrieb in seiner Leipziger Zeit mit dem Weihnachtsoratorium, der Matthäus- und der Johannespassion sowie der h-Moll-Messe Werke, die traditionell zum innersten Kern westlicher Kultur gerechnet werden, ferner die meisten seiner erhaltenen Kantaten. Dieses Leipziger Wirken macht ihn zugleich zu einer Identifikationsfigur des Luthertums. Dass er von Haus aus Organist war, spielt dabei erstaunlicherweise kaum eine Rolle. Für das einzige Orgelwerk, das eine ähnliche Berühmtheit erlangt hat wie jene Vokalwerke, die Toccata und Fuge d-Moll BWV 565, ist nicht einmal seine Autorschaft gesichert[16] (ein eindrucksvolles Musikwerk bliebe es auch, wenn ein anderer es geschaffen hätte). Sein Profil als Organist und sein Wirken als Thomaskantor müssen also eigens miteinander zusammengebracht werden: Gerade für Bachs Leipziger Arbeitsplatz galt das kombinierte Berufsbild »Kantor und Organist« nicht, das erst allmählich entwickelt wurde, und zwar für deutlich kleinere kirchenmusikalische Milieus. Was also bedeutete das Orgelwerk für Bach als Leipziger Musikdirektor?

Eine weitere Frage gilt Bachs Arbeitsorganisation; Erfahrungen damit, mit Schülern auf dem von ihm erwarteten Niveau zu musizieren, hatte er ebenso wenig wie darin, regelmäßig gottesdienstliche Ensemblemusik bereitzustellen. Seine bloße Mitwirkung an solchen Aufführungen lag mehr als fünf Jahre zurück: in Weimar, wo er Hoforganist gewesen war (als normales Ensemblemitglied) und nur sporadisch Kantaten komponiert hatte (seit 1714 im Wesentlichen als Vier-Wochen-Turnus). Kapellverantwortung hatte er in Köthen ausgeübt, allerdings an einem reformierten Hof, der – der calvinistischen Gottesdienstvorstellung folgend – keine Kirchenmusik jenseits des Genfer Psalters benötigte. So stand Bach vor Aufgaben, die ihm neu waren; wie er mit dieser Konstellation umging, wird Hauptthema dieses Kapitels sein.

Orgelkunst als Arbeitsgrundlage

Bach war seit Ende seines zehnten Lebensjahres Vollwaise.[17] Ein solches Schicksal verbaute vielen Kindern jede Zukunft, denn Qualifikation kostete Geld. Vorläufig ließ sich seine Ausbildung familienintern regeln; er fand eine Bleibe bei seinem Bruder Johann Christoph in Ohrdruf. Dieser aber konnte für nichts Finanzielles aufkommen, da er an der Grenze zum Existenzminimum lebte, an seinem eigenen beruflichen Fortkommen zu arbeiten hatte und obendrein eine Familie aufbaute – er hatte 1694 geheiratet, und 1695 kam das erste Kind zur Welt. Bach muss also frühzeitig gewusst haben, wie sehr er auf sich selbst gestellt war. Wenn er, wie anekdotisch überliefert, von sich sagte, er habe »fleißig seyn müssen« und es nur deshalb zu etwas gebracht,[18] dann ist dies keine Überheblichkeit eines Genies, dem ohnehin alles von selbst zufällt, sondern eher schon Understatement.

Eine Chance, ins Leben hineinzuwachsen, bot sich ihm nur in der Musik. Er sang in den Schülergruppen mit, die am Gottesdienst mitwirkten, denn ihnen wurde dafür das Schulgeld erlassen. So war parallel zum Singen auch für ihn Bildungserwerb möglich. Und wenn Musik in der Schule willkommen war, weil sich mit ihr lateinische Syntax und Glaubensbotschaften besser einprägten, dann stellte sich für Bach auch das Umgekehrte ein: Auch im Lateinunterricht konnte er ein Verständnis für Musik entwickeln. Doch das war die Nebensache: In Ohrdruf ebenso wie vor allem in Lüneburg war er in straffe Schulstrukturen eingebunden[19] – auch wenn der Nachwelt das musikalische Heranwachsen Bachs wichtiger ist als sein Lateinlernen.

Als Sohn eines Stadtpfeifers wird Bach schon 1695 Grundkenntnisse im Violinspiel gehabt haben (die er erweiterte, bis er 1702/03 mit diesem Instrument am Weimarer Hof eine Anstellung fand). Ansonsten war seine Musikerausbildung zwangsläufig auf das Berufsbild des großen Bruders ausgerichtet: das des Organisten, konkret in der Tradition Pachelbels, der Johann Christophs Lehrer gewesen war. Als Bach im Alter von 15 Jahren dann schon die oberste Ohrdrufer Schulklasse erreicht hatte, wechselte er nach Lüneburg an die Michaelisschule; er muss dort auch Kontakt zum Organisten an St. Johannis gehabt haben, seinem Thüringer Landsmann Georg Böhm.

Das Ausmaß der Beziehung war für lange Zeit nicht klar. Ein wichtiger Mosaikstein bei den Überlegungen sind einige Blätter mit Tastenmusik, aufgezeichnet als

»Tabulatur«: der Buchstabennotation, die es Tastenmusikern erlaubte, möglichst viel Musik auf einer einzigen Doppelseite einzutragen (also möglichst selten umblättern zu müssen). Die Blätter wurden 2007 als »früheste Manuskripte Bachs« publiziert; doch genau dieser Umstand ist umstritten[20] – und die Debatte ist mit einer Emotionalität geführt worden, die der Wissenschaftlichkeit kaum zuträglich ist.[21] An dieser Stelle ist nicht der Platz dafür, einen »Druckausgleich« herbeizuführen; doch alle, die seitdem auf die frühe Biographie Bachs zu sprechen kommen, müssen eine Position finden, und zwar sowohl zu den gestellten Fragen als auch den gebotenen Antworten. Detailausführungen – noch immer komprimiert – finden sich im Anmerkungsteil.

Am Anfang der Überlegungen hat eine lateinische Aufschrift zu stehen, die sich auf einem der Blätter findet und offensichtlich von der Hand Bachs stammt: Sie neigt sich stark nach rechts, anders als die Tabulaturbuchstaben der Musiknotation, die den Orgelchoral »An Wasserflüssen Babylon« von Johann Adam Reinken wiedergibt – folglich brauchen die beiden Schriftanteile nicht von ein und demselben Schreiber zu stammen.[22] Der Vermerk Bachs lautet: »â Dom[ine] Georg: Böhme descriptum a[nn]o 1700 Lunaburgi«. An der Deutung dieses Vermerks hängen alle weiteren Überlegungen: Geht aus ihm wirklich hervor, dass Bach der Schreiber des Manuskripts war?

Eigentlich bereitet dieser Text keine Probleme; wörtlich übersetzt heißt er: »von Herrn Georg Böhm abgeschrieben im Jahr 1700 in Lüneburg«. »Von« verweist in dieser syntaktischen Form standardmäßig auf den Schreiber; gerade in der Form »â« findet sich diese Elementarpräposition auf unzähligen lateinischen Titelseiten gedruckter Bücher der Zeit und steht dort stets vor dem Namen des Urhebers. Und auch syntaktisch ist alles im Lot, denn »descriptum« ist eine Verbform im Passiv, und »â« verweist auf den zugehörigen Akteur. Bach als Primaner einer Lateinschule muss die Bedeutung dieser Elementarpräposition gekannt haben.

Welche Alternativen könnte es geben? Undenkbar ist, dass »â Dom[ine] Georg: Böhme« als Ortsangabe gemeint ist (dies wäre nur in einem französischen Text der Fall: »à Paris« heißt »in Paris«). Diese Lesart wurde von den Entdeckern anfänglich favorisiert;[23] später rückten sie selbst von ihr ab, schwenkten auf die zuvor zitierte Übersetzung ein und beließen es dennoch bei der Einschätzung, Bach habe die Abschrift angefertigt. Zu spezifisch grammatikalischen Hintergründen äußerten sie sich nicht mehr.[24]

Dabei ließe sich gerade auf diesem Wege das Bild weiter klären. Denn wenn man »ich habe abgeschrieben von …« sagt, würde im Lateinischen gleichfalls die kritische Präposition »a« verwendet.[25] Doch das wäre ein völlig anderer grammatikalischer Zusammenhang: Der Schreiber wäre in dem Satz (als Subjekt) bereits benannt, und in der Folge würde eigens betont, wo sich die Abschreibe-Vorlage befand. In der Passiv-Formulierung dagegen werden das Dokument und dessen Eigenschaften beschrieben (»das vorliegende Blatt wurde geschrieben von« mit Hinweis auf den Akteur). Genau diesem Muster aber folgt die kritische Formulierung – die damit gerade nicht darauf hindeutet, dass Bach der Schreiber der Noten gewesen sei.

Schon die Grundaussage des Satzes ist eine bahnbrechende Information: Denn damit steht endlich fest, dass Bach Böhm nicht nur bewunderte, sondern tatsächlich zu ihm Kontakt hatte. Wie aber lässt sich der Schreiber identifizieren: Welche Belege gibt es dafür, dass die Musiknotation von Böhm stammt, entsprechend der Aufschrift, die eigentlich nur auf ihn verweisen kann? Die Klärung ist nicht leicht, weil Böhm sich offensichtlich als Kind in Thüringen eine regionaltypische Gebrauchshandschrift angeeignet hatte, die wenig charakteristisch wirkt.[26] Doch auch für eine Zuweisung des Schriftbilds an Bach reicht das Vergleichsmaterial nicht aus: Die am nächsten benachbarten Handschriftenproben stammen erst aus dem Jahr 1703; und gerade im zweiten Lebensjahrzehnt eines Menschen können sich dessen Schreibgewohnheiten noch stark wandeln. Folglich lässt sich die Schreiberfrage gar nicht klären.

Das gilt genauso für ein weiteres, nur fragmentarisch erhaltenes Manuskript aus dieser Gruppe, das eine Choralbearbeitung von Buxtehude überliefert. Die Schriftformen unterscheiden sich sowohl von dem Reinken-Blatt als auch von Bachs Vergleichsdokumenten von 1703; das Stück ist auf Papier niedergeschrieben, das aus Thüringen stammt.[27] Wäre nicht die Bach-Idee ins Spiel gebracht worden, läge auch hier eine Klärung auf der Hand: Auch Böhm hatte bis 1684 in Thüringen gelebt. Spätestens damals gab es dort einen Zugang zu Musik Buxtehudes,[28] vielleicht noch früher in der Reichsstadt Mühlhausen, die wie die Reichsstadt Lübeck zum Niedersächsischen Kreis gehörte und ohnehin eine Drehscheibe für »norddeutsche« Stilelemente gewesen ist: durch die Mühlhäuser Organistenfamilie Radeck, von der sich ein dänischer Zweig abspaltete, und mit dem Kontakt des lokalen Organisten Johann Rudolph Ahle zu Johann Rist.[29] Kurz: Wenn Böhm auch das »Thüringer« Blatt geschrieben hat, erklärten sich die Unterschiede der Schriftformen beider Blätter aus seinen eigenen Entwicklungen während rund 15 Jahren.

Dass Bach – auf dem Weg nach Lüneburg – noch keinerlei stilistische Einblicke in die Musik hatte, die ihn dort erwartete, ist ohnehin unwahrscheinlich. Seit den mitteldeutschen Erstkontakten zu Werken Buxtehudes waren etwa zwei Jahrzehnte vergangen; und eine weitere Manuskriptquelle, deren Geschichte sich bis in Johann Christoph Bachs reiche Notensammlung zurückverfolgen lässt, enthält sogar tatsächlich ein Werk Buxtehudes.[30] Diese Aufzeichnung braucht nicht das einzige »norddeutsche« Werk gewesen zu sein, das Johann Christoph besaß; so ist von der Schreiber-Klärung für das Tabulaturblatt auch nicht abhängig, ob Bach schon in Ohrdruf Musik Buxtehudes kennengelernt hat.[31]

Gesichert ist somit, dass er zu jenen Choralbearbeitungen Buxtehudes und Reinkens schon früh Noten besaß – und dass ihm das letztere Werk (vielleicht beide) durch Böhm zugänglich gemacht wurde. Das ist das Entscheidende für die Entwicklung Bachs; nur eine »abgeklärte«, ergebnisoffene Diskussion wird erweisen können, ob – quasi als Zugabe – er die Manuskripte nicht nur besessen, sondern auch geschrieben hat.[32]

Sie informieren auch über ein weiteres Detail der Entwicklung Bachs: darüber, wie er sich Noten beschaffte. Nicht einmal sie gab es gratis,[33] und der Zugang zu Vorlagen fürs Abschreiben war zumindest vom Wohlwollen des jeweiligen Besitzers abhängig. Auf dieses war Bach, in seiner besonderen Ausbildungssituation, angewiesen. Zum Orgelspiel selbst waren solche Manuskripte nicht nötig; kein Organist stellte sich im Gottesdienst Noten aufs Pult, ebenso wie niemand einfach einmal zum Orgelüben in die Kirche gehen konnte, wenn er Lust dazu hatte – dafür hätte der Bälgetreter hinzugezogen werden müssen. Also benutzten Organisten Noten als Studienmaterial[34] (und übten am Pedal-Clavichord). Bach muss virtuos darin gewesen sein, solche Kunstvorbilder zusammenzutragen, und Früchte dieser Arbeit mögen um 1703/07 auch wieder die Notensammlungen des Ohrdrufer Bruders erreicht haben. Denn diese wurden damals zu einer Schlüsselquelle für Orgelwerke der Meister norddeutscher Metropolen (Buxtehude, Reinken, Böhm), ebenso für Werke von Musikern aus Schleswig-Holstein, die von Thüringen aus noch schwerer erreichbar gewesen sein müssen: von Bruhns in Husum und Peter Heydorn in Itzehoe, die beide um 1700 nicht mehr (oder nicht mehr dort) lebten.[35]

Wie Johann Nikolaus Forkel es 1802 ausdrückte, habe Bachs Arbeit mit diesen Werken darin bestanden, sie »mit der größten Aufmerksamkeit zu studiren« – neben Musik aus dem süddeutsch-österreichischen Raum sowie aus Frankreich und Italien.[36] Das muss für ihn stilbildend gewirkt haben. Für solche Stilmischungen hat Johann Joachim Quantz, Flötist am Hof Friedrichs des Großen, 1752 den Begriff »vermischter Geschmack« eingeführt; er meinte damit, dass sich in der Musikkultur seiner Zeit zwar ein italienischer und ein französischer Stil unterscheiden lasse, dass aber die Deutschen sich aus beiden jeweils das Beste herausgepickt hätten.[37] Das Modell ist philosophisch und musiktheoretisch ausgerichtet und hat unverkennbar eine nationalpolitische Dimension;[38] doch es ist vor allem eine zu weit gehende Pauschalierung. Denn letztlich arbeitet jeder Künstler in dieser Weise eklektisch: Irgendwie wird Neues, das er während seines Lebens kennenlernt, in den eigenen Horizont eingebaut, und nur dann, wenn die Einflüsse zwingend nationalstilistisch sortiert werden, wirkt auch das künstlerische Ergebnis »national«. Dieses aber ist ansonsten immer individuell »vermischt«. Nicht selten wird dabei das Neue von dem jeweils »Lernenden« missverstanden oder bei der Weiterarbeit in eine eigentlich nicht intendierte Richtung gelenkt; dies kann wiederum außerordentlich produktiv wirken.[39] Das also gab es für jeden. Und kein Musiker der Jahrzehnte um 1700 absolvierte ein Musikstudium nach festem Curriculum; jeder erwarb irgendwelche Grundlagen, etwa auch im Kontrapunktunterricht bei einem veritablen Lehrer, und entwickelte sich dann in der Praxis weiter, mit »learning by doing« – so, wie es für jene Zeit besonders deutlich für Georg Österreich zu erkennen ist (weil aus beiden Phasen Quellen vorliegen).[40]

Doch bei Bach wirkt das Resultat extrem. Waren also in seinem Kunstzugang sogar jene Grundlagen noch weniger klar umrissen als bei den Berufskollegen? Bach gilt als Fugenkomponist par excellence; wo aber hat er Fundamente des Kontrapunkts gelernt? Forkel beschrieb dieses Lernen so:[41] »Ohne einigen [= überhaupt einen] Unterricht, durch welchen ihm ein Weg vorgezeichnet wäre, der ihn allmählig von Stufe zu Stufe hätte führen können, mußte er es so wie alle diejenigen, so ohne Leitung eine solche Bahn betreten, anfänglich machen, wie es werden wollte.«

Offensichtlich arbeitete er als »independent learner«, wie Teildisziplinen der Psychologie dies nennen.[42] Er wählte Lerninhalte selbst aus, allerdings weitgehend ohne Anleitung, und nahm anderes, das für Berufskollegen elementar war, kaum zur

Kenntnis. So setzt sich sein Stil aus unzähligen »Mitnahmeeffekten« zusammen, die er miteinander verschmolz, und wurde deshalb »notgedrungen« individuell – auch so, wie am Ende des vorigen Kapitels für den *Actus tragicus* geschildert. Da ein so unabhängiges, nicht angeleitetes Basislernen auch Schattenseiten hat, steckt in einem solchen Zugang keineswegs Geniekult. Dieses Lernen setzte bei Bach eine Fokussierung auf sich selbst voraus: Zwar offen für Anregungen, scheint er viel weniger als andere versucht zu haben, Neues erst einmal zu durchdringen, ehe er Teile davon in den eigenen Erfahrungshorizont einbaute. Und auch dann, wenn jemand in der Nähe war, den er hätte befragen können, hat er offensichtlich eher nach eigenen Lösungen gesucht. Kurz: Ob er jemals systematisch zu lernen gelernt hat (wie andere, die bei ihrem Lehrer Kontrapunktaufgaben erarbeiteten), mag man bezweifeln.

Ohne Frage war der zentrale Bezugspunkt für diese Entwicklung das improvisatorische Spiel auf Tasteninstrumenten. Wo er die Grundlagen hierfür gebildet hat, ist unbekannt:[43] Sein Stil zeigt zu wenig Gemeinsamkeiten mit demjenigen Böhms, als dass die Basis bei diesem gesucht werden könnte; also muss das Entscheidende in Ohrdruf geschehen sein. Doch da die »Mitnahmeeffekte« in Bachs frühen Werken ohnehin nicht erkennen lassen, dass er irgendwo ein autoritatives Curriculum durchlaufen habe, kann ihm auch der große Bruder keines geboten haben. Das wirft den Betrachter zurück auf Forkel, der in der Fortsetzung des vorigen Zitats schreibt: »Auf dem Instrumente auf und ab laufen oder springen, beyde Hände dabey so voll nehmen, als die fünf Finger erlauben wollen, und dieses wilde Wesen so lange forttreiben, bis irgend ein Ruhepunkt zufälliger Weise erhascht wird«, sei ein zentraler Anfängerfehler, der auch Bach geprägt habe.[44] Das lässt sich weiterdenken: Mit dieser praktischen Erfahrung wäre im gottesdienstlichen Orgelspiel bereits eine mittelmäßige Improvisation möglich geworden. Sie hätte als Grundlage des Broterwerbs ausgereicht, ließ sich aber stetig verbreitern. Denn um jenen individuellen Stil auszubilden, muss Bach schon als Kind offen dafür gewesen sein, seine Beziehung zum Tasteninstrument auch intellektuell zu durchdringen, sie also mit kompositorisch sinnvollen »Metadaten« zu hinterlegen. Erst mit einem klaren Plan vor Augen lässt sich vernünftig improvisieren.

Wie sich der Reifungsprozess Bachs im Einzelnen entwickelte, ist somit nur in Umrissen nachvollziehbar. Für seine frühesten Orgelwerke ist nicht einmal die Abfolge ihres Entstehens zu rekonstruieren, weil die meisten von ihnen nur in Abschriften anderer vorliegen. Und weil deren breitere Überlieferung erst in Bachs Weimarer Zeit (1708–1717) ansetzt, öffnet sich zuvor ein Raum von rund zehn Wirkungsjahren, der sich kaum strukturieren lässt. Nur in Einzelfällen ist eine genauere Bestimmung möglich: dadurch, dass auch Musik Bachs in die Sammelbände seines Ohrdrufer Bruders einging, und zwar in direkter Nachbarschaft zu jener Welle norddeutscher Orgelmusik. Also mögen jene Orgelwerke Bachs etwas mit seiner Reise zu Buxtehude in Lübeck (1705/06) zu tun haben. Worin aber lag dann ihr künstlerischer Ertrag für ihn?

Hier lassen sich die Überlegungen noch vertiefen. Denn Bach hat nie eine norddeutsche Orgeltoccata im Stil Buxtehudes oder Bruhns' geschrieben, obgleich er sich auf deren Musik berief. In der äußeren Anlage spiegeln sich jene Konzepte am ehesten in der E-Dur-Toccata BWV 566, einem sehr frühen Werk:[45] Zwei Fugen werden von drei »freien« Teilen eingerahmt und gegliedert. Nur die zweite der Fugen folgt der Gestaltung, die für jenes Toccatenprinzip typisch wirkt (vgl. 8. Kapitel): Die Fugenthematik gerät allmählich aus dem Blick, um schließlich einem Werkschluss in freier Figuration Raum zu geben. Grundlegend für Bach aber war das Konzept »Präludium und Fuge«, auch in dieser E-Dur-Toccata: Deren beide Anfangsteile lassen sich als ein solches Satzpaar isolieren (so auch schon durch Zeitgenossen Bachs), sodass jene toccatentypischen Elemente entfallen. Werner Breig hat deshalb davon gesprochen, jenes norddeutsche fünfteilige Konzept sei von Bach »in metamorphorisierter Gestalt in seine eigenen Formkonzeptionen aufgenommen« worden.[46] Und wenn Bach – in seiner Jugend ohne eingehende Beratung durch einen Lehrer – Schwierigkeiten hatte, die nur vorgebliche, improvisatorisch wirkende Spontaneität einer durchorganisierten norddeutschen Orgeltoccata[47] umzusetzen, belegt dies das von Forkel angesprochene »wilde Wesen« und die Zufälligkeit, mit der Bach zunächst kompositorische Ruhepunkte angesteuert habe. Dies alles trifft erneut das Profil eines »independent learner«. Und Ähnliches gilt für Bachs frühe Vokalmusik: Wie im vorigen Kapitel verdeutlicht, wirkt der ergreifende *Actus tragicus* wie eine Kreuzung aus Thüringer Traditionserbe und höchst individuellen tastenmusikalischen Erfahrungen – und dies, obgleich Bach sich in Lüneburg und Lübeck mit andersartiger Vokalmusik (die ihn genauso hätte inspirieren können) befasst haben muss.

In dieses Profil gehört auch der spätere Umgang mit dem Stil Vivaldis, von dem Bach, wie er es (Forkel zufolge) ausdrückte, »musikalisch denken« gelernt habe.[48] Was er darunter verstand, ist oft diskutiert worden, und das Gemeinte ist nicht zuletzt deshalb so schwer verständlich, weil sich wiederum keine direkten Spuren Vivaldis in Bachs Werk finden. Ohnehin lässt sich nicht mit einer »Konzertform« rechnen, die aus Ritornellen (auf unterschiedlichen Tonstufen) und Episoden besteht (zwischen den Ritornellen vermittelnd): Auch Vivaldi hat kaum je so komponiert. Charakteristischer für dessen Musik sind Unterscheidungen auf drei Ebenen, die nur locker miteinander verknüpft werden: Es gibt mehrfach wiederkehrende Thematik und solche, die nur punktuell vorkommt; Tutti-Teile wechseln mit Solostrecken ab; und all dieses geht in einem klaren tonartlichen Bogen auf. Bach nun baute diese Parameter »irgendwo« in seinen Stil ein, der selbst noch im Heranreifen begriffen war: in Präludien ebenso wie in Fugen. Er hat also auch aus diesen Anregungen etwas Eigenes gemacht, das nicht direkt auf eine Wurzel zurückführbar ist. Ohnehin hat er (wiederum als »independent learner«) nicht auf Anhieb erkannt, dass dieser Stil ihm etwas bedeuten könne. Denn die italienische Musik der Zeit um 1700 gelangte nicht erst um 1714 nach Weimar; schon als Bach um 1702/03 dort als Geiger wirkte, muss er mit ihr in Berührung gekommen sein.[49] Auf diese Weise fügte Bach nur in Auswahl Stilelemente, denen er begegnete, zu einem inneren musikalischen Grundkonsens hinzu, der seine Praxis prägte.

Orgelchoräle in der Liturgie

Schwer zu bestimmen ist, wie Bach solche »freie« Orgelmusik in das kirchliche Leben einbrachte (wann »man« eine Fuge spielte, berichten weder Gottesdienstordnungen noch musikalische Quellen). Diese Frage aber stellt sich auch für die choralgebundenen Werke; für sie kann immerhin eine Vorsortierung erfolgen. Kategorien hierfür liefert ein liturgisches Dokument aus der Stadt Buxtehude aus dem Jahr 1749,[50] das auf den ersten Blick gar nichts mit Bach zu tun hat, auf den zweiten aber sogar Orgelmusik Pachelbels zu erklären vermag. Anlass für die liturgische Ordnungsmaßnahme war, dass jene Stadt damals ihren Organistenposten aus kirchlicher Oberhoheit in eine städtische überführte und deshalb eine eigene Dienstanweisung formulierte. Der Organist (in diesem Fall der Telemann-Enkelschüler Christian Friedrich Endter) sollte bestimmte Kirchenlieder begleiten, manche hingegen auch nicht. Einige sollte er mit einem »Präludium« vorbereiten, andere sollte er »vorspielen«, und diese beiden Kategorien konnten auch für ein und dasselbe Lied vorkommen. Was der Unterschied ist zwischen dem lateinischen Begriff »Präludium« und dessen deutscher, in eine Verbform überführter Übersetzung als »vorspielen«, klärt sich vor dem Hintergrund der Liturgie. »Vorspielen« bedeutet, dass damit das nachfolgende Lied so deutlich angekündigt wird wie mit der Nummernangabe auf einer Liedtafel in der Kirche. Ein »Präludium« konnte diesem Melodievorspiel vorausgehen und brauchte deshalb noch keinerlei Anklänge des nachfolgenden Liedes zu enthalten. Es konnte aber auch ohne Melodievorspiel eintreten – bei den Liedern, die in Gottesdiensten standardisiert vorkamen (wie »Allein Gott in der Höh sei Ehr«) und für die deshalb auf eine Melodieankündigung verzichtet werden konnte.

Auf das Werk Bachs übertragen, heißt dies, dass die Choralbearbeitungen des *Orgelbüchleins* als »Melodievorspiele« aufgefasst werden können: Werke, in denen die Pause zwischen dem Ende einer Liedzeile und dem Beginn der nächsten typischerweise kürzer als ein Takt ist.[51] Ihnen hätte also noch ein »Präludium« vorausgehen können. Tatsächlich gibt es Werke, in denen beide Charaktere in unmittelbarer Folge »abgehandelt« werden. Ein frühes Beispiel hierfür liefert Pachelbel in einer Komposition für »Allein Gott in der Höh sei Ehr«: Die erste, frei gestaltete Werkhälfte, die mit »Präludium« überschrieben ist, setzt sich bruchlos in einem zweiten Teil fort, in dem dann die Melodie im Vordergrund steht.[52] Um die Mitte des 18. Jahrhunderts wurde diese Gestaltung in einer Fortentwicklung besonders populär: Viele Choralbearbeitungen aus jener Zeit beginnen, ehe die Melodie »vorgespielt« wird, mit einem Ritornell, das wie ein kurzes Choral-»Präludium« anmutet, aber ebenso wie die Einleitung einer Arie. In diesem Überschneidungsbereich zwischen Arie und Orgelmusik stehen auch Bachs *Schübler-Choräle*, die großenteils tatsächlich aus der einen Gattung in die andere übergewechselt sind. Und noch später verselbstständigten sich diese unthematischen Einleitungen; es entstanden »Choralpräludien«, die lediglich einen Tonartcharakter umreißen, und ehe ihnen das Lied folgte, musste dieses noch »vorgespielt« werden.

Viele größere Choralbearbeitungen Bachs lassen sich demnach kaum mit den typischen Anforderungen an »Vorspiele« erklären; dazu wirken sie zu komplex. Denkbar ist aber, dass Bach in ihnen einen gottesdienstlichen Auslegungscharakter realisiert hat.[53] Doch letztlich bleibt eine Werkkategorie mit nochmals anderer Zielrichtung übrig: die große Choralvariation, die ursprünglich im niederländischen Calvinismus entstanden war und über die Sweelinck-Tradition vor allem Hamburg erreicht hatte. An dieser hatte auch Bach Anteil, und zwar bis in feinste Verästelungen.

Dies zeigt die Anekdote über sein Spiel in einer der Hamburger Hauptkirchen, wohl 1720.[54] Er habe »über den Choral: An Wasserflüssen Babylon […] aus dem Stegreife, sehr weitläuftig, fast eine halbe Stunde lang, auf verschiedene Art, so wie es ehedem die braven [= tüchtigen] unter den Hamburgischen Organisten in den Sonnabends Vespern gewohnt gewesen waren« fantasiert, und daraufhin habe der 77-jährige Reinken anerkennend geäußert: »Ich dachte, diese Kunst wäre gestorben, ich sehe aber, daß sie in Ihnen noch lebet.« Bach nun stellte sich mit der Wahl genau dieses Liedes in eine Tradition, der auch Reinken angehörte; dessen Bearbeitung kannte er, spätestens seitdem Böhm sie ihm zugänglich gemacht hatte. Doch die Geschichte, die sich mit diesem Lied verbindet, ist viel länger. Wie Johann Gottfried Walther in seinem *Musicalischen Lexicon* berichtet,[55] hatte Reinken als junger Mann seine Komposition einem Amsterdamer Kollegen geschickt (vielleicht Anthoni van Noordt, vielleicht dessen Bruder Jacobus), um prüfen zu lassen, ob er zur Nachfolge Heinrich Scheidemanns an St. Katharinen in Hamburg befähigt sei – also würdig, in die Nachfolge Sweelincks einzutreten, der Scheidemann (als dessen Schüler) angehörte. Und auch damit ist die Geschichte noch nicht zu Ende erzählt. Als 1655 an der Hamburger Jacobikirche ein Nachfolger für den dortigen Sweelinck-Schüler Ulrich Cernitz gesucht wurde, mussten die Bewerber über genau diesen Choral improvisieren; Matthias Weckmann, der Unterricht bei Jacob Praetorius gehabt hatte (einem weiteren Sweelinck-Schüler) und die Stelle schließlich erhielt, spielte den »ersten Vers […] nach prätorianischer, ernsthafften Art; die andern aber fugenweise durch alle Tone und halbe Tone, sammt vielerlei Veränderungen«.[56] Das mag Reinken sogar miterlebt haben. Insofern ist die Bach-Reinken-Anekdote Teil einer langen lokalen Kunsttradition.

Die Geschichte verweist zugleich darauf, dass Bach auch dann improvisierte, wenn es auf perfekte Wirkung ankam. Dass er bei jener Gelegenheit überhaupt spielte, kann wiederum nicht ad hoc zustande gekommen sein; denn auch hier war ein Bälgetreter erforderlich. Und so muss Bach auch den äußeren Rahmen gekannt haben: ein Konzertieren auf der Orgel, das Sweelincks Hamburger Schüler aus Amsterdam adaptiert hatten. Dabei kam es nicht mehr darauf an, einer Gemeinde (wie im frühen niederländischen Calvinismus) Liedmelodien nahezubringen; es ging »nur noch« um Kunst. Bei der Frage danach, welche liturgische Funktion Bachs große Choralbearbeitungen hatten, etwa die *Achtzehn Leipziger Choräle* oder die aus dem *Dritten Theil der Clavier Übung*, ist also auch diese musterhafte, für Konzerte gedachte Kunstform mit zu bedenken.

Lutherisches Künstlerbild im Wandel: das 20. Jahrhundert

Mit diesem Erbe hatte Bach als Organist zunächst im städtischen Milieu Arnstadts und Mühlhausens gewirkt, in Weimar dann eingebunden in eine Hofkapelle. Von dort war er nach Köthen gezogen, an den reformierten Hof des jungen Fürsten Leopold. Die Musikstrukturen Leipzigs: Das war für ihn etwas Neues. Konkrete Erfahrungen, von denen er zehren konnte, beschränkten sich auf seine Weimarer Kantaten und darauf, einige weltliche Glückwunschmusiken komponiert zu haben (für Köthen und Weißenfels). Alles andere, was er einzubringen hatte, war seine immense Erfahrung als Tastenmusiker – die aber für sein neues Amt eigentlich sekundär war. Sicher: Ein Organist konnte um sich herum ein Ensemble gruppieren: wie in Weimar, als Bach im Vier-Wochen-Turnus anstelle des Kapellmeisters für die Haupt-Kirchenmusik geradestand, oder wie ein norddeutscher Organist, der einige ausgesuchte Virtuosen auf seine beengte Orgelempore mitnehmen konnte. Was aber hinter der Idee des Leipziger Rats stand, in das traditionsreiche Amt einen ausgewiesenen Organisten vom Schlage Bachs (nämlich als Solospieler) zu berufen, der zwar als Kapellmeister wirkte, aber an einem nichtlutherischen Hof: Das steht in den Sternen.[57] Bach muss die Ratsherren überzeugt haben, nicht zuletzt mit seiner Kantoratsprobe. Das aber, was er schon wenige Monate später leistete, können auch die Musikliebhaber des Gremiums nicht geahnt haben. Er brachte in die neue Aufgabe ungeheure Energie ein, also wieder den anekdotisch bezeichneten »Fleiß«; allenfalls das mag voraussehbar gewesen sein. Der Nachwelt blieb diese Leistung jedoch lange verborgen, also auch die zugehörigen Charakterzüge Bachs.

Dem Musikpublikum des späten 19. Jahrhunderts hatte Bach den Eindruck eines idealen Lutheraners vermittelt; für Philipp Spitta, den Verfasser einer monumentalen Bach-Biographie (1873/80), war er »Deutschlands größter Kirchencomponist«.[58] Dieses Bild wandelte sich nach 1950 radikal. Damals zeigte sich, dass sich Bachs Schaffen völlig anders entwickelt hatte, als bis dahin angenommen worden war. Bach hat nur wenige Manuskripte datiert; und Spitta hatte ein eigenes System dafür entworfen, Leben und Schaffen miteinander zu verknüpfen. Hauptakteure der erdrutschartigen Veränderungen waren nun Georg von Dadelsen und Alfred Dürr, die sich schon während ihrer Schulzeit im Berlin der 1930er-Jahre für Musik Bachs begeisterten;[59] nun setzten sie an Beobachtungen des Musikphilologen Ludwig Landshoff an, die, als dieser 1938 vor den Rassegesetzen der Nazis fliehen musste, in ihren Anfängen stecken geblieben waren.[60] Für Dadelsen und Dürr wurden daraus akademische Qualifikationsschriften: Dürr schrieb 1951 über das frühe Vokalwerk Bachs seine Dissertation, Dadelsen habilitierte sich 1958 mit einer Arbeit zur Chronologie des Gesamtwerks, und gleichzeitig mit ihr war ein umfassendes Verzeichnis erschienen, in dem Dürr das Leipziger Kantatenwerk Bachs chronologisch geordnet hatte.[61] Beide Resultate, auf unterschiedlichen Wegen erreicht, bestätigten einander.

Sie trafen die Bach-Begeisterung bis ins Mark, und auch die gesamte Musikphilologie wurde von ihnen geprägt. Zum 300. Geburtstag Bachs 1985 waren die Resultate dann allgemein anerkannt – nach der üblichen Karenzzeit von 25 bis 30 Jahren für die Stabilisierung grundlegender wissenschaftlicher Erkenntnisse.[62] Doch nicht nur »Grundzüge eines neuen Bach-Bildes« waren entstanden, wie Friedrich Blume als damalige fachwissenschaftliche Autorität schon 1962 einen Vortrag betitelte;[63] die Folgen reichen viel weiter. Sie betreffen die Rolle Bachs im deutschen Genieverständnis, den Umgang der Nachwelt mit seinen Zeitgenossen, im Detail auch die Zugänge, mit denen Kantaten zu Gruppen zusammengefasst werden können. Und all dieses berührt die »Musik im Namen Luthers« zwangsläufig an zentraler Stelle. Die Differenzierung der Folgen, die aus diesen Entdeckungen resultieren, reicht auch noch über den Tod der Akteure hinaus – Dadelsen starb 2007, Dürr 2011.

Der Schlüssel zu den Entdeckungen hat zunächst scheinbar nichts mit Musik zu tun, auch nichts mit Religion; er liegt bei Handwerklichem, bei Details der Notenmanuskripte, die unwillkürlich mitgeteilt werden. Die Herausforderungen, die sich stellten, ähneln kriminologischer Arbeit mit Fingerabdrücken oder DNA-Resten, und hierbei ergaben sich zwei Hauptansatzpunkte. Der eine liegt ganz einfach beim Papier, das Bach benutzte. Zu seiner Zeit war dies ein handwerkliches Produkt, und die Hersteller, kleine Papiermühlen, versahen es mit ihrem Logo: als Wasserzeichen. Die Siebe, in denen aus nasser Papierrohmasse Büttenpapiere wurden, enthielten diese Zeichen als feines Drahtgeflecht. Nichts hält ewig, Papier-Schöpfformen nutzen sich ab; in ihre Nachfolger wurde dann selbstverständlich wiederum das Logo eingearbeitet. Doch niemand achtete auf maßstäbliche Wiedergabe; nur das »Zeichen an sich« musste erkennbar sein. Die Folge daraus ist absehbar: Papiere mit exakt demselben Wasserzeichen müssen aus demselben Produktionsprozess stammen, und sie sind daraufhin typischerweise in kohärenten Zeiträumen beschriftet worden – weil sie einst in demselben Papierstapel lagen, der auf seine Beschriftung wartete. Exakt gleiche Wasserzeichen machen es also möglich, das, was auf ihnen geschrieben steht, zu zeitlich homogenen Gruppen zusammenzufassen.

Das war die eine Erkenntnis, die auch auf Manuskripte anderer Komponisten übertragen werden konnte. Der andere Ansatz betrifft Handschriftenformen: Wie man schreibt, bleibt auch dann nicht konstant, wenn sich während der Schulzeit ein individuelles Schriftbild herausgebildet hat. Auch später noch verändert man das Aussehen einzelner Buchstaben; viele Kleinbuchstaben wie e und i lassen solche Änderungen kaum erkennen, anderen sieht man sie viel deutlicher an (den meisten Großbuchstaben). Und Notenschreiber behalten auch die Formen der Notenschlüssel, Achtelfähnchen, Viertelpausen oder Fermaten nicht lebenslang in exakt gleicher Gestalt bei. Notenschreiben ist zeitaufwendig und bildet keine glatte Linie wie Textschreibschrift aus; jeder Notenschreiber sucht dauernd unterschwellig nach möglichst aufwandsarmen Schriftformen. Für den Umgang mit Bachs Musikmanuskripten war es also notwendig, Stadien der Schriftentwicklung voneinander zu unterscheiden, auch über die Grauzonen hinweg, die dadurch entstehen, dass man beim Schreiben bald mehr Ruhe hat, bald weniger.

Nun schrieb Bach selbst (als Komponist) die Partituren seiner Werke; um diese daraufhin aufführen zu können, mussten die Noten so vervielfältigt werden, dass jeder Sänger und Instrumentalist aus einem einzelnen Notenexemplar musizieren konnte. Der Zeitaufwand wurde also etwa verdoppelt: Jedes Notenzeichen wurde aus der Partitur abgeschrieben und auf ein neues Notenblatt gebracht. Diese Aufgabe delegierte Bach; er hatte jeweils einen Hauptkopisten, der in der Regel die relevanten Musikteile je einmal pro Part abschrieb. Das war ein verantwortungsvoller Job, denn von ihm hing ab, was die Musiker tatsächlich sangen und spielten; jeder Schreibfehler, der unbemerkt blieb, kam zur Aufführung. Und Fehler beim Notenschreiben macht jeder; auch beim Korrekturlesen sähe man nicht auf den ersten Blick, ob ein Notenkopf zu hoch sitzt oder zu tief, ob eine Pause zu viel vorhanden ist und wo ein Achtelfähnchen fehlt, und allzu leicht verwechselt man eine Tongruppe mit einer ähnlich aussehenden in der Nachbarschaft und liefert den Interpreten dann wegen eines Flüchtigkeitsfehlers eine Stolperfalle.

Am Notenschreiben waren schließlich noch weitere Personen beteiligt: nachgeordnete Kopisten, die von den beiden Violinstimmen noch je ein weiteres Exemplar abschrieben, und ein Schreiber, der eine spezielle Stimme für den Organisten erarbeitete. Diese Haupt- und Nebenschreiber bildeten ein Team; vermutlich erhielten sie Geld für ihre Arbeit. Wichtig nun: Sie alle waren nur an überschaubaren Gruppen von Werken tätig. Ähnlich also, wie sich für die verwendeten Papiere mithilfe der Wasserzeichen zeitliche Cluster erkennen lassen, bilden auch die Manuskripte, die ein Kopist erarbeitete, zusammenhängende Gruppen. Die Kopisten wurden zunächst nur abstrakt identifiziert, erst nach und nach auch namentlich: Es handelte sich typischerweise um fortgeschrittene Thomaner. Und weil deren Schulzeit anhand der Schülerverzeichnisse bestimmbar ist, lässt sich auch ihr Mitwirken in Bachs Schreiberteam zeitlich eingrenzen. Eine bessere Bestätigung für Dürrs und Dadelsens Erkenntnisse hätte es nicht geben können.

Das grundstürzende Resultat dieser Arbeiten war die Erkenntnis, dass Bach seine Leipziger Kantaten nicht über seine ganze dortige Wirkungszeit verteilt schrieb, sondern die meisten innerhalb der allerersten Jahre. Das schien zunächst dem Bild seiner Frömmigkeit zuwiderzulaufen: War es denkbar, dass »Deutschlands größter Kirchencomponist« sich von der Kantatenkomposition, die als seine Lebensbestimmung erschien, zurückzog? Hatte er gar binnen Kurzem die Lust an Kirchenmusik verloren? Was arbeitete er den lieben langen Tag noch, als jene Startleistung erbracht war? Die Problematik wurde dadurch noch verschärft, dass im Zeitalter der Teilung Europas die sozialistische östliche Hälfte an einem Kirchenkomponisten ohnehin kein Interesse hatte. Zwar war Bach im nationalen Denken gerade der DDR unverzichtbar; die Feiern zum 200. Todestag 1950 waren eine der ersten Chancen für den eben gegründeten Staat gewesen, sich international zu präsentieren, und dieses Modell wirkte nach.[64] In den Vordergrund gestellt wurde jedoch zunächst der »Kapellmeister Bach«:[65] mit seinen Aktivitäten in Köthen und all dem, was sich auf seine Arbeit mit einem vorwiegend studentischen Leipziger Collegium musicum (dessen Leitung Bach 1729 übernahm) beziehen ließ. Leisteten die Einsichten, die sich im Westen für die Kantaten ergeben hatten, gar diesen sozialistischen Ideen Vorschub – darin, den tradierten Zugang zu Bach auf den Kopf zu stellen?

Ins Mark stieß die Neudatierung der »Choralkantaten« Bachs: der Werke, deren Eingangs- und Schlusssätze die jeweils erste und letzte Strophe eines lutherischen Kirchenliedes enthalten, während im Werkinneren die übrigen Strophen in freier dichterischer Paraphrase als Rezitative und Arien gefasst sind. Werke dieses Typs, die

Bach inmitten seines Notenschreiber-Teams · Dass drei Schreiber am Werk waren, ist besonders klar anhand der Formen des Bassschlüssels zu erkennen: In den obersten beiden Notenzeilen hat er seine Öffnung auf der rechten Seite, in den nächsten sechs Zeilen auf der linken; in den drei untersten sind die Schlüssel wieder nach rechts geöffnet, sehen aber dennoch anders aus als diejenigen oben auf der Seite. Den obersten Anteil schrieb Bachs zeitweiliger Hauptkopist Johann Andreas Kuhnau, der Neffe seines Amtsvorgängers, noch bis 1728 Schüler der Thomasschule; dann setzte Bach selbst fort. Den untersten Teil, den Schlusschoral dieser Kantate, ergänzte ein unidentifizierter Nebenschreiber – ohne darauf hinzuweisen, dass fortan statt einer Solo- nun eine Tutti-Besetzung singen solle. Denn beide Anteile waren nur solistisch besetzt.

Bach, Bassstimme der Choralkantate »Herr Jesu Christ, wahr' Mensch und Gott« BWV 127, Rezitativ Nr. 4, für den letzten Sonntag vor der Fastenzeit 1725.

für die Nachwelt schon früh im Zentrum des Interesses standen, sind Kantaten wie »Wie schön leuchtet der Morgenstern« BWV 1, »Jesu, der du meine Seele« BWV 78 oder »Wer nur den lieben Gott lässt walten« BWV 93. Spitta sah in ihnen die »Cantatenform, in welcher Bachs kirchliche Schaffenskraft endlich ausläuft und zur Ruhe kommt«. Denn er hielt es für »sicher zu erweisen, daß Bach in seiner letzten Lebensperiode mit einer selbst bei ihm sonst nicht vorkommenden Stetigkeit in einer und derselben Form verharrte«.[66] Der so lutherische Bach habe sich also erst spät reif für diese Auseinandersetzung mit dem lutherischen Kirchenlied gefühlt. Aus dem Geniedenken heraus mag die Idee verständlich sein, nicht aber im Menschlichen: Denn ein Künstler kann sich eine Aufgabe, die ihm am Herzen liegt, nicht für einen bestimmten Lebensabschnitt aufsparen. Auch für ihn gilt die Ungewissheit, die sich im Anfang eines Kirchenlieds äußert: »Liebster Gott, wenn werd ich sterben? Meine Zeit läuft immer hin« (von Bach in der Choralkantate BWV 8 behandelt).

Für die erste dieser so finalen Kantaten nahm Spitta den 7. August 1735 als Uraufführungstag an: »Was frag ich nach der Welt« BWV 94. Daraufhin habe sich das Projekt über zehn Jahre erstreckt, bis am 15. November 1744 als letzte Kantate Bachs überhaupt »Du Friedefürst, Herr Jesu Christ« BWV 116 erstmals erklang. Dieses Datum sah Spitta durch die äußere Politik als gegeben an: Im August war mit dem Einmarsch preußischer Truppen in Böhmen der Zweite Schlesische Krieg eröffnet worden. So fasste er den Text vor allem der Binnensätze als Ausdruck einer aktuellen Friedenssehnsucht auf – wie im Rezitativ Nr. 3: »Gedenke doch, o Jesu, dass du noch ein Fürst des Friedens heißest!« Doch man braucht den Tagesbezug nicht, um zu diesem Text zu gelangen: Er ist durch einfache Paraphrase eines Liedes von 1601 entstanden; dessen dritte Strophe beginnt mit »Gedenk, Herr, jetzund an dein Amt, dass du ein Fried'-Fürst bist«.[67]

Die philologischen Kriterien zeigten nun, dass zwischen beiden Werken nicht knapp zehn Jahre lagen, sondern nur 16 Wochen, und zwar zwischen Anfang August und Ende November 1724; »Was frag ich nach der Welt« war also nicht ein halbes Jahr jünger als das Weihnachtsoratorium (1734/35), sondern elf Jahre älter; und für »Du Friedefürst, Herr Jesu Christ« unterscheiden sich das angenommene Entstehungsdatum und das philologisch bestimmbare sogar um volle 20 Jahre. Nicht genug aber damit, was sich für den Blick auf Bach veränderte: für die Einschätzung seines Leipziger Kantatenwerks, das eben in seinem wesentlichsten (erhaltenen) Teil zwischen dem 1. Sonntag nach Trinitatis 1723 und Anfang 1727 entstand, und für Bachs Umgang mit lutherischem Kirchenlied, das nun nicht mehr den krönenden Abschluss eines imposanten Gesamt-Œuvres bildete. Die Folgen reichten viel weiter.

Jeder Künstler ändert während seines Lebens stilistische Zielsetzungen. Auch Bach tat dies, und schon für Spitta war erkennbar, dass sehr frühe Kantaten (wie der *Actus tragicus*) und Werke der Weimarer Schlossorganisten-Zeit sich voneinander unterschieden. Und eigentlich passte »Stetigkeit« nicht in sein Bild Bachs – mit der dieser nun zwischen 1734 und 1744 »in einer und derselben Form« verharrt habe. Doch das Resultat ist krasser: Der von ihm irrtümlich gesteckte Rahmen dieses Stetigen reicht letztlich von dem philologisch nachweisbaren Entstehen jener Werke 1724 bis zu dem irrtümlich angenommenen Schlusspunkt 1744; er überspannt 20 Jahre, fast die gesamte Leipziger Zeit Bachs (1723–1750). Bach, so schien es, blieb als aufrechter Christ dem reifen Stil treu, den er, 38-jährig nach Leipzig berufen, repräsentierte. Dieses menschlich so widersinnige Bild war die zwingende Folge aus der Fehlinterpretation der Choralkantaten.

Tatsächlich ist ein Stilwandel jedoch unübersehbar; Bachs Evangelienrezitative in der Johannespassion (1724 konzipiert) unterscheiden sich schon von denen der Matthäuspassion (1727/29), erst recht von denen des Weihnachtsoratoriums (1734/35). Und in seinen letzten Lebenswochen entstand mit der Trauungskantate »Dem Gerechten muss das Licht immer wieder aufgehen« (BWV 195) ein Werk, das ebenso Züge der musikalischen »Vorklassik« zeigt wie die gleichzeitige weltliche Kantate »Non sa, che sia dolore« BWV 209.[68] Spitta sah in jenem Werk aber viel eher Anklänge an ein anderes, das er mit einer Datierung »1724« nur um ein Jahr falsch einschätzte (»Lobe den Herrn, meine Seele« BWV 69a, 1723).[69] Auch hier verengte sich eine Schaffensentwicklung über Jahrzehnte auf die Annahme von etwas Konstantem.

Der Stilwandel, der für Bach damit kategorisch ausgeschlossen worden war,[70] wurde seinen Zeitgenossen jedoch angekreidet. Telemann war zum Opportunisten erklärt worden, weil er, kompositorisch in der Stilwelt des späten 17. Jahrhunderts ansetzend, in den Jahren kurz vor seinem Tod 1767 sogar »barocke« Stilwelten hinter sich ließ.[71] So ist es eine Begleiterscheinung der Neuordnung von Bachs Werk, dass auch der Blick auf seine Zeitgenossen geöffnet werden konnte: Kantaten von Telemann, von Christoph Graupner in Darmstadt (ebenfalls ein ernsthafter Kandidat um das Thomaskantorat) oder Gottfried Heinrich Stölzel in Gotha repräsentieren attraktive kirchenmusikalische Farben neben Bach. Und ebenso reift der Blick dafür, dass Kantaten, die einst Bach zugeschrieben und bisweilen begeistert aufgeführt wurden (wie die Tenor-Solokantate »Meine Seele rühmt und preist« BWV 189, vermutlich vom Leipziger Bach-Zeitgenossen Melchior Hoffmann stammend), nicht deshalb schlechter und unattraktiver sind, weil eine Autorschaft Bachs an ihnen widerlegt worden ist: Es sind keine »unechten« Bach-Kantaten, sondern ehrenhaft »echte« Werke eines anderen, die irrtümlich mit Bach in Verbindung gebracht wurden. Der Blick auf eine pluralistische, unermesslich reiche Kantatenkunst der Zeit zwischen 1710 und 1740 ist also auch eine Folge daraus, dass sich der »Erzkantor des deutschen Protestantismus« zu einer historischen Persönlichkeit von Fleisch und Blut wandelte. Und die Bewunderung für seine Kunstleistungen wird letztlich größer, weil ihm die lebensferne Unnahbarkeit genommen ist.

Ein Tor zur Zukunft? Die beiden Probekantaten

Welche Tragweite die Wahl Bachs zum Thomaskantor hatte, war selbstverständlich keinem der Akteure bewusst, auch ihm selbst nicht: Kaum eine andere nachreformatorische Kulturleistung charakterisiert das Luthertum so sehr wie das, was durch diese Personalentscheidung ermöglicht wurde. Doch es war nicht einmal absehbar, ob Arbeitgeber und Arbeitnehmer zueinander passten; die Risiken waren dieselben wie bei jeder anderen Neubesetzung eines verantwortungsvollen Postens. Im Nachhinein wird sogar deutlich, dass die Kantaten, die Bach als Probewerke aufführte, nicht auf die Potenziale vorausweisen, die er nach seinem Dienstantritt ausschöpfte. Einen Plan dafür, wohin die »Reise« mit den Musikkräften der Stadt gehen solle, hatte demnach nicht einmal er, und die Chancen konnten sich erst während einer längeren Einarbeitungszeit abzeichnen. Der Eindruck, den Bach selbst dabei gewann, muss faszinierend gewesen sein: Es scheint, als seien die künstlerischen Grenzen dauerhaft nach oben offen gewesen.

Die kulturelle Bedeutung von Bachs Leipziger Wirken liegt folglich nicht einfach abstrakt in den Werken, die er schuf; dass sie so entstehen konnten, ist auch das Resultat von Arbeitsumständen, die sich als überraschend günstig erwiesen. Leipzig war musikalisch viel besser als der äußere Anschein. Immerhin ähnlich wie an einem Hof konnte Bach mit seinen musikalischen Profis verfahren: dem Stadtpfeiferkollegium. Sie waren in Leipzig keine normalen städtischen Musikanten, und so galt es, für sie eine Balance zwischen der standestypischen Musiker-Universalität und ihren individuellen Stärken herzustellen. Der Chef des Kollegiums, Gottfried Reiche, war ein profilierter Trompeter und musste dennoch ebenso alle anderen Instrumente spielen; sicherlich tat er das auch, doch Bach hat für ihn daneben herausragende Trompetenparts geschrieben, die insofern von Reiches individuellen Fähigkeiten geprägt sind. Und als Bach 1730 – vermutlich auf Initiative seiner Förderer im Rat und abgestimmt auf die Argumente der Distanzierten[72] – ein Musterkonzept für ein hofähnliches Musizieren in Leipzig erarbeitete, nannte er je zwei Spieler von Oboe und Violine namentlich; das müssen die gewesen sein, denen er das Spiel dieser Instrumente auch an einem Hof überlassen hätte, also Meister ihres Fachs, darunter der versierte Oboist Johann Caspar Gleditsch, der vor allem auf der Oboe d'amore glänzte.[73]

Ähnliches war im höfischen Milieu auch mit Gesangskräften möglich; in Leipzig aber arbeitete Bach mit musikalischen Dilettanten zusammen – wie Schüler es zwangsläufig sind. Lässt sich mit ihnen überhaupt ein Musikleben nachhaltig gestalten?[74] Eine Schule ist von beständigem Kommen und Gehen geprägt, und der Stimmwechsel bewirkt weitere Zäsuren; zudem ist die Wirkungsdauer der Akteure auch »nach vorn« begrenzt, denn die Aufnahme an einer so exponierten Lateinschule, wie die Thomasschule es war, setzte mental-kognitive Potenziale und auch einen Reifungsprozess der Stimme voraus.[75] Amateure jedoch waren ebenso die musikinteressierten Studenten der Universität und (sofern es sie auch in Leipzig gab) weitere Adjuvanten, also Erwachsene, die die musikalische Leidenschaft ihrer Schul- und Studienzeit in der Kirche ihrer Wohngemeinde weiter ausleben wollten: letztlich ja als Vorbereitung auf das ewige Lob Gottes im Jenseits. Sie wären die Einzigen gewesen, auf die Bach kontinuierlich hätte zählen können: zwar ebenfalls als Dilettanten, immerhin aber als Spezialisten, denn sie spielten nicht »alle« Stadtpfeifer-Instrumente und könnten einfach auch profilierte Vokalisten gewesen sein. Etatisierte Ratssänger wie in Hamburg gab es in Leipzig hingegen nicht. So stand Bach gerade auf diesem Gesangssektor kein langfristig verlässliches Personal zur Verfügung. Und doch trugen gerade die Gesangskräfte die Hauptlast von Bachs Leipziger Wirkung: in der musikalischen Realisierung der Texte. Also musste Bach seine Musik so einrichten, dass dieses Sängerpersonal mitkam.

Davon war schon der Erfolg seiner Probekantaten abhängig. Eine grobe Ahnung, wie die Thomaner als Ensemble »funktionierten«, genügte nicht dafür, diese beiden Werke zu komponieren; theoretisch musste er vorab jeden einzelnen beteiligten Sänger genau kennenlernen. Wo begrenzten deren Fähigkeiten den Erfolg seiner Probemusik: Wie weit konnte er seine Kunst also ausbreiten? Die Fragen gehen auch ins musikalische Detail: Wie weit reicht die Atemkapazität des einzelnen Sängers in Melismen und auf langen Haltetönen? Wer kann komplex rhythmisierte Tonfolgen singen? Wie geht ein bestimmter Sänger mit schwierigeren Intervallen um – auch mit größeren, bei denen das individuelle Stimmregister gewechselt werden muss? Welche Instrumentalfarben lassen sich mit einer bestimmten Singstimme am attraktivsten mischen? Und gibt es Satztypen, die einem bestimmten Sänger schwerer fallen als anderen?

Welche differenzierten Resultate Bach in seinen ersten Jahren mit dem Leipziger Ensemble erzielte, ist dank der Arbeiten von Dadelsen und Dürr erkennbar geworden: wochengenau, und zwar über mehrere Jahre hinweg. Bachs Kantaten sind nicht für die Nachwelt entstanden, sondern für den gottesdienstlichen Alltag, eingebunden in tagesaktuelle Entwicklungen, die sich in den Werken spiegeln. 1727 endet die Phase, die diese Einblicke ermöglicht; nur wenige der Kantaten, mit denen Bach dieses Repertoire danach noch ausbaute, sind erhalten geblieben, und unter den verschollenen ist auch der Großteil der Werke, deren Texte Christian Friedrich Henrici (alias Picander) ausdrücklich für die Leipziger Kirchenmusik Bachs gedichtet hat. Die beiden Bewerbungskantaten, die Bach am 7. Februar 1723 im Leipziger Gottesdienst aufführte, waren der Ansatzpunkt dieser Entwicklungen: vor der Predigt »Jesus nahm zu sich die Zwölfe« BWV 22, nach jener dann »Du wahrer Gott und Davids Sohn« BWV 23.[76]

Es war der letzte Sonntag vor der Fastenzeit. Das Thema der Evangelienlesung (Lukas 18, 31–43) ist in sich zweigeteilt: Am Anfang steht Jesu letzte große Leidensankündigung, der zufolge in Jerusalem »alles vollendet« werde, »was geschrieben ist von des Menschen Sohn«. Die Jünger aber verstehen Jesus nicht, obgleich sie ihn dauernd begleitet haben und tiefere Einsichten in das unausweichliche Geschehen haben müssten als andere. So folgt als zweiter Teil der Lesung die Geschichte des Blinden vor Jericho, der wieder sehend wird; ihm hat sein Glaube geholfen, mit dem er insofern schon zuvor »sehender« war als die Jünger.

Die beiden Teile der Lesung gehen in je einer der Kantaten auf. Die zweite hat Bach zum Abendmahl hin geöffnet. Offensichtlich hatte er zunächst geglaubt, dass sie direkt nach der Predigt erklingen solle (»post orationem«); während der Austeilung des Abendmahls (»sub communione«) wollte er dann das deutsche Agnus Dei aufführen (»Christe, du Lamm Gottes«), an dessen traditionellem liturgischem Platz, demnach als figural musizierte Zugabe.[77] Mit kleineren Eingriffen wurden diese beiden Stücke zu einem einzigen verschmolzen. Die sonstige textliche Disposition kann nicht Bach veranlasst haben; sie muss Teil der Probeaufgabe gewesen sein, und in ihr kam es darauf an, was er aus den Vorgaben machte.[78]

Kein Zweifel: Seine Bewerbungsmappe war gut gefüllt. Bach breitete eine Vielfalt von musikalischen Formen aus, ebenso Feinheiten der Ausarbeitung. Er präsentierte sich mit drei völlig verschiedenen vokalmusikalischen Tutti-Formen. Der große Evangeliensatz, mit dem das erste Werk beginnt, mündet in eine Chorfuge; das Ende des zweiten bildet der Choralchorsatz über das deutsche Agnus Dei, und diesem geht ein nicht minder kunstvoller Satz in Ritornell-Anlage voraus (mit dem wiederkehrenden Psalmwort »Aller Augen warten auf dich …« als Tutti, textlichen Erweiterungen als Tenor-Bass-Duett und eigenständigen Instrumentalanteilen).

Diesen Choraufgaben treten im ersten Werk zwei Arien zur Seite, je eine für Alt und Tenor, die erste mit nur einem Instrument (Oboe) und Continuo, die zweite mit der vollen Streichergruppe. Auch der Bass erhält einen arienhaften Satz: das breit ausgeführte Christuswort »Sehet, wir geh'n hinauf gen Jerusalem …« zu Beginn. Tenor und Bass übernehmen ferner die Rezitative, je eines pro Werk, beide mit Streicherbegleitung (nicht als Secco). In beiden bildet Bach eine weitere »Zugabe«, indem er Kirchenlieder anklingen lässt, ohne dazu vom Text veranlasst zu sein: Der Bass beginnt sein Rezitativ der Kantate 22 mit einer Tonfolge, die das Kirchenlied »Was frag ich nach der Welt« zitiert (zu den Worten »Mein Jesus, ziehe mich …«); das Tenorrezitativ in Kantate 23 enthält als Begleitung eine instrumentale Version des deutschen Agnus Dei. Bach spielt also seine Erfahrungen mit dieser Kombinatorik aus, die sich schon im *Actus tragicus* zeigt und die er seitdem als Orgelvirtuose in seinen Choralbearbeitungen vertieft hatte.

Weitere, grundlegende Fragen sind für den Sopran zu klären: für seine Rolle im Allgemeinen, ferner konkret für den Satz, in dem er außerhalb des vollen Gesangsensembles tätig wird. In ihm, dem einleitenden Duett der Kantate 23, bilden zwei Oboi d'amore ein instrumentales Stimmenpaar, Sopran und Alt ein vokales; beide Paare haben ihre eigene musikalische Thematik – sodass sie in ein gemeinsames Musizieren zusammengeführt werden können und auch dort noch Selbstständigkeit bewahren. Die Singstimmenparts sind keineswegs einfach; Worte wie »mein Herzeleid« oder »erbarm dich mein« geben Raum für interpretatorisch anspruchsvolle Chromatik.

Doch der Sopran hat quantitativ die geringsten Anteile an den beiden Werken. Das öffnet den Blick dafür, was Bach in ihnen nicht getan hat. Mit Ausnahme der Oboe spielt kein Instrument ohne Deckung durch andere; sie ist nicht nur Soloinstrument in der Altarie der Kantate 22, sondern hat auch in deren Eingangssatz einen herausragenden Part. Sopran, Alt und Tenor erhalten dankbare Aufgaben, aber keiner von ihnen so weit gespannte Bögen und so komplexe Rhythmen wie der Bassist; letztlich wird nur er von Bach virtuos gefordert, also klanglich ähnlich herausgestellt wie der Oboist (wohl Gleditsch). Beiden schenkte Bach somit besonderes Vertrauen. Andererseits sieht das Resultat nirgends nach Unterforderung aus; auch der am wenigsten geforderte Sopransänger wird an Grenzen geführt, indem Bach ihn schwierige musikalische Linien singen lässt. So wirkt das Ganze wie ein Balanceakt: Auf der einen Seite wäre jede ernsthafte Panne der Interpreten Bach angelastet worden; die prüfungsberechtigten Kirchgänger hätten Misstöne als eine Störung der Andacht auffassen müssen, die durch die Musik gerade gefördert werden sollte.[79] Auf der anderen Seite wollte Bach zweifellos die Herzen gewinnen; das Thomaskantorat kann ihm zu diesem Zeitpunkt nicht mehr gleichgültig gewesen sein.

So inszeniert er vor allem den Ersteindruck, mit dem er seine Hörer abholt. Der Oboist prägt das instrumentale Vorspiel, mit dem Bach passionsnahe Farben aufträgt, und der Tenor greift den Faden mit einer knappen, neutralen Einleitung auf. Diese ist kaum abgeschlossen, da lässt er den Bassisten die musikalische Aussage übernehmen, in der Wirkung unerwartet früh. Dessen Startton wird weit ausgedehnt, und es folgt Figuration in kleinsten Notenwerten; von Details wie diesem einleitenden »Sehet!« hing die Wirkung ab, die diese Probekantate haben würde. Und dort, wo der Bassist seinen Part abgeschlossen hat, fährt Bach mit der Chorfuge fort, die eigentlich »ohne Not« entsteht. Denn ihr Text gehört zum erzählenden Anteil des Evangelisten: »Sie aber vernahmen der keines und wussten nicht, was das gesaget war.« Bach macht sie quasi zu einer Jünger-Äußerung. Mit diesen musikalischen Abstufungen muss er gehofft haben, den Eindruck in eine positive Richtung lenken zu können. Der Erfolg gab ihm recht.

Komponierte Musikorganisation

Bach muss also schnell ein hinreichend genaues Bild davon gewonnen haben, welche seiner Interpreten er wie fordern konnte. Doch das Bild ließ sich viel weiter differenzieren. Ein Stück weit war dies Dienstpflicht; denn laut dem Revers, den Bach am 19. April 1723 in Leipzig unterschrieb, sollte er die Thomasschüler »auch privatißime im Singen« unterrichten [= im Einzelunterricht] – eine Verpflichtung, die primär auf das Einstudieren zu beziehen ist. Und Erfahrungen, die er dabei sammelte, ließen sich direkt in Neukompositionen umsetzen. So gesehen, war Bach nicht nur Komponist und Ensemblechef, sondern zugleich Musikerzieher einer absoluten Spitzenklasse. Nur an einer Stelle hatte dies prinzipielle Grenzen: In Aufführungen erwartete niemand (auch Bach nicht) Studioqualität wie in Aufnahmen seit dem späteren 20. Jahrhundert; manches mag ungut geklungen haben – weil auch Schreibfehler unkorrigiert in den Noten stehen blieben, also aufgeführt wurden.[80]

Das Gesangsteam bestand ausschließlich aus Solisten. Die Normbesetzung resultierte – nicht verwunderlich – aus den kirchenmusikalischen Umwälzungen der Zeit um 1600: Schulstrukturen mussten so eingerichtet sein, dass das Aufführen achtstimmig doppelchöriger Motetten möglich war. Mindestens acht Gesangssolisten mussten also vorgehalten werden. Das kannte Bach schon aus seiner Lüneburger Schulzeit; er fand eine Zwölfer-Besetzung besser, um auch für Krankheitsfälle gerüstet zu sein.[81] Diese Sänger wurden als »Konzertisten« an ihre Aufgaben wohl durch Verträge gebunden, die zu Ostern jedes Jahres neu abgeschlossen werden mussten. Ein farbiges Beispiel dafür wird erkennbar für Georg Österreich in dessen Zeit als Thomasschüler: Er war Alt-Konzertist des Thomaskantors Johann Schelle, hatte versäumt, sich um eine Verlängerung zu bemühen, galt aber als so unverzichtbar, dass er sie trotzdem noch erhielt (nach einem kurzen disziplinierenden Aufenthalt im Schulkarzer).[82]

Doch das Singen doppelchöriger Motetten, das sich so tief ins Bewusstsein der Schulaufsicht eingegraben hatte, entsprach seit Langem nicht mehr der musikalischen Realität. Nach wie vor aber war jede Singstimme nur einfach besetzt; in Bachs Kantaten bildeten vier Konzertisten die einzigen Sänger.[83] Dieses solistische Musizieren zeigt sich in den Notenexemplaren: Jeweils nur ein einziges pro Singstimme wurde für die Aufführungen hergestellt. Differenzierungen zwischen »Tutti«- und »Solo«-Aufgaben sind nicht eingetragen; kein Sänger, der nur als Füllstimme hätte hinzutreten sollen, hätte der Notation entnehmen können, wann er schweigen sollte. Also gruppierten sich nicht, wie einst angenommen, drei Sänger um ein einziges Notenexemplar. Weiteres ist bislang nicht erkennbar: etwa wie sich erreichen ließ, dass Reservebesetzungen dauerhaft fit waren, um einspringen zu können.

Jedenfalls gibt es in Bachs Werk Stellen, an denen erkennbar ist, dass eine rein solistische Besetzung künstlerisch gewollt war; ein Notbehelf muss viel eher gefunden werden, wenn ein modernerer, größerer »Chor« musizieren soll. Denn manchmal erweitert Bach einen »chorischen« Choralsatz durch Rezitativ-Einschübe, die mit dem Liedtext syntaktisch verzahnt sind; sie hängen in der Luft, wenn sie als Solo aus den normalen Gesangslinien herausgelöst werden (so in den Kantaten BWV 178 und 27[84]).

Damit klärt sich, dass ein Duett (wie zu Beginn der Probekantate 23 für Sopran und Alt) für Bach ein reduzierter Chorsatz war, dem die beiden übrigen Stimmen »fehlen«. Auch dies gehörte also zu Bachs Vorsichtsmaßnahmen bei der Probemusik: Der Sopran entfaltete seine Anteile an beiden Werken nur in Verbindung mit mindestens einer anderen Singstimme. In einer Arie hingegen ist ein Sänger schon viel mehr allein, in Rezitativen erst recht. Und so entwickelte sich das Kantatenwerk Bachs zwischen drei Polen: dem Transport der geistlichen Botschaft, die im Gottesdienst erwartet wurde, ferner dem, was Bach musikalisch erreichen wollte, und dem, was jeweils im Augenblick aufführungspraktisch möglich war. Das Idealverhältnis zwischen Kirche und Kunst wurde also durch die pädagogische Arbeit erweitert; sie war eine Grundvoraussetzung für Bachs bewunderte Leipziger Vokalmusik.

In diesem Sinne[85] lagen zwischen dem, was Bach in seinen ersten Leipziger Kantaten umriss, und dem, was er ein Jahr später komponierte, große Entwicklungssprünge, bei ihm ebenso wie bei seinen Interpreten. Als er am 30. Mai 1723 seine erste Kantate im neuen Leipziger Amt aufführte (»Die Elenden sollen essen« BWV 75), ließ er noch immer einige Vorsicht walten. Hier wie in den Werken, die in den unmittelbar folgenden Wochen aufgeführt wurden, gibt es kaum weiter gespannte Melismen, wenige exponiert-virtuose Instrumentalaufgaben, auch keine anderen exorbitanten Schwierigkeiten. Die Sänger mögen nicht einmal mehr dieselben gewesen sein wie im Februar: Vielleicht hatte es zu Ostern Umbesetzungen gegeben, sodass Bach sich neu positionieren musste, ehe er der Öffentlichkeit komplexere Musik präsentieren konnte.

Zurückhaltung gegenüber den Anforderungen an seine Musiker fiel dann ziemlich schlagartig von ihm ab: nach den ersten sieben bis acht Arbeitswochen. Zugleich betrat er kompositorisch Neuland. Also profitierte auch sein Stil von der Kooperation mit den Leipziger Kräften, ansetzend mit »Erforsche mich, Gott, und erfahre mein Herz« BWV 136; Bedenken dagegen, in Leipzig musikalisch im traditionellen Sinn »ein Cantor zu werden«, waren verflogen. Und noch plastischer spiegelt sich der

»Stand der Dinge« eine Woche später in der Kantate 105, »Herr, gehe nicht ins Gericht mit deinem Knecht«, uraufgeführt am 25. Juli 1723.

Am Anfang steht ein großer Chorsatz, der als Präludium und Fuge angelegt ist. Als seine Eröffnung dient ein Instrumentalteil, der in der Thematik noch nicht auf das gesungene »Präludium« vorausweist. Sinn dieses Verfahrens ist, Instrumente und Singstimmen als zwei voneinander getrennte Ensembles einzuführen; treten sie dann zusammen, bringen sie jeweils ihr eigenes Idiom mit. Das zu tun hatte Bach im Februar nur in kleineren Besetzungen riskiert; das Leipziger Ensemble konnte aber auch als Ganzes so musizieren – im dichten und zugleich transparenten Satz, wie dies in größeren Chorbesetzungen allerdings kaum erlebbar wird.

Ein kurzes Altrezitativ leitet dann über zu einer großen Überraschung: der Sopranarie »Wie zittern und wanken der Sünder Gedanken«. Bach lässt die Continuo-Instrumente pausieren; alle rhythmisch-klangliche Koordination muss von den hohen Streichern sichergestellt werden. Sie spielen rasche Tremoli – doch gerade diese ermöglichen keine verlässliche Orientierung. Ohnehin aber entstehen überhaupt keine leicht beherrschbaren Klangkonstellationen. Denn die Linien der beiden Solostimmen (neben dem Sopran eine Oboe) werden farbig miteinander verschlungen, und dem Sopran verlangt Bach extreme Intonationssicherheit ab; die Intervalle seines Parts sind so vertrackt wie in kaum einem anderen Vokalwerk Bachs. Und doch entwickelt sich die Komposition in einem abgesicherten Modus: Denn an besonders kritischen Stellen findet sich wie zufällig im Oboenpart ein Ton, an dem der Sopran sich für die unmittelbare Fortsetzung orientieren kann.[86] Es ist wie ein Soufflieren; im Gesamteindruck allerdings wird diese Hilfestellung davon überdeckt, dass die Solostimmen so widersprüchlich geführt zu sein scheinen. Und trotz dieser Absicherungen ist unumgänglich, dass beide Interpreten im Rhythmischen hundertprozentig sicher sind und buchstäblich einen langen Atem haben. Ohne die Gewissheit, dass diese musikalischen Anforderungen (im Rahmen des zeittypischen Klangideals) erfüllbar seien, hätte Bach eine solche Musik – für eine liturgische Aufführung – so nicht schreiben können.

Der anschließende Bass-Satz »Wohl aber dem, der seinen Bürgen weiß« gilt als Rezitativ. Andere Komponisten der Zeit hätten ihn »Arioso« genannt: Die typischen, knappen Akkorde, die im Secco-Rezitativ nur dem Continuo (und im Accompagnato Streichern) zufallen, werden aufgebrochen. Denn hier nun steht anstelle jedes einzelnen Akkords eine knappe Tonfolge mit charakteristischem Rhythmus. Ein Rezitativ so zu begleiten war ein Novum auch für Bach. Daraufhin lässt er in der Tenorarie »Kann ich nur Jesum mir zum Freunde machen« aus dem vollen Instrumentarium einen virtuosen Soloviolinpart hervortreten und gestaltet damit einen Besetzungstypus, der ihn fortan begleitete. Und auch damit noch nicht genug: Der Schlusschoral »Nun, ich weiß, du wirst mir stillen mein Gewissen, das mich plagt« erhält eine Instrumentalbegleitung, die mit jeder Liedzeile langsamer wird – zu Beginn sind es noch Sechzehntel-Repetitionen, am Ende Viertel, zwischendurch auch triolische Bewegungen.

Neues also auf ganzer Linie; und diese Experimente blieben kein Einzelfall. Eine Woche später, in »Schauet doch und sehet, ob irgendein Schmerz sei« BWV 46, findet sich Verwandtes: Der Eingangschor ist nach ähnlichen Gesichtspunkten wie in der Vorwoche gestaltet; auch hier wird ein Rezitativ mit figurierter Begleitung versehen (Tenor: »So klage, du zerstörte Gottesstadt«), eine Arie ohne Continuo-Gruppe konzipiert (Alt: »Doch Jesus will auch bei der Strafe«). Die Virtuosität eines Instruments im Tutti-Ensemble einer Arie findet sich hier wieder (Bass: mit Trompete) – und ebenso ein experimenteller Schlusschoral: Noch nachdem alle Stimmen den letzten Melodieton erreicht haben, folgt eine ausgedehnte Figuration zweier Blockflöten.

Auffällig wirkt aber, dass der Sopran hier keinen Solosatz erhält, und er hatte auch keinen in der Kantate 136, eine Woche vor dem Werk mit jenem anspruchsvollen Part. Hat Bach für diese Aufgabe seinen Interpreten also freigestellt – auch so, dass dieser noch nicht wieder für die Kantate 46 eine neue Soloaufgabe vorzubereiten brauchte? Solche Beobachtungen können in zwei grundsätzliche Überlegungen zur Arbeitspraxis Bachs münden. Denn er führte in jenen Leipziger Anfangsjahren vielfach wöchentlich neue Kantaten auf (nur manchmal konnte er auch auf ältere Werke zurückgreifen): Wann also hat er sie komponiert? Und welche Rücksicht konnte er überhaupt auf Interpreten nehmen?

Die erste der beiden Überlegungen kann von den Texten ausgehen. Bach war in ihrer Wahl nicht frei; sie mussten der aktuellen theologischen Lehrmeinung entsprechen. Und sie gelangten sogar in Druck, und zwar stets en bloc für mehrere Wochen; einzelne solche Hefte aus Bachs Leipziger Zeit sind überliefert.[87] Mit ihrer Hilfe konnten Gottesdienstbesucher die Texte während des Musizierens mit- und zu Hause noch einmal nachlesen, wie in einem Andachtsbuch. Alles Weitere ist dann eine Rechenaufgabe: Zu Jahresbeginn 1724 reichte ein solches Heft vom 2. Sonntag nach Epiphanias (16. Januar) bis Estomihi (20. Februar) und hatte noch einen Anhang für das mitten in der Fastenzeit stehende Fest Mariä Verkündigung (25. März); folglich war der Inhalt des Heftes schon vor dem Jahreswechsel fertig konzipiert, um noch gedruckt werden zu können. Die Dichtungen müssen demnach spätestens im Dezember entstanden sein – und zwar in Absprache auch mit Bach, der an ihnen im Hinblick auf die musikalische Realisierung ein Wort mitzureden hatte. Das heißt: Die Entstehung einer Kantate, vom Libretto bis zur Aufführung, erstreckte sich in jedem Fall über mehrere Wochen, manchmal sogar über ein Vierteljahr.

Die zweite Überlegung betrifft daraufhin die tatsächliche Kompositionsarbeit und damit zugleich die Berücksichtigung der Interpreten-Individualitäten. Wenn Woche für Woche eine neue Kantate uraufgeführt wurde, heißt das nicht, dass Bach immer nur von einer Woche zur nächsten arbeitete, also im Extremfall Sonntag mittags, gleich nach dem Gottesdienst, mit der Komposition des Werks der nächsten Woche begonnen hätte. Das wäre äußerst leichtsinnig gewesen: Bach hätte ernsthaft krank werden können; die liturgische Position der Hauptmusik im Gottesdienst hätte trotzdem besetzt werden müssen. Und in vielen Wochen war mehr als ein Gottesdienst mit Musik zu versorgen: Heiligenfeste wie Michaelis, die das Luthertum bewahrt hatte, oder Marienfeste, die sich zugleich auf Jesus beziehen (wie Mariä Verkündigung). Eigene Herausforderungen verbanden sich mit der Gottesdienstfolge für die drei Pfingsttage, denn ihnen ging keine »musiklose« Zeit voraus, die für kreative Vorbereitungen hätte genutzt werden können (anders als den beiden anderen Hochfesten: vor Weihnachten die Adventszeit, vor Karfreitag und Ostern die Passions-Fastenzeit). Derlei Terminballungen mussten mit eingeplant werden. Und so zeichnet sich ab, dass Bach in seiner Kompositionsarbeit den Aufführungen immer etwa um sechs bis acht Wochen voraus gewesen sein muss. Kompositorische Details bestätigen dies; denn manchmal kam er in genau diesem Zeitabstand auf Spezialtechniken zurück, vielleicht weil er sah, dass Experimente funktioniert hatten und er etwas Ähnliches gleich noch einmal komponieren wollte. In diesem zeitlichen Vorlauf waren dann auch Einstudierungsvorgänge möglich. Sie werden im Sommer und Herbst 1726 besonders klar, als Bach im Sechs-Wochen-Abstand Solokantaten für Alt aufführte: am 6., 12. und 18. Sonntag nach Trinitatis (BWV 170, 35 und 169). Ähnlich also muss ein komplexer Sopranpart die Lernkräfte des Interpreten eine Zeitlang gebunden haben.

Zu Bachs Arbeitsorganisation gehörte auch, dass er seine Kantaten in kohärenten »Jahrgängen« aufbewahrte.[88] Deren Reichweite kam auf individuelle Weise zustande. 1723 hatte er sein Amt am 1. Sonntag nach Trinitatis angetreten, und es mag wie ein Spleen wirken, dass er denselben Kirchenjahrestermin 1724 für einen weiteren Neubeginn nutzte. Doch letzten Endes wirkt die Gliederung auch aufführungspraktisch verständlich. Bach benötigte zunächst einen Grund-Werkbestand für jeden Anlass des Kirchenjahrs; ein solcher war erst nach dem ersten Leipziger Jahr einigermaßen etabliert.

Der Choralkantaten-Jahrgang als Etappe

Während des zweiten Jahres entstanden dann die Choralkantaten. Allerdings ist dieser »Jahrgang« nie zu Ende geführt worden; er reicht nur vom 1. Sonntag nach Trinitatis bis vor Ostern, sodass die acht Wochen zwischen Ostern und Trinitatis unberücksichtigt blieben. Der Mangel schmerzt; doch allem Anschein nach konnte Bach zumindest in der Konstellation seiner Anfangsjahre kaum anders verfahren. Dem ambitionierten Projekt stand offensichtlich im Wege, dass stets zu Ostern die Konzertisten-Verträge wechselten. Was dies musikalisch bedeutete, zeigte sich 1724: Nach Ostern dauerte es einige Zeit, bis Bach vor allem einen Sopranisten wieder so weit gebracht hatte, dass dieser solistische Parts übernehmen konnte: exponiert, nicht nur eingebettet in Sätze mit Partner-Singstimmen. Zunächst entwickelte Bach die Soloaufgaben völlig am Sopran vorbei;[89] erst am vierten und fünften Sonntag nach Ostern (Cantate, BWV 166; Rogate, BWV 86) sang der Sopranist je einen Satz allein – das Minimum dessen, was sich erwarten ließ, nämlich eine Kirchenliedstrophe. Das war vergleichsweise leicht. An Christi Himmelfahrt (BWV 37) wurde der Choral zu einem Duett mit dem Alt erweitert, und erst am Sonntag Exaudi (vor Pfingsten; BWV 44) war das Ziel erreicht: mit der ersten Sopranarie seit Ostersonntag. Zu Pfingsten führte Bach dann Umarbeitungen weltlicher Kantaten aus seiner Köthener Zeit auf; also war das Sängerteam, das ihm in den nicht sicher planbaren schulischen Strukturen zur Verfügung stand, nun sogar gleich gut wie das des Hofes, den er ein Jahr zuvor verlassen hatte. Wie sich das Leipziger Ensemble zusammensetzte, weiß man übrigens nicht; so wahrscheinlich es wirkt, dass die Soprane von älteren Knabenstimmen gesungen wurden, kommen doch ebenso Erwachsene (Falsettisten) in Betracht, und auch für die tieferen Stimmen lässt sich das Verhältnis zwischen älteren Thomanern, Studenten der Universität und Adjuvanten aus der Stadt bislang nicht bestimmen.

Die Osterzäsur wirkte sich ein Jahr später, 1725, erneut aus. Nach Mariä Verkündigung (25. März) brach der Choralkantaten-Jahrgang ab; das Team, das dessen abschließende Entwicklungen getragen hatte, setzte seine Arbeit offensichtlich nicht fort. Auch wenn daraufhin Kantaten der Nachosterzeit schlichter wirken als die des Jahresanfangs, fiel Bach nicht auf den Stand des Vorjahrs zurück; einzelne Komponenten behielt er bei – nur musste er erneut einen Sopranisten aufbauen. Wieder leitete er dessen Arien-Rolle zunächst aus dem Singen von Kirchenliedmelodien her. Und da sich derlei Personalwechsel fortan wiederholten, war Bach darauf angewiesen, für diese Zeit des Kirchenjahres über Werke zu verfügen, die diesen speziellen Verhältnissen Rechnung trugen.

Welche Choraltechniken erschloss sich Bach selbst in diesen Zeiten kontinuierlicher Arbeit – als Künstler? In den Fokus tritt zunächst das Phänomen der Choralkantate selbst. In den beiden Probekantaten hatte Bach »ohne Not« Liedmelodien verwendet und flocht weitere in Kantaten-Eingangssätze des Spätsommers 1723 ein, ausgehend von »Du sollt Gott, deinen Herren, lieben« BWV 77: Zu diesem Text tritt »Dies sind die heilgen zehn Gebot« als instrumental vorgetragene Melodie hinzu. Im drei Wochen später aufgeführten Werk setzte auch der Librettist die Idee um: »Warum betrübst du dich, mein Herz« BWV 138 ist die erste Leipziger Kantate Bachs, die mit einem konzertanten Choralchorsatz beginnt, und mit »Christus, der ist mein Leben« BWV 95 folgte am Sonntag darauf gleich noch eine zweite (in ihr kommen neben diesem Choral auch noch weitere Kirchenlieder vor: »Mit Fried und Freud ich fahr dahin«, »Valet will ich dir geben« und »Weil du vom Tod erstanden bist«). Nach einer typischen Acht-Wochen-Pause ist mit »O Ewigkeit, du Donnerwort« BWV 60 die Choralidee erneut da, um dann, nach diesem 7. November 1723, vorerst völlig zu verschwinden. Erst am 11. Juni 1724 kommt sie wieder zum Vorschein: mit dem Beginn des Choralkantaten-Jahrgangs. Ihn markiert – vielleicht nicht zufällig – erneut eine Kantate über jenes Lied (BWV 20). Vermutlich also kurz vor dem 1. Advent 1723 war der Plan des Choralkantaten-Jahrgangs plötzlich in den Gesichtskreis getreten; weitere Choralexperimente wurden daher zurückgehalten.

Ein anderes Projekt, das Bach über längere Zeit vorantrieb, betraf die Koordination zwischen Gesangs- und Instrumentalparts. Eigentlich ist es nur logisch, die Musik jeder der beiden Gruppen idiomatisch anzulegen: Was auf die Spieltechnik eines Instruments eingerichtet ist, lässt sich nicht unbedingt leicht singen (und umgekehrt). Bach hatte dies seit seiner späten Weimarer Zeit eigens perfektioniert: Die Musik eines Klangträgers kann mit der andersartigen eines zweiten vereinigt werden; Instrumente wie Singstimmen tragen dann ihre angestammte Musik vor, und keiner der beiden Anteile erscheint als Nebensache. Letztlich war dies auch die Grundlage dafür, dass Bach zu Bibelwortchören im Instrumentarium Choralmelodien hinzusetzen konnte.

Dass Bach keinerlei Hierarchie zwischen Instrumentalem und Vokalem entstehen lassen wollte, erreichte kurz nach Beginn des Choralkantaten-Jahrgangs eine neue Dimension.[90] Offensichtlich stand ihm plötzlich ein virtuoser Querflötist zur Verfügung; die klangliche Flexibilität des noch jungen Instruments öffnete Bach den Blick dafür, es in einem echten Triosatz gemeinsam mit nur einer Singstimme und dem Continuo musizieren lassen zu können. »Triosatz« bedeutet insofern, dass die beiden Solisten jeweils von gleicher Thematik ausgehen. Zum klassischen Gesangspartner dieses Satzprinzips wurde der Tenor (erstmals Anfang September 1724 in »Jesu, der du meine Seele« BWV 78), und so förderte dies die Herausbildung von außerordentlich virtuoser Musik – eben auch solcher, die in den Probekantaten weder für Bach noch für seine Wähler absehbar gewesen sein kann. Letztlich war dies der entscheidende Schritt dahin, dass Bach einen krönenden Abschluss der Choralkantaten-Phase (die nicht zu einem vollen Jahrgang werden konnte) zu Jahresbeginn 1725 regelrecht zelebrieren konnte: Die Kantaten BWV 111, 123 bis 127 sowie BWV 3 und 92 bilden insofern einen ersten, gemeinsamen Höhepunkt seiner Leipziger Kunstmittel.[91] Kaum zufällig wird das letzte Werk der kontinuierlichen Sonntagsfolge mit einem der am weitesten ausgreifenden Choralexperimente Bachs eröffnet: In der Kantate BWV 127 stellt Bach neben das gesungene Lied »Herr Jesu Christ, wahr Mensch und Gott« in den Streichern das deutsche Agnus Dei »Christe, du Lamm Gottes« und zitiert obendrein im Continuo mehrfach die Anfangszeile von »Herzlich tut mich verlangen« (oder »Ach Herr, mich armen Sünder«). Friedhelm Krummacher hat dieses Choral-Kunststück unter dem Titel »Die Potenzierung der Aufgaben als Ziel« beschrieben.[92] Das lässt sich im doppelten Sinn wörtlich nehmen: Aufgeführt zu Estomihi (direkt vor Anbruch der Fastenzeit) folgte diesem Werk im Choralkantaten-Jahrgang nur noch die Kantate »Wie schön leuchtet der Morgenstern« BWV 1 zu Mariä Verkündigung (25. März); kaum vorstellbar erscheint, wie sich diese Potenzierung fortan noch hätte steigern lassen sollen, sodass Bach diesen Höhepunkt tatsächlich inszeniert haben muss. Daneben lässt sich aber jene »Potenzierung der Aufgaben« ebenso auf die übrigen Sätze beziehen.

Bach arbeitete nun mit einem bis in feinste Verästelungen eingespielten Team: Sänger wie Instrumentalisten musizierten nicht nur »irgendwie zusammen«. Er muss grenzenloses Zutrauen darein gehabt haben, dass die Koordination zweier miteinander musizierender Stimmen auch dann funktionierte, wenn die virtuosen Aufgaben über längere Phasen hinweg parallel geführt werden, komplexe Figurationen enthalten oder von wechselseitig arrhythmisch wirkenden Pausen durchsetzt sind – das Ganze auch in extremen Stimmlagen. Trotz dieser hohen Anforderungen kann die Musik in den Aufführungen nicht auseinandergefallen sein.

Ein Schlüsselbeispiel für dies alles ist »Erhalt uns, Herr, bei deinem Wort« BWV 126. In der Tenorarie »Sende deine Macht von oben« folgt Bach nur zu gerne der Einladung, die Reimwörter »erfreuen« und »zerstreuen« auszudeuten; seinen Tenor können die schnellen Rhythmen, die sich in großer Höhe und über weite Strecken ausbreiten, demnach nicht geschreckt haben. Der Bassist vermochte offenkundig nahezu ohne Pause zu singen: nicht nur im Mittelteil seiner Arie »Stürze zu Boden, schwülstige Stolze«, dessen anspruchsvolle Linien mit gegenläufigen des

Continuo-Parts verbunden werden, sondern auch im (ja ebenfalls solistisch besetzten) Eingangssatz. Ihr Zusammenspiel beherrschten Bassist und Continuo-Spieler offenbar ohnehin in Perfektion: Auch in »Ach Gott, wie manches Herzeleid« BWV 3 findet sich ein extremes Beispiel dafür (Nr. 3: »Empfind ich Höllenangst und Pein«).

Die Potenziale von Tenor und Bass führte Bach im Duett der Kantate »Mit Fried und Freud ich fahr dahin« BWV 125 zusammen, in der zudem der Alt seinen großen Auftritt hat: mit der Arie »Ich will auch mit gebrochnen Augen« und ihren expressiven Verzierungen, die der Sänger und die Spieler von Traversflöte und Oboe d'amore koordiniert vortragen müssen. Auf dieses letztere Instrument wiederum ist die Kantate »Meinen Jesum lass ich nicht« BWV 124 fokussiert: mit Soloparts im Eingangschor und der (nach nur kurzer Pause in einem Rezitativ) folgenden Arie »Und wenn der harte Todesschlag«, die ihrerseits ein weiteres Meisterwerk für jenen offenkundig so gewandten Tenor war.

All dies verweist auf die mutmaßliche Vorlaufzeit für die Konzeption dieser Werke. Deren Texte müssen wiederum spätestens im Dezember zuvor entstanden sein; und letztlich ist schon in ihnen konkret angelegt, auf welche musikalischen Aspekte Bach in seiner Ausarbeitung hinauswollte. In der Kantate »Ich hab in Gottes Herz und Sinn« BWV 92 scheint die Arie »Seht, wie reißt, wie bricht, wie fällt« schon in ihrer Textaussage auf die virtuose Tenorbesetzung (mit Streichern) hinzuführen, die Arie »Das Brausen von den rauen Winden« auf das Miteinander von Bass und Continuo: Gerade diese Texte leiten sich nicht aus dem zugrunde liegenden Kirchenlied ab, sind also auf die musikalische Realisierung hin »frei gesetzt«. Das Pensum für Februar 1725 muss also schon im November 1724 geplant worden sein. Dazu gehört auch die andersartige Stimmung, die in den Sopran-Anteilen entwickelt wird: Sie wirken wie Ruhepole. Ein solcher ist auf jeden Fall die Arie »Meinem Hirten bleib ich treu« in Kantate 92; im letzten Werk vor der Fastenzeit (»Herr Jesu Christ, wahr' Mensch und Gott« BWV 127) wirkt diese Ruhe hingegen brüchiger: in »Die Seele ruht in Jesu Händen«. Zu den Gemeinsamkeiten beider Sätze (also auch: zur Konzeption dieser Sopranaufgaben) gehört ferner die Pizzicato-Wirkung in der Begleitung.

Dies alles brach also zu Ostern 1725 ab. Und es mag scheinen, dass diese Phase in Bachs Leipziger Arbeit unwiederholbar gewesen sei. Dennoch konnten sich später noch weitere künstlerische Höhenflüge ergeben, die 1724/25 noch ausgespart blieben. Obligate Orgelanteile charakterisieren erst die Altsolo-Kantaten des Herbstes 1726. Mit ihnen erschloss Bach zugleich Musik seiner Instrumentalkonzerte für die Kantatenkunst; in der abschließenden dritten (BWV 169) sind dies die beiden ersten Sätze des Werks, das als E-Dur-Cembalokonzert BWV 1053 erhalten geblieben ist. Parallel dazu erkundete er besonders farbige Instrumentalbesetzungen: Dieser Zeit gehört auch die Kantate »Wer weiß, wie nahe mir mein Ende« BWV 27 an, in der der Alt gemeinsam mit Orgel und Oboe da caccia so musiziert, als sei diese ein zusätzliches Orgelregister. Alle diese Aspekte werden zwei Wochen nach jener Alt-Kantate im Dialogus »Ich geh und suche mit Verlangen« BWV 49 zusammengeführt. Der übrig gebliebene dritte Satz jenes Konzerts bildet die instrumentale Einleitung; die

solistische Orgel ist daraufhin in der ersten Arie Musizierpartner der tieferen Dialogstimme (Bass). Für die Sopranarie »Ich bin herrlich, ich bin schön« formt Bach dann aus Oboe d'amore und Violoncello piccolo erneut ein einzigartiges Klangbild. Schließlich aber: So virtuos manche Violinparts ausfallen, kommt Doppelgriff-Spiel kaum je vor – aber 1734 in »In allen meinen Taten« BWV 97 (mit der Tenorarie Nr. 4, »Ich traue seiner Gnaden«).

Alle diese Details sind also aus der Tagesform des wechselnden Ensembles heraus entwickelt worden, zugleich aus Bachs Erfahrungen im Umgang mit diesem und aus seinen eigenen künstlerischen Entwicklungen. Diese Kantaten (gemeinsam mit den zwar nachweisbaren, aber verschollenen jüngeren) boten daraufhin einen Werkfundus für Bachs weitere Leipziger Kirchenmusikpraxis; in dieser Nachnutzung löste sie sich von den Umständen, die das Entstehen der Werke bedingt hatten. Also war die zunächst schrittweise erarbeitete Qualität anschließend prinzipiell dauernd vorhanden. Sie konnte sich nach wie vor in einem theologischen Klima entfalten, wie es 1665 in der *Psalmodia Christiana* von Hector Mithobius und seinen Kollegen umrissen worden und für den gesamten lutherischen Raum publiziert worden war: Die Kirchenmusik Bachs, die seinen Aufführungsapparat unzweifelhaft an Grenzen führte, lag im mehrheitlichen Interesse seiner Auftraggeber und traf auf das Verständnis seiner Umgebung. Dieses ist nicht daran messbar, ob ihm Vorhaltungen gemacht wurden: dann, wenn die ständisch ausgerichtete Ratsfraktion den Regierenden Bürgermeister stellte und vom Kantor Lateinunterricht forderte. Die Akzeptanz spiegelt sich viel eher darin, dass er die Freiräume hatte, Ausdrucksmöglichkeiten der Musik und Interpretationspotenziale des Ensembles so weitgehend auszuloten. Und die Freiräume hatte er nicht, weil es sich um Bach handelte, sondern weil sie im liturgischen System verankert waren. Hätte es Widerspruch stilistischer Art gegeben, wäre er aktenkundig geworden und ließe sich als Knick im Vokalwerk der ersten Jahre verorten.

Matthäuspassion und Weihnachtsoratorium

Auf dieser Basis entstand auch Bachs ambitioniertestes kirchenmusikalisches Projekt: die Matthäuspassion.[93] 1736 entwickelte er auf Grundlagen von Vorabversionen (von 1727 und 1729) die Gestalt, in der das Werk zu einem Kernbaustein westlicher Kultur wurde: In der Thomaskirche aufgeführt wurde sie damals, wie der Küster Johann Christoph Rost in seinen Aufzeichnungen vermerkte, »mit beyden Orgeln«.[94] Das entspricht der doppelchörigen Anlage des Werks: Jeder der beiden »Chöre« besteht aus einem vollen Vokal- und Instrumentalensemble, und jeder hat auch eine Continuo-Gruppe mit Orgel. Tatsächlich gab es in der Thomaskirche zwei von ihnen: die eine am Westende des Kirchenschiffs, die andere in dessen Osten über dem Triumphbogen zum Chor. Diese zweite Orgel wurde 1740 abgebrochen; für eine weitere Aufführung der Matthäuspassion ersetzte Bach deren Part durch eine Cembalostimme.[95]

Damit sind sämtliche Bedingungen für die weiteren Überlegungen formuliert. »Mit beyden Orgeln« kann nicht bedeuten, dass irgendein Orgelpositiv in die Kirche gestellt und um dieses herum das zugehörige Teil-Ensemble aufgebaut worden wäre; es war Karfreitag, der Gedenktag, von dem die lutherische Rechtfertigungslehre abhängt, und die Kirche wird bis auf den letzten Platz besetzt gewesen sein. Und hätte Bach ein temporär verfügbares Zweitinstrument benutzt, wäre dafür »mit beyden Orgeln« nicht der richtige Ausdruck gewesen; der Küster hätte »mit zweyen Orgeln« geschrieben. »Beyde« heißt: genau die zwei, die auch sonst in der Kirche standen, auf deren beiden Emporen. Und auf diesen müssen folglich auch die beiden Teil-Ensembles musiziert haben. Sie waren damit in der Kirche rund 30 Meter weit voneinander entfernt. Welcher der Chöre wo stand, zeigt der nachgearbeitete Part für ein Cembalo: Dieses ersetzte in Chor II die Orgel. Also musizierte der komplette Chor II am einstigen Aufstellungsort der zweiten Orgel, auf der Schwalbennestempore über dem Chorbogen, und zwar mit allen Instrumentalisten und Sängern. Chor I war hingegen um die Hauptorgel gruppiert, die auch in der späteren Fassung mitwirkte. Die Mitteilungen der Quellen lassen keine Alternative; auch die Idee, die Orgel II habe vielleicht nur den Cantus firmus »O Lamm Gottes unschuldig« mitgespielt, den Bach zum Eingangschor hinzugesetzt hat, widerspricht dem Inhalt dieses Parts: Tatsächlich steht in ihm all das, was als Continuo-Stimme das Musizieren des zweiten Chors trägt.[96]

Die Geschichte der Continuo-Stimmen informiert damit über Grunddaten des Werkes, über die die Nachwelt lange hinweggegangen ist. Zunächst: Es ist nicht damit getan, die beiden Ensemblehälften (wie in traditionellen Aufführungen) getrennt voneinander aufzustellen; die Aufteilung muss auch die Solisten erfassen. Denn es gibt Arien für den ersten Chor und solche für den zweiten. Also kann die eigentliche Wirkung des Werks nicht erzielt werden, wenn in den Arien zwar das richtige Orchester musiziert, aber ausnahmslos dieselben Interpreten für Sopran, Alt, Tenor oder Bass singen. Bachs Werk ist auch nicht für einen Bassisten geschrieben, der die Christusworte singt, und einen anderen, dem die Arien zufallen; vielmehr singt sogar der Christusbass Arien, ebenso der Evangelist. Und da in Bachs Ensemble sämtliche Gesangspartien nur einfach besetzt waren, waren Bachs »Solisten« dauernd auch als Sänger der Chorpartien beschäftigt. Bevor der Evangelist sein erstes Rezitativ eröffnete, hatte er schon im Eingangschor mitgesungen, genauso der Bassist der daraufhin erklingenden Christusworte; und beide fuhren im Choral »Herzliebster Jesu, was hast du verbrochen« fort. Nur die genaue personelle Zuordnung derjenigen Sänger bleibt unklar, die als »Soliloquenten« Wortbeiträge der weiteren biblischen Akteure vortragen; es waren demnach drei, und zwar ein Sänger für alle Frauenrollen (1. und 2. Magd, Frau des Pilatus) sowie zwei für die Bassanteile (Judas und 1. Hohepriester sowie Petrus, Kaiphas, 2. Hohepriester und Pilatus).[97] Wer diese Parts sang, wirkt letztlich unerheblich; es können Musiker gewesen sein, die ansonsten Instrumente des ersten Chors spielten (diese schweigen während der betreffenden Werkanteile). Außerdem gibt es die beiden falschen Zeugen; auf sie ist eigens zurückzukommen.

Das Publikum Bachs erlebte die Matthäuspassion somit nicht in einer stereophonen Konzertsaal-Aufstellung. Vielmehr saß es mitten in einem Geschehen, dessen einer Anteil ihm im Rücken musiziert wurde, der andere von vorn, aus Richtung des Altars, und die Aufgaben der beiden Ensemblehälften sind inhaltlich klar definiert.

Im Eröffnungssatz tritt dem Text des ersten Chors (»Kommt, ihr Töchter, helft mir klagen, sehet!«) der zweite Chor mit einem erstaunten »Wen?« entgegen. Diese Frage mag rhetorisch anmuten, ist aber ein Schlüssel zum Werkverständnis. Denn diese Rollenverteilung bleibt während des gesamten Werkes gewahrt. Grundsätzlich ist der Chor I über das Geschehen im Bilde; dazu gehört auch, dass ihm der Evangelist und der Christusbass angehören. Chor II wirkt vergleichsweise uninformiert oder betrachtet die Passionsgeschichte aus großer Distanz. Choräle werden von beiden Chören gesungen; die Gemeinde wird also in den Klang der Liedstrophen eingehüllt. Und bisweilen gibt es doppelchörige Bibelwort-Chöre, als ersten das »Ja nicht auf das Fest« der Hohenpriester und Schriftgelehrten: Begonnen wird er vom ersten Chor; der zweite, quasi nachplappernd, folgt.

Wie aber fügen sich die Arien in diesen Ablauf ein, und was vermögen sie über die Werkkonzeption zu berichten? In Bethanien gießt »ein Weib« Wasser auf das Haupt Jesu, die Jünger sind empört (Chor I), doch Jesus beschwichtigt. Das Paar aus Rezitativ und Arie »Du lieber Heiland, du« / »Buß und Reu« fällt dann dem Alt des ersten Chors zu. Im Sinne eines zeitgenössischen Oratoriums ließe sich mutmaßen, dies sei die Stimme jenes »Weibes«; doch genau dies ist nicht intendiert, denn der Text des einleitenden Rezitativs erwähnt die Frau sogar direkt – aus der Ich-Perspektive einer anderen Person:

Du lieber Heiland du,
Wenn deine Jünger töricht streiten,
Dass dieses fromme Weib
Mit Salben deinen Leib
Zum Grabe will bereiten,
So lasse mir inzwischen zu,
Von meiner Augen Tränenflüssen
Ein Wasser auf dein Haupt zu gießen.

Folglich spielt sich dieses Rezitativ im Jetzt ab, nicht in der Zeit Jesu; der Alt repräsentiert auch keine 15. Person, die der Evangelienbericht nicht erwähnt – neben den zwölf Jüngern, Jesus und »dem Weib«. Das Ich des Textes, das sich vom »Weib« absetzt und von diesem spricht, steht in der Thomaskirche zu Leipzig und singt stellvertretend für die Gläubigen. Das ist eine wesentliche Facette des Informiert- und Involviert-Seins, das den ersten Chor charakterisiert.

Schon in der nächsten Arie wird deutlich, wie die Distanz des zweiten Chors aussieht: »Blute nur, du liebes Herz«, lautet die Antwort auf die mörderische Absprache zwischen Judas und den Hohenpriestern, und der Text wird fortgeführt: »Ach, ein Kind, das du erzogen, das an deiner Brust gesogen, droht den Pfleger zu ermorden, denn es ist zur Schlange worden.« Auch dieser Text wirkt »informiert«, ist aber von Distanz geprägt; er bietet nur Betrachtung von außen.

Während dies noch subtile Unterschiede sind, werden die Verhältnisse desto klarer in der Gethsemane-Szene. Der Evangelienbericht wird unterbrochen nach dem Jesuswort: »Meine Seele ist betrübt bis an den Tod, bleibet hier und wachet mit mir.« Doch die Jünger schlafen ein; das weitere Geschehen des Matthäus-Evangeliums hat insofern keinen Zeugen. Hier springt der Sänger ein, der ansonsten für die erzählenden

Der Evangelist der Matthäuspassion als Allround-Sänger · Oben schließt die Arie »Ich will bei meinem Jesu wachen«. Damit wird der Evangelist zum Zeugen für das anschließende Geschehen: »Und gieng hin ein wenig[,] fiel nieder auf sein Angesicht u. betete u. sprach.« Für den Christus-Anteil sind Pausen eingetragen, für Rezitativ und Arie »Chori II.« ein Tacet-Vermerk. Danach greift der Sänger seine Zeugen-Funktion wieder auf: »Und er kam zu seinen Jüngern und fand sie schlaffend ...« Daraufhin wirkt er am Choral mit (»Was mein Gott will, das g'scheh allzeit«, fünftes Notensystem von unten) und fährt wieder mit dem Evangelium fort.

Matthäuspassion, Einzelstimme für den Tenor des ersten Chors von 1736, geschrieben von Bachs damaligem Hauptkopisten Samuel Gottlieb Heder.

Texte des Evangeliums zuständig ist. Mit »O Schmerz, hier zittert das gequälte Herz« umschreibt er nicht nur das biblische Geschehen; das »Hier« charakterisiert auch die Perspektive, aus der der erste Chor das Passionsgeschehen vorträgt. Und dies wird in der folgenden Arie noch weiter ausgesponnen: Mit »Ich will bei meinem Jesu wachen« überbrückt der Tenorist die Schwachstelle des Evangeliums, dass niemand den betenden Jesus gesehen hat. Er als Sänger hingegen schenkt dem Bericht Glauben, macht ihn sich zu eigen und kann so mit Fug und Recht gegenüber der Gemeinde fortfahren: »Und ging hin ein wenig, fiel nieder auf sein Angesicht und betete …« Nur dann, wenn keine Trennung zwischen »Evangelist« und »Arientenor« vorgenommen wird, kann dies erlebbar werden. Demgegenüber steht das Ich in der folgenden Bassarie (»Gerne will ich mich bequemen«) dem Geschehen wiederum fern; denn dieses Ich trinkt lediglich »dem Heiland nach« – wieder also aus der Distanz des zweiten Chors.

Diese Aufteilung wird im Folgenden auch theologisch verschärft. Nach der Gefangennahme singen Sopran und Alt des ersten Chors, der Thomaskirch-Gemeinde im Rücken stehend: »So ist mein Jesus nun gefangen.« Der zweite Chor, oben über dem Chorbogen, wirft jedoch ein: »Lasst ihn, haltet, bindet nicht.« Der erste Chor beschreibt also das unausweichliche Geschehen, an dessen Ende die Erlösung steht; der zweite trägt einen Text vor, dessen Intention – nur zu menschlich – es ist, dem grausigen Geschehen Einhalt zu gebieten. Ginge dies aber in Erfüllung, wäre die Erlösung vereitelt. Und noch zweimal tritt dieser Konflikt zu Tage. Nach dem Selbstmord des Judas fordert der Bass des zweiten Chors: »Gebt mir meinen Jesum wieder, seht, das Geld, den Mörderlohn, wirft euch der verlorne Sohn zu den Füßen nieder.« Eine Freilassung Jesu steht den grundlegenden Glaubenskonzepten aber ebenso im Wege wie die Worte, die der Alt des zweiten Chors nach dem Bericht über die Geißelung zu singen hat: »Ihr Henker, haltet ein!«

Das sät Zweifel an der Gestalt, die Picander als Dichter diesem Text 1729 in einer Druckveröffentlichung gab: Immer dort, wo die beiden Chöre miteinander in Dialog treten, charakterisiert er den ersten als »Die Tochter Zion« (also das personifizierte Jerusalem), den zweiten als »Die Gläubigen«.[98] Die erste Bezeichnung ist vage und mag noch angehen; die zweite aber passt weder auf die letztlich glaubensfernen Positionen jener drei Sätze noch auf die naive Schwerfälligkeit, mit der sich jener Chor in das Tenorrezitativ »O Schmerz!« einbringt: »Was ist die Ursach aller solcher Plagen? / Ach, meine Sünden haben dich geschlagen.« Die Worte stammen aus Johann Heermanns Gedicht »Herzliebster Jesu, was hast du verbrochen«; in ihm ist die erste dieser Zeilen eine rein rhetorische Frage, und sie erhält in der Fortführung ihre automatische Antwort. Diese ist bei Bach aber die Reaktion auf »Der Richter führt ihn vor Gericht, da ist kein Trost, kein Helfer nicht«, also das Ergebnis eines erst in diesem Moment stattfindenden Erkenntnisprozesses. Charakterisiert dieser dann aber »Gläubige«? So mag sein, dass Picander in seiner Gedichtanthologie die komplexen Akteursebenen nur verkürzt bezeichnet hat; die Realität des gemeinsam mit Bach erarbeiteten Werks trifft er damit aber nicht.

Auch für die Anteile des ersten Chors lassen sich die Sprachformen weiter profilieren. Die Frage des Pilatus, was Jesus »Übels getan« habe, beantwortet der Sopran des ersten Chors in »Er hat uns allen wohlgetan« mit einer kundigen Aufzählung der Heilstaten Jesu. Besonders erhellend ist schließlich, dass der Christusbass auch die Arie »Komm, süßes Kreuz« singt; der Sänger personifiziert also weder Jesus noch Simon von Kyrene (der das Kreuz Jesu zu tragen mithelfen muss), sondern den Menschen der Gegenwart. Auf diese verweist auch das vorausgehende Rezitativ: »Ja, freilich will in uns das Fleisch und Blut zum Kreuz gezwungen sein ...« Der Christusbass (als Sänger) legt also genauso wie der Evangelist ein Glaubenszeugnis ab: Er übernimmt im Hier eine ähnliche Funktion wie Simon auf dem Leidensweg Jesu. Und dieser Sänger hat sein Aufführungspensum noch nicht erfüllt, wenn er die letzten Worte Jesu am Kreuz vorgetragen hat; er übernimmt danach auch noch die Arie »Mache dich, mein Herze, rein« mit dem Rezitativ »Am Abend, da es kühle war«. So ist er auch der richtige Interpret für die rückblickenden Worte »Nun ist der Herr zur Ruh gebracht«, mit denen der vorletzte Satz des Werks eröffnet wird.

Auf diese Weise ist das Gesamtwerk von einem bis ins Letzte ausgetüftelten theologisch-raumakustischen Konzept getragen. Biblischer Bericht und dessen Transport ins Jetzt auf der einen Seite der Kirche, Ratlosigkeit und distanzierte Reflexion auf der anderen (und nicht zuletzt die Verbindung beider Zugänge in einem gemeinsamen Raum) bilden eine einzigartige Summe. Die Umsetzung wird nicht unproblematisch gewesen sein; auf 30 Metern Entfernung gibt es erste Diskrepanzen zwischen Licht- und Schallgeschwindigkeit. Und beide Ensembleteile mussten nicht nur in den Chorälen zusammenfinden; kritisch dürften die Verhältnisse gegen Ende des ersten Teils geworden sein, in »Sind Blitze, sind Donner ...« mit seinem hohen Tempo. Die akustische Unschärfe ist unzweifelhaft hörbar geworden, denn die Thomaskirche hatte nur minimalen Nachhall.[99] Und möglicherweise hatte Bach sogar dies einkalkuliert: Im Choralchorsatz »O Mensch, bewein dein Sünde groß« (der nicht erst für die Matthäuspassion geschrieben wurde, nun aber von beiden Chören gemeinsam musiziert wird) lässt Bach es zu Reibungen zwischen der Chordiktion und der Orchesterbewegung kommen – zunächst nur kurzzeitig, im Abgesang dann aber über weite Strecken.[100] Hier kann der Eindruck entstehen, das Musizieren sei nicht ausreichend koordiniert. In der akustischen Weite müssen diese Schwankungen verloren gegangen sein – und sich als Kitt zwischen beiden Ensembleteilen ausgewirkt haben.

So verbleibt – wie eine Probe aufs Exempel – Bachs einziger Bruch mit dem System. Zu Beginn des zweiten Teils wird berichtet, dass »die Hohenpriester und Ältesten und der ganze Rat« falsche Zeugen gegen Jesus suchten. Der Bericht als solcher wird, wie gewohnt, vorgetragen von der Westempore, gefolgt von der Choralstrophe »Mir hat die Welt trüglich gericht't«. Dann treten tatsächlich zwei falsche Zeugen auf; sie singen ihren Vorwurf aber als Mitglieder des »uninformierten« zweiten Chors – von der Schwalbennest-Empore. Der Schock der Falschaussage lässt sich kaum überbieten.

Raumakustische Mehrchörigkeit ist wohl kaum noch einmal so stringent angelegt worden. Theatralisch ist die Intention überhaupt nicht; eher scheint es, als werde die Nachbarschaft zu Passionsoratorien wie Barthold Heinrich Brockes' *Der für die Sünde der Welt gemarterte und sterbende Jesus* (1712) ausdrücklich gemieden. Das Dramatische, von dem Evangelienberichte wegen ihrer Dialoge zwangsläufig geprägt werden, erscheint sogar gezielt dadurch zurückgenommen, dass keine Grenze zwischen dem Einst des Passionsgeschehens und dem Jetzt der »involvierten« Reflexion gezogen ist; das, was der erste Chor darbietet, springt zwischen diesen beiden Zeit-Ebenen dauernd hin und her, und vor allem der Sänger der Christusworte wechselt das Gesicht, sobald er wieder einmal das Geschehen in einem frei gedichteten Text kommentiert. Was das bedeutet, lässt sich ermessen, wenn man hypothetisch das Rollenprofil konstruiert, das dieser Sänger in einem dramatischen Werk haben könnte: Er müsste neben den Aktivitäten, die ihm aufgrund der biblischen Redebeiträge Christi zufallen, auch Christus-Arien singen, mindestens so, dass in ihnen das Geschehen aus der Warte Christi reflektiert wird. Das aber wird ausdrücklich vermieden. Eine ähnliche Ambivalenz liegt in der Rolle des Tenoristen, der punktuell die elementare Evangelisten-Funktion ablegt, um ebenfalls das Berichtete aus der Gegenwart zu kommentieren; allerdings hätte seine Aufgabe (als Erzähler) auf einer Bühne ohnehin keinen Platz.

Viel eher ist das Werk also ähnlich wie eine Predigt angelegt. Denn ein Pfarrer kann auf der Kanzel einen Bibeltext vortragen und um eigene Kommentare erweitern. Dieser Ansatz erhält eine Tiefendimension durch die Konzeption des zweiten Chors: Dieser greift mit seinen Anteilen ja primär in die Textauslegung ein und trägt mit seinen bisweilen auch fragwürdigen Kommentaren dazu bei, dass für das Publikum die Glaubensessenz noch klarer profiliert wird. Bach und sein Librettist Picander haben demnach Glaubenslehre im Sinne des lutherischen Erlösungsgedankens so elementar zum Ausdruck gebracht, wie es mit Worten allein nicht möglich ist. Diese Zielsetzung muss ihre Kooperation gekennzeichnet haben: in einem beständigen Abstimmen von textlichen Intentionen und musikalischen Realisierungschancen, die die parallele Sachkompetenz eines Dichters und eines Komponisten voraussetzen.

Trotzdem ist die Matthäuspassion kein absoluter musikalischer Solitär im Œuvre Bachs; in sie flossen viele Details ein, die er in den vorausgegangenen Jahren aufgebaut hatte. Die Grundidee des Eingangschors, zwei Chöre getrennt musizieren zu lassen und am Ende mithilfe eines fugischen Geschehens auf einem gemeinsamen Fundament zusammenzuführen, findet sich besonders stringent auch in der Motette »Singet dem Herrn ein neues Lied« BWV 225. Dass der Moll-Musik jenes Eingangschors mit »O Lamm Gottes unschuldig« ein Dur-Choral zur Seite gestellt wird, hatte Bach zu Michaelis 1726 schon einmal »ausprobiert«: Zum e-Moll der Tenorarie »Bleibt, ihr Engel, bleibt bei mir« der Kantate »Es erhub sich ein Streit« BWV 19 spielt die Solotrompete die Dur-Melodie »Herzlich lieb hab ich dich, o Herr«.[101] Die so eindrucksvolle Diktion der Altarie »Erbarme dich« beruht auf der Gesangstechnik »Alla siciliana«, einer fast lässig erscheinenden und somit quasi improvisatorischen Vortragsform, die rhythmisch aus den Fugen zu geraten droht, dies aber letzten Endes natürlich nicht tut (genau das ist die Kunst daran).[102] Sie ist nicht an den 12/8-Takt gebunden, also an eine »Siciliano«-Bewegung; bei Bach findet sie sich genauso etwa im Dreivierteltakt (»Ich bin vergnügt in meinem Glücke« BWV 84, 1727) oder später sogar im geraden Takt (»Ich traue seiner Gnaden«, Arie Nr. 4 in »In allen meinen Taten« BWV 97, 1734).

All diesem tritt im Weihnachtsoratorium ein zweites, groß dimensioniertes Kunstexperiment Bachs zur Seite, das aber von ganz anderen Grundlagen ausgeht: weniger spektakulär, aber nicht minder durchdacht. Für unzählige Menschen ist das Werk Teil des alljährlichen weihnachtlichen Erlebens; erstmals musiziert wurde es um den Jahreswechsel 1734/35. Seine musikalische Substanz ist wesentlich aus Glückwunschkantaten für die sächsische Kurfürstenfamilie abgeleitet und setzte wiederum Picanders fulminante Dichtkunst voraus; bei ihm lag die Aufgabe, zu der vorliegenden Musik (auf seine Texte komponiert) neue, weihnachtliche Dichtung zu schreiben. Der Bogen, der sich vom 1. Weihnachtstag bis Epiphanias spannt, war aber nicht ohne Weiteres im Zusammenhang zu erleben; nur Besuchern von Gottesdiensten der Nikolaikirche bot sich diese Chance. Der Grund dafür lag in der Organisation der Leipziger Kirchenmusik.

Bach musste seine Sänger an jedem Gottesdiensttag in vier Gruppen teilen, um sie in vier Kirchen gleichzeitig musizieren zu lassen: neben den beiden Hauptkirchen auch in zwei kleineren Kirchen, in denen nur Choräle (Peterskirche) oder auch traditionelle Motetten (Neue Kirche) zum Gottesdienst beizusteuern waren. Die beiden Hauptkirchen versorgte Bach im Wechsel, und nur in der Kirche, in der er die Leitung der Musik innehatte, erklangen seine Kantaten. An den großen Festen (darunter auch am ersten und zweiten Weihnachts-, Oster- und Pfingsttag) wurden zwei Gottesdienste mit »großer« Musik versorgt; dann wurde die Kantate, die am Vormittag in der einen Kirche aufgeführt worden war, am Nachmittag in der anderen wiederholt. Den Anfang machte stets die Nikolaikirche, weil der amtierende Leipziger Superintendent Salomon Deyling sie sich als Amtssitz ausersehen hatte. Am 1. Weihnachtstag musizierte Bach also vormittags in dessen Gottesdienst und wiederholte dieselbe Kantate nachmittags in der Thomaskirche; am 2. Weihnachtstag war die Reihenfolge umgekehrt. Am 3. Weihnachtstag dann kam nur die Nikolaikirche in den Genuss einer Bach-Aufführung. In der Folge wurden wieder an Neujahr und Epiphanias beide Kirchen versorgt. Dies also bestimmte, wie die Leipziger Gottesdienstbesucher das Weihnachtsoratorium erleben konnten.

Diese Festtagskonstellation muss Bach sich eigens herausgesucht haben; denn sie ist nicht in jedem Jahr gleich. Er benutzte ein Jahr, in dem es keinen »Sonntag nach Weihnachten«, aber einen Sonntag zwischen Neujahr und dem Dreikönigsfest gab. Doch nur für drei der Aufführungstage benutzte er den Text der zugehörigen Schriftlesung, und auch das nur partiell: am 1. Weihnachtstag den Beginn des Weihnachtsevangeliums, an Neujahr die Geschichte der Beschneidung und Namengebung Jesu, schließlich an Epiphanias den Schluss des Dreikönigsevangeliums. Der Rest wurde nach dramaturgischen (nicht also liturgischen) Überlegungen den übrigen Teilen zugeordnet. Hat die Gemeinde dieses Prinzip also begriffen?

Ein »normaler« Gottesdiensttag war neben dem 3. Weihnachtstag auch der Sonntag nach Neujahr; an diesen gab es also keine Nachmittagskirchenmusik in St. Thomas. Für deren Kirchgänger machte nur der zeitgenössische Textdruck erkennbar,[103] dass sie an den anderen Tagen jeweils einen der sechs Teile eines übergreifenden Konzepts erlebten. Den »Begünstigten« (in der Nikolaikirche) erging es aber nur wenig besser. Denn während am 2. Weihnachtstag vormittags in der Thomaskirche der mit der Sinfonia beginnende zweite Werkteil angestimmt wurde, musizierte die zweite Chorabteilung der Thomaner etwas anderes in der Nikolaikirche – ebenso wie tags zuvor im Nachmittagsgottesdienst, als der Anfangsteil des Werks in der Thomaskirche wiederholt wurde. War also in St. Nikolai verständlich, dass die Fortsetzung des am 1. Feiertag morgens Begonnenen am 2. Feiertag nachmittags erfolgte – mit zwei weiteren Gottesdiensten dazwischen, in denen andere Musik erklang?

Damit ist das Weihnachtsoratorium eines von ganz wenigen Leipziger Werken Bachs, deren äußere Konzeption die einstigen Hörer nicht direkt erleben konnten (kompositorische Feinheiten, Satzproportionen, Detailanspielungen und dergleichen stehen ohnehin auf einem eigenen Blatt). Bach nutzte hier Freiheiten des liturgisch-praktischen Rahmens, um individuelle Akzente zu setzen – für sich und Insider. Darin liegt der elementare Unterschied zur Matthäuspassion, deren Konzept sich dem Gottesdienstpublikum ab 1736 geradezu aufgedrängt haben muss. Für das Weihnachtsoratorium ist das Hemmnis in der jüngeren Rezeption beseitigt worden, indem die Kantatenfolge tatsächlich als Oratorium erlebbar wird; für die Matthäuspassion muss die Ur-Intention erst wieder freigelegt werden.

Matthäuspassion und Weihnachtsoratorium sind auf diese Weise schon im Äußerlichen einzigartige Werke – noch ehe Fragen der künstlerischen Detailausarbeitung berührt sind: Es wäre nicht sinnvoll gewesen, diese Werkkonzepte zu doppeln. Das lässt andere Werke Bachs hinter diesem Paar zurücktreten, etwa traditionell die Johannespassion. Sie aber gehört zu einem breiten künstlerischen Fundament Bachs, das vor allem mit seinen Kantaten gebildet wird: Auf dessen Charakteristika ist jenes »Einzigartige« erwachsen. Nicht übersehen werden darf dabei, dass auch die Breite jenes Fundaments ein Sonderfall war: entwickelt aus dem glücklichen Zusammenspiel der Künstlerpersönlichkeit Bachs mit der außerordentlichen Leistungsfähigkeit des lokalen, eigentümlichen Ensembles. Im Vergleich mit diesem, das sich aus den Traditionen der Lateinschule und der Stadtpfeiferei herleitete, brachten Hofkapellen mit ihren andersartigen Personalstrukturen andere Klänge hervor, ebenso reichsstädtische Ensembles, die sich an diesen Standards orientierten. Kaum ein anderer Ort konnte da so mithalten wie Leipzig, trotz dieser Traditionsgebundenheit der äußeren Ensemble-Verhältnisse. Schon in deren Innerem war der Traditionsgedanke nicht mehr existent: bei Instrumentalisten wie Gottfried Reiche oder auch bei den Virtuosen, die Bachs Gesangsaufgaben meisterten. Und so würde man den Anliegen Bachs nicht gerecht, wenn man jenen Traditionsgedanken zu Hilfe nähme, um ihn zu charakterisieren: Er wäre nicht nach Leipzig gezogen, um jahrzehntelang lediglich die Summe aus Stadtpfeiferei und schulischem Sängerensemble zu bilden. Ein solcher Kantor wollte er nicht sein, und der »Sonderfall Leipzig« ließ zu, dass es anders kommen konnte. Dass Bach zu einer Identifikationsfigur der »Musik im Namen Luthers« wurde, ergibt sich auf diese Weise aus einer Vielzahl stilistischer, regionaler und struktureller Besonderheiten – neben dem Künstlerischen, das er selbst in diese Summe einbrachte.

10 Kirchenmusik zwischen Gottesdienst und Konzertleben
Das zweite lutherische Vierteljahrtausend

Verfall nach 1750?

Dass 250 Jahre »Musik im Namen Luthers« auf ein einziges Kapitel verengt werden, mag ungute Erinnerungen wecken: an eine Auffassung, die für die Zeit nach dem Tod Bachs als jener lutherischen Identifikationsfigur nur noch den Gedanken des Verfalls übrighatte. Bach habe alle Jüngeren überstrahlt; ohnehin sei das Leben im Zeitalter der Aufklärung säkularer geworden, und das aufstrebende Bürgertum habe sich von alten Ordnungen abgewandt (auch im Sinne eines »Vorabends der Französischen Revolution«). Ehe sich aber derlei kulturelle Auswirkungen gesamtgesellschaftlicher Umbrüche bewerten lassen, muss gefragt werden, ob die musikalischen Symptome richtig diagnostiziert sind. Das ist nicht der Fall: Allein die Zuneigung, die das (auch geistliche) Werk Carl Philipp Emanuel Bachs zwischen den noch begrenzten Gedenkfeiern zu seinem 200. Todestag 1988 und den großen zu seinem 300. Geburtstag 2014 gefunden hat, widerlegt die alte Verfallsidee; und er war beileibe nicht der einzige, der sich mit hörenswerten Beiträgen auf dem geistlichen Sektor hervorgetan hat. Warum also kam es zu jener Verengung? Dies ist eine viel umfassendere Frage, als es auf den ersten Blick den Anschein haben mag. Und erst wenn Antworten auf sie versucht worden sind, mag sich auch das übergeordnete Profil dieses zweiten lutherischen Vierteljahrtausends abzeichnen.

Wesentliche Akteure dieser kirchenmusikalischen Praxis nach 1750 waren Schüler Bachs. Der Geniebegriff als solcher legte es nahe, sie in einer lebenslangen Abhängigkeit von ihm zu sehen: Abweichungen vom Stil eines »Meisters« konnten nicht als künstlerische Emanzipation begriffen werden. Der Kreis der Betroffenen ist groß und illuster; er umfasst neben Carl Philipp Emanuel Bach, der 1768 bis 1788 als Nachfolger seines Taufpaten Telemann in Hamburg wirkte, auch seinen Bruder Wilhelm Friedemann als Marienorganisten in Halle (1746–1764) und seinen Halbbruder Johann Christoph Friedrich am schaumburgischen Hof in Bückeburg (1750–1795), ferner je einen Kreuz- und Thomaskantor, die beide 1755 ihren Dienst antraten (Gottfried August Homilius in Dresden, bis 1785; Johann Friedrich Doles in Leipzig, bis 1789) sowie zwei Organisten: Johann Ludwig Krebs in Altenburg (1756–1780) und Johann Christian Kittel, der von 1762 bis 1809 an der Erfurter Predigerkirche wirkte und damit die »Bach-Tradition« (richtiger: seine individuelle Fortentwicklung dieses Erbes) ans 19. Jahrhundert weitergab.

Das Dilemma setzt sich im Örtlichen fort. Halle, Dresden, Leipzig, Hamburg und Erfurt waren Brennpunkte des kirchenmusikalischen Geschehens. Und außerhalb des Kirchlichen spielte der Hof in Berlin / Potsdam für die frühe Bach-Tradition eine zentrale Rolle. So fällt es bereits schwer, Orte zu identifizieren, die von jener Bach-Tradition frei gewesen seien – so weit, dass das künstlerische Eigenprofil eines Akteurs verständlich geworden wäre. Und das Problem verschärft sich noch, weil im Norden die Wirkung Telemanns der Prägungskraft Bachs ähnelte.[1] Am ehesten zwischen diesen beiden »Sonnensystemen« lässt sich Johann Heinrich Rolle sehen, der von 1752 bis 1785 Kantor in Magdeburg war; und um musikalische Spielarten zu finden, die sich in lutherischen Kirchen wohl ohne eine Beziehung zu beiden Traditionskreisen entfalteten, muss man ziemlich lange suchen. Doch es gibt sie, etwa die großenteils anonym überlieferten Konzerte für Orgel solo, die 1758 durch den damaligen Husumer Stadtmusikanten Bendix Friedrich Zinck zusammengetragen wurden.[2]

Jede diese Kunstfacetten der Zeit »nach Bach« hat ihr eigenes Profil, und die Beziehung zu Bach (oder Telemann) lässt sich auf ähnliche Weise bewerten wie die Frage, ob ein Glas halb voll oder halb leer sei: Dass Musik mit einer »Hälfte« auf Kunstformen anderer (auch: älterer) verweist, ist das gute Recht ihrer Komponisten ebenso wie derer in jeder früheren Generation; für die andere Hälfte ist seitens der Interpreten und der Hörer zunächst einmal die Bereitschaft notwendig, sie als etwas Eigenständiges wahrzunehmen. Das ist leichter gesagt als getan: Denn spätestens für die Zeit um 1770 tritt im Gesamteindruck der Musikgeschichte ein anderer Stil auf den Plan. Der Blick wechselt in das dritte der im 4. Kapitel umrissenen Musiksysteme: in das europäische Voralpengebiet, den Traditionsraum Haydns und Mozarts, der mit demjenigen Bachs kaum Berührungsflächen hat.

Warum diese beiden Systeme trotzdem im Kulturleben miteinander verbunden wurden, ist leicht erklärt. Als nach 1800 das Interesse an Händel und Bach zu einem Breitenphänomen wurde, war das musikalische Bewusstsein vom Werk Haydns und Mozarts geprägt, später überlagert noch von der Bewunderung für Beethoven. Dies war die aktuelle Musik; vor ihr wurde jene ältere Musik angefügt, ohne dass nach einer Kompatibilität und Kohärenz der Systeme gefragt wurde, die über das Nationale (eher: Deutschsprachige) hinausging. Beide Stile kamen einander nicht in die Quere; der Unterschied zwischen ihnen war offenkundig. Für Bach trat neben die Bewunderung, die schon das spätere 18. Jahrhundert für die Fugenkunst des *Wohltemperierten Klaviers* gehegt hatte,[3] ein Interesse an seiner lutherischen Kirchenmusik, bei Händel stand die Oratorienkunst im Zentrum; Haydn und Mozart trafen sich bei Klavierwerken und der Musik, deren Zentrum ein Streicherensemble bildet (vom Streichquartett bis zur Sinfonie), und dieses Feld weitete sich um Messen (eher bei Haydn) und Opern (vor allem bei Mozart). Zwischen dem Feld Händels und Bachs und dem der Wiener Klassiker hätte jedes Zwischenstück nur störend wirken können: eine »Vorklassik«, die ausdrücklich vor Haydn und Mozart angenommen wurde, ebenso wie eine Generation nach Bach. Wer also Altersgenosse des 1732 geborenen Haydn war und »dennoch« wie Bach in den lutherischen Traditionen arbeitete, stiftete Ratlosigkeit; er wirkte in seiner kirchenmusikalischen Ausrichtung nicht zeitgemäß. Doch Kulturgeschichte ist pluralistisch; die bloße Existenz jener Musik des süddeutsch-österreichischen Raumes schließt nicht aus, dass es in lutherischen Territorien »aktuelle« Ausdrucksformen sakral orientierter Spitzenkunst gegeben habe.

Wie sich dieses Bild dennoch ergab, lässt sich lokalisieren und datieren.[4] Denn das kunsttheoretische Konzept einer »Wiener Klassik« stammt nicht aus Wien, sondern aus Leipzig. Dort ist es regelrecht erfunden worden: in der Tätigkeit des Musikverlags Breitkopf & Härtel. In ihr spielte Musik von Haydn, Mozart und anderen eine wachsende Rolle, nachdem Christoph Gottlob Breitkopf 1786 mit diesen beiden Komponisten in Wien zusammengetroffen war. Weitere Begegnungen gab es, als zunächst Mozart 1789 auf dem Weg nach Berlin auch Dresden und Leipzig berührte; seine Witwe reiste 1792 auf der gleichen Route, und 1795 folgte der junge Beethoven. 1798/1800 machte sich der neue Verlagsbesitzer Gottfried Christoph Härtel dann daran, systematisch die Werke von Mozart und Haydn herauszugeben; und mit der Gründung der *Allgemeinen musikalischen Zeitung* als eines richtungweisenden Publikationsorgans wurde diese Marktoffensive ab 1798 medial begleitet. Friedrich Rochlitz war ihr prägender Redakteur.

Dieses Wien-Konzept zeigt klare Züge einer Fremdprojektion: von außen, aus der Sicht Leipzigs, speziell derjenigen Rochlitz'. Er stand mitten zwischen diesen Welten. Unter Bachs zweitem Nachfolger Doles war er Thomaner gewesen; wie sehr er in den alten, auch der Kirche offenen Traditionen zu Hause war, zeigt sich noch in dem Text, den er viel später für Louis Spohrs Oratorium *Die letzten Dinge* aus der Bibel zusammenstellte, vor allem aus der Offenbarung Johannis. Das Werk wurde in kirchlichem Rahmen uraufgeführt: an Karfreitag 1826 in Kassel. Die unbedingte Begeisterung für die Wiener Klassik trat für ihn neben dieses Erbe, und es war gleichgültig, ob »Wien« überhaupt der richtige Dachbegriff dafür war: Dass Haydn, Mozart und Beethoven, nicht einmal aus Wien stammend, keine kohärente Gruppe bildeten, war aus der Ferne Leipzigs nicht zu erkennen. Und die Anbindung dieser »Wiener« Klassik an die Bach-Händel-Welt resultierte für Rochlitz aus seinem persönlichen Erleben.

Dass die Wiener Musik attraktiv wirkte, muss mit ihrer Andersartigkeit erklärt werden. In Leipzig und ähnlichen Orten konnte sich der »Reiz des Neuen« in privater Musikkultur (Klavier, Streichquartett) und im Konzertsaal entfalten (in Leipzig repräsentiert durch die 1781 gegründeten Gewandhauskonzerte); der sakrale Raum blieb davon ausgespart, weil für ihn die konfessionelle Grundlage jener Musik nicht »gestimmt« hätte. Damit kam es zu einer bis ins Stilistische reichende Trennung zwischen außerkirchlich Neuem (aus Wien) und kirchlich Traditionsgebundenem (aus der näheren Umgebung). Dieses »Wien« wurde also nicht (wie in der Musik zuvor immer praktiziert) in Individualstile integriert, sondern nahm Teilsegmente des Musikverständnisses komplett in Beschlag. Und dieses Auseinanderdriften hatte sich schon länger abgezeichnet. 1782 bis 1793 veröffentlichte Heinrich Christoph Koch seinen *Versuch einer Anleitung zur Composition*, der als musiktheoretischer Bezugspunkt für den Umgang mit dem Stil der Wiener Klassik genutzt wird.[5] Koch wirkte von 1772 bis zu seinem Tod 1816 als Konzertmeister am Hof seiner Thüringer Heimatstadt Rudolstadt; die Musikbeispiele aus dem Werk Haydns, die sich in seinem Buch finden, spiegeln das, was ihm in Rudolstadt verfügbar war: also erneut eine Fernprojektion.[6]

Anscheinend also war sich die Musikkultur im lutherischen Mitteldeutschland des Eigenwerts ihrer Traditionen nicht mehr sicher. Tatsächlich war das Verhältnis der Musik zur Kirche, das die mitteldeutsche Musikkultur so umfassend geprägt hatte, schon seit Längerem gestört. Und damit ist vermutlich ein Kern der Probleme erreicht – so weit, dass sich zugleich die Anforderungen an die Darstellung verändern. In ihr geht es fortan weniger darum, individuelle musikalische Leistungen (auch: einzelne Werke) einer lutherisch getragenen Kultur im europäischen Ganzen zu verorten. Viel eher müssen äußere Bedingungen systematisiert werden: gesellschaftliche und kirchliche Strukturen, die das weitere Geschehen trugen und die Räume zur Musikentfaltung absteckten.

Eine Musikästhetik des Kirchlichen und ihre Folgen

Bis ins 18. Jahrhundert hinein hatten in den lutherischen Teilen Deutschlands Kirche, Schule und Musik ein Dreieck wechselseitiger Beziehungen gebildet. Nun lösten sich sämtliche Bindungen zwischen ihnen: die der Schule von der Kirche, die der Kirche von der Musik, die der Musik von der Schule – und jeweils auch umgekehrt. Einer, der dies schon früh zu spüren bekam, war Doles: Noch ehe er 1756 als Thomaskantor der zweite Nachfolger Bachs wurde, geriet er in Freiberg unter den Druck seines Rektors Johann Gottlieb Biedermann, der in der Folge von lokalen Sticheleien, die aus dem Ruder liefen und dann deutschlandweit Aufsehen erregten, den Rang der Musik an seinem Gymnasium in Zweifel zog; analoge Angriffe bewogen Doles schließlich dazu, sich 1789 vom Amt des Thomaskantors pensionieren zu lassen.[7] Das also war eine allgemeine Tendenz: Im frühen 19. Jahrhundert war die Rolle des alten Kantors aus den Curricula der traditionellen Lateinschulen verschwunden, zumeist durch Reduktion des alten Berufsbilds auf einen rein wissenschaftlichen Anteil.[8] Daneben lassen sich zwei erhellende Extreme benennen. Eines zeigt sich in Leipzig, wo für den Thomaskantor Johann Adam Hiller nun endgültig auf die Forderung nach »wissenschaftlichem« Unterricht verzichtet wurde (nachdem das Thomasalumnat ohnehin das Aussehen eines »wahren musikalischen Conservatoriums« gewonnen hatte);[9] doch nach den Wandlungen des städtischen Musiklebens war das Resultat dann ein anderes als das, was seit der Mitte des 17. Jahrhunderts angestrebt worden war: Mit der musikalischen Aufwertung war eine Trennung zwischen Musik und »restlicher« Schule verbunden. Das andere Extrem wird 1814 in Schleswig-Holstein erkennbar, wo die endgültige Abschaffung der Kantorate unter dem Motto »Befreiung der Lehrer von kirchlichen Geschäften« stand: Dort hatte das mitteldeutsch geprägte Kantorat nie wirklich Fuß gefasst; neben der »Macht« der Organisten (die im Prinzip bis weit ins 19. Jahrhundert hinein präsent blieb) hatte es sich nur als ein begrenzt wirksames, schulmusikalisches Amt etablieren können und war während des 18. Jahrhunderts dadurch ausgehöhlt worden, dass die – theologisch ausgebildeten – Kantoren lieber predigen als musizieren wollten.[10] So zeigt sich hier besonders plastisch, dass auch Schule und Kirche auseinanderdrifteten.

All dieses macht deutlich, dass nicht die schulische Musikausbildung selbst in Verfall geriet oder gar die Musik stilistisch minderwertig war; vielmehr war diese schulorientierte Kirchenmusik aus außermusikalischen Gründen nicht mehr erwünscht. Die Musik verlor ihre Funktion in der Glaubensausbildung der Schüler, ebenso im Erlösungskonzept der Kirche. Denn seit dem mittleren 17. Jahrhundert zeigte es Brüche, vor allem im mitteldeutschen Luthertum: In das himmlische Musizieren der Engel (das weiterhin unbestritten war) gelange nur, wer auf Erden ein professioneller Musiker gewesen war; für alle anderen sah die Theologie bestenfalls eine zuvor ungekannte, reduzierte Zuhörerrolle vor.[11]

Zunehmend wirkte für Theologen große Kirchenmusik suspekt: War sie nicht nur etwas für die Ohren der Musikkundigen? War es nicht sinnvoller, sich allein auf volksnähere, »niederschwellige« Formen zu konzentrieren? Detailkritik an großer Kirchenmusik reicht schon in die Zeit kurz nach dem Dreißigjährigen Krieg zurück: vor allem zu Theophil Großgebauer, der, 1627 in Ilmenau geboren, seit 1650 als nachgeordneter Pastor (»Diakon«) in Rostock wirkte und mit den dort praktizierten Glaubensformen schlichtweg unzufrieden war.[12] Darin konnte er sich sogar als Glied einer lokalen Tradition sehen.[13]

In seiner *Wächterstimme aus dem verwüsteten Zion* von 1661 brach dies alles auf. Kritik an der Musik war darin nur ein Teilstück, und seine Ablehnung begründete er mit Schriften anglikanischer Theologen.[14] Dies wundert in einer Zeit, in der die lutherische Ablehnung des Calvinismus nach wie vor so hoch im Kurs stand, dass Paul Gerhardt Reformierten absprach, Mitchristen zu sein.[15] Zu einer Diskussion von Großgebauers Ideen kam es nicht; noch 1661 starb er, erst 34 Jahre alt. Doch es entstand ein Gegenentwurf: 1665 mit der von Hector Mithobius zusammengestellten *Psalmodia Christiana*. Heinrich Scheidemann hatte dem Musiktheologen-Kreis in Otterndorf die *Wächterstimme* zugänglich gemacht (er war mit Mithobius' Kollegen Johannes Münstermann verschwägert). Mithobius fuhr zur Absicherung seines Buches ein schweres Geschütz auf: Mit einem Gutachten, das die Theologische Fakultät der Universität Wittenberg am 11. März 1664 ausstellte, ließ er sich bestätigen, dass es lehrkonform sei.[16] Vor allem ist – im Hinblick auf die Entwicklungen des 18. Jahrhunderts – bemerkenswert, welche Sorgen die Wittenberger Theologen sich machten, anknüpfend an eine Beschreibung angeblicher (real aber ja nicht nachweisbarer) calvinistischer Orgelfeindschaft in Ostfriesland:

> Bey andern hat sich der listige Geist in einem Engel des Liechts verwandelt, und unter dem Schein sonderbahrer Heiligkeit, rühmlichen Eyffers für die Ehr und Lehr GOttes, Erweckung und Fortsetzung recht Christlicher Andacht, Beförderung des rechten Gottesdiensts, Verhütung [= Behütung] allerhand Ordnung, und dergleichen, die Orgel- Instrumental und Figural-Music gäntzlich abzuschaffen gerathen und gesucht.

So waren daraufhin für Jahrzehnte die Fronten definiert, und zwar nicht mehr nur norddeutsch-regional, sondern (weil von Wittenberger »Vordenkern« geäußert) gesamtlutherisch. In diesem Kontext ist es dann auch zu sehen, dass der Leipziger Thomaner Basilius Petritz 1671 beim Schulabgang auf Latein eine Widerlegung der »Ansicht der Reformierten, dass die Musik aus den Kirchen zu verbannen sei«, verfasste[17] – Denkmodelle, die auch sein späteres Wirken als Dresdner Kreuzkantor (1694–1713) geprägt haben müssen. Und aus Sicht des Leipziger Pfarrers Johann Thilo, der 1679 eine Trauerpredigt auf den Nikolaiorganisten Werner Fabricius hielt, war nur ein schmales Musiksegment abzulehnen: »die heutige Italiänische Manir, da man etwas mehr heraus lachet, als heraus singet, seltsame Tremulanten und andere wunderliche Dinge machet«. Denn dies könne »GOtt in seiner Kirchen nicht wolgefällig seyn«.[18] Doch die Musikzweifel ließen die lutherische Gesellschaft nicht los, und zwar ohne dass an einheitliche musiktheologische Positionen zu denken war.

Besonderen Vorschub erhielt die Kirchenmusik-Ablehnung durch Christian Gerber. 1660 geboren, lebte er schon, als die Wittenberger Theologen vor dem »listigen Geist« in Engelsgestalt warnten; letztlich schlug er aber genau diesen Weg ein – und konnte sich darin auf einige ältere Autoren beziehen. Vergleichsweise handlich zusammengefasst sind die Ideen, die er vertrat, in seiner *Historie der Kirchen-Ceremonien in Sachsen* von 1732; sie kann als exemplarischer Einstieg in die Problemlagen genutzt werden. Vielleicht nicht ohne Grund gerade im 13. Kapitel seines Werkes[19] fragt er grundsätzlich nach Sinn und Wert der Kirchenmusik und schreibt eingangs:

> Ich weiß zwar wohl, daß der schlechten Danck verdienet, der wegen der überflüßig grossen und kostbaren Orgeln, desgleichen wegen der Kirchen-Music etwas erinnert [= anmerkt], denn man ist an solche Dinge dermassen gewohnt, daß man meynet, der Gottesdienst könne ohne dieselben nicht bestehen, oder leide doch grossen Abbruch, wenn Orgeln und Instrumental-Music hinweg blieben: Ja viele sehen diese Dinge nicht anders als ein essential- oder wesentliches Stücke des Gottesdienstes an, so sie doch mit nichten sind: Sondern der Gottesdienst besteht in Beten, Singen, Loben und Anhörung oder Betrachtung des Göttlichen Wortes, wozu Orgeln und andere musicalische Instrumenta nicht vonnöten seyn, die erste Christliche Kirche auch zwey bis dreyhundert Jahr dergleichen nicht gebrauchet hat.

Damit nimmt er eine Position ein, die schon 1586 beim Mömpelgarder Religionsgespräch vertreten wurde: dort aber vom Calvinisten Théodore de Bèze, der sie seinem lutherischen Widerpart Jacob Andreae entgegenhielt. Bèze jedoch ging es – viel differenzierter – um die Frage der Notwendigkeit und Zulässigkeit, nicht um den Glaubenswert. Gerber wird diese interkonfessionelle Problemlage nicht einmal so gesehen haben, und er legte nach:

> Ach wie gut würde es um die Christliche Kirche stehen, wenn wir noch die ersten Christen-Einfalt bey unsern Gottesdienste in Predigen, Beten und Singen hätten, wovon wir leider sehr weit abkommen, und wenn einige von denen ersten Christen aufstehen [= auferstehen], in unsere Versammlung kommen, und eine solche brausende Orgel mit so vielen Instrumenten hören sollten, ich glaube nicht, daß sie uns vor [= für, als] Christen und ihre Nachfolger erkennen würden.[20]

Auch dies war im Reformationsjahrhundert diskutiert worden: wieweit Musik, im Neuen Testament kaum fassbar, überhaupt mit dem Christentum vereinbar sei. Doch auf die damals gewonnenen Leitgedanken rekurriert Gerber nicht: nicht also darauf, dass Musik eine zeremonielle oder gar exegetische Funktion haben und beim Glaubensaufbau der nachwachsenden Generationen hilfreich sein könne, nicht einmal darauf, dass die Musik ebenso wie Fragen des Lebens einfach glaubensneutral behandelt werden könne, erst recht nicht darauf, dass irdische Musik ein Schlüssel zum ewigen Lob Gottes im Himmel sei.

Gerbers Polemik ist vor allem deshalb so schwer zu handhaben, weil er auf geradezu furchtbare Weise pauschaliert. So schreibt er: »Daß aber bey der Kirchen-Music an manchen Orten grosser Mißbrauch gefunden werde, ist offenbar.«[21] Doch weder begründet er den Missbrauchsvorwurf, noch erläutert er, wodurch er »offenbar« werde. Und er kokettiert mit diesen Pauschalierungen – in der direkten Fortsetzung des letzten längeren Zitats:

> Ich weiß zwar wol, daß ich mit diesem Zeugniß vielen Urtheilen werde herhalten müssen, ich bin es aber schon gewohnt, und noch nicht darüber gestorben. Gnug, daß viel verständige Leute mit mir gleicher Meynung seyn. So weiß ich auch, daß einige Cantores selbst die starcken eiteln Musiquen vor unerbaulich und ärgerlich erkennen.[22]

Auch hier bleiben seine Kronzeugen anonym. Wichtiger ist ihm, im unmittelbaren Anschluss von sich zu weisen, er »sey ein Feind der Kirchen-Music«, denn er stehe mit seiner Kritik ja nicht allein. Daher führt er »noch einige Zeugnisse aus anderer Lehrer Schrifften« an, »damit der Leser sehe, wie schon vor so langer Zeit über den Mißbrauch der Kirchen-Music geklaget worden«. Die Auswahl seiner Zeugen verwundert nicht: Zunächst zitiert er Großgebauer, ferner Gottfried Arnold (der in seiner *Unparteyischen Kirchen- und Ketzerhistorie* von 1697 die Geschichte des Christentums als fortschreitenden Verfall darstellte), dann Johann Conrad Dannhauer (den Straßburger Lehrer Philipp Jacob Speners) und nicht zuletzt wiederum Schriften englischer Theologen. Auf Argumente der Gegenseite bezieht er sich nicht.

Gerber war bereit, solche Orgelmusik zu akzeptieren, die für die Gemeindelieder gerade einmal die Intonation vorbereitet und diese während des Gesangs mit zurückhaltenden Registrierungen sicherstellt; Vorspiele jedoch müssen kurz sein, denn:

> Es pflegen auch manche Organisten, [um] ihre Kunst hören zu lassen, sehr lange præludia zu machen, welches nicht nur verdrüßlich zu hören, sondern auch die Zeit damit verderbet, und der Gottesdienst verzögert wird.[23]

Demnach gehört Musik für Gerber nicht zum eigentlichen Gottesdienst: Sie verzögert ihn (ohnehin spielte die zeitliche Abkürzung des Gottesdienstes in der Folgezeit eine Rolle – und erfasste primär die Musik[24]). Der ältere Gedanke, Orgelmusik eine Auslegungsfunktion zuzubilligen, ist Gerber fremd. Ob er der Position Luthers gefolgt wäre, dass sich mit Vokalmusik Glaubensinhalte anders einprägten als nur im gesprochenen Wort, bleibt offen; zumindest die emotionalen Wirkungen von Musik für die Glaubenspraxis zieht er aber in Zweifel. Als Beleg führt er ein Gemeindeverhalten an, das ihm auf die Musik übertragbar erscheint:

> So haben wie vor einem Jahre hier in der Nähe gesehen, wie die damals hier herum wallende Buß-Prediger mit ihren theatralischen Vorstellungen die Leute häuffig zum Weinen bewegt, welche doch grossen Theils so gleich darauf in das Wirths-Hauß gegangen, und sich vollgetruncken, und es wieder angefangen, wo sie es gelassen hatten.[25]

Also: Jedes Ergriffensein als Folge eines Musikhörens ist für ihn nicht nachhaltig; auch deshalb sei kirchliche Musik abzulehnen. (Die Frage, ob er mit seinem Predigen besseren Erfolg habe, stellt er hingegen nicht …) Und im Hinblick auf mehrstimmige

Figuralmusik beruft er sich (wie Generationen anderer Kirchenmusikkritiker vor ihm) auf die Textverständlichkeit:

> Zu wünschen wäre nun, daß die Herren Cantores und Directores Chori musici denen Erinnerungen Christlicher Lehrer wolten Gehör geben, und mit ihren Musiquen Masse [= Maß] halten. Denn ja viel Christliche Personen darüber klagen, wenn sie eine so starcke und lange Music müssen anhören, und doch nur selten ein Wort verstehen, aber keinen vollkommenen Verstand davon erlangen, vielweniger einen Nutzen und Erbauung davon haben. Dieweil es aber bey diesen Zeiten schwerlich zu hoffen, daß eine Aenderung und Mäßigung in der Kirchen-Music erfolgt, so müssen gute Seelen solches in Gedult ertragen [...]: Indessen aber sich mit der Hoffnung trösten, daß noch wol eine Zeit kommen kan, da die Ober-Aufseher unserer Kirche Mittel und Wege finden, wegen der Kirchen-Music eine gute Ordnung zu machen, und denen Musicis Ziel und Maß fürzuschreiben.[26]

Dafür, wie dies seiner Meinung nach aussehen könne, zitiert er Luther: in dessen *Von den letzten Worten Davids* aus dem Jahr 1543. Dort schreibt dieser über Menschen, die in »allerley not und jamer stecken«:

> Solchen hertzen ist der Psalter, weil er den Messia singet und predigt, ein süsser, tröstlicher, lieblicher gesang, wenn man gleich die blossen wort, ohn noten daher lieset und saget. Doch hilft die Musica, oder noten, als ein wunderliche Creatur und gabe Gottes sehr wol dazu, sonderlich wo der hauffe mit singet, und fein ernstlich zu gehet. Denn so lesen wir vom Elisæo [...], daß er durch das Psalter-Spiel (da man freylich psalmen Davids in die Harffe gesungen) den Geist der Weissagung in ihm erwecket habe.[27]

Gerber schließt daraus, Luther breche hier eine Lanze für den Gemeindegesang. Das aber stimmt »hinten und vorne« nicht. Denn Luther schildert tatsächlich den Psalter (also das Buch der Bibel), und er urteilt »nach der Theologia, nach dem geistlichen verstand« (ausdrücklich abgegrenzt davon, dass »der gesang oder dohn [Ton] süsse und lieblich lautet«); und der Trost des Psalters könne durch Musik gesteigert werden.[28] Gerber dagegen will »Psalter« als jegliche Form kirchlicher Musik verstanden wissen. Das biblische Beispiel, das Luther anführt, wendet er zudem in eine Richtung, die es gar nicht hat: Es verweist auf einen Spielmann, der seinen solistischen Gesang instrumental begleitet (2. Könige 3, 15); dafür, dies mit Gemeindegesang gleichzusetzen, findet sich weder bei Luther noch in der Bibel ein Anlass. Und erst in Gerbers Interpretation findet eine »Musica«, bei der der »Hauffe« mitsingt, automatisch in der Kirche statt. Theoretisch wusste Gerber vielmehr, dass es zur Zeit Luthers kein Gemeindelied gegeben und dieser einen »Mangel der teutschen Lieder« beklagt habe.[29] Dem Mangel abgeholfen hätten dann – neben Luther selbst – einige andere, die er mit ihm im gleichen Atemzug nennt: darunter Johann Franck, Johann Rist, Johann Heermann und Paul Gerhardt. Sie waren über 100 Jahre jünger als Luther; dennoch sah Gerber sie als direkte Vollstrecker von dessen Idee. Doch auch das nur teilweise, denn sogar Luther bekommt noch einen liturgischen Seitenhieb verpasst, weil er im Gottesdienst lateinische Teile beibehalten habe: »Die Sprachen müssen in Schulen gelernet und getrieben werden: Und um der Knaben und Jugend willen kan nicht die gantze Gemeinde da sitzen und lateinische Gesänge anhören, die sie nicht verstehet.«[30]

Wie aber sieht für ihn ideale mehrstimmige Kirchenmusik aus? Hierfür geht er ins Detail:

> Indessen könnte doch auch wol ein Biblischer Text nach der Kunst bisweilen mit Instrumenten musicirt werden, nur daß es nicht zu lange währe, und es wäre am erbaulichsten, wenn der Text mit 2. 3. 4. Stimmen allein gesungen würde, da indessen die Instrumenta pausirten, und alsdenn die Sänger pausiren müsten, damit die Instrumenta wiederum sich hören liessen.[31]

Also postuliert er eine eigene Ästhetik der Kirchenmusik. Sie jedoch ist ohne musikalischen Sachverstand formuliert: Eine Intonationssicherung, wie er sie als Aufgabe der Orgel ansieht, wäre in einem solchen Abwechseln rein vokaler und rein instrumentaler Teile nicht garantiert – in dem obendrein keine gemeinsame Schlussbildung möglich wäre. Darüber, wie die Thematik der Instrumentalteile aussehen könne, sodass sie nicht seinem Verdikt der Zeitverschwendung anheimfalle, sagt er nichts. Für ihn ist Musik in der Kirche also nur »Vortrag von Text«; sie müsse eine unbedingt dienende Rolle haben, die von den Kirchenmusikern aber nicht ausgefüllt werde. Vielmehr arbeiteten sie völlig unkontrolliert – während er und seine Berufskollegen unter straffer Aufsicht stünden. Er verschweigt jedoch, dass viele frei gedichtete Kirchentexte von Amtsbrüdern verfasst wurden und einer geistlichen Einzelfallprüfung standhalten mussten.

Gerbers Positionen trafen sich mit den Kunstidealen einer neuen »Natürlichkeit«, die sich einer mutmaßlich dem Volk entsprungenen Kunst zuwandten. Die »Berliner Liederschule«, die sich Christian Gottfried Krauses Schrift *Von der musikalischen Poesie* (1753) anschloss, ist ein Ausdruck dieser Interessen, die schließlich in Johann Gottfried Herders *Stimmen der Völker in Liedern* (1809) ihre berühmteste Ausprägung fanden. Auch Johann Adolph Scheibe repräsentiert dieses Denken: 1737 lästerte er in seinem *Critischen Musicus*, Bach entziehe »seinen Stücken durch ein schwülstiges und verworrenes Wesen das Natürliche«.[32] Mit »großer« Kirchenmusik in der Nachfolge Bachs kollidierten diese Natürlichkeitsideen also; dass hingegen Herder selbst dem Kirchenlied gegenüber eine differenzierte Position einnahm, muss später noch eigens betrachtet werden.

So ging die gesellschaftlich-gesamtkulturelle Akzeptanz einer »Musik im Namen Luthers« in die Brüche; Vertrauen in eine Musik als »Symbol der absoluten göttlichen Autorität«[33] bestand nicht mehr, und so wurde ihr Aktionsraum in der Kirche verengt. Für Menschen wie Gerber kam offensichtlich auch nicht infrage, das typische Verhalten beim Anhören von Musik zu akzeptieren: Jeder denkt etwas, wenn Musik erklingt, aber nur selten an etwas, das sich mit der Kompositionstechnik verbindet; die eigene Gemütsverfassung und das Hör-Ambiente haben Einfluss auf jene Gedanken. Beim Vorliegen entsprechender Reizworte in Vokalmusik ist unvermeidlich, sich auf den Text zu besinnen – der zudem Vokalmusik seit dem ausdrucksorientierten italienischen Madrigal tiefgreifend prägt. So erweist sich der Ansatz Großgebauers wie Gerbers bestenfalls als uninformiert, vielleicht sogar als überheblich oder böswillig. Es ging um Deutungshoheit; Polemik und ein gewisses Aggressionspotenzial war den zeitgenössischen Debatten streitbarer Theologen »einkomponiert«.[34]

Als Folge dieses Prozesses ergab sich eine neue berufliche Kategorie: 1776 schrieb Johann Friedrich Reichardt über den Dresdner Kreuzkantor Homilius, dieser sei »der beste Kirchenkomponist«[35] (unzweifelhaft auf den lutherischen Kontext bezogen). Bach jedoch wäre zu seiner Zeit kaum so tituliert worden; auch für ihn wird von einem »heiligen Styl« erst postum gesprochen.[36] Für Bach ebenso wie für Schütz hatte es das Berufsbild eines Generalisten gegeben, das wie selbstverständlich auch gottesdienstliche Musik umfasste. Doch nun war diese zu einer eigenen beruflichen Kompetenz geworden – mit lang anhaltenden Folgen.

Wo also lagen die Triebkräfte dieses Prozesses? Nicht beim Pietismus; gerade an seinen frühen Zentren entstanden eindrucksvolle, große Musikwerke.[37] Auch nicht bei der Kirchenmusik als angeblich »verfallender« Kunst; sie wurde vielmehr weiterentwickelt, trotz der Anforderungen an einen »Kirchenkomponisten«. Zuletzt: Auch nicht beim erwachenden Bürgertum; denn dieses nahm sein Interesse an der musikalischen Sakralkunst, die in der Kirche unter Dauerfeuer geriet, in seine neu entstehenden Konzertveranstaltungen mit. Für Schulwesen, Kirche und die Teile der Kunsttheorie, die den Naturgedanken zur absoluten Richtschnur erklärten, ist die Intention, Kirchenmusik abzuwerten, jedoch nicht von der Hand zu weisen. Einschlägige Begründungen für sie gibt es nicht, denn die Akteure vertraten jeweils individualisierte Positionen, denen sich jeweils auch historisch andersartige entgegensetzen lassen.[38] Ehe die Entwicklungen weiter ausgesponnen werden können, muss aber noch ein inneres Problem der Kirche betrachtet werden, das die Musik mitriss.

Das Problem der kirchenmusikalischen Texte

Texte, die in Musik lutherischer Gottesdienste vorkommen, gehören letztlich denselben drei Gattungen an wie die Komponenten der Kirchenkantate: Bibelwort, Kirchenlied und sonstige Dichtung. Im mittleren 18. Jahrhundert ergaben sich Probleme mit den beiden letzten Gruppen; nur die Bibel blieb verschont. Sie zeigen sich schon in den letzten Lebensjahren Bachs. 1749 überarbeitete er die Johannespassion ein letztes Mal, um die Texte vor allem von vier Sätzen neu zu fassen.[39] Die Sopranarie »Ich folge dir gleichfalls« traf es grundlegend: Aus dem ursprünglichen Text »Befördre den Lauf und höre nicht auf, selbst an mir zu ziehen, zu schieben, zu bitten« wurde ein nüchterneres »Mein sehnlicher Lauf hört eher nicht auf, bis dass du mich lehrest, geduldig zu leiden«. Ebenso wurde die Drastik der »Erwäge«-Tenorarie entschärft. Der Textdichter des Originals hatte den gegeißelten Rücken Jesu mit dem »allerschönsten Regenbogen« verglichen und deshalb als Gnadenzeichen Gottes interpretiert; der Text lautete nun: »Ich sehe zwar mit vielen Schrecken den heilgen Leib mit Blute decken; doch muss mir dies auch Lust erwecken, es macht mich frei von Höll und Tod.« Kein Zweifel: Die Gesellschaft ging auf Distanz zur Wortwahl und Bildersprache des Barock. Ist aber der Ersatztext wirklich besser – oder wirkt er einfach nur kälter, indem er mit der Vernunft liebäugelt?

Das Textproblem biss sich in der Kirche fest. Der Grund ist vertrackt: Sie hatte sich mit der »Lied«-Dichtung des mittleren 17. Jahrhunderts vom Zeitgeschmack abhängig gemacht. Das wäre kein Problem gewesen, solange sie auch die Bereitschaft aufgebracht hätte, Stilwandel so zu akzeptieren, wie er in der Musikpraxis normal war: In dieser konnten Werke und Stilrichtungen veralten. Doch die Lieder des mittleren 17. Jahrhunderts, die in ihren Texten und musikalischen Formen so zeitgebunden waren, wurden als neuer liturgischer Besitz der Kirche verewigt – wie in der Sicht Gerbers sogar als Erfüllung von Ideen Luthers. Nur hielten eben manche Texte dem theologisch-gesamtkulturellen Wandel nicht stand, im Gegensatz zu den Melodien, die als überzeitlich erschienen.

Zunächst gärte das Problem nur, und es entstanden wieder neue Lieder zu gegebenen Melodien, ebenso wie schon früher unzählige Male, wenn eine bestehende Melodie mit einem neuen Text unterlegt wurde. Auch Matthias Claudius schrieb »Der Mond ist aufgegangen« (erstmals gedruckt 1779) nach dem äußeren Muster von Paul Gerhardts »Nun ruhen alle Wälder«; die Melodie des damaligen Kopenhagener Hofkapellmeisters Johann Abraham Peter Schulz erschien erst 1790. Dieser wiederum war der einzige Angehörige einer der »Liederschulen« jener Zeit, dessen Wirken langfristig auf die Kirchenliedpraxis ausgestrahlt hat – ein eigenartiger Umstand, wenn man bedenkt, wie sehr diese ein Jahrhundert zuvor von der textlich-musikalischen Aria-Begeisterung profitiert hatte.

So wirkt es zunächst auch nicht auffällig, wenn Balthasar Münter (1735–1793) zur Melodie von »Ein feste Burg« dichtete:

> Auf ihrem Felsengrunde steht
> Die Kirche Jesu Christi!
> Ob Erd' und Himmel untergeht,
> Bestehst du, Kirche Christi!
> Gottes ew'ger Sohn
> Schützt von seinem Thron
> Dich, die ihm vertraut!
> Du stehst, von ihm erbaut,
> Wie ein Gebürg' im Meere![40]

Bei näherer Betrachtung erweist sich, dass dies ein Konkurrenzprodukt zum Lied Luthers ist; beiden liegt der 46. Psalm zugrunde (»Gott ist unsre Zuversicht und Stärke«), auf dessen dritten Vers Münter anspielt – es heißt dort: »Darum fürchten wir uns nicht, wenngleich die Welt unterginge und die Berge mitten ins Meer sänken.« Und die Dichtung ist nicht gut; der zweite und der vierte Vers reimen sich nicht, sondern sie laufen in demselben Wort aus. Klar also: Es geht um aktuellen Glauben; Kunstansprüche sind sekundär.

Dies wurde zu gängiger Praxis. Texte und Musik wurden getrennt behandelt: Die Texte erhielten ein Update; die zugehörigen Melodien waren schlichte Verfügungsmasse. Und so griff der Umarbeitungs-Hype letztlich auch auf weitere Elementarlieder des Luthertums über. Seit den letzten Jahren des 18. Jahrhunderts erschienen dann Gesangbücher, die von diesen Leitgedanken umfassend geprägt waren; die Urbilder der Lieder verschwanden.[41]

In Preußen wurde Luthers Weihnachts-Leise durch folgenden Text ersetzt:

Gesangbuch Mylius 1781	*Luthers Original*
Gelobet seist du, Jesu Christ,	Gelobet seist du, Jesu Christ,
Der du uns geboren bist!	Dass du Mensch geboren bist
und uns zu gute wardst wie wir;	Von einer Jungfrau, das ist wahr,
Preis sey, o Welterlöser, dir,	Des freuet sich der Engel Schar.
auf ewig Preis!	Kyrieleis.

»Kyrieleis« war nicht mehr schick; Gedanken wie Menschensohn und Jungfrauengeburt wurden abgestreift. Und da der Damm nun einmal gebrochen war, überboten sich die Regionen im Umarbeiten; jede behandelte das einst gemeinsame Liedgut anders. Für Stadt und Stift Magdeburg ersetzte der Domschulrektor Gottfried Benedikt Funk (der als Schüler die Freiberger Konfliktzeit Doles' direkt miterlebt haben muss) die zweite Hälfte der Mylius-Strophe so: »Geweiht sey dieser Festtag dir! / Zu deinem Preise singen wir: / Halleluja!« Und in Oldenburg blieben gar nur die ersten drei Wörter von Luthers Original stehen:

Gelobet seyst du, Gottes Sohn,
Der du auf der allmacht thron
Jetzt herrschest, und einst warst wie wir,
Anbetung, preis und dank sey dir.
Auf ewig preis!

Im Weimarer Gesangbuch von 1783 dagegen, für das der Stadtpfarrer Johann Gottfried Herder verantwortlich zeichnete, blieb der Text unverändert. Das zeigt, wie wenig »notwendig« diese Änderungen waren; und es verwundert auch nicht, dass Herder als profilierter Dichter und Liedsammler sogar die Namen derer nennt, von denen die Texte stammen. Doch ein neuer theologischer Geist hatte sich breitgemacht: mit einer eigenen Ästhetik, die für ältere Dichtkunst kein Verständnis aufbrachte. Dass sich in manchen Regionen bei den Gläubigen erbitterter Protest regte, tropfte an der Kirchenobrigkeit ab; in der Grafschaft Oldenburg und in der Herrschaft Jever wurden schließlich Soldaten abgeordnet, um den Gebrauch des neuen Gesangbuchs durchzusetzen.[42] Im Oldenburgischen Gesangbuch erinnerte nur »Ein feste Burg« noch an die Vorzeit und wurde (fast entschuldigend) mit einer Fußnote begleitet: »Dies Lied Luthers ist als Denkmaal seines hohen Muthes unverändert beybehalten.« Und als der Leipziger Thomaskantor Johann Gottfried Schicht den Erstdruck von Bachs Motetten herausgab, konnte auch der Originaltext zu »Jesu, meine Freude« nicht stehen bleiben;[43] das kunstvolle Gedicht Johann Francks ist ohnehin ein weiteres illustratives Beispiel dafür, wie radikal (und regional verschiedenartig) die Texte als überarbeitungsbedürftig angesehen wurden.[44] Anscheinend keine dieser Ersatz-Textierungen hat das 19. Jahrhundert überdauert; es bedurfte jedoch eines eigenen hymnologischen Zugangs, um aus dieser verfahrenen Situation wieder herauszukommen – die deutlich macht, dass die »kirchliche Ästhetik« die Künste insgesamt im Visier hatte.

Bach muss diese Entwicklungen frühzeitig abgesehen haben. In der Johannespassion hat er auf sie direkt reagiert; andere Werke hat er so umgestaltet, dass an ihnen die textlichen Kritikansätze vorläufig abprallten. Dies gilt vor allem für die vier »lutherischen« Messen (nur aus Kyrie und Gloria bestehend; BWV 233–236), die er um 1740 aus älteren Kantatensätzen gewann. Mit der Transformation von Arientexten in das Lateinische der Gloria-Teile ließ sich die zu erwartende Lebensdauer der Musik erhöhen. Den Satzbestand ergänzte er aus Chorsätzen, denen ein möglichst vielgestaltiger biblischer Text zugrunde liegt: So konnte er mit der zugehörigen Musik jeweils weit in den Text des Gloria vordringen. In gleicher Weise verfuhr Bach mit der h-Moll-Messe, als er deren Grundbestand aus Kyrie und Gloria (von 1733) in seinen letzten Lebensmonaten zu einer »Missa tota« erweiterte, wiederum vielfach auf Grundlage von Kantatensätzen, die nun in Credo, Sanctus / Benedictus und Agnus Dei aufgingen.

Dieses Problem einer Halbwertszeit theologischer Texte hatte Gerber mit seiner Kritik des Lateinischen nicht abgesehen; Bach jedoch nutzte gerade dies als Schlupfloch. Und der Erfolg gab ihm postum recht. Denn seine Kantaten kehrten im 19. Jahrhundert erst sehr zögernd in die Musikkultur zurück; ehe 1851 der erste Kantatenband der neu begründeten Bach-Gesamtausgabe erschien, lagen erst sieben seiner Kantaten im Druck vor: die zufällig gebildete Gruppe der Kantaten BWV 101 bis 106, dazu »Ein feste Burg ist unser Gott«, den Reformationsfeiern des Jahres 1817 folgend.[45] Doch gleichzeitig waren die lateinischen Kirchenmusikwerke Bachs in aller Breite verfügbar geworden, darunter auch die h-Moll-Messe, die der Züricher Bach-Pionier Hans Georg Nägeli schon 1818 als das größte musikalische Kunstwerk »aller Zeiten und Völker« bezeichnete.[46]

Auf andere Weise gab Bach manchen Kantatensätzen eine Zukunft in der Orgelmusik: Seine sechs *Schübler-Choräle* von 1746 scheinen den neuen, an Ritornelltechniken orientierten Choralvorspieltypus der Zeit zu repräsentieren; zumindest fünf von ihnen stammen aus Kantaten, in denen sie ansonsten als arienhafte Choralbearbeitungen einen Platz haben. Und noch ein weiterer Versuch, Überzeitlichkeit zu stiften, verbindet sich mit Kirchenliedern: Aus dem Nachlass Bachs erhielten die Thomaner die Aufführungsmaterialien der Choralkantaten. Auch deren Texte konnten damals noch relativ immun gegenüber Wandlungen des Zeitgeists erscheinen; diese »gefährdeten« am ehesten die freien Nachdichtungen im Werkinneren. Doch aus den Originalwerken ließen sich ohnehin auch Sätze einzeln herauslösen oder in neuen Kontext integrieren.

Diese Überlegungen bieten einen ersten Zugang zur lutherischen Kirchenmusik aus der zweiten Hälfte des 18. Jahrhunderts. Gerade diejenigen Komponisten, die Beziehungen zu Bach und Telemann erkennen lassen und deshalb als epigonal fehlinterpretiert worden sind, zeigen, dass individuelle Fortentwicklungen möglich waren. Und sie wurden durch den Wandel der Textauffassung nicht behindert. Ohne Publikumsakzeptanz und Dichterkooperation hätte Carl Philipp Emanuel Bach seine imposanten Oratorien nicht schreiben und auch nicht in kirchlichem Rahmen aufführen können (*Die Israeliten in der Wüste*, 1768/69; *Die letzten Leiden des Erlösers*, 1770; *Die Auferstehung und Himmelfahrt Jesu*, 1774). Er schuf ferner »Psalmen« auf Dichtungen Carl Friedrich Cramers und geistliche Liedkompositionen auf Texte des Hamburger Hauptpastors Christoph Christian Sturm. Folglich werden keinerlei grundsätzliche gesellschaftliche Vorbehalte im Verhältnis zwischen Kirche und Kunst erkennbar, viel eher aber künstlerische Entwicklungspotenziale. Mit all diesem ist Carl Philipp Emanuel Bach auch in anderer Hinsicht ein idealer Indikator: Seine Kirchenmusik war ein organischer, integraler Teil einer universalen Komponistentätigkeit. Gleichzeitig mit ihrem Entstehen war er einer der am meisten bewunderten Tastenmusiker Mitteleuropas und veröffentlichte auch von Hamburg aus Cembalokonzerte und Sinfonien im Druck. Als »Kirchenkomponisten« hätte man ihn nicht fassen können.

Auch die Arbeitsbedingungen Johann Heinrich Rolles in Magdeburg ermöglichten eine solche Entfaltung, und auch er arbeitete selbstverständlich mit führenden Theologen zusammen, im Oratorium *Lazarus* (1778) mit dem Hallenser Professor August Hermann Niemeyer. Änderungen der Großwetterlage sind hingegen dort erkennbar, wo Musiker ausdrücklich als Kirchenkomponisten erscheinen. Gerade im Falle des Kreuzkantors Homilius zeigen sich alle Probleme dieser Entwicklung. Sein Wirken liegt – von wenigen Ausnahmen abgesehen – im Bereich der vokalen Kirchen- und der Orgelmusik. Da wiederum seine Oratorien keinen Qualitätsabstand zu entsprechenden Werken anderer Komponisten zeigen, wäre es nicht korrekt, ihn insgesamt aus einer »kirchlichen« Kunstreduktion heraus verstehen zu wollen. Und doch gibt es diese bei ihm: Seine Motetten[47] präsentieren Texte außerordentlich prägnant, weil sie über weite Strecken als Paralleldeklamation der Stimmen angelegt sind. Weitet sich die Musik zu Fugen, garantiert deren Gestaltungsprinzip dennoch »Verständlichkeit«, weil die Texte zunächst in geringer Stimmenzahl eingeführt werden und später immer in Verbindung mit derselben, wiedererkennbaren Thematik erklingen. Den Stücken liegen nur Bibelworte zugrunde; frei gedichtete, neue Texte finden sich in ihnen nicht. Zweifellos also prägten diese Motetten das Bild Homilius' als »Kirchenkomponisten«. Und doch haben Werke dieser Art letztlich nichts damit zu tun, dass Kirchenmusik unter Druck geriet. Denn die Motettenkonzepte der Zeit richteten sich viel eher darauf aus, in der Musikpraxis das uralte *Florilegium Portense* durch Werke in modernem Stil ersetzen zu können. Das wird besonders deutlich für Homilius' Leipziger Amtskollegen Johann Adam Hiller, der solche neuen Motetten den Samstagabend-Gottesdiensten der Thomaskirche zuordnete; diese heißen seitdem selbst »Motette« – und lösten eine eigene Kompositionstradition aus.[48]

Es wäre zudem verkehrt, eine klare Polarisierung zu bilden: zwischen einer zunehmend musikfeindlichen Theologie und einer sakralen Musiktradition, die sich an einzelnen Orten auch noch über Bachs Tod hinaus weiterentwickeln konnte. Denn auch die traditionelle Musiktheologie lebte fort, sogar mit der Idee des von Musik durchdrungenen Himmels. Sie wurde in der Kirchenarchitektur umgesetzt: in speziellen Kanzelaltären. Über ihren beiden Kernstücken der Verkündigungstätigkeit steht mancherorts die Orgel, vielfach auf einer eigenen, baulich abgesetzten Empore (so schon in der besonders alten Realisierung der Schlosskirche von Schmalkalden,

1585–1590). Erst dort, wo die Orgel gemeinsam mit Altar und Kanzel ein einziges, unauflösliches Ganzes bildet, wird sie in eine übergreifende theologische Aussage aufgenommen; und gerade dies gab es nun.

Ein Schlüsselbeispiel für die Dreierkombination ist die Kirche, die Cay Dose 1756 in Rellingen nordwestlich von Hamburg fertigstellte (und die mit der Kantate »Singet Gott, lobsinget seinem Namen« TWV 2:9 von Telemann eingeweiht wurde). Vorbild mag ein »einfacher« Kanzelaltar im sächsischen Großenhain gewesen sein (1746/48), über dem erst später eine Orgel als eigener Baukörper aufgestellt wurde. Und so lässt sich das Rellinger Gesamtkonzept wie eine Geschichte lesen. Passend zur Funktion des lutherischen Altars findet sich über diesem ein Abendmahlsbild; links und rechts wird es (wie in Großenhain) flankiert von Statuen Moses als Überbringer der Zehn Gebote und eines Evangelisten als Künder der christlichen Botschaft. Anders als in Großenhain befinden sich hinter ihnen nicht die »zugehörigen« Bilder (mit Moses eherner Schlange und mit Jesus am Kreuz), sondern Auferstehung und Himmelfahrt. Beide Bilder lenken den Blick nach oben und verweisen noch über die Kanzel (als Ort des Predigens) hinaus auf das Trinitätssymbol. In Großenhain bekrönt es den Altar: Es ist dessen oberster Teil, vor einer Emporenbrüstung. In Rellingen dagegen steht es direkt vor dem Orgelprospekt. So wirkt dieses Instrument in der Architektur wie ein Ausdruck der traditionellen Erfüllung der Heilsbotschaft. Die Orgel war schon bei der Einweihung der Kirche fertig, und um die Optik nicht zu stören, richtete ihr Erbauer Johann Matthias Schreiber sie »hinterspielig« ein: Der Organist bedient sie von einem Nebenraum der Kirche aus, ohne Sichtkontakt zum Gottesdienst, kaum mit Hörkontakt. Für die Gemeinde vermittelt das Instrument also den Eindruck, dass seine Musik nicht von einem Menschen gespielt werde, sondern aus dem Himmel komme: dorther, wohin Christus (neben dem Altar abgebildet) aufgefahren ist und wo das Trinitätssymbol seinen Platz hat. Liturgisch verstanden, ist die Konstruktion von einem unbedingten Vertrauen darein getragen, dass der Organist die Zeitanteile, die ihm zufallen, nicht strapaziert und einen integralen Verkündigungsanteil leistet, an dem keine geistlich-ästhetischen Zweifel möglich sind. Folglich funktionierte hier die alte, integrative Rolle der Musik noch. Und dies war kein norddeutsches Spezialphänomen. Denn als 1781 in Lübbenau im Spreewald der örtliche Adelsherr, Rochus Friedrich Graf von Lynar, zu Grabe getragen wurde, äußerte der Oberpfarrer Christian Heinrich Jenichen in seiner Gedächtnispredigt: »Nun ist Er bey dir, nun liegt Er zu deinen Füßen, Herr Jesu! nun stimmt Er in die Lobgesänge ein, welche dir von der Schaar deiner Erlösten ertönen.«[49] Das steht fest auf dem alten Boden Luthers.

Auch manche pietistische Konstellationen erweisen sich bei genauer Betrachtung als außerordentlich aufgeschlossen für kunstvolle Musik – auch wenn der Pietismus wesentlich auf Glaubensessenz und Verinnerlichung ausgerichtet war, Ziele also, die sich anscheinend kaum mit konzertanten Musikwerken erreichen lassen, sondern viel eher mit einem möglichst schlichten Gemeindelied, das die Gläubigen individuell »erwecken« kann. Doch die »Lieder« von Johann Anastasius Freylinghausen in Halle setzen viel eher die Arienkultur des 17. Jahrhunderts fort, als dass in ihnen Einfachheit zu erkennen ist;[50] und sie entfalteten sich neben einer blühenden

Orgelmusik aus dem Himmel · In das typische Ensemble eines »Kanzelaltars« ist die Orgel als integraler, krönender Abschluss eingefügt. Alles in der Konzeption weist auf das Trinitätssymbol hin: nicht nur das Abendmahl an der Altarmensa oder die Predigt von der Kanzel, sondern auch die seitlichen Bilder der Auferstehung und Himmelfahrt Jesu. Hinter und über jenem göttlichen Zeichen dringen die Klänge der Orgel in die Kirche – ohne dass man den Spieler sieht: Er sitzt hinter dem Instrument.

Kanzelaltar der Barockkirche von Cay Dose in Rellingen mit einer Orgel von Johann Matthias Schreiber, 1756.

örtlichen Kirchenmusik, nicht zuletzt mit der großen Tradition Friedrich Wilhelm Zachows und Gottfried Kirchhoffs, in die 1746 Wilhelm Friedemann Bach eintrat.[51] Auf einer ähnlichen Grundlage kam es an einer weiteren Drehscheibe pietistischer Ideen zu musikalischer Blüte: in Tondern (heute Tønder, Dänemark), am Schnittpunkt zwischen deutscher und dänischer Sprache, wo der Theologe Johann

Hermann Schrader pietistisches Liedgut organisch in die Gesangbuchtraditionen integrierte, Hans Adolph Brorson es ins Dänische übertrug und gleichzeitig der städtische Organist, Andreas Friederich Ursinus, für die örtlichen Musikkräfte konzertante Kirchenmusik schrieb – mit pietistischen Texten, die keinerlei Reduktion des klanglichen Erscheinungsbild mit sich brachten. Die Werke wurden zudem weit verbreitet: bis nach Mecklenburg und Pommern.[52]

Die Professionalisierung der Kirchenmusik

Um 1800 setzte sich die Änderung kirchenmusikalischer Rahmenbedingungen jedoch fast flächendeckend durch und führte zu deren umfassender Neudefinition. Hauptansatzpunkte lagen bei der Orgel und dem Gemeindegesang: Es ging um die traditionelle Rolle der Schüler, den Gesang zu stützen, ferner um die mittlerweile üblich gewordene Liedbegleitung durch die Orgel – und schließlich darum, dass für genau diesen Zweck in vielen, auch kleineren Orten Orgeln gebaut wurden, also viele neue Spieler erforderlich waren. Die Reform setzte in einem breiten kirchenmusikalischen Mittelfeld an und war insofern nichts durchgreifend Prägendes; denn viele Landgemeinden hatten noch bis ins frühe 20. Jahrhundert hinein überhaupt keine Orgel und blieben deshalb von der Reform unberührt. Worum also ging es?

Zweifellos nicht überall war es erbaulich, in der Kirche den Schülergesang zu erleben. Um diesem Missstand abzuhelfen, wurden – wie schon zuvor in manchen Regionen üblich – die Funktionen des Lehrers (bzw. Kantors) und des Organisten bei einer einzigen Person gebündelt. Dass der Leiter des Schülergesangs fortan mit einer gesteigerten musikalischen Kompetenz ausgestattet war, ging auf Kosten der »wissenschaftlichen« Unterrichtsanteile; damit kam es zu einer Standesabwertung des für die Musik verantwortlichen Lehrers, doch im Gegenzug erforderte dies eine gezielte Ausbildung.

Eine Vorstufe, die die weiteren Entwicklungsansätze in sich barg, war das Seminarium Praeceptorum, das August Hermann Francke 1696 in Halle gegründet hatte: als Ausbildungsstätte unterhalb des Universitätsniveaus, die die Lehrerausbildung aus der handwerksähnlichen Lehre (bei einem Schul-»Meister«) herauslöste. An diesen Seminaren wurden angehende Lehrer auch darauf vorbereitet, sonntags in der Kirche mit kräftiger Stimme den Liedgesang anzuführen. Erst allmählich wurde Orgelspiel zum Unterrichtsfach, und für die Entwicklungen ist die Situation im historischen Schleswig-Holstein erhellend. Eine Pionier-Institution, eigens für angehende Kantoren und Organisten, gründete Johann Adolph Scheibe in Sonderburg (heute Sønderborg, Dänemark);[53] er legte Wert auf altsprachliche Bildung, doch in seiner Institution wurde man nicht auch Schullehrer. 1781 wurde dann in Kiel ein Lehrerseminar gegründet, dessen musikalische Ausbildung sich auf einen traditionellen Kantorenberuf ausrichtete, und den musikalischen Unterricht übernahm der Kantor der Kieler »Gelehrtenschule«. Auch das war kein Erfolgsmodell. Ein solches aber ergab sich ab 1788 in Tondern; und dort schließt sich der Kreis an einem Schlüsselort des Pietismus und zugleich in einer profilierten kirchenmusikalischen Tradition.

Die Propstei Tondern war eine der größten kirchlichen Verwaltungseinheiten in Schleswig-Holstein, ihr Propst also jeweils mit überregionaler Ausstrahlung versehen. In die Nachfolge des Reformpietisten Schrader trat ein eigentlich überzeugter Orthodoxer ein, Balthasar Petersen; zeitweilig hatte er versucht, angehende Pastoren bei sich zu Hause zu unterrichten – wohl ähnlich, wie er es beständig bei seinem musikalischen Kooperationspartner sah, dem Organisten Ursinus. Als Petersen bei seinem Tod sein Vermögen für den Aufbau eines Lehrerseminars stiftete, floss in dieses auch das geistige Erbe Ursinus' ein (das nach dessen Tod 1781 am Ort von einem seiner Schüler fortgeführt worden war). Orgelspiel wurde als Seminar-Wahlfach angeboten. Wer das Angebot nutzte, konnte später eine Lehrerposition auch in einer Gemeinde mit Orgel übernehmen – als Zusatzqualifikation, die die Berufschancen verbesserte.[54]

Wie weit die Seminare die kirchenmusikalische Professionalisierung vorantrieben, ist in der Grafschaft Oldenburg erkennbar. Für deren Konsistorium war seit Generationen der Organist der Oldenburger Lambertikirche Fachberater in sämtlichen musikalischen Fragen gewesen – schon früh als zentraler Gutachter für neu erbaute Orgeln, seit dem 18. Jahrhundert auch in der Erarbeitung des jeweils gültigen Choralbuches.[55] Als 1793 (fünf Jahre nach Tondern) in Oldenburg ein Lehrerseminar entstand, ebenfalls mit einer Organistenausbildung, fiel diese ganz selbstverständlich dem aktuellen Lambertiorganisten zu, Carl Michael Meineke. Welche Verästelungen sein Unterricht hatte, ist als Fleißarbeit eines seiner Schüler überliefert:[56] Sie sollten Kirchenlieder so begleiten können, dass die Sätze sich von einer Strophe zur nächsten unterschieden. Außerdem war es üblich geworden, in den Atempausen zwischen je zwei Liedzeilen kurze Zwischenspiele einzufügen; auch sie sollten strophenweise unterschiedlich ausfallen. Jener Schüler, Gerhard Hinrich Schütte, legte sich ein spezielles Choralbuch an, indem er sich nach diesen Ideen von A bis Z durch den Liedbestand hindurcharbeitete; bisweilen entwickelte er mehrere Bearbeitungen pro Lied. Die damit erworbenen Fertigkeiten nahm er mit auf eine ganz kleine Stelle: Er wirkte schließlich in Hatten, einem Dorf vor den Toren der Landeshauptstadt. Andere Schüler wirkten an leistungsfähigen Orgeln im weiteren Umkreis, Wilhelm Grundmann an der großen Arp-Schnitger-Orgel in Norden (Ostfriesland); er überlieferte einige Choralvorspiele seines Lehrers.[57] So ist unverkennbar, wie qualitätsstiftend diese Seminarausbildung von Beginn an sein konnte.

Das im Musikalischen wohl bedeutendste dieser Lehrerseminare ist zugleich eines der jüngeren. 1819 in Erfurt gegründet, hatte es ähnlich wie das Tonderner einen musikalischen Vorläufer: bei der Unterrichtstradition Johann Christian Kittels, des Organisten an der Predigerkirche. Wie Ursinus erlebte auch er die Institutionalisierung seines Wirkens nicht mehr mit; 1809 starb er, Orgellehrer des Seminars wurde sein Schüler Michael Gotthard Fischer. Eine veritable »Erfurter Schule« von Organisten überspannt schon die Seminargründung, denn neben Fischer trugen auch andere Schüler Kittels die Tradition in die Breite: der gefeierte Christian Heinrich Rinck in Darmstadt und der vom dänischen Königshaus geförderte Andreas Sabelon in Altona. Zu Fischers Schülern zählten dann Carl Sauerbrey, Seminarmusikdirektor und Organist in Stade,[58] August Gottfried Ritter, später Domorganist in Magdeburg, und sein Nachfolger Ludwig Ernst Gebhardi, zu dessen Schülerkreis dann Gotthilf Wilhelm Körner.

Was mit diesen Namen umrissen ist, wurde stilbildend: In diesem Kreis reifte erstmals in der Geschichte ein veritables Orgelmusikrepertoire der lutherischen Musik heran. Körner wirkte als dessen unermüdlicher Verleger, und Ritter fügte eine historische Dimension hinzu: mit seiner *Geschichte des Orgelspiels*, die selbst einen umfangreichen Notenanhang hat.[59] Das Repertoire, das diese Musiker schufen, fügte sich zudem in eine lange Tradition ein, nicht zuletzt mit der Schülerschaft Kittels gegenüber Bach und der in Thüringen offenbar ungebrochenen Verfügbarkeit von Musik Pachelbels. Auch Bruchstücke dieses Orgelerbes fanden in dem Repertoire einen Platz, kaum aber die einst für Bach und andere so stilprägenden norddeutschen Ansätze; daran lässt sich erkennen, wo die geographisch-stilistischen Grenzen dieses Horizonts lagen. Und damit, dass Organisten wie Sauerbrey und Sabelon dieses Repertoire mit nach Norddeutschland brachten (ähnlich auch Heinrich Wilhelm Stolze, der aus Thüringen nach Celle zog), ging einher, dass norddeutsche Traditionen von diesem so plausibel wirkenden Orgelrepertoire überdeckt wurden. Erst die »Orgelbewegung« des 20. Jahrhunderts erschloss einen Alternativzugang; wesentlich getragen von Christhard Mahrenholz wurde 1933/35 zunächst in der Landeskirche Hannovers den Gemeinden nahegelegt, neben Werken Pachelbels und Bachs bei Neuanschaffungen Musik Buxtehudes, Weckmanns und Scheidemanns zu berücksichtigen. Das Vorgängerrepertoire, mit dessen Hilfe viele uralte Orgeln das 19. Jahrhundert trotz dessen Umbau-Wut überdauert hatten, galt fortan als nicht mehr stilgerecht.[60]

Die Resultate der Seminarausbildung stellten jedoch vor allem Spieler kleiner Orgeln vor besondere Herausforderungen. Präludien- oder Choralbücher, die das Vorhandensein einer Pedalklaviatur voraussetzten, waren gerade an kleinsten Instrumenten nicht nutzbar. Manche von diesen waren nur einmanualig; um trotzdem einen Klangunterschied zwischen der Melodie (hervortretend, in höherer Lage) und einer zurückgenommenen Begleitung erzielen zu können, wurden geteilte Windladen gebaut, sodass die rechte, höhere Hälfte der Klaviatur kräftiger registriert werden konnte als die linke, tiefere. Doch darauf war kein Choralbuch eingerichtet worden; stets sollte auch von der rechten Hand Begleitung übernommen werden, die dann aber genauso kräftig hervortrat wie die Melodie. Also mussten gerade Organisten kleinster Orgeln improvisatorisch gewandt sein, und auch dies muss an Seminaren unterrichtet worden sein.

Schematisch betrachtet, war das Konzept der Lehrer-Organisten attraktiv. Doch eine zentrale Komponente war nicht mitbedacht worden: die Schüler. Allein dadurch, dass ein hierarchisch nachgeordneter, aber eigens professionalisierter Lehrer Musik an sie herantragen sollte, wurde ihre Leidenschaft für diese nicht gesteigert. Dies ist der Hintergrund eines der besonders illustrativen Belege für das Misslingen der so gut gemeinten Ideen: für die Geschichte, die Wilhelm Busch in *Max und Moritz* von Lehrer Lämpel erzählt. Er war den Schülern ein Dorn im Auge, vermutlich ohnehin kein guter Pädagoge, jedenfalls aber ein begeisterter Organist. Als diesen hat Busch ihn gezeichnet: virtuos nicht nur das eine Manual seiner Orgel

Ein Seminarorganist · Es minderte die musikalische Qualität nicht, dass die Berufe des Organisten und des Lehrers miteinander gekoppelt wurden; Orgelspiel war Unterrichtsfach der Lehrerseminare. Deren Absolventen konnten also durchaus enthusiastische Organisten sein: wie »Lehrer Lämpel«. Dass die Ämterkoppelung auch zu Konflikten führen konnte, war nicht eingeplant worden.
Wilhelm Busch, *Max und Moritz*, 1865.

traktierend (vielleicht gab es auch ein zweites, das dann Buschs künstlerischer Freiheit zum Opfer gefallen wäre), sondern insbesondere auch das Pedal. Für die Schüler, die, solange sie nicht konfirmiert waren, im Gottesdienst einer Chorpflicht unterlagen, wirkte der Anblick lächerlich, nicht zuletzt in Verbindung mit den Frackschößen, die über die Orgelbank baumelten. Dass Max' und Moritz' Anschlag den Lehrer nach einem dieser sonntäglichen Erlebnisse treffen sollte, lag somit auf der Hand; die mit Schwarzpulver präparierte Pfeife explodierte. Das Singen zuvor in der Kirche kann für niemanden ersprießlich gewesen sein – nicht mehr auch, als es vor Erfindung des kombinierten Lehrer-Organisten-Berufs gewesen war.

Lutherische Musik im Konzept einer Nationalkultur

Parallel dazu, dass die »offizielle« Kirche die Musik, die in ihr erklingen durfte, nach eigenen ästhetischen Kriterien beschnitt, gab es eine Gegenbewegung des Bürgertums in den lutherischen Städten. Sie bewirkte, dass diejenige Musik, die in der Nachfolge Großgebauers und Gerbers als unerwünscht galt, an anderer Stelle erklang: eben außerhalb des Gottesdienstes, im öffentlichen Konzert. Nur selten standen hierfür eigene Räumlichkeiten zur Verfügung – wie in Leipzig, wo schon Bachs Nachfolger Johann Gottlob Harrer 1753 für Oratorienaufführungen in der Karwoche neben der Nikolaikirche auch die Strukturen des »Großen Concerts« nutzte, des Vorläufers der Gewandhauskonzerte.[61] Typischer war, dass auch diese bürgerlichen Veranstaltungen in Kirchen stattfanden. Dies war der Fall auch für ein Schlüsselwerk der zweiten Jahrhunderthälfte, Carl Heinrich Grauns *Der Tod Jesu*: Das Oratorium, aus Grauns Kooperation mit der Berliner »Music-übenden Gesellschaft« hervorgegangen, wurde am 26. März 1755 im Vorgängerbau des Berliner Doms uraufgeführt,

Lutherische Musik wird zu nationalem Kulturerbe · Im Jahr 1843 ließ Mendelssohn, seit dem Vorjahr preußischer Generalmusikdirektor Friedrich Wilhelms IV., in Leipzig hinter der alten Thomasschule ein Bach-Denkmal errichten. Es ist eines der frühesten Künstler-Denkmäler überhaupt. Teils finanzierte er es selbst; außerdem gab er hierfür in der Thomaskirche Benefiz-Konzerte – mit Werken Bachs, die einst für liturgische Zwecke entstanden waren. Auf dem zeitgenössischen Stich wird das Denkmal zum zentralen Bildmotiv unter dem Porträt Bachs.

Albert Henry Payne, Stahlstich der Leipziger Englischen Kunstanstalt, um 1851 an Gründonnerstag; verständlicherweise wurde die Kirche an Karfreitag für Gottesdienste gebraucht.

Diese Konstellation wirkt doppelt eigentümlich: Die Kirche ließ in ihren Räumlichkeiten Aufführungen geistlicher Musik zu, die innerhalb des Gottesdienstes nicht akzeptiert worden wäre, für die aber das städtische Bürgertum eintrat. Hier zeigt sich also eine Entfremdung zwischen offizieller Kirche und Gläubigen; die Geister schieden sich am Umgang mit der Kunst. Wofür genau interessierte sich dieses Bürgertum also?

Im Zentrum der Überlegungen kann das Oratorium als Gattung stehen: hier zunächst Musik einer eigenen lutherischen Tradition, die früh von den ausdrucksstarken und bildhaften (»barock schwülstigen«) Dichtungen Barthold Heinrich Brockes' getragen wurde und in die bis ins 19. Jahrhundert hinein auch die Händel-Renaissance einfloss. Doch in Werken, die so aussahen wie all diese Oratorien, konnten auch andere episch-lyrische Texte transportiert werden, jenseits des Kirchlich-Konfessionellen: in Beethovens *Meeresstille und Glückliche Fahrt* zwei Gedichte Goethes, in Mendelssohns *Die erste Walpurgisnacht* ein anderes, und Robert Schumann vertonte die Ballade *Des Sängers Fluch* von Ludwig Uhland für Soli, Chor und Orchester. Stoffe der antiken Mythologie kommen nicht vor; sie hatten im 18. Jahrhundert die italienische Opera seria getragen und waren insofern auch durch das Ancien régime »negativ besetzt«. So wird erkennbar, worum es in all diesen Werken ging: um Bildungsgut, und zwar textlich wie musikalisch.

Dazu gehörte für Künstler und ihr Publikum auch Religiöses. Auf diesem Wege wurde Bachs geistliches Vokalwerk im Konzertsaal heimisch (ausgehend von der Berliner Singakademie), ehe die Kirche sich ihm wieder zuwandte. Und so wirkt es völlig organisch, dass auch diese Sakralmusik im mittleren 19. Jahrhundert Eingang in das Konzept einer deutschen Nationalkultur fand. Dieses wiederum leitete sich aus der jüngeren Geschichte Preußens her: Nach den Territorialgewinnen seit der Thronbesteigung Friedrichs des Großen (1740) wohnten Lutheraner, Reformierte und Katholiken in dem Land, das nun, nach 1815, zudem die einstigen geistlichen Kurfürstentümer Köln und Trier ebenso umfasste wie die zentralen Luther-Städte Eisleben, Wittenberg und Erfurt. Zum Reformationsjubiläum 1817, zwei Jahre nach dem Wiener Kongress, kam es in Preußen zur Vereinigung der reformierten und lutherischen Traditionen in der »unierten Kirche«. Kulturell weiter ausgefüllt wurde dieser Rahmen erst nach dem Regierungsantritt Friedrich Wilhelms IV. 1840, zunächst mit dem »Kölner Dombaufest« (1842). Der Kulturbegriff, der daraus resultierte, einte Preußen fortan: Zu ihm gehörten die Rheinromantik, die mittelalterlichen Traditionen des Deutschen Ordens in Ostpreußen und der Gotik (die sich als Neugotik neu erfand), das Erbe Luthers, auch aktuelle Kulturströmungen wie die Begeisterung für Goethe und Schiller oder für Mozart und Beethoven (die beide sogar Berlin bereist hatten). Und dabei kamen auch Bach und Händel ins Bild. Wesentliche Impulse zur Wiederbelebung ihres Werkes hatten auf preußischem Boden stattgefunden: für Bach in der Berliner Singakademie, für Händel mit der bahnbrechenden Aufführung von *Israel in Egypt* in Düsseldorf 1833, die Mendelssohn initiiert und durchgeführt hatte. Dessen Eintreten für Bachs Matthäuspassion nimmt in diesem Konzept gleichfalls eine zentrale Stellung ein.

Dies alles macht deutlich, welche Bedeutung »das Oratorium« in dieser bildungsgestützten Kunstäußerung hatte – und Mendelssohn als neue Schlüsselfigur des Geschehens, auch mit eigenen Beiträgen. Seine Zweite Sinfonie, *Lobgesang* (mit Soli und Chor), entstand 1840 zur Vierhundertjahrfeier der Buchdruckerkunst und unterscheidet sich von Beethovens Neunter nicht in ihrem künstlerischen Ansatz, sondern in der Wahl biblischer Texte; in der Leipziger Thomaskirche uraufgeführt, trat auch sie in die aktuelle Oratorientradition ein. Und seine biblischen Oratorien *Paulus* und *Elias* erscheinen wie eine organische Fortsetzung zweier Traditionslinien, deren aktuellen Eindruck Mendelssohn maßgeblich prägte: teils der lutherisch-deutschen mit Bach im Zentrum, teils der englischen um Händel.

Folglich hatte sich ein »mündiges Bürgertum«, das zugleich für Freiheitsrechte eintrat, eine eigene Organisationsform dafür geschaffen, geistliche Themen in musikalischer Aufbereitung zu erleben, auch dann, wenn die offizielle Kirche nicht mitging. Seinem Bewusstsein zufolge erforderte Kunst einen ähnlichen Respekt wie die Religion. »Harret, wie beim Gebet, auf die seligen Stunden, da die Gunst des Himmels euer Inneres mit höherer Offenbarung erleuchtet; nur dann wird eure Seele sich mit den Werken der Künstler zu einem Ganzen vereinigen«, forderten Ludwig Tieck und Wilhelm Heinrich Wackenroder. Sie schufen damit einen der Ausgangspunkte für eine besondere Form der »Kunstreligion«: auch so, dass das Bürgertum sich sein religiöses Erleben eben im Umgang mit Musik suche.[62]

Diese Neu-Erfindung der kirchlichen Musik als Bildungsgut des städtischen Konzertpublikums wirkt somit als Gegenstück dazu, dass auf dem Land die integrative Wirkung des etablierten Gesangbuches eingefordert wurde. Beide Strömungen zeigen, dass es der lutherischen oder unierten Amtskirche an der Sensibilität für das Selbstverständnis ihrer Mitglieder mangelte. Die Kluft zwischen Kirche und Kunst (aus Sicht des städtischen Bürgertums) und zwischen Kirche und Tradition (auch aus Sicht der Landbevölkerung) wirkt daraufhin wie das Ziel einer normalen, aber nicht glücklichen Entwicklung.

Doch sie war kein kultureller Automatismus. Das lehrt das Beispiel Dänemarks. Auch im dortigen Luthertum gab es die von der Arie geprägte, zeitbedingte Liedkultur des späten 17. Jahrhunderts: nach dem grundlegenden, landesweiten Gesangbuch von Thomas Kingo (1699) vor allem repräsentiert durch Hans Adolph Brorson (1694–1764), einen der Pioniere des dänischen Pietismus. Diese Glaubensrichtung wurde auch in den dänischen Kronländern zu einem beherrschenden Thema; die Gründung der Herrnhuter-Niederlassung Christiansfeld 1773 ist eines der jüngeren, aber besonders sichtbar gebliebenen Zeichen dafür. »Aufklärung« manifestierte sich in den Staatskonzepten Johann Friedrich Struensees sogar besonders radikal. Und auch im dänischen Machtbereich wurde schließlich ein Riegel vor die schulische Musikkultur geschoben: Die erwähnte neue Schulordnung für Schleswig-Holstein, mit der 1814 die Kantorate abgeschafft wurden, war eine späte, von Kopenhagen aus verfügte Folge dieser Entwicklungen.[63]

Dies alles verhinderte jedoch nicht, dass ein zentraler Teil der dänischen Lyrik des 19. Jahrhunderts geistliche Themen hat: vor allem bei Nikolai Frederik Severin Grundtvig, dessen Texte etwa ein Drittel des *Danske Salmebog* von 2002 ausmachen, zudem bei Bernhard Severin Ingemann, der neben seinen 41 Kirchenliedtexten des *Salmebog* auch Historische Romane verfasste. Drei große Sinfoniker Dänemarks im 19. Jahrhundert, Christoph Ernst Friedrich Weyse, Johan Peter Emilius Hartmann und Niels Wilhelm Gade, waren von Haus aus Organisten, und bei Gade strahlt dies sogar bis in die sinfonische Kompositionspraxis hinein aus. 1841 gewann er als 24-Jähriger einen Kompositionswettbewerb; die zentralen Ingredienzen seines Siegerwerkes, *Efterklange af Ossian* (»Nachklänge von Ossian«), waren das Sujet von Mendelssohns *Hebriden*-Ouvertüre (Schottland mit jenem sagenhaften Sänger), eine (nach der Vorstellung der Zeit) »nordische Melodie« und das Sinfonieorchester. Dazu aber kamen Techniken des zeitgenössischen Orgelspiels: Die Melodie wird streckenweise ähnlich behandelt wie ein Kirchenlied; und die Orchestrierung folgt Prinzipien der Registrierungstechnik jener Zeit.[64] Diese drei Sinfoniker hinterließen nur wenige Orgelwerke, weil sie getreu der Tradition ihres Berufes improvisierten; doch dies tat der Orgelvirtuose Mendelssohn genauso, und nur dem Umstand, dass er gebeten wurde, seine Improvisationen einmal zu verschriftlichen, verdankt die Nachwelt ein (vielleicht idealisierendes) Abbild dieser Kunst: in seinen sechs Orgelsonaten op. 65.[65]

Dies alles zeigt: Pietismus, Aufklärung und Romantik bildeten keinen Gegensatz zu einer kirchlich verwurzelten Kultur; und gerade den zentralen dänischen Akteuren wird man nicht nachsagen können, die unteren Gesellschaftsschichten nicht mit im Blick gehabt zu haben. Für Brorson war dies ohnehin Grundlage seines Wirkens: Das Liederdichten begann er, um im zweisprachigen Gebiet des nordwestlichen Schleswig-Holstein auch die Dänisch sprechenden Unterschichten der Zeit zu erreichen; für Grundtvig mit seinen massiven Volksbildungsbestrebungen gilt in der Sache dasselbe. Und ebenso entwickelte das aufstrebende dänische Bürgertum seinen eigenen Bildungsbegriff: im »Goldenen Zeitalter der Künste«, dessen berühmte Vertreter die Dichter Hans Christian Andersen und Adam Oehlenschläger sowie der Maler Christoffer Wilhelm Eckersberg sind. Dieses »Goldene Zeitalter« hat auch eines der weltweit berühmtesten kirchlichen Kunstwerke hervorgebracht: die Christus-Skulptur von Bertel Thorvaldsen, deren Original in der Kopenhagener Domkirche steht, ihre größte Kopie in Salt Lake City als zentrales Bildwerk der Mormonen und viele Miniaturausgaben auf Gräbern weltweit.[66] An Thorvaldsens Karrierestart standen Reliefs mit biblischen Motiven, für die er Preise der Kopenhagener Kunstakademie erhielt (1791/93); 1844 starb er über den Arbeiten an einer Luther-Büste. Und selbst wenn Grundtvig am Glauben Thorvaldsens zweifelte, weil dieser – weder Katholik noch Protestant – ihm eher als Heide erschien, bleiben die unmittelbar kirchlichen, sogar liturgisch relevanten Leistungen unverkennbar. Kurz: Die deutschen Entwicklungen waren nicht zwingend; es bestand keine Notwendigkeit, eine Trennlinie zwischen lutherischer Kirche und Kultur zu ziehen.

Bilanz eines Jahrhunderts

Parallel zu den Entwicklungen des 19. Jahrhunderts entstand ein neuer, hochgradig individueller Ansatz, »Musik im Namen Luthers« zu schreiben. Greifbar wird er noch nicht bei Mendelssohn: Seine religiöse Musik ähnelt viel eher dem universellen Musikansatz, den auch Bach, Telemann und andere Ältere erkennen lassen. Seine Orgelwerke spiegeln in einem traditionellen Sinn auch eine improvisatorische Praxis; einige Chorwerke entstanden sogar ausdrücklich für den Gebrauch in der Liturgie (die deutschen Messensätze für den Berliner Dom). Kleinere geistliche Werke ebenso wie seine Oratorien ragen in die allgemeine Musikpraxis hinein, an der Mendelssohn mit jeder erdenklichen anderen Musikgattung Anteil hatte.

Das Neue zeichnet sich aber für Johannes Brahms ab: Das Schreiben geistlicher Musik wird zum bekenntnishaften Einzelfall. Das muss noch nicht einmal für *Ein deutsches Requiem* der 1860er-Jahre gelten, das sich problemlos in die traditionelle Oratorienpraxis einreiht: mit einer Teilaufführung 1867 durch den Wiener Singverein, der Uraufführung der Endfassung 1869 im Leipziger Gewandhaus und dazwischen – durchaus in kirchlichem Sinn – mit der ersten Aufführung einer weiteren Version an Karfreitag 1868 im Bremer Dom. Den Text hatte Brahms selbst aus der Bibel kompiliert, ähnlich wie lange zuvor Rochlitz in *Die letzten Dinge* für Spohr. Anders aber liegen für Brahms die Dinge im Klavierliederzyklus *Vier ernste Gesänge*, die er im Umfeld von Clara Schumanns Tod schrieb, und in den drei *Fest- und Gedenksprüchen* op. 109, bei deren Konzeption er die Völkerschlacht bei Leipzig 1813, die Schlacht von Sedan 1870 und die Gründung des Kaiserreiches 1871 im Sinn hatte (und die er, nachdem ihm die Stadt Hamburg 1889 die Ehrenbürgerwürde verliehen hatte, »Seiner Magnificenz dem Herrn Bürgermeister Dr. Carl Petersen in Hamburg verehrungsvoll« zueignete).[67] Also Kirchenmusik? Kaum, trotz der geistlichen Texte (die aber glücklicherweise den politischen Bezug nicht direkt erkennbar machen). »Musik im Namen Luthers«? Auf jeden Fall. Die Motivation ist, in der Textkompilation gespiegelt, individuell; Brahms wirkt damit nicht wie ein Universalist nach der Art Mendelssohns, sondern wie ein Komponist, der ausnahmsweise auch ein sakrales Werk schreibt, also das genaue Gegenteil zu dem 100 Jahre zuvor kreierten Berufsbild eines »Kirchenkomponisten«.

Von hier ausgehend ist nun das Erbe des 20. Jahrhunderts zu bilanzieren: unzählige Motetten, Orgelwerke, Liedkonzepte und Oratorien. Kategorien, mit deren Hilfe ein übergeordneter Zugang zu ihnen gebildet werden kann, lassen sich aus den bis hierhin angestellten Überlegungen ableiten. Welchen Einfluss hatte die »Ästhetik des Kirchlichen«, und wie reagierten die »professionalisiert« ausgebildeten Kirchenmusiker auf deren Fortentwicklungen? Wie lässt sich das Verhältnis der »Kirchenkomponisten« zur übrigen Musikkultur beschreiben: zu Musikern, für die die Kirchenmusik Teil eines andersartigen Kunstzugangs war? Und schließlich: Gab es gar neue Farben einer »Musik im Namen Luthers«?

Ein erster neuer Ansatz verbindet sich mit der Wiederentdeckung alter Musik. 1894 hatte Philipp Spitta die erste Gesamtausgabe der Werke Schütz' abgeschlossen; 1899 erschien der letzte Band der Bach-Gesamtausgabe. Nicht zuletzt als deren

Ergänzung war schon 1892 ein neues Projekt ins Auge gefasst worden: die *Denkmäler Deutscher Tonkunst.* Diese Notenreihe sollte diejenigen »relevanten« Teile des musikalischen Erbes verfügbar machen, für deren Komponisten die Erarbeitung einer vergleichbaren Gesamtausgabe verzichtbar erschien. Initiiert unter anderem von Brahms und Spitta, wurde sie herausgegeben »durch eine von der Königlich Preussischen Regierung berufene Commission« (wie es auf den Titelblättern heißt); so war der Blick auf den preußisch konzipierten Kulturkanon gerichtet, wesentlich also auf das lutherische Musikerbe. Hatte Spitta schon 1875/76 Buxtehudes Orgelwerke herausgegeben, folgten in der neuen Reihe nun als erster Band Samuel Scheidts *Tabulatura nova*, als zweiter die *Cantiones sacrae* von Hans Leo Hassler, als dritter eine Sammlung von Vokalwerken Franz Tunders. Kurz: Mit diesem Projekt wurde der Grundstein dafür gelegt, das Erbe lutherischer Musikkultur neu zu begreifen; die Zugänge zu ihm verbreiterten sich sprunghaft.

Die nächstliegende Konsequenz dieser Entwicklungen stellte sich erst nach langer Zeit ein: die ausgiebige Nutzung im Konzertleben. Denn nur Teile dieser Musik ließen sich angemessen aufführen. Es fehlte an barocken Instrumenten; neben den früh verfügbaren Blockflöten und Gamben benötigte man auch Zinken und eine völlig andere Art von Trompeten, als sie im Sinfonieorchester zu finden war. Daneben erwies es sich als kompliziert, die Musik überhaupt umzusetzen: War schon der Umgang mit Taktvorzeichnungen, Tempovorschriften und Verzierungstechniken schwierig, so stellten die vokalmusikalischen Anforderungen alles in den Schatten; denn mit der (selbst noch jungen) Institution »Kirchenchor«, die für das kirchliche Musizieren prädestiniert schien, passten viele der neu erschlossenen Werke nicht zusammen. Klein besetzte Musik (»Geistliches Konzert«) und sängerische Virtuosität lagen also genauso außerhalb jeder Reichweite wie eine Ergänzung des »Chores« durch Instrumente, die über die venezianische Praxis Giovanni Gabrielis die lutherische Musik geprägt hatte. Das Erbe der Vergangenheit wurde somit primär zu einer musikhistorischen Referenzquelle. Die musikpraktische Beschäftigung mit der Breite dieses Materials musste dagegen Einzelereignis bleiben, bis sich im letzten Viertel des 20. Jahrhunderts die Alte-Musik-Bewegung ihm zuwandte: mit Ensembles, in denen mit den Notentexten nachhaltig gearbeitet werden konnte. Sie konnten sich nahezu wahllos in einem reichen Fundus europäischer Musik der Zeit bis zur Mitte des 18. Jahrhunderts bedienen, arbeiteten überkonfessionell und widmeten sich selbstverständlich auch der weltlichen Musik. Doch weil in dem interessierenden Zeitabschnitt das Religiöse so wichtig gewesen war, wurde auch das lutherische Erbe in breitest möglicher Form erfasst.

Folglich fanden ins allgemeinere Bewusstsein zunächst diejenigen musikalischen Erbstücke der lutherischen Kultur zurück, die sich im aktiven Musizieren auf Gemeindeebene realisieren ließen: in Chören, die der bürgerschaftlichen Musikbewegung schon des mittleren 19. Jahrhunderts entstammen. 1883 war für ihre lutherischen Organisationsformen ein Dachverband entstanden: der Evangelische Kirchengesangverein in Deutschland. Seine Singvereinigungen vor Ort wurden mit dem traditionellen kirchlichen Schülergesang verknüpft. Sie bestanden fort, als in Deutschland nach dem Ersten Weltkrieg Staat und Kirche getrennt wurden und die institutionelle Einbindung der Schüler in den Gottesdienst entfiel. Doch die Leiter vieler Singvereinigungen waren dieselben, die vor Ort ohnehin kirchenmusikalische Pflichten erfüllten: hauptamtliche Kirchenmusiker und Lehrer.[68] Und so prägte nun die breite Professionalisierung des Kirchenmusiker-Standes auch die Musikpraxis dieser neuen Ensembles: Letztlich war für die Lehrer-Organisten der Umgang mit älterer Musik (so weit, wie das »Erfurter« Repertoire einen solchen ermöglichte) ohnehin Normalität – nicht automatisch stilgerecht, aber differenzierter als in anderen Bereichen des Konzertlebens. Entsprechend sogen diese Kirchenmusiker nun auch ältere Vokalmusik auf: Werke, die in einer vier- und mehrstimmigen Besetzung direkt auf die Chöre ihres musikalischen Alltags zu verweisen schienen, also vor allem die Musik, die aus der Zeit zwischen der Reformation und dem Wirken Schütz' stammte.

1934, rund 50 Jahre nach Gründung des Kirchenchor-Dachverbandes, schuf Richard Gölz das *Chorgesangbuch* als neue, standardisierte Aktionsgrundlage für dieses Musizieren.[69] Der Inhalt wird liturgisch gruppiert (wie in einem Gesangbuch) und zudem mit einem Textregister erschlossen, nicht aber mit einem Verzeichnis der Komponisten. Das war beabsichtigt, denn laut Gölz handelt es sich um den »Versuch, einen Grundstock von Gesangsstücken zu einem musikalischen Kirchenbuch zusammenzustellen«.[70]

Das Resultat ähnelt also dem *Florilegium Portense* oder Johann Adam Hillers Motettenprojekt (ab 1776),[71] nur dass es eine klar historistische Ausrichtung zeigt: Es ist kein Querschnitt durch eine Gegenwartskunst (wie bei Hiller) oder gar ein Blick über den deutschen Sprach- und lutherischen Kulturraum hinaus (wie bei Bodenschatz). Das Repertoire war vielmehr auf der Basis der neueren Begegnung mit »Musik aus den ersten zwei bis drei Jahrhunderten der evangelischen Kirche« zusammengestellt worden.

Als Folge dieser Zielsetzung blieben drei kirchenmusikalische Teilfelder unberücksichtigt. Ein erstes war die zeitgenössische Musik; ferner wurden »von Meistern der großen Formen, Schütz und Bach« nur »mehrere schlichte Sätze« aufgenommen. Diese Einschränkung erfolgte aus Platzgründen; keineswegs wandte sich Gölz gegen diese Musik, die zumindest als Bach-Pflege aus dem Leben größerer Chöre nicht wegzudenken war. Schließlich aber fehlt Kirchenmusik des späteren 18. und des 19. Jahrhunderts; Gölz fordert zwar eigens dazu auf, sie nicht zu vernachlässigen, doch da dieses Repertoire nicht gleichermaßen kompakt zugänglich war, ließ sich dem Aufruf kaum folgen. Ohnehin bleibt dieser nur theoretisch; für Gölz war dieser Stil nebensächlich. Denn »die jungen schaffenden Kräfte der Gegenwart« bekannten sich ja ebenfalls zu dem Erbe der »altevangelischen Kirche«, und Gölz folgert, dass diejenigen Kirchenchöre »den Zugang zum zeitgenössischen Schaffen am ehesten finden werden, die durch die Schule der alten Musik hindurchgegangen sind«. Daraus folgt: Grundlage lutherischer Kirchenmusik ist für ihn (und seine Mitstreiter) der Stil des 16. bis 18. Jahrhunderts in kleineren, aber ausgeprägt chorischen Formen.

Um die Stilwelt, die Gölz damit anspricht, hatte es eben zuvor einen Machtkampf im jungen Dritten Reich gegeben; ihr standen Kirchenmusikvorstellungen der »Deutschen Christen« gegenüber, deren »Reichsverband evangelischer Kirchenmusiker Deutschlands« die von Gölz benannte Stilistik zugunsten eines aus der Spätromantik abgeleiteten Klangideals ablehnte. Diese letzteren Ziele wurden verdrängt; es ging jedoch auch der anderen Seite »überhaupt nicht darum, ob man positiv oder negativ zum Nazi-Staat und seiner Ideologie steht, sondern darum, wie Kirchenmusik in Zukunft stilistisch auszusehen habe«,[72] und zwar ausdrücklich als Stilrichtung von Neukompositionen, denen eine staatsbildende Bedeutung beigemessen wurde. So wurde der Stil der kirchenmusikalischen Erneuerungsbewegung, die sich in der Zeit nach 1920 formiert hatte, de facto dem Nationalsozialismus zur politischen Instrumentalisierung angeboten. Die Konstellation, die damit entstand, hat Wolfgang Herbst knapp so bilanziert: »Wir wissen heute, welche Komponisten damals als ›entartet‹ haben eliminiert werden müssen, damit die Kompositionen von Kurt Thomas, Ernst Pepping, Hugo Distler, Kurt Fiebig, Erwin Zillinger und anderen zur musikalischen Avantgarde der gesamten deutschen Musik werden konnten.« Führende Akteure der Richtungsentscheidungen haben sich, wie Herbst plausibel darstellt, auch in den Jahrzehnten nach Kriegsende einer Aufarbeitung verschlossen; dass diese Blockade über alle politischen Dimensionen der Vergangenheitsbewältigung hinweg auch diejenigen Stilfacetten diskreditierte, die eigentlich unpolitisch waren, sahen Personen wie Otto Brodde und Oskar Söhngen demnach nicht. Und so ist es eine eigene Herausforderung, Früchte dieser Kunstströmung wahrzunehmen – möglicherweise ausgehend von qualitätsvollen Werken, die ohnehin unbelastet wirken können wie *Vom Jüngsten Gericht* (1931) des politisch verfemten Günter Raphael. Dieser selbst zeichnete einen Weg dafür vor, wie neue Zugänge zu dieser Musik aussehen könnten:[73] mit der Orientierung seines (von den Nazis gleichfalls geächteten) Lehrers Arnold Mendelssohn (1855–1933) am Werk Schütz', die Paul Hindemith wie Kurt Thomas prägte, und der Musik von Heinrich Kaminski (1886–1946), der 1933 seine Lehrtätigkeit einstellen musste. Dessen 130. Psalm (von 1912) liegt noch vor den eigentlichen »neoklassizistischen« Strömungen, denen die »Erneuerungsbewegung« bisweilen zugerechnet wird. Sie selbst wäre mit jenem Etikett kaum glücklich gewesen, mit dem sich viel eher Stilelemente Igor Strawinskys seit etwa 1920 beschreiben lassen;[74] und so zeichnet sich ab, dass diese Chorpraxis (der später auch Rudolf Mauersbergers »Wie ist die Stadt so wüst« von 1945 angehört), anders beschrieben werden muss.

Jene kompositorische Neuproduktion richtete sich klar auf ein Laienmusizieren aus, zu dem auch Ensembles aus semiprofessionellen Sängerinnen und Sängern mit erheblicher interpretatorischer Gewandtheit oder Knabenchöre gehörten. Laien, wie Gölz sie primär im Blick hatte, wären durch die Musik der »Erneuerungsbewegung« weit überfordert worden. Und so teilen sich an dieser Stelle die Wege. Auf der einen Seite repräsentieren kirchliche Musikensembles einen Teil des allgemeinen Kulturlebens. Auf der anderen Seite können sie auch dezidiert Gruppierungen des Gemeindelebens sein, neben anderer Freizeit-, Bildungs- und Fürsorgearbeit. Der Unterschied darf in sich selbst keinerlei Wertung bedeuten: Für das kirchliche Selbstverständnis ist die Außenwirkung, die mithilfe semiprofessioneller Ensembles im »allgemeinen Kulturleben« möglich wird, unersetzlich; das aber mindert die Existenzberechtigung der kirchlichen Binnenarbeit nicht. Auch Gospel- und Posaunenarbeit ist »Musik im Namen Luthers«. Doch sie spielt sich zwangsläufig – von außen betrachtet – in einer Nische ab, in der es viel eher auf eine kirchliche Binnenkommunikation ankommt.

In diesem Sinne orientierte Gölz sich ausdrücklich »nach innen«. Zwar muss auch er den Kunstrang der kirchlichen Musik gesehen haben, doch er hielt ihn so klein wie möglich und schrieb: »Das Beste und Schönste an der alten Kirchenmusik sind die – Texte.«[75] Da er daraufhin die Chormusik seiner Zeitgenossen aus genau diesen Traditionen herleitete, sah er auch für sie den Textbezug als Ideal an. Das verweist dann auf spezifische, komplexe Probleme, die diesem Musikzugang anhaften. Sie ergeben sich nicht daraus, dass Musik sich historistischen Modellen verschreibt; dies steht einer kulturellen Wertschätzung ebenso wenig im Wege wie beim Umgang mit der preußischen Neugotik. Auch ein Textbezug kann in diesem Zugang einen Platz erhalten. Problematisch wirkt aber, dass diese beiden Aspekte zusätzlich verengt wurden: Es ging nicht nur um das Wiederbeleben historischer Kompositionstechniken in neuem Gewand oder um eine dominante, deklamatorische Textbehandlung, sondern darum, so zu komponieren, wie man sich den Textzugang der Komponisten zwischen Luther und Bach lediglich vorstellte: als Musik, deren übergeordneter Kunstanspruch es gewesen sei, der Textaussage zu dienen und sich ihr unterzuordnen. Das aber war eine Projektion, die es vor dem 19. Jahrhundert nicht gegeben haben kann: vor dem Aufkommen einer kirchlichen Gebrauchsmusik, die von der »Ästhetik des Kirchlichen« getragen war. Und so wird auch verständlich, dass diese Kirchenmusik sich von einem primär musikalisch konzipierten »Neoklassizismus« absetzt.

Schließlich ist die Orgelmusik in den Blick zu nehmen: ausgehend von Max Regers prominenter Überführung virtuoser, hoch expressiver Orgelkunst in einen großen konzertanten Rahmen und deren Spiegelung in auch weniger anspruchsvollen Werken (*Fünf leichte Präludien und Fugen* op. 56; *52 leicht ausführbare Choralvorspiele für die Orgel* op. 67). Sein Freund Karl Straube bemühte sich in der gleichen Zeit um eine möglichst orchestrale Wiedergabe der Orgelwerke Bachs. Gegen diese Kunst erhoben sich Abgrenzungsbestrebungen: in der »Orgelbewegung« seit den 1920er-Jahren dann mit einem völlig gewandelten Straube als einem der wichtigsten Fürsprecher.[76] Eine weitere Grundidee dieser Bewegung war, dass Orgeln nicht – wie sich dies vor allem im 19. Jahrhundert darstellte – gottesdienstliche Geräte seien, die den jeweils wechselnden liturgischen Bedingungen angepasst werden müssten; ihr historischer Wert ende ferner nicht bei der bildkünstlerischen Gestaltung der Gehäuse, die somit einen Beitrag zum äußeren Gesamteindruck eines Kirchen-Interieurs leisteten. Gerade auf den originalen Klang des alten Pfeifenmaterials komme es an. Dass dieses Denken mit einer »kirchlichen Musikästhetik« kollidierte, bedarf keines Kommentars, und die liturgische Standardfrage, wie ein solches historisches Instrument den Anforderungen eines »aktuellen« Gemeindealltags gerecht werden könne, zeigt die fortdauernden Spannungen.

So lassen sich, je weiter das 20. Jahrhundert voranschritt, vor allem drei Musikzugänge voneinander abgrenzen. Der eine ist der verbreiterte Umgang mit dem musikalischen Erbe des Luthertums. Hierbei steht der Kunstcharakter im Vordergrund; und bis in die Kirchen hinein ist diese Praxis – wie schon für das Bürgertum des ausgehenden 18. Jahrhunderts – geprägt von dem religiösen Erleben, das die Musik vermittelt. Das Repertoire, das hierzu genutzt wird, wirkt ebenso vielfältig wie der Zuspruch, den geistliche Musik auf diesem Wege findet; und der Zugang ist während des späteren 20. Jahrhunderts noch verbreitert worden, als die Vorbehalte gegenüber der Sakralkunst des 19. Jahrhunderts überwunden wurden – gegenüber der Neugotik ebenso wie gegenüber dem geistlichen Werk Mendelssohns. Diese Kirchenmusikkultur hat sich zudem ökumenisch und international geöffnet: »Katholische« Werke wie Musik der französischen Spätromantik sind auf diese Weise Teil eines umfassenden historisch-sakralen Repertoires geworden – auch für Lutheraner, denen in der Kirchenmusik eine Zeit lang die alte Internationalität abhandengekommen war, vermutlich seit dem ausgehenden 18. Jahrhundert.[77]

Das Internationale und Überkonfessionelle prägt ebenso einen zweiten Zugang aus: die Neukomposition geistlicher Musik. Denn welcher Glaubensrichtung ein Werk entsprungen ist, ist für das Musikleben der zweiten Jahrhunderthälfte nebensächlich geworden. Ein erstes, eigenes Segment dabei ist die Kunst französischer Organisten, die mit den Vokalkomponisten der lutherischen »Erneuerungsbewegung« gleichaltrig sind: Maurice Duruflé, Jean Langlais, Olivier Messiaen oder Jehan Alain. In der Ensemblemusik wurde zuerst Igor Strawinsky zu einer zentralen Persönlichkeit dieses Umgangs mit allgemein christlichem Erbe (auch dessen jüdische Wurzeln einschließend): von seiner Messe (1948 abgeschlossen) über Schlüsselwerke seiner seriellen Periode der 1950er-Jahre (*Threni*, 1958; *A Sermon, a Narrative and a Prayer*, 1961) bis hin zu *Requiem Canticles* von 1966. Ebenfalls 1948 wurde Frank Martins Oratorium *Golgotha* uraufgeführt. Benjamin Brittens *War Requiem* (1962) gehört diesem Repertoiresegment ebenso an wie *Volumina* für Orgel von György Ligeti (ebenfalls 1962) oder die geistlichen Vokalwerke von Krzysztof Penderecki (seit den Psalmvertonungen von 1958), etwas später ansetzend die beiden *Sacred Concerts* von Duke Ellington (1965/66) oder das geistliche Schaffen von Arvo Pärt (besonders seit dem auf Psalm 137 bezogenen, aber eigentlich textlosen »An den Wassern zu Babel«, 1976). Und nach dem Muster Brahms' sind unter ihnen auch Komponisten, die »nur ausnahmsweise ein sakrales Werk« schreiben.

Verglichen mit diesem weltweit ausstrahlenden Wirken hat die dritte Gruppe einen schwereren Stand: gezielt kirchliche Musik, die innerhalb der lutherischen Kirche geschaffen wird. Sie konzentriert sich – mit guten Gründen – auf den liturgischen Alltag und nicht zuletzt auf die Arbeit gemeindlicher Musikgruppen. Dass sich mit den Resultaten weitergehende künstlerische Ansprüche verbinden, ist zwar nicht ausgeschlossen, aber keine Grundvoraussetzung. Lassen sich Musikwerke aus diesem Kontext aber überregional verbreiten und verankern? Wäre es angemessen, aus den stilistischen Grundlagen dieser gemeindlichen Musikschöpfungen eine Referenzgröße dafür abzuleiten, was »Kirchenmusik« sei? Überspitzt formuliert: Wo könnte im pluralistischen westlichen Kulturleben noch der Sinn des Prädikats »Kirchenkomponist« liegen?

Ein Indikator dafür ist das »Neue Geistliche Lied«, für das die Evangelische Akademie Tutzing 1962 ihren ersten Wettbewerb ausschrieb. Mit dem ersten Platz belohnt wurde das Lied »Danke für diesen guten Morgen« von Martin Gotthard

Schneider, das im Folgejahr einen Platz in der deutschen Hitparade errang. Das gesamte Projekt war intendiert als Ausdruck eines Aufbruchs; Schlager der Zeit um 1960 sollten Orientierungsgröße dieses »Neuen Geistlichen Liedes« sein. Schlagerkultur jedoch wird typischerweise von Aktualität geprägt, also mittelfristig zugleich vom Überholt-Werden durch Neueres; ihre überzeitliche Sicherung fällt kulturell viel schwerer als die des Jazz oder der Rockmusik – oder der Musik der Beatles. Dennoch haben die sakralen Schlager-Abkömmlinge der 1960er-Jahre in der Kirche Bestandskraft erhalten, und zwar nach einem Standardverfahren: Zu den kulturellen Mechanismen einer Kirche gehört es, etwas dadurch vor dem Veralten bewahren zu können, dass es liturgisch kanonisiert wird – hier also im Gesangbuch. Und so stellt sich im Wechselspiel zwischen Gesangbuch und Schlagerkultur erneut die Frage, wie zukunftsfähig das Festhalten an einer eigenständigen kirchlichen Kunstästhetik ist: gesamtkulturell, über die Kirche hinaus.

Denn auch die ökumenisch-internationale Kirchenmusik ist eng mit der Kirche verknüpft (Pendereckis Lukaspassion wurde 1966 im Dom zu Münster uraufgeführt) und kann sogar im Gottesdienst einen Platz erhalten (wie manche Werke Pärts); dieses Anliegen spiegelt sich in dem aufsehenerregenden Prozess, den der Dirigent Klaus Martin Ziegler in Kassel 1965 mit einer »Woche für geistliche Musik der Gegenwart« begründete und 1971 zu einem Festival »neue musik in der kirche« fortentwickelte.[78] Doch eine Einbindung dieser Musik in die Liturgie fällt schwerer. Dies verdeutlicht ein Vergleich mit der Bildenden Kunst: Wie weit diese im frühen 21. Jahrhundert in das Kircheninnere vordringen kann, belegen die Glasfenster, die 2007 von Gerhard Richter für den Kölner Dom und von Neo Rauch für die Elisabethkapelle des Naumburger Doms geschaffen wurden. In eine Kirche eingebaut, sind sie zu Bestandteilen von Liturgie geworden. Wie aber könnte Vergleichbares in der Musikkultur aussehen?

So zeigt sich zunächst, dass die Probleme einer »kirchlichen Musikästhetik« ein volles Vierteljahrtausend geprägt haben. Unzweifelhaft war es eine der großen Fehlentscheidungen der jüngeren europäischen Kulturgeschichte, dass lutherische Theologen spätestens seit dem mittleren 18. Jahrhundert meinten, ihre ureigene Fachkompetenz auch zu einer Deutungshoheit über Kunst ausweiten zu können, anstatt sich auf den Mehrwert zu besinnen, der sich zuvor 250 Jahre lang für die Kirche aus der Professionalität von Nichttheologen ergeben hatte. Im Resultat führte dies zu einer Entfremdung nicht nur zwischen Kirche und Kunst allgemein, sondern auch zwischen einer Amtskirche (die es nach urlutherischem Verständnis eigentlich nicht gibt) und den Gläubigen (denen eine Mitwirkung in der »Priesterschaft aller Gläubigen« zukommt). Der Versuch weniger Theologengenerationen, hier Macht zu gewinnen, lag sonderbarerweise genau in derselben Zeit, in der die übrige Gesellschaft Künste in deren Eigenwert zu begreifen lernte: in der Dichtung (auch mit religiösen Botschaften wie in Lessings *Nathan der Weise*, 1779), mit Blick auf antike Skulpturen (besonders prominent vertreten seit 1755 von Johann Joachim Winckelmann) und in der Musik der sich langsam formierenden Konzertkultur.

Und darin schließt sich der Kreis dieses Kapitels. Denn die Versuche, für die Kunstentfaltung in der Kirche eine Ästhetik zu entwerfen, und die Reaktionen der

Musikpraxis darauf prägten die »Musik im Namen Luthers« in deren zweitem Vierteljahrtausend. Im Hinblick auf ihre Umsetzung haben sich im Lauf der Zeit die Akzente verschoben; der argumentatorische Rahmen jedoch blieb konstant. Außerhalb der Kirche unterlag die Musik einem allgemeinstilistischen Wandel; dieser erreichte das Musizieren innerhalb der Kirche nur in nachgeordneter Form, weil dort die »kirchliche Ästhetik« die Kunstentfaltung an zentraler Stelle mitbestimmte. Dies alles war zuvor anders gewesen: Aus der Kirche heraus war die Musikentwicklung maßgeblich geprägt worden.

Im Ergebnis lassen sich drei Bereiche benennen, in denen sich daraufhin »Musik im Namen Luthers« ergeben konnte. Auf den beiden Außenpositionen stehen eine rein kirchliche Binnenkommunikation und die konzertant-außerkirchliche Pflege von Musik mit geistlichen Inhalten (zuzüglich konzertanter Orgelmusik). Zwischen ihnen hat sich ein breiter Überlappungsbereich ergeben: Werke des Konzertrepertoires können punktuell auch eine liturgische Funktion übernehmen und ebenso kirchliche Ensembles auch mit Konzerten zentrale Beiträge eines örtlichen und überregionalen Kulturlebens leisten. Die Variante jedoch, dass sich jene dezidiert »innerkirchliche« Musik auch außerkirchlich bewähren könne, bleibt auf Einzelphänomene beschränkt, zu denen auch die kurze Hitparaden-Blüte des »Danke-Liedes« gehört. Diese Dreigliedrigkeit schiebt sich somit für eine Überblicksdarstellung vor anderes, auch vor die Epochengliederung der allgemeinen Musikentwicklung; die »kirchliche Ästhetik« hat hier eine zeitüberspannende Sortierfunktion übernommen. Sie also ist der Grund dafür, die von ihr geprägten Kulturströme hier in einem einzigen Kapitel zusammenzufassen.

Die Richtung, in die jene kulturell verengende Neupositionierung des Luthertums zielte, gereichte der Kirche zum Schaden; ein bisschen mehr Respekt gegenüber Dichtern, Vertretern der Bildenden Kunst und der Musik hätte manche Spannungen gar nicht erst entstehen lassen. Ziel durfte und darf nicht sein, Fachkompetenz auf ein angeblich kirchentaugliches Maß zu reduzieren, sondern konnte und muss umgekehrt sein, die ureigenen Potenziale der Künste so einzusetzen, wie sie sind: auch im kirchlichen Interesse. Das gilt ungebrochen: Greift ein Pfarrer, der als Hobby ein bisschen Gitarre spielt, in der Öffentlichkeit des Gottesdienstes zu diesem Instrument, hat er nicht verstanden, welche Bedeutung ein professionelles Musizieren für das Glaubensleben haben kann, und er riskiert, umfassend unglaubwürdig zu werden, was den Maßstab der eigenen Professionalität angeht. Wer die Gitarre als gottesdienstliches Musikinstrument einsetzen möchte, muss auch dafür einem Profi das Feld überlassen.

Bei kirchlichen Musikern hingegen ist, gegründet auf ihre spezifische Professionalität, eine eigengesetzliche Verkündigungsaufgabe gut aufgehoben. Sie tragen zentrale christliche Glaubensaussagen nach außen (Weihnachten, Passion, Ostern, dazu das Endzeitliche in den typischen Novemberwochen) und finden, indem sie dafür aus dem Reichtum des älteren oder jüngeren musikalischen Erbes schöpfen, vielfach mehr Publikum als der eigentliche Gottesdienst: Menschen, die sich diesen Botschaften aus allgemeinem kulturellem Interesse zuwenden, ebenso wie andere, für die das Kulturerlebnis Teil der »Freiheit eines Christenmenschen« ist. Für alle entsteht dabei mit musikalischer Hilfe zugleich ein eigenes Psalmverständnis, das von Schütz' »Herr, unser Herrscher, wie herrlich ist dein Nam in allen Landen« (aus den *Psalmen Davids*) ebenso getragen ist wie von Mendelssohns »Der Herr hat seinen Engeln befohlen über dir«. Und neben den Liedern Paul Gerhardts oder Matthias Claudius' stehen für diese Menschen auch, nicht konfessionell vorsortiert, ein »O Heiland, reiß den Himmel auf« des rheinischen Jesuiten Friedrich Spee oder »Lobe den Herren, den mächtigen König der Ehren« des Reformierten Joachim Neander. Wichtiger als der Text als solcher erscheint für all diese Zugänge die weiter gefasste Idee Luthers: Besonders leicht erreicht »das Wort« die Herzen in Verbindung mit Musik. Sie macht sich dem Wort nicht untertan, sondern dient ihm am besten, wenn sie sich von ihrer besten Seite zeigen darf.

Anmerkungen

Vorwort: Eine Standortbestimmung

1 Herbst W., *Luther*, S. 7 f.

2 Vgl. hierzu auch Krummacher, *Tradition*, S. 12.

3 Jahnke, *Borussifizierung*, besonders S. 166 f.

4 http://www.musicarussica.com/composers/peter-tchaikovsky.

5 Sato, *Disputationen*, S. 95 f., 105 f.

6 Synofzik, *Collegium aureum*, S. 68.

7 Insbesondere in der Auffassung von Rezitativik, die Haefliger gemeinsam mit Boris Blacher entwickelte; im Resultat ähnlich wie bei Steger, *Stölzel*, besonders S. 240–246.

1. »Ein neues Lied wir heben an«?: Musik in der Liturgie Luthers

1 Zum Folgenden Balder, *Rysum*, S. 45 und 51, sowie (zu St. Gallen) Nef, *Sicher*, S. 10 f. Zur Rolle in der Predigttätigkeit Figel, *Predigtgottesdienst*, S. 201–206.

2 Im Sinne der von Burckhardt, *Renaissance*, S. 4–7, dargestellten Rahmenbedingungen.

3 Im Überblick zur Breite der Überlieferung: Schlagel, *Josquin*, S. 335–355.

4 Mathesius, *Luther*, S. 227 f.: »Haec dicit Dominus« und »Circumdederunt me«.

5 WA TR Bd. 2, S. 11 f. (Nr. 1258). Eine differenzierte Interpretation bei Østrem, *Josquin*, zusammengefasst auf S. 74.

6 Vgl. insbesondere Herbst W., *Luther*, S. 9 – auch in Abgrenzung von Schillings (*Musik*, S. 137) Hervorhebung der Vorrede Luthers zu den *Symphoniae iucundae* Rhaus als »Summe seiner Musikanschauung«.

7 Luther, *ordenung*, fol. A iii verso.

8 Luther, *Vorrhede*.

9 Smend J., *Messen*, S. 260.

10 Boës, *Gottesdienste*, besonders S. 4–11.

11 Luther, *Messe*.

12 Titel hier nach *GB 1525 Enchiridion*.

13 *Teutsch Gesang*, unfoliiert; 2. Textseite unten.

14 Zu diesem Problemkreis Petersen, *Latin Mass*, besonders S. 37–39.

15 Luther, *Messe*, fol. G ii verso.

16 Sehling, *Sachsen*, S. 704.

17 *GB 1525 Zwickau*, fol. [A] verso – A ij verso.

18 Sehling, *Sachsen*, S. 704 f.

19 Sehling, *Sachsen*, S. 704.

20 Sehling, *Sachsen*, S. 705.

21 Wustmann, *Leipzig*, Bd. 1, S. 97.

22 Hindenlang, *Konstanz*, S. 27 f.; zur Einschätzung auch Figel, *Predigtgottesdienst*, S. 172.

23 *Melodeyen Gesangbuch*, Hamburg 1604, Vorrede, fol. A ii recto/verso.

24 Kolde, *Analecta*, S. 216–230. Ebenso Herbst W., *Gottesdienst*, S. 104–108 (mit deutscher Übersetzung).

25 Figel, *Predigtgottesdienst*, im Überblick S. 208, 211–214; im Anschluss daran jeweils ortsbezogen.

26 Zu dem Nürnberger Sonderfall dieser Praxis vgl. Graff, *Geschichte*, Bd. 1, S. 158.

27 Zum Beispiel *Buxheimer Orgelbuch*, Teil 2, S. 199–211; *Johannes von Lublin*, Bd. 1, S. 18–21, 29–31, 40–44, 56–80. Zur jüngeren lutherischen Praxis vgl. *Visby Organ Tablature*, S. 228–285 (d. i. Bd. 2).

28 Vgl. dort zur Gliederung der Sequenz und der Auswahl der Propriumsgesänge im Eisenacher Kantorenbuch, das wenige Jahre nach Musculus' Besuch entstand.

29 Von Musculus als »Herr Gott Vater, wohn uns bei« zitiert; bei Zahn Nr. 8507/8508 findet sich kein solcher (und vor allem: so früher) abweichender Textnachweis.

30 Sehling, *Sachsen*, S. 703.

31 Vgl. RISM B/I/1 (1960), S. 101–112 (1526–1534).

32 *GB 1530 Leipzig*, fol. F recto – F iij recto

33 Aus Wittenberg liegen zwar Repertoires vor, die auf liturgische Abläufe abgestimmt sind; da diese aber im Detail nicht rekonstruierbar sind, bieten sie nicht die erforderlichen Ansatzpunkte. Zu den Handschriften vgl. Steude, *Untersuchungen*, S. 105–108, ferner besonders Steude, *Musiksammelhandschriften*, S. 53–61, zu Mus. Gl. 5, aus Glashütte.

34 Im Überblick Schröder, *Cantorenbuch*.

35 Schwarz Lausten, *Wittenberg*, S. 36 f., 46–48.

36 Zu den Hintergründen Küster, *Ribe*.

37 Vgl. 5. Kapitel.

38 Zu seinem Wirken (mit umfassendem Verzeichnis der Drucke) vgl. Rost, *Thomasschule*.

39 Zu diesem »Neuen Wittenberger Repertoire« vgl. Steude, *Untersuchungen*, S. 105–107.

40 Küster, *Ribe*.

41 Vgl. Vorschriften für Halberstadt 1366/67 (Bormann, *Halberstadt*, S. 74 f.), St. Gallen (Nef, *Sicher*, S. 148 f.) und Buxtehude (offensichtlich erweiternde Stiftung zu einer bestehenden Fest-

gruppe; Küster, *Musikstadt*, S. 10–14). Damit konkretisieren sich Vermutungen bei Körndle, *Usus*, S. 100.

42 Sehling, *Livland…*, S. 152 f.

43 *Visby Organ Tablature*, S. 286–292 (d. i. Bd. 2). Die Aufteilung zwischen Gesang und Orgel ist anders als bei *Johannes von Lublin*, Bd. 1, S. 21–25, 31–35, 44–48; nochmals abweichend S. 81–84.

44 Küster, *Lüdingworth*, S. XI.

45 Am ausführlichsten hierzu Weismann, *Liederkunde*, S. 451.

46 Classen, *Forster*, besonders S. 40–46.

47 *GB 1525 Enchiridion*, S. 2.

48 *GB 1530 Leipzig*, fol. A ij.

49 *GB 1530 Leipzig*, fol. D iij.

50 Luther, *Vorrhede*, fol. A ij.

51 Zum Folgenden Severinsen, *Efterskrift* [4.–5. Textseite].

52 Lossius, *Psalmodia*; Elerus, *Cantica*.

53 Keuchenthal, *KirchenGesenge*.

2. Diesseitspflichten und Jenseitsaussichten: Was rechtfertigt »lutherische Musik«?

1 »Cantantibus organis illa in corde suo soli Domino decantabat dicens: Fiat Domine, cor meum et corpus meum immaculatum, ut non confundar«.

2 Zu all diesem vgl. MGG2S, Art. »Caecilia« (Reinhold Hammerstein; Bd. 2, Sp. 309 f.). Andeutungen auch bei Körndle, *Ausbreitung*, S. 28. Die Annahme einer manipulierten Rezeption (S. 26) der Legende wirkt hingegen – als Vorsatz verstanden – nicht stichhaltig; maximal ist von schlichten, zeitgebundenen Fehlinterpretationen auszugehen.

3 Rist, *Himmlische Lieder*, S. 109–173.

4 Pipping, *Musica*, S. 17; weiteres zu diesem Text siehe unten.

5 Zu Montbéliard und Anhalt vgl. Irwin, *Voice*, S. 14–16.

6 Friedhelm Krüger, Art. »Adiaphoristenstreit«, in: Walter Kasper (Hrsg.), *Lexikon für Theologie und Kirche*, Bd. 1, Freiburg u. a. 3/1993, Sp. 158.

7 Das Folgende nach Irwin, *Voice*, S. 14–16.

8 Vind, *Reflections*, S. 10, 16, 17.

9 Küster, *Jenseits*, S. 83 f. (mit Einzelabbildung); Küster, *Nordsee*, S. 24 f. (Bildfolge).

10 Zu diesem Gesamtkomplex Steiger, *Lüne*, S. 51 f., sowie in Kurzfassung Schilling, *Musik*, S. 143.

11 *Graduale Triplex*, Solesmes 1979, S. 683: Statio Prima, In Domo defuncti.

12 Walter, *Lob*, fol. C iij[v].

13 *Melodeyen Gesangbuch*, S. 378 f.

14 Vgl. Steude, *Hofmusik*, S. 68.

15 Valder-Knechtges, *Rynkeby*. Vgl. ferner Küster, *Jenseits*, S. 86 f.

16 Frick, *Musik-Büchlein*, S. 14–22; Zitat S. 21.

17 Hierzu grundlegend Havsteen, *Frick*.

18 Vgl. Koch, *Engel*; auch Braun L., *Orgelpredigt*. Zu den Themen Sato, *Disputationen*, S. 103–105.

19 Pipping, *Musica*; hierzu Küster, *Trauerpredigt*.

20 Pipping, *Musica*, S. 2.

21 Mithobius, *Münstermann*, fol. B ii verso (das anschließende Zitat: B iii recto). – Der Liedtext – mit anderer Melodie – als Nr. 402 im *Evangelischen Gesangbuch*.

22 Mithobius, *Psalmodia*, S. 376–394; S. 395–425.

23 Vor allem Kapitel 5, Vers 8 (»die vierundzwanzig Ältesten…, ein jeglicher hatte eine Harfe«) und Kapitel 15, Vers 3 (statt 2; »… und sangen das Lied des Mose, des Knechtes Gottes, und das Lied des Lammes…«). Rechts wird auf den 1. Thessalonicher-Brief verwiesen (Kapitel 4, Vers 16), eine Ankündigung der Auferstehung.

24 Zu diesem Traditionsprinzip Bunners, *Kirchenmusik*, besonders S. 23, 30, 39 f., 49 f.

25 In: Mithobius, *Psalmodia*, S. 412 f. Hierzu schon Küster, *Jenseits*, S. 82 f.

26 Wustmann (*Leipzig*, Bd. 1, S. 85–87) beschreibt Stiftungen dieser Art seit 1592. Die sprunghafte Zunahme an Stiftungen nach Calvisius' Amtsantritt (Maul, *Chor*, S. 35–38) muss in demselben Kontext gesehen werden.

27 Zu Ponickau vgl. https://de.wikipedia.org/wiki/Johann_Christoph_von_Ponickau. Geburtsdatum Ernestis nach BD II (S. 533).

28 Im Überblick Küster, *Funeral Music*; zu den Werken: Bach J. L., *Trauermusik*; Förtsch, *Unser Leben*; Österreich, *Plötzlich*; Österreich, *Unser keiner*; Österreich, *Wir haben nicht*.

29 Küster, *Gottorf*, besonders S. 43 f.; Küster, *Österreich*, S. 171, 178.

30 Zu den folgenden Kategorien vgl. Kipfer, *David*, S. 315–337, besonders S. 330–337.

31 Walter, *Lob*, fol. [B iv] recto.

32 Schütz, *Exequien*, S. LII.

33 Selderhuis, *Asylanten*, S. 86–90.

34 Die Türen heute in der Johannes-a-Lasco-Bibliothek in Emden; vgl. Küster, *Nordsee*, S. 23.

35 *GB 1540 Konstanz*; Figel, *Predigtgottesdienst*, S. 251. *GB 1545 Babst*: zuerst Lied, dann »etliche psalm, zu geistlichen liedern, deutsch gemacht« (bei Nr. 22), schließlich »lobsang« (bei Nr. 36).

36 Wackenroder / Tieck, S. 108.

37 Details zur folgenden Darstellung Küster, *Mozart*, S. 216.

3. Musikprofis – Musikamateure: Kantoren und Organisten, Lateinschüler und Adjuvanten

1 Wustmann, *Leipzig*, Bd. 1, S. 96. – Das Neue war die Figuralmusik; das Alternieren war schon von Valentin Otto eingeführt worden, allerdings nur für Choralgesang; vgl. hierzu das 5. Kapitel und Maul, *Chor*, S. 29.

2 Zu Leipzig: Richter, *Stadtpfeifer*, S. 36 f.; zu Stade vgl. Küster, *Schlöpke*, S. 174. Vgl. analog zu Weimar: Aber, *Pflege*, S. 143.

3 Krüger, *Hamburg*, S. 68–86, besonders S. 81–85.

4 Krüger, *Hamburg*, S. 75.

5 Luther, *Vorrhede*.

6 Kaae, *Hegelund*, Bd. 1, S. 58; zur Interpretation Küster, *Hegelund*, S. 7 f. (dänisch, mit Quellenzitat) und 12 f. (deutsch).

7 Luther, *Vorrhede*.

8 Zu diesen Strukturfragen bereits Küster, *Pfarrer*, S. 142–145 (mit weiteren Literaturangaben).

9 Mithobius, *Psalmodia*, S. 53.

10 Luther, *Haus-Postill: Der ander Teil*, Wittenberg 1544, fol. 98 recto (»Am heiligen Pfingstage«). Vgl. dazu auch: Kirchenamt der Evangelischen Kirche in Deutschland, *Rechtfertigung und Freiheit*, Gütersloh 4/2015, S. 73 f.

11 Blankenburg, *Walter*, besonders S. 310–327.

12 Calvisius, *Harmonia*, fol. 3 verso – 4 recto (das darauffolgende Zitat fol. 4 verso).

13 Küster, *Pfarrer*, S. 146.

14 WA TR 1, S. 396 (Nr. 816). Vgl. hierzu Østrem, *Josquin*, S. 61 f.

15 Küster, *Ebio*, S. 86; vgl. Junghans, *Bach*, S. 6.

16 Gumpelzhaimer, *Compendium*, Doppelseiten 43–74.

17 Zum Folgenden Küster, *Ebio*, besonders S. 76–86.

18 Zu den folgenden Überlegungen vgl. bereits Küster, *Pfarrer*, besonders S. 145–149.

19 Herbst J. A., *Musica*; Wustmann, *Leipzig*, Bd. 1, S. 108 f.

20 Pipping, *Musica*, S. 30.

21 Zitiert nach Meinecke, *Altenburg*, S. 37.

22 Werner A., *Musikgemeinschaften*, S. 7.

23 Werner A., *Geschichte*, S. 15–18.

24 Für die 14 verbleibenden kann Werner kein Gründungsdatum benennen.

25 Werner A., *Musikgemeinschaften*, S. 11–13; zur Leipziger Schulzeit vgl. Wustmann, *Leipzig*, Bd. 1, S. 96. Zu Weiterem vgl. das 5. Kapitel.

26 Jung, *Großfahner*; Voss, *Udestedt*.

27 Werner, *Musikgemeinschaften*, S. 20 f.

28 Seiffert, *Friedland*.

29 Landeskirchliches Archiv Hannover, Bestand N 48; die Quellen selbst heute in der Staats- und Universitätsbibliothek Göttingen.

30 Küster, *Trauerpredigt*, S. 84 f., 90–92.

31 Nyrop, *Lavsskraaer*, Bd. 1, S. 486–507.

32 Zit. nach Seiffert, *Friedland*, S. 144.

33 Seiffert, *Friedland*, S. 147.

34 Wustmann, *Leipzig*, Bd. 1, S. 102 f.

35 Vgl. speziell für Bach den Hinweis von Gottfried Lange nach der Kantorenwahl 1723 (BD II, Nr. 129, S. 95).

36 Küster, *Österreich*, S. 183 f.

37 Pipping, *Musica*, Rückseite des Titels; zur Identifizierung Küster, *Trauerpredigt*, S. 80–82; Küster, *Hadeln*, S. 40 f., sowie Küster, *Nordsee*, S. 30.

38 Küster, *Nordsee*, S. 30.

39 Sehling, *Sachsen*, S. 699.

40 Sehling, *Livland* ..., S. 512 f.

41 Küster, *Nordsee*, S. 32.

4. »Lobet den Herren mit Saiten und Orgeln«: Das Luthertum und die Orgelkunst im nördlichen Mitteleuropa

1 Praetorius, *Syntagma 2*, S. 94.

2 Praetorius, *Syntagma 2*, S. 97 f.

3 Vgl. Quoika, *Blockwerk*, S. 12.

4 Nef, *Sicher*, S. 16 und 147 f.

5 Praetorius, *Syntagma 2*, S. 114.

6 Zu Heinrich Traxdorf (Mainz) in St. Sebald in Nürnberg vgl. Quoika, *Blockwerk*, S. 18 f., zu Johann Francken aus Koblenz: Vente, *Brabanter Orgel*, S. 25 und öfter; ferner wäre nach einer Verbindung zwischen Liewen »Sweys« aus Köln, um 1454/55 und 1472/73 (ebd., S. 18) und Hans »Suys« aus Köln, 1509/10 (ebd., S. 25) zu fragen.

7 Dispositionen für Mittel- und Süddeutschland bei Quoika, *Blockwerk*, S. 20–29, für die Niederlande S. 32–39.

8 Spitta, *Bach*, Bd. 1, S. VI. Im Text selbst: »nordländische Orgelkünstler« (ebd., S. 195).

9 DWB, Bd. 27, Sp. 471: Art. »wagenschosz, wagenschott, wagenschusz«. Dort auch die folgenden Belege.

10 Erstmals hierzu Küster, *Mölln*, S. 100. Vgl. https://de.wikipedia.org/wiki/Rogalla_von_Bieberstein. Klärungen zum Altpolnischen verdanke ich Wilhelm Holzapfel, Hamburg.

11 Vgl. https://de.wikipedia.org/wiki/Białowieża-Nationalpark mit Verweisen auf einzelne Bäume.

12 Vgl. Rief, *Holzskulptur*, besonders S. 141 (1502 und 1505/06). Zu England vgl. DWB, Bd. 27, Sp. 471.

13 Balz, *Probezinn*, S. 151 und 153.

14 Edition: *Robertsbridge*; zur Einzigartigkeit bereits Wolf J., *Beiträge*, S. 14. – Zu Norrlanda, Sundre, Anga, Etelhem und Hejnum vgl. umfassend Wester, *Orglar*, S. 117–195; kurz zusammengefasst Quoika, *Blockwerk*, S. 16 f.

15 Küster, *Nordsee*, S. 31.

16 Zu den mitteldeutschen Kantoren in Schleswig-Holstein vgl. Küster, *Lateinlehrer*, S. 103 (1660–1730/50), zur Herkunft aus dem Land selbst S. 97 (1781).

17 Vgl. 8. Kapitel (Werner Fabricius, Heinrich Scheidemann, Dieterich Buxtehude).

18 Hierzu bereits Küster, *Fabricius (2)*, S. 67–69 (mit Karte).

19 Bugenhagen, *Stralsund*, S. 271 f.

20 Küster, *Sjælland*, S. 7 (Überblick) und 9 f.

21 Vgl. 8. Kapitel.

22 Landesarchiv Schleswig-Holstein, Abt. 113 Nr. 225 (Organist, Küster und Schule zu Elmshorn, 1659–1785): 22. und 23. 10. 1683; (andeutungsweise bereits Küster, *Umfeld*, S. 66).

23 Angaben nach: Erfurt, Predigerarchiv, Rechnungsbuch 1683/84, fol. 4 nach S. 46 (6. September: 8 Gulden 15 Groschen); die vorausgegangene Zahlung am 25. Juli ging an »Hrn Pachelbel Organist« (also nicht an einen Mittelsmann; 6 Gulden 18 Groschen).

24 Zu diesen Zusammenhängen bereits Küster, *Beethoven*, S. 20–22.

25 Engelbrecht, *Kassel*, S. 19 f.; Luth, *Gemeentezang*, S. [2], These 7; Figel, *Predigtgottesdienst*, S. 214.

26 Eindrucksvoll zu den Bedingungen: Flüeler, *Stadtluft*, insbesondere S. 289–299 (Nahrungsmittel) und S. 351–364 (Versorgung und Entsorgung; zu den Schweinen S. 352).

27 Kohl, *Marschen*, Bd. 3, S. 38–40.

28 Exemplarisch für Schleswig-Holstein: Kohl, *Marschen*, Bd. 1, S. 299, sowie die Einzelnachweise in Achelis, *Studenten*; sowie fürs Elbmündungsgebiet Allmers, *Marschenbuch*, S. 163 und 166.

29 Insofern abweichend von der Sicht, in den Marschen habe das Fehlen von Adel und städtischem Bürgertum als Auftraggeber von Kunstwerken eine autochthone Kunstproduktion erst sehr spät entstehen lassen (Müller, *Kunst*, S. 438 und Bildlegende S. 440). Auch die dort angesprochenen kirchlichen Auftraggeber waren die Landwirte.

30 Kohl, *Marschen*, Bd. 3, S. 115 f.

31 Kaufmann, *Ostfriesland*, S. 167 f.

32 Beninga, *Cronica*, Bd. 1, S. 882.

33 Küster, *Nordsee*, S. 6 und 12.

34 Zum Folgenden Küster, *Nordsee*, S. 8 f.

35 Als exemplarischer Überblick: Küster, *Nordsee*, S. 18 f.

36 Küster, *Nordsee*, S. 10.

37 Küster, *Eiderstedt*, S. 21.

38 Küster, *Nordsee*, S. 10 und 21.

39 Landeskirchliches Archiv der Ev.-Luth. Kirche in Norddeutschland, Bestand Wöhrden Nr. 292 (Zustand 1788; aus der umfassenden Überlieferung ist nicht erkennbar, dass es je grundlegende Erweiterungen gegeben hätte).

40 Praetorius, *Syntagma 2*, S. 180.

41 Küster, *Scheidemann*, S. 100–105.

42 Zitat: Neocorus, *Chronik*, Bd. 2, S. 317. Zum Folgenden Küster, *Hadeln*, S. 36 f.

43 Küster, *Hadeln*, S. 45.

44 Küster, *Schmedeke*. Zu Lüdingworth vgl. 2. Kapitel.

45 Vgl. vor allem *Visby*.

46 Küster, *Nordsee*, S. 28.

47 Lübben, *Neuenhuntorf*, S. 35.

48 Küster, *Exegese*, S. 26 f.; Küster, *Nordsee*, S. 26.

49 Vlagsma, *Orgels*, S. 239.

50 Zum Folgenden Jürgens, *Psalter*, bei Anm. 9 (Luther) und 14 (Augsburg 1538).

51 Schilling, *Musik*, S. 134.

52 Zu Davantès vgl. Pidoux, *Psautier*, S. VIII–X, sowie Grove Music Online, Art. Davantes (Frank Dobbins). Vgl ansonsten Jürgens, *Psalter*, bei Anm. 33.

53 Zum Folgenden Vlagsma, *Orgels*, S. 347–350; Küster, *Nordsee*, S. 28.

54 Küster, *Nordsee*, S. 22 (zu Middelstum im Groninger Land, 1617).

55 Jongepier, *Noord-Holland*, S. 22.

56 Luth, *Gemeentezang*, Wiedergabe des Textes (1631) auf S. 423–433. Im Überblick auch Luth, *Gemeindegesang*, S. 428–431.

57 Jongepier, *Noord-Holland*, S. 17.

58 Der Begriff bei Bunners, *Crüger*, S. 37. Vgl. ansonsten 1. Kapitel.

59 Vgl. 7. Kapitel.

60 Küster, *Nordsee*, S. 37.

61 Küster, *Umfeld*, S. 39. Vgl. ferner *Visby*.

5. »Florilegium Portense«: Warum die lutherische Musiktradition nicht in Luthers Zeit zurückreicht

1 Im Folgenden zu den konfessionellen Entwicklungen vgl. TRE, Art. »Kryptocalvinismus« (Helmar Junghans; Bd. 20, besonders S. 125–127).

2 Zu den Ereignissen und zur Datenfolge bereits Weber, *Anna*, S. 376–384 (1572–1580).

3 Altner, *Calvisius*, S. 8–10.

4 Vgl. 7. Kapitel.

5 Steude, *Untersuchungen*, S. 98: sieben Manuskripte eines einzigen Kopisten.

6 Zum Begriff, seiner Definition und der Rolle Stoltzers umfassend Steude, *Untersuchungen*, S. 105–108; »neu« suggeriert jedoch etwas anderes als den Konservatismus, der dem Repertoire anhaftet.

7 Steude, *Musiksammelhandschriften*, S. 33–35 (Mus. 1/D/501, unklare Provenienz, um 1560), S. 41–44 (Mus. 1/E/24, unklare Provenienz, um 1570), S. 85–87 (Mus. Gri 51, Grimma, um 1570/80) und S. 90 f. (Mus. Gri 53, Grimma, um 1560/75).

8 Nicht identisch mit dem gleichnamigen Pfarrer in Schneeberg (Erzgebirge); zu diesem WA Briefe 7, S. 122 f.

9 Zur Biographie Brusniak, *Identifikation*.

10 Vgl. z. B. Steude, *Musiksammelhandschriften*, S. 41–44 (Mus. 1/E/24).

11 Die Beschreibung bei Schröder, *Cantorenbuch*, ist fehler- und lückenhaft; vor allem werden bei ihm zahlreiche Alleluja-Gesänge nicht von den zuvor eingetragenen Introitus unterschieden.

12 *Graduale triplex*, Solesmes 1979, S. 526.

13 Dieses das folgende Zitat und dasjenige Himmels (1620) nach Rollberg, *Kantorenbuch*.

14 MGG2S, Art. »Florilegium Portense« (Axel Beer; Bd. 3, Sp. 558); zu Details siehe unten.

15 Zu Meißen bzw. Figulus als exemplarischer Schule bzw. exemplarischem Kantor: Heidrich, *Meissen*; auch im folgenden Absatz. Zu den Wirkungsdaten vgl. Vollhardt / Schulze.

16 Heidrich, *Meissen*, S. 108 f.

17 Steude, *Musikhandschriften*, besonders S. 85–87 (Mus. Gri 51) und 90 f. (Mus. Gri 53), die aus Meißen nach Grimma gelangten.

18 Vgl. etwa Steude, *Musikhandschriften*, S. 76–91 (jeweils in den einleitenden Quellenbeschreibungen).

19 RISM A/I: F 727.

20 Steude, *Grimma*, S. 203 (Überblick über die Drucke) und 204 (Provenienz). Ob die Drucke der 1580er-Jahre gleich nach Erscheinen (oder erst in den 1590er-Jahren) angeschafft wurden, sagen die Angaben nicht.

21 Vormbaum, *Schulordnungen*, S. 256. Hierzu bereits Küster, *Pfarrer*, S. 148 f.

22 Held, *Kreuzkantorat*, S. 244/251 (Kantor 1540/42), 255/260 (Selner, Lando), 263 (Figuralpflicht 1577), 271 f. (Füger), 275 (Köler).

23 Steude, *Musiksammelhandschriften*, S. 41–44 (Mus. 1/E/24) und S. 53–61 (Mus. Gl. 5).

24 Maul, *Chor*, S. 29.

25 Zu den Detailangaben Wustmann, *Leipzig*, Bd. 1, S. 111 f., ferner S. 118–122. Der Nachlass Hegers ist in seiner dokumentierten Form bibliographisch schwer aufzuschlüsseln, spiegelt jedoch ohnehin die Stilwelt vor 1564.

26 Held, *Kreuzkantorat*, S. 280, 290, 294, 297.

27 Maul, *Chor*, S. 39 (dort nur mit Blick auf das Thomaskantorat).

28 Heinemann, *Schriftstücke*, Nr. 54, S. 144.

29 Calvisius, *Harmonia*, fol. [Q 8] recto.

30 Küster, *Nordsee*, S. 43. Zu seinem Werkverzeichnis vgl. Rubardt, *Kamenz*, S. 13.

31 Zu ihr Wustmann, *Leipzig*, Bd. 1, S. 144–149.

32 Vente, *Brabanter Orgel*, S. 133 (Oelsnitz), 159 f. (Dresden). Zu den Orgeln in Schellenberg und Bayreuth vgl. Flade, *Rottenstein-Pock*, S. 16 und 19.

33 Zu Leipzig vgl. Wustmann, *Leipzig*, Bd. 1, S. 146–148.

34 Zur Herkunft (nicht aus Großenhain) vgl. Aumüller, *Beck*, besonders S. 8 und 13. Vgl. ferner Werckmeister, *Gröningen*.

35 Fehlt im Expl. der Bayerischen Staatsbibliothek München (http://stimmbuecher.digitale-sammlungen.de/view?id=bsb00078546). Zitiert nach Riemer, S. 56 (dt.) bzw. Wustmann, *Leipzig*, Bd. 1, S. 377 (lat.).

36 Riemer, *Bodenschatz*, besonders die Inhaltsübersichten auf S. 107–117.

37 Grove Music online, Art. »Bischoff, Melchior« (Franz Krautwurst).

38 Vgl. insbesondere Agazzari, *Sonare*, S. 11.

39 Hierzu – wie im 1. Kapitel – Østrem, *Josquin*, S. 74.

40 So nach Grove Music online, Art. »Palestrina« (Lewis Lockwood u. a.).

41 Grove Music online, Art. »Borromeo, Carlo« (Lewis Lockwood und Noel O'Regan). Vgl. im Detail Lockwood, *Ruffo*.

42 Böcklin, *Beyträge*, S. 115–117 (Zitat S. 116).

43 Viadana, *Concerti*, S. 126.

44 Haack, *Viadana*, Bd. 1, S. 11 f.

45 Rose, *Purification*.

46 Auch vorhanden in der Privatsammlung des Pfarrers Sebastian Fleischmann in Udestedt, vgl. Voss, *Udestedt*, S. 33 und 46 f. – vermutlich also noch nicht als Teil einer Adjuvantenkultur.

47 Nach wie vor grundlegend: Kerman, *Madrigal*, besonders S. 39–72. Das gesamte Textrepertoire in: Obertello, *Madrigali italiani in Inghilterra*, Mailand 1949.

48 Irwin, *Voice*, S. 15.

49 Fontana, *Engelshand*, besonders S. 77. Zum Gesamtthema auch Küster, *Death*.

50 Kunde, *Freiberg*, S. 32–34.

51 Moths, *Exempla*, S. 225.

52 Moths, *Exempla*, S. 227.
53 Allgemein hierzu auch Steude, *Grimma*, S. 204.
54 BD II, Nr. 170, 271 und möglicherweise 407. Zum liturgischen Gebrauch Schering, *Kirchenmusik*, S. 121–125. Zu Hiller vgl. das 10. Kapitel, zur Situation um 1800 vgl. MGG2S, Art. »Florilegium Portense« (Axel Beer; Bd. 3, Sp. 558). Zur Neuanschaffung durch Johann Schelle vgl. Richter, *Stadtpfeifer*, S. 38.

6. Kirchenmusik und Glaubenspolitik: Heinrich Schütz im Dreißigjährigen Krieg

1 Zeller, *Hesse*, S. 21–28.
2 Zu Luzzaschi vgl. Newcomb, *Ferrara*, Bd. 1, S. 63; zu Lasso vgl. Leuchtmann, *Lasso*, besonders S. 11 (Hartmut Schaefer) und 21 (Katharina Urch).
3 BD II Nr. 84.
4 Hoë, *Taufpredigten* (zu allen drei Taufen).
5 Moser, *Schütz*, S. 82; zu den Quellen vgl. S. 79–82.
6 Hoë, *Predigt*, S. 3.
7 Möller, *Jahr 1617*.
8 Hoë, *JubelFrewde*; die Vorbereitungspredigten über Psalm 27.
9 Hoë, *JubelFrewde*, B ij verso.
10 Praetorius, *Syntagma 3*, S. 201; vgl. ferner Vogelsänger, *Festmusiken*, S. 98.
11 Vgl. die Angaben bei Vogelsänger, *Festmusiken*, S. 106–108; überall dort, wo in der Argumentation ein Potentialis im Spiel ist, lässt sich mit gleicher Berechtigung auch annehmen, dass ein anderes Stück gemeint ist. Dasselbe gilt für so Allgemeines wie die Liedbearbeitungen »figuraliter mit der Gemeine«.
12 Entsprechend den späteren Postkursen. Vgl. Johann Baptist Homann, *Neu vermehrte Post Charte durch gantz Teutschland*, Nürnberg 1709 (http://www.archive.nrw.de/LAV_NRW/jsp/findbuch.jsp?archivNr=1&verzguid=00001Vz_3ced9012-11ca-4f8a-9a5d-1c44f7ff7dda). Später (1788; https://www.swissbib.ch/Record/123678293?expandlib=IDSBB-B400) ist eine Verbindungspost zwischen Jena und Gera vorgesehen, die aber nicht in östlicher Richtung fortgesetzt wurde.
13 Geier, *Arbeit*, fol. [F iv].
14 Im Überblick Küster, *Venedig*, S. 13–40.
15 Engelbrecht, *Kassel*, S: 19 f.
16 Zu einer deutlich früheren Form außerhalb Venedigs (Jean Roussée, gedruckt 1535) vgl. Carver, *Cori spezzati*, Bd. 1, S. 56 f., Bd. 2, S. 13–25.
17 Küster, *Schütz und die Orgel*, S. 14 f. Zu Regensburg vgl. Bunners, *Crüger*, S. 17.
18 Weiße, *Assaph*, fol. 2v.
19 Guggumos, *Mottecta*.
20 Weiße, *Assaph*, fol. 2v.
21 Hierzu schon Küster, *Schütz und die Orgel*.
22 Weiße, *Assaph*, fol. [4]r.
23 Schmalzriedt, *Gabrieli*, besonders S. 207–211. Küster, *Venedig*, S. 129–149 (Resümee S. 149).
24 Weiße, *Assaph*, fol. 3r.
25 Eggebrecht, *Schütz*, S. 10 f. (er leitet den Textbezug aus der »evangelische[n] Kantoreitradition« her).
26 Ruhnke, *Burmeister*, besonders S. 135–138 (ohne Hinweis auf italienische Musik).
27 Ruhnke, *Burmeister*, S. 138.
28 Pedersøn, *Libro secundo*.
29 Zur Definition des Satzprinzips Siegele, *Cruda Amarilli*; Leopold, *Schütz*, besonders S. 45.
30 Vor allem in »Dunque addio, care selve« SWV 15. Keinesfalls legitimierbar im traditionellen Sinne sind das Flackern zwischen *f* und *fis* (T. 2); im Sinne Giovanni Maria Artusis, des zentralen Monteverdi-Kritikers, wären die »sospiri« in T. 9 satztechnisch falsch (das *b* des Canto wird nicht korrekt nach *a* aufgelöst, sondern geht in der »sospiri«-Figur auf; ebenso T. 11, Alto, *b*). Schließlich ist T. 34 »verderbt« (zum Wort »dolente«): Das *e* des Tenore tritt völlig kontextfrei ein; stünde an seiner Stelle aber ein korrektes *d*, handelte es sich um verbotene Quintparallelen zum Canto. Insofern relativieren sich die Beobachtungen bei Leopold, *Schütz*, S. 45.
31 Zu Monteverdis diesbezüglicher Textbehandlung vgl. Hammerstein, *Form*; weitergehende Techniken ab dem 7. Madrigalbuch (ebd., S. 24–30). Zu Schütz Küster, *Venedig*, S. 150–164.
32 Die Sicht, Schütz habe sich in Venedig »in sein madrigalisches Schneckenhaus verkrochen« (so Leopold, *Schütz*, S. 47), ist daran gebunden, das Lernziel mit dem Madrigalbuch gleichzusetzen.
33 Möller, *Jahr 1617*, S. 73.
34 Zitiert nach Möller, *Jahr 1617*, S. 70 f.
35 Moser, *Schütz*, S. 76 f.
36 Lehmann, *Trauergedicht*, fol. A2 recto.
37 Breig, *Editionsgeschichte*, S. 238.
38 Mattheson, *Ehren-Pforte*, S. 75.
39 Zum Folgenden Herbst W., *Festpredigten*; Heidrich, *Cantiones sacrae*; Küster, *Psalmen Davids*; Küster, *Symphoniae Sacrae II*, S. X f.
40 Kobuch, *Sagittariana*, S. 89.
41 Zitiert nach Moser, *Schütz*, S. 83 (25. Januar 1619).
42 Nachruf Hoë von Hoënegg, vgl. Moser, *Schütz*, S. 92.

43 Zu allen diesen Nachweisen Moser, *Schütz*, S. 94 f. Zu Frankfurt (Juli 1619) vgl. Heinemann, *Schriftstücke*, Nr. 16, S. 75.

44 Zum Folgenden Küster, *Konzert*, S. 15–18. Praetorius, *Syntagma 3*, S. 4 f.

45 Steude, *Schütz-Ermittlungen*, S. 58 (Pirna, 14. Februar 1630).

46 Heinemann, *Schriftstücke*, Nr. 20 und 21, S. 84–86.

47 Zum Forschungsstand: Rothmund, *Reime*, besonders S. 47–49 (und vorausgehende Literaturübersicht); vgl. ferner Steude, *Oper.*

48 Heinemann, *Schriftstücke*, Nr. 51, S. 138.

49 Heinemann, *Schriftstücke*, Nr. 53, S. 141. Hierzu bereits Küster, *Venedig*, S. 259.

50 Steude, *Psalmkonzert*, besonders S. 152 f.

51 Wade, *Christian.*

52 Zu den Überlegungen in diesem Absatz vgl. Heidrich, *Cantiones sacrae.*

53 Heinemann, *Schriftstücke*, Nr. 54, S. 144.

54 Lohmeier, *Augusta*, S. 21 f.

55 Nicht »Altist«; diese Bezeichnung wurde für einen anderen (männlichen) Sänger verwendet, vgl. Küster, *Symphoniae Sacrae II*, S. IX, Anm. 23. – Drei Werke Fontanas bei Moe, *Trafik*, Bd. 2, S. 270–278.

56 Frandsen, *Allies*, besonders S. 14–16.

57 Frandsen, *Allies*, S. 21.

58 Przybyszewska-Jarmińska, *Schütz*, S. 25.

59 Zu den Vorgängen Fiedler, *Bremen und Verden*, S. 175–178, sowie zu 1631 Steude, *Psalmkonzert.*

60 Dazu primär – später in den *Kleinen geistlichen Konzerten II* – »Ich ruf zu dir, Herr Jesu Christ« SWV 326; zu beiden Stücken Steude, *Schütz-Ermittlungen*, S. 44 f. und 47. Zum Inhalt des Bandes vgl. Steude, *Musiksammelhandschriften*, S. 180–183.

61 Glahn, *Clausholm*, S. 16 und 26–29.

62 Fürstenau, *Geschichte*, S. 360.

63 In Weimar mindestens 27; vgl. die Aufstellung bei Möller, *Noteninventare*, S. 64 f.; zu den Werken in Kassel vgl. Küster, *Kassel*, S. 74.

64 In der gedruckten Fassung deutlich intensiviert, also als Zutat zum »Pirnaer« Urbestand; zu Details vgl. Küster, *Venedig*, S. 261–265, sowie die Notenbeispiele bei Steude, *Schütz-Ermittlungen*, S. 48 und 53.

65 Wustmann, *Leipzig*, Bd. 1, S. 108 f.; vgl. auch 3. Kapitel.

66 Frandsen, *Allies.*

67 Aber, *Weimar*, S. 146; ferner Przybyszewska-Jarmińska, *Schütz*, S. 24.

68 Zu seiner Reiseroute 1633: Wade, *Christian*, S. 56; vgl. auch Förtsch, *Unser Leben*, Vorwort, S. 7. Die beiden jüngsten Söhne Johann Georgs I., Christian und Moritz, heirateten 1650 zwei Töchter Herzog Philipps von Schleswig-Holstein-Glücksburg, der mit dem Gottorfer Herzog Friedrich III. nur entfernt (über den vorreformatorischen dänischen König Frederik I. als gemeinsamem Urgroßvater) verwandt war.

7. »Lasset uns den Herren preisen«: Das Luthertum nach 1648 und das Lied

1 Bunners, *Gerhardt*, S. 40.

2 Daten im Folgenden nach Schmidt, *Krieg*, S. 91 f.; weitere Detaildaten bei Herbst W., *Frieden*, S. 17 f.

3 Bunners, *Crüger*, S. 27.

4 Vgl. Enzensberger, *Gryphius*, S. 63; hierzu bereits Küster, *Förtsch*, Bd. 1, S. VIII.

5 Zum Folgenden Küster, *Gottorf*, S. 33 f.

6 Als Desiderat formuliert in Krummacher, *Tradition*, S. 13 f.

7 Heinemann, *Schriftstücke*, Nr. 74, S. 182–185 (9. 2. 1633).

8 Heinemann, *Schriftstücke*, Nr. 73, S. 174–181 (6./16. 2. 1633).

9 Wade, *Christian*, S. 55 f.

10 Fock, *Hamburgs Anteil*, S. 344–352, ergänzt durch die Ermittlungen bei Schröder, *Orgelgeschichte*, S. 30–33, und Grapenthin, *Catharinen Organ.*

11 Heinemann, *Schriftstücke*, Nr. 29, S. 98 f. (30. 12. 1624).

12 Analog zu den auf Buxtehude bezogenen Überlegungen bei Ortgies, *Orgelstimmung*, S. 205 f., zur Diskrepanz zwischen Notation und Spieltechnik S. 240 f. sowie umfassend S. 259–268.

13 Zu Cernitz' Fragment in Jever vgl. https://opac.rism.info/search?id=00000990001728; zu Scheidemanns Konzerten, die er 1662 in Otterndorf »voce sola in die Orgel« singen ließ, vgl. Mithobius, *Psalmodia*, S. 377.

14 Küster, *Sjælland*, S. 7 und 9 f.

15 Küster, *Nordsee*, S. 22.

16 Vgl. auch 4. Kapitel. Zu den Daten Küster, *Nordsee*, S. 21; Küster, *Eiderstedt*, S. 24.

17 Zu den Daten Schauenburg, *Kirchengeschichte*, S. 276–278 (Stollhamm), 281 f. (Eckwarden, Tossens), 284–286 (Langwarden, Burhave), 288 f. (Blexen), 293–296 (Rodenkirchen, Golzwarden). Zu Langwarden vgl. auch Küster, *Nordsee*, S. 42.

18 Zu Golzwarden und Eckwarden Schauenburg, *Kirchengeschichte*, S. 279, 281; zu Blexen vgl. Niedersächsisches Landesarchiv – Standort

Oldenburg, Best. 73 Ab Nr. 9, fol. 61, zu Burhave vgl. Küster, *Nordsee*, S. 33.

19 Böcker, *Altenbruch*, S. 28.

20 Küster, *Scheidemann*, S. 107–110.

21 Zu diesen Widmungen vgl. Braun W., *Oldenburg*, S. 5 (Mithobius) und 11 f. (Rubert).

22 Zu Borstel vgl. Küster/Tegtmeyer, S. 50 f. sowie 4. Umschlagseite (Komplettreproduktion), zur Steinkirchen-Rezeption besonders S. 72 f.

23 Rist, *Schauplatz*, S. 269 f. (Zitat S. 270).

24 Hierzu ausführlich Küster, *Rist*, besonders S. 85–90.

25 Vgl. Leopold, *Chiabrera*.

26 Küster, *Rist*, S. 132–134.

27 Vgl. Rist, *Himmlische Lieder*.

28 Heinemann, *Schriftstücke*, Nr. 54, S. 144 f.

29 Rist, *Neue himmlische Lieder*.

30 Vgl. Selle, *Arien*, S. 32 f.

31 Küster, *Flor*.

32 *GB 1637 Lüneburg*.

33 Zum Folgenden Bunners, S. 39–45.

34 Zu diesen vgl. Rosenberger, *Crüger*; für die *Praxis pietatis melica* vgl. die Ausgabe von 1653.

35 Hierzu und zum Folgenden Krummacher, *Choralbearbeitung*, S. 34; dort auch das Crüger-Zitat von 1657/58.

36 Zu Briegels *Herrn Pfarrer Johann Samuel Kriegsmanns evangelisches Hosianna* (Frankfurt 1677) und *Iohann-Georg Braunens … Cithara Davidico-Evangelica* (Gießen 1685) in ihrer liturgischen Verwendung vgl. Küster, *Musikstadt*, S. 46–48 und 78–86.

37 Rosenberger, *Crüger*, S. 145–148; Crüger, *Praxis*, S. 319 (Rist) und 450 (Gerhardt).

38 Zu Rists eigener Fortentwicklung seines Gedicht-Baumusters vgl. Selle, *Arien*, S. 9 und 28 f.

39 Vgl. die Textsynopse in Rist, *Himmlische Lieder*, S. 495–498 (nur in den Strophen 10 und 11 über den Bibeltext hinausgehend).

40 Ohnehin zuerst in mehrstimmiger Gestalt publiziert, vgl. Bunners, *Crüger*, S. 71.

41 Der Begriff bei Bunners, *Crüger*, S. 37; wie 4. Kapitel.

42 Zu diesen vgl. Küster, *Kein geistliches Lied*, S. 432–434.

43 Zur Autorschaft Speners vgl. Bunners, *Crüger*, S. 122; dort auch das nachfolgende Zitat.

44 Erstmals unter Verwendung dieser Begriffe dargestellt bei Krummacher, *Überlieferung*, S. 29–31; die Gattungspotenziale (die im Folgenden dargestellt werden) waren noch nicht absehbar: Sie setzen die Erforschung der italienischen Aria (Leopold, *Orfeo*) und des Dresdner Umfelds (Frandsen, *Boundaries*) voraus.

45 Zu diesem Sachverhalt in der Aria Caccinis – ohne weitergehende Tragweite für Mitteleuropa – vgl. bereits Kretzschmar, *Lied*, S. 6. Zu *L'Orfeo* vgl. Leopold, *Monteverdi*, S. 113–115.

46 Bernhard, *Trauermusik*.

47 Frandsen, *Boundaries*, S. 229–244 (besonders S. 233). Zu den biographischen Daten vgl. Grove Music online.

48 Zur Wirkungsgeschichte vgl. Gille, *Heidenreich* (mit kompletter Textübersicht im Anhang).

49 Zu Fontana vgl. Frandsen, *Allies*, S. 22–25 und 38 f.; Eindrücke der Begegnungen mit modernster italienischer Musik prägen ferner Bernhard, *Kompositionslehre*.

50 Österreich, *Plötzlich*.

51 Zu diesem zuletzt im Überblick: Küster, *Church Cantata*, S. 347.

52 Vgl. https://opac.rism.info/search?id=455033791 (Satz 1.5.1–1.9.1; das letzte Textincipit verderbt).

53 Rosand, *Venice*, S. 245–280.

54 Landeskirchliches Archiv der Ev.-Luth. Kirche in Norddeutschland, Bestand Kotzenbüll Nr. 4; Bestand Tating Nr. 127 (1691).

55 Gerber, *Historie*, S. 256.

8. »Da sprach Jesus …«: Evangelium und Kirchenkantate

1 Heinemann, *Schriftstücke*, Nr. 72, S. 173–176 (23. 4. 1632).

2 Küster, *Symphoniae Sacrae II*, S. XVI f.

3 Zum Schreiber und zum Inhalt Silbiger, *Autographs*, S. 125 f., 130–135. Zur Herkunft der Sammlung Moe, *Trafik*, Bd. 1, S. 141–147 (zur Herleitung S. 144 f.).

4 Frandsen, *Allies*, S. 12–16 und 30.

5 Frandsen, *Boundaries*, S. 6–8.

6 Zu dieser Kausalbeziehung bereits Moser, *Schütz*, S. 171.

7 Leopold, *Monteverdi*, S. 306 f.

8 Herbst J. A., *Musica*.

9 Zum Folgenden vgl. Beaussant, *Lully*, S. 46 und 51. Ferner Frederic Hammond, in: MGG2P, Art. »Barberini, Barberino, Familie« (Frederic Hammond, Bd. 2, Sp. 189–192), und MGG2P, Art. »Mazarin, Jules« (Joachim Steinheuer, Bd. 11, Sp. 1418 f.).

10 Zu den nachfolgend genannten musikalischen Aspekten Kjellberg, *Sverige*, Bd. 1, S. 111–114, zu denen der Bildenden Kunst Brummer, *Minerva*, S. 79–84.

11 Hammond, *Rome*, besonders S. 143–145.

12 Hartmann, *Grimma*, S. 205 f.; https://opac.rism.info/search?id=220034608 und https://opac.

rism.info/search?id=220034734 (Luckau); Przybyszewska-Jarmińska, *Schütz*, S. 25 (Weißenfels).
13 Vgl. BD 2, Nr. 80 (S. 62 f.).
14 Strom, *Rostock*, S. 216–218.
15 Zu den Zittauer Personalverhältnissen Vollhardt / Schulze, S. 345–349 und 489.
16 Vgl. 2. Kapitel, zu Joseph Pipping.
17 Vgl. etwa Voss, *Udestedt*, S. 34; Jung, *Großfahner*, S. 22 f. Altenbruch: vgl. 2. Kapitel. Tønder: Küster, *Nordsee*, S. 31. Helsingør: Snyder, *Buxtehude*, S. 523. Stockholm: Kjellberg, *Sverige*, Bd. 1, S. 313, und Bd. 2, S. 823 (Deutsche Kirche St. Gertrud); dazu drei Werke in der Düben-Sammlung.
18 Dazu Schulze, *Kontroversen*, S. 71 f.; Siegele, *Stellung*, I, S. 8, und II, S. 39 f. Zur Ratskonstitution besonders Siegele, *Profil* (zur Stellung Leipzigs S. 6, zu den Parteien S. 14 f.).
19 Zur Rolle Pinckers vgl. Küster, *Fabricius (1)*, S. 37–41, ferner Küster, *Fabricius (2)*, S. 72 f.; zu den Aktenvorgängen um Adam Krieger vgl. Alfred Heuß' Vorwort zu Krieger, *Arien*, S. IX f.
20 Küster, *Fabricius (1)*, S. 28.
21 Siegele, *Stellung*, I, besonders S. 12–19.
22 Zum Folgenden umfassend Küster, *Fabricius (1)*, S. 28 f. und 32 (Weckmann).
23 Küster, *Fabricius (1)*, S. 40 f.
24 Küster, *Fabricius (1)*, S. 32–37 (anhand der Bewerbungsschreiben um die Fabricius- und Weckmann-Nachfolge).
25 Im Überblick MGG2P, Art. »Druckenmüller, Truckenmüller« (Konrad Küster; Bd. 5, Sp. 1440 f., mit weiteren Quellen).
26 Dirksen, *Scheidemann*, S. 9–59 (dort auch zu Kopenhagen, Pelplin und Erfurt).
27 Belotti, *Buxtehude*, S. 93–112.
28 Belotti, *Buxtehude*, S. 99 f.
29 Küster, *Österreich*, als Resümee S. 171–174.
30 Zur Biographie: Soltys, *Österreich*; zu deren frühen Phasen Lange, *Österreich*, und Küster, *Österreich*, S. 136–138.
31 Zwischen den frühen Wolfenbütteler Manuskripten (vor 1689) und den nach 1702/04 entstandenen Quellen zu Psalmvertonungen; als Eckpunkte Küster, *Österreich*, S. 212–215 sowie S. 245, 247 und 251.
32 Held, *Kreuzkantorat*, S. 319 f.
33 Küster, *Österreich*, S. 144 und 164.
34 Küster, *Junger Bach*, S. 31 f.
35 Moser, *Schütz*, S. 168 f.
36 Engel, *Thüringen*, S. 45; Braun W., *Zäsur*, S. 41.
37 Oefner, *Eisenach*, S. 10–17.
38 Grusnick, *Düben*, II, S. 175 f. – in Beziehung zu allem vorab Geschilderten.
39 Zum Musizieren der Werke Melchior Vulpius' in Gamstädt (1667) und Apfelstädt (vor 1700) vgl. Jung, *Großfahner*, S. 21, sowie S. 21–23 zur Hammerschmidt- und Briegel-Pflege. Zu dieser in Sachsen vgl. Wollny, *Kirchenkantate*, S. 15.
40 Zur Herleitung Küster, *Bachs Quellen*, besonders S. 116–120.
41 Spitta, *Bach*, Bd. 1, S. 463 f.
42 Zum gesamten Problemfeld Küster, Vorwort zu: Förtsch, *Evangeliendialoge*, Bd. 1, S. XXII–XXVI.
43 Richter, *Kuhnau*, S. 148 f.; von den Werken ist anscheinend keines erhalten (vgl. die zugehörige Textincipit-Liste, S. 177 f.; kein Nachweis in RISM).
44 Braun, *Löhner*, S. XXIV f.; Steude, *Neumeister*, S. 52.
45 Steger, *Stölzel*, S. 163–165.
46 Abgesehen von Musiken »sub communione«.
47 Nach der alphabetischen Liste der Texte bei Gille, *Heidenreich*, S. 92–94.
48 Luther, *Messe*, fol. D recto – D iij recto.
49 Franck, *Es ist nicht fein.*
50 Zugrunde gelegt die Textversion Förtschs; im Hinblick auf die Rahmentexte: Olearius, *Kirchen Buch.*
51 Zu ihr und den Unterschieden zu Schütz' »Vater Abraham« schon Hudemann, *Dialog*, S. 62.
52 Hudemann, *Dialog*, S. 22.
53 Zur Datierung und zum Werkcharakter Küster, Vorwort zu: Pfleger, *Schauet*, S. 5.
54 Küster, *Österreich*, S. 201 (Anm. 281).
55 Küster, Vorwort zu Förtsch, *Evangeliendialoge*, Bd. 1, S. XLVIII.
56 Vgl. für die Frühformen: Rosand, *Venice*, S. 252 (Monteverdi, *Il ritorno d'Ulisse in patria*, 1640, als Vorläufer) und S. 286 (Notenbeispiel S. 496 f.: Cavalli, *Didone*, 1641).
57 So Hudemann, *Dialog*, S. 74.
58 Rosand, *Venice*, besonders S. 272 (zu den Libretto-Konzepten Giacinto Andrea Cicogninis).
59 Hierzu Rothaug, *Briegel.*
60 Küster, Vorwort zu: Förtsch, *Engeln*, S. 5 f.
61 Küster, Vorwort zu: Förtsch, *Evangeliendialoge*, S. XXXVIII f.
62 Österreich, *Und Jesus.*
63 Küster, *Gottorf*, S. 52; Küster, *Österreich*, S. 162; Held, *Kreuzkantorat*, S. 320.
64 BD 2, Nr. 129, S. 94 (Bürgermeister Steger); zur Tragweite Siegele, *Stellung*, I, S. 49. Der Revers in BD 1, Nr. 92, S. 177 f.
65 Spitta, *Bach*, Bd. 1, S. XXVII.
66 Wiedergabe durch Smend J., *Predigt*, S. 7.
67 Schweitzer, *Bach*, S. 3. Zur Entstehungsgeschichte Schweitzer, *Leben*, S. 53.

68 Spitta, *Bach*, Bd. 1, S. 290–308; hierzu Krummacher, *Tradition*, S. 9.
69 Schweitzer, *Bach*, S. 484.
70 Krummacher, *Stylus phantasticus*, S. 43–53.
71 Belotti, *Buxtehude*, S. 95–98, 112.
72 Seiffert, *Lüneburg*.
73 Dürr, *Kantaten*, S. 833.
74 Dürr, *Kantaten*, S. 304 (implizit bezogen auf Krummacher, *Choralbearbeitungen*, S. 36 f.).
75 Zu der Gesamteinschätzung vgl. Krummacher, *Tradition*, S. 30–32, dort jedoch eher als Benennung von Faktoren, weniger als Strukturierung: In der Tragweite lässt sich zwischen »älter« und »neuer« differenzieren.
76 Zu diesen Krummacher, *Tradition*, S. 21.

9. »Ich habe fleißig seyn müssen«: Bach als Organist und als Leipziger Director musices

1 BD, Bd. 2, Nr. 129–130 (S. 93–98); zum Verständnis der Unterschiede Siegele, *Stellung*, I, S. 48–50.
2 BD, Bd. 2, Nr. 136 (S. 101); TRE, Art. »Kryptocalvinisten« (Helmar Junghans; Bd. 20, S. 127).
3 Zusammenfassend Siegele, *Stellung*, II, S. 7–13.
4 BD, Bd. 2, Nr. 127 (S. 92); geäußert vom Bürgermeister Abraham Christoph Platz.
5 Siegele, *Stellung*, II, S. 40; zu Platz schon Schulze, *Kontroversen*, S. 74, zu Platz und Johann Job vgl. Maul, *Chor*, S. 197–208.
6 Siegele, *Profil*, S. 6.
7 Siegele, *Stellung*, I, 45; vgl. Schulze, *Kontroversen*, S. 74. Zu Mügeln vgl. https://opac.rism.info/search?id=230001296.
8 MGG [1], Art. »Rolle, Familie« (Erich Valentin; Bd. 11, Sp. 653). Zur Sachkenntnis der Leipziger Rolle-Unterstützer vgl. Siegele, *Stellung*, I, S. 41.
9 Schulze, *Ordnungen*, 1723 (= Faszikel 2), S. 11.
10 Küster, *Österreich*, S. 179 f., 183 f., 186; Diehl, *Bokemeyer*, S. 364 f.
11 Siegele, *Stellung*, I, S. 27–29, 41.
12 BD, Bd. 1, Nr. 23 (S. 67–70).
13 Siegele, *Stellung*, II, S. 33–43, besonders S. 36, dazu BD, Bd. 2, Nr. 280 (S. 204 f.).
14 BD, Bd. 1, Nr. 23 (S. 67); Siegele, *Stellung*, II, S. 33–39.
15 Vgl. hierzu Siegele, *Stellung*, III, S. 46 und 49 (jeweils zu Bürgermeister Gottfried Lange).
16 Zur Diskussion vgl. Breig, *Freie Orgelwerke*, S. 648–650.
17 Zum Folgenden vgl. Küster, *Junger Bach*, S. 60–63 und 82. Zu Johann Christoph Bach S. 65–71.
18 Forkel, *Bach*, S. 45.
19 Zu den Urlaubsregeln in Lüneburg vgl. Fock, *Bach*, S. 60.
20 Maul / Wollny 1; Staehelin, *Beweis* (mit anschließender Diskussion); schließlich Wollny / Maul 2.
21 Zur Emotionalität vgl. die Formulierungen bei Maul / Wollny 2 (S. 182). Wie auch immer man zu der Kontroverse steht: Gerade an einem so sensiblen Punkt (»Bachs früheste Manuskripte«) ist Staehelins Forderung als solche, eine Beweisführung müsse wasserdicht sein (S. 319; zu ihr Maul / Wollny 2, S. 184), uneingeschränkt nachvollziehbar.
22 Der Hinweis bei Maul / Wollny (1, S. VIII; 2, S. 147), diese Unterschiede bezögen sich auf das Schreibtempo, widerspricht ihrer Annahme einer inneren Kontinuität beider Eintragungen (2, S. 185).
23 Zu den Nachweisen im Überblick vgl. Staehelin, *Beweis*, S. 320.
24 Vgl. hierzu die Äußerung, Präpositionen seien »als eine Art Allzweckwaffe zur Herstellung syntaktischer Beziehungen verwendet« worden; Maul / Wollny 2, S. 185.
25 Ohne Beleg und nur vage als Potentialis erwogen von Maul / Wollny (1, S. XV), von Staehelin (*Beweis*, S. 325) ausgeschlossen; vgl. jedoch zu dieser Verwendung den *Thesaurus linguæ Romanæ & Britannicæ* von Thomas Cooper (1517?–1594), online: http://quod.lib.umich.edu/e/eebo/A19275.0001.001/1:13.1?rgn=div2;view=fulltext (den Hinweis auf diese Bedeutung verdanke ich Daniel Lettgen). Dies dürfte auch mit der Notiz gemeint sein, die der Nürnberger Organist Lorenz Sichart 1740 auf einer Abschrift zu drei Orgelwerken Bachs vermerkt hat (als Bild bzw. Text bei Maul / Wollny 2, S. 180 bzw. 186, jedoch gleichfalls ohne Festlegung auf eine Übersetzung): »descripsi â Domino W. H. Pachelbel […]«. Allenfalls hier wäre alternativ – nunmehr am aufgeklärt-modischen Französisch orientiert – mit einer Ortsangabe zu rechnen (»bei Wilhelm Hieronymus Pachelbel«); viel eher aber illustriert dieses Zitat die im Folgenden ausgeführte Konstellation: Es kommt in erster Linie darauf an, zwischen der Verwendung des Verbs im Aktiv und im Passiv zu unterscheiden.
26 Hierzu bereits (in anderem Zusammenhang) Küster, *Österreich*, S. 175. – Maul und Wollny sind erst in der erweiterten Fassung auf die Handschrift Böhms eingegangen. Allerdings stammt das Schriftstück, das sie auf S. 175 als »eigenhändige Gehaltsquittung« Böhms abbilden, kaum

von dessen Hand: Sie zeigt im Text markant andere Schriftzüge als die Quittung von 1698 (2, S.171, dort wegen des Wasserzeichens spiegelverkehrt wiedergegeben; vgl. insbesondere die Wörter »Jurat«, »Haupt-Kirche«, »Weihnachten«, »Quartal«), aber ähnliche wie in dem persönlich formulierten Böhm-Dokument von 1698 – dem die Autoren den Charakter des Autographs absprechen (hierzu 2, S.173, Fußnote 46). Die erhaltenen Quittungen lassen sich also nicht einheitlich behandeln. Quittungen wurden oft fremdschriftlich vorbereitet; der Namenszug des Empfängers brauchte nur bedingt »identifizierbar« zu sein und konnte in wechselnden bzw. uneinheitlichen Schriftformen gefasst werden (anders als eine »rechtsgültige Unterschrift« jüngerer Zeiten: in lateinischen oder deutschen Buchstaben, als Kalligraphie, ohnehin bei Nicht-Vorliegen von Schreibkenntnissen sogar nur mit Initialen oder »drei Kreuzen«). Schließlich ist der Hinweis auf das Vorkommen von Tabulaturzeichen in dem bei Maul/Wollny (2, S.177) reproduzierten Dokument nicht zu verwerten: Es handelt sich um deren zeittypisch einfachste Formen als normale lateinische Buchstaben mit schlichten Alterationsschleifen; aussagekräftige »Sonderzeichen« fehlen. Mit den vorgebrachten Argumenten lässt sich Böhm als Schreiber also nicht ausschließen; und angesichts der »regionaltypischen Gebrauchshandschrift« ist zweifelhaft, ob dies überhaupt möglich ist.

27 Das Wasserzeichen ist so undeutlich, dass Maul und Wollny es zunächst nicht vollständig identifizieren konnten; ein Manuskript aus Sondershausen, das 1697 entstand, verhalf hier zur Klarstellung (vgl. Maul/Wollny 2, S.186f.). Aus diesem Datum kann kein verlässlicher Datierungshinweis für das Buxtehude-Blatt erschlossen werden – aus mehreren Gründen. Vor allem müsste man den Papiergebrauch in Sondershausen rekonstruieren, ehe sich weitere Konsequenzen ziehen ließen; die Informationsdichte, die etwa für Bachs Leipziger Arbeit vorliegt, ist nicht auf andere Orte übertragbar (und muss für jeden neu geschaffen werden; zu entsprechenden Herausforderungen vgl. Küster, *Österreich*, S.132f.). Und: War es üblich, in Ohrdruf Sondershäuser Papier zu benutzen? Zudem erscheint fraglich, wie für ein Wasserzeichen, das undeutlich ist und nicht zuletzt in einem »stark abgenutzten Papier« Fehllesungen ermöglicht hat, ein anderes als »absolut identisch« qualifiziert werden kann – noch dazu wenn nur das Gegenzeichen (Initialen in Schrifttafel) herangezogen werden kann, nicht das wesentlich differenziertere Bildmotiv (die Buxtehude-Quelle ist lediglich ein Einzelblatt, sodass das Partnermotiv der zugehörigen Nachbarseite nicht vorliegen kann). Somit ist nicht auszuschließen, dass trotz weitgehender Ähnlichkeit eines Teilmotivs die beiden infrage stehenden Papiere dennoch aus zwei unterschiedlichen Produktionsphasen stammen; auch hier ermöglichen die vorliegenden Informationen also weder eine Klärung noch – erst recht – weitergehende Folgerungen.

28 Belotti, *Buxtehude*, S.93–98, Rathey, *Grobe*, Resümee S.54.

29 Rathey, *Grobe*, S.51–54.

30 Schulze, *Buxtehude* – zum »älteren« Pittsburgh-Manuskript neben den beiden jüngeren Manuskripten, dem »Andreas-Bach-Buch« und der »Möller'schen Handschrift«. Vgl. auch Belotti, *Buxtehude*, S.112–114, und Maul/Wollny 1, S.IX.

31 Zur Quellenbeschreibung vgl. Schulze, *Buxtehude*, S.177f. (»3 Einzelblätter, vielleicht Rest eines Binio«); im Gesamtkontext der mitteldeutschen Buxtehude-Überlieferung wäre zu überdenken, ob für Bachs Eindrücke norddeutscher Orgelmusik eine Fokussierung auf das Tabulaturblatt (Maul/Wollny, 1, S.XIIIf.; 2, S.188f.) plausibel ist.

32 Weitere Überlegungen seien hier in aller Kürze angefügt: Es ist unbekannt, ob nicht auch Böhm zeitweilig dem in seiner Heimat üblichen Tabulatur-Notationsprinzip, das Maul/Wollny (1, S.IX; 2, S.152 und 184) mit Pachelbel in Verbindung bringen (zur Verbreitung in Mittel- und Süddeutschland Belotti, *Buxtehude*, S.46), gefolgt ist; in seiner Ausbildung muss er zunächst dieser Notationsform begegnet sein. Ferner: Dass Bach sich zuerst an die Notationsform seines Bruders Johann Christoph anlehnte, ehe er diese zugunsten eines Böhm-Vorbildes aufgab (Maul/Wollny 1, S.IX; 2, S.152 und 186), ist nicht beweisbar; die Argumentation hängt einzig daran, Bach als Schreiber jenes Buxtehude-Fragments anzusehen, dessen Erscheinungsbild aber auch auf andere Weise Schnittmengen mit der Notation Johann Christoph Bachs aufweisen kann (»Thüringer Gebrauchsschrift«). Maul und Wollny erwähnen hingegen, dass Böhms Schriftduktus (in einem Dokument der Zeit vor 1712) »auf verblüffende Weise den frühesten längeren Handschriftenproben des jungen J.S. Bach« entspreche (1, S.XVI; 2, S.174); doch dabei müsste wiederum die Thüringer Gebrauchshandschrift in Betracht gezogen werden.

33 Vgl. Wolff, *Eckelt*, S. 382 (sowie S. 383 zur Notenbeschaffung bei »vetter Krompholzen«).
34 Ortgies, *Orgelstimmung*, S. 205 f., S. 240 f., S. 259–268 (wie 7. Kapitel).
35 Schulze, *Überlieferung*, S. 41–46 und 54. Vgl. ferner Küster, *Heydorn*.
36 Forkel, *Bach*, S. 24.
37 Quantz, *Versuch*, S. 332 (18. Hauptstück, § 87).
38 Siegele, *Geschmack*, besonders S. 12 f.
39 Vgl. die bei Siegele genannten Beispiele für Bachs Kreuzungen unterschiedlichster Gattungs-Konstituenten: *Geschmack*, S. 9 f.
40 Küster, *Österreich*, S. 139 f.
41 Forkel, *Bach*, S. 23.
42 Vgl. Olsen, *Experiences*, S. 64 f., auf der Basis von Selbstzeugnissen von Lernenden, die in diesem Fall die Lernzugänge Bachs umschreiben können (S. 64: »they got to do everything at their own pace and got to choose what they wanted to learn«; S. 64 f.: »projects […] allowed me to focus on something that was maybe more important to me than to somebody else«); gleichzeitig S. 100 (»They tend to have an independent learning style that often favors unstructured, learner-driven activities«).
43 Vgl. schon Blume, *Umrisse*, S. 171.
44 Forkel, *Bach*, S. 23.
45 Zur Themengestaltung vgl. Breig, *Freie Orgelwerke*, S. 647.
46 Breig, *Freie Orgelwerke*, S. 646.
47 Krummacher, *Stylus phantasticus*, S. 45, ähnlich S. 51 zur »Kombination von strenger Satztechnik und stufenweiser Auflösung«.
48 Forkel, *Bach*, S. 24.
49 Küster, *BWV 196*, S. 91 f.
50 Küster, *Exegese*, S. 24 f.
51 Ähnlich enzyklopädisch, aber nicht dem liturgischen Verlauf folgend, sondern alphabetisch geordnet: Gerritz, *Tabulatur*.
52 Pachelbel, *Orgelwerke*, S. 67 f.
53 Zu Møgeltønder vgl. den Sterbevermerk für Johann Sebastian Merck im 4. Kapitel.
54 BD, Bd. 3, Nr. 666 (S. 84; Nekrolog auf Bach, 1754). Welche Kirche es war, bleibt im Nekrolog ungesagt; Bachs Improvisation mag Teil seines Probespiels in St. Jacobi gewesen sein, doch ebenso könnte er auch in der Dienstkirche Reinkens (St. Katharinen) gespielt haben. Zum Alter Reinkens vgl. *Grove Music online*, Art. »Reinken, Johann Adam« (Ulf Grapenthin). Zum Folgenden ansonsten Küster, *Choralmelodie*.
55 Walther, *Lexicon*, S. 547 f.
56 Mattheson, *Ehrenpforte*, S. 397.
57 Abgesehen von der Konsequenz, dass Bach in Leipzig eine Leitungsfunktion mit der individuellen tastenmusikalischen Kompetenz verbinden konnte; Siegele, *Profil*, S. 21 f.
58 Blume, *Umrisse*, S. 169–171; Spitta, *Bach*, Bd. 1, S. XXVII.
59 Zu dieser Vorgeschichte Dürr, *Dadelsen*, S. 13.
60 Einstein, *Landshoff*; Dürr, *Dadelsen*, S. 13; Dadelsen, *Handschrift*, S. 11 (dort weiteres zu Peter Wackernagel).
61 Dadelsen, *Chronologie*; Dürr, *Chronologie*; Dürr, *Studien*.
62 Vgl. exemplarisch zur erforderlichen Beharrlichkeit, die Ergebnisse zu festigen: Dürr, *Entstehungsgeschichte*, S. 8 f.
63 Blume, *Umrisse*.
64 Felix, *Geleitwort*, S. 5.
65 Vetter, *Kapellmeister*; vgl. zur Relativierung eines politischen Anliegens sein Vorwort (S. 1). Zur Einschätzung vgl. Smend F., *Köthen*, S. 144–149. Zum Klima vgl. ferner die DDR-Broschüre (Kulturbund, *Bach*), in deren acht »Programmvorschläge[n] für Bach-Feiern« weder ein geistliches Vokal- noch ein Orgelwerk Bachs vorkommt (allerdings auf S. 19 anders, als von Smend auf S. 148 angegeben, auch Vetters Buch nicht im Vorgriff erwähnt wird).
66 Spitta, *Bach*, Bd. 2, S. 565.
67 Zu Details vgl. Dürr, *Entstehungsgeschichte*.
68 Küster, *Vokalmusik*, S. 383–387 und 421–423.
69 Spitta, *Bach*, Bd. 2, S. 298.
70 Für Adorno (*Bach*, S. 164) ist der Gedanke einer »gleichsam geschichtslosen Werkstatt« Bachs ein grundlegendes Argumentationsmittel gegenüber seiner Leserschaft.
71 Vgl. etwa die Bewertungen bei: Wilibald Gurlitt (Hrsg.), *Riemann Musiklexikon*, Personenteil L–Z, Mainz 1961, S. 778; Marcel, *Bach*, S. 95 und 98.
72 Siegele, *Stellung*, 3, S. 43–46.
73 Bossuyt, *Christmas Oratorio*, S. 54 f.
74 Besonders farbig hierzu Johann Kuhnau in seinem Leipziger Memorial von 1709 (vgl. Spitta, *Bach*, Bd. 2, S. 859).
75 Zu einer diesbezüglichen Äußerung Calvisius' vgl. Richter, *Stadtpfeifer*, S. 50.
76 Zur musikalischen Gestaltung, wenn nicht anders nachgewiesen, bereits Küster, *Vokalmusik*, S. 192–196.
77 Zur philologischen Situation Wolff, *Kantoratsprobe*, S. 82 f.; die Interpretation jedoch abweichend.
78 Petzoldt, *Bach-Kommentar*, Bd. 2, S. 603.
79 So ausdrücklich im Revers bezeichnet, den Bach am 5. Mai 1723 unterschrieb und der schon

für eine Wahl Telemanns vorbereitet worden war; vgl. BD, Bd. 1, Nr. 92 (S. 177).

80 Dürr, *De vita*, S. 245–253; Glöckner, *Unzulänglichkeiten*, besonders S. 398–401; vgl. aber später zur Kantate BWV 105.

81 So ausdrücklich Bach in seinem Leipziger »Entwurff einer wohlbestallten Kirchen Music« von 1730 (BD, Bd. 1, Nr. 22: S. 60, Zeile 10 f. und 23–27). Die mindestens achtfache Besetzung galt auch in Hamburg (Krüger, *Hamburg*, S. 69) sowie – in einer zahlenmäßigen Erweiterung auf 12 bis 13 Sänger – für den Mettenchor der Michaelisschule in Lüneburg (Küster, *Junger Bach*, S. 86–94).

82 Soltys, *Österreich*, S. 173. Vgl. ferner die Klage Johann Kuhnaus: Eben ausgebildete Sänger »suchen vor der Zeit ihre Dimission« (zitiert bei Spitta, *Bach*, Bd. 2, S. 858).

83 Zum Folgenden umfassend: Parrott, *Bachs Chor*.

84 Zu denken ist in BWV 178 Nr. 5 an das »jedoch« des Tenors und das vorgezogene »und stürzen« des Basses; ferner in BWV 27 Nr. 1 das ambivalent wirkende »Mein Gott« des Tenors (T. 58 f.)

85 Zu den im Folgenden dargestellten Details vgl. Küster, *Vokalmusik*, insbesondere S. 189–192 (Allgemeines) und S. 201–205 (BWV 105 und 46); sie werden hier auf Schwerpunkte konzentriert.

86 Nicht nur T. 32 (*h*[1]), T. 37 (*a*[1]) und Parallelstellen (T. 61 und 66), sondern vor allem das als freie Figuration einsetzende *e*[2]-*f*[2] in T. 81, das Oboen-*as*[1] in T. 83, die Antizipation der Sopranfigur aus T. 85 im Vortakt, der Zielton *f*[2] in T. 86, schließlich in T. 91 das *a*[1] im verminderten Akkord unmittelbar vor dem Sopraneinsatz auf demselben Ton.

87 Neumann, *Texte*, S. 422–447; eingehender zum Kontext Hobohm, *Texte*. Für die vorausgegangene Zeit Kuhnaus vgl. Richter, *Kuhnau*, S. 176–181.

88 Dadelsen, *Chronologie*, S. 137–142.

89 Zum Folgenden bereits Küster, *Vokalmusik*, S. 232 f. und 293.

90 Hierzu Küster, *Vokalmusik*, besonders S. 263 (und in den folgenden Einzelwerk-Darstellungen).

91 Ausführlichere Einzelwerk-Darstellungen: Küster, *Vokalmusik*, S. 283–291.

92 Krummacher, *Zyklus*, S. 133–145.

93 Zum Folgenden Küster, *Vokalmusik*, S. 453–461; zu den theologischen Dimensionen Küster, *Doppelchörigkeit*. Verwiesen sei ferner auf die Einspielung durch René Jacobs (Harmonia Mundi, 2013).

94 BD, Bd. 2, Nr. 180 (S. 141).

95 Dürr, *Matthäus-Passion*, S. 56, 59.

96 Dürr, *Matthäus-Passion*, S. 55.

97 Dürr, *Matthäus-Passion*, S. 50.

98 *Picanders Ernst-Schertzhaffte und Satyrische Gedichte, Anderer Theil*, Leipzig 1729, S. 101–112, zitiert nach: Neumann, *Texte*, S. 321–324.

99 Schneiderheinze, *Thomaskirche*, besonders S. 84 f. (wenn auch nur für größere Vokalbesetzungen gerechnet).

100 In den (unterschiedlich gestalteten) Stollen nur in Ansätzen vorbereitet, wird fortan die syllabische Achtel-Diktion der tieferen Singstimmen über deutlich längere Strecken so mit Instrumentalbewegung hinterlegt, dass auf Sechzehntel-Basis jeweils die Folgenote antizipiert wird.

101 Hierzu bereits Küster, *Vokalmusik*, S. 325.

102 MGG2S, Art. »Siciliana« (Reinhard Wiesend; Bd. 8, Sp. 1390–1396).

103 Neumann, *Texte*, S. 448–455.

10. Kirchenmusik zwischen Gottesdienst und Konzertleben: Das zweite lutherische Vierteljahrtausend

1 Neubacher, *Telemann*, besonders die Kurzbiographien (S. 411–464).

2 *Husumer Orgelbuch*; Gerritz, *Tabulatur*.

3 Im Überblick Prinz / Küster, S. 197–202; die Einzeltexte sämtlich in BD 3.

4 MGG2P, Art. »Breitkopf & Härtel« (Frank Reinisch; Bd. 3, Sp. 817); Seidel, *Ethik*, S. 10–12 (und, im selben Band, *Einleitung*, S. 4).

5 Seit Ritzel, *Sonatenform* (1968) und Budday, *Formen* (1984).

6 MGG2P, Art. »Koch, Heinrich Christoph« (Hans-Joachim Hinrichsen; Bd. 10, Sp. 374).

7 Im Überblick über die Akten und Pressevorgänge Banning, *Doles*, S. 18–49; zu Leipzig Doles' Entlassungsbitte vom 2. März 1789 (ebd., S. 86 f.).

8 Zum Beispiel Eisenach 1810 (Engel, *Thüringen*, S. 8).

9 Hierzu schon Schering, *Leipzig*, S. 655–661 (Zitat nach Johann Friedrich Reichardt auf S. 657).

10 Küster, *Lateinlehrer*, S. 100.

11 Küster, *Jenseits*, S. 78 f. (zu Meißner, *Musica*, besonders fol. F verso, und Renner, *Moteta*, S. 75).

12 Strom, *Rostock*, ausdrücklich so S. 218, im Detail S. 198–201.

13 Hierzu bereits Irwin, *Voice*, S. 79 f. (zu Johann Quistorp d. J.).

14 Strom, *Rostock*, S. 216 f.

15 Herbst W., *Frieden*, S. 14.

16 Mithobius, *Psalmodia*, Haupttitel; das Gutachten auf S. 123–127. Das folgende Zitat auf S. 125.

17 Richter, *Stadtpfeifer*, S. 44 f.
18 Thilo, *Musica*, S. 18; hierzu auch Küster, *Fabricius (2)*, besonders S. 78.
19 Gerber, *Historie*, S. 278–291; das folgende Zitat S. 279.
20 Gerber, *Historie*, S. 284.
21 Gerber, *Historie*, S. 280 f.
22 Gerber, *Historie*, S. 284.
23 Gerber, *Historie*, S. 280.
24 Zum Beispiel Ebhardt, *Gesetze*, Bd. 2, S. 58–69 (Königreich Hannover, 1769).
25 Gerber, *Historie*, S. 288.
26 Gerber, *Historie*, S. 289.
27 Nach WA 54, S. 33 f., und Gerber, *Historie*, S. 290.
28 Vgl. auch Block, *Verstehen*, S. 70 f.
29 Gerber, *Historie*, S. 291.
30 Gerber, *Historie*, S. 292.
31 Gerber, *Historie*, S. 290.
32 BD, Bd. 2, Nr. 400 (S. 286 f.).
33 Sato, *Disputationen*, S. 95 f., 105 f.
34 Herbst W., *Frieden*, S. 12–14.
35 Uwe Wolf, Vorwort zu: Homilius, *Motetten*, S. VI. Dies offensichtlich noch abgesetzt von den Argumenten, die sich für »wahre« Kirchenmusik etablierten (zu diesen vgl. Heidrich, *Kirchenmusikanschauung*, besonders S. 232–234).
36 Forkel, *Bach*, S. 19.
37 Zu Halle und Tønder siehe unten.
38 Vgl. im Überblick Bunners, *Streit*, besonders S. 166; allerdings lassen sich auch die pietistischen Ideen (S. 170 f.) wohl nicht verallgemeinern.
39 Sopranarie Nr. 9, Tenor-Satzpaar Nr. 19 und 20, Schlusschor Nr. 39.
40 http://www.bachdigital.de/receive/BachDigitalWork_work_00002142 (zu einer Komposition Johann Christoph Friedrich Bachs). Vgl. jedoch *GB Oldenburg 1791*, Ausg. 1792, S. 146.
41 Zum Folgenden: *GB 1805 Magdeburg*, Ausg. 1827, S. 95 (Erstdruck 1805). Preußen: *GB 1781 Mylius*, S. 56. *GB 1791 Oldenburg*, Ausg. 1792, S. 85 f.; *GB 1783 Weimar*, S. 61.
42 Lübben, *Neuenhuntorf*, S. 58 f.; Eikermann, *Tettens*, S. 54. Vgl. bereits Küster, *Nordsee*, S. 31.
43 Märker, *Schicht*, S. 10.
44 Zu diesem – mit Hinweisen auf andere Nachdichtungen – Völker, *Franck*, S. 162. Vgl. ferner: *GB 1791 Oldenburg*: »Jesus, meine Freude, wie getrost im Leide machst du meinen Geist!« – *GB 1794 Meiningen*, S. 371: »Jesu, meine Freude! Bester Trost im Leide, bestes Gut im Glück!« (ähnlich *GB 1781 Mylius*, S. 328: »… Leide! meines Herzens Theil!«). Wiederum behielt Herder den Text unverändert bei (S. 93).
45 Der Originaldruck der Mühlhäuser Ratswechselkantate BWV 71 steht demgegenüber in einem anderen Kontext.
46 *Intelligenz-Blatt zur allgemeinen musikalischen Zeitung* (Jg. 20), Nr. 7, August 1818, Sp. 28.
47 Homilius, *Motetten*.
48 Zu Hiller vgl. Wolf U., *Motette*, besonders S. 430–437; zur Fortsetzung unter Schicht vgl. Märker, *Schicht*.
49 Jenichen, *Lebens-Lauf*, S. 22.
50 Vgl. Freylinghausen, *Gesang=Buch*, etwa die melismatischen und mit obligatem Generalbass ausgestatteten Lieder »Liebes Herz, bedenke doch« (Nr. 5, S. 23), »Mein Gott, der wahre Gottessohn« (Nr. 28, S. 51), »Meine Liebe lebet noch« (Nr. 107, S. 135), »Mein Gott, du bist sehr schön« (Nr. 138, S. 178) oder »Ach wie nichtig und untüchtig« (Nr. 178, S. 235).
51 Zu Kirchhoff vgl. Wollny, *Kirchenkantate*, S. 18.
52 Ursinus, *Heilig* (Vorwort S. 7 zur Überlieferung, mit weiterer Literatur); vgl. ferner Ursinus, *Tag* (außerordentlich aufwendige Festmusik zur 200-Jahr-Feier des Augsburgischen Bekenntnisses) sowie Ursinus, *Trauren* (Vorwort S. 7 f. zur Besetzung im lokalen städtischen Ambiente).
53 Wiedergabe des Gründungsaufrufs von 1757 bei Roske, *Musiklehrer*, S. 276 f. Zu den weiteren Entwicklungen vgl. das Vorwort zu: Schütte, *Orgelchoräle*, S. 5 f. (mit weiteren Literaturhinweisen).
54 Hierzu umfassend das Vorwort zu: Ursinus, *Chorale*.
55 Küster, *Nordsee*, S. 11 und 40; vgl. ferner in Kaufmann, *Oldenburg*, in den Ortsdarstellungen sämtliche Nachweise, die sich auf Orgelabnahmen durch Hermann Cropp, Friedrich und Franz Moritz Gerken, Johann Hinrich Wichardt, Christoph Lanau und Meineke beziehen.
56 Schütte, *Orgelchoräle*.
57 *Schnitgers Erben*, Nr. 4, 5, 7, 8 (Nr. 6 ist von Grundmann Meineke möglicherweise irrtümlich zugeschrieben worden).
58 Sabelon, *Orgelschule*, Vorwort, S. 3; zu Sauerbrey: *Schnitgers Erben*, Vorwort, S. 7, sowie Küster, *Umfeld*, S. 82 f.
59 Ritter, *Orgelspiel*. Karl Straubes spätere erste Form der *Alten Meister des Orgelspiels* (in der »spätromantischen« Version) präzisiert dieses Repertoire nur; abweichend von Summereder, *Aufbruch*, S. 197.
60 Küster, *Umfeld*, S. 46–52 (mit Übersicht des Organisten in Bützfleth / Stade über das ältere Repertoire).

61 Schering, *Harrer*, S. 121 f. und 125; Schering, *Leipzig 3*, S. 337–340.

62 *Wackenroder/Tieck*, S. 63 f. (15. Kapitel), insofern abgesetzt von den Positionen Hegels; zu den von ihm unterschiedenen Positionen vgl. auch Krummacher, *Kunstreligion*, besonders S. 372 (zu Karl Wilhelm Ferdinand Solger, 1829).

63 Küster, *Lateinlehrer*, S. 99 f.

64 Küster, *Helstat*, S. 45.

65 Werner E., *Mendelssohn*, S. 451 f.

66 Zu Thorvaldsen umfassend Floryan, *Hvide Krist*; Grundtvigs Gedicht auf ihn auf S. [2] f.

67 Umfassend hierzu: Minor, *Brahms*, besonders S. 262 f. und 269–272.

68 Vgl. Landeskirchliches Archiv der Ev.-Luth. Kirche in Norddeutschland, Bestand 15.19 (Nordelbischer Kirchenchorverband), Nr. 2, darin: Fragebogenaktion Schleswig-Holstein 1910.

69 Vorausgegangen waren gedruckte Sammlungen wie Karl Proskes (katholische) *Musica divina* (seit 1853) oder Friedrich Schöberleins *Musica sacra für höhere Schulen* (seit 1869).

70 Gölz, *Chorgesangbuch*, Geleitwort; sämtliche Zitate im folgenden Absatz nach S. 233 f.

71 Wolf U., *Motette*, S. 430 f.

72 Hierzu Herbst W., *Nationalsozialismus*.

73 Raphael, *Mauersberger*, zum Folgenden besonders S. 13–15.

74 Zu den Einzelnachweisen der Begriffsverwendung (und zu Strawinsky im Überblick) Bandur, *Neoklassizismus*.

75 Gölz, *Chorgesangbuch*, S. 233.

76 Summereder, *Aufbruch*, S. 197–201.

77 Möglicherweise parallel zur lutherischen Rezeption »alter« italienischer Miserere-Kompositionen und des »Stabat Mater« von Pergolesi im außerkirchlichen Konzertleben; zu diesem vgl. Heidrich, *Kirchenmusikanschauung*, S. 55–62 und 64–85. Auch die Palestrina-Rezeption ist primär »romantisch«.

78 Zur Einschätzung vgl. die Berichte in: *Musik und Kirche* 35 (1965), S. 144–149 (Josef Quinke), und 41 (1971), S. 153–156 (Martin Lutschewitz).

Verzeichnis der abgekürzt zitierten Literatur

Dieses Verzeichnis schlüsselt sämtliche abgekürzten Angaben der benutzten Literatur auf. Literaturnachweise der Anmerkungen, die bereits in sich komplett sind (Internetressourcen, Artikel in Nachschlagewerken etc.), werden hier nicht erneut genannt. Ältere Literatur wird auch dann, wenn Digitalisate oder Reprints benutzt wurden, nur mit dem Erscheinungsvermerk der Altausgabe zitiert; die schnell fortschreitende Digitalisierung führt dazu, dass auch zahlreiche traditionell als Reprints verfügbare Werke online zugänglich sind. Im Interesse der Handhabbarkeit werden Noten, originale Textquellen und Sekundärliteratur in einem einzigen alphabetischen Verzeichnis zusammengeführt.

Abkürzungen

BD	*Bach-Dokumente*, hrsg. vom Bach-Archiv Leipzig, [Leipzig und] Kassel 1963 ff.
BHb	Konrad Küster, *Bach-Handbuch*, Kassel etc. und Stuttgart / Weimar 1999.
BuxWV	Georg Karstädt (Hrsg.), *Thematisch-systematisches Verzeichnis der musikalischen Werke von Dietrich Buxtehude: Buxtehude-Werke-Verzeichnis (BuxWV)*, 2., erweiterte und verbesserte Auflage, Wiesbaden 1985.
BWV	Wolfgang Schmieder, *Thematisch-systematisches Verzeichnis der musikalischen Werke von Johann Sebastian Bach: Bach-Werke-Verzeichnis (BWV)*, Wiesbaden 1950 (und Folgeausgaben).
CEKM	*Corpus of Early Keyboard Music*, 1963 ff.
DWB	*Deutsches Wörterbuch von Jacob Grimm und Wilhelm Grimm*, 16 Bde. (32 Teilbände), Leipzig 1854–1961, online: http://woerterbuchnetz.de/DWB/.
MGG	*Die Musik in Geschichte und Gegenwart: Allgemeine Enzyklopädie der Musik*, hrsg. von Friedrich Blume, 17 Bde., Kassel etc. 1949–1986.
MGG 2	*Die Musik in Geschichte und Gegenwart: Allgemeine Enzyklopädie der Musik*, zweite, neubearbeitete Ausgabe hrsg. von Ludwig Finscher, 21 Bde., Kassel etc. und Stuttgart etc. 1994–2008; Sachteil zitiert als »MGG2S«, Personenteil als »MGG2P«.
MNO	*Musik zwischen Nord- und Ostsee*, Hamburg 2013 ff.
RISM	*Répertoire International des Sources Musicales*. Bezeichnet wird der Serienbuchstaben, die römische Seriennummer und die arabische Bandnummer.
SWV	Werner Bittinger, *Schütz-Werke-Verzeichnis: Kleine Ausgabe*, Kassel etc. 1960.
TRE	*Theologische Realenzyklopädie*, 36 Bde., Berlin u. a. 1977–2004.
TWV	Martin Ruhnke, *Georg Philipp Telemann: Thematisch-Systematisches Verzeichnis seiner Werke*, 3 Bde., Kassel 1984–1999.
WA	*D. Martin Luthers Werke*, 73 Bde., Weimar (später Stuttgart) 1883–2009 (darin »WA TR« als »Abteilung Tischreden«; 6 Bde.).
Zahn	Johannes Zahn, *Die Melodien der deutschen evangelischen Kirchenlieder*, 6 Bde., Gütersloh 1889–1893.

Quellen und Sekundärliteratur

Aber, *Weimar* ▸ Adolf Aber, *Die Pflege der Musik unter den Wettinern und wettinischen Ernestinern: Von den Anfängen bis zur Auflösung der Weimarer Hofkapelle 1662*, Bückeburg und Leipzig 1921 (Veröffentlichungen des Fürstlichen Institutes für musikwissenschaftliche Forschung zu Bückeburg, IV/1).

Achelis, *Studenten* ▸ Thomas Otto Achelis, *Matrikel der schleswigschen Studenten, 1517–1864*, Kopenhagen 1966–67 (Nachträge Kiel 1991).

Adorno, *Bach* ▸ Theodor W. Adorno, »Bach gegen seine Liebhaber verteidigt« (1951), zit. nach: ders., *Prismen: Kulturkritik und Gesellschaft*, Berlin u. a. 1955, S. 162–179.

Agazzari, *Sonare* ▸ Agostino Agazzari, *Del sonare sopra'l basso con tvtti li stromenti*, Siena 1607.

Allmers, ***Marschenbuch*** ▸ Hermann Allmers, *Marschenbuch: Land- und Volksbilder aus den Marschen an Weser und Elbe*, Oldenburg etc. 3/[ca. 1891].

Altner, ***Calvisius*** ▸ Stefan Altner, »Sethus Calvisius, das Thomaskantorat und die Thomasschule um 1600: Zum 450. Geburtstag von Sethus Calvisius ›Astronomus, Chronicus, Musicus, Poeta‹«, in: Gesine Schröder (Hrsg.), *Tempus musicæ – Tempus mundi: Untersuchungen zu Sethus Calvisius*, Hildesheim etc. 2008, S. 1–18.

Ammerbach, ***Tabulaturbuch*** ▸ Elias Nicolaus Ammerbach, *Orgel oder Instrument Tabulaturbuch (1571/83)*, hrsg. von Charles Jacobs, Oxford 1984.

Arnold, ***Singen*** ▸ Jochen M. Arnold u. a. (Hrsg.), *Singen, Beten, Musizieren: Theologische Grundlagen der Kirchenmusik in Nord- und Mitteldeutschland zwischen Reformation und Pietismus (1530–1730)*, Göttingen 2014 (Studien zur Kirchengeschichte Niedersachsens, 47).

Aumüller, ***Beck*** ▸ Gerhard Aumüller, »Herzog Heinrich Julius als Förderer der Halberstädter Orgelbauer David Beck und Esaias Compenius«, in: *Neuer Familienkundlicher Abend* 2014, Heft 23, S. 5–23.

Bach J. L., ***Trauermusik*** ▸ Johann Ludwig Bach, *Trauermusik auf Herzog Ernst Ludwig I. von Sachsen-Coburg-Meiningen*, in: Ulrike Feld und Ulrich Leisinger (Hrsg.), *Musik am Meininger Hofe*, Leipzig 2003 (Denkmäler mitteldeutscher Barockmusik 1, 2), S. 93–318.

Balder, ***Rysum*** ▸ Holger Balder, »Die gotische Orgel in der Rysumer Kirche«, in: ders., *Die gotische Orgel in der Rysumer Kirche: Festschrift zum 555. Jubiläum der gotischen Orgel Rysum 2012*, Rysum 2012.

Balz, ***Probezinn*** ▸ Martin Balz, »Probezinn – Englisches Zinn«, in: *Ars organi* 52 (2004), S. 151–153.

Bandur, ***Neoklassizismus*** ▸ Markus Bandur, *Neoklassizismus*, Stuttgart 1994, Einzellieferung im *Handwörterbuch der musikalischen Terminologie*; ebenso in: Hans Heinrich Eggebrecht (Hrsg.), *Terminologie der Musik im 20. Jahrhundert*, Stuttgart 1995, S. 278–298.

Banning, ***Doles*** ▸ Helmut Banning, *Johann Friedrich Doles: Leben und Werke*, Leipzig 1939.

Beaussant, ***Lully*** ▸ Philippe Beaussant, *Lully ou Le musicien du Soleil*, Paris 1992.

Becker, ***Psalmen*** ▸ Cornelius Becker, *Der Psalter Davids Gesangweis […], Jetzo auffs new mit vier Stimmen abgesetzet durch Sethum Calvisium*, Leipzig 1611.

Belotti, ***Buxtehude*** ▸ Michael Belotti, *Die freien Orgelwerke Dieterich Buxtehudes: Überlieferungsgeschichtliche und stilkritische Studien*, Frankfurt am Main (1995) 3/2004 (Europäische Hochschulschriften, XXXVI/136).

Beninga, ***Cronica*** ▸ Eggerik Beninga, *Cronica der Fresen*, 2 Bde., Aurich 1961/64 (Quellen zur Geschichte Ostfrieslands, 4).

Bernhard, ***Kompositionslehre*** ▸ Joseph Müller-Blattau, *Die Kompositionslehre Heinrich Schützens in der Fassung seines Schülers Christoph Bernhard*, Kassel etc. 1963, 3/1999.

Bernhard, ***Trauermusik*** ▸ Christoph Bernhard, *»Gott, sei mir gnädig nach deiner Güte«: Letzter Schwanengesang auf Johann Rist (1667)*, hrsg. von Konrad Küster, Bad Köstritz 2007 (Köstritzer Hefte, 46).

Blankenburg, ***Walter*** ▸ Walter Blankenburg, *Johann Walter: Leben und Werk*, hrsg. von Friedhelm Brusniak, Tutzing 1991.

Block, ***Verstehen*** ▸ Johannes Block, *Verstehen durch Musik: Das gesungene Wort in der Theologie. Ein hermeneutischer Beitrag zur Hymnologie am Beispiel Martin Luthers*, Tübingen und Basel 2002 (Mainzer Hymnologische Studien, 6).

Blume, ***Umrisse*** ▸ Friedrich Blume, »Umrisse eines neuen Bach-Bildes«, in: *Musica* 16 (1962), S. 169–176.

Böcker, ***Altenbruch*** ▸ Martin Böcker, »Geschichte der historischen Orgel zu Altenbruch«, in: Ingo Duwensee (Hrsg.), *Festschrift zur Wiedereinweihung der historischen Orgel zu Cuxhaven-Altenbruch*, Altenbruch 2004, S. 23–45.

Böcklin, ***Beyträge*** ▸ Franz Friedrich Sigismund August von Böcklin (von Böcklinsau), *Beyträge zur Geschichte der Musik, besonders in Deutschland*, Freiburg 1790.

Boës, ***Gottesdienste*** ▸ Adolf Boës, »Die reformatorischen Gottesdienste in der Wittenberger Pfarrkirche von 1523 an: und die ›Ordenung der Wittembergischen Kirchen‹ von 1543/44«, in: *Jahrbuch für Liturgik und Hymnologie* 4 (1958/59), S. 1–40.

Bormann, ***Halberstadt*** ▸ Karl Bormann, *Die gotische Orgel zu Halberstadt: Eine Studie über mittelalterlichen Orgelbau*, Berlin 1966.

Bossuyt, ***Christmas Oratorio*** ▸ Ignace Bossuyt, *Johann Sebastian Bach: Christmas Oratorio (BWV 248)*, Leuven 2004.

Botstiber, ***Pachelbel*** ▸ Hugo Botstiber, Vorwort zu: Johann Pachelbel, *94 Kompositionen: Fugen über das Magnificat für Orgel oder Klavier*, hrsg. mit Max Seiffert, Leipzig 1901 (Denkmäler der Tonkunst in Österreich, 17).

Braun L., ***Orgelpredigt*** ▸ Lucinde Braun, »Die Orgelpredigt: Überlegungen zu einer Gattung zwischen Musik und Theologie«, in: *Archiv für Musikwissenschaft* 71 (2014), S. 247–281.

Braun W., ***Gumpelzhaimer*** ▸ Werner Braun, »Kompositionen von Adam Gumpelzhaimer im Florilegium Portense«, in: *Die Musikforschung* 33 (1980), S. 131–135.

Braun W., ***Löhner*** ▸ Werner Braun, Einleitung zu: Johann Löhner, *Die triumphirende Treu*, Wiesbaden 1984 (Denkmäler der Tonkunst in Bayern, Neue Folge 6).

Braun W., ***Oldenburg*** ▸ Werner Braun, *Musik am Hof des Grafen Anton Günther von Oldenburg (1603–1667)*, Oldenburg 1963 (Oldenburger Balkenschild, 18/20).

Braun W., ***Zäsur*** ▸ Werner Braun, »Die Mitte des 17. Jahrhunderts als musikgeschichtliche Zäsur«, in: *Schütz-Jahrbuch* 21 (1999), S. 39–48.

Breig, ***Editionsgeschichte*** ▸ Werner Breig, »Die Editionsgeschichte der *Geistlichen Chormusik* von Heinrich Schütz«, in: Helga Lühning (Hg.), *Musikedition: Mittler zwischen Wissenschaft und musikalischer Praxis* (Beihefte zu editio, 17), Tübingen 2002, S. 237–276.

Breig, ***Freie Orgelwerke*** ▸ Werner Breig, »Freie Orgelwerke«, in: BHb, S. 613–712.

Brinkmann, ***Bachforschung*** ▸ Reinhold Brinkmann (Hrsg.), *Bachforschung und Bachinterpretation heute: Wissenschaftler und Praktiker im Dialog. Bericht über das Bachfest-Symposium 1978 der Philipps-Universität Marburg*, Leipzig [und Kassel] 1981.

Brummer, ***Minerva*** ▸ Hans Henrik Brummer, »Minerva of the North«, in: Marie-Louise Rodén (Hrsg.), *Politics and Culture in the Age of Christina*, Stockholm 1997 (Suecoromania, 4), S. 77–92.

Brusniak, ***Identifikation*** ▸ Friedhelm Brusniak, »Zur Identifikation Conrad Reins als Leiter der Hofkantorei König Christians II. von Dänemark, *Neues musikwissenschaftliches Jahrbuch* 8 (1999), S. 107–113.

Budday, ***Formen*** ▸ Wolfgang Budday, *Grundlagen musikalischer Formen der Wiener Klassik: An Hand der zeitgenössischen Theorie von Joseph Riepel und Heinrich Christoph Koch dargestellt an Menuetten und Sonatensätzen (1750–1790)*, Kassel 1983.

Bugenhagen, ***Stralsund*** ▸ Beate Bugenhagen, *Die Musikgeschichte Stralsunds im 16. und 17. Jahrhundert*, Köln etc. 2015 (Forschungen zur Pommerschen Geschichte, 49).

Bunners, ***Crüger*** ▸ Christian Bunners, *Johann Crüger (1598–1662) – Berliner Musiker und Kantor, lutherischer Gesangbuchschöpfer: Aufsätze, Bildnisse, Texdokumente*, Berlin 2012 (Kunst-, Musik- und Theaterwissenschaft, 11).

Bunners, ***Gerhardt*** ▸ Christian Bunners, *Paul Gerhardt: Weg – Werk – Wirkung*, Göttingen 2007.

Bunners, ***Kirchenmusik*** ▸ Christian Bunners, *Kirchenmusik und Seelenmusik: Studien zu Frömmigkeit und Musik im Luthertum des 17. Jahrhunderts*, Göttingen 1966 (Veröffentlichungen der Evangelischen Gesellschaft für Liturgieforschung, 14).

Bunners, ***Streit*** ▸ Christian Bunners, »Lutherische Orthodoxie und Pietismus im Streit um die Kirchenmusik, dargestellt an der Kontroverse zwischen Christian Gerber und Georg Motz um 1700«, in: Arnold, *Singen* [siehe dort], S. 161–180.

Burckhardt, ***Renaissance*** ▸ Jacob Burckhardt, *Die Kultur der Renaissance in Italien: Ein Versuch*, durchgesehen von Walter Goetz, Stuttgart 10/1976 (Kröners Taschenausgabe, 53).

Buxheimer Orgelbuch ▸ Bertha Antonia Wallner (Hrsg.), *Das Buxheimer Orgelbuch*, Teil 1–3, Kassel 1958–59 (Das Erbe deutscher Musik, 37–39).

Calvisius, ***Harmonia*** ▸ Sethus Calvisius, *Harmonia Cantionum Ecclesiasticarum: Kirchengesenge, vnd Geistliche Lieder, D. Lutheri vnd anderer frommer Christen*, Leipzig 1597.

Carver, ***Cori spezzati*** ▸ Anthony F. Carver, *Cori spezzati*, 2 Bde., Cambridge u. a. 1988.

Classen, ***Forster*** ▸ Albrecht Classen, »Georg Forster – ein Liedersammler als Zeuge des globalen Medienwandels: ›Volkslieder‹ als späte Zeugen der kollektiv-populären Kultur des Spätmittelalters«, in: ders. u. a. (Hg.), *Kultur- und kommunikationshistorischer Wandel des Liedes im 16. Jahrhundert*, Münster u. a. 2012 (Populäre Kultur und Musik, 3), S. 35–55.

Crüger, ***Praxis*** ▸ Johann Crüger, *Praxis pietatis melica, Das ist: Ubung der Gottseligkeit in Christlichen und trostreichen Gesängen, Herrn D. Martini Lutheri fürnemlich, wie auch anderer vornehmer und gelehrter Leute*, Berlin 1653.

Dadelsen, *Chronologie* ▸ Georg von Dadelsen, *Beiträge zur Chronologie der Werke Johann Sebastian Bachs,* Trossingen 1958 (Tübinger Bach-Studien, 4/5).

Dadelsen, *Handschrift* ▸ Georg von Dadelsen, *Bemerkungen zur Handschrift Johann Sebastian Bachs[,] seiner Familie und seines Kreises*, Trossingen 1957 (Tübinger Bach-Studien, 1).

Diehl, *Bokemeyer* ▸ Jürgen Diehl, »Die Conduite des Heinrich Bokemeyer: Neue Einblicke in das Wolfenbütteler Kantorat«, in: Küster, *Notensammler* [siehe dort], S. 303–380.

Dirksen, *Scheidemann* ▸ Pieter Dirksen, *Heinrich Scheidemann's Keyboard Music: Transmission, Style and Chronology*, Aldershot 2007.

Dürr, *Chronologie* ▸ Alfred Dürr, *Zur Chronologie der Leipziger Vokalwerke J. S. Bachs, 2. Auflage: Mit Anmerkungen und Nachträgen versehener Nachdruck aus Bach-Jahrbuch 1957*, Kassel etc. 1976 (Musikwissenschaftliche Arbeiten, 26).

Dürr, *Dadelsen* ▸ Alfred Dürr, »Georg von Dadelsen zum 75. Geburtstag«, in: *Neue Bachgesellschaft: Mitteilungsblatt* 33 (1993), S. 13 f.

Dürr, *De vita* ▸ Alfred Dürr, »De vita cum imperfectis«, in: Robert L. Marshall (Hrsg.), *Studies in Renaissance and Baroque Music in Honor of Arthur Mendel*, Kassel etc. 1974, S. 243–253.

Dürr, *Entstehungsgeschichte* ▸ Alfred Dürr, »Die Entstehungsgeschichte des Bachschen Choralkantaten-Jahrgangs«, in: Martin Geck (Hrsg.), *Bach-Interpretationen*, Göttingen 1969 (Kleine Vandenhoeck-Reihe 291 S), S. 7–11.

Dürr, *Kantaten* ▸ Alfred Dürr, *Die Kantaten von Johann Sebastian Bach: Mit ihren Texten*, Kassel (1971) 6/1995 (11/2013).

Dürr, *Matthäus-Passion* ▸ Alfred Dürr, *Johann Sebastian Bach, Neue Ausgabe sämtlicher Werke, Serie II Bd. 5: Matthäus-Passion, Markus-Passion, Kritischer Bericht*, Kassel etc. 1974.

Dürr, *Studien* ▸ Alfred Dürr, *Studien über die frühen Kantaten Johann Sebastian Bachs: Verbesserte und erweiterte Fassung der im Jahr 1951 erschienen Dissertation*, Wiesbaden 1977.

Ebhardt, *Gesetze* ▸ Christian Hermann Ebhardt (Hrsg.), *Gesetze, Verordnungen und Ausschreiben für den Bezirk des Königl. Consitorii zu Hannover, welche in Kirchen- und Schulsachen ergangen sind*, 2 Bde., Hannover 1845.

Eggebrecht, *Schütz* ▸ Hans Heinrich Eggebrecht, *Heinrich Schütz: Musicus poeticus*, Göttingen 1959 (Kleine Vandenhoeck-Reihe, 84).

Eikermann, *Tettens* ▸ Angelika Eikermann, *Wegweiser durch die St. Martinskirche zu Tettens*, Tettens 2/2008.

Einstein, *Landshoff* ▸ Alfred Einstein, »In memoriam: Ludwig Landshoff«, in: *The Musical Quarterly* 28 (1942), S. 241–247.

EKD, *Rechtfertigung* ▸ Kirchenamt der Evangelischen Kirche in Deutschland, *Rechtfertigung und Freiheit*, Gütersloh 4/2015.

Elerus, *Cantica* ▸ Franciscus Elerus, *Cantica sacra*, Hamburg 1588.

Engel, *Thüringen* ▸ Hans Engel, *Musik in Thüringen*, Köln 1966 (Mitteldeutsche Forschungen, 39).

Engelbrecht, *Kassel* ▸ Christiane Engelbrecht, *Die Kasseler Hofkapelle im 17. Jahrhundert und ihre anonymen Handschriften aus der Kasseler Landesbibliothek*, Kassel etc. 1958 (Musikwissenschaftliche Arbeiten, 14).

Enzensberger, *Gryphius* ▸ Hans Magnus Enzensberger, Nachwort zu: Andreas Gryphius, *Gedichte*, Frankfurt am Main 1962 (Insel-Bücherei, 703).

Felix, *Geleitwort* ▸ Werner Felix, »Geleitwort«, in: Felix, *Konferenz* [siehe dort], S. 5 f.

Felix, *Konferenz* ▸ Werner Felix u. a. (Hrsg.), *Bericht über die Wissenschaftliche Konferenz zum III. Internationalen Bach-Fest der DDR: Leipzig, 18./19. September 1975*, Leipzig 1977.

Fiedler, *Bremen* ▸ Beate-Christine Fiedler, »Bremen und Verden als schwedische Provinz (1633/45–1712)«, in: Hans-Eckhard Dannenberg u. a. (Hrsg.), *Geschichte des Landes zwischen Elbe und Weser, Bd. 3: Neuzeit*, Stade 2008, S. 173–253.

Figel, *Predigtgottesdienst* ▸ Matthias Figel, *Der reformatorische Predigtgottesdienst: Eine liturgiegeschichtliche Untersuchung zu den Anfängen des evangelischen Gottesdienstes in Württemberg*, Epfendorf 2013 (Quellen und Forschungen zur württembergischen Kirchengeschichte, 24).

Flade, *Rottenstein-Pock* ▸ Ernst Flade, »Hermann Raphael Rottenstein-Pock«, in: *Zeitschrift für Musikwissenschaft* 15 (1932/33), S. 1–24.

Flade, *Zeugnisse* ▸ Ernst Flade, »Literarische Zeugnisse zur Empfindung der Farbe und Farbigkeit bei

der Orgel und beim Orgelspiel in Deutschland ca. 1500–1620«, in: *Acta Musicologica* 28 (1956), S. 176–206.
Floryan, *Hvide Krist* ▸ Margrethe Floryan, *Hvide Krist: Thorvaldsens religiøse motiver*, Ausstellungskatalog, Kopenhagen 2008.
Flüeler, *Stadtluft* ▸ Marianne und Niklaus Flüeler, *Stadtluft, Hirsebrei und Bettelmönch: Die Stadt um 1300*, Stuttgart 1992.
Fock, *Bach* ▸ Gustav Fock, *Der junge Bach in Lüneburg: 1700–1702*, Hamburg 1950.
Fock, *Hamburgs Anteil* ▸ Gustav Fock, »Hamburgs Anteil am Orgelbau im niederdeutschen Kulturgebiet«, in: *Zeitschrift des Vereins für Hamburgische Geschichte* 38 (1939), S. 289–373.
Fontana, *Engelshand* ▸ Eszter Fontana und Veit Heller, »Musikinstrumente in Engelshand«, in: Eszter Fontana (Hrsg.), *Wenn Engel musizieren: Musikinstrumente von 1594 im Freiberger Dom*, Leipzig und Dößel 2/2008, S. 77–90.
Forkel, *Bach* ▸ Johann Nikolaus Forkel, *Ueber Johann Sebastian Bachs Leben, Kunst und Kunstwerke: Für patriotische Verehrer echter musikalischer Kunst*, Leipzig 1802.
Förtsch, *Engeln* ▸ Johann Philipp Förtsch, *Der Herr hat seinen Engeln befohlen über dir: »Concerto cum aria« zum Michaelisfest(?)*, hrsg. von Konrad Küster, Hamburg 2016 (MNO 29), online: http://d-nb.info/1105081079/34.
Förtsch, *Evangeliendialoge* ▸ Johann Philipp Förtsch, *Evangeliendialoge: Gesamtausgabe*, 3 Bde., Wilhelmshaven 2014 (Quellenkataloge zur Musikgeschichte, 58–60).
Förtsch, *Unser Leben* ▸ Johann Philipp Förtsch, *Unser Leben währet siebenzig Jahr: Trauermusik über Psalm 90,10 und ein Gedicht des Komponisten (1692)*, hrsg. von Konrad Küster, Hamburg 2015 (MNO 28), online: http://d-nb.info/107330891X/34.
Franck, *Es ist nicht fein* ▸ http://www2.cpdl.org/wiki/images/3/39/FRANCK-esistnichtfein.pdf.
Frandsen, *Allies* ▸ Mary E. Frandsen, »Allies in the Cause of Italian Music: Schütz, Prince Johann Georg II and Musical Politics in Dresden«, in: *Journal of the Royal Musical Association* 125 (2000), S. 1–40.
Frandsen, *Boundaries* ▸ Mary E. Frandsen, *Crossing Confessional Boundaries: The Patronage of Italian Sacred Music in Seventeenth-Century Dresden*, New York 2006.
Freylinghausen, *Gesang=Buch* ▸ Dianne Marie McMullen und Wolfgang Miersemann (Hrsg.), *Johann Anastasius Freylinghausen: Geistreiches Gesangbuch, Edition und Kommentar*, 2 Bde., Tübingen 2004–2010, Berlin 2013 [zitiert: hier Bd. 2, Teil 1].
Frick, *Musik-Büchlein* ▸ Christoph Frick, *Music-Büchlein Oder Nützlicher Bericht Von dem Uhrsprunge, Gebrauche vnd Erhaltung Christlicher Music Vnd also Von dem Lobe Gottes*, Lüneburg 1631.
Fürstenau, *Geschichte* ▸ Moritz Fürstenau, *Zur Geschichte der Musik und des Theaters am Hofe der Kurfürsten von Sachsen und Könige von Polen*, Dresden 1862.
GB 1525 Enchiridion ▸ *Enchiridion oder hand büchlein geystlicher gesenge vnd Psalmen*, Nürnberg 1525.
GB 1525 Zwickau ▸ *Eyn gesang Buchleyn, welche mann yetz und ynn der Kirchen gebrauchen ist*, [Zwickau 1525]; Faksimile unter dem Titel *Das älteste Zwickauer Gesangbuch von 1525*, Zwickau 1935.
GB 1530 Leipzig ▸ *Enchiridion geistlicher gesenge vnd Psalmen fur die leien, mit viel andern, denn zuuor gebessert: Sampt der Vesper, Metten, Complet vnd Messe* [Blum(e)-Gesangbuch], Leipzig 1530.
GB 1533 Klug ▸ *Geistliche lieder auffs new gebessert* [Klug'sches Gesangbuch], Wittenberg 1533.
GB 1535 Wittenberg ▸ Martin Luther, *Geistliche Lieder auffs new gebessert*, Wittenberg 1535.
GB 1540 Konstanz ▸ *Nüw gsangbüchle von vil schönen Psalmen vnd geistlichen liedern, durch ettliche diener der kirchen zu Costenz…*, Zürich 1540.
GB 1545 Babst ▸ *Geystliche Lieder: Mit einer newen vorrhede D. Mart. Luth.*, Leipzig [1545].
GB 1637 Lüneburg ▸ *Vollständiges Gesangbuch, D. Mart. Luth. D. Philip. Nicolai, Barthol. Ringwalds, vnd anderer geistreicher Männer*, Lüneburg 1637.
GB 1781 Mylius ▸ *Gesangbuch zum gottesdienstlichen Gebrauch in den Königlich Preußischen Landen*, Berlin 1781.
GB 1783 Weimar ▸ Johann Gottfried Herder und Georg Christoph Schmidt, *Neu eingerichtetes Sachsen-Weimar-Eisenach- und Jenaisches Gesang*-Buch, Weimar 1783.
GB 1791 Oldenburg ▸ *Gesangbuch zur öffentlichen und häuslichen Andacht für das Herzogthum Oldenburg: Nebst einem Anhange von Gebeten*, Oldenburg (1791) 2/1792.
GB 1794 Meiningen ▸ Johann Georg Pfranger, *Neues Sachsen-Coburg-Meiningisches Gesangbuch, zur öffentlichen und häuslichen Erbauung*, Meiningen 1794.

GB 1805 Magdeburg ▸ *Gesangbuch zum gottesdienstlichen Gebrauche für die Stadt und das Herzogthum Magdeburg*, Magdeburg 1805, 5/1827.

Geier, *Arbeit* ▸ Martin Geier, *Die köstlichste Arbeit aus dem 119. Psalm v. 54 […] bei Ansehnlicher und Volckreicher Leichbestattung des weiland Edlen, Hoch-Achtbaren und Wohlgelahrten Herrn Henrich Schützens*, Dresden [1672].

Gerber, *Historie* ▸ Christian Gerber, *Historie Der Kirchen-Ceremonien in Sachsen*, Dresden und Leipzig 1732.

Gerritz, *Tabulatur* ▸ Peter Gerritz, *Choralvorspiele aus der Rendsburger Orgeltabulatur (1724)*, Erstausgabe, hrsg. von Konrad Küster, Hamburg 2013 (MNO 1), online: http://d-nb.info/1056936401/34.

Gille, *Heidenreich* ▸ Gottfried Gille, »Der Kantaten-Textdruck von David Elias Heidenreich, Halle 1665, in den Vertonungen David Pohles, Sebastian Knüpfers, Johann Schelles und anderer: Zur Frühgeschichte der Concerto-Aria-Kantate«, in: *Die Musikforschung* 38 (1985), S. 81–94.

Glahn, *Clausholm* ▸ Henrik Glahn und Søren Sørensen, *The Clausholm Fragments*, Kopenhagen 1974.

Glöckner, *Unzulänglichkeiten* ▸ Andreas Glöckner, »›Na, die hätten Sie aber auch nur hören sollen!‹: Über Unzulänglichkeiten bei Bachs Leipziger Figuralaufführungen«, in: Ulrich Leisinger (Hrsg.), *Bach in Leipzig – Bach und Leipzig: Konferenzbericht Leipzig 2000*, Hildesheim u. a. 2002 (Leipziger Beiträge zur Bach-Forschung, 5), S. 387–401.

Gölz, *Chorgesangbuch* ▸ Richard Gölz (Hrsg.), *Chorgesangbuch: Geistliche Gesänge zu ein bis fünf Stimmen*, Kassel 1934.

Graff, *Geschichte* ▸ Paul Graff, *Geschichte der Auflösung der alten gottesdienstlichen Formen in der evangelischen Kirche Deutschlands*, 2 Bde., Göttingen 1937/39.

Grapenthin, *Catharinen Organ* ▸ Ulf Grapenthin, »The Catharinen Organ during Scheidemann's Tenure«, in: Dirksen, *Scheidemann* [siehe dort], S. 169–198.

Grusnick, *Düben* ▸ Bruno Grusnick, »Die Dübensammlung: Ein Versuch ihrer chronologischen Ordnung«, in: *Svensk Tidskrift för Musikforskning*, 46 (1964), S. 27–82 (zit. »I«); 48 (1966), S. 63–186 (zit. »II«).

Guggumos, *Mottecta* ▸ Gallus Guggumos, *Mottecta: Venedig 1612*, Stuttgart 2004 ff.

Gumpelzhaimer, *Compendium* ▸ Adam Gumpelzhaimer, *Compendium musicae latino-germanicum*, Augsburg 2/1595.

Hammerstein, *Form* ▸ Reinhold Hammerstein, »Versuch über die Form im Madrigal Monteverdis« [1975], in: Ludwig Finscher (Hrsg.), *Claudio Monteverdi: Festschrift Reinhold Hammerstein zum 70. Geburtstag*, Laaber 1986, S. 9–33.

Hammond, *Rome* ▸ Frederick Hammond, *Music and Spectacle in Baroque Rome: Barberini Patronage under Urban VIII*, New Haven und London 1994.

Hartmann, *Grimma* ▸ Andrea Hartmann, *Katalog der Musikhandschriften der Fürstenschule Grimma*, Dresden 2009.

Havsteen, *Frick* ▸ Sven Rune Havsteen, »Das ›Music-Büchlein‹ (1631) von Christopher Frick«, in: Arnold, *Singen* [siehe dort], S. 53–74.

Havsteen, *Musikanskuelsen* ▸ Sven Rune Havsteen, *Musikanskuelsen i det 17. århundredes lutherske tradition […]*, Ph.D. Kopenhagen 2004.

Heidrich, *Cantiones sacrae* ▸ Jürgen Heidrich, »Die ›Cantiones sacrae‹ von Heinrich Schütz vor dem Hintergrund reichspolitischer und konfessioneller Auseinandersetzungen«, in: *Schütz-Jahrbuch* 18 (1996), S. 53–64.

Heidrich, *Kirchenmusikanschauung* ▸ Jürgen Heidrich, *Protestantische Kirchenmusikanschauung in der zweiten Hälfte des 18. Jahrhunderts: Studien zur Ideengeschichte »wahrer« Kirchenmusik*, Göttingen 2001.

Heidrich, *Meissen* ▸ Jürgen Heidrich, »Musik und Humanismus an der Fürstenschule St. Afra zu Meissen im 16. Jahrhundert«, in: Ulrich Konrad (Hrsg.), *Musikalische Quellen – Quellen zur Musikgeschichte: Festschrift für Martin Staehelin zum 65. Geburtstag*, Göttingen 2002, S. 97–109.

Heinemann, *Schriftstücke* ▸ Michael Heinemann, *Schriftstücke von Heinrich Schütz*, Köln 2010 (Schütz-Dokumente, 1).

Held, *Kreuzkantorat* ▸ Karl Held, »Das Kreuzkantorat zu Dresden: Nach archivalischen Quellen bearbeitet«, in: *Vierteljahrsschrift für Musikwissenschaft* 10 (1894), S. 239–410 [auch als Einzeldruck; dann sind von den Seitenzahlenangaben jeweils 238 abzuziehen].

Herbst J. A., ***Musica*** ▸ Johann Andreas Herbst, *Musica Practica Sive Instructio pro Symphoniacis, Das ist: Eine kurtze Anleitung, wie die Knaben, vnd Andere, so sonderbare Lust vnd Liebe zum Singen tragen, auff jetzige Italienische Manier, mit geringer Müh, vnd kurtzer Zeit, doch gründlich können informiret vnd vnterrichtet werden*, [Nürnberg] 1642.

Herbst W., ***Festpredigten*** ▸ Wolfgang Herbst, »Das religiöse und das politische Gewissen: Bemerkungen zu den Festpredigten anläßlich der Einhundertjahrfeier der Reformation im Kurfürstentum Sachsen«, in: *Schütz-Jahrbuch* 18 (1996), S. 25–37.

Herbst W., ***Frieden*** ▸ Wolfgang Herbst, »Der Westfälische Frieden 1648 und die theologische und kirchengeschichtliche Situation in Mitteldeutschland«, in: *Schütz-Jahrbuch* 21 (1999), S. 7–21.

Herbst W., ***Gottesdienst*** ▸ Wolfgang Herbst (Hrsg.), *Evangelischer Gottesdienst: Quellen zu seiner Geschichte*, Göttingen 2/1992.

Herbst W., ***Luther*** ▸ Wolfgang Herbst, »Vom Umgang mit Luthers Musikanschauung«, in: *Schütz-Jahrbuch* 35 (2013), S. 7–15.

Herbst W., ***Nationalsozialismus*** ▸ Wolfgang Herbst, *Evangelische Kirchenmusik und Nationalsozialismus: Hoffnung – Anpassung – Verdrängung*, Manuskript des Vortrages in der Alten Nikolaikirche Frankfurt a. M. am 6. März 2005, online: http://www.antifa-frankfurt.org/Nachrichten/kirchenmusik_und_nationalsozialismus.html.

Herrmann, ***Series*** ▸ Rudolf Herrmann, »Series pastorum Isenacensium, 1523–1563«, in: *In disciplina Domini*, Berlin 1963, S. 55–76 (Thüringer kirchliche Studien, 1), online: http://www.ekmd.de/attachment/aa234c91bdabf36adbf227d333e5305b/a43e0992fb745f4f7c924542573fad6a/Herrmann+-+Series+Pastorum+Isenacensium.pdf.

Hindenlang, ***Konstanz*** ▸ Friedrich Hindenlang, *Konstanzer Reformatoren und ihre Kirchenlieder*, Leipzig und Hamburg 1936 (Welt des Gesangbuchs, 12).

Hobohm, ***Texte*** ▸ Wolf Hobohm, »Neue ›Texte zur Leipziger Kirchen-Music‹«, in: *Bach-Jahrbuch* 59 (1973), S. 5–32.

Hoë, ***JubelFrewde*** ▸ Matthias Hoë von Hoënegg, *Chur Sächsische Evangelische JubelFrewde, In der Churfürstlichen Sächsischen SchloßKirchen zu Dreßden […] gehalten*, Leipzig 1617.

Hoë, ***Predigt*** ▸ Matthias Hoë von Hoënegg, *Christliche Predigt Von den schrecklichen Greweln, die heutiges tages im Bapstthumb, und in der Calvinischen Lehrern Büchern augenscheinlich zu befinden sind*, Leipzig 1616.

Hoë, ***Taufpredigten*** ▸ Matthias Hoë von Hoënegg, *Vier Christliche Tauff- und GlückwüntschungsPredigten: So gehalten, Als … Herrn Johan[n]s Georgen, Hertzogen zu Sachsen … und Churfürsten … Seines gnädigsten Herrn, drey Churfürstliche junge Herrlein, Herrn Johann Georg, Herr Augustus, und Herr Christian, Hertzogen zu Sachsen … Anno 1613. Anno 1614. und Anno 1615. glücklich zur Welt geboren, und Christlich getauffet worden*, Leipzig 1616.

Homilius, ***Motetten*** ▸ Gottfried August Homilius, *Motetten für gemischen Chor a cappella*, hrsg. von Uwe Wolf, Stuttgart 2000.

Hudemann, ***Dialog*** ▸ Hans-Olaf Hudemann, *Die protestantische Dialogkomposition im 17. Jahrhundert*, Diss. Kiel 1941.

Husumer Orgelbuch ▸ *Das Husumer Orgelbuch von 1758: Praeludien, Fugen und Concerten für die Orgel mit Pedal, Sammlung Bendix Friedrich Zinck mit Werken aus dem Alten Land, dem Land Kehdingen und Schleswig-Holstein*, hrsg. von Konrad Küster, Stuttgart 2001.

Irwin, ***Preaching*** ▸ Joyce L. Irwin, »Preaching About Pipes and Praise: Lutheran Organ Sermons of the Seventeenth Century«, in: *Yale Journal of Music & Religion*, Volume 1 (2015), Issue 2, Article 3, online: http://dx.doi.org/10.17132/2377-231X.1027.

Irwin, ***Voice*** ▸ Joyce L. Irwin, *Neither Voice nor Heart Alone: German Lutheran Theology of Music in the Age of the Baroque*, New York u. a. 1993 (American University Studies 7: Theology and Religion 132).

Jahnke, ***Borussifizierung*** ▸ Carsten Jahnke, »Die Borussifizierung des schleswig-holsteinischen Geschichtsbewußtseins, 1866–1889«, in: *Zeitschrift der Gesellschaft für Schleswig-Holsteinische Geschichte* 130 (2005), S. 161–190.

Jenichen, ***Lebens-Lauf*** ▸ Christian Heinrich Jenichen, *Lebens-Lauf des Hochgebornen Grafen Herrn Rochus Friedrich Grafen zu Lynar*, Leipzig 1782.

Johannes von Lublin ▸ Johannes von Lublin, *Tablature of Keyboard Music*, hrsg. von John R. White, Bd. 1–6, [Rom] 1966–67 (CEKM, 6).

Jongepier, ***Noord-Holland*** ▸ Jan Jongepier u. a., *Orgels in Noord-Holland: Historie, bouw en gebruik van de Noordhollandse kerkorgels*, Schoorl 1996.

Jung, ***Großfahner*** ▸ Hans Rudolf Jung, *Thematischer Katalog der Musikaliensammlung Großfahner/ Eschenbergen in Thüringen*, Kassel etc. 2001 (Catalogus musicus, 17).

Junghans, ***Bach*** ▸ Wilhelm Junghans, *Johann Sebastian Bach als Schüler der Partikularschule zu St. Michaelis in Lüneburg oder Lüneburg eine Pflegestätte kirchlicher Musik*, Lüneburg 1870.

Jürgens, ***Psalter*** ▸ Henning P. Jürgens, »Der Genfer Psalter – europaweiter Kulturtransfer, konfessionelle Kultur und europäische Literaturen«, *Europäische Geschichte Online*, Mainz 2010, online: http://www.ieg-ego.eu/juergensh-2010-de.

Kaae, ***Hegelund*** ▸ Bue Kaae, *Peder Hegelunds almanakoptegnelser, 1565–1613*, 2 Bde., Ribe 1976.

Kaufmann, ***Oldenburg*** ▸ Walter Kaufmann, *Die Orgeln des alten Herzogtums Oldenburg: Nordoldenburgische Orgeltopographie*, Oldenburg 1962.

Kaufmann, ***Ostfriesland*** ▸ Walter Kaufmann, *Die Orgeln Ostfrieslands: Orgeltopographie*, Aurich 1968 (Abhandlungen und Vorträge zur Geschichte Ostfrieslands, 48).

Kerman, ***Madrigal*** ▸ Joseph Kerman, *The Elizabethan Madrigal: A comparative study*, New York 1962 (American Musicological Society: Studies and Documents, 4).

Keuchenthal, ***Kirchengesenge*** ▸ Johannes Keuchenthal, *KirchenGesenge Latinisch vnd Deudsch, sampt allen Euangelien, Episteln, vnd Collecten, auff die Sontage vnd Feste, nach Ordnung der zeit, durchs gantze Jhar, Zum Ampt, so man das Hochwirdige Sacrament des Abendmals vnsers HERRN IHESV CHRISTI handelt, oder sonst Gottes wort prediget, Jn den Euangelischen Kirchen breuchlich, Aus den besten Gesangbüchern vnd Agenden, so fur die Euangelischen Kirchen in Deudscher sprach gestellet vnd verordnet sind, zusamen gebracht. Vnd jtzund erstlich auff diese Form im Druck ausgegangen*, Wittenberg 1573.

Kipfer, ***David*** ▸ Sara Kipfer, *Der bedrohte David: Eine exegetische und rezeptionsgeschichtliche Studie zu 1 Sam 16 – 1 Kön 2*, Berlin 2015.

Kjellberg, ***Sverige*** ▸ Erik Kjellberg, *Kungliga musiker i Sverige under stormaktstiden: studier kring deras organisation, verksamheter och status, ca 1620–ca 1720*, 2 Bde., Uppsala 1979.

Kobuch, ***Sagittariana*** ▸ Agatha Kobuch, »Neue Sagittariana im Staatsarchiv Dresden«, in: *Jahrbuch für Regionalgeschichte* 13 (1986), S. 79–124.

Koch, ***Engel*** ▸ Ernst Koch, *Musik der Menschen und Musik der Engel: Theologische Aspekte von Orgel und Orgelmusik in Predigten des 17. und 18. Jahrhunderts aus Anlaß der Weihe von Orgeln im obersächsisch-fränkischen Raum*, in: Heimo Reinitzer (Hrsg.), *Die Arp-Schnitger-Orgel der Hauptkirche St. Jacobi in Hamburg*, Hamburg 1995, S. 14–29.

Kohl, ***Marschen*** ▸ Johann Georg Kohl, *Die Marschen und Inseln der Herzogthümer Schleswig und Holstein: Nebst vergleichenden Bemerkungen über die Küstenländer[,] die zwischen Belgien und Jütland liegen*, 3 Bde., Dresden und Leipzig 1846.

Kolde, ***Analecta*** ▸ Theodor Kolde, *Analecta Lutherana: Briefe und Actenstücke zur Geschichte Luthers*, Gotha 1883.

Körndle, ***Ausbreitung*** ▸ Franz Körndle, »Die Ausbreitung von Orgeln und Orgelmusik im 15. Jahrhundert: Hintergründe eines wenig erforschten Phänomens«, in: *Neues musikwissenschaftliches Jahrbuch* 11 (2002/03), S. 11–30.

Körndle, ***Usus*** ▸ Franz Körndle, »Usus organorum & horum sonus: Anmerkungen zum Gebrauch der Kirchenorgeln um 1500«, in: *Basler Jahrbuch für historische Musikpraxis* 29 (2005), S. 93–108.

Kretzschmar, ***Lied*** ▸ Hermann Kretzschmar, *Geschichte des Neuen deutschen Liedes*, Teil 1: Von Albert bis Zelter, Leipzig 1911 (Kleine Handbücher der Musikgeschichte nach Gattungen, IV/1).

Krieger, ***Arien*** ▸ Adam Krieger, *Arien*, hrsg. von Alfred Heuß, Leipzig 1905 (Denkmäler Deutscher Tonkunst, 19).

Krüger, ***Hamburg*** ▸ Liselotte Krüger, *Die hamburgische Musikorganisation im XVII. Jahrhundert*, Leipzig etc. 1933 (Sammlung musikwissenschaftlicher Abhandlungen, 12).

Krummacher, ***Choralbearbeitungen*** ▸ Friedhelm Krummacher, »Die Tradition in Bachs vokalen Choralbearbeitungen«, in: Martin Geck (Hrsg.), *Bach-Interpretationen*, Göttingen 1969 (Kleine Vandenhoeck-Reihe 291 S), S. 29–56.

Krummacher, ***Kunstreligion*** ▸ Friedhelm Krummacher, »Kunstreligion und religiöse Musik: zur ästhetischen Problematik geistlicher Musik im 19. Jahrhundert«, in: *Die Musikforschung* 32 (1979), S. 365–393.

Krummacher, *Stylus phantasticus* ▸ Friedhelm Krummacher, »Stylus phantasticus und phantastische Musik: Kompositorische Verfahren in den Toccaten von Frescobaldi und Buxtehude«, in: *Schütz-Jahrbuch* 2 (1980), S. 7–77.

Krummacher, *Tradition* ▸ Friedhelm Krummacher, »Bachs frühe Kantaten im Kontext der Tradition«, in: *Die Musikforschung* 44 (1991), S. 9–32.

Krummacher, *Überlieferung* ▸ Friedhelm Krummacher, *Die Überlieferung der Choralbearbeitungen in der frühen evangelischen Kantate: Untersuchungen zum Handschriftenrepertoire evangelischer Figuralmusik im späten 17. und beginnenden 18. Jahrhundert*, Berlin 1965 (Berliner Studien zur Musikwissenschaft, 10).

Krummacher, *Zyklus* ▸ Friedhelm Krummacher, *Bachs Zyklus der Choralkantaten: Aufgaben und Lösungen*, Göttingen 1995 (Veröffentlichungen der Joachim Jungius-Gesellschaft der Wissenschaften Hamburg, 81).

Kulturbund, *Bach* ▸ *Johann Sebastian Bach, 1750–1950: Zur Feier seines 200. Todestages*, hrsg. vom Kulturbund zur demokratischen Erneuerung Deutschlands, [Berlin] 1950.

Kunde, *Freiberg* ▸ Claudia Kunde, »Die Begräbniskapelle der albertinischen Wettiner im Freiberger Dom«, in: Eszter Fontana (Hrsg.), *Wenn Engel musizieren: Musikinstrumente von 1594 im Freiberger Dom*, Leipzig and Dößel 2/2008, S. 25–35.

Küster, *Bachs Quellen* ▸ Konrad Küster, »Bachs Quellen zu Vokalmusik Thüringer Komponisten«, in: Rainer Kaiser (Hrsg.), *Bach und seine mitteldeutschen Zeitgenossen: Bericht über das Internationale musikwissenschaftliche Kolloquium Erfurt und Arnstadt 2000* (Schriften zur mitteldeutschen Musikgeschichte, Band 4), Eisenach 2001, S. 112–126.

Küster, *Beethoven* ▸ Konrad Küster, *Beethoven*, Stuttgart 1994.

Küster, *BWV 196* ▸ Konrad Küster, »›Der Herr denket an uns‹ (BWV 196): Eine frühe Bach-Kantate und ihr Kontext«, in: *Musik und Kirche* 66 (1996), S. 84–96.

Küster, *Choralmelodie* ▸ Konrad Küster, »Choralmelodie und Fugenthema: Traditionen in der norddeutschen Orgelmusik des späten 17. Jahrhunderts«, in: *Orgel International* 2 (1998), Heft 6, S. 50–53.

Küster, *Church Cantata* ▸ Konrad Küster, »Protestant Church Cantata: Poetical and Musical Challenges Around 1700«, in: Anne Eusterschulte und Hannah Wälzholz (Hrsg.), *Anthropological Reformations – Anthropology in the Era of Reformation*, Göttingen 2015 (Refo500 Academic Studies, 28), S. 341–348.

Küster, *Death* ▸ Konrad Küster, »Death and the Lutheran Idea of Becoming a Heavenly Musician«, in: Tarald Rasmussen und Jon Øygarden Flæten (Hrsg.), *Preparing for Death – Remembering the Dead*, Hildesheim 2015 (Refo500 Academic Studies, 22), S. 351–359.

Küster, *Doppelchörigkeit* ▸ Konrad Küster, »›Gebt mir meinen Jesum wieder‹: Konzepte der Doppelchörigkeit in Bachs Matthäuspassion«, in: Johann Anselm Steiger u. a. (Hrsg.), *Golgatha in den Konfessionen und Medien der Frühen Neuzeit*, Berlin / New York 2010 (Arbeiten zur Kirchengeschichte, 113), S. 349–373.

Küster, *Ebio* ▸ Konrad Küster, »Theorie und Praxis im Musikunterricht der Lateinschulen: Die Musiklehre des Kantors Matthias Ebio (1651) in ihrer Zeit«, in: *Musik und Ästhetik* 10 (2006), S. 70–88.

Küster, *Eiderstedt* ▸ Konrad Küster, »Orgeltradition in Eiderstedt«, in: *Zwischen Eider und Wiedau* 2015, S. 20–30.

Küster, *Exegese* ▸ Konrad Küster, »Choralfantasie als Exegese: Konflikte zwischen musikalischer Realität um 1700 und jüngeren Gattungsbegriffen«, in: *Kirchenmusikalisches Jahrbuch* 94 (2010), S. 23–34.

Küster, *Fabricius (1)* ▸ Konrad Küster, »Leipzig und die norddeutsche Orgelkultur des 17. Jahrhunderts: Zu Werner Fabricius, Jacob Weckmann und ihrem Umkreis«, in: *Ständige Konferenz Mitteldeutsche Barockmusik*, Jahrbuch 2000, S. 22–41.

Küster, *Fabricius (2)* ▸ Konrad Küster, »Die Leipziger Organistenkultur des 17. Jahrhunderts: Beobachtungen am Fabricius-Konvolut der Universitätsbibliothek Freiburg im Breisgau«, in: *Schütz-Jahrbuch* 28 (2006), S. 65–87.

Küster, *Flor* ▸ »›... alle Claves durchgangen‹: Vollchromatik bei Johann Rist und Christian Flor (1662)«, in: *Die Musikforschung* 60 (2007), S. 333–348.

Küster, *Funeral Music* ▸ Konrad Küster, »Funeral Music at Gottorf around 1700«, in: Rolf Bleile u. a. (Hrsg.), *»Princess Hedvig Sofia« and the Great Northern War*, Dresden 2015, S. 132–139.

Küster, *Gottorf* ▸ Konrad Küster, »Gottorf und die Musik des späten 17. Jahrhunderts: Landesgeschichte – Identitätsgeschichte – Kulturgeschichte«, in: Küster, *Notensammler* [siehe dort], S. 33–60.

Küster, *Hadeln* ▸ Konrad Küster, »Die Orgellandschaften Hadeln und Wursten in der Musikgeschichte«, in: *Jahrbuch der Männer vom Morgenstern* 85 (2006), S. 29–56.

Küster, *Hegelund* ▸ Konrad Küster, Vorwort zu: Peder Hegelund, *Lad af, o hjerte sorrigfuld; Her frem, her frem, i syndere alle: 2 firestemmige sange/2 vierstimmige Gesänge: Ribe 1578*, Hamburg 2015 (MNO 21), online: http://d-nb.info/1072971720/34.

Küster, *Helstat* ▸ Konrad Küster, »Orgelmusik i den danske helstat«, in: Uffe Kjerulf u. a. (Hrsg.), *Christiansborg Slotskirkes Orgel*, Kopenhagen 2012, S. 30–49.

Küster, *Heydorn* ▸ Konrad Küster, »Peter Heydorn: Zwei Biographien in der norddeutschen Orgelkunst«, in: *Acta organologica* 32, Kassel 2012, S. 379–404.

Küster, *Jenseits* ▸ Konrad Küster, »›Mein Schall aufs Ewig weist‹: Das Jenseits und die Kirchenmusik der lutherischen Orthodoxie«, in: *Schütz-Jahrbuch* 33 (2011), S. 75–90.

Küster, *Junger Bach* ▸ Konrad Küster, *Der junge Bach*, Stuttgart 1996.

Küster, *Kassel* ▸ Konrad Küster, »Die handschriftlichen Quellen zu Schütz' *Kleinen geistlichen Konzerten* und *Symphoniae sacrae II* in Kassel«, in: Schütz-Jahrbuch 25 (2003), S. 71–83.

Küster, *Kein geistliches Lied* ▸ Konrad Küster, »Kein geistliches Lied: Die Konzepte Rists und seiner Komponisten«, in: Johann Anselm Steiger und Bernhard Jahn (Hrsg.), *Johann Rist (1607–1667): Profil und Netzwerke eines Pastors, Dichters und Gelehrten*, Berlin und Boston 2015 (Studien und Dokumente zur deutschen Literatur und Kultur im europäischen Kontext, 195), S. 421–437.

Küster, *Konzert* ▸ Konrad Küster, *Das Konzert: Form und Forum der Virtuosität* (Bärenreiter Studienbücher Musik 6), Kassel etc. 1993.

Küster, *Lateinlehrer* ▸ Konrad Küster, »Lateinlehrer, Prediger, Musiker: Zur Definition des nachreformatorischen Kantorats in den Herzogtümern Schleswig und Holstein«, in: *Zeitschrift der Gesellschaft für Schleswig-Holsteinische Geschichte* 130 (2005), S. 71–108.

Küster, *Lüdingworth* ▸ Konrad Küster (Hrsg.), *Tabulatur Lüdingworth: Norddeutsche Orgelmusik des 16. Jahrhunderts*, Faksimile, Mit Einführung und Übertragung, Kassel 2007 (Documenta musicologica, 2. Reihe, Bd. 38).

Küster, *Mölln* ▸ Konrad Küster, »Mölln und die Marsch: Verbindungslinien in norddeutscher Orgelkultur«, in: *Lauenburgische Heimat*, Neue Folge, Heft 197 (2014), S. 100–107.

Küster, *Mozart* ▸ Konrad Küster, *W. A. Mozart und seine Zeit*, Laaber 2001 (Große Komponisten und ihre Zeit).

Küster, *Musikstadt* ▸ Konrad Küster, *Musikstadt Buxtehude: Bausteine einer Geschichte*, Buxtehude 2009.

Küster, *Nordsee* ▸ Konrad Küster, *Orgeln an der Nordsee – Kultur der Marschen: Ausstellungsführer*, Kiel 2015.

Küster, *Notensammler* ▸ Konrad Küster (Hrsg.), *Zwischen Schütz und Bach: Georg Österreich und Heinrich Bokemeyer als Notensammler (Gottorf/Wolfenbüttel)*, Stuttgart 2015.

Küster, *Österreich* ▸ Konrad Küster, »Georg Österreichs Musiksammlung: Entstehung – Gliederung – Fortentwicklung«, in: Küster, *Notensammler* [siehe dort], S. 117–276.

Küster, *Pfarrer* ▸ Konrad Küster, »Musizieren Pfarrer? Lutherische Kantoren zwischen 1580 und 1700«, in: Arnold, *Singen* [siehe dort], S. 139–160.

Küster, *Psalmen Davids* ▸ Konrad Küster, »Musik an der Schwelle des Dreißigjährigen Krieges: Perspektiven der ›Psalmen Davids‹ von Schütz«, in: *Schütz-Jahrbuch* 18 (1996), S. 39–51.

Küster, *Ribe* ▸ Konrad Küster, »Musik im frühen lutherischen Gottesdienst: Das Beispiel der Domkirche in Ribe um 1560«, in: *Schütz-Jahrbuch* 37 (2015).

Küster, *Rist* ▸ Konrad Küster, »›O du güldene Musik!‹ Wege zu Johann Rist«, in: Johann Anselm Steiger (Hrsg.), *»Ewigkeit, Zeit ohne Zeit«: Gedenkschrift zum 400. Geburtstag des Dichters und Theologen Johann Rist*, Neuendettelsau 2007, S. 77–179.

Küster, *Scheidemann* ▸ Konrad Küster, »Zur Geschichte der Musikerfamilie Scheidemann«, in: *Schütz-Jahrbuch* 21 (1999), S. 99–113.

Küster, *Schlöpke* ▸ Konrad Küster, »Schnitger, Schlöpke, Schweden: Die Stader Orgelweih-Komposition von 1685 und ihr musikpolitischer Kontext«, in: *Stader Jahrbuch* 2010, S. 151–175.

Küster, *Schmedeke* ▸ Konrad Küster, »Caj Schmedeke: Ein Dithmarscher Organist zwischen Husum, Helsingør und Danzig«, in: *Beiträge zur Husumer Stadtgeschichte* 12 (2010), S. 27–40.

Küster, *Schütz und die Orgel* ▸ Konrad Küster, »Schütz und die Orgel: Überlegungen zum Organistenstand in Deutschland und Italien um 1600«, in: *Schütz-Jahrbuch* 22 (2000), S. 7–16.

Küster, *Sjælland* ▸ Konrad Küster, »Sjælland og ›The North German Organ School‹ i det 17. århundrede«, in: *Custos: Tidsskrift for tidlig musik* 12 (2014), Nr. 4, S. 5–13.

Küster, *Symphoniae Sacrae II* ▸ Konrad Küster, Vorwort zu: Heinrich Schütz, *Symphoniae Sacrae II* (Stuttgarter Schütz-Ausgabe 8), Stuttgart 2012, S. VI–XXV.

Küster, *Trauerpredigt* ▸ Konrad Küster, »›Wolbestimmete Musica … nach Davids Manier und Gebrauch‹: Eine Altenbrucher Trauerpredigt von 1653 als Schlüssel zu norddeutscher Musikkultur«, in: *Stader Jahrbuch* 2007, S. 55–92.

Küster, *Umfeld* ▸ Konrad Küster, *Im Umfeld der Orgel: Musik und Musiker zwischen Elbe und Weser,* Stade 2007 (Schriften der Orgelakademie Stade, 2).

Küster, *Venedig* ▸ Konrad Küster, *Opus Primum in Venedig: Traditionen des Vokalsatzes 1590–1650,* Laaber 1995 (Freiburger Beiträge zur Musikwissenschaft 4).

Küster, *Vokalmusik* ▸ Konrad Küster, »Vokalmusik«, in: BHb, S. 93–534.

Küster / Tegtmeyer ▸ Konrad Küster und Hans Tegtmeyer (Hrsg.), *Gott allein die Ehre: Der Orgelreichtum im Alten Land. Katalog zur Ausstellung vom 7. Juni – 26. August 2007, Museum Altes Land, Jork,* Jork [Stade] 2007.

Lange, *Österreich* ▸ Carsten Lange, »Georg Österreichs Magdeburger Umfeld und Anmerkungen zu seiner musikalischen Ausbildung«, in: Küster, *Notensammler* [siehe dort], S. 83–104.

Lehmann, *Trauergedicht* ▸ Georg Lehmann, »Ich habe meinen Lauff, GOtt Lob, nunmehr vollendet!«, in: *Mausoleum, Quod Germanorum Amphioni […] Dn. Heinrico. Schüzzio. […] Erigere uti debuerunt sic voluerunt […],* [Anhang zu *Geier, Arbeit*; siehe dort], fol. [A] verso.

Leopold, *Chiabrera* ▸ Silke Leopold, »Chiabrera und die Monodie: Die Entwicklung der Arie«, in: *Studi musicali* 10 (1981), S. 75–106.

Leopold, *Monteverdi* ▸ Silke Leopold, *Claudio Monteverdi und seine Zeit,* Laaber 2/1993 (Große Komponisten und ihre Zeit).

Leopold, *Orfeo* ▸ Silke Leopold, *Al modo d'Orfeo: Dichtung und Musik im italienischen Sologesang des frühen 17. Jahrhunderts,* 2 Bde., Laaber 1995 (Analecta musicologica 29).

Leopold, *Schütz* ▸ Silke Leopold, »Was hat Schütz in Italien nicht gelernt?«, in: *Schütz-Jahrbuch* 36 (2014), S. 40–48.

Leuchtmann, *Lasso* ▸ Horst Leuchtmann u. a. (Hrsg.), *Orlando di Lasso: Prachthandschriften und Quellenüberlieferung,* Tutzing 1994.

Lockwood, *Ruffo* ▸ Lewis Lockwood, »Vincenzo Ruffo and Musical Reform after the Council of Trent«, in: *Musical Quarterly* 43 (1957), S. 342–371.

Lohmeier, *Augusta* ▸ Dieter Lohmeier, »Augusta, Herzogin von Schleswig-Holstein-Gottorf«, in: *Schleswig-holsteinisches biographisches Lexikon,* Bd. 12, Neumünster 2006, S. 20–23.

Lossius, *Psalmodia* ▸ Lucas Lossius, *Psalmodia, hoc est Cantica Sacra Veteris Ecclesiae Selectae,* Nürnberg 1553.

Lübben, *Neuenhuntorf* ▸ Georg Lübben, *Geschichte der Gemeinde Neuenhuntorf,* Oldenburg 1903.

Luth, *Gemeentezang* ▸ Jan Roelof Luth, *»Daer wert om't seerste uytgekreten …«: bijdragen tot een geschiedenis van de gemeentezang in het Nederlandse Gereformeerde protestantisme 1550–1852* [2 Teile], Kampen 1986.

Luth, *Gemeindegesang* ▸ Jan R. Luth, »Gemeindegesang in den Niederlanden im 16. Jahrhundert, in: Eckhard Grunewald u. a., *Der Genfer Psalter und seine Rezeption in Deutschland, der Schweiz und den Niederlanden: 16.–18. Jahrhundert,* Tübingen 2004, S. 421–434.

Luther, *Haus Postill 2* ▸ Martin Luther, *Haus-Postill: Der ander Teil,* Wittenberg 1544.

Luther, *Messe* ▸ Martin Luther, *Deutsche Messe vnd Ordnung Gotesdiensts, zu Wittenberg, fürgenomen,* Wittenberg [Augsburg?] 1526. [d. i.: zitiert nach dem Exemplar der Bayerischen Staatsbibliothek München: VD16 M4912; dasjenige der Universitäts- und Landesbibliothek Sachsen-Anhalt, Halle (Saale), das ebenfalls 1526 datiert ist, hat einen anderen Umbruch: VD16 M4917].

Luther, *ordenung* ▸ Martin Luther, *Vonn ordenung gottis dienst yn der gemeyne,* Erfurt 1523.

Luther, *Vorrhede* ▸ »Vorrhede Martini Lutheri«, in: Johann Walter, *Geystliche gesangk Buchleyn,* Wittenberg 1524, Stimmbuch Tenor, fol. [A i verso] – A ij.

Marcel, *Bach* ▸ Luc-André Marcel, *Johann Sebastian Bach: In Selbstzeugnissen und Bilddokumenten,* Reinbek 1963 (rowohlts monographien, 83).

Märker, *Schicht* ▸ Michael Märker, »Klassizismus zur Zeit der Wiener Klassik? Zu den Motetten von Johann Gottfried Schicht«, in: *Die Musikforschung* 50 (1997), S. 9–18.

Mathesius, ***Luther*** ▸ Johann Mathesius, *Dr. Martin Luthers Leben: Neue, nach den Originaldrucken revidierte, mit einem vollständigen Register versehene Ausgabe*, St. Louis 1883.

Mattheson, ***Ehren-Pforte*** ▸ Johann Mattheson, *Grundlage einer Ehren-Pforte*, Hamburg 1740.

Maul, ***Chor*** ▸ Michael Maul, »*Dero berühmbter Chor«: Die Leipziger Thomasschule und ihre Kantoren (1212–1804)*, Leipzig 2012.

Maul/Wollny 1 ▸ Michael Maul und Peter Wollny (Hrsg.), *Weimarer Orgeltabulatur: Die frühesten Notenhandschriften Johann Sebastian Bachs sowie Abschriften seines Schülers Johann Martin Schubart*, Kassel etc. 2007 (Documenta musicologica II, Bd. 39).

Maul/Wollny 2 ▸ Michael Maul und Peter Wollny, »Buxtehude, Reinken und der junge Bach: Überlegungen zur ›Weimarer Orgeltabulatur‹«, in: Wolfgang Sandberger u. a. (Hrsg.), *Dieterich Buxtehude: Text – Kontext – Rezeption, Bericht über das Symposion an der Musikhochschule Lübeck 10.–12. Mai 2007*, Kassel etc. 2011, S. 144–187 [bis S. 181 Nachdruck von *Maul/Wollny 1*, ergänzt um Abbildungen].

Meinecke, ***Altenburg*** ▸ Ludwig Meinecke, »Michael Altenburg: Ein Beitrag zur Geschichte der evangelischen Kirchenmusik«, in: *Sammelbände der Internationalen Musik-Gesellschaft* 5 (1903/04), S. 1–45.

Meißner, ***Musica*** ▸ Johann Meißner, *Musica Christiana, Daß ist, Der Christen Singe-Kunst*, Wittenberg 1664.

Melodeyen Gesangbuch ▸ Hieronymus Praetorius u. a., *Melodeyen Gesangbuch Darinn D. Luthers vnd ander Christen gebreuchlichsten Gesenge, jhren gewöhnlichen Melodeyen nach, Durch Hieronymum Prætorium, Joachimum Deckerum, Jacobum Prætorium, Davidem Scheidemannum […] in vier stimmen vbergesetzt, begriffen sindt*, Hamburg 1604.

Minor, ***Brahms*** ▸ Ryan Minor, »Occasions and Nations in Brahms's Fest- und Gedenksprüche«, in: *19th-Century Music* 29 (2006), S. 261–288.

Mithobius, ***Münstermann*** ▸ Hector Mithobius, *[Pnûēl] Das ist Meinen Jesum laß ich nicht, […] Bey Christlicher Sepultur und Volckreicher Leich-Begängniß Der Weyland viel Ehr- und Tugendreichen Frauen Annæ Catharinæ gebohrner Alardin, Des WolEhrenvesten, vor Achtbahren und wolgelahrten Herren M. Hermanni Münstermans Ssæ Theologiæ Candidati Ehelichen, hertzliebsten Hauß-Ehren, […] am […] 14. Octobris, im Jahr Christi 1660 […] sanfft und selig entschlaffen […]*, Hamburg 1669.

Mithobius, ***Psalmodia*** ▸ Hector Mithobius, *Psalmodia Christiana […] Das ist Gründliche Gewissens-Belehrung, Was von der Christen Musica, so wol Vocali als Instrumentali zu halten? Allen Alten und Neuen Music-Feinden […] entgegen gesetzet*, Jena und Bremen 1665.

Moe, ***Trafik*** ▸ Bjarke Moe, *Musikkulturel trafik i København og Rostock: Musikerrekruttering og repertoirefornyelse i første halvdel af 1600-tallet*, 2 Bde., Kopenhagen 2010.

Möller, ***Jahr 1617*** ▸ Eberhard Möller, »Heinrich Schütz und das Jahr 1617«, in: *Jahrbuch Peters* 8 (1985), S. 69–80.

Möller, ***Noteninventare*** ▸ Eberhard Möller, »Die Weimarer Noteninventare von 1662 und ihre Bedeutung als Schütz-Quellen«, in: *Schütz-Jahrbuch* 10 (1988), S. 62–85.

Moser, ***Schütz*** ▸ Hans Joachim Moser, *Heinrich Schütz: Sein Leben und Werk*, Kassel 1936.

Moths, ***Exempla*** ▸ Angelika Moths, »Exempla in Harmonij nulla habentur: Zur Systematik der Beispiele in Seth Calvisius' Exercitationes musicae duae«, in: Gesine Schröder (Hrsg.), *Tempus musicæ – Tempus mundi: Untersuchungen zu Sethus Calvisius*, Hildesheim etc. 2008, S. 215–234.

Müller, ***Kunst*** ▸ Jutta Müller, »Exkurs: Kunst und Kunstgewerbe in Dithmarschen«, in: Martin Gietzel (Red.), *Geschichte Dithmarschens*, Heide 2000, S. 434–457.

Nef, ***Sicher*** ▸ Walter Robert Nef, *Der St. Galler Organist Fridolin Sicher und seine Orgeltabulatur* (Schweizerisches Jahrbuch für Musikwissenschaft, 7), Basel 1938.

Neocorus, ***Chronik*** ▸ Neocorus [Johann Adolfi], *Chronik des Landes Dithmarschen*, Kiel 1827.

Neubacher, ***Telemann*** ▸ Jürgen Neubacher, *Georg Philipp Telemanns Hamburger Kirchenmusik und ihre Aufführungsbedingungen (1721–1767)*, Hildesheim etc. 2009 (Magdeburger Telemann-Studien, 20).

Neumann, ***Texte*** ▸ Werner Neumann (Hrsg.), *Sämtliche von Johann Sebastian Bach vertonte Texte*, Leipzig 1974.

Newcomb, ***Ferrara*** ▸ Anthony Newcomb, *The Madrigal at Ferrara: 1579–1597*, 2 Bde., Princeton 1980 (Princeton Studies in Music, 7).

Nyrop, ***Lavsskraaer*** ▸ Camillus Nyrop (Hrsg.), *Danmarks Gilde- og Lavsskraaer fra middelalderen*, 2 Bde., Kopenhagen 1895–1904.

Obertello, ***Madrigali*** ▸ Alfredo Obertello, *Madrigali italiani in Inghilterra*, Mailand 1949.

Oefner, ***Eisenach*** ▸ Claus Oefner, *Das Musikleben in Eisenach 1650–1750*, Diss. (mschr.) Halle 1975.

Olearius, ***Kirchen Buch*** ▸ [Adam Olearius], *Das Schleßwigische und Holsteinische Kirchen Buch [...]*, Schleswig 1665.

Olsen, ***Experiences*** ▸ Jean Olson, *Educational Experiences of High Performing Adolescents: in Their Own Words*, Vermont 2009 (Graduate College Dissertations and Theses, 171).

Ortgies, ***Orgelstimmung*** ▸ Ibo Ortgies, *Die Praxis der Orgelstimmung in Norddeutschland im 17. und 18. Jahrhundert und ihr Verhältnis zur zeitgenössischen Musikpraxis*, Göteborg 2004.

Österreich, ***Plötzlich*** ▸ Georg Österreich, *Plötzlich müssen die Leute sterben: Trauermusik auf Herzog Friedrich IV. von Schleswig-Holstein-Gottorf, 1702*, zwei Versionen, hrsg. von Konrad Küster, Hamburg 2013, 2/2015 (MNO 4a, online: http://d-nb.info/1056942924/34; MNO 4b, online: http://d-nb.info/1056943203/34).

Österreich, ***Und Jesus*** ▸ Georg Österreich, *Und Jesus ging aus von dannen: Evangelienkantate zum Sonntag Reminiscere, Erstfassung 1693*, hrsg. von Konrad Küster, Hamburg 2014 (MNO 7), online: http://d-nb.info/1058118838/34.

Österreich, ***Unser keiner*** ▸ Georg Österreich, *Unser keiner lebet ihm selber: Musicalisches Concert, Bestehend aus einigen Kern-Sprüchen Heiliger Schrift (1702)*, hrsg. von Konrad Küster, Hamburg 2015 (MNO 25), online: http://d-nb.info/1072983893/34.

Österreich, ***Wir haben nicht*** ▸ Georg Österreich, *Wir haben nicht einen Hohenpriester: Trauermusik über Hebräer 4,15–16 für Herzog Christian Albrecht von Schleswig-Holstein Gottorf, 1695*, hrsg. von Konrad Küster, Hamburg 2016 (MNO 32), online: http://d-nb.info/1105081508/34.

Østrem, ***Josquin*** ▸ Eyolf Østrem, »Luther, Josquin and des fincken gesang«, in: ders. u. a. (Hrsg.), *The Arts and the Cultural Heritage of Martin Luther*, Kopenhagen 2002, S. 51–79.

Pachelbel, ***Orgelwerke*** ▸ Johann Pachelbel, *Orgelkompositionen*, hrsg. von Max Seiffert, Leipzig 1903 (Denkmäler der Tonkunst in Bayern, IV/1).

Parrott, ***Chor*** ▸ Andrew Parrott, *Bachs Chor: Zum neuen Verständnis*, Kassel etc. und Stuttgart/Weimar 2003.

Pedersøn, ***Libro secundo*** ▸ Mogens Pedersøn, »Madrigali a cinque voci Libro secundo 1611«, in: *Madrigaler fra Christian IV's tid*, hrsg. von Jens Peter Jacobsen, Egtved 1967 (Dania sonans, 3), S. 110–165.

Petersen, ***Latin Mass*** ▸ Nils Holger Petersen, »Lutheran Tradition and the Medieval Latin Mass«, in: Eyolf Østrem u. a. (Hrsg.), *The Arts and the Cultural Heritage of Martin Luther*, Kopenhagen 2002, S. 35–49.

Petzoldt, ***Bach-Kommentar*** ▸ Martin Petzoldt, *Bach-Kommentar: Theologisch-musikwissenschaftliche Kommentierung der geistlichen Vokalwerke Bachs*, 2 Bde., Kassel etc. 2004 und 2007.

Pfleger, ***Schauet*** ▸ Augustin Pfleger, *Schauet an den Liebesgeist: Geistliches Konzert zum 2. Pfingsttag*, hrsg. von Konrad Küster, Hamburg 2013 (MNO 3), online: http://d-nb.info/1056938528/34.

Pidoux, ***Psautier*** ▸ Pierre Pidoux, *Le Psautier Hugenot du XVIe siècle: Mélodies et documents*, Bd. 1: Les Mélodies, Basel 1962.

Pietzsch, ***Orgelgeschichte*** ▸ Gerhard Pietzsch, »Übersehene Quellen zur mittelalterlichen Orgelgeschichte«, in: *Anuario musical* 12 (1957), S. 83–96.

Pipping, ***Musica*** ▸ Joseph Pipping, *Musica Filiorum Dei in Cœlis svavissima, Das ist: Himmlische Frewden-Music Der seligen Kinder Gottes im ewigen Leben*, Hamburg 1653.

Praetorius, ***Syntagma 2*** ▸ Michael Praetorius, *Syntagmatis musici [...] Tomus Secundus: De Organographia*, Wolfenbüttel 1619.

Praetorius, ***Syntagma 3*** ▸ Michael Praetorius, *Syntagmatis musici [...] Tomus Tertius*, Wolfenbüttel 1619.

Prinz/Küster ▸ Ulrich Prinz u. a., *300 Jahre Johann Sebastian Bach: Eine Ausstellung der Internationalen Bachakademie in der Staatsgalerie Stuttgart. Katalog*, Tutzing 1985.

Przybyszewska-Jarmińska, ***Schütz*** ▸ Barbara Przybyszewska-Jarmińska, »The Role of Heinrich Schütz and Silesian Musicians in the Dissemination of the Repertoire of the Polish Royal Chapel led by Marco Scacchi in Silesia, Saxony and Thuringia«, in: *Schütz-Jahrbuch* 32 (2010), S. 17–28.

Quantz, ***Versuch*** ▸ Johann Joachim Quantz, *Versuch einer Anweisung die Flöte traversiere zu spielen*, Berlin 1752.

Quoika, ***Blockwerk*** ▸ Rudolf Quoika, *Vom Blockwerk zur Registerorgel: Zur Geschichte der Orgelgotik, 1200–1520*, Kassel etc. 1966.

Raphael, ***Mauersberger*** ▸ Günter Raphael, »Rudolf Mauersberger zum 29. Januar 1959«, in: Hans Böhm (Hrsg.), *Kirchenmusik heute: Gedanken über Aufgaben und Probleme der Musica Sacra*, Berlin 1959, S. 12–19.

Rathey, ***Grobe*** ▸ Markus Rathey, »Die Grobe-Tabulatur: Überlegungen zu ihrer Genese und zur thüringischen Buxtehudeüberlieferung im 17. Jahrhundert«, in: *Ständige Konferenz Mitteldeutsche Barockmusik*, Jahrbuch 2000, S. 42–55.

Renner, ***Moteta*** ▸ Johann Renner, *Geistliche Wohlklingende Davids-Moteta, Oder Musicalisches Kunst-Stück*, Arnstadt 1690.

Richter, ***Kuhnau*** ▸ Bernhard Friedrich Richter, »Eine Abhandlung Joh. Kuhnau's«, in: *Monatshefte für Musik-Geschichte* 34 (1902), S. 147–154 (mit Anhang: »Verzeichnis von Kirchenmusiken Johann Kuhnau's aus den Jahren 1707–1721«, ebd., S. 176–181).

Richter, ***Stadtpfeifer*** ▸ Bernhard Friedrich Richter, »Stadtpfeifer und Alumnen der Thomasschule in Leipzig zu Bachs Zeit«, in: *Bach-Jahrbuch* 4 (1907), S. 32–78.

Rief, ***Holzskulptur*** ▸ Michael Rief, »Die Technik der Utrechter Holzskulptur: Versuch eines Überblickes«, in: Dagmar Preising und Michael Rief, *Mittelalterliche Bildwerke aus Utrecht*, Stuttgart 2012, S. 140–165.

Riemer, ***Bodenschatz*** ▸ Otto Riemer, *Erhard Bodenschatz und sein Florilegium Portense*, Leipzig 1928.

Rist, ***Himmlische Lieder*** ▸ Johann Rist / Johann Schop, *Himmlische Lieder (1641/42)*, hrsg. von Johann Anselm Steiger und Konrad Küster, Berlin 2012.

Rist, ***Neue himmlische Lieder*** ▸ Johann Rist, *Neue himmlische Lieder (1651)*, hrsg. von Johann Anselm Steiger und Konrad Küster, Berlin 2013.

Rist, ***Schauplatz*** ▸ *Johann Risten Poetischer Schauplatz, Auff welchem allerhand Waaren Gute und Böse Kleine und Grosse Freude und Leid-zeugende zu finden*, Hamburg 1646.

Ritter, ***Orgelspiel*** ▸ August Gottfried Ritter, *Geschichte des Orgelspiels, vornehmlich des deutschen, im 14. bis zum Anfange des 18. Jahrhunderts*, 2 Bde. (1: Textteil, 2: Musikalische Beispiele), Leipzig 1884.

Ritzel, ***Sonatenform*** ▸ Fred Ritzel, *Die Entwicklung der Sonatenform im musiktheoretischen Schrifttum des 18. und 19. Jahrhunderts*, Wiesbaden 1968 (Neue musikgeschichtliche Forschungen, 1).

Robertsbridge ▸ Willi Apel (Hrsg.), *Keyboard Music of the Fourteenth & Fifteenth Centuries*, [Rom] 1963, S. 1–9.

Rollberg, ***Kantorenbuch*** ▸ Fritz Rollberg, »Das Eisenacher Kantorenbuch«, in: *Zeitschrift für Musikwissenschaft* 14 (1931/32), S. 420.

Rosand, ***Venice*** ▸ Ellen Rosand, *Opera in Seventeenth-Century Venice: The Creation of a Genre*, Berkeley etc. 1991.

Rose, ***Purification*** ▸ Stephen Rose, »Patriotic purification: cleansing Italian secular vocal music in Thuringia, 1575–1600«, in: *Early Music History* 2016.

Rosenberger, ***Crüger*** ▸ Burkard Rosenberger, *Johann Crügers »Geistliche Kirchen-Melodien« (1649): Textkritische Edition*, Münster 2014 (Wissenschaftliche Schriften der WWU Münster, Reihe XVIII, Band 3).

Roske, ***Musiklehrer*** ▸ Michael Roske, *Sozialgeschichte des privaten Musiklehrers vom 17. zum 19. Jahrhundert: Mit Dokumentation*, Mainz 1985.

Rost, ***Thomasschule*** ▸ Friedrich Wilhelm Ehrenfried Rost, *Was hat die Leipziger Thomasschule für die Reformation gethan?*, Leipzig 1817.

Rothaug, ***Briegel*** ▸ Diana Rothaug, »Lehre – Buße – Heiligung: Geistliche Musik Wolfgang Carl Briegels am Hof Ernsts des Frommen in Gotha«, in: *Ständige Konferenz Mitteldeutsche Barockmusik [...], Jahrbuch* 2004, S. 37–55.

Rothmund, ***Reime*** ▸ Elisabeth Rothmund, »›Du forderst Teutzsche Reime / Zu Dreßden und daheime‹: Deutsche Dichtung in Dresden und Sachsen im Umfeld von Heinrich Schütz«, in: *Schütz-Jahrbuch* 29 (2007), S. 35–53.

Rubardt, ***Kamenz*** ▸ Paul Rubardt, »Die älteren Orgelwerke der Hauptkirche St. Marien«, in: ders. u. a. (Hrsg.), *Kamenzer Orgelbuch*, Kamenz [1953], S. 9–54.

Ruhnke, ***Burmeister*** ▸ Martin Ruhnke, *Joachim Burmeister: Ein Beitrag zur Musiklehre um 1600*, Kassel etc. 1955 (Schriften des Landesinstituts für Musikforschung Kiel, 5).

Sabelon, *Orgelschule* ▸ Andreas Sabelon, *Choralvorspiele: Kleine practische Orgelschule (1822)*, hrsg. von Konrad Küster (Norddeutsche Orgelmusik aus klassisch-romantischer Zeit, 1780–1860, Bd. 2), Stuttgart 2007.

Sato, *Disputationen* ▸ Nozomi Sato, »Theologische Disputationen über Kirchenmusik und die darauf bezogenen Reaktionen der Musiktheorie im protestantischen Deutschland zwischen 1650 und 1750«, in: Arnold, *Singen* [siehe dort], S. 93–107.

Schauenburg, *Kirchengeschichte* ▸ Ludwig Schauenburg, *Hundert Jahre Oldenburgischer Kirchengeschichte: von Hamelmann bis auf Cadovius (1573–1667)*, Bd. 1, Oldenburg 1894.

Schering, *Harrer* ▸ Arnold Schering, »Der Thomaskantor Joh. Gottlob Harrer (1703–1755)«, in: *Bach-Jahrbuch* 28 (1931), S. 112–146.

Schering, *Kirchenmusik* ▸ Arnold Schering, *Johann Sebastian Bachs Leipziger Kirchenmusik: Studien und Wege zu ihrer Erkenntnis*, Leipzig 1936.

Schering, *Leipzig 3* ▸ Arnold Schering, *Johann Sebastian Bach und das Musikleben Leipzigs im 18. Jahrhundert*, Leipzig 1941 (Musikgeschichte Leipzigs, 3).

Schilling, *Musik* ▸ Johannes Schilling, »›Musicam semper amavi‹ – ›Die Musik habe ich allezeit liebgehabt‹: Martin Luther, Johann Walter und die Anfänge evangelischer Kirchenmusik«, in: *Luther – Zeitschrift der Luther-Gesellschaft* 83 (2012), S. 133–144.

Schlagel, *Josquin* ▸ Stephanie P. Schlagel, *Josquin des Prez and His Motets: A Case Study in Sixteenth-Century Reception History*, Chapel Hill 1996.

Schmalzriedt, *Gabrieli* ▸ Siegfried Schmalzriedt, »Giovanni Gabrieli als Lehrer«, in: Anne Ørbæk Jensen u. a. (Hrsg.), *Heinrich Schütz und die Musik in Dänemark zur Zeit Christians IV.: Bericht über die wissenschaftliche Konferenz in Kopenhagen […] 1985*, Kopenhagen 1989, S. 205–216.

Schmidt, *Krieg* ▸ Georg Schmidt, *Der Dreißigjährige Krieg*, München 8/2010.

Schneiderheinze, *Thomaskirche* ▸ Armin Schneiderheinze, »Zu den aufführungspraktischen Bedingungen in der Thomaskirche zur Amtszeit Bachs«, in: *Beiträge zur Bach-Forschung* 6 (1988), S. 82–91.

Schnitgers Erben ▸ *Norddeutsche Orgelmusik aus klassisch-romantischer Zeit (1780–1860)*, Bd. 1: Arp Schnitgers Erben, hrsg. von Konrad Küster, Stuttgart 2007.

Schröder, *Cantorenbuch* ▸ Otto Schröder, »Das Eisenacher Cantorenbuch«, in: *Zeitschrift für Musikwissenschaft* 14 (1931/32), S. 173–178.

Schröder, *Orgelgeschichte* ▸ Dorothea Schröder, »Die Orgelgeschichte der Hauptkirche St. Petri vom Mittelalter bis 1885«, in: dies., *Gloria in excelsis Deo: Eine Geschichte der Orgeln in der Hauptkirche St. Petri, Hamburg*, [Neumünster] 2006, S. 23–41.

Schulze, *Buxtehude* ▸ Hans-Joachim Schulze, »Bach und Buxtehude: Eine wenig beachtete Quelle in der Carnegie Library zu Pittsburgh / PA«, in: *Bach-Jahrbuch* 77 (1991), S. 177–181.

Schulze, *Kontroversen* ▸ Hans-Joachim Schulze, »›… da man nun die besten nicht bekommen könne‹: Kontroversen und Kompromisse vor Bachs Leipziger Amtsantritt«, in: Felix, *Konferenz* [siehe dort], S. 71–77.

Schulze, *Ordnungen* ▸ Hans-Joachim Schulze (Hrsg.), *Ordnungen und Gesetze der Schola Thomana – Die Thomasschule Leipzigs zur Zeit Johann Sebastian Bachs, Ordnungen und Gesetze: 1634 – 1723 – 1733*, Leipzig 1985.

Schulze, *Überlieferung* ▸ Hans-Joachim Schulze, *Studien zur Bach-Überlieferung im 18. Jahrhundert*, Leipzig / Dresden 1984.

Schütte, *Orgelchoräle* ▸ Gerhard Hinrich Schütte, *Orgelchoräle mit variierten Zwischenspielen (1820)*, hrsg. von Konrad Küster, Hamburg 2014 (MNO 13), online: http://d-nb.info/1056945265/34.

Schütz, *Exequien* ▸ Heinrich Schütz, *Musikalische Exequien Opus 7*, hrsg. von Günter Graulich, Stuttgart 1973 (Stuttgarter Schütz-Ausgabe, 8).

Schwarz Lausten, *Wittenberg* ▸ Martin Schwarz Lausten, *Den hellige Stad Wittenberg: Danmark og Lutherbyen Wittenberg i reformationstiden*, Kopenhagen 2002.

Schweitzer, *Bach* ▸ Albert Schweitzer, *J. S. Bach*, Leipzig 1908 / Wiesbaden 1967.

Schweitzer, *Leben* ▸ Albert Schweitzer, *Aus meinem Leben und Denken*, Leipzig 1931.

Sehling, *Livland…* ▸ Emil Sehling, *Livland. – Estland. – Kurland. – Mecklenburg. – Freie Reichsstadt Lübeck mit Landgebiet und Gemeinschaftsamt Bergedorf. – Das Herzogthum Lauenburg mit dem Lande Hadeln. – Hamburg mit Landgebiet*, Leipzig 1913 (Die evangelischen Kirchenordnungen des XVI. Jahrhunderts, V).

Sehling, ***Sachsen*** ▸ Emil Sehling, *Sachsen und Thüringen, nebst angrenzenden Gebieten: Erste Hälfte*, Leipzig 1902 (Die evangelischen Kirchenordnungen des XVI. Jahrhunderts, I/1).

Seidel, ***Ethik*** ▸ Wilhelm Seidel, »Über Ethik und Ästhetik bürgerlicher Musik – ›Musikalische Wissenschaft‹ und musikalische Urbanität«, in: ders. (Hrsg.), *Dem Stolz und der Zierde unserer Stadt: Felix Mendelssohn Bartholdy und Leipzig*, Leipzig 2004, S. 9–23 (sowie im selben Band von demselben, »Einleitung«, S. 3–8).

Seiffert, ***Friedland*** ▸ Max Seiffert, »Die musikalische Gilde in Friedland«, in: *Sammelbände der Internationalen Musik-Gesellschaft* 1 (1899/1900), S. 142–149.

Seiffert, ***Lüneburg*** ▸ Max Seiffert, »Die Chorbibliothek der St. Michaelisschule in Lüneburg zu Seb. Bach's Zeit«, in: *Sammelbände der internationalen Musik-Gesellschaft* 9 (1907/08), S. 593–621.

Selderhuis, ***Asylanten*** ▸ Herman J. Selderhuis, »Singende Asylanten: Calvins Theologie der Psalmen«, in: Eckhard Grunewald u. a., *Der Genfer Psalter und seine Rezeption in Deutschland, der Schweiz und den Niederlanden: 16.–18. Jahrhundert*, Tübingen 2004, S. 79–95.

Selle, ***Arien*** ▸ Thomas Selle, *Zehn geistliche Arien aus den »Neuen Musicalischen Fest-Andachten« von Johann Rist (1655)*, hrsg. von Konrad Küster, Hamburg 2016 (MNO 31), online: http://d-nb.info/1105081370/34.

Severinsen, ***Efterskrift*** ▸ Peder Severinsen, »Efterskrift«, in: Hans Thomissøn, *Den Danske Psalmebog met mange Christelige Psalmer*, København 1569, Faksimile Kopenhagen 1933 (unpaginiert am Bandende).

Siegele, ***Cruda Amarilli*** ▸ Ulrich Siegele, »Cruda Amarilli, oder: Wie ist Monteverdis ›seconda pratica‹ satztechnisch zu verstehen?«, in: *Musik-Konzepte* 83/84, München 1994, S. 31–102.

Siegele, ***Geschmack*** ▸ Ulrich Siegele, »Bachs vermischter Geschmack«, in: Martin Geck u. a. (Hrsg.), *Bach und die Stile: Bericht über das 2. Dortmunder Bach-Symposium 1998*, Dortmund 1999, S. 9–17.

Siegele, ***Profil*** ▸ Ulrich Siegele, »Bachs politisches Profil oder Wo bleibt die Musik?«, in: BHb, S. 5–30.

Siegele, ***Stellung*** ▸ Ulrich Siegele, »Bachs Stellung in der Leipziger Kulturpolitik seiner Zeit«, in: *Bach-Jahrbuch* 69 (1983), S. 7–50 (zit.: »I«); 70 (1984), S. 7–43 (zit.: »II«); 72 (1986), S. 33–67 (zit.: »III«).

Silbiger, ***Autographs*** ▸ Alexander Silbiger, »The Autographs of Matthias Weckmann: A Reevaluation«, in: Anne Ørbæk Jensen u. a., *Heinrich Schütz und die Musik in Dänemark zur Zeit Christians IV.: Bericht über die wissenschaftliche Konferenz in Kopenhagen 10.–14. November 1985*, Kopenhagen 1989, S. 117–144.

Smend F., ***Köthen*** ▸ Friedrich Smend, *Bach in Köthen*, Berlin [1951].

Smend J., ***Messen*** ▸ Julius Smend, *Die evangelischen deutschen Messen bis hin zu Luthers Deutscher Messe*, Göttingen 1896.

Smend J., ***Predigt*** ▸ Julius Smend, »Predigt, gehalten … im Festgottesdienst des 10. Deutschen Bachfestes am 8. Oktober 1922 in Breslau«, in: *Bach-Jahrbuch* 19 (1922), S. 1–8.

Snyder, ***Buxtehude*** ▸ Kerala J. Snyder, *Dieterich Buxtehude: Leben, Werk, Aufführungspraxis*, Kassel etc. 2007.

Soltys, ***Österreich*** ▸ Adam Soltys, »Georg Österreich (1664–1735); sein Leben und seine Werke: Ein Beitrag zur Geschichte der norddeutschen Kantate«, in: *Archiv für Musikwissenschaft* 4 (1922), S. 169–240.

Spitta, ***Bach*** ▸ Philipp Spitta, *Johann Sebastian Bach*, 2 Bde., Leipzig 1873/80.

Staehelin, ***Beweis*** ▸ Martin Staehelin, »Beweis oder Vermutung? Zur Publikation der Bach zugeschriebenen Weimarer Tabulaturblätter«, in: *Die Musikforschung* 61 (2008), S. 319–329 [dazu die Replik von Michael Maul und Peter Wollny in: *Die Musikforschung* 62 (2009), S. 37, sowie Staehelins Duplik ebd., S. 150 f.].

Steger, ***Stölzel*** ▸ Werner Steger, *G. H. Stölzels »Abhandlung vom Recitativ«*, Dissertation Heidelberg 1962.

Steiger, ***Lüne*** ▸ Johann Anselm Steiger, *Der Orgelprospekt im Kloster Lüne als Zeugnis barock-lutherischer Bild- und Musiktheologie: Zur Intermedialität von Wort, Bild und Musik im 17. Jahrhundert*, Regensburg 2015.

Steude, ***Annäherung*** ▸ Wolfram Steude, *Annäherung durch Distanz: Texte zur älteren mitteldeutschen Musik und Musikgeschichte*, hrsg. von Matthias Herrmann, Altenburg 2001.

Steude, ***Grimma*** ▸ Wolfram Steude, »Kantorat, Kantoren und Musikrepertoire der Fürstenschule zu Grimma« [Erstdruck in: Wolf Hobohm u. a. (Hrsg.) *Struktur, Funktion und Bedeutung des deutschen* *protestantischen Kantorats im 16. bis 18. Jahrhundert*, Oschersleben 1997, S. 112–121], in: Steude, *Annäherung* [siehe dort], S. 201–210.

Steude, *Heidenreich* ▸ Wolfram Steude, »Anmerkungen zu David Elias Heidenreich, Erdmann Neumeister und den beiden Haupttypen der evangelischen Kirchenkantate« [Erstdruck in: Roswitha Jacobsen (Hrsg.), *Weißenfels als Ort literarischer und künstlerischer Kultur […]*, Amsterdam / Atlanta 1994, S. 45–61], in: Steude, *Annäherung* [siehe dort], S. 211–220.

Steude, *Hofmusik* ▸ Wolfram Steude, »Die Hofmusik unter Kurfürst Moritz« [Erstdruck: *Dresdener Hefte* 15 (1997), Heft 4, S. 57–63], in: Steude, *Annäherung* [siehe dort], S. 64–69.

Steude, *Musiksammelhandschriften* ▸ Wolfram Steude, *Die Musiksammelhandschriften des 16. und 17. Jahrhunderts in der Sächsischen Landesbibliothek zu Dresden*, Leipzig und Wilhelmshaven 1974 (Quellenkataloge zur Musikgeschichte, 6).

Steude, *Neumeister* ▸ Wolfram Steude, »Zur Vorgeschichte der ›Madrigalischen Kantate‹ Erdmann Neumeisters«, in: *Schütz-Jahrbuch* 23 (2001), S. 43–53.

Steude, *Oper* ▸ Wolfram Steude, »Heinrich Schütz und die erste deutsche Oper«, in: Frank Heidlberger u. a. (Hrsg.), *Von Isaak bis Bach: Studien zur älteren deutschen Musikgeschichte Festschrift Martin Just zum 60. Geburtstag*, Kassel etc. 1991, S. 169–179.

Steude, *Psalmkonzert* ▸ Wolfram Steude, »Heinrich Schütz' Psalmkonzert ›Herr, der du bist vormals genädig gewest‹« [Erstdruck: Christoph Wolff (Hrsg.), *Über Leben, Kunst und Kunstwerke: Aspekte Biographie […]*, Leipzig 1999, S. 35–45], in: Steude, *Annäherung* [siehe dort], S. 147–154.

Steude, *Schütz-Ermittlungen* ▸ Wolfram Steude, »Neue Schütz-Ermittlungen«, in: *Deutsches Jahrbuch für Musikwissenschaft* 12 (1967), S. 40–74.

Steude, *Untersuchungen* ▸ Wolfram Steude, *Untersuchungen zur mitteldeutschen Musiküberlieferung und Musikpflege im 16. Jahrhundert*, Leipzig 1978.

Strom, *Rostock* ▸ Jonathan Strom, *Orthodoxy and Reform: The Clergy in Seventeenth Century Rostock*, Tübingen 1999 (Beiträge zur historischen Theologie, 111).

Summereder, *Aufbruch* ▸ Roman Summereder, *Aufbruch der Klänge: Materialien, Bilder, Dokumente zu Orgelreform und Orgelkultur im 20. Jahrhundert*, Innsbruck 2/1999.

Synofzik, *Collegium aureum* ▸ Thomas Synofzik, »Collegium musicum und Collegium aureum oder: Vom Rundfunk zur Schallplatte«, in: ders. u. a. (Hrsg.), *50 Jahre Alte Musik im WDR 1954–2004*, Köln 2005, S. 51–74.

Vind, *Reflections* ▸ Anna Vind, »Luther's Reflections on the Life of a Christian: Expounded on the Basis of His Interpretation of the Magnificat, 1521«, in: *Transfiguration: Nordic Journal of Religion and the Arts*, 2012/13, S. 7–27.

Thilo, *Musica* ▸ Johann Thilo: *Musica Davicica [!], oder Davids-Music bey Volckreicher Leichbestattung Des … Werneri Fabricii, … fürgetragen*, Leipzig [1679].

Ursinus, *Chorale* ▸ Andreas Friederich Ursinus, *Die gebräuchlichsten Chorale mir variirten Bässen aufgesetzt*, hrsg. von Konrad Küster, Kopenhagen ca. 2017 (Dansk Center for Musikudgivelser, 26).

Ursinus, *Heilig* ▸ Andreas Friederich Ursinus, *Heilig heißt Gott der Vater, Sohn und Geist*, hrsg. von Konrad Küster, Hamburg 2014 (MNO 15), online: http://d-nb.info/1056945907/34.

Ursinus, *Tag* ▸ Andreas Friederich Ursinus, *Dies ist der Tag, den der Herr gemacht hat, Festmusik zum 200. Jahrestag des Augsburgischen Bekenntnisses, Tønder / Tondern 1730*, hrsg. von Konrad Küster, Hamburg 2015 (MNO 24), online: http://d-nb.info/1072981645/34.

Ursinus, *Trauren* ▸ Andreas Friederich Ursinus, *Durch Trauren und durch Plagen: Kantate zum Neujahrsfest*, hrsg. von Konrad Küster, Hamburg 2015 (MNO 17), online: http://d-nb.info/1072960362/34.

Valder-Knechtges, *Rynkeby* ▸ Claudia Valder-Knechtges, »Das Engelskonzert von Rynkeby«, in: *Concerto* 1984, Heft 5, S. 31–42.

Vente, *Brabanter Orgel* ▸ Maarten A. Vente, *Die Brabanter Orgel: Zur Geschichte der Orgelkunst in Belgien und Holland im Zeitalter der Gotik und der Renaissance*, Amsterdam 1963.

Vetter, *Kapellmeister* ▸ Walther Vetter, *Der Kapellmeister Bach: Versuch einer Deutung Bachs auf Grund seines Wirkens als Kapellmeister in Köthen*, Potsdam 1950.

Viadana, *Concerti* ▸ Lodovico Viadana, *Cento Concerti Ecclesiastici: opera duocedima, 1602*, Prima parte: Concerti a una voce con l'organo, hrsg. von Claudio Gallico, Kassel etc. 1964.

Visby ▸ Jeffery T. Kite-Powell (Hrsg.), *The Visby (Petri) Organ Tablature: Investigation and Critical Edition*, 2 Bde., Wilhelmshaven 1979 (Quellen-Kataloge zur Musikgeschichte, 14–15).

Vlagsma, ***Orgels*** ▸ Auke Hendrik Vlagsma, *De Friese orgels tussen 1500 en 1750: Een onderzoek naar de geschiedenis en de bouw van de orgels, de kasarchitektur, de orgelmakers en de organisten*, Leeuwarden 2003.

Vogelsänger, ***Festmusiken*** ▸ Siegfried Vogelsänger, »Michael Praetorius: Festmusiken zu zwei Ereignissen des Jahres 1617: zum Kaiserbesuch in Dresden und zur Jahrhundertfeier der Reformation«, in: *Die Musikforschung* 40 (1987), S. 97–109.

Völker, ***Franck*** ▸ Alexander Völker, »Johann Franck 1618–1677«, in: *Musik und Kirche* 47 (1977), S. 157–163.

Vollhardt / Schulze ▸ Reinhard Vollhardt, *Geschichte der Cantoren und Organisten von den Städten im Königreich Sachsen*, Berlin 1899, hrsg. von Hans-Joachim Schulze (Ergänzungen und Berichtigungen von Eberhard Stimmel), Leipzig 1978.

Voss, ***Udestedt*** ▸ Steffen Voss, *Die Musikaliensammlung im Pfarrarchiv Udestedt: Untersuchungen zur Musikgeschichte Thüringens im 17. und 18. Jahrhundert*, Schneverdingen 2006 (Schriften zur mitteldeutschen Musikgeschichte, 10).

Wackenroder / Tieck ▸ Wilhelm Heinrich Wackenroder und Ludwig Tieck, *Herzensergießungen eines kunstliebenden Klosterbruders*, Leipzig o. J. [1938] (Insel-Bücherei, 534).

Wade, ***Christian*** ▸ Mara R. Wade, »Prinz Christian von Dänemark und seine sächsische Braut Magdalene Sibylle als Mäzene von Heinrich Schütz«, in: *Schütz-Jahrbuch* 21 (1999), S. 49–61.

Walter, ***Lob*** ▸ Johann Walter, *Lob vnd preis der löblichen Kunst Musica*, Wittenberg 1538.

Walther, ***Lexicon*** ▸ Johann Gottfried Walther, *Musicalisches Lexicon*, Leipzig 1732.

Weber, ***Anna*** ▸ Karl von Weber, *Anna Churfürstin zu Sachsen geboren aus Königlichem Stamm zu Dänemark: Ein Lebens- und Sittenbild aus dem sechzehnten Jahrhundert, nach archivalischen Quellen*, Leipzig 1865.

Weismann, ***Liederkunde*** ▸ Eberhard Weismann u. a., *Liederkunde, Erster Teil: Lied 1 bis 175*, Göttingen 1970 (Handbuch zum Evangelischen Kirchengesangbuch, 3/1).

Weiße, ***Assaph*** ▸ Georg Weiße, *Der Christliche Assaph [...]*, Dresden 1672.

Werckmeister, ***Gröningen*** ▸ Andreas Werckmeister, *Organum Gruningense redivivum Oder kurtze Beschreibung des in der Grüningischen Schlos-Kirchen berühmten Orgel-Wercks*, Quedlinburg und Aschersleben 1705, Nachdruck (hrsg. von Paul Smets), Mainz 1932.

Werner A., ***Geschichte*** ▸ Arno Werner, *Geschichte der Kantorei-Gesellschaften im Gebiete des ehemaligen Kurfürstentums Sachsen*, Leipzig 1902 (Publikationen der Internationalen Musikgesellschaft, Beihefte 9).

Werner A., ***Musikgemeinschaften*** ▸ Arno Werner, *Freie Musikgemeinschaften alter Zeit im mitteldeutschen Raum*, Wolfenbüttel u. a. 1940 (Schriftenreihe des Händelhauses in Halle, 7).

Werner E., ***Mendelssohn*** ▸ Eric Werner, *Mendelssohn: Leben und Werk in neuer Sicht*, Zürich u. a. 1980.

Wester, ***Orglar*** ▸ Bertil Wester, *Gotiska resning i svenska orglar: En undersökning med huvudsaklig begränsning till det svenska materialet under medeltiden*, Stockholm 1936.

Wolf J., ***Beiträge*** ▸ Johannes Wolf, »Beiträge zur Geschichte der Musik des 14. Jahrhunderts«, in: *Kirchenmusikalisches Jahrbuch* 14 (1899), S. 1–31.

Wolf U., ***Motette*** ▸ Uwe Wolf, »Johann Sebastian Bach und die sächsische Motette in der zweiten Hälfte des 18. Jahrhunderts«, in: Ulrich Leisinger (Hrsg.), *Bach in Leipzig – Bach und Leipzig: Konferenzbericht Leipzig 2000*, Hildesheim u. a. 2002 (Leipziger Beiträge zur Bach-Forschung, 5), S. 427–440.

Wolff, ***Eckelt*** ▸ Christoph Wolff, »Johann Valentin Eckelts Tabulaturbuch von 1692«, in: *Festschrift Martin Ruhnke zum 65. Geburtstag*, Neuhausen-Stuttgart 1986, S. 374–387.

Wolff, ***Kantoratsprobe*** ▸ Christoph Wolff, »Bachs Leipziger Kantoratsprobe und die Aufführungsgeschichte der Kantate ›Du wahrer Gott und Davids Sohn‹ BWV 23«, in: *Bach-Jahrbuch* 64 (1978), S. 78–94.

Wollny, ***Kirchenkantate*** ▸ Peter Wollny, »›Fleißige, reine Arbeit‹ oder ›Abglanz einer großen Schule‹? Wilhelm Friedemann Bach und die protestantische Kirchenkantate nach 1750«, in: Wolfgang Hirschmann u. a. (Hrsg.), *Wilhelm Friedemann Bach und die protestantische Kirchenkantate nach 1750*, Beeskow 2012 (Forum Mitteldeutsche Barockmusik, 1), S. 13–31.

Wustmann, ***Leipzig*** ▸ Rudolf Wustmann, *Musikgeschichte Leipzigs*, Bd. 1: *Bis zur Mitte des 17. Jahrhunderts*, Leipzig und Berlin 1909.

Zeller, ***Hesse*** ▸ Bernhard Zeller, *Hermann Hesse in Selbstzeugnissen und Bilddokumenten*, Reinbek [1963] 1978 (rowohlts monographien, 85).

Abbildungsnachweis

Berlin, bpk / Staatsbibliothek zu Berlin: S. 55, 200, 238

Dresden, Sächsische Landes- und Universitätsbibliothek Dresden: S. 116, 175

Göttingen, Niedersächsische Staats- und Universitätsbibliothek: S. 164

Halle (Saale), Universitäts- und Landesbibliothek Sachsen-Anhalt: S. 130

Kassel, Bärenreiter Bildarchiv: S. 15, 59, 69, 80, 109, 141, 263

Konrad Küster: S. 9, 37, 52, 94, 99, 125 (Veröffentlichung mit freundlicher Genehmigung des Staatsbetriebs Sächsisches Immobilien- und Baumanagement), 183, 259, 264

Leipzig, Bach-Archiv: S. 221

München, Bayerische Staatsbibliothek: S. 23, 33, 42

Register der Personen- und Ortsnamen

Nicht nachgewiesen werden Namensnennungen im Vorwort oder in Verbindung mit bibliographischen Angaben sowie Namen, die in andersartigen Begriffen aufgegangen sind (Trienter Konzil; lutherisch etc.).

Aagesen, Truid ▸ 133
Agricola, Martin ▸ 32, 113
Ahle, Johann Rudolph ▸ 88, 196, 203, 207, 212
Aichinger, Gregor ▸ 123
Alain, Jehan ▸ 272
Albert, Heinrich ▸ 161 f., 165
Alberti, Johann Friedrich ▸ 186
Albrici, Vincenzo ▸ 174, 181, 186 f., 190. 193, 197, 204, 207
Altenbruch ▸ 53, 56, 76, 79, 93, 158, 184
Altenburg (Thüringen) ▸ 117, 132, 244
Altenburg, Michael ▸ 76
Altona (Hamburg) ▸ 261
Amiens ▸ 85
Ammerbach, Elias Nicolaus ▸ 116
Amsterdam ▸ 88, 100, 103, 217
Andersen, Hans Christian ▸ 267
Andreae, Jacob ▸ 47, 124, 249
Anga ▸ 280
Anna (Sachsen) ▸ 107, 145
Anton Günther (Oldenburg) ▸ 159, 163
Apfelstädt ▸ 285
Arcadelt, Jacob ▸ 17
Arndt, Johann ▸ 51, 168, 170
Arnold, Gottfried ▸ 250
Arnstadt ▸ 109, 133, 189, 218
Artusi, Giovanni Maria ▸ 282
Augsburg ▸ 26, 74, 117, 123, 133, 155, 179
August (Sachsen) ▸ 107
August (Sachsen-Weißenfels) ▸ 128
August der Starke, s. Friedrich August
Augusta (Schleswig-Holstein-Gottorf) ▸ 145
Avignon ▸ 63

Babst, Valentin ▸ 62
Bach, Carl Philipp Emanuel ▸ 244, 256
Bach, Heinrich ▸ 189
Bach, Johann Ambrosius ▸ 189, 210
Bach, Johann Christoph (Eisenach) ▸ 189
Bach, Johann Christoph (Ohrdruf) ▸ 210, 212–214, 287
Bach, Johann Christoph Friedrich ▸ 244, 290
Bach, Johann Ludwig ▸ 58 f.
Bach, Johann Michael ▸ 189, 205
Bach, Johann Sebastian ▸ 57 f., 60, 64, 66 f., 75, 79, 89, 97, 104, 111, 126–128, 150, 154 f., 172, 176, 184, 186, 188–193, 201–247, 252 f., 255–257, 262, 264, 266, 268, 270, 272
Bach, Johann(es) ▸ 104, 188
Bach, Wilhelm Friedemann ▸ 244, 259
Barberini (Familie) ▸ 180
Bardowick ▸ 51
Barmstedt ▸ 89
Bayreuth ▸ 202, 281
Beck, David ▸ 117
Becker, Cornelius ▸ 115 f., 145, 152, 162, 165
Becker, Dietrich ▸ 67
Beer, Johann ▸ 174
Beethoven, Ludwig van ▸ 91, 245 f., 265 f.
Berlin ▸ 153, 165, 244, 246, 263, 265, 268
Berne ▸ 96, 98
Bernhard, Christoph ▸ 136, 172–174, 176, 187, 203
Bèze, Théodore de ▸ 47, 101, 124, 249
Biedermann, Johann Gottlieb ▸ 247
Binchois, Gilles ▸ 52
Birck, Friedrich ▸ 113
Bischoff, Melchior ▸ 117
Bitterfeld ▸ 76
Bleckede ▸ 158
Bleyer, Nicolaus ▸ 67
Blume, Friedrich ▸ 219
Böcklin von Böcklinsau, Franz Friedrich Sigismund ▸ 120 f.
Bodenschatz, Erhard ▸ 117, 123 f., 140, 143, 270
Boetius, Andreas ▸ 110
Böhm, Georg ▸ 170, 188, 210–214, 217, 286 f.
Bokemeyer, Heinrich ▸ 60, 186
Bonn ▸ 91
Bontempi, Giovanni Andrea ▸ 180
Borromeo, Carlo ▸ 119
Borstel (Altes Land) ▸ 95, 284
Bösenrode ▸ 78
Bourgeois, Loys ▸ 101
Brahms, Johannes ▸ 60, 268 f., 273
Braunschweig ▸ 51, 53, 73, 186, 209
Breig, Werner ▸ 215
Breitenfeld (Leipzig) ▸ 158
Breitkopf, Christoph Gottlob ▸ 246

Bremen ▸ 94 f., 106, 146, 158, 268
Bremerhaven ▸ 93
Breslau (Wrocław) ▸ 132, 143, 180
Briegel, Wolfgang Carl ▸ 167, 170, 189, 199, 207
Britten, Benjamin ▸ 273
Brockes, Barthold Heinrich ▸ 240, 265
Brodde, Otto ▸ 270
Brorson, Hans Adolph ▸ 260, 266 f.
Bruhns, Nicolaus ▸ 97, 157, 204, 213 f.
Brunner, Tobias ▸ 158 f.
Brüssel ▸ 18
Bückeburg ▸ 133, 137, 244
Bugenhagen, Johannes ▸ 31, 33, 68, 81, 87, 95
Burg, Paul von der ▸ 89 f.
Burgdorf (Region Hannover) ▸ 51
Burgwerd ▸ 100
Burmeister, Joachim ▸ 135 f.
Busch, Wilhelm ▸ 262 f.
Bützfleth ▸ 290
Buxtehude (Stadt) ▸ 216, 277
Buxtehude, Dieterich ▸ 90, 155, 157, 176, 186–190, 203–205, 212–214, 262, 269, 280, 283, 287

Caccini, Giulio ▸ 161, 283
Calvin, Jean ▸ 18, 62, 101, 120
Calvisius, Sethus ▸ 66, 68, 72, 77, 112, 114–117, 123 f., 137, 140, 143, 190, 278
Carissimi, Giacomo ▸ 174, 180, 191
Cavalli, Francesco ▸ 285
Celle ▸ 51, 262
Cernitz, Ulrich ▸ 156 f., 217
Chemnitz ▸ 77, 79
Chiabrera, Gabriello ▸ 161
Christian I. (Sachsen) ▸ 107, 115, 117, 124 f., 145
Christian II. (Dänemark) ▸ 30
Christian II. (Sachsen) ▸ 126, 145
Christian III. (Dänemark) ▸ 30, 34
Christian IV. (Dänemark) ▸ 146
Christian (dänischer Kronprinz) ▸ 131, 144–146, 149, 179
Christian (Sachsen-Merseburg) ▸ 128, 283
Christian Albrecht (Schleswig-Holstein-Gottorf) ▸ 197
Christiane Eberhardine (Sachsen) ▸ 58
Christiansfeld ▸ 265
Christina (Schweden) ▸ 174, 180, 187
Cicognini, Giacinto Andrea ▸ 285
Claudius, Matthias ▸ 254, 276
Clausthal-Zellerfeld ▸ 46, 186
Clemens August I. (Bayern / Kurköln) ▸ 91
Clemens non Papa, Jacobus ▸ 34, 113
Coburg ▸ 117, 125, 183, 189, 194
Colditz ▸ 186
Compenius, Heinrich d. Ä. ▸ 88
Compenius, Ludwig ▸ 104
Conrad, David ▸ 141
Corvey ▸ 85
Cramer, Carl Friedrich ▸ 257
Cranach, Lucas d. Ä. ▸ 72
Cropp, Hermann ▸ 290
Crüger, Johann ▸ 165, 167–171, 193
Crusius, Simon ▸ 184
Cuxhaven ▸ 37 f., 93, 184

Da Vinci, Leonardo ▸ 180
Dach, Simon ▸ 165
Dadelsen, Georg von ▸ 218–220, 225
Dannhauer, Johann Conrad ▸ 250
Danzig ▸ 86 f., 97, 104, 117, 187
Darmstadt ▸ 167, 189, 223, 261
Dathenus, Petrus ▸ 101
Davantès, Pierre ▸ 101
Dedekind, Constantin Christian ▸ 192
Delfzijl ▸ 102
Delitzsch ▸ 77
Demantius, Christoph ▸ 125
Descartes, René ▸ 180
Deyling, Salomon ▸ 242
Di Cesare, Carlo ▸ 125
Dieterich, Conrad ▸ 53
Dietrich, Georg ▸ 113
Distler, Hugo ▸ 271
Döbeln ▸ 77
Doles, Johann Friedrich ▸ 244, 246 f., 255
Dordrecht ▸ 102
Dose, Cay ▸ 258 f.
Drakenburg ▸ 106
Dresden ▸ 77, 79, 107, 114 f., 126–130, 133, 138, 140–142, 145, 147–149, 151, 154–156, 171, 174–176, 180 f., 184, 186–190, 192, 197, 201, 207, 246, 253
Düben, Andreas ▸ 88, 103, 116
Düben, Gustav ▸ 186–189
Dufay, Guillaume ▸ 52
Duisburg ▸ 85
Dulichius, Philipp ▸ 88, 117, 183
Dunstable, John ▸ 52
Dürfeld, Henricus ▸ 112, 114
Dürr, Alfred ▸ 206, 218–220, 225
Duruflé, Maurice ▸ 273
Düsseldorf ▸ 265
Duve, Andreas Christoph ▸ 209

Ebeling, Johann Georg ▸ 169 f., 193
Ebio, Matthias ▸ 74
Eckersberg, Christoffer Wilhelm ▸ 266
Eckwarden ▸ 158
Eggebrecht, Hans Heinrich ▸ 135

Eggenberg, Hans Ulrich von ▸ 144 f.
Eilenburg ▸ 77
Einsiedeln (Schwyz) ▸ 91
Eisenach ▸ 26–31, 35 f., 38, 68 f., 107, 109–111, 114, 189 f., 289
Eisleben ▸ 265
Elerus, Franciscus ▸ 43
Ellington, Duke ▸ 273
Elmenhorst, Hinrich ▸ 170, 201
Elmshorn ▸ 89
Emden ▸ 62, 93, 103
Endter, Christian Friedrich ▸ 216
Erbach, Christian ▸ 117
Erdmann, Georg ▸ 209
Erdmuthe Sophie (Brandenburg-Bayreuth) ▸ 185
Erfurt ▸ 40 f., 68, 76, 90, 104, 110, 123, 137, 158, 189, 196, 244, 261, 265, 270, 285
Erlebach, Philipp Heinrich ▸ 189
Ernesti, Johann Heinrich ▸ 57 f.
Ernst (Bayern / Kurköln) ▸ 91
Ernst (Holstein-Schaumburg) ▸ 137
Ernst Ludwig (Sachsen-Meiningen) ▸ 58 f., 176
Esens ▸ 189
Etelhem ▸ 280

Faber, Heinrich ▸ 73 f., 180
Fabricius, Werner ▸ 89, 185 f., 248, 280
Farina, Carlo ▸ 151
Farmsum ▸ 102
Ferdinand I. (Bayern / Kurköln) ▸ 91
Ferdinand II. (Kaiser) ▸ 144 f.
Ferrara ▸ 128
Fiebig, Kurt ▸ 271
Figulus, Wolfgang ▸ 112 f., 281
Finck, Heinrich ▸ 17, 52
Finck, Hermann ▸ 109
Fischer, Michael Gotthard ▸ 261
Fleischmann, Sebastian ▸ 281
Flensburg ▸ 78, 89, 104, 147
Flor, Christian ▸ 164
Florenz ▸ 17, 143
Fontana, Agostino ▸ 145, 176, 179
Forkel, Johann Nikolaus ▸ 213–215
Forster, Georg ▸ 39
Förster, Kaspar (d. J.) ▸ 146, 180 f., 191
Förtsch, Johann Philipp ▸ 58, 60, 75, 197–201, 204, 207, 285
Franc, Guillaume ▸ 101
Franck, Johann ▸ 165, 251, 255
Franck, Johann Wolfgang ▸ 170
Franck, Melchior ▸ 125, 183, 189, 194 f.
Francke, August Hermann ▸ 260
Francken, Johann ▸ 279
Frankfurt am Main ▸ 75, 121 f., 132, 140, 170, 182
Frederik I. (Dänemark) ▸ 283
Frederik III. (Dänemark) ▸ 146 f.
Freiberg ▸ 75, 79, 113, 124 f., 184, 247, 255
Freiburg (Elbe) ▸ 104
Freiburg im Breisgau ▸ 155
Frescobaldi, Girolamo ▸ 157
Freylinghausen, Johann Anastasius ▸ 170, 258
Frick, Christoph ▸ 51, 53
Friedland (Mecklenburg) ▸ 78 f.,
Friedrich II. (Preußen) ▸ 188, 213, 265
Friedrich III. (Schleswig-Holstein-Gottorf) ▸ 283
Friedrich IV. (Schleswig-Holstein-Gottorf) ▸ 60
Friedrich August I. (Sachsen) ▸ 208
Friedrich der Weise (Sachsen) ▸ 30
Friedrich Wilhelm IV. (Preußen) ▸ 264 f.
Friesen, Heinrich von ▸ 146 f.
Fritzsche, Gottfried ▸ 141, 156, 158
Fritzsche, Hans Christoph ▸ 158
Füger, Caspar ▸ 114
Fugger (Familie) ▸ 123
Funk, Gottfried Benedikt ▸ 255

Gabrieli, Andrea ▸ 117, 123, 133
Gabrieli, Giovanni ▸ 117, 123, 126, 128, 132–137, 141, 151, 154, 157, 172, 204, 269
Gade, Niels Wilhelm ▸ 267
Galliculus, Johannes ▸ 32, 113 f.
Gallus, Jacobus ▸ 115, 117
Gamstädt ▸ 285
Garding ▸ 96
Gastoldi, Giovanni Giacomo ▸ 123
Gebhardi, Ludwig Ernst ▸ 262
Gehren ▸ 189
Geier, Martin ▸ 134
Genf ▸ 101
Genua ▸ 13
Gera ▸ 58–60, 131, 147, 282
Gerber, Christian ▸ 178, 249–252, 254, 256, 263
Gerbert, Martin ▸ 120
Gerbstedt ▸ 117
Gerhardt, Paul ▸ 64, 165–169, 171, 193, 248, 251, 254, 276
Gerken, Franz Moritz ▸ 290
Gerken, Friedrich ▸ 290
Glashütte (Sachsen) ▸ 114
Gleditsch, Johann Caspar ▸ 224, 226
Gloger, Gottfried Heinrich ▸ 104
Glückstadt ▸ 146
Goethe, Johann Wolfgang von ▸ 119, 265
Gölz, Richard ▸ 270–272
Golzwarden ▸ 158
Gorsleben ▸ 114
Goslar ▸ 85
Gotha ▸ 87, 188 f., 223

Gottorf, s. Schleswig
Gottsched, Johann Christoph ▸ 58
Goudimel, Claude ▸ 101
Grabbe, Johann ▸ 133
Gräfenroda ▸ 76
Graun, Carl Heinrich ▸ 188, 263
Graun, Johann Gottlieb ▸ 188
Graupner, Christoph ▸ 223
Graziani, Bonifazio ▸ 174
Gregor I. (Papst) ▸ 44
Grimm, Heinrich ▸ 53
Grimma ▸ 112 f., 181, 187, 201, 281
Grobe, Johann Georg ▸ 186
Groh, Johann ▸ 125
Gröningen (Börde) ▸ 117
Groningen ▸ 91, 93–95, 102
Große, Friedrich ▸ 149
Großenhain ▸ 263, 281
Großfahner ▸ 76, 78
Großgebauer, Theophil ▸ 54, 56, 159, 182, 248, 250, 252, 263
Grundig, Johann Zacharias ▸ 188, 201
Grundmann, Wilhelm ▸ 261, 290
Grundtvig, Nikolai Frederik Severin ▸ 266 f.
Guggumos, Gallus ▸ 133 f., 145
Gumpelzhaimer, Adam ▸ 74
Güstrow ▸ 185
Gutenberg, Johannes ▸ 13, 39

Halberstadt ▸ 83 f., 117, 277
Halle (Saale) ▸ 88, 103 f., 117, 152, 170, 174, 188, 193, 244, 257 f., 260, 290
Hamburg ▸ 13, 25, 37 f., 43, 53, 64, 67 f., 70, 75, 81, 88 f., 95–98, 103 f., 115, 117, 123, 125 f., 154, 156–161, 163, 169 f., 176, 182, 185–188, 197, 201, 217, 224, 244, 248, 257 f., 268, 289
Hameln ▸ 155
Hammerschmidt, Andreas ▸ 53 f., 163, 169 f., 183 f., 189 f., 209
Händel, Georg Friedrich ▸ 60, 154, 188, 201, 245 f., 265 f.
Hannover ▸ 78, 88, 103, 158, 262
Hardenberg, Erik ▸ 51 f.
Harrer, Johann Gottlob ▸ 263
Harsdörffer, Georg Philipp ▸ 191–193
Härtel, Gottfried Christoph ▸ 246
Hartmann, Heinrich ▸ 125, 189
Hartmann, Johan Peter Emilius ▸ 266
Hassler, Hans Leo ▸ 117, 123, 126, 133, 269
Hatten ▸ 261
Hausmann, Valentin ▸ 117
Haydn, Joseph ▸ 245 f.
Heckel, Christian ▸ 208
Heder, Samuel Gottlieb ▸ 238
Hedwig (Sachsen) ▸ 145
Heermann, Johann ▸ 165, 239, 251
Hegel, Georg Wilhelm Friedrich ▸ 291
Hegelund, Peder ▸ 70, 72
Hegenwald, Erhard ▸ 41
Heger, Melchior ▸ 281
Heidelberg ▸ 71, 153
Heidenreich, David Elias ▸ 174, 185, 193 f., 204
Heinrich II. Posthumus (Reuß) ▸ 58 f., 61 f., 146
Heinrich Julius (Braunschweig-Wolfenbüttel) ▸ 126
Hejnum ▸ 280
Helgesen, Poul ▸ 30
Helmbold, Ludwig ▸ 123
Helmstedt ▸ 79, 114
Helsingør ▸ 97, 184
Henrici, Christian Friedrich (Picander) ▸ 225, 239, 241 f.
Henrici, Henricus ▸ 54, 57, 65
Herbst, Johann Andreas ▸ 75, 180 f.
Herbst, Wolfgang ▸ 271
Herder, Johann Gottfried ▸ 252, 255, 290
Hesse, Hermann ▸ 128
Hessisch Oldendorf ▸ 155
Heydorn, Peter ▸ 213
Hildesheim ▸ 91
Hiller, Johann Adam ▸ 247, 257, 270, 282
Himmel, Johannes ▸ 111
Hindemith, Paul ▸ 271
Hirsau ▸ 153
Hoë von Hoënegg, Matthias ▸ 129 f., 144, 282 f.
Hof ▸ 132
Hoffmann, Melchior ▸ 223
Homilius, Gottfried August ▸ 244, 253, 257
Höngeda ▸ 186
Hoorn ▸ 102
Husum ▸ 74, 89, 96, 157, 213, 245

Ilmenau ▸ 248
Ingegneri, Marc'Antonio ▸ 117
Ingemann, Bernhard Severin ▸ 267
Isaac, Heinrich ▸ 109, 114
Itzehoe ▸ 96, 98, 153, 185, 213

Jacobi, Laurentius ▸ 157
Jacobi, Michael ▸ 80
Jacobi, Samuel ▸ 187
Jan z Lublina ▸ 35 f.
Jansen, Albert ▸ 103
Jena ▸ 282
Jenichen, Christian Heinrich ▸ 258
Jesperssøn, Niels ▸ 43
Jever ▸ 96, 255, 283
Job, Johann ▸ 285
Johann Friedrich (Sachsen / Thüringen) ▸ 106

Johann Georg I. (Sachsen) ▸ 54, 126, 128 f., 139, 143–147, 151, 283
Johann Georg II. (Sachsen) ▸ 128, 145 f., 151, 154, 174, 179, 186
Johannes von Lublin, siehe Jan
Johannes XXII. (Papst) ▸ 63
Jork (Altes Land) ▸ 95
Josquin des Prez ▸ 17, 52, 64, 109, 114, 118, 120, 154 f.

Kamenz ▸ 115
Kaminski, Heinrich ▸ 271
Karl der Große ▸ 93
Kassel ▸ 91, 104, 126 f., 129–133, 137, 139, 148, 246, 274, 283
Keimann, Christian ▸ 54
Keuchenthal, Johannes ▸ 43
Kiel ▸ 260
Kingo, Thomas ▸ 266
Kirchhoff, Gottfried ▸ 259
Kittel, Johann Christian ▸ 244, 261 f.
Klagenfurt ▸ 144
Kleber, Leonhard ▸ 38
Klemm (Familie) ▸ 125
Klemsee, Christoph ▸ 133
Klosterneuburg ▸ 91
Klug, Joseph ▸ 40, 46, 162
Knüpfer, Sebastian ▸ 174, 185, 187, 189
Koblenz ▸ 279
Koch, Heinrich Christoph ▸ 246
Köler, Basilius ▸ 114
Köln ▸ 85, 91, 265, 274, 279
Königsberg (Kaliningrad) ▸ 161, 165
Königstein (Sächsische Schweiz) ▸ 107
Konstanz ▸ 62
Kopenhagen ▸ 30, 34, 43, 109, 133, 136, 144 f., 151, 156 f., 191, 254, 266 f., 285
Kopernikus, Nicolaus ▸ 13
Körner, Gotthilf Wilhelm ▸ 262
Köstritz, Bad ▸ 131 f.
Köthen ▸ 128, 209 f., 218, 220, 231
Kotzenbüll ▸ 284
Kraśnik ▸ 35 f.
Krause, Christian Gottfried ▸ 252
Krebs, Johann Ludwig ▸ 244
Krell, Nicolaus ▸ 107
Krewerd ▸ 94
Krieger, Adam ▸ 185
Krieger, Johann Philipp ▸ 191
Krummacher, Friedhelm ▸ 233
Kuhnau, Johann Andreas ▸ 221
Kuhnau, Johann ▸ 186, 192, 208, 221, 288 f.

La Rue, Pierre de ▸ 109
Lanau, Christoph ▸ 290
Lando, Andreas ▸ 114
Landshoff, Ludwig ▸ 218
Lange, Gottfried ▸ 279, 286
Lange, Johann ▸ 115 f.
Langlais, Jean ▸ 273
Langwarden ▸ 158
Lasso, Orlando di ▸ 52, 113–115, 117, 123, 128, 135
Leeuwarden ▸ 100
Lehmann, Georg ▸ 137
Leiden ▸ 102
Leipzig ▸ 29, 32 f., 39 f., 66–70, 75, 78 f., 88 f., 96, 103, 107, 112–116, 124–126, 132, 137, 140, 144, 146 f., 156, 158, 167, 174, 180, 184–187, 189, 201, 208 f., 218, 220, 222–225, 227–233, 235, 237, 242–244, 246–248, 255, 257, 263 f., 266, 268, 279, 287–289
Lemgo ▸ 104, 133
Leopold (Anhalt-Köthen) ▸ 128, 218
Lessing, Gotthold Ephraim ▸ 274
Ligeti, György ▸ 273
Linde, Christian Friedrich ▸ 79
Lindner, Friedrich ▸ 124
Lisberger, Christoph ▸ 115
Lobwasser, Ambrosius ▸ 101, 115 f., 145
London ▸ 87
Lorentz, Christian ▸ 79
Lossius, Lucas ▸ 34, 42 f.
Louis XIII. (Frankreich) ▸ 180
Louis XIV. (Frankreich) ▸ 180
Lübbenau ▸ 186, 258
Lübeck ▸ 13, 67, 88, 104, 146, 154, 157–159, 171, 176, 182, 188 f., 201, 212, 214 f.
Lübeck, Vincent ▸ 90
Lublin ▸ 35, 38
Luckau ▸ 181
Lüdingworth ▸ 37 f., 97
Lunden ▸ 96, 158
Lüneburg ▸ 34, 51, 88, 98, 158, 163, 165, 188, 201, 205, 210–212, 215, 227, 289
Luther, Martin ▸ 13, 17–23, 25 f., 28–33, 38–41, 43, 45, 47, 49 f., 62, 70, 72 f., 85, 100 f., 105 f., 108, 112, 118, 120, 127, 152, 161, 163–165, 171, 177, 194, 198, 250 f., 254 f., 258, 265, 272, 276 f.
Lutter am Barenberge ▸ 143
Lüttich (Liège) ▸ 91
Lützen ▸ 155
Luzzaschi, Luzzasco ▸ 128
Lyck (Ełk) ▸ 86
Lynar, Famile ▸ 186
Lynar, Rochus Friedrich Graf zu ▸ 258

Magdalena Sybille (Dänemark; Sachsen-Altenburg) ▸ 131, 144

Magdeburg ▸ 88, 114, 117, 123, 140, 153, 155, 187, 208, 245, 255, 257, 261
Mahrenholz, Christhard ▸ 262
Mailand ▸ 119
Mainz ▸ 91
Malchin ▸ 79
Malmö ▸ 43
Marburg ▸ 128
Marenzio, Luca ▸ 114
Maria Elisabeth (Schleswig-Holstein-Gottorf) ▸ 151
Marienhafe ▸ 93
Marksuhl ▸ 189
Marot, Clément ▸ 101
Martin, Frank ▸ 272
Matthias (Kaiser) ▸ 130 f., 137
Mauersberger, Rudolf ▸ 271
Maximilian I. (Kaiser) ▸ 88
Maximilian Franz (Österreich / Kurköln) ▸ 91
Mazarin, Jules ▸ 180
Meineke, Carl Michael ▸ 261, 289
Meiningen ▸ 58–60, 176, 189
Meißen ▸ 79, 112 f., 125
Meißner, Johann ▸ 288
Melanchthon, Philipp ▸ 32–34, 51, 70 f., 106 f., 114
Mendelssohn, Arnold ▸ 271
Mendelssohn Bartholdy, Felix ▸ 202, 206, 264–268, 273, 276
Merck, Johann Sebastian ▸ 100, 288
Merseburg ▸ 110, 186
Messiaen, Olivier ▸ 273
Michael, Rogier ▸ 129, 139
Michael, Tobias ▸ 75, 150, 184 f.
Midlum (Wursten) ▸ 158
Misselwarden ▸ 93
Mithobius, Hector ▸ 54 f., 72, 235, 248
Møgeltønder ▸ 49, 100, 288
Mohrkirch ▸ 78
Molsdorf ▸ 76
Montbéliard (Mömpelgard) ▸ 47, 124, 249
Monteverdi, Claudio ▸ 29, 117, 136, 138, 149, 154, 174, 179 f., 282, 285
Möring, Joachim ▸ 97
Moritz (Hessen-Kassel) ▸ 127–130, 133, 139
Moritz (Sachsen) ▸ 106 f.
Moritz (Sachsen-Zeitz) ▸ 283
Mozart, Constanze ▸ 246
Mozart, Wolfgang Amadeus ▸ 29, 154, 245 f., 265
Mügeln ▸ 208
Mühlhausen / Thüringen ▸ 88, 123, 143, 186, 189, 196, 203, 205, 207, 212, 218
Mulsum (Wursten) ▸ 93
München ▸ 91, 110, 123, 128
Münster ▸ 91, 159, 274
Münstermann, Anna Catharina ▸ 54
Münstermann, Johannes ▸ 54, 159, 248
Münter, Balthasar ▸ 254
Musa, Anton ▸ 110
Musculus, Wolfgang ▸ 26–28, 30, 34–36, 110 f., 277
Mylius, August ▸ 255, 290

Nägeli, Hans Georg ▸ 256
Napoleon Bonaparte ▸ 91
Naumburg ▸ 112, 125, 140, 274
Neander, Christoph ▸ 115
Neander, Joachim ▸ 276
Neapel ▸ 179
Neuenfelde (Hamburg) ▸ 64
Neuenhuntorf ▸ 98 f.
Neuenkirchen (Hadeln) ▸ 54, 57, 65
Neumeister, Erdmann ▸ 191 f.
Nicolai, Philipp ▸ 51, 165
Nieblum (Föhr) ▸ 157
Niemeyer, August Hermann ▸ 257
Noordt, Anthoni van ▸ 217
Noordt, Jacobus van ▸ 217
Norden (Ostfriesland) ▸ 261
Nordhausen ▸ 88, 104
Nördlingen ▸ 155
Norrlanda ▸ 280
Nürnberg ▸ 19, 34, 75, 89 f., 109, 117, 123 f., 155, 158, 163, 180–182, 191, 277, 279, 286

Oberndorf (Oste) ▸ 96
Obrecht, Jacob ▸ 109
Oehlenschläger, Adam ▸ 267
Oelsnitz ▸ 281
Ohrdruf ▸ 210, 212–214, 287
Oldenburg ▸ 89, 95, 103, 154, 159, 163, 255, 261
Oldenswort ▸ 79, 96, 98–100
Opitz, Martin ▸ 143, 160–162, 169, 176
Oschatz ▸ 77
Osnabrück ▸ 91, 159
Osterbruch ▸ 97
Österreich, Georg ▸ 58, 60, 176, 186–188, 200 f., 207, 213, 227
Ottensen (Hamburg) ▸ 156
Otterndorf ▸ 54, 97, 157, 159, 248
Otto, Georg ▸ 133
Otto, Valentin ▸ 113–115, 279

Pachelbel, Johann ▸ 90, 104, 189, 207, 210, 216, 262, 280, 287
Pachelbel, Wilhelm Hieronymus ▸ 286
Paderborn ▸ 91
Palestrina, Giovanni Pierluigi da ▸ 64, 108, 113, 119, 126, 154 f., 291
Pape, Hinrich ▸ 163

Paris ▸ 180
Pärt, Arvo ▸ 272 f.
Payne, Albert Henry ▸ 264
Pedersøn, Mogens ▸ 136
Pelplin ▸ 285
Penderecki, Krzysztof ▸ 273 f.
Pepping, Ernst ▸ 271
Peranda, Marco Giuseppe ▸ 174 f., 187
Pergolesi, Giovanni Battista ▸ 291
Petermann, Andreas ▸ 114
Petersen, Balthasar ▸ 261
Petersen, Carl ▸ 268
Petrarca, Francesco ▸ 119
Petri, Berend (Bernhard Peterssen?) ▸ 104
Petritz, Basilius ▸ 248
Petrucci, Ottaviano ▸ 14
Pfleger, Augustin ▸ 197, 199
Pforzheim ▸ 38
Philipp (Schleswig-Holstein-Glücksburg) ▸ 283
Picander, siehe Henrici
Pincker, Christoph ▸ 79, 185
Pipping, Joseph ▸ 53, 56, 76, 159
Pirna ▸ 149, 208, 283
Platon ▸ 73
Platz, Abraham Christoph ▸ 286
Pohle, David ▸ 174
Poit, Peter ▸ 93
Ponickau, Johann Christoph von ▸ 57
Potsdam ▸ 244
Praetorius, Hieronymus ▸ 79, 97 f., 117, 123, 125 f., 156, 190
Praetorius, Jacob ▸ 103, 156, 217
Praetorius, Johann ▸ 103, 156
Praetorius, Michael ▸ 82–85, 126, 131, 140 f.
Prag ▸ 155
Probst, Johannes ▸ 183 f.
Profe, Ambrosius ▸ 180
Proske, Karl ▸ 291

Quantz, Johann Joachim ▸ 213
Quellmalz, Johann Carl ▸ 75
Quistorp, Johann d. J. ▸ 289

Radeck (Familie) ▸ 212
Radeck, Johann Rudolph ▸ 147
Rain am Lech ▸ 155
Randeck (Erzgebirge) ▸ 124 f.
Raphael, Günter ▸ 271
Raphaelis, Hermann, gen. Rodensteen(-Pock) ▸ 115
Ratzeburg ▸ 72 f.
Rauch, Neo ▸ 274
Raupach, Christopher ▸ 104
Regensburg ▸ 133
Reger, Max ▸ 272
Reichardt, Johann Friedrich ▸ 253, 289
Reiche, Gottfried ▸ 67, 224, 243
Rein, Conrad ▸ 33, 109
Reinken, Johann Adam ▸ 81, 211–213, 217, 288
Reinmann, Johann ▸ 112 f.
Rellingen ▸ 258 f.
Rener, Adam ▸ 33, 109, 114
Renner, Johann ▸ 289
Resinarius, Balthasar ▸ 33 f., 108
Rhau, Georg ▸ 28, 32–36, 108, 111, 113, 120, 122, 277
Ribe ▸ 33 f., 38, 43, 70, 111
Richter, Gerhard ▸ 274
Rinck, Christian Heinrich ▸ 261
Rinckart, Martin ▸ 77, 165
Ringwaldt, Bartholomäus ▸ 165
Rist, Johann ▸ 46, 80, 160–173, 177, 184 f., 212, 251
Ritter, August Gottfried ▸ 261
Robertsbridge ▸ 87
Rochau, Joachim ▸ 158
Rochlitz (Sachsen) ▸ 110, 115
Rochlitz, Friedrich ▸ 246, 268
Rodenkirchen ▸ 158
Rodensteen, s. Raphaelis
Rogale ▸ 87
Rogalla de Wagenschoss, Andreas ▸ 86
Rolle, Christian Friedrich ▸ 208, 286
Rolle, Johann Heinrich ▸ 245
Rom ▸ 17, 174, 176, 180 f., 191, 207
Römeling, Patroclus ▸ 102
Rosenmüller, Johann ▸ 187, 190, 207
Roskilde ▸ 157
Rost, Johann Christoph ▸ 235
Rostock ▸ 54, 135, 159, 248
Roussée, Jean ▸ 282
Rovetta, Giovanni ▸ 180
Rubert, Johann Martin ▸ 104, 159
Rudolstadt ▸ 189, 246
Ruffo, Vincenzo ▸ 119
Rüling, Samuel ▸ 115
Rußmann, Paul ▸ 37 f.
Rynkeby ▸ 51 f.
Rysum ▸ 93

Sabelon, Andreas ▸ 261 f.
Salt Lake City ▸ 267
Sartorius, Henricus ▸ 72 f.
Sauerbrey, Carl ▸ 261 f.
Scacchi, Marco ▸ 179
Scheibe, Johann Adolph ▸ 252, 260
Scheidemann, David ▸ 96
Scheidemann, Heinrich ▸ 96, 103, 156–159, 185 f., 190, 217, 248, 262, 280
Scheidt, Samuel ▸ 88, 103, 152, 156, 185, 269

Schein, Johann Hermann ▸ 68, 74 f., 79, 152, 184
Schelle, Johann ▸ 174, 187, 189, 208, 227, 282
Schellenberg ▸ 281
Scherer (Familie) ▸ 89, 97, 104, 115, 156
Schicht, Johann Gottfried ▸ 255
Schildt, Melchior ▸ 103
Schiller, Friedrich von ▸ 265
Schirmer, David ▸ 138
Schlegel, Joseph ▸ 113
Schleswig (mit Gottorf) ▸ 58, 60, 145, 151, 157, 186–188, 197, 199, 209
Schmalkalden ▸ 257
Schmedeke, Caj ▸ 97
Schneeberg ▸ 281
Schneider, Martin Gotthard ▸ 273 f.
Schnitger, Arp ▸ 46, 64, 89, 97, 158 f., 261
Schnittelbach, Nathanael ▸ 67
Schöberlein, Friedrich ▸ 291
Schop, Albert ▸ 185
Schop, Johann ▸ 80, 160–163, 166–171, 173, 185
Schrader, Johann Hermann ▸ 259–261
Schreiber, Johann Matthias ▸ 258 f.
Schröter, Leonhart ▸ 88, 123
Schulpforta (Schulpforte) ▸ 111 f., 114 f., 117, 123–125
Schulz, Johann Abraham Peter ▸ 254
Schumann, Clara ▸ 268
Schumann, Robert ▸ 265
Schürmann, Georg Caspar ▸ 176
Schütte, Gerhard Heinrich ▸ 261
Schütz, Anna Magdalena ▸ 138 f.
Schütz, Christoph ▸ 132
Schütz, Georg ▸ 149
Schütz, Heinrich ▸ 58–61, 79, 89, 91, 126–156, 158, 160–163, 165, 169, 171 f., 179 f., 183, 186, 188, 190 f., 194 f., 199, 204, 209, 253, 270 f., 276, 285
Schwäbisch Hall ▸ 186
Schwabstedt ▸ 97
Schweitzer, Albert ▸ 201–203, 206
Schwerin ▸ 88
Sedan ▸ 268
Selle, Thomas ▸ 53, 68, 89, 163 f., 170, 173, 176
Selnecker, Nicolaus ▸ 107
Selner, Johann ▸ 114
Senfl, Ludwig ▸ 52, 110, 113
Sichart, Lorenz ▸ 286
Sieburg, Jost ▸ 103
Silbermann, Gottfried ▸ 97
Smend, Julius ▸ 19
Söderblom, Nathan ▸ 202
Söhngen, Oskar ▸ 271
Solger, Karl Wilhelm Ferdinand ▸ 291
Sonderburg (Sønderborg) ▸ 260
Sondershausen ▸ 287
Spee, Friedrich ▸ 275
Spener, Philipp Jacob ▸ 170, 250
Spengler, Lazarus ▸ 41
Speratus, Paul ▸ 40 f.
Spitta, Philipp ▸ 86, 138, 191 f., 203, 218, 222 f., 268 f.
Spohr, Louis ▸ 246, 268
St. Blasien ▸ 120 f.
St. Gallen ▸ 84, 276
Stade ▸ 79, 90, 153, 158, 261, 279
Staden, Sigmund Theophil ▸ 163, 165, 169
Staßfurt ▸ 77
Steger, Adrian ▸ 285
Steinkirchen (Altes Land) ▸ 159
Stellwagen, Friedrich ▸ 104, 159
Stern (Familie) ▸ 165
Stettin (Szczecin) ▸ 88, 117, 183
Steutz, Heinrich ▸ 125
Stintebüll ▸ 78
Stockholm ▸ 180, 184, 186 f., 201
Stollhamm ▸ 158
Stoltzer, Thomas ▸ 52, 108, 114, 281
Stolze, Heinrich Wilhelm ▸ 262
Stölzel, Gottfried Heinrich ▸ 223
Stralsund ▸ 88, 104, 159, 174
Straßburg (Strasbourg) ▸ 101, 120
Straube, Karl ▸ 272, 290
Strawinsky, Igor ▸ 270, 273
Struensee, Johann Friedrich ▸ 266
Sturm, Christoph Christian ▸ 257
Stuttgart ▸ 133, 181
Sundre ▸ 280
Suys / Sweys (Familie) ▸ 278
Sweelinck, Jan Pieterszoon ▸ 88, 103, 152, 156 f., 217

Tangermünde ▸ 89
Tating ▸ 284
Telemann, Georg Philipp ▸ 75, 185, 190, 208, 216, 223, 244 f., 256, 258, 268, 289
Tellingstedt ▸ 158
Theile, Johann ▸ 187, 201
Thieme, Clemens ▸ 174
Thilo, Johann ▸ 248
Thomas, Kurt ▸ 271
Thomissøn, Hans ▸ 34, 42, 70
Thörey ▸ 76
Thorvaldsen, Bertel ▸ 267
Tieck, Ludwig ▸ 62, 64, 266
Tondern (Tønder) ▸ 89, 95, 104, 183 f., 259–261, 290
Tönning ▸ 81
Torgau ▸ 88, 115, 143, 162
Tossens ▸ 158

Traxdorf, Heinrich ▸ 279
Trient ▸ 106
Trier ▸ 91, 265
Tröchtelborn ▸ 76
Truckenmüller, Georg Wolfgang ▸ 186
Tunder, Franz ▸ 157 f., 187, 189, 203, 269
Tutzing ▸ 273

Udestedt ▸ 76 f., 281
Uhland, Ludwig ▸ 265
Ulm ▸ 53
Uphusen (Emden) ▸ 62
Urban VIII. (Papst) ▸ 180
Ursinus, Andreas Friederich ▸ 260 f.
Utrecht ▸ 87

Varde ▸ 95
Venedig ▸ 13 f., 120, 123 f., 126, 128, 132–134, 136–138, 140, 142–145, 149, 180, 197, 269, 282
Verdelot, Philippe ▸ 17
Verden (Aller) ▸ 89, 146
Vetter, Daniel ▸ 186
Viadana, Lodovico Grossi da ▸ 121–124, 142
Vicentino, Nicola ▸ 119 f.
Vicenza ▸ 119
Vivaldi, Antonio ▸ 215
Vogelsdorf ▸ 76
Vulpius, Melchior ▸ 285

Wackenroder, Wilhelm Heinrich ▸ 62, 64, 266
Wackernagel, Peter ▸ 288
Wagner, Richard ▸ 202
Wahrenbrück ▸ 77
Wallenstein, Albrecht von ▸ 145
Walter, Johann ▸ 29, 32, 34, 39, 41, 50 f., 56, 61, 70, 72, 108, 110 f., 120
Walther, Johann Gottfried ▸ 136, 217
Wąsosz (Powiat Ełk) ▸ 86
Weckmann, Jacob ▸ 185 f.
Weckmann, Matthias ▸ 89, 145, 156, 179, 185, 187, 195, 203, 217, 262
Wedel ▸ 160, 162
Weimar ▸ 128, 148, 151 f., 188 f., 206, 210, 214 f., 218, 222, 232, 255, 279, 283
Weiße, Georg ▸ 133–135, 148, 151
Weißenfels ▸ 132 f., 140, 174, 181, 191, 201, 218
Weißensee, Friedrich ▸ 88, 117
Werner, Arno ▸ 76 f., 79
Wesselburen ▸ 96, 115
Westerhever ▸ 87
Westerhusen ▸ 103
Weyse, Christoph Ernst Friedrich ▸ 267
Wichardt, Johann Hinrich ▸ 290
Wien ▸ 91, 144, 246, 268
Wiesloch ▸ 155
Wilde, Antonius ▸ 97
Wildeck, Christian ▸ 139
Wilhelm Ernst (Sachsen-Weimar) ▸ 128
Willaert, Adrian ▸ 120, 123, 133
Winckelmann, Johann Joachim ▸ 274
Winterfeld, Carl von ▸ 126, 154
Wittenberg ▸ 13, 19, 21–24, 26–32, 34, 36, 38–41, 43, 51, 70, 81, 95, 107–109, 113 f., 123, 130, 248 f., 265, 277
Wittstock ▸ 155
Wöhrden ▸ 96 f., 116
Wolfenbüttel ▸ 83 f., 126, 151, 176, 186 f., 201
Worms ▸ 30
Wremen ▸ 93

Zachow, Friedrich Wilhelm ▸ 88, 259
Zeitz ▸ 140, 151, 174
Zellerfeld, s. Clausthal
Zeuner, Wolfgang ▸ 109, 111
Ziegler, Caspar ▸ 191
Ziegler, Klaus Martin ▸ 274
Zillinger, Erwin ▸ 271
Zinck, Bendix Friedrich ▸ 245
Zittau ▸ 54, ,182, 184
Zürich ▸ 256
Zwickau ▸ 15, 21, 40, 79, 115, 132
Zwingli, Ulrich ▸ 18